벼랑 위에 선 **미국**

이슬람의 도전과 사라지는 강대국들

America Alone

벼랑 위에 선 미국

이슬람의 도전과 사라지는 강대국들

마크 스타인 지음
현승희 옮김

인간사랑

America Alone : The End of the World as We Know It by Mark Steyn

"강한 말(馬)과 약한 말이 있으면 사람들은 강한 말을 좋아하게 되어 있다."

오사마 빈 라덴, 칸다하르, 2001년 12월.

"우리가 아는 것은 약하면 화를 부른다는 사실이다."

도널드 럼스펠드, 워싱턴, 1998년 10월.

역자 서문

1990년대 초반부터 한국에서는 동성애자 운동이 활기를 띠기 시작했다. 냉전이 종식되고 이른바 다문화주의 시대가 열리고 있었다. 그때 나는 '성애'(sexuality)를 말하는 것 자체가 금기시되는 한국 사회에서 '성애'는 건너뛰고 '동성애'(homosexuality)가 더 많이 논의된다는 것이 아이러니라고 생각했다. 동성애자 운동에 호응한 '이성애자들'의 태도는 기껏해야 자신들은 이미 모든 것을 가지고 있으니 이제 '동성애자들'을 용인하겠다는 온정주의에 지나지 않았을지도 모른다. '이성애자들'은 과연 자신이 '성애'에 관한 목소리를 가지고 있는지부터 살펴보아야 한다. 밑도 끝도 없고 원칙도 없는 다문화주의는 탈문화주의라고 해야 할지 혹은 다른 어떤 것으로 불러야 할지 혼란스러울 지경이다.

서구, 특히 미국에서 말하는 다문화주의와 한국에서 말하는 다문화주의는 뉘앙스에서 차이가 많이 난다. 고집스레 한민족을 유지해 온 한국에는 미국이나 서유럽만큼 전혀 다른 문화적 배경을 가진 집단들이 모여 살지 않는다. 말하자면 한국에서는 문화나 인종적 차이보다는 경제적 차이에 따른 구분이 사람들을 가르는 가장 중요한 기준일 것이다. 그렇지만 다문화주의는 경제에 대해서는 별 말을 하지 않는다. 다문화주의는 어디까지나 다 '문화' 주의니까. 마치 문화라는 상부구조가 경제라는 하부구조와 전혀 무관한 것인 양 말하니까. 마치 다문화주의를 만병통치약인 양 다루니까. 하지만 미국이나 서유럽이라면 사정이 다를 것이다. 다른 인종, 다른 종교, 다른 국적을 가진 사람들이 모여 사는 그곳에서는 늘 문화적 다양성을 조정해야 할 필요에 쫓겨왔다. 그래서 일찌감치 다문화주의라는 것이 나왔다.

미국에서는 문화적 소수자의 권익을 보호하는 조처에 "정치적으로 올바른"(Politically Correct)이라는 수사를 갖다 붙인다. 이 표현이 얼마나 빈번하게 쓰이는지, 그저 PC라고 줄여 써도 의미가 통할 정도다. 이력서에 나이, 성별, 인종을 물어봐서는 안 된다. 그래야 정치적으로 올바르다. 성모 마리아를 풍자하는 만화는 그려도 되지만 마호메트를 풍자하는 만화는 그려서는 안 된다. 그래야 정치적으로 올바르다. 의장을 체어맨(chairman)이라고 부르면 안 된다. 체어퍼슨(chairperson)이라고 불러야 한다. 그래야 정치적으로 올바르다. 그러할 때에라야 다문화주의가 보장되고 미국이라는 사회가 제대로 굴러갈 수 있다.

그러나 이 책의 저자는 다른 무엇보다도 이슬람주의에 대한 서구의 양보와 관련하여 다문화주의를 비판적으로 바라본다. 인구학적 악재와 더불어 자발적 · 비자발적으로 이루어진 양보들이 어떻게 서구세계를 궁지로 몰아넣었는지 설명한다. 그리고 책 제목이 시사하듯이 그 와중에 어떻게 미국이 근근이 버텨내고 있는지 보여준다. 저자가 인용하는 다양한 에피소드들을 통해 독자들은 일간지 국제면에서 먼 나라 이야기처럼 접하던 사건들이 실제로 이 세계 전체에 얼마나 큰 영향을 끼치는지 생각해 볼 기회를 갖게 될 것이다. 다문화주의를 열렬히 옹호하는 독자에게도, 혹은 반대하는 독자에게도, 혹은 거기에 관심이 없던 독자에게도 이 책은 다문화주의에 대한 새로운 통찰력을 제공해 줄 것이라고 믿는다.

사실 저자의 출신 배경을 고려할 때 그의 보수적인 태도는 일견 의아스러울 수도 있다. 동유럽인의 피가 흐르는 캐나다인과 미국 보수주의 사이에는 친화력이 부족해 보인다. 그러나 우리는 불리한 출신 배경이 기존 체제에 대한 충성심으로 이어진 사례들을 알고 있다. 기원전 1세기 로마제국이 이탈리아 반도 내에서도 도시 로마 출신이 아니면 원로원 의석을 주는 데 인색했던 시절에 예외적으로 원로원 의석을 차지했을 뿐만 아니라 사회적으로 대단한 명성까지 얻은 사내가 있었다. 그는 자신을 받아준 체제가 고마웠던지 체제를 개혁하려는 움직임에 필사적으로 저항했다. 바로 그 유명한 키케로이다. 보수적 태도의 근원을 출신 배경으로 환원하는 게 부당해 보인다면 캐나다와 미국의 밀접한 관계를 생각해 볼 수도 있다. 비록 저자는 200년 전 영국 여왕을 배신하지 않겠노라며 미국 땅을 등진 충성파의 후손 캐나다 국민이지만 오늘날 캐나다는 미국 체제에 긴밀하게 편입되어 있다. 기본적으로 캐나다는 지리적으로나 경제적으로 미국과 공동운명체라고 할 수 있다. 저자 자신도 현재 미국에 거주하고 있다.

이 책을 번역하면서 한국과 미국의 검색엔진에 크게 빚을 졌다. 최신 쟁점들을 주제로 어느 정도 교양 있는 미국인을 대상으로 쓰여진 책이기 때문에 이방인으로서 그의 글을 모두 이해한다는 것은 매우 힘든 일이었다. 그래서 낯선 표현이나 용어의 정확한 용법을 확인하기 위해서 검색엔진에 의존하는 것은 불가피했다. 이 번역서를 읽다보면 마치 최신 시사상식 사전 비슷한 느낌을 받는 독자도 있을 것이다. 사실 독자들도 마음만 먹는다면 그런 정보들은 찾아낼 수 있었을 것이다. 그러나 정보란 손수 찾아보는 수고를 들이지 않으면 자기 것이 될 수 없다. 그리고 찾아낸 정보를 체계적으로 정리하고 소화하지 않으면 그 정보는 아무런 가치가 없다. 이 책에 실린 정보가 독자 여러분에게 체계적인 지식을 위한 자그만 발판이 되어준다면 더 바랄 것이 없겠다.

공식적인 번역활동이 많지 않은 역자에게 선뜻 번역 기회를 허락해 준 인간사랑 출판사에 깊이 감사드린다. 이국재 부장님은 태평양 너머에서 세세하게 일을 조율하는 데 큰 수고를 아끼지 않았다. 홍성례 편집장님을 비롯한 편집부 여러분의 꼼꼼한 교정 덕에 이 책은 가치를 더하게 되었다. 마지막으로, 항상 내 인생에 등대가 되어주는 아내에게 무한한 사랑과 고마움을 전한다.

2009년 봄

현승희

Contents

차 례

역자 서문 07

프롤로그
사느냐, 죽느냐 13

1부
거세된 시대 _인구학, 민주주의, 운명

1장 다가올 시대 : 탄생 대 죽음 45
2장 가다가 … 가다가 … 가버렸다 : 인구학 대 환상 75
3장 남자는 비너스에게서 나왔다 : 일차적 충동 대 이차적 충동 101

2부
아라비안나이트 _신봉자들, 개종자들, 신민들

4장 탈출 : 빅모(Big Mo) 대 빅맥(Big Mac) 127
5장 그들이 믿게 될 모든 것들 : 교회 대 국가 159
6장 유럽계시록의 네 기사(騎士) : 유토피아 대 유라비아 191

3부
새로운 암흑 시대_어떻게 불을 밝힐 것인가

7장 최첨단 원시인 : 알려진 미지 대 고의의 무지 227
8장 홀로 떨어진 단극(單極) : 미국 대 나머지 모두 259
9장 예외적 존재의 중요성 : 시민 대 피부양자 293
10장 쓰러지는 낙타 : 마지막 남은 다리들 317

감사의 말 349

프롤로그

사느냐, 죽느냐

> 우리는 우리가 누구인지는 알지만 앞으로 어떻게 될지는 모른다.
>
> – 윌리엄 셰익스피어, 『햄릿』(1601)

당신은 걱정거리가 있는가? 있는 것처럼 보인다. 걱정을 하는 것은 선진사회의 책임 있는 시민이 자신의 미덕을 표출하는 방법이다. 즉 걱정을 한다는 사실을 좋게 여긴다.

그러나 무엇을 걱정해야 할까? 이란 핵무기에 대해서? 아니다. 그건 기독교 근본주의자 부시(Bush)와 그의 시온주의자 친구들이 핼리버튼(Halliburton : 미국에 근거를 둔 다국적 기업역주)에게 페르시아 카펫 산업을 인수할 구실을 주기 위해 만들어낸 일종의 술책이다. 핵무기를 걱정하는 것은 지극히 1980년대식이다. 대처 테러(Thatcher Terror)의 시기[영국 영화감독 데릭 저먼(Derek Jarman)이 1980년대를 일컬은 표현[역주]]에 핵무기에 대한 생각에 사로잡혀 있던 영국 소설가 마틴 애미스(Martin Amis)는 "핵무기는 나를 토하고 싶게 만든다. … 핵무기는 토하게 만든다"라고 썼다. 어느 단편집 서문에서 그는 대재앙을 걱정하면서 핵겨울(nuclear winter : 핵전쟁 후에 일어날 지구 한랭화 현상[역주])이 닥쳤을 때 대처 계획에 대해서 간략히 말했다.

> 내가 살아남는다고 가정하자. 내 눈은 얼굴에서 튀어나가지 않았고, 모르타르, 금속, 유리가 돌변해 형성하는 파편의 허리케인을 내가 피했다고 가정하자. 이 모든 것들을 가정해 보자. 나는 핵폭풍, 시속 수천 마일의 바람, 상궤를 벗어난 원자들, 너부러진 시체들을 단서로 수마일 떨어진 진원지를 추적해야 할지도 모른다(가장 하고 싶지 않은 일이긴 하지만). 그러고 나서—다행스럽게도 내가 여전히 힘이 있고 물론 내 가족이 아직 살아 있다면—나는 내 아내와 아이들을 찾아내서 죽여야 한다.

그러나 이런 대재앙은 한 번도 닥치지 않았다. 그리고 마틴 애미스는 아내를 죽이는 대신에 그녀와 이혼해야 했다. 그때 당시에 그것은 핵무기를 보유한 레이건(Reagan)과 대처(Thatcher) 같은 자들의 병적인 신경과민일 뿐이었다. 따라서 당신은 왜 모든 사람들이 무서워했는지 이해할 수 있다. 그러나 이제는 김정일과 시아파 지도자들도 핵무기를 보유하고 있기 때문에 프랑스 대통령이 정부(情婦)를 몇 명 더 얻었다는 뉴스를 접하는 프랑스인들처럼 우리는 그것에 대해서 식상해하고 긴장을 안 느낀다. 마틴 애미스는 수년간 그 주제에 대해서 한마디도 내뱉지 않았다. 내가 아는 한 그는 현재 아내를 죽일 계획이 없다.

그렇다면 우리는 무엇을 두려워하며 위축되어야 하는가? 이제 하려는 얘기를 전에 들어본 적이 있다면 날 멈춰달라. "기후변화"는 어떤가? 격찬을 받은 앨 고어(Al Gore)의 다큐멘터리 「불편한 진실」(*An Inconvenient Truth*)을 본 적이 있다면 당신은 다가올 미래를 타는 듯하면서 가슴 찢어질 듯한 악몽으로 묘사하는 도입부를 기억할 것이다.

> 어느 날 치킨 리틀(Chicken Little)이 숲을 걷는데 "쿵!" 하고 도토리 한 알이 머리 위로 떨어졌다.
>
> 치킨 리틀은 "맙소사! 하늘이 떨어져 내리고 있어! 가서 왕께 알려줘야겠어"라고 말했다.

어이쿠, 나의 실수. 앨의 다큐멘터리와 전에 상영된 재난 블록버스터를 혼동했다. 두 작품이 몰디브에서 솟아오르는 해수면마냥 밀려온다. 그러나 당신은 같은 장르의 또 다른 영화 「투모로우」(*The Day After Tomorrow*)를 보았는지 모르겠다. 이 영화에서—줄거리 스포일러 조심!—딕 체니(Dick Cheney : 전직 미국 부통령역주)는 연설 중에 북반구 전체의 급냉각에 관해 얘기를 꺼낸다. 나는 기후학자가 아니므로 이 문제에 대해서는 그런 일이 과학적으로 가능하다는 데니스 퀘이드(Dennis Quaid)의 말을 인용하겠다. 그러나 핵심은 이 세계가 시작된 이후 치킨 리틀에서부터 앨 고어와 데니스 퀘이드에 이르는 유명인사들이 세계의 종말을 아주 빈번하게 예상해왔다는 점이다. 리틀 교수의 시대에는 하늘이 무너지고 있었다. 고어 부통령 때에는 지구가 산산조각난다. 사공이 많으면 배가 산으로 가는 법이다. 상대를 이길 수 없다면 그와 한편이 되어버려라. 그러니까 한마디로 말하겠다.

"세상의 종말이다!!" "언덕으로 올라가라!!!"

아니, 잠깐만. 언덕으로 올라가면 안 된다. 그곳은 이슬람 테러리스트 캠프로 가득하다. 아주 조금만 더 자세히 말하겠다. 우리가 대충 서구세계라고 부르는 곳 중에서 상당 부분이 21세기에 살아남지 못하고 우리가 죽기 전에 사라질 것이다. 여기에는 유럽 국가 대부분은 아니지만 많은 국가들이 해당한다. 이스탄불에 하기아 소피아(Hagia Sophia), 즉 성 소피아 성당으로 알려진 건물이 아직 존재하는 것과—아마도—유사하게 이탈리아나 네덜란드로 표시된 지리적 지역이 아마도 지도상에 여전히 존재하기는 할 것이다. 그러나 하기아 소피아는 성당이 아니다. 그것은 한 조각의 땅덩어리에 붙은 이름일 뿐이다. 마찬가지로 이탈리아와 네덜란드는 땅덩어리를 가리키는 명칭에 불과하게 될 것이다.

그것은 시작일 뿐이다. 그리고 해수면 상승을 걱정하는 환경과민증자들(ecochondriacs)의 강박증과 달리, 이것은 서기 2,500년 무렵이면 어쩌면 무언가가 몰디브를 위협할 수도 있다고 상상하는 것 따위가 아니다. 우리가 말하는 동안 그 과정은 이미 충분히 진행되었다. 프랜시스 후쿠야마(Francis Fukuyama)와 관련지어 말하자면 그것은 역사의 종말이 아니라 우리가 아는 세계의 종말이다. 그것을 대체하게 될 세계가 우리 마음에 들 것인지 여부는 대두하는 세계의 일부분이나마 주도적으로 만들려는 의지를 미국이 규합할 수 있을 것인가에 달려 있다. 그렇지 못하면 그것은 또한 미국 주도권의 종말이며, 새로운 암흑 시대(중세)가 동터오는 것이다(암흑이 동튼다는 것이 말이 된다면 말이다). 새 행성에서는 세계 지도의 상당 부분이 다시 태고적으로 돌아간다.

이렇게 말하니까 내가 앨 고어의 다큐멘터리나 여느 재난영화에 나오는 미치광이로 보이는가? 물론 당신은 세계의 종말이 얼마 남지 않았다고 생각하고 싶지 않을 것이다. 이 분야에서 치킨 리틀의 훌륭한 계승자들을 생각해 보라.

- 1968년에 출간된 『인구폭탄』(*The Population Bomb*)이라는 베스트셀러에서 저명한 과학자 폴 에를리히(Paul R. Ehrlich : 미국의 곤충학자[역주])는 "1970년대에 세계는 기근을 겪어 수백만의 사람들이 굶어죽을 것이다"라고 선언했다.
- 1972년에 로마클럽(Club of Rome : 기술발전에 수반되는 여러 문제를 해결하려는 국제단체[역주])은 「성장의 한계」(*The Limits of Growth*)라는 획기적인 연구에서 전 세계적으로 1981년에 금, 1985년에 수은, 1987년에 주석, 1990년에 아연, 1992년에 석유, 그리고 1993년에 구리, 납, 석탄가스가 고갈될 것이라고 발표했다.
- 1976년에 로웰 폰테(Lowell Ponte : 칼럼니스트이자 전직 리더스다이제스트 과학 · 건강 담당 편집자[역주])는 『한랭화 : 새 빙하 시대가 이미 시작되었나? 우리는 살아남을 수 있는가?』(*The Cooling : Has the New Ice Age Already Begun? Can We Survive?*)라는 방대한 베스트셀러를 출판했다.
- 1977년에 미 대통령 지미 카터(Jimmy Carter)는 (믿기 어렵겠지만) "앞으로 10년쯤 후에 우리는 현재 알려진 전 세계 석유 보유고를 다 써버릴 수도 있다"라고 확신에 차서 예견했다.

이 중 어떤 것도 실현되지 않았다. 종말론을 퍼뜨리는 사람들의 예언과 반대로 수백만이 굶어죽지 않았으며, 석유와 가스, 금도 고갈되지 않았다. 그리고 비록 전미하키연맹(NHL)에 애너하임(Anaheim : 캘리포니아 주의 도시[역주])과 탬파 베이(Tampa Bay : 플로리다 주의 도시[역주])를 연고로 하는 하키 구단이 소속되어 있기는 하지만, 야심찬 아이들이 얼어붙은 에버글레이즈(Everglades : 플로리다 주의 대소택지[역주]) 근처에서 퍽(puck)을 치면서 겨울을 보내는 일은 아직 불가능하다. 그러나 그렇다고 해서 20세기의 마지막 30여 년 동안 별일이 없었다는 말은 아니다. 1970년과 2000년 사이에 실제로 다음과 같은 일이 벌어졌다. 이 시기에 전 세계 인구 중 30% 가까이 되던 선진세계 인구는 20%를 살짝 웃도는 정도로 줄어들었고, 이슬람 국가들의 인구는 약 15%에서 20%로 늘어났다.

이러한 사실은 어떤 수목(樹木)의 운명이나 거기 매달린 나무늘보의 멸종위기보다 세계의 미래에 덜 중요한가? 1970년에 인도 대륙 바깥에 사는 비(非)이슬람인들 중에서 이슬람에 대해서 신경을 쓰는 사람은 거의 없었다. 팔레스타인 상황조차도 어느 정도 관습적인 민족문제의 틀 안에서 고려되었다. 그러나 오늘날에는 이슬람이 마음껏 행동한다. 거의 모든 지정학적 위기는 새뮤얼 헌팅턴(Samuel Huntington)이 『문명의 충돌』(*The Clash of Civilizations*)에서 "유라시아에서 아프리카로 이어지는 이슬람과 비이슬람의 경계"라고 부른 곳에서 벌어진다. 이 고리 모양의 경계선은 뉴스에는 전혀 나오지 않는다. 어떤 주(週)에 그것은 발리의 폭탄테러로 나타나고 다른 주에는 남부 타이에서 참수형으로 나타난다. 또 다른 주에는 러시아 연방에 속하는 잘 알려지지 않고 자원이 풍부한 어느 이슬람 공화국에서 폭동으로 나타난다. 그 다음에는 마드리드와 런던이다. 이 고리 모양의 경계는 한 세대도 지나기 전에 서구의 심장부를 관통했다.

1970년은 그리 먼 과거가 아닌 것처럼 느껴진다. 오늘날 서구세계에 사는 많은 사람들은 예사로 여기지만 만약 당신이 50대나 60대라면 당신의 바지는 그때보다 통이 더 좁아졌고 헤어스타일은 덜 촌스럽다.

그렇지만 당신의 삶에 있어서 전반적인 모습—집의 외관, 자동차 설계, 가전제품의 모양, 냉장고에 있는 물건들의 상표—은 크게 다르지 않다. 그럼에도 불구하고 이 세계는 완전히 변했다. 노골적인 통계치들을 다시 들어 보자. 1970년에 세계 인구 중 선진국 인구(30%)가 차지하는 비율은 이슬람 세계 인구(15%)의 두 배였다. 2000년에 이 수치는 같아져서 각각 20% 정도가 되었다.

그렇다면 2020년에는 어떻게 될까?

2001년 9월 11일은 "모든 것이 변한 날"이 아니라 그때까지 얼마나 많은 것이 변했는지 보여준 날이었다. 9월 10일에 자신의 명함첩에 미국이슬람관계협의회(Council on American-Islamic Relations)나 캐나다이슬람회의(Canadian Islamic Congress) 혹은 영국이슬람협의회(Muslim Council of Britain)의 연락처를 가지고 있던 기자는 몇 명이나 될까? 만약 당신이 무언가가 이슬람교도들을 자극하는지 여부가 21세기 초 덴마크, 스웨덴, 네덜란드, 벨기에, 프랑스, 영국에서 주요 정치 원동력이라고 말했더라면 사람들은 대부분 당신이 미쳤다고 생각했을 것이다. 그러나 9월 11일 화요일 아침에 빙산의 꼭대기는 불쑥 솟아올랐고, 트윈타워를 붕괴시켰다.

이 책은 겉으로 드러난 빙산 밑에 숨은 나머지 8분의 7에 관한 것이다. 즉 이 책은 선진세계에서 작용하는 더 큰 힘에 관한 것이다. 이 힘으로 인해 유럽은 가차없이 유라비아(Eurabia)로 변환되는 데 저항조차 못 하게 된다. 그리고 미국과 캐나다를 포함하여 많은 국가들은 자신의 미래에 의문을 제기하게 된다. 핵심 요인들은 다음과 같다.

1. 인구감소

2. 선진 서구 사회민주주의의 지속 불가능성

3. 문명화의 고갈

남들도 다 그렇게 하니까 나도 인구문제부터 시작하겠다.

인구의 힘

당신 학교는 학생 수가 200명인데 학생 수가 2,000명인 학교와 경기를 치르고 있다고 해서 당신 학교 야구팀이 꼭 지게 되어 있는 것은 아니다. 그러나 이러한 차이가 상대에게 처음부터 이점을 주는 것은 분명하다. 마찬가지로 만약 당신이 혁명을 시작하려고 하는데 당신에게 동료 혁명가가 일곱 명밖에 없고 그들이 모두 80세가 넘었다면 혁명을 할 수 있을 것 같지가 않다. 그러나 당신에게 동료 혁명가가 200만 일곱 명이 있고 그들이 모두 30세 이하라면 당신은 만반의 준비가 된 셈이다.

"중동 평화협상"에 연루된 고위 관료들 중에서 몇이나 이 수치에 부합했는지 궁금하다. 참고로 말하자면 가자지구의 연령 중간값은 15.8세이다.

일단 이것을 알고 나면 남은 것은 세부사항이다. 만약 당신이 "온건 팔레스타인" 지도자라면 유엔이 감독하고 유럽이 자금을 댄 죽음 숭배문화(death cult : 이슬람을 경멸적으로 일컫는 표현역주) 속에서 자라나면서 교육도 제대로 못 받고 일거리도 없는 젊은이들의 국가—혹은 유사 국가—에게 분별력을 가지라고 설득해 보고 싶겠는가? "팔레스타인 문제"를 분석할 때 현지에서 가장 중요한 결정요소를 고려하지 않는다면 시간 낭비이다.

마찬가지로 유럽, 캐나다, 일본, 러시아의 가장 두드러진 특징은 이 국가들이 아기가 부족하다는 것이다. 지금 선진세계에서 일어나고 있는 현상은 역사상 가장 급속한 인구학적 변화에 속한다. 우리들 대부분은 엄청나게 많은 훈훈한 소수인종 코미디들—「나의 그리스식 웨딩」(*My Big Fat Greek Wedding*)이나 그와 비슷한 작품들—을 본 적이 있을 것이다. 아주 보수적인 앵글로색슨계 백인 청교도(WASP)에 속하는 사내가 정 많고 자식도 많은 지중해 연안 출신 가계에 속하는 여자와 데이트를 시작한다. 그런데 누이와 사촌, 삼촌들이 너무 많아서 방안에 들어가기도 힘들다. 사실 이것은 진실과는 정반대이다. 그리스의 출산율은 부부당 1.3명 미만을 맴돈다. 이것은 인구학자들이 "최저저"(lowest-low) 출산율이라고 부르는 수치로서 어떤 사회도 이 지점에 도달한 후에 여기서 헤어나온 적이 없었다. 게다가 그리스의 출산율은 지중해 유럽에서 가장 높다. 이탈리아와 스페인의 출산율은 각각 1.2와 1.1이다. 요즘 선진세계에서 "대"가족을 유지하는 국가가 있다면 그것은 영어권 민주주의 국가다. 미국의 출산율은 2.1이며, 뉴질랜드의 출산율은 그보다 조금 낮다. 할리우드는 「나의 청교도식 웨딩」(*My Big Fat Uptight Protestant Wedding*)을 제작해야 할 것이다. 이 영화에서는 아주 슬픈 그리스인 외자녀가 정 많은 뉴질랜드 대가족 출신 배우자와 결혼하게 될 것이다.

내가 늘 하는 말이지만 이것은 예상이 아니다. 현재 벌어지고 있는 일이다. 추정할 필요도 없다. 다소 소름끼칠 테지만 재미삼아 추정해 보자면 다음과 같다. 2050년이면 이탈리아인 중 60%가 형제도, 자매도, 사촌도, 숙모도, 삼촌도 없을 것이다. 조부모, 조카딸, 조카들이 둘러앉은 끝없는 테이블에 할아버지는 포도주를 퍼주고 할머니는 파스타를 떠주는 이탈리아 대가족은 공룡처럼 멸종하고 더 이상 존재하지 않을 것이다. 노엘 카우어드(Noel Coward : 영국 극작가이자 배우[역주])가 다른 맥락에서 언급했듯이 "스스로 언덕 위로 끌어올려라"[Funiculi, funicula, funic yourself : 19세기 말 이탈리아에서 만들어진 노래로, 케이블카(funicular railway)를 타고 언덕을 오르는 모습을 묘사한다. 마지막의 "funic yourself"는 후에 카우어드가 붙인 것이다[역주]]. 21세기 중엽이면 이탈리아인들은 이 문제에 대해서 선택의 여지가 없을 것이다.

전문가들은 근본 원인들에 대해서 이야기한다. 그러나 인구학은 그 무엇보다 가장 기초적인 근본이다. 선진세계의 많은 시민들은 9 · 11 이전에는 이슬람에 대해서 의식적으로 사고하지 않았다. 이제 우리는 매일 저녁 이슬람 관련 뉴스에 빠져들게 된다. 전 세계에 분쟁지역이 많이 있긴 하지만, 일반적으로 볼 때 다음 중에서 하나를 취하면 경험적 추측을 쉽게 해볼 수 있다. "팔레스타인"에서는 이슬람교도 대 유대인, 카슈미르에서는 이슬람교도 대 힌두교인, 아프리카에서는 이슬람교도 대 기독교인, 타이에서는 이슬람교도 대 불교인, 카프카스에서는 이슬람교도 대 러시아인, 발리에서는 이슬람교도 대 배낭 여행자, 스칸디나비아에서는 이슬람교도 대 덴마크 만화작가 등. 환경보호론자들은 지구적으로 생각하되 지역적으로 행동하라고 주장하기도 한다. 그들은 그것을 즐기며 지구의 어딘가에서 별 생각 없이 새로운 분야를 개척한다.

왜 그럴까? 왜냐하면 그들에게는 인적 자원이 있기 때문이다. 1970년대와 1980년대에 이슬람교도들은 아이를 낳았다[런던과 가자의 자폭 테러 이슬람주의자들은 문자 그대로 아기 폭탄(baby boom)이다]. 그러나 서구인들은 "인구과잉" 때문에 생기는 최후의 날을 다룬 어리석은 저술들을 진지하게 받아들였다. 그들은 아직도 그러고 있다. 2005년에 제레드 다이아몬드(Jared Diamond : 미국 진화론 과학자역주)는 『문명의 붕괴』(*Collapse : How Societies Choose to Fail or Succeed*)라는 베스트셀러를 출간했다. 시기적절한 주제라서 나도 한 권 샀다. 나도 참 바보지. 그것은 온통 나무를 다 잘라내 버려서 패망한 이스터 섬에 관한 얘기다. 그 섬이 G-7 가입국이나 유엔안전보장이사회 상임이사국이 아닌 이유가 여기에 있다. 그린란드인들, 마야인들, 그리고 다이아몬드 씨가 이상하게 "사회"라고 선택한 다른 곳들도 마찬가지다. 그의 말대로 정말로 꽤 많은 사회가 나무를 잘라내서 패망한다.

기력 없고 나이 든 다이아몬드는 나무에 대한 강박 때문에 숲을 보지 못한다. 러시아는 붕괴하고 있지만 그것은 삼림파괴와는 무관하다. 관련이 있는 것은 나무(tree)가 아니라 가계도(family tree)다. 그것은 숲속의 아기들이다. 번식하지 못하는 사람들은 앞으로 나아가거나 어디론가 가지 못한다. 번식하는 사람들이 우리가 사는 시대를 규정할 것이다. 왜냐하면 역사가 우리를 부를 때 무엇보다 다음과 같은 가장 기초적인 질문으로 시작하기 때문이다.

똑똑!

거기 누구 있나요?

복지와 전쟁

인구감소와 사회민주주의 국가의 불안정은 밀접한 관계가 있다. 연방예산 적자에 당황한 미국 정치인들은 아이들과 손자, 손녀들이 갚아야 할 부채를 우리 손으로 쌓아올리고 있다고 불평하곤 한다. 그러나 유럽의 경우는 복지 수혜를 감당할 수 없다는 것이 더 큰 문제다. 즉 복지를 끝까지 지탱할 자녀들과 손자, 손녀가 없다는 것이다.

뉴햄프셔에 있는 우리 동네는 인구가 1820년에 최고에 달했다가 1940년까지 줄어들었고, 그 후로 다시 늘어나기 시작해서 오늘날에는 2세기 전과 거의 비슷해졌다. 서부 개척은 뉴햄프셔의 양 사육을 몰락시켰고, 젊은이들은 평원 너머로, 즉 남부 뉴잉글랜드에 있는 공장 마을로 쫓겨갔다. 지하저장소였던 구덩이와 버려진 헛간들과 숲으로 메워진 목초지를 보고 있노라면 슬퍼진다. 그러나 우리 동네는 몰락하지 않았다. 왜냐하면 우리 동네 구식 주민들은 사치스런 복지제도에 참가하지 않았기 때문이다. 이와 비슷하게 골드러시 이후 유콘(Yukon : 캐나다 서북부의 연방직할지역주) 준주(準州)에서는 한때 술집들로 떠들썩했고 매춘부 댄서들의 셔츠 밴드는 1달러짜리로 채워졌다. 그 후 가게들은 모두 문을 닫았고, 모든 사람들이 마지막 남행 개썰매를 타고 황급히 떠났다. 그러나 유콘 준주는 매춘부들의 은퇴시설 비용을 누가 부담할 것인지 계산하느라 난처해하지 않는다. 화이트호스(White Horse)나 도슨(Dawson : 이상 유콘의 도시들역주)의 비어가는 술집들과 달리, 선진세계에서 인구문제는 존재의 위기이다. 왜냐하면 20세기 사회민주주의 국가는 스스로를 지탱하기 위해서는 인구가 계속 늘어나야 하는 경솔한 모델 위에 만들어졌기 때문이다.

그것은 다음과 같이 공식화할 수 있을 것이다.

고령 + 복지 = 당신에게 재앙

젊음 + 의지 = 누구든지 당신을 방해하는 자에게 재앙

여기서 "의지"란 말하자면 문화적 근성 같은 것이다. 다른 예를 들자면, 아프리카에도 수많은 젊은이들이 있지만 그곳은 AIDS로 가득 차

있고 대부분의 아프리카인들은 자신이 아프리카인이라고 생각하지 않는다. 우리가 르완다에 대해 알고 있는 바와 같이 그들의 일차적 정체성은 부족이며, 대부분의 부족들은 세계적인 야망이 없다. 그렇지만 이슬람은 진지한 세계적 야심을 가지고 있으며, 중동과 남아시아를 포함한 곳곳에서 대부분의 신봉자들에게 근본적이고 핵심적인 정체성을 부여한다. 이슬람에는 젊음과 의지가 있고, 유럽에는 노인과 복지가 있다.

우리는 20세기 후기의 진보적 복지민주주의의 종말을 목도하고 있다. 복지민주주의의 재정 파탄은 더 근본적인 파탄의 징후에 불과하다. 즉 복지민주주의는 사회에 활기를 불어넣는 원칙이 되기에 부족하다는 것이다. 스페인의 미래를 위해서 치열한 내전을 치른 파시스트들과 공화주의자들의 아이들과 손자, 손녀들은 이제 외국인 무리가 자신들의 수도를 폭파해도 어깨를 으쓱할 뿐이다. 그들은 계약조건에 소송을 제기할 수조차 없을 정도로 너무 조용한 사람들이라서 포기가 빠르다. 평형상태의 다른 한쪽을 차지하고 있는 현대 다문화 국가는 너무 맥 빠진 개념이라서 방대한 수의 이민자들을 그들의 명목상의 시민권이 있는 영토에 속박할 수가 없다. 따라서 그들은 다른 곳을 둘러보고는 지하드[jihad : 성전(聖戰), 성전주의역주]를 발견하게 된다. 오늘날 세계화된 병리들이 전통적 민족주의를 대체하고 있다. 이러한 현실에서 서구의 범이슬람(pan-Islamic) 정체성은 맨 처음 등장한 거대 대의에 불과하다.

역사상 가장 후한 사회복지제도를 실시하고 있고 인구가 줄어들고 있는 국가들에게 질문은 간단하다. 그 국가들은 제대로 해나갈 수 있을까? 수명이 다하기 전에 성장할 수 있을까? 그렇지 못한다면 그 국가들은 매우 다른 세계관을 가진 자들이 지배하는 세상에서 종말을 맞이하게 될 것이다.

오래된 권태와 싸우는 헛수고

이것은 세 번째 요인과 연결된다. 이것은 서구세계의 무기력증, 즉 무엇이 문제인지 이해하지 못할 정도로 문화적 상대주의에 깊이 빠져버린 국가들이 느끼는 문명적 권태감이다. 공교롭게도 이 세 번째 문제는 앞의 둘과 밀접하게 관련되어 있다. 미국인들에게는 국내 정치에서 "테러와의 전쟁"과 이른바 "돈지갑 문제" 사이에 어떤 연관이 있다는 사실이 항상 명확한 것 같지는 않다. 그러나 사회민주주의 국가의 구조적 취약성과 세계화된 이슬람의 대두 사이에는 상관관계가 있다. 사회민주주의 국가는 점진적으로 성인의 모든 책임들—보건의료, 자녀 양육, 노인 부양—을 통합하여 자국 국민들에게서 인류의 근본적인 본능, 특히 생존본능을 사실상 없애버리기에 이르렀다. 미국의 경우에 연방예산 "적자"는 문제가 아니다. 적자는 정부 프로그램들 때문에 생긴다. 설령 빌 게이츠(Bill Gates)가 운영비에 쓰라고 매달 수표를 써준다 해도 이 프로그램들에는 문제가 생길 것이다. 이 프로그램들은 시민들의 자립심을 치명적으로 훼손할지도 모른다. 큰 정부는 국가 안전에 위협이다. 큰 정부는 이슬람주의 같은 위협 앞에서 당신을 더욱 취약하게 만들며, 당신이 그러한 위협을 저지하려는 의지를 규합할 수 있는 가능성을 줄여버린다. 2001년 9월 11일 큰 정부는 완전 실패하고 그날의 유일한 희소식은 93 항공편의 임시 시민의용군(2001년 9월 11일 항공기 테러를 막아낸 유나이티드 에어라인 승무원들과 승객들을 가리킴역주)에게서 나왔다. 이때 이 교훈을 배웠어야 했다.

20세기 후반에 작용한 두 가지 힘이 있었다. 동구에서는 공산주의의 붕괴이고, 서구에서는 확신의 붕괴이다. 프랜시스 후쿠야마의 유명한 논제 『역사의 종말』(*The End of History*)—소련 공산주의에 대한 자유주의적 다원민주주의의 승리를 바라보며 쓴—에 대한 가장 분명한 논박들 중 하나는 승리자들은 그것을 그런 식으로 보지 않았다는 점이다. 미국인들—혹은 적어도 민주당에 투표하지 않는 미국인들—은 냉전에서 "승리했다"고 말할지 모르지만 프랑스인들과 벨기에인들, 독일인들, 캐나다인들은 그렇지 않다. 영국인들도 극소수만이 그렇게 말한다. 이 국가들은 모두 공식적으로 북대서양조약기구(NATO)의 회원국이다. 이들은 거의 모든 사람들이 살기를 꺼려하는 끔찍한 독재국가에 대해서 법적으로는 승리자 측에 속했다. 유럽도 처음에는 행복한 순간이 있었다. 베를린 장벽을 무너뜨리는 군중들을 보고 감동하지 않기도 어려웠다. 특히 군중의 상당수가 제국주의의 어리석은 앞잡이하고라도 기꺼이 칼스버그(Carlsberg : 덴마크 산 맥주 이름[역주])나 스텔라 아르투아(Stella Artois : 벨기에 산 맥주 이름[역주])를 함께 마시고 싶어하는 화끈한 공산주의의 아이들이었으니 말이다. 그러나 그 순간이 서서히 사라졌을 때, 후쿠야마에게는 미안하지만, 유럽 대륙에는 우리의 큰 이념이 저들의 큰 이념을 물리쳤다는 느낌은 없었다. 아무리 그러려고 해도 프랑스나 이탈리아 국민들이 공산주의를 물리치는 데 어떤 중요한 기여를 했다고 인정해 주기는 어렵다. 그러기는커녕 양국 국민들 중 수만 명이 해마다 자국 공산당에 투표했다. 그리고 소련 존재의 위협이 사라지자 서구의 무기력은 가속화될 뿐이었다.

토마스 바넷(Thomas P. M. Barnett : 미국의 군사전략 지정학자[역주])의 책 『행동청사진』(*Blueprint for Action*)은 세계정세를 매우 통찰력 있게 관찰한 로버트 카플란(Robert D. Kaplan : 미국의 저널리스트[역주])의 말을 인용하여 지도상에서 법의 지배를 받지 않는 변방을 "인디언 특별보호구"라고 부른다. 이것은 우스꽝스러운 농담이지만 진실을 오해하게 만든다. 과거의 인디언 특별보호구와 새로운 "특별보호구"의 차이점은 이것이다. 과거에는 아무도 수족(Sioux : 아메리칸 인디언의 한 종족[역주])이 5번가(뉴욕 맨해튼의 번화가[역주])를 말을 타고 질주할 거라고 걱정할 필요가 없었다. 그러나 오늘날 불모지에서 온 그 수족은 몇 백 달러가 든 현금 카드를 갖고서 몇 시간이면 대도시 한복판에 도착할 수 있다. 또 다른 차이점이 있다. 옛날에는 백인 남자가 인디언 특별보호구를 침범했다. 그러나 이제는 불모지에 사는 급진적 이슬람 율법학자 추종자들이 대도시를 침범한다. 그리고 또 다른 차이점은 기술이다. 옛날에는 아메리칸 인디언들에게는 활과 화살이 있었고 기병대에게는 총이 있었다. 오늘날 "특별보호구"에 속한 국가들은 자국민들을 먹여살릴 수는 없지만 핵무기를 가지고 있다.

그러나 이뿐 아니라 "특별보호구"라는 표현 자체가 이 불모지들이 질서 잡힌 세계의 경계 안에 존재한다는 것을 가정한다. 사실, 오늘날의 많은 "특별보호구"는 한두 세대 전에 어느 정도 정리가 되었다. 서아프리카, 파키스탄, 보스니아 등이 그런 경우다. 동유럽과 라틴아메리카, 그리고 일부 아시아 국가들은 1970년대보다 더 자유로워졌음에도 불구하고 지도에서 띠 모양을 이루는 나머지 국가들은 과거로 급격히 회귀했다. 어떤 것이 더 그럴 듯한가? 압력을 받고 있는 지구상의 국가들이 공산주의 몰락 후의 폴란드처럼 될까, 아니면 유고슬라비아처럼 될까? 유럽은 인구의 압박으로 인해 후자 쪽으로 갈 듯하다(구소련 해체 후 폴란드는 가장 빨리 정치 안정을 이룬 반면, 유고슬라비아 연방은 해체되기에 이르렀다[역주]).

우리가 앞으로 맞닥뜨릴 적들은 알카에다와 매우 흡사할 것이다.

국경을 초월하고, 세계화되어 있고, 조직원이 각지에 퍼져 있고, 외부 자원을 광범위하게 활용하지만 국경과 국가를 초월하는 강력한 정체성을 통해 한데 묶여 있는 적들 말이다. 아프가니스탄과 소말리아에서 그랬던 것처럼 비록 국가라는 외피를 이용할 수는 있지만, 그들은 국가를 이루지는 않을 것이고 국가가 되는 데에 관심도 없을 것이다. 지하드가 최초의 사례이겠지만 다른 초국적 변종들도 유사한 기법을 수용할 것이다. UN이나 EU 같은 9월 10일 이전의 기구들(9·11 테러 이전의 기구들을 말함역주)은 효과적인 대응책을 제시하지 못할 것 같다.

나는 내가 서점에서 재앙예언 코너를 찾게 될 줄은 생각지도 못했다. 그렇지만 정확히 말하자면 당신이 이제 읽게 될 내용은 냉담한 사람들이 앞서 말한 자극적인 시나리오들을 찾아다니는 것 따위와는 중요한 차이가 있다. 인류 발전에서 핵심적 등식, 즉 인구학과 의지 사이의 교점(交點)을 이해하는 데 중요하기 때문에 이 차이점에 대해서 잠시 말하도록 하겠다. 인구학은 주로 수치 계산, 즉 무미건조한 통계의 문제이다. 두 번째 현상—의지—은 다소 덜 구체적이지만 똑같이 중요하다.

오사마 빈 라덴은 사람들이 약한 말(horse)보다는 강한 말에 끌린다고 말한 적이 있는데, 그 말은 부분적으로는 개념적인 문제였다. 기술적으로 보자면 당신도 탱크, 폭탄, 핵무기 따위를 수도 없이 무장한 강한 말이 될 수 있다. 그러나 당신이 그것들을 활용하기에 너무 약해 보이면 약한 말이 지내는 마구간으로 쫓겨날 것이다. 빈 라덴은 유럽을 염두에 두고 있던 것이 아니었다. 이슬람주의자들은 유럽을 칼리프 영토에 재편입시키는 것만으로는 결코 완전하지 않다고 본다. 오히려 그는 초강대국(hyperpower)을 생각하고 있었다. 2001년 9월 말 마울라나 이냐둘라(Maulana Inyadullah)는 페샤와르(Peshawar : 파키스탄 북부의 도시역주)에 몸을 숨기고서 거대 사탄(Great Satan : 미국을 가리킴역주)에 맞서 싸울 전투 명령을 기다리면서 영국 데일리 텔레그래프(*Daily Telegraph*)의 데이비드 블레어(David Blair)에게 "미국인들은 펩시콜라를 사랑하지만 우리는 죽음을 사랑한다"는 짧은 영상을 보냈다.

이냐둘라 씨와 저명한 소설가 마거릿 드래블(Margaret Drabble)을 비교해 보라. 그녀도 이라크전쟁 직후 데일리 텔레그래프에서 발언한 바 있다. 적어도 탄산음료에 관한 한 그녀도 이냐둘라와 같은 생각을 한다. "나는 코카콜라를 혐오하고, 햄버거를 혐오하며, 역사를 왜곡하는 감성적이고 폭력적인 할리우드 영화를 싫어한다. 나는 미국 제국주의, 미국 유치증(幼稚症, infantilism), 그리고 이기지도 못한 승리를 주장하는 미국 승리주의를 혐오한다."

드래블 씨가 불평하는 목록을 살펴보라. 만약 당신이 1930년대의 폴란드에 산다면 청량음료에 대한 소비에트의 취향이나 감성적인 제3제국(히틀러 치하의 독일역주) 영화들에 대해서 신경 쓰지 않을 것이다. 미국은 역사상 가장 자비로운 패권국이다. 즉 미국은 세계 최초의 비제국주의적 강대국이며, 미국의 시대가 시작될 무렵 지정학적 물주(物主)가 되기로 작정했다. 미국은 유럽에 방위비를 대줌으로써 유럽 국가들이 과거의 권력 경쟁자로 되돌아가는 것을 방지하고자 했다. 좋은 생각이다. 그러나 이 정책으로 인해 그들은 국가로서 가져야 할 전통적인 책임들이 면제되었고, 미국과 유럽의 동맹은 성인 한 명이 불평하는 10대 무리를 떠맡는 불건전한 시트콤 가족으로 변질되었다. 비록 그들이 (지정학적으로는) 세계에서 가장 다루기 쉬운 10대들이기는 했지만 말이다. 미국은 UN이나 여타 신생 세계 정부기구들 내에서 자신의 권력을 줄이는 쪽을 선호했는데도 우방을 얻지 못했다. 모든 지배권력은 미움을 받는다.

대영제국도 그랬고 로마제국도 그랬다. 그러나 이들은 대개 정당한 이유들 때문에 미움을 받는다. 그러나 미국은 온갖 이유로 미움을 받는다. 광신적인 이슬람교도들은 랩 댄스(lap-dancing : 누드 댄서가 나오는 선정적인 춤역주)와 게이 포르노 때문에 미국을 혐오한다. 세속적인 유럽인들은 낙태문제에 꼼짝 못 하는 미국을 혐오한다. 반유대주의자들은 미국이 유대인들에 의해 조종된다며 미국을 혐오한다. 너무 유대적이고, 너무 기독교적이고, 너무 비신앙적이기 때문에 미국은 조지 오웰(Geroge Orwell)의 101호실(Room 101 : 소설 『1984년』의 TV 시리즈판역주)이다. 당신이 그 안에서 어떠한 걱정거리를 찾아내건, 당신이 무엇에 대해서 반대하건 미국은 그 중에서도 으뜸이 되는 사례이다.

이것이 미국을 비난하는 사람들이 환경주의를 껴안은 이유들 중 하나다. 만약 워싱턴이 전통적인 강대국이라면 지식인 계층은 미국이 프랑스, 인도, 가봉 같은 국가들에 위협이 된다고 주장할 것이다. 그러나 미국은 분명코 그러한 권력이 아니기 때문에 세상 사람들은 이 초강대국이 이러저러한 고리타분한 민족국가들 뿐만 아니라 지구 전체—은하 전체는 아닐지라도—에 위협이라는 명제를 날조해야 했다. "우리는 지구와 우주의 나머지 부분 사이의 에너지 균형을 바꾸고 있다"고 앨 고어는 근엄하게 경고한다.

지구적으로 생각하고 태양계적으로 행동하라. 지구와 "우주의 나머지 부분" 사이의 "에너지 균형"이라고? 당신은 이와 관련된 통계자료를 접해보지 못했을 것이다. 그렇지 않은가? 1940년과 1873년의 우주 "에너지 균형" 그래프들이라고? 맙소사! 미국은 전통적인 초강대국 구상 때문이 아니라—그보다 더 무서운—"소비", 즉 살아가는 방식 때문에 위협적이다. 드래블 씨가 혐오하는 콜라와 햄버거는 히틀러(Hitler)나 스탈린(Stalin)처럼 대놓고 대량학살을 하는 정복자들이 꿈에서나 생각해 봤을 방식으로 지구를 혹사시키고 있다. 이러한 공상은 미국이 얼마나 위협적이지 않은지를 여실히 보여준다.

그러나 다른 이들은 초강대국의 온화함을 다른 시각에서 바라본다. 미국을 방문하는 사람들은 성조기 밑에 쓰여 있는 "이 색깔들은 움직이지 않는다"라는 대중적인 티셔츠 슬로건에 대해서 종종 언급한다. 미국인이 아닌 사람들에게 그것은 사소한 문제일 수 있다. 그러나 사반세기 동안 미국의 적들은 그 색깔들이 실제로 움직였다고 가정했다. 즉 그것들이 베트남에서 움직였고, 이란 사막에서 추락한 헬기들 가운데서 움직였으며, 소말리아에서 움직였다는 것이다. 성공한 군사행동들—확정짓지 못하고 끝난 1991년 걸프전과 분위기만 풍긴 1999년 코소보전—조차 그 색깔들이 움직여야 하는 상황까지 가지 않도록 분명하게 의도된 듯이 보였다. 오사마가 목도했듯이 그 색깔들은 아프리카 대사관 폭탄테러들과 코바(Khobar : 사우디아라비아의 도시역주)의 고층건물들에서 움직였다. 그 색깔들이 수니 트라이앵글(Suni Triangle : 이라크의 지명역주)에서 움직일 거라고 자르카위(Zarqawi : 2006년 피살된 이라크 알카에다의 지도자역주)가 이해한 바로 그대로다. 움직이지 않는 듯이 비쳐지는 것—혹은 당신이 다른 표현을 선호한다면 "결의"를 보여주려는 듯이 비쳐지는 것—은 미국 대외정책에서 필수적인 목적이어야 한다. 만약 그 색깔들이 이라크에서 움직인다면 그것은 미국의 시대의 종말이 될 것이다. 성가신 일이 생기자마자 집으로 돌아가겠다고 울부짖는 강대국을 어떻게 러시아, 중국, 심지어 벨기에가 다시금 진지하게 받아들일 수 있겠는가?

이 점에 대해서 오사마, 사담(Saddam), 물라 오마르(Mullah Omar : 탈레반 지도자[역주]) 혹은 중국 정치국의 표현을 빌리지 말라. 스스로를 미국에 대해 전반적으로 호의적이라고 생각하고 이슬람주의가 세계 안보에 중대한 위협이라는 시각을 공유하지만, 미국이 임무를 수행하려는 의지가 없다고 결론짓는 그러한 국가들을 생각해 보라. 당신은 인도, 싱가포르, 그리고 다른 신생 국가들의 정계에서 일상적으로 표출되는 그러한 우려들을 듣게 된다. 영국 역사학자 니알 퍼거슨(Niall Ferguson)은 "점토로 만들어진 거인의 발"에 대해서 말한다. 야마모토(Yamamoto) 제독의 "잠자는 거인"은 깨우기가 더 어려워졌다(야마마토 제독은 진주만 공습을 지휘하면서 잠자는 사자의 코털을 건드리게 되었다고 탄식했다[역주]). 레이지보이(La-Z-Boy : 미국의 가구 브랜드[역주])의 안락의자가 현관에 있는 낡은 흔들의자보다 훨씬 더 편안하고 소중하다. 베트남에서 거인을 내쫓는 데 5만 명의 목숨이 필요했다. 중동에서는 5천 명이면 충분할지도 모른다. 그리고 다음 전쟁에서는 500명이나 50명이 죽은 후에 거인이 포기할 수도 있고 아니면 전혀 개의치 않을 수도 있다. 적들은 서구 전체, 특히 미국이 유약하고 퇴폐적이며 집중력이 없다고 확신한다. 미국은 지구상에서 가장 강력한 군대라는 이점을 가지고 있지만 전쟁을 치를 용기가 없으므로 그것은 결코 이점이 못 된다. 만약 당신이 CNN 국제판[이것 때문에 CNN 국내판은 일주일 내내 하루 종일 방송하는 마이클 새비지(Michael Savage) 채널(미국의 라디오 채널[역주])과 비슷해 보인다]을 제대로 시청하게 된다면 9·11 이후에 가장 인상적인 것이 결국 무엇이겠는가? 미국이 지구상에서 가장 규모가 크고 기술적으로 가장 진보한 최고의 군대를 보유하고 있다는 것일까? 아니면 그 군대를 어디론가 파병하는 순간에 히스테리에 걸린 국회의원들이 "출구전략"이 필요하다며 소리 높여 외치는 것일까? 레이지보이 안락의자에 앉아 코를 고는 살찐 사내는 차고에 아름답게 번쩍이는 페라리 자동차를 가지고 있을지도 모른다. 그러나 그는 웅덩이가 파인 도로에 그 차를 끌고 나가야 하는 현실을 증오한다. 어쨌든 세차를 하느라 집 앞에 세워둔 페라리 자동차는 정말 멋져 보인다.

대안적 현실

유럽의 줄어드는 인구와 의지력이 망각으로 직통하는 편도 티켓이라면 인구 수와 의지력의 결합, 다시 말해 진지한 인적 자원은 매사에 가장 유효한 조합일 것이다. 지구상에서 인구성장이 가장 빠른 집단이—가장 온건하게 말해서—자유세계가 지닌 특성들과는 다소 껄끄러운 관계에 있다는 것은 무슨 뜻인가?

선진세계가 이슬람 인구를 더 많이 받아들이면서도 그 정치적 특성이 이슬람화되지 않을 수 있을까? 그리고 그것은 예술과 문화, 과학과 의학, 혁신과 에너지 등등과 기초적인 자유에 대해서 어떠한 영향을 끼칠까?

아마도 변화는 매우 작을 것이다. 프랑스에서 가톨릭교회들은 이슬람 사원으로 탈바꿈할 것이다. 영국에서 동네 주점들은 술을 팔지 않을 것이고, 네덜란드에서 게이 나이트클럽들은 문을 닫고 샌프란시스코로 이전할 것이다. 이런 것들을 빼고는 생활은 예전과 다름이 없을 것이다. 새로운 유럽인들은 탈기독교적(post-Christian) 세속주의자들보다는 엄격한 이슬람교도가 될 테지만 그들은 여전히 유럽인으로 여겨질 것이다. 그것은 배역이 바뀐 「캐츠」(*Cats*)와 비슷할 것이다. 배우는 바뀌었어도 동일한 장기흥행 뮤지컬일 테니까 말이다. 아니면 오로지 흑인들의 손으로 만들어진 뮤지컬 「헬로 돌리」(*Hello, Dolly!*)가 더 적절한 비유일지도 모르겠다. 캐럴 채닝(Carol Channing) 대신 펄 베일리(Pearl Bailey)가 주연이지만 대본, 음악, 무대는 모두 동일하니까 말이다. 선진사회에 활력을 주는 원칙들은 매우 강력하니까 주역이 누구로 바뀌든 간에 지속될 것이다.

그러나 상황이 이런 식으로 풀리지 않는다면 어떻게 될까? 세계 곳곳의 개인의 자유와 민주주의에 순위를 매기는 2005년 프리덤 하우스(Freedom House : 미국에 기반을 둔 비정부 국제 연구기관[역주]) 조사에서 가장 낮은 "자유" 점수를 기록한 국가 여덟 중 다섯이 이슬람 국가였다. 이슬람교도가 다수를 차지하는 전 세계 45개 국가들 중에서 자유로운 국가는 3개에 불과했다. 이슬람교도가 인구의 20-50%를 차지하는 16개 국가들 중에서 베냉(Benin : 서아프리카에 위치한 공화국[역주]), 세르비아-몬테네그로, 수리남 등 3개 국가만이 자유로운 것으로 나타났다. 이 국가군의 네 번째 구성원으로 프랑스의 운명을 주목하는 것도 흥미로울 것이다.

우리는 이러한 인구학적 경향들이 어떤 결과를 가져올지 논할 수 있다. 그러나 아무 일도 없을 거라고 유쾌하게 말한다면 그것은 어리석은 짓이다. 필립 롱맨(Philip Longman)은 『텅 빈 요람』(*The Empty Cradle*)에서 다음과 같이 말한다.

> 그렇다면 미래의 아이들은 어디에서 나올까? 그들은 점점 현대 세계에 맞서 싸우고 있는 사람들로부터 나오게 될 것이다. 이러한 경향이 지속된다면 인간 문화는 현재의 시장주의적·개인주의적·근대주의적 진로로부터 벗어나 점차 근본주의가 지배하는 반시장문화를 창출할 것이다. 새로운 암흑 시대다.

롱맨 씨는 핵심을 제대로 짚었다. 서구 자유주의자들은 정교한 안테나를 가지고 있는 탓에 이탈리아로 규정된 지리적 영역에 사는 이탈리아인들이 앞으로 두세 세대 이후에도 계속 존재할 것인지 누군가가 묻기라도 하면 "그건 인종주의잖아!"라고 외친다. "백인" 인구 비율이 얼마나 되는지를 떠들썩하게 논하는 것은 어처구니 없고 부적절하다. 그러나 그것은 인종에 관한 문제가 아니다. 그것은 문화의 문제다. 당신네 국민의 100%가 자유주의적 다원민주주의를 신봉한다면 그 중 "백인"이 79%인지 아니면 5%에 불과한지는 중요하지 않다. 그러나 당신네 국민의 일부는 자유주의적 다원민주주의를 신봉하고 다른 사람들은 그렇지 않다면 신봉자들이 인구의 90%인지 아니면 단 60%, 혹은 50%, 혹은 45%인지는 매우 중요한 문제이다. 이러한 질문이 최근에 대부분의 주요 국제 뉴스 기사에서 핵심을 차지하게 된 이유는 다음 중 무엇인가? 프랑스 폭동(2005년 이슬람 이민자들이 프랑스에서 일으킨 폭동역주)? 마호메트 카툰을 신문에 실은 것 때문에 이슬람교도들이 덴마크 대사관과 영사관을 공격한 것? 네덜란드 영화제작자 테오 반 고흐(Theo van Gogh)의 피살? 터키의 EU 가입? (관타나모 만 소재 미국 교도소에서 심문자들이역주) 코란을 변기에 버렸다는 뉴스위크(*Newsweek*) 기사 때문에 파키스탄인들이 일으킨 폭동? 내가 이 문제를 지적할 때마다 좌파들은 언제나 "오, 그래. 전형적인 우익 인종주의로군"이라고 반응한다. 사실 이것은 좌파의 쟁점이어야 한다. 나는 "사회 보수주의자"다. 이슬람 율법학자들이 이 세상을 인수하게 되면 나는 턱수염을 좀 더 길게 기르고, 부인을 몇 명 더 두며, 머리를 항상 숙이고 다닐 것이다. 페미니스트와 게이에게는 힘든 시간이 될 것이다. 만약 예컨대 매사추세츠 대법원 판사 다섯 명 중 세 명이 이슬람교도라면 그들이 "동성결혼"을 허락할 가능성이 얼마나 되겠는가?

이것이 몇 년 후 유럽 앞에 놓인 시나리오이다.

기초 인구통계는 예컨대 “테러와의 전쟁”이 갖는 의미가 미국인과 유럽인 사이에 어떠한 결정적인 차이가 있는지를 설명해 준다. 미국에서 이 전쟁은 수니 트라이앵글의 위험한 사막과 힌두쿠시 산맥(Hindu Kush : 파키스탄과 아프가니스탄에 걸친 산맥[역주])의 동굴에서 치르게 되는 싸움이다. 즉 미국은 머나먼 곳으로 가서 이방인들을 죽인다. 그러나 유럽에게 이 전쟁은 내전이다. 네빌 챔벌린(Neville Chamberlain : 1930년대 후반의 영국 수상[역주])은 체코슬로바키아를 “우리가 거의 알지 못하는 머나먼 국가”로 치부해 버렸다. 이제 많은 서유럽 국민들은 그들이 거의 알지 못하는 그 머나먼 국가가 자신들과 한 배에 타고 있다는 것을 깨닫게 되었다.

미국에 대해서 말하자면, 셀비 스틸(Shelby Steele : 미국의 공산주의 작가 겸 영화제작자[역주])은 이라크에서 행한 군사작전의 실험성을 “백인 죄책감(white guilt : 일부 백인들이 흑인 차별에 대해서 느끼는 죄책감[역주])”, 즉 과거의 죄악에 대한 “세속적 참회”의 지정학적 버전이라고 생각한다. 전쟁을 수행하는 동안에도 미국 문화는 이 시대의 병적인 신드롬을 드러냈다. 즉 이라크인들을 해방시키는 미국이 제국주의와 여타 모든 악을 대표한다는 것이다.

자신의 위대함이 우연이 아니며, 따라서 성공의 비결을 주변에 전파해야 한다는 것을 이해하고 있는 위대한 국가에 대해서 사람들은 할 말이 많을 것이다. 아니면 이와 반대로—셀비 스틸의 사상을 연장하는 “차별철폐조처”(affirmative action)의 다국적 버전으로서—쿠바인과 수단인이 직원으로 일하는 국제기구에서 자발적으로 다른 국가들처럼 표를 하나만 가짐으로써 스스로를 난처하게 만드는 위대한 국가에 대해서 사람들은 할 말이 별로 없을 것이다. 어느 쪽이건 간에 그만큼 미국이 정말로 제국주의를 대표했기를 나는 바란다.

문명의 충돌이 진행됨에 따라 한편에서는 결정적인 전쟁을 치르기에 필요한 모든 것—부, 군대, 산업, 기술 등—을 가진 세계와 다른 한편에서는 빈곤한 이념과 수많은 신봉자들 말고는 아무 것도 없는 세계로 양극화가 이루어질 것이다. 필요한 다른 모든 것들은 라디오색(Radio Shack : 미국의 전자제품 전문점역주)에서 고르면 된다. 9·11에 대비해서 미국이 고른 것이라고는 현금 카드나 싸구려 잡화점의 문구용 칼들, 그리고 휴대폰이나 노트북 따위였다.

냉전이 그러했듯이 이것이 생존을 위한 투쟁이 되려면 그들이 미국에게 믿을 만한 적들인지 자문해 보아야 한다.

일어날 수 있는 결과를 예측하기 위해서는 미국이 그들에게 믿을 만한 적인지 자문해 보아야 한다.

이와 관련하여 당신은 관타나모 만에서 발생한 포로 "고문"에 관한 가짜 논쟁의 내막을 기억할 것이다. 관타나모 만 해군기지(GITMO)의 미국 경비대들은 장갑을 끼고서 코란 사본을 만져야 한다는 훈령을 받았다. 포로들이 이교도들을 "불결하다"고 여기기 때문이다. 그러나 이슬람주의자들이 이교도들이 불결하다고 생각하는 것과 이교도들이 여기에 동의함으로써 이슬람주의자들의 편협함을 확인시키는 것은 전혀 별개의 문제이다. 포로들은 고문을 당하기는커녕 말 그대로 너무나 정중한(혹은 그에 준하는) 대우를 받고 있다. 미군은 마치 흰 장갑을 낀 집사가 주인에게 런던타임스를 가져다 주듯이 모든 성전주의자들에게 무료 코란 사본을 건네준다. 이슬람 정신병을 받아들이는 것은 미국에게 어울리지 않을 뿐만 아니라 결국에는 자신을 파멸시킨다. 미국이 자멸한다면 그들에게는 승리를 위한 가장 확실한 일격이 될 것이다. "테러와의 전쟁"을 4년간 수행한 후 부시 정부는 전쟁을 "장기전"으로 재편하기 시작했다. 좋은 징조가 아니다. 단기전에서는 국민들의 돈과 탱크와 폭탄을 투입하는데, 이것은 미국의 장점이다. 장기전에서 승산이 높은 것은 의지력과 인력인데, 이것은 저들의 장점이다. 패배주의자와 싸우면 패자조차 승리할 수 있다. 의식적으로건 아니건 서구 문명의 대부분이 죽어가고 있으며, 누군가에게, 아무한테라도 곧 항복할 것이라는 인상을 풍기고 있다. 성전주의자들이 "이봐, 왜 우리한테 항복하지 않지?"라고 생각하는 것은 충분히 타당하다.

장기전이 장기화될수록 더욱 어려운 전쟁이 될 것이다. 왜냐하면 그것은 시간과의 싸움이고, 커지는 인구와 경제 및 지정학적 승산과의 싸움이기 때문이다. 여기서 "인구"란 이슬람 세계의 높은 출산율을 가리킨다. 예컨대 21세기 중반이 되면 자그마한 예멘이 텅 빈 광대한 러시아보다 인구가 더 많아질 것이다. "경제"는 유럽인들이 10년 내에 맞닥뜨리게 될 퍼펙트 스톰(perfect storm : 취약지점을 강타하여 최악의 피해를 가져오는 가상의 허리케인[역주])을 지칭한다. 유럽의 분별 없는 복지정책은 탈기독교주의 시대의 출산율로는 지속될 수 없기 때문이다. 마지막으로 "지정학"이라는 것은, 만약 지금 UN과 여타 국제기구들이 미국을 싫어하는 것 같다면 절반쯤 이슬람화된 유럽에게서 당신이 어떤 지원을 받을 수 있을지 몇 년 동안 기다리면서 지켜보라는 말이다.

나는 앞에서 종말을 퍼뜨리고 다니는 다른 사람들과 내가 한 가지 차이점이 있다고 말했다. 앨 고어와 폴 에를리히 무리에게는 문제가 무엇이건 해법은 항상 동일하다. 즉 문제가 지구 냉각화이건 지구 온난화이건, 혹은 인구포화이건 간에 우리에게는 더 큰 정부, 더 많은 규제, 더 많은 세금, 그리고 시민에게서 비선출 자립 압력단체로의 대규모 권한

이양이 필요하다고 말한다. 그러나 이것으로는 문제를 해결하지 못할 뿐만 아니라, 사실 이것이야말로 실질적인 문제의 징후이다. 서구가 둔화된 것은 부분적으로는 성인이 수행하는 대부분의 핵심적인 기능들을 정부가 흡수해 버렸기 때문이다. 심지어 미국에서도 선진 서구 민주주의가 자연스럽게 스칸디나비아로 귀결되는 것이 당연하다고 여기는 민주당원들이 너무 많다. 이것이 사실이라면 우리는 모두 멸망하게 되어 있다. 사회가 잘 되려면 사적 부문과 공적 부문 사이에 균형을 맞춰야 하지만 유럽과 캐나다에서 그 균형은 점점 무너지고 있다. 대외정책을 다루는 높으신 양반들이 미국의 적들에 대해서 논할 때에는 이란과 북한 같은 "깡패국가들"과 알카에다와 헤즈볼라(Hezbollah : 레바논의 과격 이슬람 시아파[역주]) 같은 "비국가 행위자들"을 구별한다. 그러나 이러한 구별은 국내에도 적용된다. 거대 정부기관들은 우리의 자유를 위협하는 세력을 쫓아낼 재치와 기민함이 부족하고 통제가 안 되는 "깡패국가들"이다. 기꺼이 "비국가 행위자들"이 되고자 하는 시민들은 정부기관들 못지않게 중요하며, 우리가 UA93 항공편의 사례에서 보았듯이 미국 방위에 결정적인 부분으로서 연방정부라는 거인보다 더 민첩하고 더 효과적이다. 자유세계 시민은 비국가 행위자들을 더 많이 활용할 수 있다.

따라서 이것은 최후의 날에 관한 삐딱한 책이다. 이 예언적 시나리오가 다루는 최후의 날은 더 큰 정부가 아니라 더 작은 정부, 즉 현대에 들어와 빼앗았던 근본적인 책무들을 시민들에게 돌려주는 정부를 통해서 가장 잘 회피할 수 있다.

대안은 단순하다. 유럽은 다문화주의라는 흐리멍덩한 아편에 굴복한 거나 다름없다. 둔감하게 마비가 되어버린 유럽은 움직이기는 하지만 무엇을 해야 할지 모르기 때문에 아무 것도 하지 않는다. 앞으로 수년 뒤 어느 날 고대 학자들이 고대 문명의 몰락 원인을 찾기 위해서 폐허 속에서 체질을 하다가 그것이 얼마나 간단한 것이었는지 알아내고는 놀라게 될 것이다. 당신은 고층건물들을 향해 제트기들을 날려서 수천 명의 사람들을 죽일 필요가 없다. 사실 그것은 좋지 않은 전략이다. 왜냐하면 가장 무기력한 국가조차도 거기에 대응할 의무감을 느낄 것이기 때문이다. 그러나 당신이 다문화주의적 "민감성"의 관점에서 문제를 규정한다면 그 무기력한 국가는 비상한 노력을 기울여 당신이 원하는 모든 것—결국에는 고층건물에 들어갈 수 있는 열쇠를 포함하여—을 내줄 것이다. 따라서 2006년 덴마크 "카툰 지하드"(cartoon jihad) 논쟁이 있던 당시 영국 외무장관 잭 스트로(Jack Straw)는 플리트 스트리트(Fleet Street : 런던의 신문사 거리역주)가 마호메트를 모욕하는 그림을 다시 싣지 않기로 하자 그 "민감성"을 크게 반겼다.

그는 버거킹의 "민감성"에도 분명 이와 비슷한 감동을 느꼈을 것이다. 하이위컴(High Wycombe : 영국의 도시역주)에 사는 라샤드 아크타르(Rashad Akhtar) 씨가 뚜껑에 있는 크림 모양이 아랍어로 "알라"처럼 보인다고 불평하자 버거킹은 영국 메뉴에서 아이스크림콘을 빼버린 적이 있다. 나는 코란의 어느 장에서 "여러분 잊지 마십시오. 그것은 신이나 마호메트를 물질적으로 표현한 것일 뿐만 아니라 그의 이름을 초콜릿 아이스크림으로 꾸불꾸불하게 표현한 것입니다"라고 말하고 있는지 알지 못한다. 그러나 단지 "민감"해지려는 거라면 둘 다 아니올시다.

또한 잭 스트로는 프랑스 스와르(*France-Soir* : 파리에서 발행되는 일간지역주)가 덴마크 카툰을 실은 편집자를 해고하자 잡지 소유자의 "민감성"을 당연히 높이 평가했을 것이다. 그리고 네덜란드 몇몇 지역에 퍼진 공포와 긴장을 싫어하여 캐나다, 호주 및 뉴질랜드 등지로 이민을 간 네덜란드인 수가 늘어났을 때 아마도 그는 그 "민감성"을 존경하기까지 했을 것이다.

어느 아침 잠자리에서 일어난 영국 외무장관은 정교하게 다듬어진 다문화주의적 민감성을 품고 사는 것이 이슬람법 아래에서 사는 것과 실상은 별 차이가 없다는 것을 깨닫게 될 것이다. 민감하기로 유명하고 만화를 그리지 않는 어느 덴마크인(햄릿을 가리킴역주)이 말했듯이 "사느냐, 죽느냐? 그것이 문제이다."

그리고 결국에는 이 질문에 대한 답이 유일하게 중요한 문제이다.

Part 1

거세된 시대

인구학, 민주주의, 운명

01
다가올 시대
탄생 vs 죽음

> 문명은 타살이 아니라 자살로 죽는다.
>
> – 아놀드 토인비, 『역사연구』(1934–1961)

영화 「온 더 타운」(*On the Town*), 「댐 양키스」(*Damn Yankees*), 그리고 「팰 조이」(*Pal Joey*)의 감독이었던 나의 늙은—매우 늙은—친구 조지 애봇(George Abott)은 「파자마 게임」(*The Pajama Game*)의 리메이크판을 만들다가 1995년 107세의 일기로 죽었다. 몇 년 전 90대 후반이었을 때 그는 자신의 파트너들이 모두 죽어버려서 테니스를 그만둔 바 있었다. 이것은 다국적 사회생활과 관련하여 미국이 직면한 위치이다. 즉 G–8, NATO, 그리고 EU–미국 정상회의의 모든 파트너들이 사라져 버릴 것이라는 말이다.

21세기 초의 가장 중요한 현실은 미국을 제외한 다른 거의 모든 선진국가들의 급속한 고령화이다. 캐나다, 유럽, 일본이 급속하게 고령화되고 있다. 이 국가들의 고령화 속도는 다른 어떤 사회보다 더 빠르다. 출산율이 떨어지고 아이들 수가 줄어들며 노인들이 많아질 때 사회는 고령화된다. 인구가 안정적이기 위해서는—예컨대 성장도 감소도 없이 1950년에도 100만 명, 1980년에도 100만 명, 2010년에도 100만 명—여성 한 명당 출산율이 2.1명이어야 한다. 미국이 대략 2.1 정도다. 캐나다는 1.48로 캐나다의 출산율은 언제나 낮았다. 캐나다인들이 주로 자랑스럽게 여기는 다른 어떤 항목(사회화된 보건의료, 더 적은 개인 휴대 권총 수, 더 많은 UN 평화유지군 파병 수 등)보다도 거대 사탄과 캐나다 사이에 더 두드러진 차이를 보인다. 유럽 전체는 1.38, 일본은 1.32, 러시아는 1.14이다. 이 국가들—혹은 좀 더 정확히 말해 이 사람들—은 곧 폐업하게 될 것이다.

노인네들에게는 잘못이 없다. 내 자신에 대해서 말하자면, 내가 만약 어떤 저녁모임에 참석하게 된다면 소리를 빽빽 질러대는 갱스터 랩보다는 저녁 뮤지컬을 제공하는 도리스 데이(Doris Day) 쇼에 갈 것이다. 그리고 나는 안젤리나 졸리보다는 데비 레이놀즈(Debbie Reynolds : 1932년생 미국 여배우)와 데이트를 할 것이다. 그러나 이런 식으로 말하는 것도 한 사회의 건강함—혁신적이고 창조적인 에너지—을 그 사회의 젊음에 기초하여 판단하는 우리의 현실을 인식하게 만든다. 공장이 문을 닫자 젊은이들이 떠나버린 북부의 자그마한 공장도시와 선벨트(Sun Belt : 미국 남부 15개 주에 동서로 걸치는 온난지대역주)의 차이를 생각해 보라. 어느 쪽이 가게와 식당이 다양하고, 직업 기회가 더 많으며, 학교 선택의 기회가 더 나은가? 당신이라면 성장을 다루는 문제와 쇠락을 다루는 문제

중에서 어느 쪽을 떠안겠는가?

그렇다면 미국 전체—유럽의 경우는 전체 대륙—가 선벨트에 있는 교외보다는 후락한 공장도시에 가깝다면 어떨까?

그리고 만약 당신이 자본주의를 반대하는 자라면 어쨌거나 이 기업체들이 모두 필요하지는 않다는 생각으로 스스로를 위로하지 말라. 큰 정부는 많은 인구에 의존한다. 미국 정부는 캐나다와 유럽에 비하면 상대적으로 좀 작은 듯싶다. 그러나 미국의 사회보장제도는 2075년 즈음 인구가 30% 증가할 것이라는 가정에 기초하는데, 그런데도 2017년 이후에는 적자를 기록할 것으로 예상된다. 이제 당신이 스페인 정부라고 상상해 보라. 당신은 미국보다 훨씬 큰 공공연금 적자에 시달리고 있으며, 35년마다 인구가 반으로 줄어든다. 진보 좌파는 큰 정부나 인구통제에 우호적일 수 있지만 이 둘 모두에 우호적이지는 않다. 이러한 상호 부조화는 지금 유럽을 사회붕괴에 빠뜨리려 하고 있다. 인류 역사에서 인적 자본이 줄어드는데도 경제성장을 이룬 전례는 없다. 누군가가 지속 불가능한 복지제도를 만들어내기 이전에도 그런 전례는 없었다.

실제로 출산율은 전 세계적으로 떨어지고 있으며, 결국에는 이 지구상의 모든 부부들이 서구식 여피(yuppie) 모델을 선택하여 39세가 돼서 맞춤 아기(designer baby : 유전적으로 최적화된 아기)를 하나만 가지려 할지도 모른다. 그러나 인구통계는 최후의 승자를 가리는 게임이다. 인구학에 끝까지 예민하게 반응하는 집단에게는 큰 이점이 있을 것이다. 그리고 대규모 이민자들을 위한 값비싼 사회제도를 가진 국가는 최악의 곤경에 놓이게 될 것이다. 제3세계의 인구 역시 줄고 있다. 그렇지만 출산율이 임종을 맞고 있는 EU에게는 위안거리가 못 된다. 제3세계의 아기들은 당신네 아기들이 아니며, 당신이 신경 쓸 필요가 없다. 제3세계의 출생률이 당신네 나라의 출생률과 같은 양상으로 변화된다 하더라도 그것은 그곳 국민들에게 문제가 되기 훨씬 전부터 당신에게 문제가 될 것이다. 출산율이 5년이나 10년 이내에 조정되지 않으면 유럽은 금세기 말이면 중성자탄을 맞은 대륙처럼 변할 것이다. 즉 거대한 건물들은 여전히 서 있을 테지만 그것을 만든 사람들은 사라지고 없을 것이다. 다음 세기에 독일은 지옥에서 히틀러, 힘러(Heinrich Himmler : 나치 독일의 제2인자[역주]), 괴벨스(Joseph Goebbels : 나치 독일의 사상에 기여한 정치인[역주]), 그리고 괴링(Herman Goering : 나치 독일의 비밀경찰을 이끈 정치인[역주])이 겨루는 월요일 밤의 포커 게임에서나 호명될 것이다. 그리고 몰디브 섬이 "상승하는 해수면" 때문에 물에 잠기기 훨씬 전에 스페인과 이탈리아는 약 6피트(1.8미터[역주])나 잠겨 있을 것이다. 그러니 "기후변화"나 걱정하라.

그보다 더 일찍, 한 세대가 지나기 전에 유럽의 정치 · 문화적 특성은 반(半)이슬람화될 것이다.

14세기에는 흑사병이 유럽 인구의 3분의 1을 앗아갔다. 그런데 21세기에는 더 많은 비율이 사라질 것이다. 사실상 이번에는 자발적인 것이다. 우리는 흔치 않은 기회 속에 살고 있다. 문명의 자기 파괴가 좋은 식으로든 나쁜 식으로든 우리가 사는 이 시대를 모양지었다. 현대 세계와 접촉하자마자 사라져 버린 먼 과거의 부족들을 예로 드는 사람도 있을 것이다. 그러나 현대 세계가 과거의 부족들에 자리를 내주고 사라질지는 로마의 몰락을 지금 우리가 연구하듯이 미래의 인류학자들이 신경 쓸 사건이다.

지도의 수치화

내가 인구학에 관심을 가지게 된 것은 2001년 9월 11일, 내가 그때까지 크게 주의를 기울이지 않았던 어떤 인구집단이 내 관심을 끌게 된 시절로 거슬러올라간다. 불운한 비행기와 빌딩 제작사들을 말하는 게 아니라 몬트리올, 요크셔, 코펜하겐, 그리고 여타 다른 지역에 있는 이슬람주의자들이 공개적으로 그 공격에 갈채를 보낸 일을 가리키는 것이다. 스칸디나비아에서 문화적으로 확신에 찬 이슬람 인구가 급속히 성장하고 있다는 사실을 알고 있던 사람은 우리들 중에 몇이나 될까?

인구학은 모든 것을 설명해 주지는 않지만 90% 정도는 설명해 준다. 왜 자크 시라크(Jacques Chirac : 전직 프랑스 대통령[역주])가 콜린 파월(Collin Powell : 전 미 국무장관[역주])이 이라크에 대해서 떠들어대는 것을 흔쾌히 받아들이지 않았는가 하는 문제도 인구학으로 쉽게 설명이 된다. 예컨대 만약 당신네 도시 인구의 30%가 이슬람교도인데, 이들에게 엄청나게 높은 청년 실업률 등 불만사항이 많다고 하자. 그렇다면 당신은 거대 사탄의 편에서 싸우는 군대를 아랍 국가에 파병하려고 안달하겠는가? 지도 위에서 거의 아무데나, 멀리건 가까이건 핀을 하나 고정시켜 보라. "누가"는 무엇을, 언제, 어디서, 왜를 가장 잘 설명해 주는 지표임을 알 수 있다. 당신이 1980년대에 TV를 시청할 때 어땠는지 생각해 보라. 황색 인종(Yellow Peril)이 미국을 합병하고 있고 조만간 미국인들이 쇼핑몰에서 일본어를 말하게 될 것이라고 경고하는 광고들이 당신을 다그쳤을 것이다. 그런 일은 발생하지 않았고 앞으로도 결코 발생하지 않을 것이다. 1990년대에 나는 일본 경제가 보호주의, 연고주의, 비효율적인 특별 이익집단 따위로 가득 차 있어서 일본의 떠오르는 태양이 이미 빛을 잃어버렸다는 전문가들의 주장을 받아들이곤 했다. 그러나 그게 어쨌단 말인가? 싸구려 술집들이 호황이던 1960, 1970년대에도 당신은 똑같은 말을 할 수 있었을 것이다. 당시의 일본과 현재의 일본 사이에 단 하나 실질적인 구조적 차이는 황색 인종이 주름살이 많아졌다는 것뿐이다. 동경학예대학(東京學藝大學)의 야마다 마사히로(Yamada Masahiro) 교수가 최초의 "저출산율 경기후퇴"라고 일컫는 사건이 1990년대에 일어났다. 어리석은 자여, 그것은 경제문제가 아니다. 경제학자들이여, 그것은 어리석음이다. 인구를 무시할 수 있다고 생각하는 어리석음 말이다. 일본 사회는 고령화되었고, 고령화된 사회들은 본래 더 신중하고 덜 역동적인 법이다. 나이 든 사람들은 잠재적 이득보다 위험에 노출되는 것을 더 신경 쓰기 때문이다.

다른 예를 들어보자. 중국은 21세기의 초강대국이 될까? 대답은 "아니올시다"이다. 중국은 부유해지기 전에 인구가 먼저 고령화될 것이다.

또 다른 예가 있다. 왜 보스니아는 제2차 세계대전 이래 유럽에서 최악의 학살자로 전락했을까? 파국을 맞이하기 30년 전에 보스니아계 세르비아인은 전체 인구 중 43%에서 31%로 줄어든 반면 보스니아계 이슬람교도는 26%에서 44%로 늘어나 있었다. 민주주의 시대에는 인구를 쓸어버릴 수 없다. 내전이 아니고서는 말이다. 세르비아인들은 적보다 더 많이 번식할 수 없다면 적을 죽여버려야 한다는 사실을 알아차렸다. 몇 년 뒤에는 다른 유럽인들도 알아차리게 된다. 유럽이 직면하는 문제는 보스니아의 인구구성이 이제는 전체 대륙에 본보기가 된다는 사실이다.

2006년 초 이른바 "카툰 지하드"의 근저에 놓여 있는 것은 바로 이러한 현실이었다. 그것은 앞날에 대한 자그마한 징조였다. 어느 덴마크 신문은 여러 만화가들이 그린 마호메트 초상들 중에서 대체로 가장 무난한 것들을 게재했다. 이것은 캘거리에서 이슬라마바드에 이르기까지, 런던에서 자카르타에 이르기까지 불만을 품은 이슬람교도들이 몇 주에 걸쳐 항의, 소송, 살해 위협, 폭동, 방화, 파괴 및 살해를 저지르는 구실을 마련해 주었다. 9·11 하루 전날 뉴스 아나운서들이 "덴마크 카툰 관련 희생자는 오늘로 9명에 이르렀습니다" 같은 헤드라인을 읽는 것을 조만간 아주 일상적으로 듣게 되리라고 생각한 사람은 우리들 중에 별로 많지 않을 것이다.

웃을 일이 아니다. 특히 그 수치가 두 배, 세 배로 증가하고 있으니 말이다. 그러나 우리는 기초적인 인구학적 현실을 매우 빠르게 우리 것으로 만들어 왔다. 9·11 이후 유럽 대륙을 괴롭히는 다른 모든 작은 위기들과 마찬가지로 여기에 담긴 숨은 뜻은 유럽인들이 깨달은 때늦은 인식으로부터 나온다. 즉 그들은 자신들이 늙고 쇠락해 가고 있는데 국내에 젊은 이슬람 인구가 들끓고 있다는 것을 깨닫게 된 것이다. 마치 이사 가기 전에 새 집 주인이 부엌을 개조하듯이, 이러한 모든 충돌 속에서 앞으로 일이 어떻게 돌아가야 하는지 이정표를 세우는 쪽은 젊은 이슬람 인구다. 카툰에 대해서 말하자면, 모든 인터넷 블로거들은 대담한 소국 덴마크의 편에 서서 열정적으로 견해를 밝혔다. 그러나 그 수는 5백만에 불과하다. 반면, 유럽에는 이슬람교도들이 2천만이나 된다. 공식적인 수치만 그렇다. 이것은 덴마크인 더하기 아일랜드인 더하기 벨기에인 더하기 에스토니아인의 수와 같은 것이다. 당신이 손수 계산해 보라.

로테르담은 이슬람 인구가 얼마나 될까? 40%이다. 벨기에에서 가장 인기 있는 남자 아이 이름은 무엇일까? 모하메드(Mohammed)이다. 암스테르담에서는? 모하메드이다. 스웨덴의 말뫼(Malmö)는? 모하메드이다. 이 이름은 2005년에 영국에서 다섯 번째로 인기 있는 남아 이름이었다. 그러나 유럽인들은 9·11이 발생하고 그 후 마드리드, 파리, 런던에서 테러가 터질 때까지 주된 인구학적 경향을 인식조차 못 하고 있었다.

가장 근본적인 질문을 하자면 다음과 같다. 왜 이 세계는 지금과 같은 방식으로 존재하는가? 왜 이 책은 북유럽 해안에서 떨어진 자그마한 섬나라의 언어로 쓰여졌는가? 왜 영어는 세계 비즈니스의 언어, 인터넷의 언어, 당대 강대국들의 언어, 그리고 벨리즈(중미의 국가[역주])에서 보츠와나(아프리카의 국가[역주])까지, 나이지리아에서 나우루 공화국(남서태평양에 있는 공화국[역주])까지 이르는 여타 수십 여 국가들의 언어가 되었는가? 왜 캐나다와 파푸아뉴기니는 같은 여왕을 섬기는가? 왜 세계 인구의 4분의 1이 영연방에 속하며 영미법과 영국 국회의 전통을 어느 정도 따르는가?

19세기 초에 유아 사망률을 최초로 극복한 국가가 영국이었기 때문이다. 그때까지 영국 제도(諸島)는 다른 나라들과 다름이 없었다. 즉 당신에게는 많은 아이들이 있어도 그 중 상당수가 당신이나 사회에 경제적으로 혜택을 가져다 주기 전에 죽어버리곤 했다. 그러나 의학이 발달하고 기초 위생이 개선되어 영국인의 삶은 완전히 바뀌었고, 1820년 무렵에 이르면 인구의 절반이 15세 이하였다. 숫자만 놓고 볼 때 3억 2천 인구를 가진 중국에 비하면 영국은 여전히 인구 2천8백만에 북대서양의 섬들을 모아놓은 보잘 것 없는 집합체이다. 그러나 다가올 세기에는 근저에 놓인 인구학적 경향이 결정적인 역할을 한다고 판명되었다. 영국은 잉여 인력을 캐나다, 호주, 뉴질랜드에 정착시켰을 뿐만 아니라 서인도

제도, 아프리카, 인도, 태평양 연안에 행정가와 사업가 집단을 보낼 수 있었다. 그리고 당시 이미 오랜 전통을 가진 법체계, 재산권, 개인의 자유를 갖추고 있던 문화권에서 이러한 인구학적 변화가 나타났다는 것은 이 세계에 행운이었다.

만약 유아 사망률을 극복한 최초의 국가가 개인 자유의 전통이 불안정한 국가—이를테면 중국, 일본, 러시아, 독일처럼—였다면 이 세계가 어떻게 되었을지 상상해 보라. "무엇을", "어디에서", 그리고 "언제"는 중요하다. 그러나 "누가"는 결정적이다. 당신네 국민이 수가 적고 모두 지긋한 나이가 되었다면 이 세계에서 큰 영향력을 끼치기는 어렵다.

그렇다면 지금 19세기 초 영국의 위치에 있는 국가는 어느 나라인가? 오늘날 자국 인구의 절반이 15세 이하인 국가는 어느 나라인가?

스페인과 독일은 14%, 영국은 18%, 미국은 21%이다. 그리고 사우디아라비아는 39%, 파키스탄은 40%, 예멘은 47%이다. 200년 전의 자그마한 영국처럼 이제는 자그마한 예멘이 남아도는 젊은 인구를 전 세계로 파송할 것이다. 일방향일 수도 있고 쌍방향일 수도 있다. 영국식 문명화라는 사고에 조소를 보내는 문화 상대주의자들은, 만약 하버드와 예일, 옥스퍼드와 캠브리지는 물론이고 미 대법원과 인도 국회, 호주의 법체계가 예멘의 가치관 위에 세워진다면 어떨지 상상해 보아야 한다.

터무니없게 우리를 공포에 몰아넣는 가짜 문제들—상승하는 해수면—과 우리가 아무런 주의도 기울이지 않는 진짜 문제들 속에서 우리 문명이 처한 상태가 분명하게 드러난다. 사실관계를 매우 꼼꼼하게 확인하기로 유명한 뉴요커(*New Yorker*)의 편집자 데이비드 렘닉(David Remnick)은 독자들에게 지구가 "사람이 살 수 없는 행성이 될 수 있다"고 단언한다. 실제로 지구가 사람이 살 수 없는 행성이 되기 훨씬 전에 지구의 많은 지역에서 사람들이 떠날 것이다. 그러나 환경보호론자들은 사람의 정치학—사람을 필요로 하는 사람의 정치학—에 관심을 너무 기울이지 않는다. 바버라 스트레이전드(Barbra Streisand : 자신의 시에서 "사람들을 필요로 하는 사람들은 세상에서 가장 행복하다"고 말했다역주)에게는 실례지만 그들은 세상에서 가장 불행한 사람들이다. 이 점에 대해서는 곧 살펴볼 것이다. 내 둘째 아이가 태어났을 때 한 이웃이 말했다. "이제 아이가 둘이군요. 그만 낳아도 되겠어요." 그녀는 계몽되고 책임감 있는 사람이었다. 그녀가 성년이 되고 난 이후 진보적인 사고를 가진 사람들은 항상 "인구과잉"을 걱정했다. 그리고 이러한 관점은 매우 널리 퍼져서 "고갈되는 자원"에 히스테리가 걸린 시대에는 미국의 가장 위대한 자원—우리—을 부담으로 여기는 것이 완전히 정상처럼 되어버렸다. 그러므로 오늘날 고갈되는 자원은 석유가 아니라 우리들 자신이다. 점박이 올빼미가 아니라 우리가 멸종위기 종이다. "인구폭발"은 서구 급진주의자들의 기괴한 죽음 찬미주의를 떠받치는 하나의 버팀목이다. 우리는 너무 악하고, 너무 오염시키고, 너무 착취적이고, 너무 폭력적이고, 너무 파괴적이어서 그 원인을 애초에 태어나지 말았어야 할 세계 탓으로 돌린다. 수 블랙모어(Sue Blackmore : 영국의 프리랜서 작가 겸 방송인역주) 박사는 영국 가디언에 실은 환경재앙 칼럼에서 다음과 같이 써서 뜻하지 않게 포복절도하게 만들었다.

> 십중팔구 수십 억 인구가 다가올 수십 년 사이에 죽을 것이다. 가엾게 학대당한 우리 행성은 그 이상은 수용할 수 없다. … 만약 우리가 남을 배려하는 쪽을 택하여 모든 사람들을 구제하고자 한다면 자원을 둘러싸고 처참한 투쟁이 벌어지고, 대부분 혹은 모든 인간이 죽을 때까지 지구는 지

속적으로 황폐화될 것이다.

만약 우리가 지구를 먼저 생각하기로 한다면 우리 자신이 병원균이라는 걸 알아야 한다. 따라서 다른 종들이 살 수 있도록 우리는 가능한 한 많이 죽어야 하며, 문명과 우리가 성취한 모든 것이 파괴되는 것을 받아들여야 한다.

마지막으로, 우리는 문명이 보존할 가치가 있다고 판단할 수도 있다. 이 경우에 우리는 무엇을 구제하고 어떤 사람들의 수를 대폭 줄여야 하는지 가려내야 할 것이다. 예를 들면 과학자와 음악가의 가치를 정치가의 가치와 비교하면서 말이다.

흠. 한쪽에는 수 블랙모어 박사와 콜드플레이(Coldplay : 영국의 록밴드역주)가 있고 다른 쪽에는 딕 체니가 있단 말이지? 어떤 사람들이 "필요할지" 우리 모두 동의할 수 있을 것 같다. 시에라클럽(Sierra Club : 미국의 환경단체역주) 이사회의 앨 고어가 필요할 것이고, 침수된 맨해튼에서 모피 장식 비키니를 입고 피난용 카누를 타고 노를 저으면서 한때 유명했던 음식점에서 흘러나와 물에 떠다니는 양상추를 찾아다니는 스칼렛 요한슨(Scarlett Johansson)도 아마 필요할 것이다.

희한하게도 대폭적인 인구축소를 주장하는 환경보호론자들은 결코 모범이 되려고 하지 않으며, 노아의 방주가 아무리 작더라도 자신들은 언제나 일등 특별실 배정이 확실한 승객이라는 인상을 주려고 애쓰는 것 같다. 그러나 그런 상황에 처했을 때 블랙모어 박사는 스팅(Sting : 영국 출신 가수역주)과 보노(Bono : 아일랜드 출신 그룹 유투의 멤버역주)를 구하기 위해 자크 시라크와 블라디미르 푸틴(Vladimir Putin : 전직 러시아 대통령역주)을 희생시켜야 할 것인지 걱정할 필요가 없을 것이다. 유럽, 러시아, 일본 등지에서 곤두박질치는 출산율을 보건대 이 세계의 많은 지역들은 기후변화에 대해 예방조치를 취하고 사회 자살(societal suicide)을 택하기로 결심한 것이 분명하다. 오늘날 우리가 직면한 위기는 "인구과잉"의 정반대다. 선진세계의 인구는 전쟁이나 질병에 휩싸이지 않은 그 어떤 인간사회보다 더 빠르게 줄어들고 있다. 환경운동은 검은 코뿔소와 붉은 빰 앵무새에 대해서만 열을 내는가? 인간은 환경의 일부가 아닌가? 분명 인간은 환경에 대해 의미를 가진다. 한 가지 예를 들자면 환경보호론자들의 수는 지금보다 훨씬 줄어들 것이다. 21세기 말이면 인구학적으로 파멸한 이탈리아와 스페인 인구가 크게 줄어들어서 그린피스 유럽지부에서 일할 수 있는 유럽 환경보호론자들은 충분히 남아 있지 않을 것이다. 기후변화 문제를 다루는 벨기에인 로비스트는 히말라야 눈표범과 함께 멸종위기 종 목록에 오를 것이다. 그리고 미국의 시각에서 보자면 매사추세츠와 캘리포니아 등 민주당 지지 주(blue states)의 환경과민증자들은 국제 지속가능발전협의회에 사람들이 훨씬 줄어든 사실을 깨닫게 될 것이다.

정치가에 대비한 과학자와 음악가의 이점과 관련하여 말하자면, 이 세계에서 여전히 아이를 낳고 있는 지역들은 음악에 대한 혐오로 악명이 높고, 한 세기가 넘도록 과학적 방식에 그다지 기여하지 않았으며, 정치적 성향은 주로 독재자와 율법학자, 혹은 핵무기에 기울어 있다. 스칼렛 요한슨의 모피 장식 비키니 사진을 스크랩해서 흠뻑 젖은 부르카(burqa : 이슬람 차도르의 일종역주)를 입히라.

20년짜리 계획들(경제성장, 지구 온난화 등)은 대부분 우스꽝스러운 투기이다. 따라서 대부분의 지구 멸망 시나리오들도 마찬가지이다. 대규모 생태계 파괴를 떠들어대는 자들은 인간의 창의력을 고려하지 않기 때문에 틀렸다. 그들은 "우리는 전 세계를 먹여살릴 수 없다!"고 부르짖는다. 그러나 우리는 별 걱정 없이 더 효율적인 영농법을 개발한다. 그들은 "석유는 2000년이면 바닥날 것이다!"라고 경고한다. 그러나 우리는 새로운 추출법을 개발하고 우리가 필요로 하는 한도만큼 석유가 충분하다는 사실을 알게 된다.

그러나 인간의 창의력은 인간에게 달려 있다. 그리고 이것이야말로 우리에게 고갈되고 있는 것이다. 적어도 자기를 채찍질하고 있는 선진세계에서는 그렇다.

서구는 품절되고 있다

전 세계 국가들의 목록을 알파벳순으로 만들어서 처음부터 살펴보라.

1. 아프가니스탄. 2005년에 1,000명당 출산율이 47.02명이었다.
2. 알바니아. 2005년에 1,000명당 출산율이 15.08명이었다.

이것은 알바니아인들이 아프가니스탄인들의 3분의 1의 비율로 아이를 낳고 있다는 것을 의미한다. 앞서 말했듯이 "대체"(replacement) 출산율—즉 인구성장이나 감소가 아닌 단지 안정적인 인구를 위해서 필요한 수—은 여성 한 명당 아기 2.1명이다. 어떤 국가의 출산율은 이보다 훨씬 높다. 세계 출산율의 선두주자 나제르(Niger : 아프리카 중서부의 공화국[역주])는 7.46명이고 말리는 7.42명, 소말리아는 6.76명, 아프가니스탄은 6.69명, 그리고 예멘은 6.58명이다. 이 국가들의 공통점이 무엇인지 생각해 보라. 'I'로 시작하고 'slam dunk'라고 할 때처럼 'slam'으로 끝난다.

알바니아의 출산율로 돌아가 보자. 아프가니스탄에 비하면 낮아 보이지만 유럽에서는 가장 높은 수치이다. 왜 그럴까? 왜냐하면 알바니아는 유럽에서 유일하게 이슬람이 다수를 차지하는 국가이기 때문이다. 적어도 현재로서는 그렇다.

100대 출산율 국가 목록에서 밑으로 죽 내려가서 밑바닥까지 가보라. 결국 여성 한 명당 2.11명의 출산율로 딱 대체율 근처에서 맴도는 미국을 찾아낼 수 있을 것이다. 뉴질랜드는 바로 아래다. 아일랜드는 1.9명이고 호주는 1.7명이다. 그러나 캐나다의 출산율은 1.5밖에 안 되어 대체율보다 훨씬 아래다. 독일과 오스트리아는 1.3명으로서 죽음의 소용돌이의 가장자리에 있다. 러시아와 이탈리아는 1.2명이다. 스페인은 1.1명으로서 대체율의 약 절반이다. 따라서 스페인 인구는 한 세대가 지날 때마다 반으로 줄고 있다. 두 성인이 아이를 한 명만 가진다는 것이다. 따라서 아이들 수는 부모들의 절반이다. 그리고 손자, 손녀의 수는 조부모의 4분의 1이고 증손자, 증손녀의 수는 증조부모의 8분의 1이다. 이후에는 외부에서 보충할 방법이 없다. 왜냐하면 당신은 폭포 위에 있고 상류쪽으로 노를 젓기에는 너무 늦었기 때문이다. 스페인 정부가 출생증명서에 "아버지"와 "어머니"라는 단어를 성(性)을 덜 드러내는 용어인 "조상 A"(Progenitor A)와 "조상 B"(Progenitor B)로 대체하기로 결정하자 나는 성난 스페인인들로부터 한바탕 편지 세례를 받았다. 이것은 항상 아기가 수반되는 전통적인 용어를 "동성결혼"법에서 지워버리려는 관료주의적 봄 대청소의 일환이었다. 그러나 스페인에서는 역사적으로 자손의 수가 적은 탓에 각각의 조상을 지정하는 것은 별 관심을 못 받는 듯하다. 당신이 더 이상 경기를 치르고 있지 않다면 팀 이름을 바꿀 수 있는 기회는 없다. 조상을 지정하는 것은 적어도 스페인 젊은이들로 하여금 바르셀로나의 미혼자 술집을 배회하며 계보를 철저히 따지도록 만들지 모른다. "내 방으로 돌아가서 조상 A와 조상 B가 되지 않을래요?" "음, 그래요. 그 대신 내가 조상 A를 할 거예요."

의미심장한 사건이 있었다. 2006년에 스페인의 집권 사회당은 원숭이들이 "인(人, persons)의 범주"에 포함되어야 하며, "현재 인류만 누리고 있는 도덕적 · 법적 보호를 원숭이들도 누려야 한다"는 법안을 의회에 제출한 바 있다. 스페인에 사는 인간의 유전자가 결국에는 침팬지와 98.4%, 고릴라와 97.7%, 그리고 오랑우탄과 96.4% 일치한다는 것이 사회당의 논지였다. 불행하게도 원숭이 유전자와 일치하지 않는 2%에는 재생산 욕구가 포함되어 있는 것 같다. 새로운 유럽을 위해서는 기번의 『쇠망』(*Decline and Fall*) 대신에 누군가가 『기번의 등장과 승리』(*Gibbon's Rise and Triumph*)라는 책을 써야 할 것이다. 그러나 여기서 멈출 이유가 어디 있는가? 왜 양에게 낙태할 권리를 주지 않는가? 혹은 모래쥐를 동성결혼 습성에 물들게 하는 것은 어떤가? 아니면 코카투앵무한테 해볼까? 왜 스페인 국왕은 왕명으로 이제부터 돼지도 날 수 있다고 선포하지 않는가?

2050년이면 이탈리아 인구는 22%, 불가리아 인구는 36%, 그리고 에스토니아 인구는 52%가 줄어들 것이다. 이것보다 더 많이 줄어들 수도 있다. 현재 17개 유럽 국가들의 출산율은 인구학자들이 "최저저" 출산율이라고 부르는 여성 한 명당 1.3명이다. 이론적으로 볼 때 이 국가들은 약 35년마다 인구가 반으로 줄 것이다. 좀 더 약삭빠른 젊은이들이 인수자의 대기실로 변한 국가에 발을 디딜 데가 없다는 사실을 깨닫게 되면 실제 추세는 이보다 더 빠를 것이다. 울퉁불퉁한 햄버거에 열광하는 모든 젊은이들이 전체 노년층 가구를 혼자서 부양하기를 원하지는 않는다. 경제적 논점 외에 문화적인 요인도 있다. 나는 빈 스타일의 레코드점에 즐겨 간다. 1층은 왈츠와 오페레타로 가득 차 있고 힙합 코너는 지하층 뒤쪽에 있는 자그마한 칸에 마련되어 있다. 그러나 만약 당신이 젊고 최신 시대사조의 충만함 이상의 것을 갖춘 도시를 사랑한다면 그런 도시를 2020년경의 서유럽에서는 찾을 수 없을 것이다.

미국의 인구학적 경향에 대해서 말하자면 민주당을 지지하는 주들은 EU에 명예회원 신청을 해야 할 것이다. 2004년 대통령선거에서 부시를 찍은 주들이 민주당의 케리(John Kerry)를 찍은 주들보다 출산율이 12% 더 높았기 때문이다. 당선 확률이 갑자기 변하지 않는다고 치면 민주당 지지자들은 2010년과 2020년에 의석이 재분배된 후에는 훨씬 더 우울해질 것이다. 상대적으로 건전한 미국의 인구통계를 비웃는 자들은 그러한 통계치가 남미 출신 이민자들의 다산을 반영하는 것일 뿐이라고 말한다. 즉 그것은 산모실을 메운 수많은 밀입국자들일 뿐이라는 것이다. 사실 미국의 백인 여성은 여전히 유럽이나 캐나다의 백인 여성보다 아이를 더 많이 갖는다. 출산율이 1.85 정도 된다. 그리고 민주당 지지자들의 시각에서 보자면, 그들이 샌프란시스코에서 버몬트의 농촌지역에 이르기까지 감소하는 취학률 문제를 의제로 다룰 때 대체율을 넘어서 아이를 낳는 쪽은 공화당을 지지하는 주(red states)의 백인들이다. 인구학적 관점에서 볼 때 많은 "급진적인 의제들"—낙태, 동성결혼, 끝없이 지체된 성인되기(endlessly deferred adulthood : 이 책의 저자가 자주 쓰는 표현으로 20-30대 젊은 층이 부모 집에 눌러 살면서 책임지기를 꺼려하는 현상을 일컬음[역주])—이 지닌 두드러진 특징은 각 항목이 가진 매력이 무엇이건 간에 이것들을 합쳐놓고 보면 문자 그대로 막다른 곳이라는 점이다.

출산율이 말라붙으면 사회도 그렇게 된다. 인구통계는 문명고갈을 보여주는 가장 두드러진 징후이며, 우리가 어디로 가고 있는지를 보여주는 가장 분명한 지표이다. 자신의 방식을 바꿀 수 없거나 오랑우탄 시민들을 훈련시켜서 노인 복지시설 주방에서 일하도록 만들지 못한다면 출산율이 떨어지는 국가들은 망각 속으로 사라질 것이다. 끝없이 늘어나는 노인과 은퇴자들을 부양하는 조세수입은 그와 똑같은 비율로 증가하는 젊은 층과 현역 노동자들이 납세해야 한다. 급진적으로 세속화된 유토피아는 구시대의 출산율에 의존한다는 설계 결함을 가지고 있다.

따라서 유럽인들과 캐나다인들이 아이를 갖는 일에 더 이상 신경 쓰지 않는다면 이러한 노동력은 어디에서부터 오겠는가?

간단하다. 이를테면 토론토의 글로브앤메일(*Globe and Mail* : 캐나다 국립 신문[역주])에 자기 만족을 즐기는 자들(complaceniks : complacent와 접미사 nik의 합성어[역주])이 있다. 2004년에 기록이 시작된 이래 최저이자 1992년 이후 25.4% 하락을 보인 캐나다 출산율에 대한 반응으로 글로브 논설위원들은 다음과 같이 썼다. "장차 우리 경제와 국고의 건전함을 위해서는 다행스럽게도, 캐나다는 인구가 포화된 지구상의 다른 지역들로부터 재능 있는 사람들의 이민을 계속해서 장려함으로써 인구감소 추세에 잘 대응하고 있다."

저런! 그래서 걱정할 게 하나도 없다 이 말이지? 하나님 감사합니다. 캐나다인들은 모두 집으로 돌아가서 잠자리에 들면서 다문화부(Department of Multiculturalism)에서 발행된 소책자 「다양성을 경축하라」를 읽으면 된다.

그러나 잠깐. "인구가 포화된 지구상의 다른 지역들"에서 온 "재능 있는 사람들"이라고? 좋아, 몇 명만 이름을 대보시지.

서구세계의 "전문가들"은 대양 정기선보다도 방향을 바꾸는 데 굼뜨다. 그리고 그들은 유럽에서 전통적인 가톨릭 출산율이 유지될 것을 기대하며 지어진 1970년대 학교 건물들이 1990년대 내내 비어가고 있는데도 "인구폭발"에 대해서 수다를 떨고 있었다. 최후의 날을 다룬 책들 중 정점에 있는 『인구폭탄』(1968)의 서두에서 폴 에를리히는 델리에서 쏟아지는 인간 무리들을 지나 자신의 호텔방까지 가는 상황을 유쾌하게 거드름을 피우면서 묘사한다.

> 먹는 사람들, 씻는 사람들, 잠자는 사람들. 방문하는 사람들, 논쟁하고 소리 지르는 사람들. 택시 창문 안으로 손을 밀어넣고 구걸하는 사람들. 배변하고 소변을 보는 사람들. 버스에 매달리는 사람들. 가축을 모는 사람들. 사람들, 사람들, 사람들, 사람들.

그러나 21세기에는 델리조차 사람이 줄어들고 있다. 폴 에를리히가 선택한 지옥 같은 곳조차도 장기적으로 인구를 유지하기에 출산율이 충분히 높지 않다는 말이다. 그러나 자기 만족을 즐기는 자들은 제3세계를 2군 팀으로 활용하고 개발도상국으로부터 가장 좋은 것을 벗겨먹는 오래된 유럽-캐나다식 정책을 고수한다. 2004년 대선에서 존 케리와 존 에드워즈(John Edwards : 각각 민주당 정·부통령 후보[역주])는 "외주(outsourcing)"—즉 고객상담센터를 아일랜드나 인도에 두는 미국 기업들—와 관련해 큰 소동을 일으켰다. 굉장한 소동이었다. 그러나 대부분의 서구 국가들은 자신의 미래를 송두리째 제3세계에 외주를 주었다. 미국이 값싼 엘모(Elmo)와 푸(Pooh)를 만들기 위해서 중국인들에게 의존하는 것과 똑같이 캐나다는 값싼 인간을 만들기 위해서 그들에게 의존한다. 캐나다, 유럽, 그리고 여타 지역에서는 국내 제조업자들이 계약한 아이들이 엄청나게 비싸서 국내에서 생산할 수가 없기 때문이다. 제3세계로부터 박사와 기술자를 빼앗는 일과 관련해 게으름과 이기심 말고 자유주의와 계몽은 내가 개인적으로 전혀 찾아보지 못했다. 그러나 당신이 그 점을 인정한다 하더라도 이런 방법은 오래 지속할 방책이 못 된다. 가장 최근의 UN 인구 보고서는 세계 출산율을 2.1—즉 대체율—에서 1.85로 하향 조정했다. 말하자면 마침내 인구가 감소되는 것이다. 세계 인구는 2050년경에 정점에 달하고(나는 이보다 더 일찍이라고 장담한다) 그 후에 줄어들 것이다. 지나치게 자기에게 도취되어 양육에 중과세를 하는 유럽인들에게 아이가 없을 경우에 의존할 수 있는 지역—양성소로 활용하는 제3세계—또한 사라졌다.

탈기독교 초이성주의는 객관적으로 볼 때 가톨릭교나 모르몬교보다 훨씬 덜 이성적이다. 사실 자신의 장래를 보장하기 위해서 이민에 의존한다는 점에서 EU는 셰이커교도(Shakers : 천년왕국설을 믿는 독신주의자들역주) 전략의 21세기형 변종을 채택했다. 그들에게는 재생산이 금지되고, 따라서 귀의를 통해서만 수를 늘릴 수 있다.

이 세계에서 이른바 "인구과잉" 지역의 출산율은 이미 2.9이며, 계속해서 떨어지고 있다. 인도에서는 중산층이 빠르게 성장하고 있으며, 출산율이 떨어지고 있다. 개발되었지만 인구가 줄고 있는 국가들은 2020년에는 "재능 있는 사람들"을 더욱 필요로 할 것이다. 캐나다인들은 교육받은 인도인들이 세금이 높고 추운 지역을 미국이나 호주보다 더 선호하리라고 어떻게 확신할 수 있겠는가? 혹은 이들이 경기가 갑자기 좋아진 자신의 조국보다 캐나다를 더 선호할까? 이제는 인도에서도 오늘내일하는 노인층 때문에 늘어난 세금을 지불하느라고 노동인구가 자신의 노동의 산물을 곧바로 삽 채 퍼줄 필요가 없는데 말이다. 지금 태어나고 있는 제3세계 아이들은 정신 나간 지역 출신이 아닌 한 어른이 되면 많은 선택지를 갖게 될 것이다. 2015년이면 똑똑하고 활력적인 중국인이나 브라질인은 자신의 승차권에 원하는 행선지를 아무데나 적을 수 있을 것이다. EU로 이사 가서 노인의 은혜를 모르는 유럽인들을 돕는다는 것은 얼마나 매력적인가! 만약 은퇴자 대 현역 비율이 지금과 같은 방향으로 계속 나아간다면 EU는 서구뿐 아니라 다른 거의 모든 지역을 통틀어서 세금이 가장 높을 것이다. 인도나 싱가포르, 칠레의 중산층에게는 이미 유럽으로 갈 동기가 별로 없다. 미쳤다고 여겨지는 신보수주의 중동 재건 계획이 실현되면 괴팍스런 아랍인들도 조국에 머물려고 할 것이다.

서양, 동양을 만나다

"인구폭탄"은 없다. 전에도 결코 없었다. 1968년에 이미 폴 에를리히와 그의 동료들은 그들이 말하는 "인구폭발"이 사실은 거대한 인구적응이라는 사실을 이해했어야 했다. 현재 세계 인구는 그때보다 훨씬 많은 이슬람 인구와 훨씬 적은 "서구인"으로 구성되어 있다. 이슬람은 유럽과 북미에서 가장 빠르게 성장하는 종교이다. 영국에서는 매주 예배에 참가하는 이슬람교도 수가 기독교인보다 많다. 한편, 발칸에서 인도네시아에 이르기까지 전통적으로 온건한 이슬람 국가의 이슬람교도들은 급진화되고 자신의 신앙에 더 격렬해지고 있다.

만약 한 사회가 출산을 외주를 주기로 결정한다면 공급자가 누구인지가 중요하다. 자신의 정적(政敵) 다나 베일(Danna Vale)이 호주가 이슬람교도들로 뒤덮일지도 모른다고 경고하자 호주 민주당의 린 앨리슨(Lyn Allison)은 다음과 같이 말했다. "나는 어렸을 적부터 이 나라로 이민오는 사람들에 관한 매우 어리석은 말을 들었다. 그들은 그리스인 아니면 이탈리아인이거나 … 베트남인이었다." 그러나 그녀가 말하는 것은 인종이나 국적이다. 이슬람은 종교이며, 그것도 명백하게 정치적인 종교이다. 당신 할아버지의 출생지와 달리 그것은 당신이 고국에 남겨두고 오는 어떤 것이 아니다. 실제로 서구에 있는 많은 이슬람 추종자들에게 국경을 초월하는 범이슬람 정체성은 자신을 표현하는 근본적인 방식이 되고 있다. 호주 수상 존 하워드(John Howard)는 대부분의 정치 지도자들이 할 수 없는 방식으로 분명하게 다음과 같이 말했다. "이탈리아, 그리스, 레바논, 중국, 혹은 발트 해 연안에서 온 이민자들에게는 그런 게 전혀 없다. 그들은 지하드를 열심히 찬양하는 일 따위는 하지 않는다. 겉으로만 그런 척할 이유가 없다."

이슬람은 현재 새 유럽인을 가장 많이 공급하며 새 캐나다인을 두 번째로 많이 공급한다. 그러므로 존 하워드가 제안하는 질문은 곰곰이 생각해 볼 만하다. 서구 이슬람교도들 중 몇 퍼센트가 지하드에 열심인가? 5%? 10%, 12%, 아니면 20%? 9·11 이후 수년이 지났고, 전반적으로 우리는 더 현명해지지 않았다. 그럼에도 불구하고 고집스레 현실을 외면하는 자들을 뺀 나머지 사람들에게는 앨리슨 씨가 말하는 "그리스인과 이탈리아인, 베트남인들"과 이슬람교도 이민자들 간의 차이는 분명해 보인다. 인종의 용광로 대신에 개종이 있다. 스코틀랜드인이 그리스인이나 보츠와나인과 결혼할 수 있다. 그러나 스코틀랜드인이 예멘인과 결혼한다면 그것은 그 사람이 이슬람교도가 되었기 때문이다. 정상적인 이민유형을 따르지 않고 결국 이민을 받아들이는 국가가 이슬람에 동화되고 만다. 이를테면 프랑스의 시립 실내수영장이 성별로 수영장 공간을 구획하고 호주의 병원이 식당 메뉴에서 돼지고기를 빼는 식이다.

서구의 많은 지역에서 "서구식 문명화"가 최근에야 이루어졌다고 지적하는 것은 정당하다. 1970년까지 포르투갈, 스페인, 그리스 등 남유럽은 주로 독재체제였다. 한 세기 전에 이탈리아는 깡패국가였고 독일은 학살국가였다. 서구가 퇴폐적이고, 저속하고, 자기중심적이며, 간음하는 남색자들이라는 이슬람의 비판에 일말의 진리도 없는 것은 아니다. 그러나 지구상에서 가장 빠르게 번식하는 인구집단이 사회민주주의 국가에 대한 충성에 가장 크게 저항하는 집단이기도 하다면 이것은 적어도 좌파에게는 심각한 도전이 된다. 페미니스트들은 별스럽게도 "여성의 선택권"에 우선순위를 둠으로써 여성에게 선택할 권리를 부여하지 않는 새로운 문화 속에서 유럽 여성들이 수명을 다하는 데 일조했다. 오늘날 프랑스에서는 이슬람교도가 많은 동네에 사는 비이슬람계 여성들이 밖에 나갈 때 머리 스카프를 쓴다. 나도 이슬람이 매우 다양하다는 것은 알고 있다. 리야드(Riyadh : 사우디아라비아의 수도역주)에는 활기찬 게이 집단이 있고, 하르툼(Khartoum : 수단의 수도역주) 페미니스트 출판사협회는 현재 수많은 회원사들에게 음핵절제(일부 이슬람 국가에서 여자 아이들에게 행하는 수술역주) 병원 위층에 있는 새 사무실들을 싸게 임대해 주었다. 나는 TV에서 생방송으로 인터뷰를 할 때 말고는 모든 대답을 알고 있는 척하지 않는다. 그러나 그것은 어떤 질문도 못 들은 척하는 것보다 낫다.

유대인들과 게이들 그리고 여성들은 잊어버리고 가장 근본적인 문제로 돌아가라. 대부분의 이슬람 지역들에는 탐구할 문화가 존재하지 않는다. 그 사회가 가진 전제들에 대해 도전하고, 질문하고, 시험해 보는 것이 전혀 가치가 없다는 말은 아니다. 이게 어제오늘 일은 아니다. 이슬람이 등장한 첫 2-3세기 동안 학자들은 코란의 신성한 계시들이 신자들의 일상에 어떠한 실질적인 의미를 가지는지 파악하느라 바빴다. 그러나 11세기 무렵 이슬람 법전을 연구하는 네 학파는 계시들이 모든 것 위에 매우 높은 곳에 있으며 더 이상 해석하거나 조사할 필요가 없다고 결론을 내린 바 있다. 이러한 결론이 내려진 후 이슬람은 순조롭게 나아갔고 그러다가 쇠락했다. UN 2002년 보고서에 실린 유명한 통계자료—지난 천 년간 아랍어로 번역된 책보다 1년간 스페인어로 번역된 책이 더 많다—는 이 세계가 대단히 폐쇄적이라는 것을 매우 조심스럽게 암시한다. 그들이 번역하는 몇 안 되는 책들에는 어떤 것들이 있는가? 『나의 투쟁』(*Mein Kampf* : 히틀러의 정치선언문[역주])과 『시온의정서』(*The Protocols of the Elders of Zion* : 1800년대 유럽에서 반유대주의를 확산시킨 유대인 세계 정복 음모론[역주])가 있다. 이 두 책은 온건한 이슬람 국가들에서도 베스트셀러로 눈에 잘 띄게 진열되어 있다. 그리고 사실 런던 심장부의 에지웨어 로드(Edgware Road)에 있는 이슬람 가게들에서조차도 그런 식으로 진열되어 있다. 이슬람 국가 중에 달로 날아가거나 인터넷을 개발할 수 있었던 국가는 없었다. 지난 천 년간 이슬람 문화가 그러한 모험에 필요한 호기심을 억눌러 왔기 때문이다.

이러한 인구경향이 적어도 장래에 커다란 의문부호를 제기한다는 사실을 인정하기 위해서 당신은 모든 이슬람교도들이 747기를 납치해서 가장 가까운 고층건물로 돌진하기를 열망하는 성전주의자들이라는 주장을 지지할 필요는 없다. 두 가지 재미있는 수치를 제시하겠다.

- 2001년 가을, 오타와 시티즌(*Ottawa Citizen*)은 캐나다 전국의 이맘들(imams : 이슬람 지도자나 학자를 일컫는 말역주)을 대상으로 설문조사를 실시했는데, 여기에서 2명을 제외한 모든 응답자들이 9·11에 이슬람교도가 한 명도 연루되지 않았다고 주장했다. 오, 저런. 테러가 발생한 몇 주 뒤의 조사였다. 여전히 모든 사람들이 충격에 휩싸여 있었다. 충분히 이해할 만하다.
- 5년 뒤 2006년 여름, 영국에서 실시된 여론조사에서는 영국 이슬람교도들 중 17%만이 9·11에 아랍이 개입되었다고 믿는 것으로 나타났다.

누구든 중동을 여행해 본 사람이라면, 예컨대 "거대 사탄에게 죽음을"이라고 외치는 괴팍한 사내들을 만나기보다는 섹시한 외모의 서구화된 바레인 여의사를 희롱하는 경험을 하게 될 것이다. 10분, 20분, 혹은 45분 동안 대화하고 나면 그녀는 당신에게 반한 것처럼 보인다. 종종 완전히 비논리적인 것이 가장 매력적인 법이다. 2002년 봄 내가 만난 많은 아랍인들은 다음 두 가지를 동시에 믿고 있었다. 즉 9·11은 (1) 모사드(Mossad : 이스라엘 비밀 정보기관역주)가 저지른 것이고, (2) 이슬람인들에게 크나큰 승리였다고 말이다.

영국의 여론조사가 암시하는 것은 이와 동일한 신드롬이 서구 이슬람교도들 사이에 널리 퍼졌다는 사실이다. 의상, 스포츠, 대중음악, 경제 상태, 교통 기반시설 투자의 필요성, 그리고 여타 수백만의 쟁점들이라면 당신은 완전히 동화될 수 있다. 그러나 오늘날 세계가 직면한 핵심 문제들 중 하나에 대해서 영국에서 가장 급속하게 성장하는 인구집단의 83%는 동료 영국인들이 느끼는 것과 동일한 현실을 받아들이지 않는다.

현실을 바라보는 시각들이 서로 경쟁한다면 그것은 사회안정에 결코 좋은 처방이 아니다. 서구의 이슬람교도들은 아이들이 즐기는 "반목의 땅"(Opposite Land)이라는 게임을 온종일 하고 있는 셈이다.

따라서 (필립 롱맨의 표현대로) "현대 세계에 맞서 싸우고 있는" 인구집단이 지구상에서 가장 급속하게 번식하는 집단이라면 "현대 세계"가 살아남는다는 데 내기를 거는 것은 과연 얼마나 안전할까? 수년 전까지만 해도 미국에게 중요한 도전은 마을에서 가장 외로운 처녀를 자극하지 않는 일이었다. 미국의 옛 동맹자들—존 케리는 이들을 매우 중시한다—이 스스로를 구제할 의지를 이끌어내지 않을 것 같은 상황에서 새 동맹자들이 신흥 국가들 중에 있다는 점은 중요하다. 나는 중동에 자유를 가져오자는 부시 독트린(Bush Doctrine)을 지지하는 사람이다. 그것은 장기적인 계획이다. 그러나 이슬람 국가들이 직면한 문제가 무엇이건간에 그들 대부분은 자유국가로 나아갈 때에 사회적 결속력이라는 이점을 처음부터 가지고 있다. 이와 대조적으로 유럽 국가들은 문화분열의 시기에 자유를 유지해야 한다는 더 어려운 과제에 직면해 있다. 이들 중 상당수는 성공하지 못할 것이다. TV에서 덴마크에 반대하는 시위장면을 보았다. 달랠 수 없는 성난 대중들이 자유를 "서구 테러리즘"이라고 비판하면서 거리를 행진하고 있었고, "이슬람의 적들"이 기필코 "자기 자신의 피에 익사"하고 말 것이라고 주장하고 있었다. 그때 나는 아랍을 여행하다가 어느 모퉁이를 돌았을 때 뭔가 무서운 일이 벌어지고 있는 것을 발견했던 기억을 떠올렸다. 성질 급한 사내들이 길가에 날뛰면서 "거대 사탄에게 죽음을"이라는 오래된 춤을 추고 있었던 것이다. 당신은 중동에 가면 미친 사내의 눈을 피해 호텔방으로 돌아오는 기술을 금세 익히게 될 것이다. 유럽에게 문제는 그 미친 사내가 바로 지금 유럽인들의 방 안에 있다는 사실이다.

일곱 번째 단계

셰익스피어가 말한 남자의 일곱 단계(seven ages)를 통해서 살펴보면 무슨 일이 벌어지고 잘 알 수 있다.

> 온 세계가 무대이며,
> 온 남녀가 한낱 배우에 불과하죠.
> 각자가 등장하는 입구도 있고 퇴장하는 출구도 있고 …

그리고 바로 지금 우리들 중 일부는 출구에 훨씬 더 가까이 있으며 다른 일부는 여전히 입구로 쏟아져 들어오고 있다. 셰익스피어의 다양한 "단계들"을 보라.

> … 그리고 군인 역.
> 이상한 맹세만 잔뜩 늘어놓고, 표범 같은 수염을 기르고,
> 명예를 탐내고, 후닥닥 싸우려 들고,
> 거품 같은 명예를 추구하며
> 대포 아가리 속에도 뛰어들죠.

그들은 지하드의 하급 군인들이다. 당신이 뉴스에서 보듯이 가자와 이슬라마바드의 거리를 뛰어다니며 성조기를 불태우는 흥분한 젊은

이들 말이다. 그리고 (이들이 더 중요한데) 고층빌딩에 충돌할 수 있도록 비행훈련을 받는 젊은이들, 런던 지하철에서 자폭할 때 최고의 체력에 도달할 수 있도록 웨일스에서 레프팅 훈련을 받는 젊은이들, 용기란 일곱 살 난 베슬란(Beslan : 러시아의 마을 이름[역주]) 초등학생을 똑바로 쳐다보면서 죽일 수 있는 능력이라고 정의내리는 젊은이들 말이다. 이들은 이상한 맹세만 잔뜩 늘어놓고, 거품 같은 명예를 추구하며 대포(cannon) 아가리 속에, 혹은 교회법(canon)의 아가리 속에도 뛰어든다. 이맘은 이들을 선동해서 순교자 묘지로 이끈다. 다음 세대가 지나는 동안 격하기 쉬운 젊은이들의 수는 폭발할 것이다. 인구학적 폭발을 말한다. 문자 그대로 더 엄격한 이슬람 율법학자들이 좌지우지하게 될 경우에만 그렇게 되겠지만 말이다. 일부 선진 이슬람 국가들에서 이미 그런 것처럼 2050년이면 이슬람교도들의 출산율이 하락하기 시작할 것이다. 그러나 유럽이나 캐나다나 버몬트 주의 출산율보다는 훨씬 늦게 하락하기 시작할 것이다. 따라서 이슬람 국가들은 크나큰 인구학적 이점을 가지게 될 것이다. 그리고 이것이 그들이 가진 유일한 이점—중동의 또 다른 자원인 석유는 21세기 중엽이면 급속히 사라질 것이다—이라고 할 때, 지금은 이슬람 국가들에게 인구학적인 호기이며, 그것을 최대한 이용해야 한다. 만약 그들이 전 세계를 다르 알 이슬람(Dar al-Islam : 이슬람교도들이 자유롭게 종교활동을 할 수 있는 국가들을 이슬람 학자들이 일컫는 말[역주])의 일부로 만드는 임무와 새로운 칼리프조에 대해서 진지하게 고민한다면 다음 사반세기에 그것을 이루어야 할 것이다.

미국은 어떤가? 인구학적인 초강대국은 셰익스피어가 말하는 중간단계이다.

두둑한 뇌물 덕분에 배는 제법 살지고 …

격언과 새로운 사례들을 많이 알고 있고 …

아니, 더 정확하게 말하자면 미국은 둘로 나뉘어 있다. 민주당을 지지하는 주들은 너무 많은 "새로운 사례들" 속에 난민문제를 끌어들이고 있고, 공화당을 지지하는 주들은 수가 충분히 많지만 여전히 "격언"에 따라서 살고 있다. 미국은 자신만의 인구학적 도전에 직면해 있다. 그러나 미국 인구가 "대체율"을 유지할 수 있는 능력이 주로 남미 이민자들에게 달려 있다는 의심스러운 가정을 수용한다 하더라도 토박이들의 출산율은 여전히 선진세계에서 가장 높다. 따라서 상대적으로 건전한 미국의 인구학적 구성은 미국 예외주의(exceptionalism)의 최신 사례에 불과하다.

유럽은 어떠한가?

… 여섯 번째 단계에 접어듭니다.

실내화를 신고 걷는 말라빠진 늙은 광대 역할이죠.

콧등에 안경을 걸치고 허리춤에는 돈주머니를 차고,

젊은 시절 아껴둔 반바지는 너무 헐렁합니다.

말라빠진 가랑이 탓이죠. 그리고 사내다운 굵은 목소리는,

피리 소리, 아이 같은 높은 소리로 돌아가서,

삑삑거리는 소리를 냅니다 …

이것이 유럽이 처해 있는 상황이다. EU를 건설하면서 유럽인들은

자신의 말라빠진 가랑이에 비해 너무 넓은 세계를 만들었다. 설상가상으로 EU는 특정한 방식으로 건설되었다. 1945년 이후로 끊임없이 적대하는 독일인과 프랑스인과 이탈리아인의 사내다운 굵은 목소리는 사회화된 보건의료와 복지, 유급휴가로 변했고, 현대 유럽인은 평생 아이 같은 높은 소리를 내면서 살 수 있게 되었다. 불행하게도 그러한 사회를 유지하기 위해서는 비용이 엄청나게 많이 든다. 그래서 유럽은 고령화된 인구 탓에 현 체제를 지탱하기 위해서 전보다 더 많고 더 젊은 이민자들을 필요로 한다.

셰익스피어는 어떻게 결말을 내렸나?

… 마지막 장면입니다.
이 별나고 파란 많은 인생이 끝납니다.
제2의 유년기요 완전한 망각일 뿐,
이도 다 빠지고, 눈도 안 보이고, 입맛도 없고, 모든 것이 허무하죠.

이것은 오늘날의 러시아이다. 기대수명은 하락하고, HIV와 결핵과 심장병이 넘쳐나고, 생산기반이 붕괴되고, 국경이 어떻게 바뀔지 예측 불가능하고, 교활한 도둑정치(kleptocracy)가 부유한 서부를 고갈시키는 "유럽의 병자" 말이다. 러시아는 "모든 것이 허무할" 뿐이다.

셰익스피어는 글을 어떻게 시작했나?

… 우선 유아입니다.
간호사의 팔에 안겨 힘없이 울고 토하죠 …

암스테르담이나 마르세유나 비엔나나 스톡홀름에 있는 아동용품점에 가보라. 머리 스카프를 두르거나 아바야(abaya : 일부 이슬람 국가에서 여성들이 온몸에 두르는 검정 덧옷역주)를 다 갖춰 입은 여성들이 보이는가? 그것이 미래이다.

02
가다가 … 가다가 … 가버렸다
인구학 vs 환상

> 갑자기 발기부전이 된 음란한 호색한처럼
> 우리는 자신에 대한 가장 확고한 믿음이 모욕을 당했다.
> 우리가 가진 모든 지식과 지능과 힘에도 불구하고
> 우리는 동물이 아무 생각 없이 하는 일조차 더 이상 해낼 수 없다.
>
> – 제임스, 『사람의 아이들』(1993)

위 인용문은 옥스퍼드 머튼 대학(Merton College)의 특별회원 테오도르 패런(Theodore Faron)에게서 재인용한 것으로 여남작 제임스의 소설 첫 장에 나오는데, 인류가 번식할 수 없게 되는 2021년을 가정하고 있다. 우리는 조금만 있으면 그러한 상황에 다다를 것 같다. 제임스 부인의 디스토피아적 공상과 우리의 현실 사이의 유일한 차이점이라면 소설에서는 남자가 신체적으로 성불능이라는 점이다.

실제로 우리는 정신신체의학적으로 불임인 듯하다. 적어도 선진세계에서 공화당을 지지하지 않는 지역들에서는 그러하다. 앞으로 다가올 모든 지정학적 도전들은 거의 다 인구학에 뿌리를 둔다. 그러나 인구학적 위기들이 모두 동일한 방식으로 작동하지는 않을 것이다. 이 때문에 인구와 관련된 어떤 문제를 처리하려면 훨씬 큰 문젯거리가 된다. 여러 국가들이 자신의 특정한 국내 여건에 제각각 대응한다면 국제환경은 불안해질 것이다. 일본의 인구위기는 사실상 실험실 같은 조건에 놓여 있다. 즉 복잡한 요인이 없다. 러시아의 인구위기는 답답한 이웃 중국과의 관계에 따라 결정될 것이다. 그리고 유럽에서는 새 주인이 이미 자리를 잡았다. 선매권을 받고 입주한 주민처럼 말이다.

지구상에서 가장 고령화된 지역부터 시작하자. 일본에서는 떠오르는 태양이 이미 긴 일몰이라는 다음 단계로 넘어갔다. 인구 순손실 단계에 접어든 것이다. 일본에게 2005년은 기록이 시작된 이래 출생보다 사망이 더 많은 첫 해였다. 일본의 사례는 인구학적 죽음의 소용돌이를 가장 순수한 형태로 관측할 수 있는 기회다. 일본에는 이민도 없고, 눈에 띄는 소수자들도 없으며, 무언가에 대한 욕구도 없다. 모두 다 일본인이며, 나이가 들고 쇠한다.

일단은 그렇게 나빠 보이지 않는다. 미국에 비하면 대부분의 선진사회들은 인구밀도가 매우 높다. 만약 당신이 시끄럽고 붐비는 도시의 비좁은 아파트에 있다면 2–3만 명을 잃는 것은 썩 괜찮은 거래처럼 보인다. 현대 사회민주주의 국가에서는 어떤 사람들을 잃어도 되는지 결정하는 일이 어렵다. 제팬타임스(*Japan Times*)에 따르면 인구를 줄이는 일은 이미 "사회보장제도를 확실하게 제공하는 일과 노동력을 확보하는 일

등 사회경제적 전선(前線)에서 긴급한 도전들을 정부에 안겨"주고 있다. 게다가 아이들이 부족해지자 산과 의사도 부족해졌다. 재능 있고 야심찬 의대생이 그렇게 내리막으로 치닫는 분야에 가려고 하겠는가? 따라서 만약 당신이 일본 어딘가에 살고 있다면 출산은 시간 맞추기가 관건이다. 당신이 오키 섬(일본 남서부의 섬[역주])에 산다면 월요일 아침에 자궁이 수축되도록 조절하라. 산과 병동이 그때 문을 연다. 일주일의 첫날 아침 10시에 산과의가 날아와 우연히 주변에 임부가 있으면 왕진을 간다. 그리고 오후 5시 30분이면 의사는 섬을 떠나버린다. 따라서 만약 부주의하게 출산일을 화요일에서 일요일 사이에 맞춘다면 당신은 헬리콥터에 기어올라 쌩하고 날아가 가족들도 없이 홀로 낯선 병원에서 아이를 낳아야 할 것이다. 오키 섬의 라마즈(Lamaze) 교실에서는 헬리콥터 날개 소리에 맞춰 호흡을 조절하는 방법을 가르쳐 주나?

2006년에 오키 섬의 마지막 산과의가 떠났고 공공의료는 더 이상 기대할 수 없다. 물론 우리들 대부분은 수년간 미국, 캐나다, 호주의 외진 농촌지역에서 전해진 유사한 이야기들을 떠올릴 수 있다. 결국 왜 인구가 수백 명밖에 안 되는 마을이 근사한 의료체계를 갖추어야 하는가 하는 질문이 제기될 수 있다. 그러나 오키 섬은 인구가 만 7천 명인데도 산과의가 한 명도 없다. 산과는 사양산업이다.

그렇다면 앞으로 어떻게 될까? 몇 가지 시나리오가 있다. 일본인들이 이민을 어떻게 생각하건 간에 훌륭한 기반을 갖춘 국가는 도산하는 최첨단 공장이 비어 있는 기간보다 더 오랫동안 비어 있지는 않을 것이다. 어느 시점이 되면 다른 누군가가 일본이라는 공장에 입주하게 될 것이다.

그렇다면 대안은 무엇인가? 제임스(P. D. James)의 『사람의 아이들』

(*The Children of Men*)에는 모성 본능이 충족되지 않은 채 사라져 버린 여성들을 위한 특별한 인형이 등장한다. 이 여성들은 가상의 엄마가 되어서 가짜 아이들을 데리고 거리로 산책을 나가거나 공원에서 그네를 태워준다. 이런 일은 일본에서는 더 이상 디스토피아적 공상의 소재가 아니다. 21세기 초에 일본의 완구업체들은 한 가지 문제에 직면했다. 즉 장난감은 어린이를 위한 것인데 일본에는 어린이가 많지 않다는 것이다. 어떻게 해야 할까? 토미(Tomy : 일본 완구업체[역주])는 유멜(Yumel)이라는 새로운 인형을 내놓기 시작했다. 유멜은 1,200문장을 구사할 수 있는 남자아이로 노인들의 말동무 역할을 하도록 고안되었다. 이 인형은 "사랑해요" 같은 일상적인 표현들을 구사할 뿐만 아니라, "코끼리 코는 왜 길어요?"처럼 당신에게 만약 손자, 손녀가 있었다면 물었음직한 질문들을 하기도 한다. 유멜의 친구 스너글링 이프봇(Snugglng Ifbot)은 5세 아이처럼 대화할 수 있도록 만들어진 장난감인데, 제작자는 보통 수준의 일본어로 잡담하는 것이 노인 치매를 예방하는 데 충분하다고 판단했다. 이것은 사회민주주의 국가에 어울리는 최종 논평처럼 보인다. 유치하고 아이가 되어버린 자기 도취 사회에서는 어른들이 모든 책임감에서 벗어나 있으며, 당신은 계속해서 장난감을 가지고 놀아도 된다. 우리는 이 사회에 존재한 적이 없는 새로운 아이들이다.

그렇다면 이 상태를 그냥 내버려둘 게 뭔가? 역사상 가장 적은 수의 젊은이들은 역사상 가장 많은 수의 늙은이들을 보살피면서 젊은 날을 보내고 싶어할 것 같지는 않다. 아니면 일본의 모든 최첨단 기술을 잘 이용하고 로봇과 포스트 휴먼(post-human : 기본 능력이 현 인류를 훨씬 능가하는 미래의 가상의 존재[역주]) 미래라는 도약대에서 점프를 하는 것이 더 간단할까? 결국 어떤 것이 통치계급에게 더 쉬운가? 응석받이로 자란 사람들을 안락한 삶에서 떼어내고 잃어버린 생물학적 충동을 재교육시키는 것이 더 쉬운가, 아니면 소니사가 인간복제 회사가 될 수 있도록 인가하는 것이 더 쉬운가? 만약 당신이 스스로를 확신시켜야 한다면 그래프들을 살펴보고는 이렇게 말할 것이다. "뭐, 인구감소는 보편적이구먼." 이것은 몇 세기 전의 산업화와 비슷해서 누구나 결국에는 도달하겠지만 맨 처음 도달하는 국가가 큰 장점을 가질 것이다. 19세기 초 영국의 인구 급증이 아니라 영국의 산업혁명이 적절한 비유이다. 산업화 시대에는 인력이 중요했다. 새로운 과학기술 시대에는 인력이 선택사항으로 바뀔 것이다. 게다가 가용한 인력의 대부분이 이슬람교도라면 그것은 사실 단점이다. 가장 고조된 인구학적 위기에 처한 대부분의 선진사회들과 마찬가지로 일본은 로봇과 복제인간을 끌어들이고 트랜스 휴머니즘(transhumanism : 휴머니즘에서 포스트 휴머니즘으로 가는 중간 단계로 과학기술을 이용하여 인간의 정신적·육체적 능력을 고양시키자는 운동역주)을 향한 미끄러운 비탈길로 출발하는 최초의 지역이 될 듯하다.

일본은 아마도 전보다 더욱 고령화될 것이다. 어느 우스갯소리에 나오는 우락부락한 촌로와 그가 70년간 간직해 온 도끼처럼 계속해서 나이가 들 것이다. 노인은 도끼날을 일곱 차례, 자루를 네 차례 교체했지만 그 도끼는 여전히 낡고 믿을 만하다. 우리는 죽음에 대한 인간의 승리를 성취할 테지만, 그것은 우리 선조들이 생각했던 방식—미지의 세계에서 영생을 확보하는 것—대로가 아니라 지금 여기에서 얻는 승리이다. 이것이 죽음에 대한 승리가 의미하는 전부이다. 그렇지 않은가? 영원한 현재시제 말이다.

내가 농담하는 걸로 보이는가? 유전자 조작 식품에 대한 의혹과 저주를 유전자 조작 인간에 대한 열정이나 무관심과 비교해 보라. 당신이 우리가 먹는 야채를 가지고 놀면 우리는 당신 공장을 불태워 버릴 것이다. 그런데 당신이 우리를 가지고 놀면 우리는 당신에게 신용카드를 건네준다. 그리고 그것이 정말 현명한 생각이었는지 궁금해질 무렵이면 플래티넘 비자카드를 손에 쥔 것은 복제인간들일 것이다.

만약 이것이 당신 마음에 들지 않는다면 세 번째 옵션이 있다. 유토피아가 유라비아(Eurabia : 아랍화된 유럽을 가리키는 신조어[역주])로 변해가면서 많은 유럽인들이 유럽을 탈출하고 있지만 일본인들은 인종투쟁과 내전을 겪지 않고 있다. 그들은 그저 다시 아이를 낳기 시작하면 된다. 그러나 일본인들이 그렇게 할까? 1970년대 초에 태어난 전체 일본 여성 중 51%가 30대가 되도록 여전히 아이가 없었다. 제팬타임스는 최근의 냉혹한 통계수치를 보도하면서 "일본은 인구감소가 이미 시작된 독일과 이탈리아의 대열에 합류했다"라고 덧붙이듯이 말했다.

일본, 독일, 그리고 이탈리아란 말이지? 베르사유 조약이 전범국들에게 너무 모질었다면 제2차 세계대전의 해결방식은 그보다는 친절하지만 더 치명적이었다.

황혼녘에 공산주의 이론을 팔까?

일본은 인구가 감소하는 사례 중 가장 온건하다. 그것은 일본인의 문제이지 나머지 세계의 문제는 아니다. 세계의 다른 쪽에 있는 미국은 경쟁국가들이 가진 힘이 아니라 약점 때문에 위협을 받고 있다. 한 가지 말해두자면 실패해서 빠르게 몰락하는 세력은 신중함이라는 격언에 덜 구애되는 법이다. 예를 들어 러시아는 가속화되는 소용돌이 속에 있으며, 모스크바가 하향세를 늦추기 위해서 어떠한 조치를 취할 것인지가 미국을 포함하여 이해관계가 있는 국가들이 가진 의문이다.

러시아 인구는 1992년에 1억 4천8백만 명으로 정점에 달했고, 2015년에는 1억 3천만 이하가 될 것이다. 그 후 21세기 말에는 아마도 5천만이나 6천만으로 떨어질 것이다. 이것은 소련이 붕괴하던 시절의 3분의 1에 해당한다. 물론 러시아 인구가 동일한 비율로 줄어들어야 할 이유는 없다. 그러나 내가 보기에 러시아 인구는 1억 이상이 아니라 5천만을 훨씬 밑돌게 될 것 같다. 사실 최악의 예측에 따르면 러시아 인구는 21세기 중반에 8천5백만 정도로 떨어질 것이다. 한 국가가 죽음의 소용돌이를 통제하지 않고 오래 내버려둘수록 거기서 빠져나오기가 더 어려워진다. 러시아의 출산율은 여성 한 명당 1.2명으로 세계에서 가장 낮은 편이며, 낙태율은 세계에서 가장 높은 편에 속한다. 미래에 대해서 말하자면 대부분의 여성들은 자신의 태아로 의사를 표명하고 있다. 즉 임신 사례의 70%가 도중에 중단되고 있는 것이다.

버지니아 대학의 앨런 린치(Allen C. Lynch) 교수는 낙태 합법화에 반대하는 미국 영화 「소리 없는 절규」(*Silent Scream*)가 러시아 TV에 방영되던 시절 러시아를 방문한 기억을 떠올린다. 이 영화는 태아에 미치는 영향을 매우 사실적이고 철저하게 조사한 것으로서 시청자들에게 낙태 과정을 보여주어 극도의 불쾌함과 혐오를 자극하는 것이 목적이다. 린치 교수는 "영화를 보고 난 후 더 많은 러시아 여성들이 낙태를 더 긍정적으로 생각하게 된 것으로 나타났다"고 썼다. 영화를 본 러시아 여성들은 아기가 받는 고통이 아니라 깨끗한 병원, 최첨단 기술, 인기 있는 전문의들과 간호사들에 주목했다. 그리고는 경탄했다. "서구에서 낙태하면 대단하겠는걸!" 러시아가 공산주의 국가가 된 지 70년 후 육체적 불임은 영적 불임의 징후에 다름 아니다.

다른 반대쪽 끝에서는 죽음 문화 또한 기회를 얻고 있다. 만약 당신이 러시아에서 2000년에 태어난 남자라면 58.9세까지 살 것을 기대할 수 있다. 러시아 여성의 기대수명은 미국 여성의 기대수명에 필적하는 반면, 병약한 러시아 남성들은 방글라데시인들보다 기대수명이 더 낮다. 이것은 방글라데시가 보험 회계사들이 말하는 장점을 많이 가지고 있기 때문이 아니다. 러시아 남성이 다리가 넷이 아니고 열대우림의 나무에 매달려 있지 않은 탓에 멸종위기 종 목록에 실리지 않았기 때문이다. 남성의 수명이 감소한 것은 전쟁 중에 있지 않고 사회·경제적으로 중요한 (상대적으로) 선진화된 국가에는 전례가 없는 일이다. 남성이 필요한지를 두고 실행된 첫 번째 대규모 실험에서 볼 때, 글로리아 스타이넘(Gloria Steinem : 미국의 페미니스트 운동가로서 "여자에게 남자란 물고기에게 자전거 같은 존재"라고 말했다[역주])에게는 실례지만 물고기에게는 정말이지 자전거가 필요한 것으로 보인다.

러시아는 유럽의 병자이며, 아프리카로 옮겨놓아도 여전히 무척 아파보일 것이다. 바이러스성 간염이 상당히 많이 발생했고 결핵이 주요한 치명적 감염성 질병인데도 기질적으로 약을 거부하는 러시아인 수가 급격히 늘고 있다. 러시아의 HIV 감염률 증가 속도는 전 세계에서 가장 빠르다. 21세기의 첫 5년 동안 양성반응을 보인 러시아인 수는 그 전 20년 동안 양성반응을 보인 미국인 수보다 많다. 인구의 1%가 HIV에 감염된 것으로 알려졌는데, 세계보건기구(WHO)는 이 수치를 사하라 이남 지역만한 규모의 전염병으로 발전하는 티핑포인트(tipping point : 점진적인 변화가 돌이킬 수 없는 급격한 변화로 변하는 시점[역주])로 본다. 따라서 이미 기대수명이 중세 때를 넘지 못하는 시점에서 러시아 남성들은 이제 다른 한쪽에서는 AIDS가 자신들을 쓰러뜨리고 임신 가능한 젊은 남녀들의 목숨을 앗아가는 것을 목도하면서 어떠한 사회 재생산의 희망도 남아 있지 않다는 것을 깨닫게 된다. 머지않아 25만에서 75만 명 사이의 러시아인들이 매년 AIDS로 죽게 될 것이라는 전망도 있다. 약물로 인한 C형 간염, 심장병, 결핵 등의 발병률이 매우 높다는 사실과 아울러 HIV는 전 국민이 자멸에서 벗어나려는 의지가 부족할 때 어떤 일이 벌어지는지 보여주는 하나의 전조일 뿐이다.

러시아는 할머니들의 나라가 될 것이고, 국경을 지킬 충분한 젊은 군인들, 경제를 부양할 충분한 젊은 사업가들, 혹은 국가의 미래를 보장하기 위한 충분한 젊은 가족들을 배치하지 못할 것이다. 그리고 지난 세기 역사에서 러시아의 이념 수출이 가장 큰 불안 요인이었다면, 러시아의 내부 붕괴는 이 세기의 주요한 불안 요인이 될 수 있다. 이란의 핵 프로그램은 미국에게는 많은 지정학적 도전들 중 하나에 불과하다. 그 배경 중 어딘가에는 러시아라는 요소가 넓게 자리 잡고 있다.

이러한 해로운 경향에 예외적인 지역들이 있다. 러시아의 일부인데도 출산율이 건전하고 HIV 감염률이 낮은 곳들 말이다. 러시아연방의 89개 연방지역 중에서 12개 지역은 상당한 인구성장을 보이고 있다. 어떤 지역인지 누구 아는 사람 있는가? 다시 한 번 'I'로 시작하고 'slam'으로 끝난다. 종말론을 퍼뜨리는 서구 미디어는 9·11 이래로 "들끓는 아랍 거리"가 영국계 미국인 이교도들에 대항해 분노로 일어설 것이라고 예상했지만, 여전히 수요일 오후 웨스트체스터 카운티(Westchester County : 뉴욕 북쪽에 있는 행정구역역주)의 막다른 골목만큼 들끓고 있을 뿐이다. 그러나 러시아연방의 이슬람교도 거리는 실존하는 거리이며, 현재 끓어오르고 있다. 게다가 러시아에서 가장 평온한 지역들은 러시아라는 병든

곰을 부양할 이유가 전혀 없다.

따라서 세계에서 가장 큰 국가가 죽어가고 있으며, 죽음의 고통이 얼마나 격렬할 것인가 하는 것만 남았다. 중요한 국제문제는 대부분 일정한 지리적 경계 안에서 일어난다. 아프리카에는 AIDS가 있고, 중동에는 이슬람주의자들이 있으며, 북한에는 핵이 있다. 그러나 러시아에는 그 모든 것이 있다. 그곳에는 잠재적으로 아프리카에 한정된 AIDS 위기도 있고, 지구상에서 가장 큰 핵더미의 꼭대기에 앉아 있는 이슬람주의 분리주의 운동도 있다. 물론 핵무기는 모두 "안전한" 시설 안에 있다. 아마도 그럴 것이다.

러시아는 걱정을 잘못하면 어떻게 되는지 보여주는 가장 냉혹한 사례이다. "사람들은 너무 많은데 자원은 너무 적잖아!" 같은 걱정 말이다. 사실은 그 정반대이다. 가난하고 노쇠한 러시아는 자원이 넘쳐나지만 인구가 치명적으로 적다. 그리고 다시 말하지만 피가 흐르는 신체야말로 없어서는 안 되는 자원이다. 만약 당신이 크렘린에 있는 자라면 무엇을 하겠는가? 게으름뱅이 같은 국가의 몸이 썩어가는 것을 막기 위해서 당신은 어떤 자산을 가지고 있는가? 당신에게는 핵무기 제조기술이 있다. 여기에는 많은 아야톨라들(ayatollahs : 이란 시아파 고위 성직자[역주])과 독재자들이 관심을 갖고 있다. 당신에게는 자원이 풍부한 동부의 무인 오지가 있다. 중국은 이곳을 어떻게든 점유하려고 벼르고 있다. 알래스카 매각 뒤에 놓여 있는 논리는 다음과 같다. 1850년에 알렉산더 2세(Alexander II : 1855-1881년간 제정 러시아의 황제[역주])의 동생 콘스탄틴 니콜라예비치 대공(Grand Duke Konstantin Nikolaevich)은 러시아 제국이 북미에 있는 영토를 유지할 수 없으며, 언젠가 영국이나 미국에게 빼앗길지도 모른다면서 그 전에 팔아야 한다고 주장했던 것이다. 오늘날 2,000마일에 이르는 러시아-중국 국경에도 똑같은 주장이 적용된다. 그 어느 때보다 더 비어버린 러시아 동부에는 I천6백만 명이 살고 있으며, 그 수는 줄어들고 있다. 중국에는 15억 인구가 있으며, 그들은 발을 뻗을 필요가 있다. 중국은 자원이 빈곤하다. 그런데 러시아 동부는 중국 자원의 80%에 달하는 자원을 보유하고 있다. 기대수명이 65세인 알코올 중독자 슬라브인조차 블라디보스토크가 옛 이름 하이셴웨이(Haishenwei)로 돌아가는 것을 지켜볼 때까지 살아 있을 테니 모스크바는 이 땅이 도둑질당하도록 놔두느니 베이징에 미끼로 던지는 것이 낫다. 사멸해 가는 모스크바에게는 물물교환을 할 품목이 많지 않다. 구조적 문제 중 일부를 해결할 수 있는 제안을 중국 앞에서 흔들어 보이는 것 말고는 말이다.

사실 러시아는 인민공화국의 가장 두드러진 구조적 결함에 대한 처방을 제공할지도 모른다. 그 결함이란 이른바 "광군"(*guang gun*), 즉 "잎사귀 없는 가지들"이라 불리는 세계사상 가장 성적으로 왜곡된 인구집단을 일컫는다. 중국은 1978년에 "한 자녀" 정책을 도입한 이래로 성 불균형이 계속 심화되어 현 세대에서는 남아와 여아의 비율이 119대 100이다. 남성이 여성보다 많은 첫 세대는 현재 20대가 되었다. 중국이 스파르타 이후 최초의 게이 강대국이 되려고 작정한 것이 아니라면 이 청년들에게 무슨 일이 벌어지겠는가? 일반적으로 아무 할 일이 없고 격해지기 쉬운 수많은 젊은이들은 지하드의 열렬한 전초기지에 인력을 제공하기에나 좋을 뿐 다른 데에는 그다지 쓸모가 없다. 따라서 러시아의 인구 불균형—기대수명이 낮은 병약한 남자들과 장수하는 강건한 여자들—을 감안할 때, 슬라브 여성과 중국 남성 사이의 쌍무적인 대규모 제휴에서 서로 이점을 발견하기란 어렵지 않다. 비록 남자애들은 약간 애송이고 아가씨들은 다소 늙었지만 말이다.

이것은 대부분의 러시아 민족주의자들이 예상해 왔을 법한 차르주의/공산주의의 꿈에 보내는 장송곡이 아니다. 그러나 그들은 자신의 결함을 꼼꼼히 평가해 본 적이 없었다. 알카에다가 자신이 서구를 파괴할 수 있다고 진지하게 생각하는 이유는 아프가니스탄에서 자신이—미국이 아니라—소련의 몰락을 가져왔다고 믿기 때문이다. 자신의 영토 중 상당히 넓은 부분이 이슬람 세계에 병합되고 남은 땅의 상당 부분은 중국에게 돌아가는 것이 러시아의 운명이 될 것이다.

이러한 상황은 워싱턴에 위험하다. 러시아가 팔아야 하는 대부분의 품목들이 미국의 이해를 손상시킬 것으로 보인다. 러시아는 죽음의 고통 뒤에 몇몇 새 이슬람 국가들, 핵무기를 가진 중동, 더 강력한 중국 등을 이 세계에 남길지도 모른다. 이론적으로 미국은 알래스카 거래에 뒤늦은 후속조치를 취하고 시베리아 입찰에 참가할 수는 있다. 그러나 조만간 이 세계는 양극화된 세계로 되돌아갈 것이고, 거의 모든 시나리오에서 미국 반대편에 붙는 것이 더 이득이 된다는 것이 러시아의 계산이다. 이와 관련된 어떤 논리가 중국-러시아의 전략적 제휴 안에 존재한다면 중국-러시아-유럽-이슬람 사이의 편의적인 동맹에서도 마찬가지일 것이다. 후자는 미국에게 더 암울하다. 나는 미국인들로부터 놀라울 정도로 많은 양의 편지를 받는데, 편지에서 그들은 다음과 같이 말한다. "제기랄! 민주당을 지지하는 주들은 정치적으로는 올바를지 몰라도 여자 같은 나약한 청년이에요. 이런 주들이 너무 많아서는 이슬람의 엉덩이를 걷어찰 수가 없지 않겠어요? 그렇지만 다행히도 러시아인들(Russkies)과 중국 공산당원들(ChiComs) 내부에 이슬람교도 괴짜들이 있는데, 이들을 단번에 모두 내쫓는 문제로 말할 것 같으면 우리 구시대인들만큼 극성스럽지는 않을 테지요." 아마도 언젠가는 그런 날이 올 것이다. 그러나 지금 당장으로서는 그들은 지하드가 미국의 문제이며 현 상태를 유지하는 것이 좋다고 생각한다. 따라서 러시아와 중국은 이란의 미치광이 대통령에서부터 미국 뒷마당에 있는 우고 차베스(Hugo Chavez : 베네수엘라 대통령역주)에 이르기까지 지구상의 모든 말썽꾸러기들을 지지한다.

따라서 여러 요소들이 결합되어 주목할 만한 사건이 발생한다. 전쟁이나 재앙 때문이 아니라 자살 경향에서 떨쳐 일어설 능력이 없는 탓에 거대한 국가가 죽음을 맞이한다. 대처 여사가 즐겨 말하듯이 "삶의 현실은 보수적이다." 그러한 삶의 현실에 가장 완강하게 저항하고자 했던 국가가 가장 빨리 쇠퇴하고 있다. 처칠은 그런 일을 결코 예상하지 못했다. 러시아는 심연 속의 무(無)로 둘러싸인 공백이다.

말라죽은 잎사귀

인구학적 기원이 궁극적인 요소여야 할 필요는 없다. 1775년에 벤자민 프랭클린(Benjamin Franklin)은 조셉 프리스틀리(Joseph Priestley : 영국의 자유주의 정치사상가이자 성직자역주)에게 편지를 써서 그들이 둘 다 알고 있는 어떤 영국인 친구가 영국 정부가 직면한 난제에 도움을 줄지도 모른다고 말했다.

> 영국은 이 작전에서 3백만 파운드를 들여 150명의 양키를 학살했습니다. 머리 하나에 2만 파운드가 든 셈이지요. … 그동안 미국에서는 6만 명의 아이들이 태어났습니다. 이 수치들을 알려주면 그 친구는 수학적인

재능을 발휘해서 우리 모두를 죽이는 데 필요한 시간과 비용을 쉽게 계산할 수 있을 겁니다.

분명 프랭클린은 지나치게 단순화하고 있었다. 모든 미국 식민지 이주자들이 자신을 반역자와 동일시하고 있지는 않았다. 독립전쟁 후에 대규모 인구이동이 있었다. 만약 당신이 로열리스트 파크웨이(Loyalist Parkway)를 타고 토론토(Toronto : 캐나다 온타리오의 주도역주)에서 동쪽으로 킹스턴(Kingston : 캐나다의 도시 이름역주)까지 운전해 보았다면 수많은 뉴요커들이 식민지를 떠나 오늘날 온타리오(Ontario)에 해당하는 곳에 재정착한 것을 알게 될 것이다. 미국 흑인들 중 일부는 조지 3세(King George III, 1738–1820년간 영국의 왕역주)의 신민으로 남기를 열망하여 저 멀리 시에라리온(Sierra Leone : 서아프리카의 공화국역주)까지 가서 다시 정착했다. 이들에게 자신의 주요 정체성은 미국 식민지 이주자가 아니라 영국 신민이었다. 다른 이들에게는 미국인으로서의 새로운 정체성이 영국 왕에 대한 공식적인 충성을 대신했다. 오늘날 유럽에서는 가장 빠르게 성장하는 인구집단의 주요 정체성이 이슬람교도인가 벨기에인인가, 이슬람교도인가 네덜란드인인가, 이슬람교도인가 프랑스인인가 하는 것이 문제이다.

문명적 자기 확신은 거기에서 나온다. 만약 "네덜란드인 됨"이나 "프랑스인 됨"이 약하고 희미해 보인다면 더 강력한 정체성이 우세하게 될 것이다. 혹자는 혁명기의 미국과 당대의 유럽 사이에서 또 다른 유사점을 발견하기도 한다. 독립 반대자들(United Empire Loyalists : 미국 독립전쟁 이후에도 계속 영국에 충성하여 영국령 북미 식민지로 이주한 자들역주)은 더 늙고 부유했지만 반역자들은 더 젊고 가난했으니 말이다. 결국 전자에게는 후자가 가진 의지력이 없었다.

일본과 마찬가지로 유럽에서는 경제 현실을 무시하고 살기로 작정한 응석받이 노인층이 비대한 반면 출산율은 재앙이라 부를 만큼 낮다. 그러나 차이점이 있다면 유럽에서는 인구 계승자가 이미 자리를 잡았고 부동산 양도가 얼마나 유혈적일 것인가 하는 문제만 남아 있다는 것이다.

만약 미국의 "동맹자들"이 9·11의 중요성을 이해하지 못한다면, 그것은 유럽 내부의 테러들이 모두 얼스터(Ulster : 아일랜드 북부지방[역주])와 바스크(Basque : 스페인 피레네 산맥 서부지역[역주]) 국가들처럼 조용하기로 유명한 인구집단들 사이에서 발생했기 때문이다. 우리는 영국 정부의 냉소적인 전략가들이 말하는 "수용할 만한 폭력 수준"으로 북아일랜드를 묶어둘 가능성을 대체로 안전하게 추론해 볼 수 있다. 그러나 얼스터가 "골칫거리"였던 30년 동안 그전까지는 온건했던 남아시아의 이슬람 인구가 정치적인 이슬람교도로 급진화되었다. 그리고 나이지리아처럼 전에는 공식적으로 비이슬람권이었던 사회들이 준이슬람화되었으며, 대량 이민의 경험이 거의 없던 유럽의 일부 지역에는 대규모 이슬람 인구가 정착했다.

당신은 이러한 경향이 무엇을 의미하는지 알 것이다. 그러나 자기만족을 즐기는 자들이 우리를 확신시키려고 그러는 것처럼 그것이 전혀 아무 것도 아니라고는 결코 말할 수 없을 것이다. 유럽 대륙을 포함한 서구에서 토박이 인구는 고령화되고 쇠퇴하고 있으며, 젊은 이슬람 인구로 가차없이 대체되고 있다. "물론"이라고 말할 시간이 됐다. "물론" 모든 이슬람교도들이 테러리스트는 아니다. 비록 지하드에 열성적인 이슬람교도는 비엔나에서 스톡홀름, 토론토, 시애틀에 이르는 이슬람 사원들로 이루어진 거대한 후원자 네트워크를 제공하기에 그 수가 충분하긴 하지만 말이다. "물론" 모든 이슬람교도들이 테러리스트를 지지하는 것은 아니다. 비록 테러리스트의 근본 목적(유럽과 북미에서 이슬람법 아래 산다는 소망)에 동의하는 이슬람교도 수가 충분하기 때문에 의식적으로 지지할 수도 있을 테고, 아니면 좋은 경찰/나쁜 경찰(good cop/bad cop : 심문을 할 때 회유하는 '좋은 경찰'과 협박하는 '나쁜 경찰'역주)이라는 이슬람식 상투 표현에 나오는 "좋은 경찰"처럼 행동할 수도 있을 테지만 말이다. 그러나 급속한 인구학적 변화는 최소한 지하드가 입주할 수 있는 드넓은 쾌감대(comfort zone : 대부분의 사람들이 쾌적하게 느끼는 기후범위역주)를 마련해 준다. 그리고 더 근본적으로는 정신나간 짓이라고 여겨졌을 테러리스트들의 요구를 정당화해 준다. 아일랜드 공화국군(IRA)은 민주주의의 실재를 무시하고 술집을 폭파시켜 버린다. 왜냐하면 그들은 투표함을 열면 얼스터 충성주의자들이 선거에서 이기고 아일랜드 공화주의자들이 패배한다는 것을 알고 있기 때문이다. 어느 유럽 성전주의자가 무언가를 폭파시킨다면, 그것은 민주주의의 실재를 무시한 것이 아니라 도래할 민주주의의 실재를 알려주는 징조일 뿐이다. 그는 부정출발을 하는 선수와도 같지만 모든 면에서 상황은 그의 뜻대로 변하고 있다.

당신은 2005년 말 저녁 뉴스에서 자동차들이 불타는 장면을 보았던 것을 어렴풋이 기억할 것이다. 프랑스에서 분명 무슨 일이 벌어지고 있었다. 무언가—그 단어가 뭐였더라 … ?—"청년들"과 관련된 일들 말이다. 나는 폭동을 일으킨 "청년들"에 대해서 매스컴이 이상하게도 "M"으로 시작하는 단어('Muslim'을 말함역주)를 쓰기를 꺼린다고 지적했는데, 그러자 다음과 같이 주장하는 이메일을 엄청나게 많이 받았다. "참가자들 중에 이슬람주의자는 없다. 그들은 마드라사(madrassa : 전통 이슬람학교[역주]) 패거리가 아니다. 그들이 이슬람교도일지 모르지만 보통의 건전한 10대들과 똑같이 세속적이고, 서구화되었으며, 마약과 랩 그리고 감정 없는 무의미한 섹스와 폭동을 즐기며, 약탈과 방화와 파괴를 즐긴다." 일자리가 부족하다거나 그것이 프랑스에 고유한 상황이라는 등 이 자들은 경제문제를 걱정했다. 어떤 이가 내게 썼듯이 "염병할 당신네 우익 지식인들은 모든 일이 지하드와 관련되어 있다고 생각한다."

사실 나는 모든 일이 지하드와 관련되어 있다고 생각하지 않는다. 그러나 앞서 말했듯이 나는 모든 일의 90%가 인구와 관련되어 있다고 생각한다. 매스컴이 프랑스 폭도들을 규정한 대로 "청년들"이라는 단어를 써보자. 청년들에게 가장 두드러진 점은 무엇인가? 젊다는 것이다. 매일 밤 르노 자동차를 방화하러 나가고 싶어하는 80대 노인은 거의 없다. 경찰서에 화염병을 던지고 난 후 폭발로 인한 뜨거운 열기가 당신의 엉덩이뼈 보정물을 녹여버리기 전에 보행 보조기를 끌고 절뚝거리며 길을 건너 되돌아오는 것은 쉬운 일이 아니다. 시민 불복종은 젊은이의 게임이다.

이제 당신이 뉴스 보도에서 많이 들어본 온건한 통계치에 대해서 생각해 보라. "프랑스 인구의 약 10%가 이슬람교도이다." 100만 명을 여기저기서 빼거나 더하라. 사정이 크게 달라지지 않는다면 그것이 곧 전반적으로 정확한 2005년 수치이다. 그러나 인구확산은 균등하지 않다. 그리고 프랑스에 사는 20세 이하 인구로 말할 것 같으면 그 중 약 30%가 이슬람교도라고 하며, 주요 도심의 경우에는 약 45%라고 한다. 발뢰르 악투엘레(*Valeurs Actuelles* : 프랑스의 일간지[역주])의 편집자 미셸 구르핀키엘(Michel Gurfinkiel)이 지적하듯이 "따라서 모든 인종전쟁에서 전투원의 비율은 1 : 1일 것이다." 이미 바로 지금이 그러하다. 말하자면 이슬람이 그

"1"이 되기 위해서 통계적으로 다수가 될 필요는 없다. 그 세력이 절정에 달했던 8세기에 "이슬람 세계"는 스페인에서 인도로 뻗어나갔지만 그 사회구성원은 오직 소수자 이슬람교도뿐이었다. 그럼에도 불구하고 2010년이면 더 늙은 백인 가톨릭 인종 개구리들(개구리를 먹는다고 프랑스인을 경멸하여 부르는 말[역주])은 음울하게 울어댈 것이고, 더 건강한 이슬람교도 청년들은 길거리를 활보하고 있을 것이다. 언젠가 그들은 생 트로페(St. Tropez : 남프랑스의 유명 휴양지[역주]) 해변에도 있을 것이다. 만약 그곳에서 당신이 이교도 매춘부와 함께 앙브르 솔레르(Ambre Solaire) 자외선차단제 외에는 아무 것도 걸치지 않고 누워 있다가 그들과 마주치게 된다면 그들이 종교적·인종적·문화적 이유로 "불평"을 하는 것이 아니라는 BBC와 CNN의 보도가 사실이기를 바라는 편이 좋을 것이다.

2006년 6월, 열차 차장으로 일하는 플랑드르(Flanders) 출신의 귀도 데무어(Guido Demoor)라는 45세 남자가 앤트워프(Antwerp : 벨기에 북부의 주[역주])에서 일터로 가기 위해 23번 버스에 올랐다. 여섯 명의—아까 뭐라고 했더라?—"청년들"이 같은 버스에 올랐고, 다른 승객들을 위협하기 시작했다. 약 40명의 승객들이 타고 있었다. 그러나 "청년들"은 젊었고 다른 승객들은 덜 젊었다. 그럼에도 불구하고 데무어 씨는 젊은이들에게 그만두라고 요구했고, 그러자 그들은 그에게 돌아서서 주먹으로 치고 발로 찼다. 다른 40명의 승객들 중에서 그 누구도 공격받는 남자를 도우려고 나서지 않았다. 그러기는커녕 다음 정거장에서 40명 중 30명이 황망히 자리를 떴고, 데무어 씨가 맞아죽도록 방치했다. 세 명의 "청년들"이 체포되었는데, 그들이 모로코 출신임—놀라워라!—이 밝혀졌다. 주모자는 달아났고, 경찰이 완전한 비밀을 보장했음에도 불구하고 40명의 승객들 중에서 네 명만이 출두해 조사에 응했다. 한 동료 철도원은 벨기에 신문 드 모르겐(*De Morgen*)에서 다음과 같이 말했다. "나섰다간 어떻게 되는지 봤죠? 귀도가 입을 열지 않았더라면 아직도 살아 있었을 텐데… ."

그렇지 않다. 그는 살아 있지 않았을 것이다. 그는 머리를 숙인 채 시선을 맞추지 않으려고 애쓰면서 구석자리에서 신문으로 얼굴을 가리고는 건들지 않기만을 바라는 저 40명의 승객들처럼, 벨기에 정부처럼 죽은 것이나 다름없었을 것이다. 데무어 씨의 두 아이들은 "그들의" 국가에서 무슨 미래를 찾을 수 있겠는가? 내 어머니와 외조부모는 신트 니클라스(Sint-Niklaas : 벨기에 북부의 도시[역주]) 출신이다. 어릴 적에 여러 번 가봤기 때문에 나는 그곳을 잘 기억하고 있다. 우리가 대고모와 여러 친척들과 함께 지내던 당시 연립주택 위층에는 화장실이 없고 요강만 있었다. 누이와 나는 꼬맹이 사촌과 함께 몇 시간이고 계속해서 자갈길을 걸으며 담배 연기가 감도는 술집과 카페를 지나 목적 없이 배회했고, 때로는 마요네즈 바른 프리트(*frites* : 튀김의 일종[역주])를 사먹기도 했다. 뒤늦게 깨달았지만 그것은 사람들이 상상하는 바로 그 플랑드르 방식이었던 것 같다. 그러나 이제 그런 건 존재하지 않는다. 데무어 씨가 공공장소에서 살해되기 일주일 전 신트 니클라스의 버스 운전사들은 "청년들"—여기 또 등장하는군—이 저지른 잔인한 살인강도에 항의하기 위해서 돌연 사표를 냈다. 한 세대도 채 지나지 않아 그 마을은 완전히 변했다.

벨기에인의 약 17%가 18세 이하이다. 터키와 모로코 출신 벨기에인 중에서는 35%가 18세 이하이다. "청년들"은 전에 없이 수가 늘고 다른 연령대는 늙어가고 있다. 벤자민 프랭클린이 제시한 무자비한 계산을 피하기 위해서는 그 "청년들"은 자신을 더 벨기에인이라고 느껴야 한다. 이게 가능할까? 가다피 대령(Colonel Gaddafi : 리비아의 사실상의 국가원수[역

主)은 그렇게 생각하지 않는다. "알라(Allah)가 유럽에서 이슬람에게 승리를 안겨다 줄 징조들이 있다. 칼을 안 써도, 총을 안 써도, 정복하지 않아도 된다. 유럽의 5천만 이슬람교도들은 수십 년 내에 유럽을 이슬람 대륙으로 바꿔놓을 것이다."

스페인에 내리는 비

새 세기에 미국인들에게 결정적인 날이 2001년 9월 11일이라면 유럽인들에 결정적인 날은 그 2년 반 뒤인 2004년 3월이다. 그달 11일, 스페인 총선거 직전에 마드리드에서 발생한 일련의 열차 폭탄 테러로 200명 이상이 사망했다. 이날 나는 미국인 지인들로부터 다음과 같은 내용이 담긴 이메일을 엄청나게 많이 받았다. "3 · 11은 유럽의 9 · 11이에요. 프랑스도 테러를 당할 거예요." 친구들은 내게 말했다. "유럽인들이 비로소 테러를 당했군요." 블로그에서 활동하는 용감한 전사들은 테러와의 전쟁에서 미국에 충실히 협조해 온 동맹자들에 대한 연대의 표시로 자신들의 홈페이지에 스페인 국기를 달았다. 부시 대통령의 사촌이며 훌륭한 웹사이트를 운영하고 있는 박식한 사내인 존 엘리스(John Ellis)는 "EU의 모든 회원국들은 마드리드가 로마이고, 로마가 베를린이고, 베를린이 암스테르담이고, 암스테르담이 파리이고, 파리가 런던이며, 런던이 뉴욕이라는 사실을 알고 있다"고 단언했다.

모두 틀렸다. 3월 12일 금요일 마드리드 거리를 가득 메운 수십만의 스페인인들은 죽은 자들을 애도하기 위해서 황량한 보슬비를 맞으며 우울하게 서 있었다. 선거일인 일요일이 되자 유권자들은 호세 마리아

아스나르(José María Aznar)가 이끄는 국민당을 내쫓고 사회노동당에 정부를 넘겨주었다. 미국에게 국민당은 이라크전쟁에서 유럽의 주요 동맹자였다. 사회노동당은 스페인 군대의 이라크 철수를 공약으로 선거운동을 했다. 선거운동 기간 내내 여론조사에서 국민당은 승리를 향해 순항하고 있었다. 그때 폭탄 테러가 발생했다.

사람들에게 강한 말과 약한 말 중에서 선택하도록 했던 오사마 빈 라덴조차도 스페인이 총선을 대대적인 자기 거세 연습으로 삼기로 한 것을 봤다면 놀랐을 것이다. 대학살이 발생하고 72시간이 지나기 전에 유권자들은 테러리스트들에게 강력한 메시지를 전달했다. "당신의 시선을 끌어서 죄송합니다"라고 말이다. 마드리드가 로마이고, 로마가 베를린이고, 베를린이 암스테르담이고, 암스테르담이 파리이건 아니건 간에 분명 마드리드는 뉴욕은 아니다.

분명 그 확실한 선거결과에는 케리 스타일(Kerryesque : 민주당의 존 케리 의원이 법안을 평가할 때 매우 협소한 어법을 가지고 따진다는 데서 비롯된 신조어역주)로 각주를 다는 듯한 분위기가 있었다. 속속 드러나는 증거를 통해서 성전주의자들이 연루된 것이 분명해졌는데도 불구하고, 정부는 폭탄 테러가 바스크 민족주의 테러리스트 집단인 에타(ETA)가 저지른 일이었다고 대충 발표했다. 보도에 따르면 유권자들은 이에 화가 났고, 누군가 여기에 동조했다. 그렇지만 유권자들이 이라크전쟁에서 발을 빼겠다고 공약하는 정당에 투표하기로 결정하자 그 자는 동조를 철회했다. 그리고 누구도 그 각주들, 즉 유권자들이 표를 던지면서 내건 조건들을 기억하지 못할 것이다. 단지 최종 결과만 기억할 뿐이다. 테러리스트들이 유럽 정부를 전복했다는 결과 말이다.

따라서 3월 11일은 불명예스럽게 기억될 날이 아니라는 것이 증명되었다. 오히려 3월 14일이 후손들에게 남겨지는 날이 될 것 같다. 이날이야말로 정말로 9·11에 해당하는 날이다. 이날은 한 민족을 규정하는 날이 될 것이다. 즉 우리가 길가에 있는 끔찍한 묘비들을 보고 1930년대의 대화재를 기억해내듯이 이날은 재앙을 불러들인 전술적 항복의 날로 기억될 것이다. 적어도 9·11과 3·11 사이의 2년 반 동안에는 유럽이 스스로를 경직화시킬 가능성은 항상 존재했다. 이제 미국은 다시는 경직화될 수 없으며 경직화되지도 않을 것이라는 확신을 갖고 있다. 불복종 시위 때 빗속에 서 있던 우산들은 카메라에 담기에 멋진 그림이었다. 그뿐이다. 스페인에서는 비가 주로 죽은 자 위에 내린다. 학살과 투표 사이의 3일 동안 그 잔학행위가 선거에 영향을 끼치기 위한 것이었다는 보도가 널리 퍼졌다. 잔학행위가 투표에 영향을 끼치도록 내버려둠으로써 스페인인들은 결국 선거일에 유화정책이 승리하도록 의도적으로 방치했고 테러 희생자들의 명예를 실추시켰다.

스페인인들이 왜 그렇게 했을까? 왜 그러지 않으면 안 됐을까? 당신네 국가의 출산율이 1.1명이라면 결단을 보여주어야 하는 쪽은 누구일까? 유화정책은 기존의 긴장 안에서 살고 현재의 안락함을 유지하는 데 표를 던지는 것이다. 왕과 조국을 위해서 싸우는 것은 미래를 위해서 싸우는 것이다. 그러나 아이를 낳지 못하는 사회에는 미래가 없다. 그렇다면 무엇을 위해서 싸우겠는가? 테러리스트들은 스페인인들이 스스로를 죽이는 속도만큼이나 빠르게 테러를 통해서 스페인인들을 죽일 준비를 할 것이다. 이미 한 세대마다 반으로 줄어드는 인구집단에서 당신은 어떻게 "열 명에 한 명씩 제비 뽑아 죽일(decimate : 고대 로마군단에서 행하던 처벌방식 중 하나**역주**)" 수 있겠는가?

2001년 9월 11일 미국 본토는 1812년 독립전쟁 이래 처음으로 공격을 받았다. 범인들은 사우디인, 이집트인 등 외국인들이었다. 9·11 이후 유럽인들은 런던 지하철 폭탄 테러, 프랑스 폭동, 네덜란드 민족주의 정치인 피살 등을 목도했다. 범인들은 영국 신민, 프랑스 공화국 시민 등 자국민들이었다. 이것이 차이점이다. 즉 미국은 외국과 싸우고 있는 것이고 유라비아는 선전포고 없이 내전의 초기 단계를 겪고 있는 것이다.

누가 이길까? 오스트리아 린츠(Linz)에서 이슬람교도들은 모든 여교사들이 이슬람교도이건 이교도이건 교실에서 머리 스카프를 써야 한다고 요구하고 있다. 영국무슬림회의(Muslim Council of Britain)는 대학살일(Holocaust Day)이 폐지되기를 원한다. 왜냐하면 그것은 나치(가 했다고 주장되는) 유대인 대학살에"만" 초점을 맞추고 현재 진행되고 있는 이스라엘의 팔레스타인인 대학살에는 초점을 맞추지 않기 때문이다.

그렇다면 국가의 반응은 어떠한가? 세비야(Seville : 스페인 남서부의 도시[역주])에서 페르디난드 3세(King Ferdinand III)는 더 이상 성일(聖日, fiesta) 때 섬기는 수호성인이 아니다. 왜냐하면 무어인(8세기 무렵 이베리아 반도를 정복한 아랍계 이슬람 세력[역주])으로부터 스페인의 독립을 위해 싸운 그의 화려한 전적이 이슬람교도들에게 민감하지 못하다고 여겨졌기 때문이다. 런던에서는 한 판사가 소배심원(小陪審員)에서 유대인과 힌두교도를 제외하는 데 동의했다. 그들에게서는 공정한 평결을 얻을 수 없다고 어느 이슬람교도 피고 측 변호인이 주장했기 때문이다. 영국 교회는 성 조지(St. George)를 영국의 수호성인에서 제외할 것을 고려하고 있는데, 여러 성공회 성직자들에 따르면 그는 너무 "군국주의적"이고 "이슬람교도들에 공격적"이기 때문이다. 그들은 성 조지를 성 알반(St. Alban)으로 대체하기를 원하며, 바뀌는 영국 국기에서는 성 조지의 십자가 대신 성 알반의 십자가를 얇은 노란색 선으로 표시하기를 희망한다. 대부분의 풍자가들은 이 농담이 지나치게 억지스럽다며 무시한다.

몇 년이 지나 수백만의 10대 이슬람교도들이 투표소에 들어갈 나이가 되면 일부 유럽 국가들은 공식적으로는 이슬람법 아래에 살고 있지 않더라도—나이지리아 일부가 그런 것처럼—급진화된 이슬람 출신 동포들과 타협하게 될 것이다. 이들은 많은 완고한 부류들이 그렇듯 다원주의 사회의 "관용"을 이용해 먹는 데에는 전문가이다. 다른 유럽 국가들에서는 상황이 좀 더 전통적인 방식으로 풀릴 것 같다. 비록 그 결말이 크게 다르지는 않겠지만 말이다.

마드리드와 런던에서 일어난 사건은—테오 반 고흐 피살 같은 다른 사건들과 아울러—이러한 유럽 내전의 신호탄이었다. 비웃고 싶다면 비웃어도 좋다. 그러나 이슬람주의자들이 종종 언급하는 목표는 이라크에서 이교도들을 몰아내는 것이 아니라, 이슬람법이 지배하는 이슬람교 칼리프조를 유럽으로 확장하여 재건하는 것이다. 그들의 말을 곧이곧대로 받아들이고 그들이 정말 그렇게 행동하는지 지켜보는 데에는 충분한 이유가 있다. 더욱이 1970년대 초에 비해 이슬람법 아래 사는 세계가 훨씬 넓어졌다는 것을 감안할 때, 정치 프로젝트로서 급진 이슬람은 어느 정도 진척을 이루었으며 거의 하루도 쉬지 않고 진척되고 있는 중이다. 2005년에는 타이 남부의 불교도들 중 약 10%가 이슬람주의의 폭력 때문에 고향을 떠났다. 이것은 쓰나미보다 훨씬 큰 파괴력이지만 세계 언론에는 보도되지 않았다. 그리고 이슬람의 여러 전쟁터 중에서 어디에 공명하건 간에 지하드가 오랫동안 매우 어려운 적들과 대치해 온 것이 사실이다. 만약 당신이 스스럼 없이 이스라엘인이나 러시아인과 한 패가 될 수 있다면 당신이 벨기에인이나 스페인인과 적대할 수도 있다고 왜 상상하지 못하는가?

1903년에 영국 최초의 위대한 첩보소설 『사막의 수수께끼』(*The Riddle of the Sands*)에서 어스킨 칠더스(Errskine Childers)는 휘하 요트 조종사 데이비스(Davies)에게 영국 외무성 인사 카루더스(Carruthers)를 설득해서 독일 해군이 프레시안 섬(Fresian Islands)을 습격할 가능성을 진지하게 받아들이게 만들라고 지시한다.

> 육지에서 치르는 전쟁과 똑같이 대처하십시오. 대담하고 책략이 있는 병사들을 산 속에 배치하십시오. 그 병사들은 모든 소로와 승마길에 친숙하고, 소규모로 작전을 수행하고 경무장을 한 채 빠르게 이동해야 합니다. 다져진 길로만 다니고, 대규모로 느리게 이동하며, "영국을 알지" 못하는 적군에 대해 이러한 게릴라 부대가 얼마나 큰 이점을 가질지 생각해 보십시오.

데이비스는 카루더스가 오래된 원칙들을 새로운 형태의 전쟁에 적용하기를 원한다. 이슬람주의자들이 바로 그렇게 하고 있다. 가장 효과적인 이슬람주의 게릴라들은 힌두쿠시 산맥에 있지 않다. 그곳이라면 파슈툰 족(Pashtun : 아프가니스탄 남동부에 사는 종족역주) 전사들 머리 위로 데이지 커터(daisy cutter : 파쇄성 폭탄의 일종역주)를 떨어뜨리는 일쯤은 순식간에 끝낼 수 있었을 것이다. 그들은 유럽의 승마길 위로 가볍게 움직이고 있다. 소규모 단위조직들, 기회를 잘 잡는 이맘들, 야심찬 로비 집단들이 자유사회의 외진 곳과 갈라진 틈에서 활동하고 있는 반면 정치인들은 낡은 사고, 다문화주의에 대한 집착, 그리고 일이 다 잘 풀릴 거라는 막연한 기대 따위로 만들어진 다져진 길에 집착한다.

2006년 노르웨이인 이맘 물라 크레카르(Mullah Krekar)는 오슬로

(Oslo) 신문 다그블라데트(*Dagbladet*)에서 다음과 같이 말했다. "우리는 당신들을 변화시킬 겁니다. 유럽에서 벌어지는 상황을 살펴보세요. 이슬람교인 수가 모기떼처럼 늘어나고 있어요. EU의 여성들은 평균 1.4명의 아이를 낳는데 그곳의 이슬람 여성들은 3.5명의 아이를 낳습니다." 그가 요약했듯이 "우리 사고방식이 당신네 사고방식보다 더 강력하다는 것이 증명될 겁니다."

03
남자는 비너스에게서 나왔다
일차적 충동 vs 이차적 충동

우리 시대에 그리스 전체가 저출산과 전반적인 인구감소에 굴복했다.
이 때문에 지속적인 전쟁과 전염병이 없었는데도
도시들은 버려졌고 땅은 더 이상 열매를 산출하지 못했다.
… 사람들은 자만, 탐욕, 나태에 빠져 결혼을 원치 않았으며,
결혼해서 아이를 키우기로 작정했다 하더라도 아이들을 유복하게 살게 하려고
기껏해야 하나나 둘 정도만 낳았고, 아이들이 재산을 낭비하게 만들었다.
그러자 불행이 아무도 모르게 급속하게 자라났다.

– 폴리비우스, 『역사』 36권(BC 150년경)

오늘날의 인구학적 재앙은 어떻게 발생했는가? 어떻게 인간 역사상 가장 부유한 문명이자 세계 진보의 엔진이 현대 세계에서 기술적으로 가장 뒤떨어진 후진 문화를 위해 자살하는 쪽을 택했는가? 오늘날 전

형적인 선진사회는 자신의 결점을 미덕인 양 떠벌린다. 이민에는 분명 고마운 점이 있다. 카레 전문점 따위가 없다면 영국의 지방 레스토랑은 훨씬 활기 없어 보일 것이다. 그러나 도덕적 우월성의 증거로 이민을 자랑하는 것은 매우 어리석은 일이다. 매우 제한된 특정 국가들로부터만 이민을 받는 것은 장점이 아니라 약점이다. 유럽의 이맘들은 그것을 명확하게 꿰뚫어 볼 수 있다. 그들은 이제 유럽이 식민지라는 것을 알고 있다.

전직 내셔널리뷰(*National Review*) 편집자 존 오설리번(John O'Sullivan)은 제2차 세계대전 이후 캐나다 역사가 오래된 몬티 파이썬(Monty Python : BBC 코미디 쇼[역주])의 주제가로 요약될 수 있다고 말한 적이 있다. "나는 벌채 노동자, 그래도 괜찮아"라는 제목의 주제가는 북부 숲지대에서의 거친 삶이 보여주는 남자다운 미덕을 힘차게 찬양하는 것으로 시작된다. 첫 부분은 이렇다. "나무에서 나무로 뛰어다니네! 브리티시컬럼비아(British Columbia : 캐나다 남서부의 주[역주])의 거대한 강을 따라 떠내려가는 목재들 위로!" 그러나 노래 끝에서 벌채 노동자는 점점 복장도착자처럼 변해 "하이힐, 서스펜더, 브래지어를 착용하고" 싶어하고 "여성 복장을 하고 술집을 방황하기"를 좋아한다고 노래한다.

나는 오설리번이 무슨 말을 하는지 알고 있다. 2005년에 나는 토론토 시청 근처에서 열린 미스 쉬메일(Shemale : 호르몬이나 이식수술을 통해 여성의 가슴을 가진 남성[역주]) 월드 축제에서 사진 전시회를 관람할 기회가 있었다. "쉬메일들"이 대규모 행진을 벌이면서 자기 몸에 이식한 초대형 가슴이 비록 다우코닝(Dow Corning : 미국에 기반을 둔 다국적 실리콘 전문 기업[역주])사로부터 구입한 것이긴 하지만 마치 자기 것인 양 자랑하고 싶어한다는 사실은 내게 깊은 인상을 주지 못했다. 지방정부가 미스 쉬메일 월드를 시 승인을 요하는 행사라고 생각했다는 사실이 내게는 더 인상 깊었다. 물론 토론토 시가 행사를 승인하지 않았더라면 "포용력 없다"는 죄를 뒤집어썼을 것이다. 존 오설리번은 캐나다 남성들이 문자 그대로 복장도착자라고 말하는 것이 아니다. 그 수는 분명 35%나 40%를 넘지 않을 테고, 나로 말하자면 주말에만 그런 짓을 한다. 그럼에도 불구하고 한때 남성적이었던 캐나다는 놀랄 만한 심리적 개조를 겪었다. 1945년에 캐나다 해군은 세계에서 세 번째로 큰 해상함대를 가지고 있었고, 캐나다 공군은 세계에서 가장 잘 정비된 공군에 속했다. 캐나다 군대는 노르망디 상륙작전 때 가장 험난한 해변에 상륙했다. 그러나 두 세대가 지나 강인한 사내들은 완전히 여성화된 문화로 변형되었고, 이제는 사회의 일차적 충동보다 이차적 충동—요람에서 무덤까지 보장되는 권리와 복지혜택—을 우선시하게 되었다.

캐나다만 그런 게 아니다. 만약 오설리번의 논제에 뭔가 오류가 있다면 그것은 벌채 노동자의 노래가 거의 모든 선진세계의 전후사(戰後史)에 해당할 수 있다는 것뿐이다. 왜 서구가 우스울 정도로 원시적인 적 앞에서 그렇게까지 약해 보이는지 이해하기 위해서는 제2차 세계대전 이래 거의 모든 선진국가들이 경험한 대대적인 변화를 조사할 필요가 있다. 오늘날 전형적인 선거운동을 살펴보면, 적어도 미국의 한 정당과 나머지 서구의 거의 모든 정당의 정치강령은 거의 이차적 충동만 오로지 하고 있다. 예컨대 (점진적이지만 냉혹하게 축소되고 있는 미국의) 공공보건의료, (2006년 캐나다 선거에서 가장 중요한 쟁점이었던) 데이케어, (영국이 도입한) 남성 육아·출산휴가(paternity leave) 같은 것들 말이다. 우리는 국방, 자립, 가족, 그리고 그 무엇보다 기본이 되는 재생산 능력 같은 일차적 충동보다는 이차적 충동을 늘려왔다. "가서 번식하지"(성경 「창세기」의 한 구절역주) 않으면 이 모든 이차적 충동 프로그램들을 향유할 수 없다. 예컨대 평생복지에 드는 비용은 당신이 늙는 속도보다 훨씬 빠르게 늘어나고 있다. 대부분의 이차적 충동 프로그램은 넓게 보아 자기 만족이라는 범주 안에 들어간다. 예컨대 우리는 국가가 나이 든 친척들을 우리 손에서 데려가 주기를 원한다. 그것이 그들에게 더 좋기 때문이라기보다는 그렇게 하지 않으면 노인네들이 우리 시간을 많이 빼앗아 버릴 것이기 때문이다. 상당히 타당하다. 그러나 조부모 없이 살아갈 수 있다고 결정하는 것은 당신이 손자나 손녀 없이 살아갈 수 있다고 결정하는 것과 동일한 차원의 문제가 아니다.

나는 "신비한 기억의 화음"에 관한 링컨의 언급을 예나 지금이나 좋아한다. 왜냐하면 그것은 건강한 사회의 여러 단층들을 조화롭게 이끌어가기 때문이다. 높은 음표가 현재—선율—이지만 낮은 화음도 마찬가지로 중요하다. 현재는 역사의 맥락과 영원한 진리 속에 놓이고, 이로써 우리를 과거와 연결시킬 뿐만 아니라 미래에 맡겨놓기도 한다. 그러나 1945년 이래로 서구 전역에서 이루어진 다양한 정부 개입—국가 연금, 고등교육 보조금, 다양한 사업을 위한 높은 세금—은 전통적인 세대 간 연대를 와해시켰고, 이제 유럽인들은 철저한 자기 몰입이라는 현재 시제의 문화 속에 거의 완전히 매몰되어 있다. 결국 일차적 충동이 중요하다. 미국인은 화성에서 왔고 유럽인은 금성에서 왔다는 로버트 케이건(Robert Kagan : 미국의 정치평론가[역주])의 언급은 이 문제를 제대로 설명하지 못한다. 벌채 노동자의 노래와 쉬메일 월드는 점점 더 가까워지고 있다. 우리는 금성인처럼 이성의 옷을 입어도 되고 모든 것이 괜찮을 거라고 생각하는 화성인이다. 토론토 시청에 전시된 근사한 성전환자처럼현대 서구 민주주의는 모든 면에서 완전히 여성화되고 있다. 아이를 낳는 능력만 빼고 말이다.

다른 선진사회들이 그런 쪽으로 얼마나 멀리 나아갔는지 미국인들이 항상 제대로 알고 있는 것은 아니다. 유럽의 내각에서 국방장관직이란 야심찬 정치인이 보건부 같은 중요한 직책으로 나아가는 과정에서 거쳐가는 어떤 것이다. 도널드 럼스펠드(Donald Rumsfeld : 전직 미 국방장관역주)가 보건사회부로 옮기는 것을 승진으로 여길 것 같지는 않다. 그러나 이차적 충동이 이미 멀리 나아간 탓에 대부분의 미국 동맹국들은 "권력" 같은 기본 단어들을 더 이상 미국과 동일한 방식으로 이해하지 않는다. 2002년에 핀란드 총리 파보 리포넨(Paavo Lipponen)은 런던에서 다음과 같이 연설했다. "EU는 군사 강대국으로 나아가서는 안 되며, 자신의 이익을 지키기 위해서 어떤 경우에도 무기를 들지 않는 대국이 되어야 합니다."

아마 이 말은 핀란드어로는 더 좋게 들릴 것이다. 그럼에도 불구하고 그의 말에 담긴 뜻은 많은 유럽인들에게 낡은 규칙이 더 이상 받아들여지지 않는다는 것이다. 낡은 규칙은 새로운 권력 기준들로 대체되어 왔다. 예를 들면 EU, UN, ICC(International Chamber of Commerce : 국제상공회의소역주)처럼 여러 국가들이 끼리끼리 모이는 회합에 자신을 얼마나 융통성 있게 끼워맞추는가 하는 식의 기준 말이다. 그러나 장기적으로 이러한 새로운 국가 개념은 유럽인들을 죽이고 있다. 제럴드 포드(Gerald Ford : 미국의 38대 대통령역주)가 보수적인 청중들의 비위를 맞추기 위해서 종종 말했듯이 "당신이 원하는 모든 것을 줄 만큼 충분히 큰 정부는 당신이 가진 모든 것을 앗아갈 만큼 충분히 크다." 맞는 말이다. 그러나 다음과 같은 중간 단계가 존재한다. 즉 당신이 원하는 모든 것을 줄 만큼 충분히 큰 정부는 그 중 일부를 돌려달라고 요구할 만큼 충분히 크지 않다.

유럽 정부들은 바로 이러한 위치에 놓여 있다. 유럽 시민들은 지탱할 수 없는 사회 프로그램에 얽매이게 되었고, 결국 유럽 국가들은 파산하게 될 것이다. 사회보장제도 논쟁에 대해서 말하자면 공공 연금 부담액 예상치는 2040년이면 미국 GDP의 약 6.8%로 늘어날 것이다. 그리스의 경우는 25%이다. 이것은 말하자면 사회의 완전한 붕괴이다. 유권자들은 어깨를 으쓱한다. 그래서 어쨌다고? 나는 세금을 냈고, 그만큼 혜택을 원한다.

이것이 "사회민주주의"의 역설이다. 당신이 세금인하와 작은 정부를 요구하면 좌파는 당신을 "이기적"이라고 비난한다. 솔직히 말해서 내 경우에는 그것은 사실이다. 나는 아침에 일어나 내 집 진입로에 지방도가 연결되어 있는 것을 보면 기쁘고, 예나 지금이나 육군과 시민 소방서의 새 소방차를 위해서 기쁘게 돈을 낸다. 그러나 그 이상을 내라고 하면 내가 버는 모든 것을 아껴두었다가 개인적으로 중요한 일에 쓰고 싶다.

좌파로서는 도덕적인 미덕에 호소하는 것이다. 세금을 더 내고 공동체로서 부담을 나누는 것이 더 낫다는 것이다. 이것은 더 다정하고, 더 점잖고, 더 자비로우며, 더 공평하다. 불행하게도 최근 유럽의 선거결과가 보여주듯이 사회적으로 공평한 공동체주의보다 더 시민을 이기적으로 만드는 것은 없다. 일단 보건의료를 비롯한 모든 복지제도의 혜택을 누리게 된 사람은 사회 전체의 이해관계에 조금도 개의치 않을 것이다. 그는 자신의 몫을 받고 있다. 그리고 그것 때문에 한 세대 후에 국가가 파산하게 된다 해도 죽을 때까지 연금을 계속 받을 수만 있다면 그에게는 문제가 되지 않는다. 여기에서 "사회민주주의"가 명백히 반사회적이라는 사실이 증명된다. 폴리비우스의 글을 수정하자면 그것은 "자만"으로 치장된 "탐욕"이다. 그리고 이것은 유럽을 포함한 여러 지역을 사회적 "나태"로 이끈다.

어느 시점에선가 이 국가들은 정부와 시민의 관계를 마약 밀매꾼과 마약 중독자의 관계 비슷한 것으로 재정립했다. 일단 이렇게 되면 중독자를 예전의 생활로 돌아가도록 설득하는 것은 매우 어렵다. 따라서 미국을 제외한 다른 모든 곳에서는 국가가 당신의 보건의료를 책임져야 한다는 생각이 보편적으로 받아들여졌다. 선진 민주주의 시민은 슈퍼마켓에 있는 수십 개의 아침용 시리얼 제품들과 비디오 가게에 있는 수백 개의 영화들, 인터넷에 있는 수백만 개의 포르노 사이트들 중에서 자기 입맛대로 고르고 싶어한다. 그러나 자신의 육체적 삶과 죽음을 결정하는 문제로 오게 되면 결정권을 기꺼이 정부에 내어준다.

이것은 재정뿐 아니라 도덕적으로도 문제가 있다. 전직 캐나다 외무장관 로이드 액스워디(Lloyd Axworthy)에 따르면, 시대착오적인 "하드 파워(hard power : 군사력이나 경제력 따위에서 나오는 힘[역주])"를 휘두르는 미국과 달리 캐나다는 막대한 "소프트 파워(soft power : 정보과학이나 문화예술 따위에서 나오는 힘[역주])"를 행사한다. 말하고 싶은 대로 내버려 두라지. 그러나 내가 보기에 진짜 차이는 보다 깊은 곳에 있는 것 같다. 즉 그것은 하드 컬쳐(hard culture)와 소프트 컬쳐(soft culture)의 차이이다. 인구 및 정치 동향을 기민하게 분석하는 마이클 바론(Michael Barone)은 『하드 아메리카, 소프트 아메리카 : 경쟁 대 과잉보호 그리고 미국의 미래를 위한 투쟁』(*Hard America, Soft America : Competition vs. Coddling and the battle for the Nation's Future*)이라는 책을 출간했다. 누군가가 『하드 캐나다, 소프트 캐나다』(*Hard Canada, Soft Canada*) 혹은 『하드 유럽, 소프트 유럽』(*Hard Europe, Soft Europe*)이라는 책을 쓸 거라고 상상하기는 어렵다. 왜냐하면 이 질문은 한 세대 전에 해결되었기 때문이다. 제2차 세계대전 이래로 전투에서 죽은 일본 병사는 단 한 명도 없다. 아주 좋은 말처럼 들린다. 일본은 칼을 두드려 가라오케 마이크로 만들었고 "평화에 기회를"(Give Peace a Chance : 존 레논의 반전 노래역주)을 불렀다. 그 결과 일본은 전투에서 경험했을 법한 것보다 더 심각한 존재위기에 직면해 있다.

소프트 컬쳐에서는 "소프트 파워"가 발휘된다. 대개 소프트 컬쳐에는 하드 파워를 유지할 의지가 없기 때문이다. 그렇다면 소프트 파워는 얼마나 오래 지속될 수 있는가? 아마 한두 세대 정도일 것이다. 그러나 그 속성상 소프트 컬쳐는 더 무디고 더 잔인한 세력이 가하는 지속적인 공격에 버틸 힘이 없을 것 같다. 예컨대 앤트워프의 청년들, 혹은 자신들이 선호하는 통과의례로서 뚜르낭뜨(*tournante*), 즉 "네 차례야"를 거행하는 프랑스 이슬람교도 집단 강간범들 같은 세력이 공격한다면 말이다. 9월 11일 밤 영국 북부의 이슬람교도 청년들은 거대 사탄에 대한 이슬람의 영광스러운 승리를 응원하며 길거리를 미쳐 날뛰었다. 그들은 자동차 엔진 뚜껑(hoods)—혹은 영국 영어의 예스런 목가적 표현을 쓰자면 "보닛"(bonnets)—을 사정없이 내리치고 문을 두들기면서 운전자에게 "오사마 빈 라덴은 위대한 자이다"라는 노래를 따라 부르라고 요구했다.

그런 짓을 텍사스 주에서 해보라. 그러면 그 운전자는 조수석 앞 수납함에 손을 뻗어 총을 꺼내들고는 당신의 머리를 날려버릴 것이다. 버몬트 주에서도 그것은 권할 만한 방법이 아니다. 그러나 영국인은 총을 소유할 수 없고 (어떤 의도나 목적에서건) 폭력에 저항할 수조차 없게 되어 있다. 따라서 그 불행한 브래드퍼드(Bradford : 웨스트요크셔의 도시역주) 시민은 겁먹고 공포에 질린 채 집으로 갔고, 이슬람교도 패거리는 자존감이 한껏 고양된 채 으스대며 활보했다. 약자를 괴롭히고 위협하는 유럽 이슬람교도 이민자들의 성향이 미국에는 대체로 없는 것 같다. 왜냐하면 부분적으로는 적어도 미국 시민 개개인이 가진 자기 주장(assertiveness) 경향 탓에 그러한 행동을 했다간 유럽에서보다 더 위험해지기 때문이다.

뉴햄프셔 주는 총기 소지율이 높고, 이 때문에 범죄율이 낮다. 반드시 총을 소지해야 하는 것은 아니다. 무기(arms : '팔'과 단어가 같다역주)란 사람을 껴안을 때나 쓰는 거라며 총을 소지하지 않는 유약한 그라놀라 크런처(granola-cruncher : 건강식 시리얼을 먹는 사람, 즉 유기농 식단에 관심이 많은 사람을 뜻함역주)도 많다. 그러나 그들은 이가 다 해어지고 원시적인 사고방식을 가진 이웃이 총을 소지하고 있다는 사실로부터 혜택을 받고 있다. 만약 당신이 뉴햄프셔에서 어떤 집을 털려고 한다면, 그 집이 집주인의 70달러에 손을 대기 전에 당신의 머리를 날려버릴 격자무늬를 덧입힌 총을 애호하는 사람이 사는 집이 아니라, 세계는 하나라고 생각하는 어린애 같은 100인 중 한 명이 사는 집이 확실한지 반드시 확인하는 것이 좋다. 노스컨츄리(North Country : 뉴햄프셔의 일부 지역을 가리키는 이름역주)에 살면서 총을 소유하지 않은 사람은 헌법 수정 제2조(Second Amendment : 개인의 총기 휴대를 보장한 수정조항역주)에 열광하며 픽업트럭에 총포걸이를 장착한 자들에게 진절머리가 나서 적어도 공식적으로는 자신처럼 총기를 휴대하지 않은 사람들만 사는 도시—말하자면 워싱턴이나 런던—로 이주할지도 모른다. 그러고 나서 그 사람은 완전 무장해제된 사회에서 자기 집에 도난경보장치 또는 창문잠금장치와 방범카메라가 필요하다는 사실을 홀연히 깨닫게 된다.

국가가 총기를 통제하는 것은 국가가 신을 통제하는 것과 비슷하다. 초이성주의자는 신과 관련된 모든 것들을 시시한 소리로 치부해 버릴 수 있지만 그의 초이성주의는 강력한 유대-기독교 문화가 존재하지 않는 사회에서는 훨씬 더 취약하다. 어느 자동차 범퍼 스티커(bumper sticker)에 쓰여 있듯이 만약 총기를 불법화하면 범법자들만이 총기를 소지할 것이다. 마찬가지로 (유럽이 그런 것처럼) 종교를 주류에서 몰아내면 주류에서 밀려난 사람들만이 종교를 가질 것이다. 이것이 프랑스의 가난한 이슬람교도 빈민가들이 파리에서 가장 부유한 지역보다 더 많은 문화적 확신을 보여주는 이유이다.

도덕적 건강

9·11로 인해 분명해진 이러한 긴 투쟁의 여명 속에서 하드 컬쳐는 살아남겠지만 소프트 컬쳐는 그렇지 못할 것이다. 유럽에는 소프트 컬쳐—국가 연금, 직업 보호, 6주간의 유급휴가, 주당 35시간의 노동이 너무 고되다고 느껴진다면 후한 실업수당—가 매우 널리 퍼져서 시민들은 국가가 제공하는 마약에 중독된 것이나 다름없다. 연금 부담액 증대와 출산율 붕괴라는 퍼펙트 스톰에 직면하자 유럽 정치인들마저도 시민들에게서 이러한 혜택들 중 일부를 떼어놓아야 할 필요성을 인식한다. 그러나 시민들은 인식하지 못한다. 자신의 국가가 20년 뒤에 파산하고 70년 뒤에 사라진다고 하면 그들은 신경을 쓸까? 이보쇼, 내 알 바 아니오. 내가 휴가에서 돌아오면 그때 전화주시오.

2006년에 이코노미스트(*Economist*)는 국가가 권력을 사용하여 당신의 삶을 사회적으로 유익한 방식으로 이끄는 경향—예컨대 당신이 금연하고 건강한 식단을 유지하도록 강제하는 것—에 대해서 보도했다. 기사는 다음과 같이 결론 맺는다. "이것을 옹호하는 자들은 부드러운 온정주의가 논쟁의 여지없이 좋은 목적만을 위해서 온건하고, 신중하고, 제한적으로 이용되어야 한다고 말할 것이다. 그러나 공공기관이 책임을 떠맡게 되면 이러한 개인적 미덕들이 번성할 가능성이 있지만 그만큼 쇠퇴할 가능성도 있다."

맞는 말이다. 목적(ends)은 "논쟁의 여지없이 좋은"지 모르지만 그것은 논쟁의 여지없이 나쁜 다른 끝(ends)으로 이끈다. 일반 대중들 중에서 어떤 사람들은 놀러다니면서 노부모를 방치하거나 아이들을 집에 홀로 내버려두는 것이 사실이다. 그렇지만 정부가 편안한 노후를 보장하고 데이케어를 관리한다 해도 당신은 그러한 무책임한 짓을 끝내지 않는다. 개인에게서 "개인적 미덕"을 간직할 필요성을 덜어준다면 오히려 그러한 미덕은 사회의 끝자락으로 사라져 버릴 것이 분명하다.

현대 사회민주주의 국가들은 시민의 의지력에 매우 비판적인 데다가 일차적 우선순위에 대해서 이차적 우선순위를 고양시키는 일에 너무 많은 힘을 빼앗겼다. 따라서 대부분의 사회민주주의 국가들은 이슬람주의자들의 위협이 없더라도 살아남지 못할 것이다. 이것은 진지하게 생각해야 할 문제다. 유럽은 적이 필요 없다. 유럽은 동면상태로 쇠해가고 있다. 당신에게 자립심이 있을 때에만 당신이 원하는 모든 것을 줄 만큼 충분히 큰 정부는 당신이 가진 모든 것을 앗아갈 만큼 충분히 크다.

나약해 가는 서구에서 (부분적인) 예외가 하나 있다. 즉 여전히 아이를 낳고, 여전히 최대 주당 노동시간제를 운영하고, 여전히 강력한 군대를 유지하고 있는 국가가 있다는 말이다. 그렇다면 나머지 선진세계(와 미국의 민주당, 주류 매스미디어, 그리고 대법원의 열렬한 "국제법" 애호가들)의 반응은 어떠한가? 미국에게 그만 빈둥거리고 다른 서구 국가들과의 동반자살 약속에 서명하라고 요구한다. 옵서버(*Observer*)의 편집자였고, 이라크전 이전에는 토니 블레어(Tony Blair)의 대사상가였으며, 새 유럽의 위대한 허풍쟁이들 중 한 명인 윌 휴턴(Will Hutton)을 예로 들어보자. 일단 이 점을 분명히 해두어야겠다. 나는 값싼 인신공격으로 이러는 것이 아니라, 휴턴 씨가 대부분의 미국인들로부터 현대 유럽 숭배자(Euro-phile)를 구별하는 국가주의라는 사어(死語)의 거장이기 때문에 이러는 것이다.

휴턴 씨는 2003년 저작 『상호 의존 선언 : 왜 미국은 세계에 동참해야 하는가?』(*A Declaration of Interdependence : Why America Should Join the World*)에서 자신이 미국을 얼마나 사랑하는지 애써 입증한다. "나는 그들처럼 셰릴 크로(Sheryl Crow : 미국의 팝가수역주)의 노래와 클린트 이스트우드(Clint Eastwood)의 영화를 즐기며 우디 알렌(Woody Allen)을 좋아한다." 장담컨대 그는 이들 중 적어도 두 명에 대해서는 거짓말을 하고 있다. 그리고 세 번째에 언급한 알렌 씨는 프랑스 정부가 미국 내에서 프랑스의 이미지를 회복시키기 위해서 사랑받는 미국 명사가 필요했을 때 고용했던 사람이다. 우디 알렌의 지지를 통해 미국인들 사이에서 자신의 입지가 개선될 거라고 생각할 수 있는 것은 프랑스 정부밖에 없다. 그러나 휴턴 씨는 자신의 이력과 학위들을 요란스럽게 내보이면서 "미국의 가장 좋은 것들에 대한 내 애정 때문에 나는 몹시 화가 났고, 이제 그 애정은 자연스럽게 줄어드는 정도보다 훨씬 더 큰 폭으로 줄어들었다"고 말한다. 미국의 많은 좌파와 우파도 그런 책을 쓸 수 있었을 테지만, 정황들이 드러내 보여주는 바와 같이 이 위대한 유럽 사상가는 미국이 건국의 아버지들(Founding Fathers)을 배신했다고 주장하는 것이 아니라 건국의 아버지들부터가 완전히 글러먹었다고 주장하는 것이다. 그가 미국 독립전쟁과 1789년 프랑스혁명을 비교하면서 프랑스가 13개 식민지의 급진적 개인주의(우우!) 대신에 "새로운 사회계약"(만세!)을 촉진했기 때문에 프랑스혁명이 더 낫다고 결론내릴 때 이 점은 분명해진다.

그러나 당신은 결코 알지 못한다. 미국이 기술혁신, 경제성장, 군사적 업적, 생활수준 등에서 왜 프랑스에 훨씬 뒤처져 왔는지를 설명하는 데 도움이 되는 것은 바로 미국 건국자들의 결함일지도 모른다. 휴턴 씨는 "모든 서구 민주주의 국가들은 자유주의적이거나 좌파적인 광범위한 사고를 지지한다"고 주장한다. 예컨대 뉴햄프셔가 독일보다 더 오랜 2세기 동안 민주주의를 유지해 왔다는 점을 고려할 때 그의 가정은 의심스러워 보인다. 거의 모든 유럽 국가들이 국가주의적인 광범위한 사고를 지지한다고 말하는 편이 더 정확할 것이다. 혹은 휴턴이 말하듯이 "유럽은 남자와 여자가 사회적 동물이며 개인의 자유는 좋은 사회를 낳는 여러 가치들 중 하나에 불과하다는 사실을 항상 기억한다." 정확한 말이다. 그것은 휴턴이 "사회 최우선주의"라고 부르는 것에 개인의 자유를 기꺼이 복종시키려는 마음이다. 이 때문에 유럽은 한 세기 넘게 황폐화되어 왔다. 국가주의—즉 "사회 최우선주의"—는 파시즘, 나치즘, 공산주의, 그리고 EU가 가진 공통점이다. 대륙의 저주란 당치 않은 생각이며, 이 모든 괴팍스런 언급들은 지나간 실패에 대한 반응이다. 제2차 세계대전 이전에 독일 중산층은 볼셰비키에 대한 보루로서 히틀러에 희망을 걸었다. 마찬가지로 전후 독일 중산층은 유럽통합이 나치즘의 부활에 대한 보루라고 생각했다.

나치즘과 공산주의가 몰락한 이후의 EU는 비교적 순진해 보이는 것이 사실이다. 즉 EU는 전격작전(Blitzkreig)이 아닌 공병전(Bitzkrieg)을 펼치며, 애매하고 하찮은 범유럽(pan-European) 작전명령들을 모아놓고 정부가 모든 사소한 행동들을 허가하고 통제하고 법으로 정의하는 세계가 자연스럽다고 본다. 유럽인들은 국가주의에 대한 자신들의 신비한 믿음을 변론해야 할 필요성을 한 번도 느낀 적이 없다. 비록 자신들이 탈기독교주의적 합리주의자라고 주장하지만 그것은 거의 맹신에 가깝다.

국가 종교의 미덕들이 의문시되는 지구상의 몇 안 되는 지역에 있을 때 월 휴턴이 신체적으로 불안전하다고 느끼는 이유는 이 때문이다. 그는 미국에 대해서 다음과 같이 말한다. "완전히 사적인 세계에서 우리는 방향을 잃는다. 공적인 중심을 잃어버린 우리가 가진 것이라고는 우리를 인도하는 개인적이고 주관적인 가치들뿐이다." 그는 미국 헌법 수정 제1조(언론, 집회, 종교의 자유를 보장한 조항[역주])를 개탄하며 정부가 통제하는 매스미디어를 그리워한다. EU는 정부가 매스미디어를 통제하여 모든 공적인 의사표현이 승인된 범위 안에서 이루어지도록 만든다. 따라서 유럽의 전형적인 토론자 패널은 중도 좌파, 극좌파, 미치광이 좌파의 대표들로 구성된다. 그는 "유럽은 TV와 라디오가 공익 기준을 확실하게 준수하도록 만든다"고 설명한다.

"공익 기준"이라. 당신이 유럽에서 벌어지는 뭔가 잘못된 일에 대해서 알고 싶을 때면 이 부드러운 문구를 기억하라. 그것은 일종의 온건한 독재자를 위한 교묘한 연막이다.

"공익 기준"이란 공중이 결정하는 기준이 공익에 기여한다는 말이 아니다. 그것은 엘리트가—여러 지정 기관들을 통해서—공중의 이해관계가 무엇인지를 결정한다는 뜻이다. 유럽 라디오에 러쉬 림보(Rush Limbaugh)나 제임스 돕슨(James Dobson : 이상, 미국의 라디오 진행자들[역주]) 같은 이들이 없는 이유가 여기에 있다. 그러나 당신은 월 휴턴이 하는 말은 아주 빈번하게 듣게 된다.

그렇지만 진짜 쟁점은 당신이 유럽 국가주의를 좋아하는지 여부가 아니다. 당신이 어떻게 생각하든 간에 유럽 국가주의는 시대에 뒤처졌다. 유럽은 자신에게 정체성을 부여해 준 비미국적인 행동들 때문에 깊은 곳에서부터 파멸하고 있다. 이차 충동적 국가들은 매우 유쾌할 수 있다. 정부 보조 데이케어, 개인의 성적 기호를 경축하는 일, 그리고 의무 유급휴가가 6주여야 하는지 8주여야 하는지 결정하는 일에 가장 중요한 정치적 우선순위가 부여되는 세계에 누군들 살고 싶지 않겠는가? 그러나 이러한 것들이 지속되는 한두 세대 동안만 유쾌할 것이다. 그리고 인구학적으로 메마르고 경제적으로 경직된 유럽에서 우리가 이제 곧 보게 되겠지만 좋건 나쁘건 중요한 것은 일차적 충동이다. 유럽은 영미 자본주의의 날카로운 모서리를 부드럽게 하면서도 여전히 부를 유지할 수 있다고 믿어왔지만 이제는 그릇된 계산에 기초한 사회구조 속에 갇혀버렸고, 그로 인해 생겨난 재앙을 언제까지고 마냥 피할 수만은 없게 되었다. 정부의 사회 프로그램들을 제지하지 않으면 안전에 위협이 된다. 왜냐하면 이 프로그램들은 방위의 최종 방어선, 즉 자신의 책무가 정부에 계약관계로 묶여 있지 않은 자유시민을 약화시키기 때문이다.

그렇다면 미국이 휴턴 씨의 조언을 따라 "세계에 동참"한다면 어떻게 될까? 우선, 저 "건강보험이 없는 4천만 미국인들"이 새 정부의 보건의료 체제 덕을 볼 것이고, 2억 5천만의 유럽 이웃들처럼 보건의료 "대기자 명단"이 주는 매력을 경험하게 될 것이다. 영국인을 비롯한 유럽인들은 이보다 더 일상적인 일들에도 1년, 2년, 혹은 그 이상씩 기다리고 캐나다인들은 MRI를 찍기 위해서 6개월, 12개월, 18개월씩 기다린다. 캐나다 전체를 통틀어도 필라델피아에 있는 스캐너 수가 훨씬 더 많을 것이다. 캐나다인들은 이제 산과 병동에 입원하기 위해서 10개월을 기다려야 하는 공공 보건의료의 극한을 개척하고 있다.

2004년에 데브라 콘쓰웨이트(Debrah Cornthwaite)는 에드먼턴(Edmonton)의 왕립 알렉산드라 병원에서 쌍둥이 아들을 낳았다. 이 병원은 앨버타(캐나다 남서부의 주역주)에 있다. 콘쓰웨이트 씨는 랭글리기념병원에 있는 지역 산과 병동에 가는 것을 시작으로 힘든 하루를 보냈다. 이 병원은 브리티시컬럼비아(앨버타 서쪽에 인접한 주역주)에 있다. 그들은 그녀에게 말했다. 자궁수축이 4분마다 오네요. 하지만 미안해요. 병실이 없네요. 그들은 병실 안내전화 "브리티시컬럼비아 베드라인"(BC Bedline)에 확인해 본 후 그녀가 애를 낳을 수 있는 병원이 주(州) 안에 하나도 없다는 훨씬 좋은 소식을 전해주었다. 그 다음에는 일곱 시간에 걸쳐 번거로운 절차와 서류작업이 있었다. 그리고 저녁이 되자 그들은 그녀를 공항에 태워주었고, 전세 프로펠러 비행기로 에드먼턴으로 수송했다. 비행기 안에서 자궁수축이 2분 30초에 한 번꼴로 빨라졌다. 게다가 대부분의 라마즈 교실은 로키산맥 위 난기류 속에서 호흡을 조절하는 방법은 안 가르쳐 준다. 출산일에 이런 일을 당하고 싶은 미국인은 얼마나 될까? 당신은 가방을 꾸려서 오클랜드(Oakland : 캘리포니아의 도시역주)에 있는 지역 병원으로 향한다. 그러면 그들이 말한다. "걱정 마세요. 덴버(Denver : 콜로라도의 주도역주)에 당신을 위한 병실이 있으니까요."

유럽과 캐나다의 사회화된 보건의료는 근본적으로 미국 납세자들이 보조하는 셈이다. 왜냐하면 제2차 세계대전 이래로 워싱턴은 동맹국들의 방위비를 부담해 왔고, 이에 따라 그 국가들은 자국의 세입을 후한 사회 프로그램들에 지출할 수 있었기 때문이다. 그러나 미국이 휴턴의 제안대로 "세계에 동참"한다면 미국의 방위비 지출은 유럽과 캐나다 수준으로 떨어질 것이다. 따라서 다음 번에 쓰나미가 스리랑카나 인도네시아를 강타할 때는 난민들을 수송하고 구출할 수송단이 없을 것이다. 그래서 UN의 전략폭격기(sleepytime gals : FB-111A의 별칭 중 하나[역주])가 도착할 때까지 몇 주일을 기다리다가 사람들이 더 많이 죽을 것이다. 만약 미국이 "세계에 동참"하게 된다면 미국은 UN을 비롯한 여러 세계기구들에 대는 자금을 유럽 수준으로 줄여야 할 것이다. 게다가 미국 내 기관들의 규모를 축소해야 하므로 이 기관들이 더 이상 국제기관으로서 효과적으로 기능할 수 없게 될지도 모른다. 이렇게 되면 세계의 반대편에 있는 어떤 마을에 사는 아이가 아무도 전에 본 적이 없는 이상한 병에 걸려서 의사들이 시험관을 애틀랜타(Atlanta : 조지아 주의 주도[역주])에 있는 CDC(Centers for Disease Control : 질병대책센터[역주])에 급송하여 뭐가 문제인지 알고 싶어하는 경우가 발생한다면 난처한 일이 될 것이다. 실제로 윌 휴턴 같은 사람들이 존경하는 상대적으로 선진적인 사회들조차 CDC를 일종의 보건부마냥 최종적으로 의지하는 일이 일상이 되었다. 2003년 SARS(중증급성호흡기증후군[역주])가 중국을 벗어나 토론토에 있는 병원까지 퍼졌을 때, WHO(World Health Organization : 세계보건기구[역주])가 주로 한 일은 여행자들에게 온타리오 여행을 삼가라는 해외여행자 경고를 발령한 것이었고, 문제를 더 깊이 실질적으로 분석하는 일은 CDC에 맡겨졌다. 토론토 시장 멜 라스트만(Mel Lastman)은 약칭들이 무엇을 의미하는지 제대로 이해하지 못했다. 그는 어느 기자 간담회에서 CDC가 발행한 여행자 경고 때문에 피해를 입었다며 심하게 비난하기 시작했다.

그의 옆에 있던 의사가 잘못을 수정하려고 했다. 그녀는 "후"(WHO)라고 말했다.

"CDC 말이오"라고 시장은 반복했다.

"후"라고 그녀는 말했다.

"CDC요"라고 반복하면서 시장은 왜 그녀가 처음에 대답했을 때 알아듣지 못했는지 의아해했다. 애봇(Abbott)과 코스텔로(Costello : 이 둘은 미국의 코미디언 콤비였음역주)의 질병 버전은 잠시 더 계속되었고, 그 의사는 "W–H–O"라고 하나씩 발음했어야 했다는 것을 깨달았다.

"아, 그래요. WHO도 마찬가지예요"라고 시장은 말했다.

그러나 '누가 먼저야'(Who's on first : 애봇과 코스텔로 콤비의 코미디 상투어로 말을 빨리 해서 혼란을 준 뒤에 묻는다역주) 하는 상투적인 익살스런 장면의 기저에는 중요한 진실이 놓여 있다. 애틀랜타에 있는 어느 병원이 감염되면 그 어떤 미국 의사도 캐나다 정부기관에 도움을 청하지 않는다. 그러나 토론토에 있는 병원이 감염되면 온타리오 보건당국은 당연히 애틀랜타 CDC 최고의 인재들이 문제를 규명하기 위해서 연구실에 밤늦도록 앉아 있을 거라고 생각한다.

캐나다 의사가 읊은 보드빌(vaudeville : 노래와 만담 등을 섞은 쇼역주)의 대사—"누가 먼저야?"—에 대한 대답은 바로 미국이다. 스리랑카의 어느 해변이나 토론토의 어느 호텔에 무슨 일이 생기면 나타나는 것은 초강대국이다. 미국은 "세계에 동참할" 필요가 없다. 미국은 이미 이 세계에 많은 기간시설을 제공하고 있기 때문이다. 휴턴의 말은 그가 미국이 더 이상 예외가 아니라 유럽처럼 되기를 원한다는 것이다. 이것은 무엇을 의미하는가? 그것은 정부 역할 강화, 종교 경시, 그리고 출산율 붕괴를 의미할 것이다.

사회구조와 출산율 간의 상관관계를 따질 때에는 신중해야 한다. 출산율은 전 세계적으로 하락하고 있으며, 어떤 전문가도 이것을 역전시킬 방법을 알지 못한다. 종교가 약화된 탓일까? 워워! 종교는 여전하다. 유럽에서 교회 출석률이 가장 높은 곳은 출산율이 완전히 결딴나버린 지중해 국가들이다. 반면에 북유럽 국가들은 종교행사에 참석하는 건지

마는 건지 거의 알아볼 수도 없을 정도지만 유럽에서 가장 건전한—아니면 아무튼 가장 덜 불건전한—출산율을 보인다. 스웨덴은 부부당 1.64명이다. 스페인(1.15명)과 비교해 보라.

마찬가지로 이 세계에 크나큰 재난을 가져오는 사나운 이슬람 국가들 중에서 파키스탄과 사우디아라비아의 출산율은 5.08명인 데 반해 이란은 이라크와 장기전을 치른 이래 2.33명으로 곤두박질쳤다.

경제 자유는 어떤가? EU 국가들 중 경기확장 이전에 있는 14개 주요 국가들을 살펴보면 출산율이 가장 건전한 국가 다섯 중 넷이 경제 자유도 순위 또한 5위 안에 든다. 아일랜드, 덴마크, 핀란드, 네덜란드가 그렇다. 프랑스는 다섯 번째로 출산율이 높지만(1.89) 경제 자유도가 가장 낮은 국가들에 속한다. 그러나 프랑스는 이슬람 인구가 가장 많은 국가이기도 하다. 프랑스에서는 신생아 세 명 중 한 명이 이미 이슬람교도라고 한다. 누군가가 프랑스 사례를 보면서 위 주장을 수정하려 한다면 당신은 경제 자유와 출산율이 밀접한 상관관계를 보이는 유럽 사례를 하나 더 들 수 있다. 즉 그리스, 이탈리아, 스페인의 경우에서 보듯이 출산율이 가장 낮은 세 국가들은 경제 자유도가 가장 낮은 국가들이다.

반면, 유럽 이외의 지역에서는 경제 자유도가 높은 곳—홍콩, 싱가포르—은 인구학의 진창을 향해 곤두박질치고 있다. 그렇다면 결혼율은 어떠한가?

둘 사이의 관계는 충분히 밀접하다. 당신이 낸 세금과 사회정책들이 비전통적인 가족 모델을 조장하게 되면 결과적으로 아이 수가 줄어들게 된다는 사실을 알 수 있다. 그렇지만 일본에는 이러한 상관관계가 적용되지 않는다. 일본은 대부분의 유럽 국가들보다 결혼률이 높다.

어쩌면 그것은 영어권 국가들의 문제인지도 모른다. "서구세계"의

	2002년 15-64세 인구 1,000명당 결혼율	2005년 출산율
미국	11.7	2.11
덴마크	10.4	1.77
네덜란드	7.7	1.72
영국	7.3	1.60
프랑스	7.2	1.89
독일	7.1	1.35
이탈리아	6.9	1.23

미국	2.11
뉴질랜드	2.01
아일랜드	1.90
호주	1.70
영국	1.60
캐나다	1.48

프랑스	1.89
EU 평균	1.38
독일	1.35
일본	1.32
이탈리아	1.23
러시아	1.14

중심부에 있는 앵글로-켈트계 영어권 민주주의 국가들과 나머지 G-8 국가들을 비교해 보라.

아니면 이미 이슬람교도 인구가 유럽의 산과 병동을 유지시켜 주고 있는지도 모른다. 다문화주의의 미몽을 꿰뚫어 볼 수 있다면 전쟁으로 황폐화된 보스니아를 제외하고 이슬람교도 인구 비율이 가장 높은 5대 유럽 국가는 출산율이 가장 높은 5대 유럽 국가이기도 하다. 알바니아, 마케도니아, 프랑스, 네덜란드, 그리고 덴마크가 그 주인공이다.

그러나 어찌 보면 이것은 지나친 생각이다. 요즘에는 누구나 "서구" 내부의 차이, 특히 미국과 다른 어떤 국가와의 차이에 대해서 쓴다. 2004년에 하버드의 영국계 역사학 교수 니알 퍼거슨(Niall Ferguson)은 영국과 미국의 "특별한 관계"가 파멸을 맞았다고 말했다. 그는 다음과 같이 썼다. "전형적인 영국 가정은 전형적인 미국 가정보다는 전형적인 독일 가정과 훨씬 비슷해 보인다. 우리는 이탈리아 음식을 먹는다. 우리는 스페인 축구를 본다. 우리는 독일 차를 몬다. 우리는 벨기에식 노동시간(Belgian hours : 벨기에는 노동시간이 세계에서 가장 짧은 국가들 중 하나임역주)을 준수한다. 그리고 우리는 프랑스에 별장을 구입한다. 무엇보다도 우리는 국가에 경례를 하는데, 이것은 진정한 유럽인만이 할 수 있는 일이다."

그는 요점을 짚었다. 비록 문화적 유사성이라는 것이 항상 확실하게 드러나는 것은 아니지만 말이다. 캐나다인은 미국 음식을 먹고, 미국 스포츠를 보고, 미국 차를 몰고, 대략적으로 미국식 노동시간을 준수하며, 플로리다에 별장을 구입한다. 그러나 그들은 진정한 유럽인들만이 할 수 있는 방식대로 여전히 국가에 경례하고 있다.

물론 더 중요한 것은 차이가 아니라 그로 인한 결과이다. 미국의 인구성장은 안정적이고 유럽의 인구성장은 가파른 하향세이다. 이 점에서 미국과 캐나다는 유익한 연구소재이다. 대부분 같은 언어를 쓰는 이웃한 두 국가는 경제가 통합되어 있고 던킨 도넛에서 셀린 디온(Celine Dion)의 앨범에 이르기까지 모든 면에서 취향이 같다. 그러나 미국의 결혼율은 1,000명당 11.7명인데 캐나다는 6.8명이다.

영국의 추운 자치령(캐나다를 가리킴역주)은 이성애자들이 사실혼 관계를 맺으며 동성애자들이 결혼을 하는 나라이다. 이 때문에 미국의 출산율은 2.11인데 캐나다는 1.48이다.

그 결과는 무엇인가? 캐나다인들은 미국인들보다 더 빠르게 늙어 가고 있다. 2000년에 노인층은 미국 인구의 16.3%, 캐나다 인구의 17%를 차지했다. 매우 유사하다. 2040년에 노인층은 미국 인구의 26%, 캐나다 인구의 33.3%를 차지할 것이다.

그리고 늘어난 노인 부양 비용을 계속 부담할 캐나다 젊은이 수는 훨씬 줄어들 것이다. "노년 부양비"를 살펴보자. 이것은 국가 연금을 받는 노인 수를 날마다 꾸준히 일하면서 노인을 부양하는 성인 노동연령층(15-64세[역주]) 인구 수로 나눈 값이다. 2000년에 미국, 호주, 캐나다는 모두 노동자 한 명당 노인 0.26명이었다. 2040년이면 이 비율은 미국이 0.47명, 호주가 0.56명, 캐나다가 0.63명이 될 것이다.

선진세계에서는 사회민주주의 국가의 종말이 시작되었다. 인구학적 죽음의 소용돌이에 진입하는 가장 확실한 방법은 왕년의 공산주의 국가들처럼 되는 것이다. 라트비아, 불가리아, 슬로베니아, 러시아, 우크라이나는 세계에서 출산율이 가장 낮은 5대 국가였다. 그러나 다음으로 확실한 방법은 그냥 유럽에 머무르는 것이다. 세계에서 출산율이 가장 낮은 20개 국가 중 19개 국가가 유럽에 있다. 20위는 일본이다. 역으로 말하자면 대체율로 재생산을 하면서 상당 규모의 인구를 가진 유일한 선진국이 미국이다. 공화당을 지지하는 주인지 민주당을 지지하는 주인지, 이민자인지 국내 태생자인지, 그리고 여타 기준들에 따라 큰 차이가 있는 것이 사실이다. 유타의 모르몬교도들은 지구상에서 출산율이 가장 높은 집단들 중 하나인 데 반해 샌프란시스코는 EU의 중심도시로 오해받을 정도이다. 샌프란시스코의 훌륭한 시민들에 대해 공평하게 말하자면 그들은 동성애자를 수용해야 했기 때문에 아이 수가 적은 것이 사실이다. 유럽인들은 분명한 재래식 성 표현을 통해서 가까스로 샌프란시스코 수준의 아이 비율에 도달할 수 있었다.

그러나 현실은 여전하다. 유럽은 죽어가고 있지만 미국은 그렇지 않다. 유럽식 체제는 작동하고 있지 않지만 미국식 체제는 거의 작동하고 있다.

따라서 윌 휴턴과 유럽인들에 대해 급진적인 의견을 제시하겠다. 미국에게 "세계에 동참"라고 요청하는 대신에 유럽에게 진짜 세계로 돌아오라고 요청하는 게 어떨까? 그렇지 않으면 당신은 우리가 "미지의 세계"라고 부르는 곳으로 나아가게 될 것이다.

아니면 여기 더 급진적인 의견이 있다. 왜 "세계"는 미국에 동참하려고 하지 않는가?

당신은 윌 휴턴, 자크 시라크, 그리고 벨기에 내각이 포복절도하는 소리를 듣게 될 것이다.

Part 2

아라비안나이트

신봉자들, 개종자들, 신민들

04
탈출

빅모(Big Mo) vs 빅 맥(Big Mac)

> 당시 나지드 사람들은
> 그 어떤 신봉자들도 용납할 수 없는 삶을 살고 있었다.
> 다신교가 널리 퍼졌다.
> 사람들은 하늘, 나무, 바위, 동굴, 혹은 성인이라고 주장하는
> 어떤 자라도 숭배했다. 마법과 예언도 널리 퍼졌다.
> 다신교가 사람들을 지배하고, 그 누구도 그것을 막지 않으며,
> 그 누구도 사람들을 알라에게로 되돌리려 하지 않는다는 사실을 알고는
> 선생께서는 이 일을 혼자 끈질기게 해내리라고 다짐했다.
> 그는 지하드, 인내, 그리고 고난이 없이는 아무 것도 이룰 수 없다는 것을
> 알았다.
>
> – 쉐이크 압둘 아지즈 이븐 압둘라 이븐 바즈,
> 『이맘 마호멧 이븐 압둘 와합 : 그의 삶과 임무』(1996)

2005년에 나는 아브라함 링컨의 두 번째 취임연설 사진을 막 구입한 어떤 사람과 식사를 한 적이 있다. 그는 "여기에 전부 다 있어요. 봐요"라고 말했다. 그는 대중 속에서 알 듯 말 듯한 어떤 인물을 가리켰다. 대통령한테서 몇 피트 떨어져 있는 그 인물은 존 부스(John Willkes Booth)였다. 그러고서 그는 사진 위로 손가락을 획 뻗어 링컨 주변에 서 있는 또 다른 공모자를 가리켰다. 이 음모는 당시에는 단지 링컨을 납치하려던 것뿐이었다고 밝혀졌다. 1865년 4월 4일 워싱턴의 어느 비오는 토요일 국가수반은 연설을 하고 있었다. 그는 자기 인생의 마지막 6주를 살고 있으며 그 삶을 끝내버릴 사내들 무리에 둘러싸여 있다는 사실을 알아차리지 못했다.

접근할 수만 있으면 된다. 만약 그들이 당신에게 접근하지 못한다면 당신을 죽이지 못한다. 우리는 대부분 수평선 너머에서 공포를 찾는다. 고지도(古地圖)를 보면 알려진 세계가 조금씩 뻗어나가고 지도 제작자가 휘갈겨 쓴 "여기에 용들이 산다"는 문구가 있듯이 말이다. 링컨이 경험했듯이 때때로 문제는 당신 바로 곁에 존재한다.

그 사진을 보고 몇 주가 지나 나는 런던 주변을 지나다가 영국에 조류독감이 퍼진 것을 알게 되었다. 이제부터 도버의 하얀 절벽(White Cliffs of Dover : 영국 동남부의 절벽역주)에 사는 코카투앵무들은 모두 유해한 존재가 되고 런던 동부는 재채기하는 잉꼬들의 습격에 휘청거릴 터였다. 쉽사리 공황에 빠지지 않는 사람들은 그것은 미친 짓이고, 형평성에 어긋난 방식이며, '뻐꾸기 둥지 위로 날아간 인플루엔자' (*One Flu Over the Cuckoo's Nest*) 같은 부질없는 짓이라고 주장했다. 즉 9·11 이후 런던 지하철이 화학공격을 당하고 사담이 키프로스의 영국 기지를 핵무기로 공격할 것이라고 정부가 수년 간 경고한 것처럼 늘 있는 일이라는 것이다. 조류독감? 언제나 그렇듯이 토니 블레어가 가짜로 겁주려고 횡설수설하는 것일 뿐이다.

그렇지만 런던 지하철은 결국 폭탄 테러를 당했다. 무슨 일이 벌어질 것이라고 정부가 말한다고 해서 그 일이 벌어지지 않는 것은 아니기 때문이다. 중국 농촌에서는 돼지가 소중한 재산이라서 거실에서 잠을 잔다. 이 때문에 2003년 4월 뉴욕 주의 가톨릭 카리스마파(병 치료를 위해 성령의 초자연적인 힘을 강조하는 교파[역주]) 수백 명이 당시로서는 알려지지 않은 호흡기 질환 때문에 격리되어야 했다. SARS가 만연한 광둥지방에서 온 의사가 홍콩의 메트로폴 호텔에서 열린 결혼식에 참석했고, 그곳에서 같은 층에 투숙한 16명의 손님들에게 SARS를 옮겼다. 감염자 중에는 거기서 하룻밤을 묵은 콴 수이 추(Kwan Sui Chu)라는 노부인도 있었다. 그녀는 토론토의 자택으로 돌아간 후 죽었는데, 사인은 "폐 감염"으로 밝혀졌다. 그녀의 아들 츠 치 콰이(Tse Chi Kwai)는 스카보로그레이스 병원에 입원했고, 캐나다 방식대로 응급실 침대에 12시간 동안 누워 있는 동안 수백 명의 사람들에게 노출되었다. 그의 옆에서 조 폴락(Joe Pollack)이라는 사람이 심장박동 이상으로 치료를 받고 있었고, 그의 아내는 병동을 돌아다니다가 82세의 가톨릭 카리스마파 남자를 우연히 만났다. 폴락 씨, 그의 부인, 80대 카리스마파 남자, 그리고 그의 부인은 모두 죽었고, 카리스마파 부부의 아들들은 같은 종파 신도들 중 적어도 35명과 어느 필리핀 간호사를 감염시켰다. 이 간호사는 마닐라로 돌아갔고, 죽기 전에 필리핀 전체에 SARS를 퍼뜨렸다.

심장박동 이상을 앓던 남자, 가톨릭 카리스마파 회원들, 필리핀 간호사 중 그 누구도 중국 농촌지역에는 가본 적이 없었다. 그들은 사진 속의 링컨과도 같았다. 비유로 말하자면 그들은 광둥 출신의 감염된 의사가 바로 옆에 서 있었다는 사실을 알아차리지 못했다.

세계화된 경제환경 속에서 반세계화 패거리와 환경운동 전사들은 탐욕스러운 제1세계 자본주의가 목가적이고 전원적이며 원시적인 제3세계 벽지(僻地)에 자신의 방식을 강요하고 있다는 사실에 대해서 우리가 우려하는 마음을 가지기를 원한다. 그러나 세계화는 양면성을 지녀서 누군가 비행기에 타기만 해도 벽지의 고유함은 순식간에 대도시로 날아갈 수 있다. 미국행 비행기에 편승하여 혼자 힘으로 웨스트 나일(West Nile) 바이러스를 북미에 전파시킨 아프리카 모기는, 1340년대에 이탈리아행 귀국선을 타고 오리엔트에서 유럽으로 건너와 흑사병을 옮긴 벼룩 물린 쥐들의 날아다니는 후손들에 불과하다. 이 또한 세계화의 응분의 대가였다. 유럽이 동방과 무역을 개시하는 데 성공하자 동방의 질병 또한 개시되었다.

그것은 9·11의 교훈이다. 용들은 더 이상 지도의 끝자락에 있지 않다. 지도를 그런 식으로 볼 것 같으면 최근 세계화의 최대 성공 스토리의 주인공은 맥도널드나 마이크로소프트가 아니라 이슬람주의다. 사우디인들은 그리 오래지 않은 과거에 베두인들(Bedouins)이 믿던 엄격하지만 그다지 중요하지 않은 이슬람 변종을 도시에서 수마일 떨어진 사막 한가운데에서 취하여 자카르타, 싱가포르, 알마아타(Alma-Ata : 카자흐스탄공화국의 옛 수도[역주]), 그로즈니(Grozny : 체첸공화국의 수도[역주]), 사라예보, 리용, 베르겐(Bergen : 노르웨이의 항구도시[역주]), 맨체스터, 오타와, 디어번(De-arborn : 미국 미시간 주의 도시[역주]), 폴스처치(Falls Church : 미국 버지니아 주의 도시[역주])로 수출하는 데 성공했다. 그것은 철저하게 지역적인 바이러스였지만 훨훨 날아가 버렸다. 그리고 이제 우리는 유난스럽게 편협한 옛적의 테러리스트 운동 대신에 최초로 세계화된 폭동에 직면했다.

2006년 카툰 때문에 벌어진 이슬람 세계의 불매운동에 휘청거리던 덴마크인들이 이슬람 제품 불매운동을 벌였더라면 그 절반 정도밖에 성공을 꿈꾸지 못했을 것이다.

눈이 흐린 딘 마틴(Dean Martin : 미국의 배우 겸 영화배우역주)이 쇼를 시작할 때 당황해하는 척하면서 "어떻게 이 사람들이 다 내 방에 들어왔지?"라고 즐겨 말했던 것처럼 어떻게 이 성전주의자들이 마이애미와 포틀랜드와 몬트리올에 다 자리를 잡았는가? 어쩌다가 가자가 아닌 요크셔에 자살폭탄 테러가 발생하게 되었는가? 9·11 이전에는 세계화된 세계에 사는 서구인들은 국가의 관점—미국인, 프랑스인, 중국인—에서 사고했고, 초국적 집단을 고려할 때에는 주로 인종—백인, 흑인, 남미인—에 집착했다. 종교는 정말이지 레이더망에 포착되지 않았다. 따라서 종교 안에 잠재되어 있는 폭동은 자동적으로 세계적인 네트워크를 가진다. 당신은 "첩자"로 "은폐"할 필요가 없다. 당신은 당신의 간판을 상업 중심지에 내걸 수 있고, 그렇게 해도 우리는 그것을 알아차리지도 못할 것이다. 그리고 그것을 알아차리더라도—9·11 때 그랬듯이—우리는 여전히 아무런 조치도 취하지 않을 것이다. 왜냐하면 그것은 종교이고, 현대인은 자신의 종교를 빼고는 다른 종교에 열을 올리려고 하지 않기 때문이다.

그러나 이슬람은 단순한 종교가 아니다. 미국이 "이슬람 세계"를 자극한다며 한탄하는 좌파들은 어떤 서구 정치인이 "기독교 세계"에 대해서 말하기 시작했다간 미쳐 날뛸 것이다. 정교분리를 민감하게 옹호하는 자들이 보편형식(first formulation)은 지지하지만 특수형식(second formulation)은 지지하지 않는다면 그들은 이슬람도 정치 주권을 가지고 있다는 점을 암묵적으로 받아들이는 셈이다. "이슬람회의기구"(OIC)라는 조직이 있다. EU나 영연방 혹은 G-8과 비슷하다. 즉 이슬람회의기구는 국가수반들이 정기적으로 모이는 국민국가들의 조직이다. 이 기구는 새로 결성된 UN 인권이사회에서 가장 큰 의원단이다. 인권이사회에 관한 동정어린 농담이 인권을 위해서 아무런 도움이 되지 않는 이유가 여기에 있다. 누군가가 초국적 기구 내 의원단으로 "기독교회의기구"를 구성하여 총리들과 대통령들이 참가하는 정상회담을 주관하도록 하자고 제안했다고 상상해 보라. 게다가 이슬람은 법전이기도 하다. "기독교법" 같은 것은 존재하지 않는다. 사실 영미법과 프랑스의 나폴레옹 법전은 철학적으로 매우 다르다.

따라서 단순히 이슬람 안에 잠재된 세계적 지하드가 존재하는 것이 아니라 그 종교 자체가 정치적인 프로젝트이며, 사실상 제국주의적 프로젝트이다. 이것은 현대 기독교, 유대교, 힌두교, 그리고 불교가 추구하는 방식과 다르다. 더욱이 이 특정 종교는 역사적으로 볼 때 폭력이 거의 언제나 정당화되는 어느 정도 피에 굶주린 신앙이었다. 그렇다. 기독교도 피에 흠뻑 젖은 순간이 있었다. 그러나 신정설(神正說)에 따른 폭력의 본보기로 남아 있는 스페인 종교재판으로 한 세기 반 동안 죽은 사람 수는 대략 일 년에 지하드가 죽인 사람 수보다 더 적다.

따라서 오늘날 세계적 테러리즘은 세계적 정치 프로젝트 안에 감싸여 있고, 다시 그 프로젝트는 스스로를 감싸는 경향이 매우 심한 종교 안에 감싸여 있다. 이 종교의 신봉자들은 선진세계에서 가장 빠르게 성장하는 인구집단이다. 따라서 지하드는 CIA가 동원할 수 있는 어떤 것보다 훨씬 더 효과적이고 매우 분권화되고 널리 퍼져 있는 네트워크 내부에 매우 유력한 브랜드를 가지고 있다. 그리고 이 자들은 잘 보이지 않는 곳으로 숨을 수 있다. 2006년에 런던타임스는 다음과 같이 보도했다.

7월 7일 폭탄 테러를 주도한 자와 가까운 동료인 어느 미국인 알카에다 첩자가 뉴욕의 어느 이슬람 사원에 등록했다. 영국의 활동가들이 이 사원의 운영을 돕고 있었다. 영국 급진주의자들은 퀸스(Queens : 뉴욕 동부의 한 구역주)에 있는 마스지드 파티마 이슬람센터(Masjid Fatima Islamic Center)를 정기적으로 방문하여 미국인 자원자들을 파키스탄의 훈련 캠프로 보내는 일을 꾸몄다. 수사관들이 밝혀낸 바에 따르면, 모하메드 시디크 칸(Mohammad Sidique Khan)이 52명의 무고한 시민들을 죽인 런던 테러를 주도하기 몇 달 전인 작년에 그 이슬람 사원을 방문한 적이 있다고 한다.

마스지드 파티마 이슬람센터 회원 모하메드 주나이드 바바르(Mohammad Junaid Babar)는 미국 정보부 요원들에게 2003년 7월 파키스탄 지하드 훈련 캠프에서 칸을 만난 적이 있다고 말했다. 그는 폭발물을 조립하는 방법을 배우면서 칸과 친구가 되었다고 주장한다. 바바르는 31세의 컴퓨터 프로그래머로서 자신이 마스지드 파티마센터에서 급진주의자가 되었다고 한다.

그리고 일은 이렇게 진행된다. 이슬람 사원은 성전주의자를 포섭하는 곳이며, 이념적 복종과 세포조직 훈련에서 중요한 역할을 한다. 세계화의 관점에서 이것은 완벽한 모델이다. 소비에트와 달리 이것은 소유자 운영방식이 아닌 프랜차이즈 사업이다. 공산당원의 경우에는 매우 위계적인 체계 안에서 "통제되어야" 하는 "동면 중인 자들"이 있었다. 그러나 이슬람의 경우에는 누가 그런 식의 통제가 필요한가? 9·11 이후 얼마 지나지 않아서 나는 여담으로 요즘 뭔가 별난 사건이 뉴스에 나올 때마다 모하메드(Mohammed, Muhammad, Muhammed 등은 모두 같은 이름이다[역주])라는 이름을 가진 자가 연루되었을 가능성이 크다고 말한 적이 있다. 그것은 대수롭지 않게 한 말이었다. 그러나 만약 당신이 사건의 세부 내역을 한데 모아보면 매주 모하메드라는 이름을 추가할 수 있을 것이다.

비행기가 세계무역센터로 날아간다면? 모하메드 아타(Mohammed Atta)이다.

누군가가 워싱턴 근교 주유소 고객들을 저격하기 시작한다면? 존 알렌 무하메드(John Allen Muhammed)이다.

한 사내가 네덜란드 영화감독을 찔러 치명상을 입힌다면? 모하메드 부예리(Mohammed Bouyeri)이다.

어떤 총잡이가 로스앤젤레스 공항의 엘알(El Al) 이스라엘 항공 카운터에 총기를 난사한다면? 헤샴 모하메드 헤다예트(Hesham Mohamed Hedayet)이다.

어느 테러리스트가 발리에서 수십 명을 죽인다면? 누르딘 모하메드(Noordin Mohamed)이다.

어느 영국 신민이 텔아비브의 술집에서 자폭을 한다면? 아시프 모하메드 하니프(Asif Mohammed Hanif)이다.

어느 테러리스트 세포조직이 케냐와 탄자니아의 미 대사관들을 폭파한다면? 알리 모하메드(Ali Mohamed)이다.

어느 깡패 강간범이 시드니 여성들을 겁탈한다면? 모하메드 스카프(Mohammed Skaf)이다.

미시간 주 디어번에서 한 무리의 사내들이 헤즈볼라에 자금을 대기 위해서 담배를 밀조한다면? 파디 모하마드-무스바 하무드(Fadi Mohamad-Musbah Hammoud), 모하메드 파우지 지에단(Mohammed Fawzi Zeidan), 이마드 모하마드-무스바 하무드(Imad Mohamad-Musbah Hammoud)이다.

어느 캐나다인 테러리스트 세포조직이 오타와 폭파 및 수상 살해 음모로 체포된다면? 모하메드 디리에(Mohammed Dirie), 아민 모하메드 두라니(Amin Mohamed Durrani), 야심 아브디 모하메드(Yasim Abdi Mohamed)이다.

캐나다 기마경찰대 부(副)대장 마이크 맥도넬(Mike McDonnell)에 따르면 이들 중 마지막 세 명은 캐나다 사회가 "층이 넓다"는 것을 보여준다. 맥도넬은 감수성 훈련 강의에서 A학점을 받았을 것이다. 우연히 그 넓은 층을 보게 되면 매우 단일한 층처럼 보일 것이다. 온타리오 음모로 체포된 자들이 법정에 처음 출두했을 때 12명 전원이 코란을 요구했으니 말이다.

내가 뉴스에 모하메드라는 이름이 많다고 언급하자 싱가포르 국립대 교수이자 16권짜리 『이슬람 백과사전』의 동남아 편집자 멀 리클레프스(Merle Ricklefs)는 "정말이지 깊은 통찰력이다"라고 빈정대며 말했다. 음, 그 말이 완전한 궤변은 아닐지 모른다. 그렇지만 이라크 여성 봉사자 참수와 러시아 학생 대량학살에 연루된 자들을 다룰 때에는 궤변이 항상 유용하지는 않을 것이다. 그들의 백과사전 16권을 통독하거나 더 바람직하게는 손수 집필하지 않고서는 이슬람을 쉽게 이해할 수 없다고 고집하면서 전문가들이 사람들을 현혹하는 것처럼 보일 때가 있는데, 그러한 궤변은 특히나 쓸모가 없다. 이슬람학과 교수가 아닌 우리들로서는 한 걸음 물러서서 무슨 일이 벌어지고 있는가, 누가 그런 일을 하고 있는가 하는 제1원칙에서부터 시작하는 것이 확실한 방법이다. 모(Mo)라 불리는 5천 명의 사내들의 일상은 "이성적 인간"의 기준에 부합한다. 다문화주의 옹호자가 아니더라도 평균적 지식수준을 가지고 있는 사람이라면 쉽게 알 수 있다. 저녁 뉴스에서 또 한 명의 모하메드가 나오는 일은 흔하니까 말이다.

궤변론자들은 모하메드들 중에 알카에다 정식요원 명부에 올라 있는 자는 극소수라며 이의를 제기한다. 그래서 어쨌단 말인가? 알카에다에는 "회원증을 가진 요원"이 존재하지 않는다. 이것이야말로 그들을 가장 위협적인 존재로 만든다. 비밀 요원들을 심어둘 필요가 없다. 9·11 테러리스트들은 정식 알카에다 세포조직이었고, 신발폭탄 테러리스트 리처드 레이드(Richard Reid : 2002년에 신발에 든 플라스틱 폭탄으로 비행기를 폭파시키려 했음[역주])는 알카에다와 약간 관계가 있었으며, 워싱턴 저격수들과 LA 국제공항 살인범은 단지 이념적 동조자들로서 어느 날 아침 잠자리에서 일어나 프리랜서로 지하드를 시도해 보기로 마음먹었다. 만약 당신에게 언제나 쓸 수 있는—서구의 어둠 속 네온사인처럼 유혹하듯 하루 24시간, 일주일 내내 반짝이는—커다란 인력 풀과 거대한 이념이 있다면 그것으로 수많은 문제를 일으키기에 충분하다. 앞서 말했듯이 모하메드는 브뤼셀과 암스테르담과 여타 다른 곳에서 가장 인기 있는 남자 아이 이름이다. 따라서 모하메드들 중에서 소수만이 살해하고, 폭파하며, 비행기로 고층건물에 돌진하는 것이 사실이다. 그럼에도 불구하고 사실 관계를 따지자면 모하메드는 다음과 같은 이름이다.

(1) 많은 서구 국가들에서 가장 인기 있는 남아 이름

(2) 테러리스트들과 살인자들에게 가장 흔한 이름

(3) 서구에서 가장 급속하게 성장하는 종교에서 추앙받는 예언자의 이름

암울한 미래는 이 통계치들—종교, 인구, 테러리스트에 관한—의

교차지점에서 우리를 기다리고 있다.

한 가지 더 말해두겠다. 이슬람 세계와 서구의 심장부에 있는 주요 기관들에서 가장 두드러진 인물들과 이 모든 모하메드들은 그다지 분리되어 있지 않다. 예를 들어 2003년에 아브두라만 알라무디(Abdurahman Alamoudi)는 리비아의 위장 "자선단체"로부터 받은 자금을 세탁해서 런던을 경유하여 시리아로 빼돌리려다 붙잡혔다. 아브두라만 알라무디는 누구인가? 그는 사우디가 자금을 대는 미국 무슬림 현역 · 퇴역군인회(American Muslim Armed Forces and Veterans Affairs Council)의 후원 아래 1998년까지 미군에 파견될 이슬람교 성직자에게 자격증을 주던 자였다. 1993년 어느 미군기지에서 열린 미군 최초의 이맘 임직식에서 그 이맘에게 새 은초승달 훈장을 수여한 사람이 알라무디 씨였다.

캘리포니아 공립학교들에서 실시한 3주간의 이슬람 바로알기 강좌를 고안하는 데 일조한 것도 그였다. 이 강좌에서 학생들은 이슬람식 이름을 사용하고, 이슬람 복장을 입고, 라마단 때면 캔디와 TV를 멀리하고, 코란의 구절들을 암기하고, "지하드"가 "개인의 내적 투쟁"을 의미한다고 배우고, 이슬람교에 대한 신앙고백을 하며, "알라의 이름으로"로 시작하는 기도를 암송한다. 제9순회 항소법원(미국의 10여 개 지방법원들을 관할하는 항소법원역주)—국기에 대한 맹세가 "하나님의 보호 아래"(under God)라는 구절 때문에 위헌이라고 판결한 바로 그 법원—은 이 소송에서 7학년 학생들(우리나라 중 1에 해당역주)을 2주간 이슬람교도로 살도록 해도 전혀 문제가 없다고 판결했다. 매혹적인 "문화"를 경험하면서 즐거워하는 것은 모든 학생들에게 혜택이라는 것이었다. 교회와 국가의 분리는 어떤가? 아마 분리되어야 한다고 말할 것이다. 그러나 이슬람 사원과 국가의 분리에 대해서 말하는 사람은 아무도 없다.

아, 그리고 알라무디 씨는 다문화주의 교육에 가치 있는 노력을 쏟았을 뿐만 아니라, 힐러리 클린턴(Hilary Rodham Clinton)의 이슬람 문제 고문이기도 했다.

그리고 그가 테러리스트들을 위한 상납금 수금원이라는 사실도 밝혀진다.

잠입을 위해서는 그것은 아주 좋은 방법이었다. 관절염에 걸린 CIA 사무직원들은 알카에다 내부에 자기 사람을 심는 일이 불가능할 거라고 말한다. 불가능하다. 그러나 상대편은 미군의 심장부, 미국 교육제도, 미국 정치기구, 미 상원의원들과 전 영부인들 가운데 어렵지 않게 자기 사람을 포섭한다.

신발폭탄 테러리스트 리처드 레이드는 감옥에 있는 동안 어느 성직자를 통해서 급진 이슬람주의로 개종했는데, 이 성직자는 영국 정부가 새로 만든 이맘을 위한 급행 이민 프로그램 덕에 영국으로 건너온 자였다. 영국 정부는 이슬람교 성직자가 부족하다고 느꼈는데, 이슬람 선생들이 어떤 일을 하는지, 그리고 그들을 어디서 구할 수 있는지 알지 못했다. 그래서 런던 헤쓰로우(Heathrow) 공항에 큰 간판을 세워 "이봐요, 이맘들. 이리로 오세요"라고 광고하는 것이 가장 쉬운 방법이라고 생각했다. 이 방식은 문제가 없는 것처럼 보였다. 이 자들이 수많은 괴팍스런 테러리스트들에게 영적 멘토 역할을 한다는 사실을 영국이 깨닫기 전까지는 말이다.

지하드 마케팅 전략은 넘어오기 쉬운 목표 대상으로 북미, 호주, 서유럽의 수감자들을 택했다. 많은 종교들이 타락한 자들을 개종시키려 한다. 그렇지만 솔직히 말해 조합교회(성도 개개인의 자율적 활동을 강조하는 개신교 교파역주) 같이 적극성 없는 교회는 평범한 죄수들에게 그다지 호소력이 없다. 이슬람주의의 두드러진 특징은, 당신이 흉악범이라면 이 종교를 믿는다 해도 교회 바자회를 돕거나 동성애자들에게 친절하게 대하는 등 귀찮은 일을 할 필요가 없다는 것이다. 이슬람주의자로서 당신은 그저 당신이 하고 싶어하는 모든 일을 계속하면 된다. 유일한 차이라면 이러한 일들을 이제는 새로운 종교를 위해서 하게 된다는 것이다. 예컨대 당신은 거짓말을 해도, 기만을 해도, 도둑질을 해도, 강간을 해도, 여자와 어린이를 살해해도 괜찮다. 당신이 알라를 위해서, 이교도들에 대한 알라의 승리를 위해서 이러한 일들을 하는 한 그것은 근사한 일이다. 따라서 우리는 세계화된 테러와 세계화된 정치 프로젝트뿐 아니라 세계화된 서구에서 가장 빠르게 성장하는 인구집단 속에 감싸인 깡패문화와 마주하고 있다.

당신이 턱수염을 기르고 긴 옷을 걸친 교활해 보이는 자들의 인상착의를 기억하고 있다고 가정해 보라. 지하철 옆칸에 타고 있다 한들 어떻게 당신이 아셈 하무드(Assem Hammoud)를 찾아내겠는가? 하무드 씨는 홀랜드 터널(Holland Tunnel : 맨해튼과 뉴저지를 연결하는 지하차도[역주])을 폭파하려는 음모로 체포되었는데, 오사마 빈 라덴이 자신에게 "플레이보이의 삶을 살고 … 즐기고 탐닉하는 삶을 살라"고 명령했다고 말했다. 그렇게 하면 그는 발각되지 않을 터였다. 교활하지 않은가? 얼마나 진지하게 임무를 수행했는지 보여주자면, 아셈이 캐나다에서 부르카를 입지 않은 세 명의 매력녀들과 함께 찍은 사진이 있는데, 여기에서 그는 세 여자와 함께하는 특별한 잠자리에 돈을 퍼붓기로 작정한 여행자처럼 보인다. 위장의 달인이로구나! 하무드 씨는 "명령을 수행하는 것을 자랑스럽게 여겼다"고 밝혔다. 술을 퍼마시고 미녀 이교도들과 일주일 내내 동침해야 했지만 말이다. 그러나 그래도 괜찮다. 왜냐하면 그는 알라를 위해서 계집애들을 후린 것이기 때문이다. 따라서 독실한 이슬람교도라면 분명 799년 방식으로 파티를 했어야 했음에도 불구하고 그는 용감하게 1999년 방식으로 파티를 벌이는 과감한 쇼를 펼칠 수 있었던 것이다.

내가 볼 때 종교적 광신으로서 이슬람교는 새 신자를 늘리는 데 어려움이 없을 것 같다.

세계화된 관점에서 볼 때 이슬람은 다양한 매력을 가진 단일 이념이다. 자크 무사위(Zac Moussaoui : 9·11 테러 연루자 중 한 명[역주])와 리처드 레이드 같은 이들에게 이슬람은 극단주의적인 세계적 깡패집단이다. 많은 유럽 여성들에게 그것은 서구의 후기 페미니스트 여성이 가진 단정치 못한 이미지에서 벗어날 수 있는 방편이다. 아셈 하무드에게 그것은 또한 야한 서구 여성들을 만날 수 있는 좋은 기회이다. 존 린드(John Walker Lindh : 2001년 아프가니스탄에서 붙잡힌 미국인 탈레반 요원[역주])에서 웨일즈 공주에 이르는 감수성 예민한 사람들에게 이슬람의 동양적 이국 향취는 울적한 서양 신앙보다 더 호소력이 크다. 보수파의 편협함을 가진 어떤 계층에게 그것은 유대인의 세계 정복 음모에 관한 최신 해석의 본거지이다. 아부 무삽 알 자르카위(Abu Musab al-Zarqawi : 알카에다 요원 중 한 명으로 김선일 씨 납치사건의 배후자[역주])와 베슬란(Beslan : 러시아의 한 마을[역주]) 학생 학살자들과 하마스(Hamas : 팔레스타인의 과격파 조직[역주]) 죽음 숭배자들에게 그것은 허무주의적 악행의 극단이다. 얼마 전 나는 어린 딸을 데리고 버몬트에서 열린 과학박람회에 다녀왔다. 우리는 여러 층으로 된 통로와 승강장치로 가득 찬 커다란 기계장치에 공을 던져넣으면서 30분을 즐겁게 보냈다. 그러나 테이블 위 어느 구석으로 볼을 던져도 공은 결국 작은 양동이로 떨어졌고 중앙에 있는 구멍에 모였다. 이것이 오늘날 이 이념이 작동하는 방식이다. 즉 당신은 리처드 레이드나 존 린드 혹은 탈레반 쪽에서부터 시작하지만 모두가 중앙에 있는 하나의 큰 구멍으로 떨어진다.

여전히 우리에게는 이 이념을 다룰 전략이 하나도 없다. 사실 "테러"와의 전쟁이 시작된 처음 몇 년간 미국 지도자들은 이념의 존재를 인정하지 않으려 했다. 그리고 시간이 지남에 따라 테러리스트와 연계된 집단들은 미군기지, 감옥, 그리고 그들이 열정을 일깨울 수 있는 어떤 곳에라도 여전히 포섭책을 심을 수 있다. 왜 그럴까? 무엇 때문에 지하드는 세계적으로 손을 뻗칠 수 있을까? 이해하기 어렵지 않다. 와하브주의(Wahhabism)는 가장 호전적인 형태의 이슬람으로서 오사마 빈 라덴과 9·11 테러리스트들 중 19명이 추종한다. 와하브주의를 국교로 삼는 사우디인들은 엄청난 기부를 하면서 자신들의 종교와 그 변종 지역종교들을 전 세계 학교들과 이슬람 사원들에 수출한다. 이로 인해 발칸에서 남아시아에 이르기까지 전통적으로 온건한 이슬람교도들이 극적으로 급진화되었다.

이런 작전은 값싸게 해낼 수 없다. 그러면 누가 비용을 대는가?

당신이 댄다. 9·11 이후에 조지 부시는 전 세계를 향해 "당신은 우리 편 아니면 테러리스트 편입니다"라고 말했다. 사실 세계의 상당 부분이 어느 편도 아니며, 나머지 대부분은 둘 모두의 편이다. 그리고 미국도 거부하는 마당에 어느 한쪽을 진지하게 고르라는 대통령의 요구를 받아들일 이유가 어디 있는가? 미국은 "우리 편"이기도 하고 "테러리스트 편"이기도 하다. 미국 납세자들은 이 전쟁에서 양측 모두에 자금을 대는 번거로운 위치에 있다. 9·11이 지나고 5년 뒤에 유가는 배럴당 12달러에서 70달러로 뛰었고 그 후로도 이 가격을 유지했다. 따라서 당신이 석유를 판다면 예전의 다섯 배를 벌게 된다. 그리고 강력한 독재자를 전에 없는 광란으로 몰아대는 것으로는 석유로 얻는 뜻밖의 횡재만한 것이 없다. 프랭크 개프니(Frank Gaffney)는 자신의 저서 『전시체제』(*War Footing*)에서 다음과 같이 썼다. "다른 식으로 보자면 사우디아라비아—현재 하루에 약 천만 배럴의 석유를 수출하고 있는—는 매일 추가로 5억 달러를 벌고 있다." 여분의 5억 달러는 어디로 가는가? 사우디인들이 자금을 대고 지구 어느 구석에나 있는 이슬람 사원과 마드라사(madrassa : 이슬람 고등교육기관역주)로 간다. 석유는 사우디의 주요 수출품이 아니다. 이념이 주요 수출품이다. 석유는 이념에 자금을 댈 뿐이다.

미국 연방정부는 미군기지 내 이슬람 성직자 자격증을 와하브주의 기관들이 수여하도록 계약을 맺는 일에 대해서 어쩌면 그렇게 무사태평할 수 있는가?

그들이 그것을 알아차렸을 때는 이미 너무 늦었기 때문이다. 토론토 병원의 SARS처럼 말이다. 만약 당신이 생각하는 세계화가 베오그라드(Belgrade)의 맥도널드나 라호르(Lahore : 파키스탄의 도시역주)의 켄터키 프라이드치킨이라면 영국과 미국 교도소의 이맘들을 누가 움직이는지는 그다지 중요해 보이지 않을 것이다. 인도네시아에서 오리건(Oregon : 미국 서부의 주역주)에 이르기까지 멀리 떨어진 이슬람 인구를 급진화시키는 이슬람 사원들과 지구상의 모든 대륙에 테러리스트들을 배출하는 학교들에 자금을 대는 것은 사우디인들이다. 그들은 미군기지에 스파이를 심고 미국 교도소에 새 신자 포섭책을 심을 수 있도록 이슬람 로비 집단을 조직한다. 그들은 은퇴한 외교관들, 국무차관보들, 국가안보담당 보좌관들을 매수하고 중화시키기 위해서 싱크탱크를 만들어 준다. 언론인 매트 웰치(Matt Welch)가 말했듯이 눈을 감으면 전직 미 사우디 대사들이 마치 사우디인인 양 말하는 소리를 들을 수 있다.

아, 그리고 사우디 미국 대사의 부인이 9·11 살인자들에게 "우연히" 자금을 댔다. 하이파(Haifa) 공주는 매달 워싱턴에 있는 릭스뱅크(Riggs Bank)에서 자기앞수표로 수천 달러를 끊어서 마제다 이브라힘(Majeda Ibrahim)에게 보낸다. 그녀는 재정적으로 궁핍하다고 주장하는 버지니아 여성인데, 공주와는 모르는 사이다. 그러면 마제다 이브라힘은 수표의 일부를 샌디에이고 남자와 결혼한 자기 친구에게 보내준다. 이 남자는 이 돈으로 칼리드 알미드하르(Khalid Almidhar)와 나와프 알함지(Nawaf Alhamzi)에게 집세로 내는데, 이 자들은 후에 아메리카 에어라인 77 항공편을 펜타곤에 들이박은 테러리스트들이다. 이 이야기가 밝혀지자 순회 토크쇼에 나온 말 잘하는 사우디 왕자들은 순전히 우연이라고 말한다. 어떤 친절한 마음을 가진 공주에게라도 일어날 수 있는 일이라는 것이다. 그리고 아버지 부시 대통령의 부인 바바라 부시(Barbara Bush)와 콜린의 아내 알마 파월(Alma Powell)은 공주에게 전화를 걸어 불필요하게 이 모든 정보들이 공개된 데에 동정을 표한다.

허약한 베두인 무리를 위해서 사우디인들은 캐나다인이나 스칸디나비아인보다 더 빠르게 세계적 네트워크를 구축하는 방법을 익혔다.

세계적 테이크아웃

어떤 세계화가 이 세계를 규정하고 있는가? 영화 아니면 마드라사? 버거킹 아니면 부르카킹(Burqa King : 이슬람식으로 변형된 패스트푸드점 이름역주)? 빅맥 아니면 빅모(Big Mo)? 내 친구는 영국 최초의 맥도널드 가게가 문을 열기 몇 주 전에 그 미국 "패스트푸드 레스토랑"이 정확히 무엇인지 어느 런던 사람이 그에게 물어보았던 일을 회고했다. 그래서 내 친구는 설명했다. "폴리스티렌 상자에 든 햄버거를 먹는 거예요." 영국인은 놀랐다. "어이쿠, 맥도널드 직원들은 옷을 벗겠네요. 그건 절대 유행하지 못할 거예요." 미국인들은 세계의 식습관이나 오락취향을 바꾸는 일 따위는 생각하지 않지만 문화제국주의가 치명상을 입을 수도 있다는 언급에는 움찔하여 정부와 자유의 이론까지 들먹이려고 한다. 당신이 사람들에게 자유를 "부여"할 수 있건 없건 간에 중동 이슬람주의자들은 전 세계 수백만 아시아인들, 아프리카인들, 유럽인들(그리고 북미인들)에게 여태껏 그들이 그렇게도 원하는 줄 미처 몰랐던 이념과 정체성을 부여했다. 이런 일들이 우리에게 몰래 다가왔다고 보기는 어렵다. 1871년에 인도 법원장 서리 존 노먼(John Norman)은 압둘라라는 와하브주의자의 칼에 찔려 죽었다. 이듬해에는 총독 로드 마요(Lord Mayo)도 쉐르 알리(Shere Ali)라는 와하브주의자에 의해 치명상을 입었다. 그는 알라가 그의 "공범자"(*shereek*)라고 밝혔고, 단두대에서 칼날이 떨어질 때 코란의 구절을 암송했다.

1857년 세포이 항쟁(Sepoy Mutiny : 인도인들이 동인도회사에 저항하여 일으킨 항쟁역주) 이후에 윌리엄 테일러(William Tayler)는 다음과 같이 썼다.

> 와하브파와 수니파는 비록 몇 가지 문제에 대해서는 이견이 있었지만 수용할 만한 합의에 이르렀다. 그러나 시아파는 생각이 크게 다르며, 모든 종교적 증오가 그러하듯이 그들의 증오는 더 심하고 아량이 없다. 그러나 내가 근본적으로 관심을 갖고 있는 와하브파의 가장 두드러진 특징은 완전한 복종에 있다. 와하브주의자들은 피어(Peer), 즉 영적 인도자에게 복종한다.

벵골(Bengal)의 하급 관료였던 테일러 씨는 진정한 "다문화주의자"였다. 비록 자신의 문화가 우월하다고 생각했지만 그는 타인들의 방식에 깊이 참여해서 그 차이점을 연구했다. 이와 대조적으로 오늘날의 다문화주의자는 사람들이 타문화에 대해서 따뜻한 마음만 갖고 있으면 그것으로 충분하고 다른 문화에 대해서 더 알아야 할 필요가 없다고 말한다. 어떤 문화가 다른 문화보다 더 낫다고 말하는 것이 결국은 대략적인 판단에 불과하다면 왜 차이에 대해서 알아보려고 하지 않는가? 한결같은 무지로 "다양성을 경축하라." 서구에서 이슬람화가 진행되는 동안 윌리엄 테일러가 우리 곁에 있어서 길가에 이슬람 사원이 세워질 거라고 그에게 말해준다고 생각해 보라. 그는 다음과 같은 것들이 궁금해질 것이다. 어떤 이슬람 사원인가? 이맘이 누구인가? 어떤 이슬람 종파인가? 보수 제국주의자들은 정치적으로 올바른 진보주의자들의 자기만족적 아량에는 속수무책일 것이다.

테일러의 말을 더 인용해 보자. "원래 와하브주의자들이 받아들인 이 교의는 베두인 종족에 연결된 마호메트 엄수주의(Mohamedan Puritanism)로 설명되어 왔다. 베두인 족의 대족장은 정치와 종교를 모두 이끈다."

아주 정확하다. 1946년에 초대 주 사우디 미국 공사 윌리엄 에디(William Eddy) 대령에게 사우디 건국자 이븐 사우드(Ibn Saud)가 말했다. "우리는 당신네 철을 쓰겠지만 우리 종교는 그냥 놔두시오."

윌리엄 테일러가 옆에 있었다면 그는 이것이 썩 좋은 거래조건인지 의문을 품었을 것이다. 미국의 "철"—석유산업에 투자된 자금과 기술—은 사우디아라비아의 금전운을 바꿔놓았지만 신앙과 다른 모든 것에는 간섭하지 않았다. 1974년에 석유산업은 사우디 수출의 91%를 차지했고 2000년에는 91.4%였다. 2조 달러가 사우디 재정부에 쏟아져 들어왔는데 사우디인들은 그것으로 무엇을 했는가? 경제 다각화? 새 산업 개발? 관광부 개설? 어느 것도 아니다. 사우디는 4반세기 전과 다름없이 문자 그대로, 그리고 심리적으로 사막지대로 남았다. 그렇다면 그 돈은 다 어디로 갔는가? 1970년대 이후 줄곧 사우디아라비아는 양키 달러를 이용해서 종교를 석유보다 훨씬 더 널리 수출했다. 그들은 수출품목을 다변화하는 대신에 이념을 연마했으며 모로코, 우즈베키스탄, 인도네시아, 보스니아, 나이지리아, 영국, 미국 등지의 이슬람센터들, 이슬람 사원들, 학교들에 재정 지원을 했다. 2005년에 아메드 오마르 아부 알리(Ahmed Omar Abu Ali)라는 23세의 미국 시민이 대통령 암살 음모로 기소되었다. 링컨과 부스의 사진에서처럼 아부 씨는 당신이 생각하는 것보다 가까이 있었다. 뉴욕타임스에 실린 관련 기사에 따르면 그는 "휴스턴에서 태어나서 버지니아의 폴스처치로 이사했고, 고등학교 졸업식 때는 반 대표로 고별사를 낭독하기도 했다."

버지니아 북부의 고등학교에서 고별사를 읽었단 말인가? 그가 올해의 "친구들아, 안녕"(*Bye Bye Birdie* : 브로드웨이 뮤지컬 제목역주)이었다고? 정확히 말하자면 그렇지 않다. 타임스도 AP도 아부 알리 씨가 다녔던 전형적인 버지니아 고등학교가 사우디아라비아 왕국이 후원하는 이슬람 사우디 학교였다는 점을 언급하는 데 지면을 할애하지 않았다. 그 학교는 미국 땅 위에 있지만 "사우디아라비아 왕국 정부를 따른다"고 설명하고 있으며, 강의는 "사우디 교육부가 제정한 교과과정, 시간표, 교재"에 따라 이루어진다. 그러면 그 학교에서는 무엇을 가르치는가? 미국사가 들어설 자리는 없다. 그러나 이것은 요즘 버지니아 고등학교에서는 그다지 낯선 일이 아니다. 그 대신 그 학교는 와하브의 역사와 "이슬람 가치관과 아랍어와 문화", 그리고 "지하드의 우월성"을 집중적으로 가르친다. 11학년(고 2에 해당역주)이 되면 학생들은 심판의 날에 이슬람교도들이 유대인들을 싸워 무찌를 것이며, 그날에 유대인들이 나무 뒤에 숨어도 나무가 그들을 배신하여 "오 이슬람인이여, 신의 종이여, 여기 유대인이 내 뒤에 숨어 있다. 와서 그를 죽여라"라고 말할 거라고 배운다. 보통의 폴스처치 고등학교라면 기후변화 극복, 동성애자 지원활동 혹은 다른 어떤 것들을 가르친다.

사우디 교육부의 표준적인 연습문제를 예로 들겠다. 이것은 버지니아 학교들과 서구에서 사우디의 지원을 받는 학교들에서 1학년 학생들이 배우는 내용이다.

빈 칸을 적절한 단어로 채우세요.

________을(를) 뺀 다른 모든 종교는 거짓입니다.

이슬람을 안 믿고 죽는 사람들은 모두 ________로 떨어집니다.

정답은 이슬람과 지옥불이다.

그렇다면 이에 대해 미국 대통령, 국무장관, 이런저런 부장관들과 차관들은 뭐라고 말하는가?

사우디인들은 우리의 ________이다.

친구들이라고? 이런! 미안, 친구들. 그렇다. 사우디인들은 우리의 친구다. 그들이 우리들 중에서 얼마나 많은 인명을 살상하든지 말이다.

독일과 일본은 각각 호호 경(Lord Haw-Haw : 제2차 세계대전 중 독일을 위해서 영어로 선전방송을 한 인물역주)과 도쿄 장미(Tokyo Rose : 같은 시기 일본을 위해 영어로 선전방송을 한 여성 방송인들역주)만으로 때워야 했다. 모든 영어권 도시들에 제3제국 학교들이 있고, 알래스카에서 플로리다에 이르기까지 히로히토(Hirohito : 일본에서 최장기 집권한 군주역주) 학교들이 있으며, 전 세계의 모든 중규모 도시들에 성 아돌프(St. Adolf) 교회가 있었더라면 어땠을까? 서구의 다문화주의적 추세가 어떻게 어두운 주변부로부터 서구 생활의 중심부로 극단주의자들을 불러들이는지 보여주는 사례들이 많이 있지만, 2004년에 샤비나 베굼(Shabina Begum)이라는 어린 학생이 승소한 이야기보다 더 상징적인 것은 없다. 2006년 항소심에서 판결이 번복되지 않았더라면 모든 영국 학교들은 학생들이 "질밥"(jilbab)—눈과 손을 제외한 전신을 가리는 이슬람 복장—을 완전히 갖춰 입도록 허용해야 했을 것이다. 학교 복장규정에 대한 이 승리 뒤에는 토니 블레어의 아내 체리 부스(Cherie Booth)와 세계 칼리프화를 위해 폭력을 옹호하고 (BBC에 따르면) "이슬람교도들에게 유대인들을 죽이라고 촉구하는" 집단인 히집 우트 타흐리르(Hizb ut-Tahrir : '해방당'을 의미함역주)의 전문적인 지지가 있었다. "극단주의자"가 무슨 짓을 해야 영국 수상 아내의 눈에 지나치게 극단적으로 비쳐질까?

부스 여사는 첫 재판에서 승리하자 "편견과 아집에도 불구하고 자신의 정체성과 가치를 보존하고자 하는 이슬람인들의 승리"라며 환호를 보냈다. 젊은 샤비나 베굼의 이슬람 정체성을 그렇게 극단적으로 보존해 주었다간 영국 정체성 중 어떤 것은 희생시킬 수밖에 없다고 지적하는 것은 너무 진부해 보인다. 사회가 제대로 작동하기 위해서 필요한 공통된 문화를 획득하는 데 질밥이 장애가 된다고 주장하는 것이 "아집"인가? 영국의 이슬람교도 여성들이 예컨대 바레인 여의사와 똑같은 복장

절충안을 받아들여야 한다고 제안하는 것이 "편견"인가?

말이 나온 김에 베굼 양은 어떠한 정체성도 "보존"하고 있지 않았다. 그녀는 방글라데시 혈통이며, 그녀가 뒤늦게 질밥을 받아들인 것은 남아시아 (그리고 아프리카, 유럽, 북미) 이슬람의 아랍화를 보여주는 상징이다. 이것은 오늘날 너무나도 많은 문제를 일으키는 원인이 되고 있다. 아랍 전통으로 인정받은 것도 1970년대로 거슬러올라갈 뿐이다. 1070년대도 1570년대도 아닌 1970년대다. 그 어떤 곳에서도 이슬람교도 여성이 디스코 시대 이전에 질밥을 입었다는 증거는 없다. 1970년대에 이르러서야 아랍세계에서 이슬람교도 협회를 비롯한 단체들이 질밥을 채택했다. 그것은 플랫폼 슈즈(platform shoes : 바닥이 두꺼운 여자 구두[역주]), 나팔바지, 무명 셔츠보다 역사와 전통이 짧다. 내 아들이 머리부터 발끝까지 다스베이더 차림을 하는 것보다 더 질밥이 샤비나 베굼이 물려받은 정체성에 중요하지는 않다. 언뜻 보면 두 복장은 달라 보이지도 않는다. 따라서 그것은 전적으로 만들어지고 의식적으로 선택된 정체성이다. 그것은 방글라데시 전통의 일부가 아니며, 영국 전통의 일부도 아니다. 그것은 인도 대륙과 영국 제도에서 똑같이 낯선 것이며, 이 두 지역에서 그런 복장을 하는 것은 사실은 영적이라기보다는 정치적이다. 그것은 토니 블레어가 "우리가 사는 방식"이라고 부르는 것을 대놓고 적대시하는 운동의 일환이기 때문이다. 젊은 샤비나 베굼이 영국 정체성을 선택하리라고 기대하는 것이 너무 비이성적이라면, 블레어 씨 부부는 그녀가 적어도 자신의 진짜 방글라데시 정체성을 보존하도록 독려할 수는 없었을까?

카툰 지하드가 벌어지던 시기에 토론토의 어느 이슬람교도 시위자는 똑똑히 말했다. "우리는 이 세계가 이슬람법을 따를 때까지 항의를 멈추지 않을 것이다."

혹은 코피 아난(Kofi Annan)이 좀 더 부드럽게 규정했듯이 "그 무례한 마호메트 캐리커처들은 어느 유럽 국가에서 처음 발표되었는데, 그 국가는 최근 이슬람교도 인구가 크게 늘어난 곳이라서 이 문제에 어떻게 적응할지 아직 불확실하다."

만약 당신네 국가도 "최근 이슬람교도 인구가 크게 늘어"났고 거기에 어떻게 "적응"할지 확실하지 않다면 과거와 달라진 점을 지금 알려주겠다. 벨기에 출신인 내 조부모들이 캐나다로 이민을 왔을 때 이민자들이 이민을 간 국가에 동화되는 것이 당연하다고 생각했다. 코피 아난이 보듯이 오늘날에는 이민을 받는 국가가 이민자에 동화되어야 한다. 그러나 그뿐만이 아니다. 이민자들도 적응과정을 거치면서 그들의 선조들보다 훨씬 더 강력한 이슬람 정체성을 발전시키고 있다. 온타리오 미시사가(Mississauga)에 있는 메도우베일(Meadowvale) 고등학교 학생인 나다 파룩(Nada Farooq)을 예로 들어보자. 2004년에 그녀는 그 지역에 사는 10대 이슬람교도들을 위한 인터넷 포럼을 시작했다. 어떤 게시자가 캐나다를 독특하게 만든 것이 무엇인지를 설명하는 스레드(thread)를 만들면 좋을 것 같다고 썼다. 그러나 나다는 순식간에 그 요구를 묵살했다. "무슨 상관이야? 우리는 캐나다를 미워하잖아."

그러면 그녀가 관심이 있는 것은 무엇인가? 하마스의 우두머리 아브델 아지즈 알 란티시(Abdel Aziz al-Rantissi)가 이스라엘의 미사일 폭격에 죽었다는 소식을 들었을 때 그녀는 완전히 피가 역류했다. 그녀는 선언했다. "알라여, 이 유대인들을 부셔버리소서. 그들의 무릎을 꿇게 하시고, 그들에게 굴욕을 당하게 하소서. 당신께서 유대인 여인들을 과부로 만들고, 그들의 아이들을 고아로 만드소서." 그러나 그녀와 그녀의 학교 친구들은 이라크의 미국 인질 참수장면을 보여주는 매우 유혈적인 비디오에 대해서는 극단적으로 편파적이었다.

그렇다. 흥분하기 쉬운 10대들은 종종 다소 난폭한 단계를 거쳐간다. 그러나 2년 뒤 파룩 양의 남편과 다른 16명의 사내들이 테러 음모로 체포되었다. 이 음모에는 토론토 증권거래소를 폭파시키고, 오타와에 있는 의회를 장악하고, 수상을 납치하고 처형하는 등 다양한 계획들이 포함되어 있었다.

나는 사회화된 보건의료와 정부가 지원하는 다문화주의 등에 반대하기 때문에 종종 "자기혐오적인 캐나다인"으로 매도당하곤 한다. 그러나 자기 혐오라는 면에서 나는 나다 파룩에 훨씬 못 미친다. 그녀는 "우리는 캐나다를 미워하잖아"라고 말했다. 그러나 그 누구도 그녀를 자기혐오적인 캐나다인이라고 부르지 않는다. 아마도 그것은 당신이 그녀와 다투고 싶지 않기 때문일 것이다. 결혼할 때 그녀는 남편이 지하드에 참가하지 않으면 결혼을 파기할 거라고 혼전서약을 할까 하고 진지하게 고민했다. 어쩌면 그것은 내심으로는 아무도 그녀가 "캐나다인"이라고 느낄 거라고 기대하지 않기 때문일 것이다. 오늘날 "캐나다인"이라는 것이 무엇을 의미하건 말이다. 파룩 양의 아버지 모하메드 우머 파룩(Mohammed Umer Farooq)은 앨버타의 웨인라이트(Wainwright)에 있는 군사기지에서 처방전에 따라 약을 지어주는 약사이다. 그는 아프가니스탄에서 임무를 수행 중인 패트리샤 공주 캐나다 경보병연대(Princess Patricia's Canadian Light Infantry : 빅토리아 여왕의 손녀 패트리샤 공주를 명예연대장으로 모시는 연대역주)를 지지한다고 말한다. 테러 세포조직이 발각된 후 그는 파룩 양이 무슨 생각을 하고 있는지—캐나다를 미워하고 동성애자들을 사우디아라비아로 보내 처단하는 데 동조하는 등—몰랐지만 그녀가 언제나 자기보다 "신앙심이 더 깊었다"고 언론에 말했다. 그는 그녀가

"100%의 신앙심"을 가졌고 자신은 "30%의 신앙심"을 가졌다고 설명했다.

나다 파룩은 젊은 이슬람교도라는 주요 소수자의 전형이다. 그녀는 "온건한 이슬람교도" 부모 밑에서 서구에서 자라났고, 부모와 달리 지독한 이슬람교도이자 이슬람주의자이자이며 성전주의자이다. 그녀의 부모 세대는 서구에 인도 대륙의 전통적인 온건 수피교 이슬람(Sufi Islam : 금욕과 고행을 강조하는 이슬람교 신비주의[역주])을 들여왔다. 파키스탄, 영국, 캐나다에서 수피교는 데오반디 이슬람(Deobandi Islam) 강경파—본질적으로 와하브주의의 한 계열—에 자리를 내주고 있다. 자신의 부모와 달리 나다 파룩은 파키스탄 정체성이 없고, 가늘고 빈약한 다문화주의적 캐나다 정체성을 거부하며, 그 대신 국적을 초월하는 범이슬람적 의식(意識)을 선택한다. 그녀는 아들 카타브(Khattab)의 이름을 2002년에 살해당한 체첸 이슬람군 사령관의 이름을 따서 지으려고 했었다. 토론토 교외에서 자라난 그녀는 최근의 체첸 역사가 캐나다 역사보다 더 감동적이라고 느꼈고 무언가 가르침을 받은 체했다.

나다 파룩 같은 이가 얼마나 많이 있는가? 런던 지하철 폭파 1주년이 되는 날 런던타임스는 영국 이슬람교도들을 대상으로 설문조사를 실시했다. 그 결과는 다음과 같다.

- 응답자의 16%는 테러가 잘못된 일이었을지 몰라도 그 동기는 옳았다고 대답했다.
- 응답자의 13%는 폭파를 감행한 네 사내들이 "순교자"로 여겨져야 한다고 생각했다.
- 응답자의 7%는 영국 민간인에 대한 자살폭탄 테러는 어떤 경우에는 정

당화될 수 있다고 생각했다. 군대에 대한 테러라면 이 수치는 16%로 증가했다.

- 응답자의 2%는 가족구성원이 알카에다에 동참하기로 결정한다면 자랑스러울 것이라고 대답했다. 16%는 "관심 없을" 것이라고 대답했다.

만약 이것이 전쟁이라면 이적 행위자들이 상당히 많은 셈이다. 런던에는 이슬람교도가 공식적으로 백만 명이 있다. 그 중 절반은 25세 미만이다. 7%가 시민에 대한 자살테러가 정당하다고 생각한다면 영국 수도에 7만 명의 잠재적인 지지자들이 있는 셈이다. 그들 대부분은 결코 버스를 폭파하지 않을 것이고, 버스 폭파범에게 은신처나 은행계좌를 제공하지도 않을 것이다. 그러나 그들 중 일부는 그렇게 할 것이다. 9·11이 보여주듯이 용감무쌍한 사내 19명이면 충분하다. 재능 있는 자 7만 명이 있으면 승산이 나쁘지 않다.

게다가 서구 이슬람교도들의 절대다수는 테러리스트들의 전략목표를 거의 대부분 지지한다. 어떤 설문조사에 따르면 영국 이슬람교도들 중 60% 이상이 영국에서 이슬람법 아래 살기를 원한다. 다른 설문에서는 "강경한" 이슬람법을 선호하는 비율이 40%밖에 안 되는 것으로 나타났다. 따라서 "온건 이슬람교도"라는 개념이 존재한다. 그는 간통한 자를 돌로 쳐죽이는 규정을 리버풀에 도입하기 원하는 이슬람교도이지만, 그것을 얻기 위해서 애써 고층건물에 비행기를 돌진시키려고 하지 않으므로 "온건"하다. 다른 설문조사에서는 응답자의 20%가 7·7 런던 지하철 폭파범들의 "감정과 동기"에 공감하는 것으로 나타났다. 더 정확하게 말하자면 공감한다고 여론조사원에게 기꺼이 털어놓은 사람들이 20%라는 말이니까 실제 수치는 약간 더 높을 것이다. 수많은 이슬람교도들—그 중 다수가 영국에서 나고 자란 영국 신민들이다—은 그들의 동료 영국인들이 열차와 버스 안에서 산산조각 나는 것을 보면서도 대량 학살 행위를 기꺼이 합리화하려 한다.

이슬람 로비 집단들은 정부로 하여금 테러리스트들이 아닌 자신들에게 양보하도록 압력을 가한다. 이들은 테러리스트들과 똑같은 목표를 가지고 있는데도 말이다. 사실 테러리스트들과 목표가 같다는 점이 이슬람 로비 집단들에게 신뢰감을 준다. 만약 "온건한 이슬람교도"—자살폭탄 테러는 이스라엘인을 대상으로 한다 해도 무조건 옳지 못하다고 믿거나 이라크인들이 동의할 때에만 이라크 해방을 지지하는—가 로비를 한다면 웬만한 정부는 그러한 집단이 "진짜" 이슬람교도가 아닐 거라고 당장 의심할 것이다. 반면, 당신이 이라크 점령에 반대하고 하마스의 악행을 정당화하려 한다면 단번에 믿음을 살 것이다. 따라서 서구의 장관들은 지하드의 목표에 동조하는 사람들한테서 지하드에 관해 조언을 들으면서 대부분의 시간을 보낸다. 당신은 다음과 같은 뉴스 기사를 무작위로 뽑아낼 수 있을 것이다. 런던에서는 종교적 "증오범죄"법이 이슬람에 대한 솔직한 토론을 더욱 어렵게 만들고, 오타와에서는 정부 보고서에서 일부다처제 합법화를 제안하며, 시애틀 시립 수영장에서는 이슬람교도 전용 남녀분리 수영시간제를 도입한다. 9·11 테러리스트들은 이 모든 목표들에 찬성한다. 수단에서만 차이를 보일 뿐이다.

얼마 전에 운전하다가 내 앞차의 범퍼 스티커에 "공존"(CO-EXIST)이라는 한마디 훈계가 적혀 있는 것을 보았다. 그것은 서구 진보주의자들이 좋아하는 감정 중 하나로서 근본적으로 그들의 도덕적 우월감을 과시하는 것이며, 좌파의 충성심을 이상향으로 가는 기다랗고 편리한 급행 엘리베이터로 만들어 주는 다문화주의 효과음악의 일부이다. "공존" 스티커에서 "C"는 이슬람의 초승달이었고, "O"는 히피의 평화의 상징이었으며, "X"는 다윗의 별, "T"는 기독교 십자가였다. 너무 근사해서 딴죽을 걸기가 어렵다. 그러나 사실 그것은 "공존"에 문제가 있는 여러 상징들 중에서도 으뜸이었다. 그 단어에서 초승달을 빼보라. 그러면 당신은 그런 범퍼 스티커가 전혀 필요하지 않을 것이다. 실제로 공존은 이슬람주의자들이 싸우는 대상이다. 혹은 당신이 원한다면 다문화주의라고 해도 좋다. 다른 집단들이 똑같은 보편적인 이웃의 울타리 안에서 어울리며 살아간다는 사고방식 말이다. 그리고 자세히 살펴보면 이러한 사고를 명목상 존중하는 사람들조차 "다원주의"를 "종속화" 비슷한 어떤 것으로 보는 경향이 있다. 유명한 "온건 이슬람교도들" 중 한 명으로 이맘 자이드 샤키르(Imam Zaid Shakir)를 예로 들어보자. 그는 "미국 이슬람교 성직자들은 현대적인 중용의 길을 추구한다"는 헤드라인 아래 뉴욕타임스에 실린 아부하는 인물평의 주인공이다. 말 한번 잘했다. 그러나 "현대적인 중용의 길"이란 무엇인가? 조지아 주와 코네티컷 주에서 리키 미첼(Ricky Mitchell)로 자라온 이맘 샤키르가 이렇게 말한다. "정직한 이슬람교도라면 미국이 이슬람 국가가 되는 것을 보고 싶다고 말할 겁니다. 그렇게 되면 사람들이 더 편해지겠지요. 그것을 믿지 않는다면 나는 이슬람교도가 아닙니다."

정직한 이슬람교도라면 미국이 이슬람 국가가 되기를 원한다는 그의 말은 옳다고 생각한다. 그러나 이슬람교도들이 그렇게 말하는 것은 기독교인들이 미국이 기독교 국가라고 말하는 것과 똑같은 의미가 아니다. "이슬람 국가"라고 할 때 그들은 이슬람교도 인구가 다수를 차지할 뿐만 아니라 아니라 문명제도 또한 이슬람적인 국가를 예상한다.

이슬람교도들은 미국, 캐나다, 영국, 유럽, 호주의 이슬람 사원들에서 지하드를 육성하는데, 그런 일을 용케도 해낸다. 그런데도 서구의 엘리트들은 이 사회에 "존중"이 부족하며 허울뿐인 "이슬람공포증"이 만연해 있다고 지껄여대고나 있다. 캐나다 기마경관, FBI, 런던 경찰청, 그리고 여타 기관들은 세포조직과 음모를 분쇄하는 데 꽤 유능하다. 그러나 이것들은 징후이지 질병이 아니다. 파헤쳐야 하는 것은 바로 이념의 수송관(輸送管)이다. 학교와 이슬람 사원의 네트워크를 통해서 사우디인들은 자신을 이슬람의 바티칸으로 만들려 하고 있다. 그것이 불가능하다면 적어도 이슬람 세계에서 가장 권위 있는 대변자가 되려 한다. 우리는 와하브주의의 도전에 대응하기 위해서 윌리엄 테일러가 그랬듯이 수니파와 시아파, 수피파와 살라피파(Salafi : 수니파 이슬람 학파역주), 그리고 나머지 모든 종파들을 구별하고 분열을 이용할 수도 있었다. 그러나 품위 있는 서구 다문화주의자로서 우리는 그들을 뭉뚱그려 "이슬람"으로 취급하면서 다양성을 찬양한다.

그러므로 지하드가 전쟁목표를 가지고 있다면 우리도 우리의 전쟁목표에 대해서 생각하기 시작해야 할 것이다. 승리는 어떤 모습일까? 파시즘과 공산주의가 한창 때 그러했듯이 이슬람주의는 오늘날 이 세계에서 불만을 퍼뜨리는 자들이 선택할 수 있는 이념이다. 이것은 우리가 그 이념을 파괴해야 한다는 것을 의미한다. 혹은 적어도 그 잠재력이라도 파괴해야 한다. 이슬람 그 자체가 아니라, 사우디 오일 머니 덕에 고립된 사막의 낙오자들이 숭배하던 미신에서 이 시대에 가장 영향력 있고 급진화되어 가는 세력으로 거듭난 와하브주의의 유해한 종파만이라도 파괴해야 한다. 만약 이슬람이 "평화의 종교"(religion of peace)라고 말하는 서구 정치인들의 믿기지 않는 슬로건 속에 참수자들과 자폭 테러리스트들에 반대하는 일말의 전략적 가치라도 존재한다면, 그것은 아쉽게도 와하브주의가 이러한 신성함의 예외 사례라는 것과 와하브주의는 산산조각 내는 종교(religion of pieces)라는 것을 지적하기 위한 서막이 될 것이기 때문이다. 그러나 우리는 어느 특정 이맘 학교가 상업 중심지에 훈련교실을 내려 하는지 별로 신경을 쓰지 않는 탓에 범이슬람을 위한 운동을 크게 도와주고 있다. 이것은 맥도널드보다 훨씬 더 적절한 세계화의 사례이다. 이 때문에 방글라데시와 보스니아에서는 토착 이슬람 기업들이 파산을 했고, 그 자리에 리야드 본사에 있는 몇몇 사내들이 주무르는 표준화된 와하브 마트가 들어섰다. 수익을 역전시키는 한 가지 방법은 세계 동질성을 추구하는 사우디 부르카킹의 방식을 따라 위협이 적은 이슬람 구멍가게들을 살리는 일종의 반(反)트러스트를 결성하는 것이다.

이와 대조적으로 욕을 많이 먹었지만 대부분 신화에 불과했던 "미국 제국주의"는 차고 뒤쪽의 벽돌 위에 놓인 채 녹슬고 있다. 내셔널리뷰의 존 더비셔(John Derbyshire)는 자유를 강권하는 부시 독트린이 지닌 현혹된 이상주의에 진저리가 나서 "잡석(雜石)은 문제를 일으키지 않는다"는 슬로건을 장려하기 시작했다. 근사한 슬로건이다. 그가 이 문구가 적힌 티셔츠를 많이 팔 수 있으면 좋겠다. 그러나 장거리 폭격이라는 "현실주의" 외교를 주장할 때 그는 잡석이 꽤 많은 문제를 일으킨다는 매우 분명한 사실을 간과한다. 보스니아의 잡석은 다니엘 펄(Daniel Pearl : 2002년에 파키스탄에서 납치되어 살해된 미국인 저널리스트[역주])의 참수자를 포함하여 유럽의 이슬람교도 한 세대를 급진화시킨 데 직접적인 책임이 있다. 아프가니스탄의 잡석은 국제적인 테러리스트 양성소가 되었고, 그 졸업생 중에는 신발폭탄 테러리스트 리처드 레이드, 밀레니엄 폭파범(millennium bomber : 1999년 12월 31일에 로스앤젤레스 국제공항을 폭파시키려 계획했기 때문에 이렇게 불린다[역주]) 아메드 레삼(Ahmed Ressam), 그리고 9 ·

11 공모자들이 있다. 그로즈니의 잡석은 체첸 민족주의자들을 범이슬람주의 성전주의자들로 탈바꿈시켰다. "메카(Mecca)를 핵무기로 공격하라!"는 제목의 이메일을 보내오는 내 통신원들은 인도네시아에서 요크셔에 이르는 10억의 이슬람교도들에게 더 큰 영향을 끼칠 수 있는 전략을 생각해 보려 할지도 모른다. 방사성 낙진을 통해 정말로 암을 유발하기보다는 심리적인 영향을 끼치게 될 그러한 전략 말이다. 이슬람 세계의 실질적 문제인 지적(知的) 잡석까지도 주의할 요량이 아니라면 잡석이라고 치부하는 것은 불충분한 해법이다.

아랍의 이슬람교도들은 아프가니스탄에서 싸웠고, 영국 이슬람교도들은 보스니아에서 무기를 들었으며, 파키스탄 이슬람교도들은 체첸에서 죽었다. 미국인들이 세계화된 이념에 반대하고자 한다면 미국이라는 요새에 쭈그리고 있지 말고 그들의 이념도 세계화시켜야 한다.

무엇이 더 위협적인가? 치즈버거를 수출하는 세계화인가, 문화의 가장 혹독하고 가장 억압적인 특징들을 수출하는 세계화인가? 아직도 용들이 지도의 먼 가장자리에 산다고 생각하는 미국 보수주의자들이 너무 많다. 즉 21세기에도 세계의 병원균들로부터 아주 멀리 떨어져 있으므로 미국이 감염의 우려가 없는 19세기 공화국이 될 수 있다고 생각한다. 그러나 세계화로 인한 근접성의 시대에, 현대의 다문화적인 서구에 살고 있는 우리는 모두 토요일 아침 국회의사당 계단 위에 있던 링컨과도 같다. 세계는 우리와 같은 방 안에 있다. 21세기가 밝아오는 이때 마샬 맥루한(Marshall McLuhan)이 말한 지구촌이 마침내 지척에 있다. 미국인은 식당을 운영하고, 중국인은 병원을 운영하며, 사우디인은 사원을 운영한다. 미국인의 입장에서 볼 때 이것은 최고의 거래는 아닌 듯하다.

05
그들이 믿게 될 모든 것들
교회 vs 국가

> 이슬람은 종교일 뿐만 아니라 하나의 완결된 삶의 방식이다.
> 이슬람은 이슬람교인들을 태어나서 죽을 때까지 인도한다.
> 코란, 마호메트의 말씀, 그리고 코란을 삶에 실제로 적용하는 방식은 바뀔 수 없다.
> 이슬람은 심판의 날까지 언제나 인류의 지침이다.
> 다른 종교로 개종하는 것은 이슬람에서 금지된다. 그 대가는 죽음이다.
> 여기에는 아무도 이의를 제기하지 않는다.
> 다른 종교를 가진 사람들이 끊임없이 이슬람을 받아들이고 있다.
> 그들은 이슬람을 받아들일 수는 있지만 버릴 수는 없다는 것을 알아야 한다.
> 규칙은 이슬람교인들이 만든 것이 아니다. 그것은 신의 최고법이다.
> 우리 이슬람교인들에게 어떤 규칙들은 취하고 다른 것들은 무시하라고 요구하지 말라. 이슬람교인들은 이슬람을 전체로서 받아들이게 되어 있다.
>
> – 나즈라 쿠라이시, 유치원 교사,
> 《랜싱스테이트저널》(미시간), 2006년 7월 5일자

9·11 이후로 여러 해가 지나도록 여전히 우리는 성전주의라는 정신병이 이슬람 전체에, 특히 서구 이슬람 인구에 얼마나 깊이 뿌리내렸는지 깨닫지 못하고 있다. 베슬란 학생들이 학살당하고 다니엘 펄을 비롯한 인질들이 참수당한 데에 불쾌감을 갖는 사람들이 얼마나 되며, 그것을 합리적으로 설명하려는 사람들이 몇이나 될까? 정확하게 말하자면 자신이 믿는 종교의 이름으로 행해진 일들에 모욕감을 느끼는 이슬람교도들 중에서 몇 퍼센트나 모종의 조치를 취하려고 할까? 얼마나 많은 서구 이슬람교도들이 NION("Not In Our Name" : 9·11 초기 미국 정부의 조치에 항의하기 위해서 만들어진 미국 단체역주)을 조직해서 뉴욕, 마드리드, 런던에서 그들의 동료 시민들에게 행해진 폭탄 테러에 항의하는 행진을 했는가? "자살폭탄 테러에 반대하는 이슬람"에 가입하거나 자신들의 사원에서 성전주의자 이맘들을 내쫓기 위해서 단결한 이들이 얼마나 되는가? 자기 아이들을 사우디인으로 키우려고 미국이나 유럽에 온 게 아니라고 당당하게 말하려는 이가 얼마나 되는가?

여보세요? 거기 누구 없나요?

우리—정신이 하나도 없는 이교도들—는 이슬람 "개혁"에 대해서 떠들어댄다. 그러나 개혁이 이미 끝났고 그 결과가 성전주의라면 어쩌겠는가? 와하브주의, 무슬림 형제단, 이란혁명, 그리고 "식민주의" 같은 문제에 대해 오늘날 서구가 조장하는 불평 따위를 통해서 오랫동안 배어나온 이슬람이 이미 개혁을 의미한다면 어쩌겠는가?

우리는 서구 이슬람교도들의 "동화"에 대해서 가볍게 이야기한다. 그러나 바그다드의 주류 이슬람교도 정치인과 종교지도자 집단을 런던, 디트로이트, 시드니의 유사한 회합과 비교해 보라. 그러면 당신은 대부분의 서구 이슬람교도 로비 집단들보다 이라크인들이 훨씬 더 이성적이고 순종적으로 보인다는 것을 깨닫게 될 것이다. 서구의 이슬람교도들이 새로운 땅의 관습에 익숙하지 않은 것이 아니라, 너무 익숙한데도 그것을 대놓고 거부하는 것이 문제라면 어쩌겠는가? 게다가 그 결과가 이교도들에 대한 유별난 적대감으로 잘 알려진 이슬람 돌연변이라면 어쩌겠는가? 더군다나 수니파와 시아파, 아랍과 비아랍 사이의 오래된 부족전쟁을 새로운 범이슬람 정체성 안에 감싸안는 그러한 돌연변이라면 말이다.

적어도 율법주의, 피해자학(被害者學, vicitimology), 복지수급권 문화 같은 선진 민주주의 국가의 주요 담론을 터득하는 문제로 말할 것 같으면 이슬람교도들은 훌륭하게 동화되어 왔다. 여기 신문 하단에 실린 자그마한 기사 두 편이 있다. 하나는 보스턴헤럴드(*Boston Herald*)에 실린 매사추세츠 대법원의 결정이다. "매사추세츠 대법원은 주 교도소가 이슬람교도 수감자에게 소고기나 낙타고기 같은 특별 축제음식을 제공하지 않는 이유를 정당화하지 못했다고 판결하는 바이다."

제3보병사단은 전투식량으로 때워야 하지만 이슬람교도 수감자는 낙타고기를 배급받지 못했다며 소송을 제기할 수 있다. 한편, 영국에서는 국립교도소의 화장실 절반을 개조하고 있다. 화장실이 메카를 향하고 있는 탓에 옆으로 앉을 수밖에 없어서 너무 불편하다며 이슬람교도 수감자들이 불평했기 때문이다.

만약 당신이 테러리즘의 "근본 원인"을 찾고 있다면 유럽-캐나다식 복지체제에서부터 시작하는 것이 어떨까? 복지원조를 받는 모든 이민자들이 이슬람 테러리스트는 아니지만 유럽의 대다수 이슬람 테러리스트들이 복지원조를 받고 있는 것이 사실이다. 그들은 급진화된 빈민문화 속에 살면서 바닥에 둘러앉아 온종일 납세자들의 돈으로 성전주의 운동을 펼칠 음모를 꾸미는 것밖에 할 일이 없다. 무하메드 카플란(Muhammed Metin Kaplan)은 독일에서 복지원조를 받던 시기를 이용해서 칼리프의 나라(Caliphate State)라는 이슬람 단체를 조직했다. 곧이어 소위 "쾰른의 칼리프"가 터키로 인도되었고, 케말 아타튀르크(Kemal Ataturk : 터키공화국의 초대 대통령역주)의 영묘를 향해서 비행기를 돌진시키게 되어 있었다. LA 국제공항으로 향하던 중 워싱턴 주에서 체포된 아메드 레삼은 몬트리올에서 복지원조를 받고 있을 때 음모를 계획했다. 호주 이슬람주의자 집단의 지도자인 압둘 벤브리카(Abdul Nacer Benbrika)는 멜버른에서 10년 동안 살면서 정규 노동을 한 번도 하지 않았다. 그는 현재 테러리즘 관련 행위로 수감되었고, 납세자들은 그의 아내에게 연금으로 5만 달러를 지불하고 있다. 아부 함자(Abu Hamza)는 런던에서 복지원조를 받는 동안 영국에서 가장 유명한 공격적인 이맘이 되었다. 살인교사 혐의로 수감된 후에 그는 가족들이 이미 일주일에 1,000파운드를 받고 있는데도 추가원조를 하라고 정부를 상대로 소송을 제기했다. 알카에다 포섭 책임자인 아부 카타다(Abu Qatada)는 영국에서 복지원조를 받던 중에 거물급 이슬람 인사가 되었는데, 노동연금부(Department for Work and Pensions)는 그의 은행계좌에 15만 파운드가 있다는 사실을 알아낸 후에야 수도꼭지를 틀어막았다. 아, 하나 더 있다. 런던타임스에 복지 거금 노다지를 받은 사례가 실렸다. "경찰은 7·21 폭탄 테러 용의자 네 명이 영국에서 연금수당으로 50만 파운드 이상 모았다는 주장에 대해 조사하고 있다."

20대의 게으름뱅이 성전주의자들은 은행계좌에 복지수당으로 25만 달러를 가지고 있다. 나는 모든 복지수혜자들이 허위 복지대상자 테러리스트라고 말하는 것이 아니다. 다만 유럽이 자랑하는 복지체제는 미국이 그것을 국가안보에 위협이라고 선언할 때 개혁 가능성이 가장 커진다는 말을 하려는 것이다.

어느 테러리스트가 월요일 아침 일찍 바그다드에서 눈을 뜬 뒤 낡은 폭약을 짊어지고는 바그다드 중심부의 그린 존(Green Zone) 입구에 있는 이교도들을 날려버리기 위해서 길을 나선다. 그는 점심 때가 되기 전에 적어도 두어 명의 신참자 합류를 꿈꾼다. 그러나 벨트가 풀리지 않아 그는 미군에 체포되고 관타나모 미 해군기지로 가는 비행기에 실린다. 48시간 뒤에 그는 자신의 변호사에게 치킨 요리의 질에 대해서 불평하면서 대법원 소송으로 넘어가려고 꾀한다. 마음만 먹으면 이슬람주의자들은 아주 빠른 속도로 동화될 수도 있다. 그래서 서구에는 유럽 복지체제의 단물을 빨아먹는 공격적인 이맘도 있고, 수임료가 높은 법률고문단을 갖추고서 소송하기를 좋아하는 로비 집단도 있다. 이런 것들은 아랍 방식이 아니다. 이것은 이슬람교도들이 서구화의 어떤 측면이 자신에게 유용한지 가려내는 데 아주 능숙하다는 것을 보여준다. "동성결혼"에 대한 찬반론이 많이 있지만 그것을 자신의 입장으로 취하는 사람들은 많지 않다. 그러나 이미 일부다처제를 옹호하기 위해서 동성결혼이 정당화되고 있으며, 동성결혼의 대의를 자신의 입장으로 취하는 사람들은 아주 많다. 일부다처제는 프랑스, 온타리오, 그리고 다른 많은 서구에서 입법화까지는 안 되었지만 이미 사실상 실행되고 있다. 그리고 영국 연금부 같은 정부기관들은 이미 상속법에 맞춰서 일부다처제를 부분적으로 승인하기 시작했다. 페미니스트들과 동성애자들은 이슬람의 공공연한 동맹자는 아닐 테지만 로비 집단들은 양측이 활용하는 전문용어, 기법들, 가짜로 불평하는 방법 등을 손쉽게 익혔다.

예를 들어 이크발 사크라니(Iqbal Sacranie)는 "중용"의 덕을 갖춘 매우 모범적인 이슬람교도로서 여왕에게 기사 작위를 받았다. 「브로크백 마운틴」(*Brokeback Mountain*)이 개봉됐을 즈음에 영국무슬림회의 의장이었던 이크발 경은 BBC에 출연해 동성애가 "비도덕적이고", "받아들일 수 없으며", "질병을 퍼뜨리고", "사회의 기초질서를 파괴했다"는 의견을 피력했다. 이에 어느 게이 집단이 불평했고, 이크발 경은 "증오범죄"와 "동성애공포증"을 다루는 런던경찰청의 "공동체 안전부"에서 조사를 받았다.

같은 때에 이와는 별개로 게이-레즈비언 인도주의협회(GALHA : Gay And Lesbian Humanist Association)는 정기간행물에서 이슬람을 "구강 궤양처럼" 자라나고 극단적으로 "동성애를 혐오하는" "미친 교리"라고 말했다. 이에 대해 런던 인종혐오범죄포럼(London Race Hate Crime Forum)은 GALHA를 "이슬람공포증"으로 조사하라고 런던경찰청에 요청했다.

무슨 말인지 알겠는가? 이슬람교도가 이슬람이 동성애에 반대한다고 말하면 그는 동성애공포증으로 조사를 받을 수 있다. 그러나 동성애자가 이슬람이 동성애에 반대한다고 말하면 그는 이슬람공포증으로 조사를 받을 수 있다.

일주일이면 하루도 거르지 않고 이슬람공포증자이자 동성애공포증자라고 불리는 사람으로서 나는 동성애자들이 로비를 할 때 이용하는 피해자의 언어를 이슬람 로비 집단들이 매우 교묘하게 습득해 온 속도와 기술에 놀라지 않을 수 없다. 내가 만약 게이였다면 이 신참 아메드들에게 조금은 발끈했을 것이다. "동성애공포증"은 언제나 터무니없다. 동성애자들을 혐오하는 사람들은 사실은 그들을 전혀 두려워하지 않는다. "공포증"이라는 가짜 허튼소리를 발명한 것은 동성애자의 정치적 의제를 일종의 정신병으로 몰아 반대하기 위한 방편이었다. 걱정하지 말라.

당신은 실제로 동성결혼에 반대하는 것이 아니다. 치료를 받고 약을 좀 먹으면 곧 괜찮아질 것이다.

이와 달리 "이슬람공포증"은 가짜가 아니며, 심리적일 뿐만 아니라 문자 그대로이다. 만약 당신이 네덜란드 국회의원이거나, 영국 소설가이거나, 살해위협에 몸을 숨기는 덴마크 만화가이거나, 이교도 매춘부라고 조롱받는 어느 프랑스 교외의 여학생이라면 당신의 이슬람공포증은 확실히 정당화된다. 그러나 이슬람교도들은 동성애자들의 로비 형식을 매우 교묘하게 가져다 쓴다. 이것은 어떻게 이슬람이 정치적으로 올바른 방종한 피해자학을 이용하여 실체를 은폐하는지를 보여주는 가장 분명한 사례이다. 여러분은 대부분의 서구 신문사들이 마호메트가 그려진 덴마크 카툰들을 싣지 않기로 결정했던 일을 기억할 것이다. 따라서 그들은 가짜 "이슬람공포증"—즉 이슬람 테러리즘 및 관련 쟁점들에 대한 완전히 정당한 우려들—의 확산을 진심으로 경고하고 있었지만, 사실은 진짜 이슬람공포증—즉 만약 그 카툰들을 실었다간 성난 군중이 그들의 사무실로 들이닥칠 것이라는 아주 실질적인 두려움—을 겪고 있었다. 이것은 진보적인 사고 속에 가짜 정신질환이 들어서게 되면 진짜 위험이 무엇인지 전혀 신경 쓰지 않게 된다는 것을 보여주는 좋은 사례다.

보이지 않는 소수자

우리가 항상 말하듯이 "절대다수"의 이슬람교도들은 여전히 "극단주의"에 반대한다. 이들은 이른바 "온건한 이슬람교도들"이다. 누군가 오래된 농담을 최신 버전으로 바꿔보았다. 10달러짜리 지폐가 교차로 한가운데 놓여 있다. 북쪽에는 산타클로스가 있고 서쪽에는 이의 요정(Tooth Fairy)이 있다. 그리고 동쪽에는 급진 이슬람교도가 있고 남쪽에는 온건 이슬람교도가 있다. 누가 10달러짜리 지폐에 가장 먼저 도착할까?

정답은 급진 이슬람교도이다. 다른 모든 이들은 신화 속의 인물이기 때문이다.

"온건 이슬람교도"라는 게 완전한 허구는 아니다. 그러나 그들은 조용한 이슬람교도들이라고 부르는 것이 더 정확할 것이다. 1930년대에는 "온건한 독일인들"이 많이 있었다. 그들은 우리에게 아주 많은 도움이 되었다. 오늘날 "온건 이슬람교도"는 문화적 다양성에 유일하게 기여하고 있다. 다른 모든 가시적인 소수자들과 달리 그는 보이지 않는 소수자이다. 혹은 아무튼 들리지 않는 소수자이다. 그렇다고 해서 우리가 그를 옹호할 수 없다는 말은 아니다. 그래서 EU 관료들은 널리 퍼진 '오해'를 토론하기 위한 새로운 "지침"을 만들기도 했다. "이슬람 테러리즘"이라는 단어는 없어졌다. 대신에 EU 관료들은 그것을 "이슬람에 지나치게 호소하는 테러리스트들"이라는 표현으로 대체했다.

성전주의자들이 이슬람에 "지나치게" 호소하는지 여부에 대해서 이야기하는 백인 중산층 벨기에인이 있을까? 수많은 이슬람 학자들과 이맘들은 동의하지 않을 것 같다. 서구 정치인들과 종교지도자들이 끊임없이 말해주는 탓에 우리는 "절대다수"의 이슬람교도들이 테러리즘을 지지하지 않는다고 알고 있다. 그렇지만 얼마나 많은 다수가 테러리즘을 지지하는가? 1%? 10%? 이보다 더 많을 거라고 시사하는 몇 가지 사례가 있다. 캘거리의 마운트 로열 대학(Mount Royal College) 사회학과 교수 마흐푸즈 칸와르(Mahfooz Kanwar) 박사는 그 도시에서 가장 큰 이슬람 사원에서 열린 장례식에 참석했다. 기도 인도자가 우르두 말(Urdu : 인도·파키스탄 등지의 이슬람인들이 쓰는 언어역주)로 "오, 신이시여, 우리를 이교도들에게서 보호하소서. 저들은 비열한 방식으로 우리를 더럽힙니다"라고 말하는 것을 들었을 때 그는 당혹스러웠다. 칸와르 박사는 "당신은 어찌 감히 내 조국을 비난하오?"라고 말하고는, 대중들을 향해 자신은 그 남자를 30년간 알고 지냈는데 그 중 대부분의 시기를 복지혜택을 받으면서 살았기 때문에 그 자의 식탁에 오른 음식은 근면한 이교도들이 낸 세금에서 나왔다고 지적했다.

리샤 코벨라(Licia Corbella)가 『캘거리 선』(*Calgary Sun*)에 썼듯이 "사시(Sarcee) 가의 이슬람 사원에서 더 이상 환영받지 못하는 쪽은 둘 중 누구일까?"

최종 점수는 급진 이슬람 대 온건 이슬람교도가 1 : 0이다.

또 다른 사례가 있다. 술레이만 갈리(Souleiman Ghali)는 팔레스타인에서 태어났고, 그의 말에 따르면 "시아파, 기독교인, 그리고 특히 유대인"을 미워하도록 교육받았다. 미국으로 이민간 후 그는 이 오래된 편견을 재고하게 되었고, 1993년에는 샌프란시스코에 이슬람 사원을 짓는 일을 거들었다. 갈리 씨의 웹사이트에서 말하는 바와 같이 "우리의 비전은 열정, 존중, 존엄, 사랑에 기초한 미국인 이슬람교도의 정체성을 갖는 것이다." 이것은 어려운 일이다. 특히 이맘들의 존재를 고려한다면 말이다. 2002년에 갈리 씨는 캘리포니아 이슬람교도들에게 팔레스타인 자살폭탄 테러리스트들의 빛나는 모범을 따르라고 촉구한 이맘을 해고했다. 사프와트 모르시(Safwat Morsy)는 이집트인으로서 영어를 거의 알지 못하지만 갈리 씨를 부당해고로 고소할 만큼은 충분히 알았고, 결국 40만 달러를 배상받았다.

지금까지는 매우 전형적이었다. 그러나 이 이야기에서 중요한 것은 그 선동자 이맘들이 대중에게 인기가 많았다는 점이다. 그래서 모르시 씨를 해고한 것은 그들의 인내의 한계를 넘는 일이었다. 갈리 씨는 운영위원회에서 쫓겨났고, 자신이 설립한 이슬람 사원에서 아무런 일도 할 수 없게 되었다. 그리고 월스트리트저널이 보도했듯이 사프와트 모르시—그는 미국 이슬람교도들이 허리에 폭탄을 차고 어기적거리며 걸어야 한다고 생각한다—는 장사가 잘 되고 있다. "그의 이슬람 사원은 최근 금요 기도회에 모이는 대중을 수용하기 위해서 새 건물을 구입하려 하고 있다."

이제 급진 이슬람 대 온건 이슬람교도가 2 : 0이다.

"극단적인" 이슬람 사원은 얼마나 될까? 그리고 "예배자들" 중에서 성전주의자는 얼마나 될까? 20%? 2%? 0.2%? 아무도 모른다. 왜냐하면 우리(그리고 대부분의 서구 법체계)는 이슬람 사원을 가톨릭교회나 조합교회의 친교 장소 비슷한 것으로 보기 때문이다.

"물론"이라고 다시 말할 때가 되었다. '물론' 대부분의 서구 이슬람교도들은 테러리스트가 아니며, '물론' 대부분은 테러리스트가 되고 싶은 마음이 없다. 우리는 마치 우화 속 한 장면처럼 그들에게는 이슬람교도 정체성이 확고하므로 공격적인 이맘 따위는 아이들이나 보는 저속한 구경거리라며 내몰아버릴 거라고 추측한다. 교외에 사는 중산층 백인 부모들이 고교생 자녀가 "여친과 떡쳐"나 "짭새는 쏴죽이고 마눌은 따먹을 거야", 혹은 어떤 최신 유행곡을 부르면서 귀가했을 때 한숨을 쉬면서 언짢아하는 것과 마찬가지로 말이다. 그러나 갈리 씨처럼 용감하지만 왕따 같은 몇 안 되는 사람들은 별도로 하고 우리는 페미니스트 레즈비언 캐나다인 이르샤드 만지(Irshad Manji)나 캘리포니아의 대학 교수 와

파 술탄(Wafa Sultan) 같이 가장 저명한 "온건 이슬람교도들"이 엄밀히 말해서 배교자 혹은 왕년의 이슬람교도로 분류된다는 사실에 주목하지 않을 수 없다. 만지 씨보다는 9·11 테러범 모하메드 아타의 믿음이 대부분의 이슬람교도들의 생각에 더 가까울 것 같다.

이븐 와라크(Ibn Warraq)라는 가명의 배교자는 다음과 같은 중요한 차이점에 대해서 말한다. 즉 온건한 이슬람교도는 존재하지만 온건한 이슬람은 존재하지 않는다. 수백만의 이슬람교도들은 그저 원만하게 살기를 원하며, 메카에서 멀리 떨어진 세계의 구석진 곳에서는 이슬람이 지역의 관습을 받아들였거나 받아들이고 있다. 그러나 공식 이슬람법 학교들은 모두 이슬람법과 폭력적인 성전주의를 칭송한다. 따라서 "온건 이슬람교도"는 자신의 온건함을 지지해 줄 공식적인 권위를 찾을 수 없다. 그리고 공개적으로 "온건 이슬람교도"가 되는 것은 샤케르 엘사예드(Shaker Elsayed) 같은 공동체 지도자들에게 용감히 맞서는 것을 의미한다. 그는 미국에서 가장 큰 이슬람 사원 중 하나인 다르 알 히즈라(Dar al Hijrah)의 지도자로서 신자들에게 "이슬람을 개혁하라는 요청은 이방인의 요청입니다"라고 무뚝뚝하게 말한 적이 있다.

그리고 설령 당신이 진정한 "온건" 이슬람교도라 하더라도 서구의 매체들과 정치계급들도 방조하고 있는 마당에 왜 당신이 이슬람에서 가장 강력한 사내들과 대결할 거라는 기대를 받아야 하는가? 거리낌 없이 이슬람주의자들에 맞서는 사람들에게 그 문화는 어떤 지지를 보내는가? 이란인들은 샐먼 루시디(Salman Rushdie : 영국계 인도 소설가로 이슬람을 비판한 소설을 쓴 적이 있음[역주])를 죽이라는 칙명을 내렸는데, 인도 정부를 비롯한 여러 정부들이 이란 정권에 계속해서 아양을 떠는 동안 그는 10년 넘게 은신해야 했다. 네덜란드 영화제작자 고흐는 거리낌 없이 말했다가 살해당했고, 할리우드의 점잔빼는 반대론자들은 부시에 용감히 맞서 싸운 용기를 자축하느라고 너무 바빠서 오스카에서 그해에 죽은 영화인들을 편집한 눈물 나는 필름에서 그 불쌍한 동료를 언급하지도 못했다. 이슬람주의자들에 용감하게 맞서는 것은 이른바 "자유세계"에서 방범시설이 달린 집에 숨어 지내는 것을 의미한다.

한편, 예일 대학은 잔학한 탈레반 정권의 전직 무임소(無任所) 대사에게 캠퍼스 안에 공간을 제공한다.

메카의 원격 전진기지들—발칸에서 중앙아시아와 인도네시아에 이르는—에서 오랫동안 유지되어 온 통합파 이슬람을 보건대 그 "온건한" 속성은 어떤 특정한 이슬람학교가 아니라 주변 문화의 특성에서 나왔다. 소련 정권들, 중국의 상업학교, 유럽 제국주의 등은 모두 극단적 형태의 이슬람을 누그러뜨리는 데 성공했던 것이다. 서구가 자신감을 상실함에 따라 자유세계의 이슬람 인구가 세대를 거듭할수록 더욱 급진화되는 것은 놀라운 일이 아니다.

따라서 역사상 가장 큰 이슬람 인구 안에는 역사상 가장 큰 서구 이슬람 인구가 있으며, 역사상 가장 큰 서구 이슬람 인구 안에는 역사상 가장 급진적인 서구 이슬람 인구가 있다. 그리고 다양한 층들을 모두 통찰해 보면 이슬람 문제의 핵심부에 매우 심오한 도전이 있다는 것을 알게 된다. 그것은 압둘 라흐만(Abdul Rahman) 때문에 구체화되었는데, 그는 아프가니스탄에서 탈레반 생활을 마친 후 기독교로 개종한 혐의로 재판에 회부되었다. 아프가니스탄의 최고 이슬람 조직인 아프간 울라마 회의(Afghan Ulama Council)의 압둘 라울프(Abdul Raoulf)는 다음과 같이 말했다. "우리는 신이 모욕당하도록 두지 않을 것입니다. 이 자는 죽어야 합니다. 그의 목을 벱시다. 사람들을 불러서 그의 몸을 남김 없이 조각내도록 합시다." 말할 필요도 없이 이맘 라울프는 아프가니스탄의 지도적인 "온건" 성직자들 중 한 명이다. 몰라비 발라이(Maulavi Enayatullah Baligh)는 "정부가 사형선고를 내리지 않더라도 아프가니스탄 사람들이 그를 죽일 것"이라고 단정했다. 그는 카불 대학의 이슬람 "율법" 강사이지만 자기 일을 집으로 가져가서 동네의 폭력적 군중들을 대상으로 시험해 보기를 좋아하는 자이다.

결국 서구의 여러 총리들과 콘돌리자 라이스와 그 동료들이 아프가니스탄 대통령 하미드 카르자이(Hamid Karzai)에게 청원을 한 후에 이 문제는 비공식 채널을 통해서 교묘하게 처리되었고, 가엾은 라흐만 씨는 비행기로 급히 카불을 떠나 로마에 내렸다. 그러나 콘돌리자와 그 동료들은 압둘 라흐만 같은 경우가 생길 때마다 도움을 줄 수는 없을 것이다. 따라서 그의 투쟁의 핵심에 놓여 있는 질문은 미해결로 남는다. 위에 인용된 바와 같이 나즈라 쿠라이시가 "이슬람을 받아들일 수는 있지만 버릴 수는 없다"고 한 말, 즉 이슬람으로 개종할 수는 있지만 이슬람에서 다른 것으로 개종할 수는 없다는 말이 만약 사실이라면 장기적으로 이슬람은 지구상에의 모든 자유인들에게 위협이다. 이것은 다문화주의 국가란 어떤 것인가 혹은 어떤 것이어야 하는가 하는 핵심적인 믿음을 깨뜨린다. 푸아드 아자미(Fouad Ajami : 레바논 태생 미국 교수이자 중동문제 전문가[역주])는 "급진 이슬람주의는 국적과 시민권의 원칙 자체를 조롱하기에 이르렀다"고 썼다.

그러나 조롱하는 게 뭐 그리 어려운 일인가? 오늘날 캐나다, 영국, 네덜란드, 스웨덴은 꽤나 스스로를 조롱하고 있다. 전직 캐나다 수상 조 클라크(Joe Clark)처럼 "보주수의자"를 자처하는 사람들은 캐나다가 "민족들의 국가"라고 우호적으로 말했다. 그 말은 캐나다가 인디언의 국가,

에스키모 족의 국가, 퀘벡의 국가, 우크라이나계 캐나다인의 국가, 그리고 기타 등등의 국가라는 뜻이다. 이러한 미개척지 같은 개념 속에 다른 세력이 자리를 차지할 가능성이 있다는 것은 전혀 생각하지 않는다. 성전주의는 다문화주의자들이 수년간 촉진시켜 온 모든 것들 중에서 제 기능을 하고 있다. 좌파가 감상적인 베네통 광고가 보여주는 단일세계론에 대해서 떠들어대는 동안에 범이슬람주의자들은 그들만의 특수한 단일세계론을 진척시켰다. 그것은 강력하고, 양보가 없으며, 국경 너머로 쉽게 퍼진다.

39세의 영국 이슬람 지도자 안젬 추다리(Anjem Choudary)는 9·11을 "굉장한" 일로, 그 범인들을 "영웅"으로 부르며 환호했다. 그는 런던 지하철 폭탄 테러 희생자들을 조롱했고, 이슬람교도들에게 영국 경찰에 협조를 거부하도록 요청하며, 영국을 위한 이슬람법을 주장한다. 그와 그의 아내는 복지수혜자이지만 다른 나라에 있는 이슬람교도 동지들과 연락하기 위해서 제트기로 날아갈 수 있을 만큼 마일리지를 상당히 많이 쌓을 수 있다. BBC에 출연했을 때 그는 왜 이미 이슬람법이 다스리는 나라로 이주하지 않느냐는 질문을 받았다. 그는 다음과 같이 대답했다. "누가 당신이 영국의 주인이라고 말합니까? 영국은 알라의 것입니다. 전 세계가 알라의 것입니다." 그는 자신의 화제에 열중하면서 덧붙였다. "만약 내가 정글에 간다면 동물들처럼 살기 위해서가 아니라 우월한 삶의 방식을 전파하기 위해서 가는 겁니다. 이슬람은 우월한 삶의 방식입니다."

그러나 영국은 발톱 빠진 사자가 사는 정글이며, 그 리더십은 공공연한 회유론자들과 우울한 숙명론자들 사이에 분열되어 있다. 그리고 개신교 개혁정신으로 이슬람을 개혁하자고 외치는 사람들은 출발점이 완전히 다르다는 것을 모르고 있다. 이슬람교도들은 (루터나 캘빈과 달리)

유럽에서의 개혁이 궁극적으로 어디로 향할지 안다는 이점을 가지고 있다. 개혁은 신을 사회의 가장자리로 추방하게 될 터이다.

이슬람교도들은 여기에 만족하기보다는 여기서 생기는 기회를 이용할 것 같다. 서구에서 이슬람주의가 나아갈 다음 단계는 무엇일까? 요즘 대부분의 유럽 도시에 사는 10대는 두 가지 경합하는 정체성 중에서 하나를 선택할 수 있다. 굳건하고 확신에 찬 이슬람 정체성이냐, 아니면 모호하고 탈국가주의적이고 굽실거리듯 변명이나 해대는 유럽의 정체성이냐? 이슬람 정체성이 아랍인이나 북아프리카인에게만 호소력이 있을 거라고 가정하는 것은 오산이다.

탈기독교주의의 서구

그리 오래지 않은 언젠가 크리스마스가 가까워올 무렵, 나는 버몬트의 어느 가게에서 막바지 선물을 사고 있었다. 20살쯤 된 가게 주인 딸이 안으로 들어와서는 말했다. "엄마, 스웨터 고마워요. 케빈도 정말 맘에 들어 했어요."

주인은 어리둥절해하며 말했다. "그치만 아직 12월 23일인걸."

딸은 지친다는 듯이 한숨을 쉬었다. "엄마, 내가 몇 번이나 말해야 해요? 우리는 항상 동지 때하고 하지 때 선물을 열어본다니까요."

몇 주 뒤 뉴햄프셔에 사는 내 이웃이 결혼을 했다. 그는 오토바이를 좋아하고 문신을 그리는 일을 하는 매우 종교적인 사람이다. 그래서 그와 그의 신부는 오딘(Odin), 토르(Thor), 그리고 잡다한 고대 스칸디나비아 신들의 저주로 가득한 예배가 열리는 뜰에서 결혼식을 올렸다. 오토바이를 탄 회중(會衆)들은 눈을 이리저리 굴렸는데, 그것이 스칸디나비아의 전통적인 존경의 상징인지는 확실하지 않다.

사실 이것은 인간이 신을 더 이상 믿지 않을 때 무엇이든지 믿게 되는 사례이다. 그러나 새로 믿게 되는 그 무언가는 적어도 부분적으로는 환경에 의해서 결정된다. 2006년에 데일리텔레그래프(*Daily Telegraph*)의 앨리스 톰슨(Alice Thomson)은 북인도 다름살라(Dharmsala)에 망명해 있는 달라이 라마에게서 인터뷰를 승낙받았다. 그가 사는 곳으로 가는 길에 그녀는 두 사람과 마주쳤다. 한 명은 중국이 저지른 잔인한 고문자국을 몸에 지닌 토박이 티베트인이었고, 다른 한 명은 부유한 순례자들을 위해서 생겨난 어느 호화 호텔에서 만난 자로서 위(胃) 플라스티(stomach staple : 위의 작용을 억제하는 수술법의 하나역주)가 실패하자 불교로 개종한 어느 "뚱뚱하고 탐욕스런 오스트리아인 상속녀"였다. 노스컨츄리에 사는 내 이웃들이 모두 항공권과 다름살라의 스위트룸을 구입할 만큼 넉넉하지는 않다. 따라서 이러한 제약들을 고려할 때 태양 지점(至點) 숭배(solstice worship : 하지와 동지를 숭배하는 고대 의식역주)와 고대 스칸디나비아 신들은 북부 뉴햄프셔의 환경에 잘 맞는 것 같다. 그러나 이것들은 예컨대 글래스고나 로테르담에서는 잘 팔리지 않을 것이다. 그렇다면 인구가 밀집된 서유럽에서는 어떤 것이 먹힐까? 최후의 날 시나리오를 하나 더 쌓아올릴 위험을 감수하고서 말하건대, 서구세계 곳곳에서 이슬람이 족외결혼뿐 아니라 개종을 통해서 퍼져나가고 있다고 언급해둘 필요가 있다.

허버트 애스퀴스(Herbert Asquith)는 미국인들에게 가장 잘 알려진 영국 수상일 뿐만 아니라 자신의 조국을 제1차 세계대전에 끌어들인 장본인이기도 하다. 이 전쟁은 칼리프조를 종식시켰고 아랍세계를 영국의 손에 쥐어주었다. 그의 증손녀 에마 클라크(Emma Clark)는 현재 이슬람교도이다. 그녀는 조경사로서 영국 왕세자의 집에 "이슬람 정원"을 설계해 주었다. 전직 BBC 총감독 버트 경의 아들 조나단 버트(Jonathan Birt) 씨도 이슬람교도이며 야햐 버트(Yahya Birt)로 알려져 있다. 야보로 백작(Earl of Yarborough)도 이슬람교도이며 압둘 마틴(Abdul Mateen)으로 통한다. 그가 영국 상원의 다실에서 그 이름으로 대접받을 수 있을지는 불확실하지만 말이다.

위에서 말한 "본래의 종교로 귀의한 자들"—이슬람이 개종자들이라고 부르는 이들(이슬람은 모든 인간이 이슬람교도로 태어나지만 그 중 일부는 아직 깨닫지 못할 뿐이라고 본다)—은 불교신자 리처드 기어나 사이언톨로지스트(Scientologist : 과학기술을 숭배하는 사이언톨로지 신자[역주]) 톰 크루즈에 대응하는 이슬람교도 아무개가 아니라 무언가 더 큰 것을 선도하는 자들이다. 영국, 벨기에, 스칸디나비아의 도시들이 이슬람화되어 갈 때 그곳 주민들은 소수자로 사느냐 다수자에 합류하느냐 하는 선택에 직면하게 될 것이다. 많은 사람들이 후자를 택할 것이다. 인습을 거부하는 지점 숭배는 버몬트에서 시험을 받지만 이슬람은 그런 시험을 받을 가능성이 거의 없다. 이슬람은 환경에 적합해 보일 것이다. 이슬람은 행복한 표정을 한 공허한 다문화주의가 주지 못하는 정체성의 느낌을 이미 많은 젊은이들에게 제공하고 있다. 어느 백인지상주의 신나치주의자가 쓴 글 때문에 1999년 영국 소호(Soho)지구에서 못폭탄 테러(nail bombing)가 발생해 3명이 사망한 적이 있는데, 그 후에 그는 이슬람으로 개종했다. 영국 전국사회주의자운동단체(British National Socialist Movement)를 설립한 데이비드 마이어트(David Myatt)는 이제 압둘 아지즈 이븐 마이어트(Abdul-Aziz ibn Myatt)이다. 그는 예전에는 비백인계의 영국 이민에 반대했지만 이제는 이렇게 말한다. "실천하는 지하드를 의무로 여기면서 부흥하고 있는 순수하고 참된 이슬람은 서구의 불명예, 오만, 물질주의와 싸워 이길 수 있는 유일한 힘이다. … 시온주의자들, 시온주의, 소위 홀로코스트라는 날조, 그리고 민주주의 같이 서구와 그 추종자들이 숭배하거나 숭배하는 척하는 우상들을 제외하면 서구에서 신성한 것이라고는 없다." 그가 언젠가 되돌아오리라고 상상하기는 어렵다. 그가 이슬람을 버린 자들을 처형하는 데 찬성한 적이 있기 때문만은 아니다. 그의 많은 동료 "백인지상주의자들"은 자신들이 정말로 좋아하는 것이 "백인"이 아니라 "지상주의"라는 것을 알게 될 것이다. 이슬람은 이미 명사들에게서 지지를 받고 있다. 또 다른 귀의자인 오마르 브룩스(Omar Brooks)는 런던 지하철 폭탄 테러 1주기를 맞아 버밍엄에 있는 스몰히스 청소년지역센터(Small Heath Youth and Community Center)에서 이슬람 관련 코미디를 공연했다. 런던타임스의 기사에 따르면 "어느 시점에서 그는 9·11 세계무역센터 테러가 '많은 사람들의 삶을 변화시켰다' 고 말한다. 잠깐 말을 끊었다가 그는 '특히 내부에 있는 사람들의 삶을 말이죠' 라고 말하고는 박수갈채를 받는다."

사실 그는 문자 그대로 건물을 붕괴시킨 것은 아니었다("bring the house down"은 "박수갈채를 받다"는 뜻이지만 직역하면 "건물을 붕괴시킨다"는 의미가 된다[역주]). 브룩스는 그 일은 모하메드 아타에게 맡긴다. 그럼에도 불구하고 이슬람주의자가 사교실에서 하는 행동조차 성전주의자들이 수영할 수 있는 더 큰 수영장을 얻는 데 일조하게 된다.

2005년에 아시아의 어느 독자가 "이슬람으로 개종한 캐나다인들이 알카에다에 포섭되고 있다"는 제목의 이메일 링크를 보내왔다. 인도 프레스트러스트(Press Trust)에서 나온 기사였다. 그런 기사가 캐나다 신문에 실렸다면 나는 읽지 않았을 것이다. 그러나 이게 웬일인가! 1년 전에 증권거래소를 폭파하려다가 체포된 토론토 시민 17명 중에 "이슬람으로 개종한 캐나다인들"이 있었다. 뉴스에 보도된 바에 따르면 그들은 9·11 이후에 개종한 자들로서 다음과 같은 사람들이었다.

- 시카고의 시어스 타워(Sears Tower)를 폭파시키려고 계획하고 있던 마이애미 세포
- 신발폭탄 테러리스트 리처드 레이드
- 7·7 런던 지하철 폭파범 저메인 린제이(Germaine Lindsay)
- 워싱턴 저격수 존 무하마드(John Allen Muhammad)
- 바그다드의 미군을 향해 자살폭탄 테러를 감행한 벨기에 여인 뮤리엘 데고크(Muriel Degauque)
- 호주의 퍼스(Perth)에서 주 캔버라 이스라엘 대사관 폭파 음모로 형을 선고받은 호주인 공장노동자 잭 로시(Jack Roche)
- 2004년 100명 이상의 목숨을 앗아간 페리선 폭탄 테러를 주도한 것으로 여겨지는 필리핀 이슬람 단체 라자 솔레이만 운동(Rajah Solaiman Movement : 1500년대 스페인 가톨릭 세력의 정복으로 물러난 마닐라 마지막 왕의 이름을 따서 만든 단체[역주])의 창립자와 조직원들
- 어느 영국 보수당 관료의 아들로서 스튜어트 화이트(Stewart-Whyte)로 태어났고, 어느 정상급 모델의 배다른 형제이며, 전직 프랑스 테니스 스타 야닉 노아(Yanick Noah)의 처남이었던 압둘 와히드(Abdul Wahid). 그는 런던 히스로(Heathrow)발 뉴욕행 항공기에서 자폭하려 한 혐의로 2006년 8월 체포되었다.

그리고 기타 등등. 귀의자를 활용하는 것은 분명 의도적인 전략으

로 보일 것이다. 인도 프레스트러스트의 헤드라인—"이슬람으로 개종한 캐나다인들이 알카에다에 포섭되고 있다"—과 관련하여 내가 가진 유일한 의문은, 그 기사가 그들의 이슬람 개종이 성전주의에 포섭되기 이전에 성전주의와 무관하게 이루어진 것처럼 말한다는 점이다. 두 과정은 동시에 이루어졌을 것이다. 즉 그들은 정확히 성전주의자가 되기 위해서 개종한 것이다. 양식이 있다면 조금만 생각해 보아도 쉽게 알 수 있는 일이다. 가장 열혈적인 파슈툰 족 시골뜨기는 순교에 열을 내다간 미국 항공사 입국장에서 쉽게 눈에 띌 것이다. 그러나 3세대 캐나다인 이슬람교도나—더 확실하게는—아랍인의 외모를 하지 않고 컴퓨터에 어떠한 표시도 달리지 않는 이름—"스티브 찬드"(Steve Chand), "리처드 레이드", "잭 로시"—을 가진 귀의자라면 그렇지 않다. 캐나다 이슬람 사원에 있는 이맘들 중 80%가 "극단주의자"라는 통계가 있다. 그렇다면 그들은 어떤 개종자를 찾고 있겠는가? 어떤 사람들이 그들의 설득에 반응하기 쉽겠는가?

2002년에 나는 파리의 어느 이슬람교도에게 여러 종교 중에 왜 이슬람이 서구에서 가장 빠르게 성장하는지 물어보았다. 그는 유럽의 개종자들 다섯 중 넷이 여성이라고 말하면서, 이 사실로부터 배우자 개종은 별도로 하고 서구 여성들 상당수가 페미니스트가 말하는 여성성이 퇴폐적이고 무가치하다고 생각한다는 것을 알 수 있다고 했다. 그의 말이 사실이건 아니건 다음 주에 나는 네덜란드와 영국의 지인들로부터 그들이 "몸을 가린 채" 외출하기 시작했다는 말을 듣고는 깜짝 놀랐다. 이 네덜란드 숙녀는 암스테르담에서도 험한 동네에 사는데, 당신이 이슬람 복장을 하고서 거리에 서 있으면 이슬람교도 남자들이 당신을 이교도 매춘부라고 조롱하는 대신에 존중의 미소를 보낼 것이라고 말한다. 영국 숙녀는 런던의 멋진 동네에 살지만 네덜란드 숙녀와 완전히 똑같은 말을 한다. 둘 다 이슬람교도처럼 차려 입으면 신체적으로 뿐만 아니라 심리적으로도 안전하다는 것을 느꼈다. 그들은 "귀의자들"이 아니지만 적어도 공공장소를 돌아다니기 위해서 이슬람교도로 통한다. 그리고 공공장소가 더욱 이슬람화될수록 그렇게 해야 더 편안해질 것 같다.

이런 현실은 얼마나 빨리 다가올까? 2005년 후반에 옵서버에는 다음과 같은 기사가 실렸다. "올림픽 비용, 두 배로 뛰다 : 런던 시민들, 엄청난 세금인상에 직면."

어이, 이봐. 겨우 두 배라고? 분명 그것보다 좀 더 써도 될 텐데. 그때는 2012년 런던 올림픽을 위한 과잉지출이 시작되던 때였고, 자존심 강한 영국인들은 여왕이 올림픽을 개최할 즈음이면 그들의 세금 청구서에 0이 몇 개 더 붙을 거라고 강하게 확신했다. 한편, 위 기사가 실린 것과 같은 주에 이슬람교 선교단체 타블리기 자마트(Tablighi Jamaat)는 템스 강 동안(東岸) 새 올림픽 주경기장 바로 옆에 이슬람 사원을 건축하겠다는 계획을 발표했다. 런던 마르카즈(London Markaz)는 영국에서 가장 큰 예배당이 될 것이다. 이 사원은 올림픽 주경기장보다 겨우 1만 명이 적은 7만 명을 수용하게 되고, 가장 큰 기독교 시설(리버풀 성공회 대성당)보다 6만 7천 명을 더 수용하게 된다. 타블리기 자마트는 여기에 필요한 1억 파운드를 영국과 "해외"로부터 헌금을 받아 충당하기로 계획하고 있다.

장담컨대 그들은 해낼 것이다. 타블리기 자마트는 전 세계에 영향력을 가진 공공연한 이슬람 단체이며, FBI에 따르면 알카에다가 테러리스트들을 모집하는 최전방이다. 그러나 뉴햄(Newham)에서 진행되는 이 두 건축계획을 지켜보면 어느 쪽이 재정적으로 건전한지 그 누구도 의

심하지 않을 것이다. 세금이 조금만 늘어나도 런던 시민들은 올림픽을 아예 타블리기 자마트에 하청을 줘버리길 바랄 것이다.

만약 캔터베리(Canterbury) 대주교가 7만 석 규모의 최첨단 성공회 대성당을 건축해서 2012년 올림픽에 이정표를 세울 계획이라고 발표했더라면 두말할 것도 없이 고무적이었을 것이다. 그러나 대성당을 무엇으로 채울까? 오랫동안 서로 사랑하는 동성애자 주교들(실제 성관계를 하건 그러한 취향만 있건)의 임직식과 함께 사담 후세인에 대한 합동 속죄의식으로 구성된 올스타 동시상연으로도 신도석을 채울 수 없을 것 같다. 여기에 대해서 우리가 어떻게 생각하건 간에 2012년에 런던 마르카즈는 그 근처에서 근위기병대가 호위하는 영국 여왕보다 런던의 상징으로 더 적합할 것이다.

겉만 번지르르한 교회

그나저나 사담에 대한 속죄의식은 농담이 아니다. 2005년에 성공회 주교들로 구성된 어느 "특별조사위원회"는 (비꼬는 느낌은 전혀 없이) 「테러리즘에 대한 대응」(*Countering Terrorism*)이라는 101쪽짜리 보고서를 작성했다. 주교들과 추기경들로 하여금 그들이 행한 잘못에 대해서 "주로 이슬람" 지도자들 앞에서 공식적으로 사죄하도록 함으로써 서구 기독교인들이 이라크전쟁에 대한 "공식적인 회개"를 표시해야 한다는 것이 거기에 담긴 주요 제안이었다. 그 희극적인 속성은 논외로 치자. 그렇다 해도 이런 식으로 토의해서 낮게 엎드린다는 것 자체가 기독교가 새로운 십자군운동에 착수했다는 이슬람교도들 사이에 널리 퍼져 있는 믿음을 더 확고하게 만들지도 모른다. 이 주교들은 이라크전쟁을 일으킨 장본인도 아닌데 왜 사죄해야 하는가?

만약 그렇게 된다면? 이슬람교도는 성공회 주교가 자기에 대해서 어떤 말을 할지 전혀 걱정하지 않아도 된다. 리치필드(Lichfield) 주교는 런던 지하철 테러가 발생한 밤 저녁기도 중에 회중에게 "IRA가 기독교와 아무런 관련이 없는 것과 마찬가지로 이러한 테러도 세계의 그 어떤 종교와도 아무 관련이 없습니다"라고 확신시키느라 애를 먹었다. 테러 현장에서 수백 미터 떨어진 세인트 팬크라스(St. Pancras) 교구 교회의 폴 호킨스(Paul Hawkins) 신부는 그 주 주일미사에서 회중에게 다음과 같이 말했다. "이슬람교도 테러리스트는 존재하지 않습니다. 테러리스트가 있을 뿐입니다."

이러한 단언들은 명백하게 어리석기도 하지만 그것이 전달하는 속뜻이 중요하다. 그것은 "우리는 패배주의자 겁쟁이들입니다. 우리에게 폭탄 테러를 하세요. 그러면 당신을 용서해 줄게요"라고 말하는 것과 같다. 심지어 미국에서도 마찬가지다. 2001년 9월 16일 일요일 아침, 내가 다니는 뉴햄프셔 지역 교회의 임시 목사는 이슬람교도들을 공격하지 말라고 우리에게 경고하는 일이 가장 큰 관심사였다. 미국에서 다양성이 부족하기로 유명한 그 동네에서 공격할 만한 이슬람교도를 찾으려면 3시간은 운전해야 하는데도 말이다. 성공회, 감독파 교회, 조합교회, 캐나다 연합교회 및 다른 많은 교회들이 상대주의라는 값싼 감상의 늪 속으로 가라앉고 있는 반면, 이슬람이 서구에서 어느 종교보다 가장 빠르게 성장하는 이유가 여기에 있다. 자기 자신을 믿지 않는 종교에게는 시장이 없다.

선진세계가 이슬람의 위협을 다루면서 고전하는 이유 중 하나는 종교를 진지하게 생각하지 않는 데 있다. 선진세계는 이슬람에 짐짓 친절하게 군다. 완전히 세속화된 유럽의 환경에서 볼 때, 미국에서 종교성이 지속되는 것은 이상할 뿐만 아니라 원초적으로 보인다. 미국인들은 아프리카 오지의 부족들이나 태평양의 화물(貨物) 숭배자들(cargo culters : 부족신이나 선조들이 새로운 화물을 가지고 돌아와 축복해 줄 것이라고 믿는 사람들역주)과 같은 범주에 놓인다. 이것은 인류학적으로는 매력적이지만 후진적이다. 그래서 영국 소설가 마틴 애미스는 이라크전쟁 전야에 다음과 같이 썼다.

> 바그다드 중부의 움 알마릭(Umm Al-Maarik) 사원에 전시된 것들 중에는 사담 후세인이 자신의 피로 쓴 코란 사본이 있다. (그는 3년 넘게 24리터를 기증했다.) 그러나 이것은 사담이 물라들의 마음을 사기 위해서 정기적으로 보내는 선물 중에서 가장 볼 만한 품목에 지나지 않는다. 실제로 그는 오랜 세속주의자이며, 빈 라덴에 따르면 사실상 "믿음이 없는 자"이다. 미국 국회에는 조지 부시의 피로 쓴 성경이 없지만 우리는 사담보다 부시가 더 종교적이라는 것을 인정하지 않을 수 없다. 이 점에서 두 대통령 가운데 부시가 더 심리적으로 원초적이다. 우리는 공화당이 성공적으로 "텍사스화"되었다는 말을 듣는다. 때때로 텍사스는 사우디아라비아 같은 나라와 비슷해 보이지 않는가? 엄청난 더위, 오일 머니, 신도가 넘쳐나는 예배당, 그리고 매주 실시되는 사형집행 따위를 보면 말이다.

재치 있는 글이다. 냉전 후 오랜 가뭄의 끝에서 유럽인들은 마침내 새로운 "도덕적 대응물"을 찾아냈다. 파리 국제연구조사센터(Center for International Studies and Research)의 피에르 아스네르(Pierre Hassner)는 "'우리가 선의 세력이다'라고 말하는 것은 난센스다"라며 비웃는다. "우리는 거듭난 자들의 전쟁 가운데 살고 있다. 기독교인으로 거듭난 부시와 이슬람교도로 거듭난 빈 라덴 간의 전쟁 말이다."

가장 끔찍한 세기의 가장 끔찍한 순간이었던 1944년에 앙리 드 뤼박(Henri de Lubac)은 유럽 문명의 위기를 고찰하면서 『무신론적 휴머니즘의 드라마』(*Le drame de l'humanisme athée*)를 썼다. "무신론적 휴머니즘"이라고 할 때 그는 조직적으로 신을 거부하는 것을 의미했다. 즉 개별 회의론자의 무소속 무신론이 아니라 스스로 권한을 갖춘 이념과 정치 기획으로서의 무신론 말이다. 드 뤼박이 썼듯이 "사람들이 종종 말하는 바와 같이 인간이 신 없이 세상을 이끌어갈 수 없다는 말은 진실이 아니다. 진실은 신이 없으면 인간은 세상을 자신에게 거스르는 방향으로 이끌어갈 수밖에 없다는 것이다." 영국 진보주의의 여왕 폴리 토인비(Polly Toynbee)는 영화 「나니아 연대기」(*The Lion, the Witch, and the Wardrobe*)를 본 후 아슬란(Aslan : 나니아 연대기에 나오는 사자[역주])에 대해서 다음과 같이 썼다. "(그는) 무신론자가 종교에 대해서 반대하는 모든 것을 상징한다. 그의 신성한 존재는 지상에서 즉결을 요하는 모든 일에 대해서 인간이 책임을 피하는 한 방식이다. 아슬란이 없으면 그 누구도 지켜보지 않고, 그 누구도 인도하지 않고, 그 누구도 판단하지 않으며, 앞으로 다가올 다른 미래도 없다. 그가 없으면 이곳에서 우리의 죄 때문에 고통받는 것은 우리 자신밖에 없으며, 우리를 속죄할 것도 우리 자신밖에 없다. 우리는 우리들 사이에서 논쟁을 해결해야 하며, 우리가 할 수 있는 일을 해야 한다."

아주 근사하게 들린다. 그러나 실제로는 신성한 존재에 대한 믿음의 결여 때문에 인간이 책임을 회피하게 될 것 같다. 즉결을 요하는 일

말고는 아무 일도 없다면 도대체 누가 논쟁을 해결해야 하겠는가? 당신이 해야 할 일이라고는 당신이 죽을 때까지 어떻게든 논쟁을 연기하는 것뿐이다. 감당 못할 사회보장 프로그램에 대해서 유럽 유권자들이 취하는 자세가 바로 그렇다. 아주 온순한 사람들이 지구를 물려받을 가능성은 탈기독교 사회에 접어들어 상당히 줄어들었다. 아마도 그들은 좀 더 동기부여가 된 사람들에게 압도당할 것이다. 내 말뜻을 이해하기 위해 당신은 멀리 볼 필요도 없다.

그런데도 이슬람의 속성을 아주 분명하게 이해하는 사람들조차 유럽의 구조적 결점에 만족해한다. 프랑스에서 가장 존경받는 이슬람 전문가 중 한 명인 올리비에 로이(Olibier Roy)는 그럼에도 불구하고 "세속주의가 미래"라고 주장한다. 그 정의상 세속주의는 미래가 될 수 없다. 세속주의는 현재 시제의 문화[present-tense culture : 앨런 블룸(Allan Bloom)의 『미국 정신의 종말』(*The Closing of the American Mind*)에 나오는 개념역주]이며, 시간이 흐를수록 한 사회를 여러 세대에 계승되는 목적으로부터 분리시킨다. 그렇기 때문에 무신론 문명은 계속 지속된 사례가 없다. "무신론적 휴머니즘"은 파시스트와 공산주의자의 손에서 비인간주의가 되었고, 오늘날 EU에서는 그보다는 덜 사악한 형태이기는 하지만 일종의 탈인간주의가 되었다. 따라서 현재 시제의 문화는 즐기다 보면 사라진다. 탈기독교 유럽 문화는 이미 탈문화적이며, 몰려드는 이슬람교도 인구로 인해 조만간 탈유럽주의가 될 것이다.

기독교의 중심에서부터 강력한 목소리를 내야 할 때가 있다면 지금이 바로 그때일 것이다. 그런데도 대부분의 주요 개신교 교회들은 가장 게으른 정치인만큼이나 형식적인 진부함을 고집한다. 요즘은 동성애가 없다면 "주류" 기독교 교회들은 언론에 나올 일이 거의 없을 것이다.

2005년에 미국에서 큰 화젯거리는 어느 감독파 교회에서 동성애자 주교가 처음 공개된 것이었다. 영국에서는 독신주의 동성애자 주교 지명이 화제였고, 캐나다에서는 뉴웨스트민스터(New Westminster : 캐나다의 도시 이름역주)가 성공회 연합 주교 관구 최초로 동성애 의식을 거행하기로 결정한 것이 화제였다. 나이지리아에서는 일요일마다 신도석에 앉는 영국국교도 수가 미국, 영국, 캐나다를 합친 것보다 더 많다. 그곳 대주교는 상부에서 나오는 소식이라곤 온통 아무개가 동성애자로 전환했다는 것뿐이라며 발끈했다. 당신네 나라의 절반이 이슬람법에 구속되어 있고 국내 급진 이슬람주의자들이 당신 교회를 불사르고 싶어 안달이라면, 부유한 서구 남색자들과 몇몇 물신주의자들을 위한 종파로서 얻는 명성은 별 도움이 안 된다.

동성애에 대해서 어떻게 생각하느냐 하는 것은 더 큰 관점에서 보자면 사소한 문제인 듯하다. 따라서 소수자의 성취향에 몰두하는 것은 주류 개신교가 주변으로 밀려난 사례라고 볼 수 있다. 이것은 로저스(Richard Rogers)와 해머스타인(Oscar Hammerstein II)의 브로드웨이와 스티븐 손다임(Stephen Sondheim)의 브로드웨이 간의 차이이다. 로저스와 해머스타인은 미국 대중문화의 위대한 중앙 고속도로였다. 손다임은 그 숭배자들이 주장하듯이 아마 더 훌륭하고, 더 빈틈없고, 더 정교할지도 모르겠다. 그러나 이 또한 충분한 평가는 못 된다. 메릴랜드 주교는 새로운 추세에 친숙해지려고 무던히 애쓰면서 동성애에 관한 성경의 터무니없는 비난을 성공회 최초 공개 동성애자 주교 진 로빈슨(Gene Robinson)의 정력적인 성생활과 조화시키려고 노력했다. 신은 동성애 자체를 반대하지 않으며 이성애자 남자들이 하는 동성애만 반대할 뿐이라는 것이 주교의 입장이다. 정말이다.

"사실 소돔 구절은 악행하는 동성애자들에 관한 것이 아니라 잔학 행위를 하는 이성애자들에 관한 것이라고 볼 수도 있다"고 그는 상세히 설명했다. 마찬가지로 로마서에서 사도 바울은 서로 행음하는 동성애자 남자들이 아니라 서로 행음하는 이성애자 남자들을 반대하고 있을 뿐이다.

누가 알겠는가? 따라서 신은 이성애에 관대하며, 동성애에도 관대하다. 신이 문제삼는 것은 이성애자들끼리 성관계를 갖는 경우뿐이다. 아니면 내가 주교의 주장을 잘못 이해한 건가?

이성애자 문제에 또 무슨 말을 해야지? 음, 캔터베리 대주교 로완 윌리엄스(Rowan Williams) 박사는 아프간 작전이 진행되는 동안 미 공군 조종사와 자살폭탄 테러리스트가 도덕적으로 동격이라고 주장했다. 둘 다 "멀리에서 볼 수 있을 뿐이다. 이 정도 거리에서는 그들의 얼굴을 보거나, 눈을 똑바로 쳐다보거나, 목소리를 알아차리거나, 그들이 무엇을 좋아하는지 상상할 수 없다. 모든 폭력은 이 정도의 거리에서 발생한다."

입심 좋은 좌파도 이렇게 말하지는 않는다. 자살폭탄 테러리스트가 가진 확실한 특징은 그가 멀리서 보지 않는다는 것이다. 그는 당신의 얼굴을 들여다 보고, 당신을 똑바로 쳐다본다. 그런데도 그는 당신을 날려버린다. 왜냐하면 직접 얼굴을 마주해도 그는 당신이 누구인지 혹은 당신이 무엇을 좋아하는지 상상할 수 없기 때문이다. 그는 당신이 타자라는 사실 말고는 당신에 관해서 아무 것도 보지 못한다. 따라서 베슬란 학생 학살자들과 다니엘 펄의 참수자들과 마찬가지로 그는 눈을 들여다본 다음에 죽인다. 미 공군 조종사는 GPS 기술을 이용해서 비행기를 조종한다. 이 경고음은 이슬람 사원이고, 이 경고음은 보육원이다. 그는 수백 마일, 수천 피트 떨어진 곳에서도 보편적 인간성을 더 명확하게 볼 수 있다. 그리고 무엇보다도 당혹스러운 점은 자신이 세운 전제라는 거리감에 의해 고립된 캔터베리 대주교보다 이 조종사가 더 명확하게 볼 수 있다는 사실이다.

대부분의 주요 개신교 교회들은 어느 정도 탈기독교적이다. 이 교회들은 더 이상 불신자들을 예수에게 개종시키려는 마음이 없는 것처럼 보인다. 그렇지만 적어도 온건 좌파의 정치문구들 중에서도 가장 질펵한 곳으로 그들을 개종시킬 수는 있다. 만약 예수가 오늘날 살아 있다면 그는 동거를 하고 있는 동성애자 성공회 주교일 가능성이 크다는 것이 그 근거이다. 게다가 이 주교는 어느 마술사와 몇몇 와하브주의자 이맘들과 종파를 초월한 대담을 나누러 가기 위해 "무기는 껴안으라고 있는 것이다"라는 스티커가 부착된 환경친화적 자동차를 운전하고 있을 것이다.

그러나 만약 현대 교회의 목적이 전위적인 정치 선도자가 되는 것이라면 이런 일은 이슬람이 더 잘 해내고 있다. 영국 북부에서 금니를 한 편자브인 깡패들을 보거나 프랑스 교외에서 베르베르인(Berber : 북아프리카 원주민의 한 종족[역주]) 사이비 래퍼들을 보노라면 그들에게 이슬람교도 정체성이 매우 대수롭지 않은 것 같다고 생각하기 쉽다. 그러나 그것은 서구적인 신앙심의 개념을 적용하는 것이다. 우리들 대부분은 신앙이 깊거나 혹은 적어도 독실한 체하는 사람과 마주친 순간을 알고 있다. 말쑥한 기독교 청년들이 비행기에 올라 당신과 가까운 자리에 앉았는데 그들이 너무나도 '친절'해서 거북하게 느껴지는 그런 순간 말이다. 그러나 이슬람 사원은 공회당이며, 서구 전역의 이슬람 사원에서 이루어지는 토론은 공공연하게 성전주의는 아닐지라도 항상 정치적이다. 이슬람 사원이나 마드라사는 영적 명상보다는 정치적 동기부여를 위해서 가는 곳이다. 프랑스 폭동 가담자들이나 영국 죄수들의 이슬람교도 정체성은 영적으로 흔적만 남은 것처럼 보일지언정 정치적으로는 힘이 있다. 전근대적 이슬람은 탈근대적 기독교주의를 압도한다.

2006년에 10여 명의 지식인들이 이슬람에 반대하고 "만인을 위한 세속적 가치"를 변호하는 선언서를 발표했다. 서명자들 중에는 네덜란드 국회의원 아이얀 알리(Ayann Hirsi Ali), 캐나다 작가 이르샤드 만지, 영국 소설가 샐먼 루시디가 포함되었다. 이들 세 명은 모두 이슬람주의의 조류에 반대하는 운동에서 유명인사이자 주요 협력자이다. 그러나 그들은 실수하고 있다. 세속적 휴머니즘은 슬로건으로 불충분하다. 이에 대해 또 다른 캐나다인 케이티 샤이들(Kathy Shaidle)은 다음과 같이 썼다. "세속주의는 해법이 아니라 그 자체가 문제의 일부분이다. 왜냐하면 세속주의야말로 유럽의 영적·도덕적 공백을 만들어내어 이슬람주의가 득달같이 몰려오도록 해주었기 때문이다."

이런 일은 전례가 없지 않다. 히틀러는 바이마르 공화국의 방식을 따랐다. 즉 영화 「카바레」(*Cabaret*)의 팬들을 위해서 말하자면 수용소의 포로들은 둔부를 드러내는 복장도착자의 방식을 따라야 했다. "대담하게 초월하는" 것과 영적으로 메마른 것 사이에는 극명한 구분이 있다. 그리고 세속적인 서구 엘리트들이 자국민들이 강한 말(馬)의 영향을 받지 않을 거라고 가정하는 것은 어리석은 일이다. 이슬람이 유럽과 북미에서 개종자들의 마음을 사는 이유가 있다. 로버트 페리뇨(Robert Ferrigno)의 창의적인 "가상"소설 『이슬람교도 암살단을 위한 기도』(*Prayers for the Assassin*)는 2040년의 아메리카 이슬람 공화국을 묘사한다. 페리뇨는 그때까지 캘리포니아 주에서 벌어지는 일상의 단편으로서 포르노 스타, 마약상용자, 퇴폐적인 엘리트로 가득 찬 무시무시한 캘리포니아 범죄소설을 써온 유능한 소설가였다. 그러던 중에 페리뇨는 이슬람이 이러한 현실의 치료제라고 상상하게 되었다.

질 스탠튼(Jill Stanton)이 아카데미상을 두 번째로 수상하면서 했던 믿음의 고백으로 인해 수천만의 미국인들이 이슬람의 진실에 관해 큰 관심을 갖게 되었을 것이다. 그러나 국제적인 스포트라이트를 받던 그 순간에 그녀는 자신이 세계 챔피언 LA레이커스의 파워포워드이자 MVP인 아산 라흐만(Assan Rachman)과 약혼했다는 소식도 공표하기로 마음먹었다. 오스카상 시상식이 있던 그날밤 이후 몇 주가 지나자 유명인들의 개종이 봇물처럼 터져나왔다.

이들은 에마 클라크와 영국 이슬람교도 축구선수들에 상응하는 미국인들이다. 페리뇨의 소설에 나온 것과 같은 대격변이 없는 미국에서는 복음주의 개신교의 힘이 충분히 강해서 앞으로도 한동안은 성장할 수 있다. 불행하게도 유럽에는 그러한 복음주의의 물결이 존재하지 않는다. 신의 인도의 손길을 찾아서 어떤 유럽인들은 베네딕트 교황의 교회로 돌아가고 어떤 이들은 이슬람을 받아들일 것이다. 그러나 캔터베리 대주교의 쇠퇴해 가는 맥 빠진 온건 좌파적 사고를 채택할 사람은 없을 것이다. 매튜 아놀드(Matthew Arnold)는 「도버 해변」(*Dover Beach*)이라는 시에서 다음과 같이 썼다.

믿음의 바다
이 또한 한때는 충만하여 지상의 해안을
빛나는 띠가 감긴 주름처럼 감싸고 있었네
그러나 지금 내게 들리는 것은

우울하고 길게 밀려가는 파도소리뿐
밤바람의 숨결에 맞추어
광대하고 황량한 끝자리와
이 세상에 맨몸으로 드러난 조약돌 사이로 물러나는 소리를.

"우울하고 길게 밀려가는 파도소리"는 유럽에서 너무 오랫동안 밀려가고 있었다. 때문에 사람들은 자신이 듣는 소리가 새로운 파도소리이며, 밀려가는 것이 아니라 점차 밀려오고 있다는 사실을 깨닫지 못한다. 이 새로운 믿음의 바다는 언젠가는 충만해져서 빛나는 띠가 감긴 주름처럼 유럽의 해안을 감싸게 될 것이다.

2012년 런던에서 올림픽용 거대 이슬람 사원이 업무를 개시하는 날이면 당신은 그것이 얼마나 번창하는지 알고는 놀라게 될 것이다.

06
유럽계시록의 네 기사(騎士)
유토피아 vs 유라비아

프랑스 군주제의 쇠락은 이 탐욕스런 광신자들의 침략을 불러왔다.
클로비스의 후손들은 그에게서 물려받은
호전적이고 사나운 정신적 유산을 잃어버렸다.
그리고 그들의 불행 혹은 결점으로 인해
메로빙 혈통의 마지막 왕들은 "게으르다"는 별명을 갖게 되었다.
그들은 권력 없이 권좌에 올랐고, 명성 없이 무덤으로 내려갔다.
… 가스코뉴의 포도원과 보르도 지방은
다마스쿠스와 사마르칸트에 넘어갔다.
그리고 가론에서 론에 이르는 남프랑스는
아라비아의 생활방식과 종교를 채택했다.
그러나 스페인 병사들과 민간인들의 소망에 따라 칼리프 하셈이 복원한
압달라만, 즉 아브데라임의 정신은 이러한 협소한 한계를 비웃었다.
그 용감한 퇴역 지휘관은 예언자를 따르는 자들에게
프랑스나 유럽에 남아 있는 모든 것을 수여했고,
자연이나 인간에게서 나오는 모든 저항을 극복한다는 확고한 신념을 가지고
엄청난 무리의 위에 앉아 형을 집행할 준비를 했다.

– 에드워드 기번, 『로마제국 흥망사』(1776–1788)

LA타임스는 2006년 7월 4일을 기념하여 『거대한 굴 : 조개껍데기 접시의 역사』(*The Big Oyster : History on the Half Shell*)의 저자 마크 컬랜스키(Mark Kurlansky)의 에세이를 실었다. 에세이는 이렇게 시작된다.

> 누군가는 말해야 한다. 그렇지 않으면 우리는 이 관례에서 결코 벗어나지 못할 것이다. 나는 미국 건국자들과 그들의 의도에 완전히 넌더리가 난다. 이 시대의 진정한 미국적 질문은 어떻게 우리나라가 200여 년이 지나자 위대한 희망에서 서구의 가장 후진적인 민주주의로 주저앉았는가 하는 것이다. 미국이 제공하는 보건의료 프로그램은 최악이고, 공립학교 체제는 아주 열악하며, 노동연금 또한 최악이다. 부자와 빈자의 차이는 유럽에서는 줄어들고 있는 반면 미국에서는 급격히 커지고 있다. 위대한 민주주의 국가들 중에서 우리는 군사력을 부주의하게 이용하고, 국제법을 별로 존중하지 않으며, 국제 환경 협력에 해를 끼친다. 지식 있는 사람들 중에서 진보적인 사고를 얻기 위해서 미국을 참조하는 경우는 이제 거의 없다.
>
> 우리는 무언가 해야 한다. 그런데도 우리는 성차별적이고 가발에 반바지를 착용한 18세기 노예 소유주 백인 남자들의 견해에 대해서 계속 걱정하고 있다.

이 에세이의 근저에 깔린 가정들은 좌파만 널리 받아들이는 것은 아니다. 예컨대 스칸디나비아는 완전히 진화한 서구 민주주의의 자연스런 종착지이며 미국은 네덜란드나 캐나다보다 시간이 조금 더 걸리는 것뿐이라는 가정 말이다. "가장 후진적인 민주주의"가 의미하는 것이 바로 이것이다. 이것은 유럽과 가장 덜 비슷한 부분이다. 그러나 한 가지 분명히 해두어야 한다. 유럽이 미국에 앞섰다는 것은 유럽이라는 카누가 이미 폭포에서 떨어지기 일보직전이라는 점에서 그렇다. 미국에 문제가 많이 있을 것이다. 그러나 지난 20년을 주목하지 않는 눈먼 바보만이 유럽을 대안으로 지지할 것이다. 미국의 "노동연금이 최악"인가? 그럴지도 모른다. 그러나 미국은 실업률도 가장 낮다. 10% 안팎에서 영원히 맴도는 프랑스나 독일에 비해 절반 정도이다. "국제 환경 협력에 해를 끼친다"는 주장에 대해 말하자면 유럽 국가들은 교토의정서에 서명하고도 온실가스 감축 목표를 충족시키지 못한 반면, 미국은 서명하지 않았는데도 어쨌든 온실가스를 줄였다. 전통적인 미국적 혁신의 미덕의 발로였다. 자기혐오적인 미국인들이 유통기한이 4반세기나 지난 부패한 유토피아에 희망을 건다면 그들은 자기혐오적인 샌님처럼 보일 위험이 있다.

유럽 대륙에서는 두 세력이 경쟁하고 있다. 한편에는 미국 좌파들이 미국이 모델로 삼아야 한다고 생각하는 현대적인 사회민주주의 국가가 있고, 다른 한편에는 미국 좌파들이 칼 로브(Karl Rove : 전직 백악관 부실장[역주])가 날조한 사기라고 주장하는 부활하는 이슬람이 있다. 이제 두 계획을 모두 시험해 볼 좋은 기회다. 유럽에서는 상황이 얼마나 나빠질까? 나빠질 만큼 나빠질 것이다. 유럽 전체는 아니더라도 주요 지역에서 사회가 붕괴되고, 파시스트가 부활하며, 기나긴 유라비안 나이트가 찾아올 것이다. 그리고 어둠에서 벗어나려고 노력하는 국가들은 폭력적인 격동을 겪은 후에야 성공할 수 있을 것이다.

만약 유럽의 지도자들이 좀 더 책임감이 있었다면 당신은 어떤 유혈사태는 피할 수 있었을 것이다. 그러나 그들은 유토피아적 환상을 퍼뜨리느라고 오랜 시간을 보내왔다. 대부분의 정치계급은 무슨 일이 있어도 그러한 환상을 고수하기로 작정했다. 범유럽 유토피아를 건설하게 되면 유럽은 다시는 그 어떤 형태의 호전적 민족주의에도 굴복하지 않을 터였다. 그러나 대신에 EU의 통치계급은 얄궂게도 과거에 민족주의자였던 만큼이나 이제는 탈민족주의자가 되었다. 그들의 탈민족주의는 호전적 민족주의의 최신판으로서 어느 때보다 더 호전적으로 바뀌었을 뿐이다. 무엇보다 이것은 전통적인 의미의 지도적인 "민족국가"로서 미국을 유럽의 주된 분노의 대상으로 만든다.

많은 유럽인들이 긴 유라비안 나이트를 기꺼이 받아들이려 하지 않는 것이 사실이다. 그러나 불쌍하기도 하지. 현대 유럽은 정치계급을 대중주의의 압력으로부터 거의 완전히 분리시키도록 구성되어 있다. 컴퓨터에 빗대어 말하자면 이것은 버그가 아니라 기본 사양이다. EU는 1940년대의 문제에 대한 1970년대의 해법이다. 그리고 이 해법이 해결하게 되어 있는 문제들 중 하나는 히틀러나 무솔리니 같은 자들이 대중에게 지나치게 인기가 많았다는 점이다. 사우디아라비아 와하브 왕가, 이집트 대통령 무바라크(Mubarak), 그리고 여타 아랍의 독재정권들은 사람들에게 내재된 더 근본적인 충동을 억누르는 데 필요한 제동장치로서 자신을 서구에 판매한다. 따라서 유럽의 지도자들은 EU가 없으면 유럽이 아우슈비츠로 되돌아갈지도 모른다는 공통된 근거 위에 스스로를 속인다. 따라서 2005년에 유럽 "헌법"에 관한 국민투표가 시행되기 전날밤 네덜란드 총리 얀 발케넨데(Jan Peter Balkenende)는 자국민들에게 만약 그들이 반동적으로 반대표를 던졌다간 상황이 어떻게 전개될지 경고했다. "나는 아우슈비츠와 이스라엘 홀로코스트 박물관에 다녀온 적이 있습니다. 그 이미지들이 날마다 나를 괴롭힙니다. 우리에게 가장 중요한 것은 유럽에서 그런 일을 피하는 것입니다."

저런. 그러니까 투표용지에서 유권자들이 선택할 수 있는 것은 유럽 헌법에 찬성하든지 아니면 새로운 홀로코스트에 찬성하든지 둘 중에 하나였던 것 같다. "둘 다 아님" 항목이 없었다면 EU 지도자들이 그 점에 대해서 침묵을 지켰기 때문이다. 유럽인들이 근본적으로 새로운 피의 숙청에 안달인 괴짜 대량학살자들이라는 말을 나는 반박하지 않는다. 그러나 자신의 유권자들에게 "우리를 찍어주세요. 우리는 당신이 가진 최악의 본능을 억제시키는 구속복(拘束服)입니다"라고 큰소리치는 것은 이상한 논거이다. 결국 프랑스와 네덜란드 유권자들은 새 헌법에 찬성했다. 미국 페미니스트들 사이에서 인기 있었던 티셔츠 슬로건이 생각난다. "'아니오'라는 말이 어디가 이해가 안 되세요?" 유럽의 대법관실에서는 매 항목의 거의 대부분이 이해가 안 된다. 국민투표가 진행되던 당시 유럽의 순환 "의장직"은 룩셈부르크에 있었다. 이 나라는 당신의 레크리에이션 룸보다 조금 더 크다. 말할 때 사람을 헛갈리게 만드는 룩셈부르크 수상 장 클로드 융커(Jean-Calude Juncker)는 동료를 성폭행하고 피고석에 앉은 대학생 피고라도 되는 양 비틀거리면서 모든 이성적인 사람들은 "아니오"가 실제로는 "예"를 의미한다는 것을 알아야 한다고 주장했다. 투표가 실시되기 전에 그가 말했듯이 "만약 투표결과가 '예'라면 우리는 '계속하자'고 말하는 것이고, 그것이 '아니오'라도 우리는 '지속하자'고 말하는 것이다."

그러나 만약 투표결과가 어느 쪽도 아니라도 그는 "계속 나아가자"고 말할 것이다. 당신은 그렇게 믿게 된다. 사람들이 반대하는 목소리가 들리면 융커 "의장님"은 귀를 막고 말한다. "어버버버, 안 들려."

오직 전체주의적 독재체제에서만 투표결과가 미리 정해진 올바른 대답대로 나온다. 그러나 융커 "의장님"은 EU 헌법의 핵심에 있는 커다란 결점을 순화시켜서 사람들의 의지를 모욕하는 매우 직설적인 표현으로 바꾸었다. 헌법 설계자—전 프랑스 대통령 지스카르 데스탱(Valéry

Giscard d'Estaing)—는 신나게 법안을 추가했을 것이다. 저런, 프랑스와 네덜란드 사람들은 버릇없이 헌법에 반대표를 던지고 싶어도 그럴 능력이 없었을 것이다. 법안 전체는 그들의 작은 뇌를 초월하여 설계되었으니 말이다. 지스카르 씨는 "그 누구도 그 전문을 이해할 수 없다"고 단언했다. 법안을 기초하는 동안 그는 내게 자신을 "유럽의 제퍼슨"으로 여긴다고 말한 적이 있다. 국민투표가 치러진 그날밤에 그는 확실히 제퍼슨 에어플레인(Jefferson Airplane : 1960년대 미국의 록 밴드역주)이 되어 있었다. 그는 환각을 일으키는 자신의 노래가 얼마나 난해한지를 자랑하고 있었다. 요점은 그의 배은망덕한 신민들은 다음과 같은 첫 문장 외에는 읽을 필요가 없었다는 것이다. "우리, 국민은 국민보다 더 많이 아는 당신, 국민에게 그것을 맡기는 데 동의하는 바이다."

나머지 내용은 중요하지 않다. 트리클 다운(trickle-down : 원래 부시 정부 경제정책의 근거로 정부의 투자증대로 대기업이 성장하면 결국 중소기업과 소비자에게도 혜택이 돌아가는 것역주) 방식으로 국가를 건설할 수는 없다. 그것은 또 다른 형태의 온정주의적 복지국가이다. 온정주의자들, 즉 통치자들은 유권자들을 존재하기는 하지만 말은 하지 못하는 어린 아이처럼 취급하게 된다. 따라서 유럽 지도자들은 멀찌감치 분리되어 있는 정치체제와 걱정이 많아지는 국민들 사이의 간격이 계속해서 넓어진다는 사실에 대해 토론하기를 거부한다. 융커와 지스카르가 말하는 유럽적 합의를 지지하는 것은 자살하는 쪽에 투표하는 것이라기보다는 가능한 한 많은 사람들을 당신과 함께 벼랑 위로 데려가는 쪽에 투표하는 것이다.

대서양을 사이에 둔 "분열"은 이라크전쟁에 대한 의견 불일치와 관련이 없으며, 워싱턴에 보다 친유럽적인 대통령이 들어선다 해도 치유할 수 없다. 반대편 강둑이 무너지고 있다면 "다리를 수선"할 수는 없는 노릇이다. 2004년 마드리드 열차 테러 이후 벌어진 스페인 선거결과가 불명예스럽다고 생각된다면 눈을 돌려 프랑스, 벨기에, 네덜란드 등지의 다음 선거주기를 살펴보라. 미국의 선거학자들은 부동표가 많은 주에서 랠프 네이더(Ralph Nader : 1996, 2004년 미국 대통령선거 후보[역주])가 얻은 2~3%의 표가 어떤 영향을 끼치는지 심층적으로 연구한다. 어떤 선거에서 유권자 20%가 폐쇄적인 이슬람교도 블록에 속한다고 생각해 보라. 워싱턴이 2001년이나 2003년에 유럽으로부터 전쟁에 대한 유용한 기여를 이끌어내려고 애를 먹었다면 그때부터 10년 혹은 15년 후에는 어떻게 되었을지 계산해 보라.

그 후로 10년 혹은 15년이 있기나 할까? 미 행정부 정보위원회(National Intelligence Council)는 EU가 2020년에 붕괴할 것으로 내다보고 있다. 내 생각에 그것은 오히려 조심스러운 예측 같다. 9·11 이후로 줄곧 나는 유럽이라는 화약통이 폭발 일보직전이며, 다가오는 몇 차례 선거에서 EU의 내부 모순이 일상화될 거라고 우울하게 예상해 왔다. 만약 당신이 세계의 매체들이 미국과 관련하여 항상 경고하는 그 "꼴통 기독교 근본주의자들" 중 한 명이라면, 당신은 유럽이 유럽계시록의 네 기사(Four Horsemen of the Eupocalypse : 질병, 전쟁, 기근, 죽음을 상징하는 '요한계시록의 네 기사'를 빗대어 작가가 만들어낸 표현[역주])처럼 무시무시한 일을 겪게 될 거라고 생각할지도 모른다. 그렇지만 영예로운 유럽의 외고집 덕에 네 기사는 반대방향으로 가고 있다. 죽음에 관해서 말하자면 유럽 인종의 죽음이 너무나 확실하게 진행 중이어서 이제 인구를 재생산할 수가 없다. 기근에 관해서는 후하게 자금지원을 해주던 국가주의의 호시절은 끝났다. 다음으로 전쟁에 관해서는 이러한 경제적·인구적 요인들로 인해 유혈적 민간 소요로 퇴보하게 될 것이다. 마지막으로 정복, 즉 이슬람에 의한 유럽의 재식민화가 있을 것이다.

다행스럽게도 대부분의 유럽인들은 지나칠 정도로 "합리적"이고, "계몽적"이며, "탈기독교적"이어서 요한계시록의 기사라는 구시대적 발상은 믿지 않는다. 그럼에도 불구하고 많은 유럽인들은 유럽이 죽어가고 있으며, 그것이 평화적으로 진행되느냐 폭력적인 격변 속에 진행되느냐 하는 문제만 남았다는 것을 어렴풋이나마 이해한다.

지금까지 흘러온 추세가 모든 것을 말해준다.

죽음

많은 점에서 유럽이 낡았다는 데 동의할 수 있을 것이다. 낡은 건물, 맛있는 음식, 과시하려고 차려 입은 여우처럼 생긴 여자들 등이 그렇다. 뉴저지에 있는 스트립 몰(strip mall : 가게들이 일렬로 모여 있는 쇼핑몰[역주])과 비교했을 때 유럽 대륙은 "세련되었다." 그러나 유럽이 세련되었다는 것은 '좋은 시대' (*belle époque* : 1880-1905년의 프랑스[역주])에 파리의 대로를 거니는 사람이 세련되었다는 의미이다. 그는 겉보기에는 말쑥하고 세속적인데 속은 매독과 임질로 망가져 있다. 이 성병에 걸린 미식가가 죽기 전에 얼마나 많은 사람들을 감염시킬 것인가 하는 문제만 남아 있을 뿐이다. 1.3명이라는 "최저저" 출산율 아래로 미끄러진 후 헤어나지 못하는 17개 국가들은 역사적으로 전례가 없는 자멸작업에 착수하고 있다. 나는 몇몇 국가들이 변화하려는 의지를 끌어모으기를 진심으로 바란다. 폴란드인들과 헝가리인들이 소련을 쫓아낸 것이 그로부터 한 세대 후에 유럽 대륙의 서쪽 끝에서 밀려온 재앙에 소멸되어 버리기 위한 것은 아니었다고 나는 생각한다. 그러나 EU의 논리는 부패가 가장 덜 심한 국가들을 유럽의 중심부—독일과 프랑스—가 가진 문제 속으로 끌어들이는 것이다. 다른 그 누구도 독일과 프랑스가 가진 문제들을 기꺼이 짊어지려고 하지 않는다.

2050년이면 미국 인구는 1억이 더 늘어날 것이고 유럽 인구는 1억이 줄어들 것이다. 1970년에 5세 미만 이탈리아인 수는 460만 명이었다. 2004년에는 그 수가 260만이었다. 요즘에는 아기 수가 적고, 20대에 아기를 가지려는 성인의 수도 적다. 2020년에는 이 수치가 어떻게 될 것 같은가? 국가란 "거대한 호텔" [캐나다 소설가 얀 마텔(Yann Martel)이 자기 나라를 묘사하면서 만족스러워 했듯이]에 지나지 않는다고 생각한다면 당신은 언제든지 객실료를 대폭 인하하고 빈 방을 채울 수 있다. 호텔 밖에는 잠재적 투숙객들이 항상 존재하니까 말이다. 그러나 만약 당신이 국가란 공유된 과거에 대한 집합적이고 누적된 지혜라고 생각한다면 인구를 채우기 위해서 이민에만 의존하다가는 당신의 존재는 잊혀지고 축소될 것이다.

미국인들은 유럽 선거에서 매우 공허하게 울리곤 하는 "이것은 우리 아이들의 미래에 관한 것입니다"라는 허튼소리를 당연하게 여긴다. 2005년 독일 선거에서 미국이었다면 통계적으로 불가능해 보이는 선택이라고 여겨질 만한 것이 유권자들에게 제시되었다. 그것은 아이 없는 남성 대 아이 없는 여성이라는 선택이었다. 국가주의적 유럽은 힐러리 클린턴이 아프리카 속담이라고 주장하는 "한 아이를 키우려면 한 마을 전체가 소모된다"는 속담을 받아들였지만 결과는 이와 정반대였다. 유럽에서는 아이 부족으로 마을이 몰락할 것이다. 그리고 대부분의 마을 주민들은 여전히 모순을 이해하려 하지 않는다. 출산은 적게 하면서 터키가 EU에 가입하게 된 것을 두고 불평하고 푸념할 수는 없는 노릇이다. 인구학적으로 말하자면 터키인들은 당신이 애써 가지려 하지 않는 바로 그 아이들에 해당한다.

인구학적 재앙이라는 것이 멋진 시간을 보내는 동안 서서히 스며드는 어떤 것이라고 생각하는 사람도 있을 것이다. 당신은 38세가 되도록 대학에 있었고, 45세에 명예퇴직을 했으며, 코트다쥐르(Côte d'Azur : 프랑스 남동부 지중해 연안의 휴양지역주)에서 일 년에 두 달을 보냈고, 와인과 오리간 요리, 트뤼프(truffles : 초콜릿 과자의 일종역주)를 먹었으며, 주당 28시간의 노동을 위해서 거리를 행진했다. 이 모든 일들은 정말 재미있었고 그래서 아이를 가질 시간이 없었다. 당신은 옆집 혹은 옆 동네, 혹은 주말별장으로 가는 길에 지나는 전원마을에 사는 부부가 아이를 갖겠거니 생각했다.

그러나 희한하게도 유럽인들은 행복하지 않다. 독일인들이 너무 큰 낙심에 빠지자 2005년에 독일 정부는 독일 기쁨 마케팅 캠페인을 벌이기 시작했다. 이 캠페인에서는 노인들이 시골 경관을 배경으로 배치되고, 눈길을 끄는 게이들이 홀로코스트 기념관 주변을 배회하며, 카타리나 비트(Katarina Witt : 독일 여배우역주)가 사진 찍기 좋은 꼬마들 앞에 선다. 그리고 이들은 모두 카메라를 가리키며 외친다. "당신은 독일인입니다!" 이것은 음울한 독일인 카우치 포테이토(couch potatoes)들을 어떻게든 기운나게 하려고 계획된 것이다. EU는 전쟁, 정치, 노동 부담, 불충분한 여가시간, 성가신 부양가족 같은 행복에 걸림돌이 될 만한 것들을 모조리 제거했다. 그런데도 유럽인들은 몹시 우울하다. 특히 그들은 억압적인 기독교를 제거했다. 리버풀의 존 레논 국제공항에 걸린 공식 슬로건에 따르면 "우리 위에는 하늘뿐"이다. 유럽인들은 존 레논의 "이매진"

(Imagine)에 담긴 고지식한 허무주의를 전심으로 받아들였다.

- "천국이 없다고 상상해 봐요." 문제될 것 없다. 대다수의 스칸디나비아인, 네덜란드인, 벨기에인은 인류 역사상 최초로 천국의 존재 가능성을 결코 상상하지 못하는 민족들에 속한다. 그렇게까지 자진해서 세속화된 자유인은 여태 없었다.
- "모든 사람들이 오늘을 위해 살아간다고 상상해 봐요." 이건 문제가 있다.
- "나라들이 없다고 상상해 봐요." 이것도 문제가 있다. EU는 탈국가주의적 유사 국가이다.
- "죽일 일도 목숨 바칠 대상도 없고 종교도 없겠지요." 제대로 맞췄다.

그렇지만 "평화롭게 살아가는 모든 사람들"이라는 표현은 별로 맞지 않는 것 같다.

유럽은 보이지 않는 세계에 대한 믿음을 포기한 이후 보이는 세계에 대한 믿음도 잃게 된 것 같다. 확연히 눈에 띈다. 2002년 9·11 1주기 때 치러진 여론조사를 생각해 보라. 미국인 중 61%가 미래가 낙관적이라고 대답했다. 이것은 캐나다인 43%, 영국인 42%, 프랑스인 29%, 러시아인 23%, 독일인 15%에 대비된다. 앞으로 몇 년 새 이 수치가 높아질 것 같지는 않다.

지난 10년간 미국의 주요 신문에 실린 기사들 중에서 가장 웃긴 건 어떤 걸까? 존경스런 프린스턴 대학 경제학자 폴 크루그먼(Paul Krugman)이 2005년 7월 뉴욕타임스에 기고한 칼럼이 강력한 후보일 것이다. "프랑스의 가족 가치"라는 제목의 칼럼인데, 편협한 미국 보수주의자들이

"가족 가치"에 대해서 단조롭게 노래하는 동안 유럽인들은 그것을 실천하고 보다 "가족친화적인" 정책들을 실행하고 있다는 것이 그 명제이다. 유럽에서는 "사실상 정부 규제 덕분에 사람들은 바람직한 거래를 할 수 있게 된다. 즉 임금이 조금 줄더라도 친구나 가족과 더 많은 시간을 보내는 것이다"라고 크루그먼 교수는 주장한다.

경제학자가 그런 주장을 하면서 이러한 모든 "가족친화적인" 정책들로 인해 결과적으로 아무도 가족을 갖지 않게 되었다는 사실을 어떻게 주목하지 않을 수 있는가? 가족친화적 체제가 겪는 첫 시련은 그러한 체제가 가족에 끼치는 영향이 아닐까?

남는 시간에 무슨 일이 벌어졌는가? 유럽인들은 미국인들보다 적게 일한다. 유럽인들은 보건의료 서비스를 받기 위해 돈을 지불할 필요가 없다. 그들은 교회에 나가지 않으며, 다른 민간단체에도 기부하지 않는다. 그들은 결혼하지 않으며, 아이가 없으므로 자녀를 학교와 농구팀과 박람회의 4-H 전시대로 데려다 줄 필요가 없다.

그렇다면 유럽인들은 그 시간에 무엇을 하는가?

유럽에 크게 성공한 기업이 없다는 사실은 잠시 잊도록 하자. 유럽인들은 적자생존의 자본주의를 미국식 물신주의라고 여기며 대부분 이를 경멸한다. 그리고 공평하게 말하자면 유럽의 몇몇 유사 국가기업들은 매우 상냥하다. 나는 유나이티드 에어라인이나 컨티넨털 에어라인보다 에어 프랑스를 이용하고 싶다. 그러나 유럽인들이 소중하게 여기는 것들은 어떤가? 그렇게 한가한 시간이 많은데 위대한 유럽 예술은 어디로 가버렸는가? 거슈윈(Gershwin : 20세기 초반에 활동한 미국 작곡가[역주])과 번스타인(Bernstein : 미국인 최초로 세계적 찬사를 받은 작곡가 겸 지휘자[역주])은 분명 바흐와 모차르트가 아니다. 그러나 유럽인들에게는 누가 있는가? 그들의 대중문화는 그 어느 때보다 더 미국적이다. 유럽인들이 복지주의에 죽자 사자 매달리기 전인 50년 전만 해도 프랑스 대중음악과 이탈리아 영화는 지금보다 훨씬 좋았다. 유럽의 과학자들은 어디에 있는가? 미국 대학에 있다. 한편, 유럽 정부들은 유럽 정체성을 지닌 훌륭하지만 성가신 물건에 막대한 자금을 쏟아붇는다. 예컨대 한 번에 500명, 800명, 혹은 천 명의 승객을 나를 수 있는 하늘의 QE2(영국의 호화 여객선역주)에 해당하는 에어버스 380 같은 것에 말이다. 그들은 모든 공항들이 이 비행기를 수용하도록 활주로를 새로 만들고 나면 어느 나라의 누군가가 이 빌어먹을 제품을 주문해 줄 거라고 기대하고 있는지도 모른다. 오해는 말아주기 바란다. 이런 생각은 과장이라는 걸 잘 알고 있다. 에어버스 380은 2015년쯤이면 대규모 피난작전에 매우 유용할 것이다.

찰스 머레이(Charles Murray)는 『우리 손에』(*In Our Hands*)에서 다음과 같이 쓴다. "인생이 소풍의 연장선에 있게 되어 해야 할 중요한 일이 하나도 없을 때 위대한 아이디어들이 자극제가 된다. 이것이 유럽 신드롬의 본질이다." 유럽은 인구학적 죽음을 맞이하기 훨씬 전에 영적 죽음을 맞이했다. "최저저 출산율"에 빠진 17개 유럽 국가들에게 아이들은 어디에 있는가? 어떤 의미에서 그들은 당신 눈앞에 있다. 아이팟을 들으면서 노천 카페에서 에스프레소를 홀짝거리는 사내, 즉 온정주의 국가가 어른답지 못한 어른에게 영원히 지출해야 하는 비용 말이다. 정부는 어른스러운 결정을 내리고, 우리는 음반을 수집하는 데 주머닛돈을 지불한다. 일레르 벨록(Hilaire Bellco)은 1912년에 쓴 『노예국가』(*The Servile State*)에서 우연하게도 이 점을 분명하게 예견했다. 그때는 음반 수집이나 10대 청소년이라는 개념조차 발명되기 전이었다. 그는 복지가 장기적으로 인구의 유아화라는 비용을 초래한다는 것을 알고 있었다. 부유한 민주사회의 국민들은 위성 TV 채널에 대해서 완전한 선택권을 갖기를 바라지만, 그들의 보건의료와 관련해서는 국가가 모든 결정을 내리도록 놔두는 게 전적으로 정상이라고 생각한다. 사소한 레저 활동에 대한 통제권은 요구하면서 인생을 바꾸는 거대한 것들을 정부에 하청을 준다. 희한한 시민권의 역행이다. 현대 유럽처럼 인생이란 늦잠자기라고 굳게 믿는 사회에게 모닝콜을 해주기는 어렵다.

기근

2005년에 독일은 영국을 비롯한 도처에서 벌어지는 이슬람주의 테러에 대한 대응으로 이슬람 공휴일을 도입하는 방안을 고려 중인 것으로 알려졌다. 미디어 기업 악셀 슈프링거(Axel Springer) 사장 마티아스 되프너(Mathias Döpfner)는 다음과 같이 말했다. "독일 정부 관료들—그리고 여론조사를 믿을 수 있다면 독일 국민들—의 상당수는 이슬람 휴일을 공식 지정하면 광신 이슬람주의자들의 분노로부터 어느 정도는 벗어날 수 있을 것이라고 믿는다."

대단하다. 적어도 1930년대의 유화주의자들은 시간이 남을 때 그런 일을 했다. 그러나 또 다른 유급 휴가마냥 다시 만든 유화정책에는 구유럽과 신유럽의 최악의 본능이 교묘하게 결합되었다. 유럽이 어떤 상태인지 간단하게 알고 싶다면 2005년 남프랑스에서 나온 뉴스 기사를 한번 보라. 마르세유에 사는 어떤 자가 사기죄로 고발을 당했는데, 그는 어머니의 시신과 5년간 함께 살면서 한 달에 700유로씩 어머니 앞으로 나오는 연금을 계속해서 받았다. 임종 당시 94세였으니까 아마 그녀는 구

정부로부터 연금을 족히 30년은 받아왔을 것이다. 그러나 아들은 어머니가 100세가 넘도록 그 돈을 계속해서 수령하면 좋겠다고 생각하여 거실 잡동사니 더미 아래 시신을 쑤셔넣었다. 사회복지 사무소의 혜택을 받기 위해서 수화기 너머로 여자 목소리를 흉내내는 것으로 아주 충분했다. 로이터 통신의 헤드라인에 실린 대로 "프랑스인이 연금을 유지하기 위해서 죽은 어머니와 함께 살았다."

이것은 유럽을 완벽하게 요약해 준다. 인구학적 실제보다 위에 있는 복지 중독 말이다.

EU가 마르세유의 그 아파트이고, 유토피아적 정치 합의가 그 시신이며, 관대한 정부의 선물이 그 프랑스인의 죽은 어머니가 받는 복지혜택이라고 생각해 보라. 유럽에서 한때 경제 최강자였던 독일을 예로 들어 건전한 선진 산업민주주의의 흔한 지표를 아무거나 선택해 보라. 실업? 1930년 이래로 최고다. 집값? 하락했다. 신차 등록? 1999년에 비해 2005년에는 거의 15%나 줄었다. 전반적인 우매함? 30세 이하 독일인의 1/3이 미국 정부가 9·11 테러에 책임이 있다고 생각한다.

실업, 부동산, 자동차 판매는 역전시킬 수 있지만 마지막 수치는 독일 유권자들이 당신이 합리적인 논쟁을 벌이고 싶어할 집단은 아니라는 점을 시사한다. 특히 지속 불가능한 복지국가를 포기할 것인지, 아니면 그것을 지속할 수 있는 인구를 만들어낼 것인지 논하고 싶지는 않을 것이다. 인구는 어디서 만들어낼까? 이민, 아니면 트랜스휴먼 사이언스, 아니면 어두운 조명에 하이파이 장치에서는 조니 마티스(Johnny Mathis)가 흘러나오는 고식적인 초콜릿 한 상자 방식으로(상자 안에 든 다양한 초콜릿 중 하나를 집어드는 것처럼 인생은 나쁜 일이 있으면 좋은 일도 있다는 의미로 여기서는 인구창출을 되는 대로 맡긴다는 의미임[역주])? 또 다른 통계치가 있다. 독일 여성의 30%는 현재 아이가 없다. 대졸자들 중에서는 40%가 넘는다.

그러나 2005년 독일 총선이 끝나기 전에 실시된 여론조사에 따르면 응답자의 70%가 복지예산을 더 삭감하지 않기를 원했으며, 부유층(그것이 누구든)에 세금을 늘리는 쪽을 선호했다. 그리고 경쟁이 경제성장과 고용에 유익하다는 데 동의한 응답자는 45%에 불과했다. 상황이 훨씬 더 악화되어야만 유럽 유권자들이 "필수적인 개혁"과 "고통스런 변화"를 진지하게 고려할 것 같다. 그리고 유럽 국가들이 "고통스런" 개혁을 연기하면 할수록 그들은 더 큰 고통을 겪게 될 것이다.

이민율에서부터 치명적인 국가연금 부채에 이르기까지 EU가 직면한 거의 모든 쟁점들은 본질적으로 근본 원인이 동일하다. 바로 아이가 턱없이 부족하다는 것이다. 날이 갈수록 당신은 유럽의 장래에 대해서 전보다 더 뼈저리게 느끼게 된다. 역사라는 변기 속으로 씻겨내려 갔다고 쾌활하게 말할 수도 있다. 그러나 이것도 행동보다는 말이 쉽다. 독일 동부의 농촌지역은 죽어가고 있으며, 그 결과 마을의 하수설비 이용률 감소에 적응하느라 사람들은 힘든 시기를 보내고 있다. 인구가 급감한 탓에 폐수의 흐름을 유지할 수 있도록 변기 물을 내릴 인구가 크게 줄어들었다. 전통적으로 정부의 기반기설 지출비는 수요 증대로부터 생겨난다. 위의 경우에는 수요 급감에 대응하기 위해서 거금을 들여 하수도관 크기를 줄여야 한다.

유럽처럼 선진화된 사회에서 의도적인 축소는 전례가 없는 일이다. 그러나 초기 지표들을 보건대 그 비용은 막대할 것이다. 환경보호론자들이 상황을 정반대로 이해했다는 지적이 다시 나온다. 즉 "지속 가능한 성장"이 아니라 지속 가능한 성장의 결여가 문제라는 것이다. 그리고 그 어떤 선진사회도 아직까지 그러한 실험을 해보지 않았다. 비교를 해보자면 2050년이면 GDP 대비 공공연금 지출은 미국이 6.5%, 독일이 16.9%, 스페인이 17.3%, 그리스가 24.8%에 달할 것으로 예상된다. 우리는 유럽에서 복지혜택을 줄여야 할 전망에 관해서 말하고 있는 것이 아니라, "안녕히 계세요. 저희는 이만 물러갑니다. 모든 분께 작별인사를 올립니다"(「사운드 오브 뮤직」에 나오는 노랫말역주)라는 긴 작별인사에 관해서 말하고 있는 것이다. 미국의 개혁가들은 사회보장제도가 일종의 폰지 사기(Ponzi scheme : 대공황 직전 폰지라는 자가 벌인 다단계 사기수법으로 새 투자자의 원금으로 기존 투자자의 수익을 지급하는 수법역주)라고 말하곤 한다. EU는 대체로 더 큰 문제를 안고 있다. 현대 EU 체계 전체가 일종의 폰지 사기이다. 그리고 파리, 베를린, 브뤼셀 등의 정치체제가 여기에 기꺼이 맞설 지도자를 배출해낼 기미는 보이지 않는다.

독일에서는 경제가 축소되고 있고, 인구가 줄어드는 한편 노화되고 있으며, 잠재적 복지 부채는 최악이다. 그러나 평균적으로 독일 노동자는 연간 노동시간이 미국 노동자보다 22% 적은데, 선거 생명을 유지하려는 정치인들은 그 누구도 그 격차를 메우겠다고 말하지 않는다. 네덜란드인과 노르웨이인들은 이보다 훨씬 더 게으르다.

이것은 유럽과 미국 간의 뿌리 깊은 문화적 차이 때문은 아니다. 그것은 1970년대로까지 거슬러올라간다. 즉 미군의 존재라는 안전보장이 유럽의 예산을 자유롭게 해주었기 때문이다. 유럽은 총에 돈을 들여야 할 필요가 없어지자 버터와 유권자들을 버터질(buttering up : '아부한다'는 뜻역주)하는 데 집중할 수 있었다. 그러나 방위비는 삭감되었어도 유럽 복지국가는 경제성장과 인구성장에 의존한다. 경제성장은 거의 감지가 안 되며, 인구성장은 이미 하락세다.

프랑스에서 유럽 헌법이 부결된 후 자크 시라크가 자국의 무례한 유권자들의 불경스런 행위에 대응하여 임명한 프랑스 총리는 여론으로부터 안전하게 분리된 통치 엘리트를 구현한 자였다. 이라크전쟁이 예고될 당시 당당하게 의사진행을 방해한 풍성한 모발의 도미니크 드 빌팽(Dominique de Villepin)이 바로 그다. 빌팽은 바이런(Byron) 같은 머릿결을 하고 있을 뿐만 아니라, 바이런에 한참 못 미치는 광시(狂詩 : 격을 맞추지 않고 익살스럽게 쓰는 시역주)도 쓴다. 그가 CNN에 나올 때마다 민주당 시청자들은 공상에 빠져 울프 블릿져(Wolf Blitzer : 미국 저널리스트역주)와 잭 캐퍼티(Jack Cafferty : CNN 시사해설자역주)에게 이메일을 보낸다. 그리고는 왜 자신들의 천박한 공화국은 빌팽처럼 세련된 박식함을 갖추고 영어를 말하는 정치지도자—부시의 람보가 아닌 진짜 랭보(Rimbaud)—를 양산하지 못하냐며 넋두리를 한다. 그래서 '박식' 씨께서는 고용계약을 맺는 자리에서 행한 첫 대규모 연설에서 프랑스가 애지중지하는, 무기력하고 지나치게 규제된 복지사회의 내적 긴장을 "갈리아 정신"을 통해서 모두 해결할 수 있다며 프랑스 유권자들을 안심시키려고 애썼다. "현대 민주주의에서 논쟁은 자유주의냐 사회주의냐가 아니라 부동이냐 행동이냐에 있습니다. 연대와 결단, 보호와 대담함, 이것이 프랑스 정신입니다."

우와, 그거 멋지군. 엄청난걸. 그렇지 않은가? 연대의 스킬라(Scylla : 그리스 신화에 나오는 괴물역주)와 결단의 카리브디스(Charybdis : 그리스 신화에 나오는 공포의 소용돌이. 스킬라와 더불어 오디세우스가 통과해야 했던 진퇴양난의 상황을 일컬음역주) 사이에서, 보호와 대담함, 부동과 행동, 무기력과 공포, 무관심과 무의미한 제스처, 추상명사와 거리폭동 등등의 사이에서 세련된 후드를 쓴 어느 프랑스 귀재가 올바른 방향으로 조종해 주기만을 기다리는 그 모든 우아한 명사들이란! 프랑스 유권자들은 범죄, 직업,

이민 같은 상대적으로 현실적인 관심사를 가지고 있다. 그러나 미래를 향해 느릿느릿 나아가는 연대와 결단 사이의 제약 없는 논쟁에 비해 학자에게 이것들은 모두 너무나 따분하고 재미가 없는 것이다.

반세기에 걸쳐 유럽 정치는 논할 가치가 있는 거의 모든 쟁점이 세련된 사회의 경계 바깥에서 다루어지는 경지까지 진화했다. 오스트리아가 전형적인 사례다. 해마다 중도 좌파에 투표하건 중도 우파에 투표하건 본질적으로 양당제 일당 국가를 다스리는 똑같은 중도 좌파/중도 파 연합으로 귀결된다. 프랑스에서 시라크 씨는 사실 "중도 우파"라기보다는 대략 중도 좌파의 우파의 좌파이다. 이러한 구별도 그를 중도 좌파의 우파의 좌파의 우파 전직 총리 리오넬 조스팽(Lionel Jospin) 옆에 세워놓아야만 적용된다. 정치지형에서 정반대에 선다고는 했지만 2002년 대통령선거에서 이들은 결국 둘 다 높은 세금, 높은 실업률, 높은 범죄율에 열정적으로 전념하는 똑같은 노선에 서서 대결했다.

미국인들은 종종 자신의 시스템—"공화민주당원"(Republicrats) 등등—을 같은 방식으로 비난하곤 한다. 그러나 미국은 아직 서유럽의 어느 국가보다 이념이 더 다양하며 진정으로 민감한 정치를 한다. 유럽에서는 오십보백보인 주류 정당들이 더 이상 존속 불가능한 합의정치에 갇혀 있다. 사람들은 몇몇 전후(戰後) 처리결과들—오래 지속되는 두 자릿수 실업률과 자국 도시들의 이슬람화—에 싫증이 났지만 아직은 사회보장 프로그램, 짧은 노동시간, 긴 휴가, 평생직장 따위를 포기할 준비는 되어 있지 않다. 유럽의 구조적 문제를 바로잡기 위해서는 엄청난 문화적 변화가 필요할 것이다. 유럽이 "고통스런 경제개혁"에 필요한 의지를 결집할까? 그것은 언제나 경제 프로젝트를 가장한 정치 프로젝트였다. 그래서 이 프로젝트에 대한 지배계급의 투자는 대체로 감정적이고 이념적이다. 따라서 영국 수상이 EU 공통농업정책 개혁을 요구한 데 대해 가디언은 다음과 같이 공격했다.

> 블레어 총리는 유럽 노동력의 4%에게 예산의 40%를 쓴다는 단순한 계산법이 마치 자명하게 도리에 어긋난다는 듯이 반복해서 말한다. 전원의 삶이 유럽에서 그보다 훨씬 더 많은 사람들에게 사회적·심리적·미적 중요성을 가지고 있으므로 그의 말은 타당하지 않다.

"미적 중요성"이란 "프랑스에서 차로 별장에 가기 위해서는 수많은 농장을 지나쳐야 한다"는 의미인 것 같다. 전원적 삶은 프랑스인의 상식에 핵심이었다. 그러나 가톨릭교회도 그랬었지만 지금은 텅 비어 있다. 가톨릭식 대가족 또한 그러했지만 지금은 계획된 아이 한 명으로 줄어들었다. 따라서 그 색다른 마을들의 성격도 완전히 변했다. 디즈니의 「노트르담의 꼽추」처럼 진짜같이 보이는 모조 프랑스 민속마을에 왜 영국 납세자가 보조금을 대야 하는가? 피에르(Pierre : 프랑스혁명의 주요 인사 로베스 피에르를 가리킴역주)가 교회와 가족을 포기했다면 농장을 포기하는 게 뭐가 그리 대수인가?

아, 그리고 그 문제는 그리 오래 가지도 않을 것이다. 현행 경제제도 아래에서 그 농장을 산 건 유럽이니까 말이다.

전쟁

프랑스 여행국에 따르면 2005년 11월 첫 주 에브뢰(Évreux)에서 벌어질 대행사는 시청광장(Place de la Mairie)에서 열리는 연례 '사과, 사과주, 치즈 축제'가 될 터였다. 그러나 그 대신에 매력적인 느낌을 주는 이 노르망디의 주교회 도시에서 쇼핑몰 한 군데, 우체국 한 곳, 학교 두 곳, 50대 이상의 차량, 그리고 경찰서가—그 단어가 뭐였더라?—"청년들"에 의해 파괴되었다.

에브뢰 시장 장 루이 데브레(Jean-Louis Debré)는 시청광장을 바라보며 '사소한' 폭력행위 때문에 사람들이 치즈를 시식할 마음을 잊게 되리라는 생각에 치욕을 느낀 듯했다. 그는 기자들에게 다음과 같이 말했다. "젊은이들 100명이 모든 것을 부수고 폐허로 뒤덮어 버렸습니다. 그들은 우리 세계의 일부가 아니에요."

그 말이 맞을지도 모른다. 그러나 불행하게도 당신은 그들 세계의 일부이다.

시라크 대통령의 가까운 친구인 데브레 씨는 숫자를 조금 잘못 말했다. 에브뢰에 미쳐 날뛴 "청년들"은 200명으로 추산되었다. 야구방망이를 든 청년들 말이다. 그들은 누구보다 소방관 10여 명에게 해를 가했다. 데브레 씨는 라디오 프로그램 프랑스 인포(France Info)에 출연해 다음과 같이 말했다. "폭력에 가담한 사람들에게 진지해지라고 말하고 싶군요. 더 공정하고 우애가 좋은 사회에 살기를 원한다면 그래선 안 되죠."

저런, 여기서 누군들 "진지하지" 않겠는가? 노르망디에서 부드럽게 흘러내리는 것은 치즈만이 아니다. 규제가 심한 프랑스 경제가 이슬람 이민자들의 사회이동에 심한 제약이 된다는 점을 감안할 때, 부스러기(Debris) 씨—아차, 죄송—데브레 씨도 폭동 가담자들이 "더 공정하고 우애가 좋은 사회"를 위해서 폭동을 일으켰다는 사실을 "진지하게" 생각해야 한다. 그러나 어쩌면 그도 진지하게 생각하고 있는지 모른다. 정치계급과 미디어는 서로 자신들의 낡은 환상을 강화시켜 주고 있는 것 같다.

2002년 12월에 나는 유럽에 관한 어느 좌담회에 참가요청을 받고 다음과 같이 말문을 열었다. "저는 예컨대 네덜란드나 덴마크보다는 이라크와 파키스탄의 장래에 대해서 낙관하는 편이 더 쉽다고 생각합니다." 그때 좌파는 내 말을 내가 정신이상에 빠진 증거로 받아들였다. 유럽은 여전히 진보의 요새로 여겨지고 있었다. 2006년에 우파는 부시 독트린이 헛소리라고 주장하면서 그 명제에 의문을 제기했다. 이슬람교도들이 유럽의 자유를 위협하는 마당에 어떻게 자유가 이슬람 세계를 구원할 수 있겠냐는 것이었다.

그러나 그들의 입장이 대립적인 것은 아니다. 미국 노인네들이 여행자들에게 들려주는 바와 같이 중동에서 당신은 이곳에서 저곳으로 이동할 수 없을지 모른다. 그러나 나는 오늘날 이슬람 세계가 지금 이곳에서 저곳으로 적어도 중간까지 갈 수 있는 확률이 반반이라고 말하고 싶다. 대부분의 이슬람 국가들은 어떤 문제를 가졌건 간에 상당히 동질적인 사회로서 자유국가로 나아가게 될 것이다. 유럽 국가들은 사회적 모순이 증대되는 시점에서 자유를 유지해야 하는 더 까다로운 과제를 안고 있다. 그들은 이곳에서 저곳으로 편도 급행선을 타고 가고 있는데, 그 종착지를 좋아하지는 않을 것이다. 9·11 이후 6개월쯤 지나서 나는 유럽의 이슬람 빈민굴을 대대적으로 답사한 후 중동으로 날아갔다. 유럽에서 내가 만난 이슬람교도들은 아라비아에서 만난 이슬람교도들에 비해 대체로 남성과 더 소원하고 더 화가 나 있었다. 이것은 필자의 주장이 아니다. 9·11을 일으킨 것은 함부르크 셀(Hamburg cell)이었고, 신발폭탄 테러범은 영국인이었으며, 다니엘 펄을 참수한 것은 런던정경대학 대학원생이었다.

사실 미국과 호주는 상대적으로 동질적인 인구구성으로 민주주의 제도를 발전시켰으며, 그 후에 성공적인 "다문화" 사회가 되었다. 그러나 유럽은 다문화적이라기보다는 두 문화적이다. 북유럽 도시들에서는 지금까지 한 세대의 40%가 이슬람교도가 된 탓에 문화가 동질적이다. 아직 메이플라워 세대였던 뉴잉글랜드 식민지를 상상해 보라. 어느 날 그들이 아침에 눈을 떴을 때 올던, 스탠디쉬, 쿡, 윈슬로는 50대, 60대가 되고 모든 젊은이들이 아메드와 모하메드라고 불린다고 생각해 보라. 이것은 로테르담과 말뫼(Malmö : 스웨덴의 3대 도시[역주])의 현실이다. 늙어가는 토박이 인구와 젊은 이슬람 인구가 있다. 그뿐이다. 내 사랑하는 퀘벡 사람들이 말하는 "고독한 두 사람"[two solitudes : 캐나다 작가 휴 맥클레넌(Hugh MacLennan)의 소설제목[역주]]이다. 만약 문화가 셋, 넷, 혹은 다섯이 있다면 당신은 손에 손 잡고 "위 아 더 월드"를 부를 수 있을 것이다. 그러나 단 둘—당신과 타자—만 있으면 대체로 제어하기가 더 어렵다. 두 문화를 가진 사회는 세상에서 가장 불안한 사회에 속한다. 특히 누가 다수자이고 누가 소수자인지 더 이상 분명하지 않게 되면 더욱 그렇다. 프랑스, 오스트리아, 벨기에, 혹은 네덜란드에서 아무 산과 병동이나 방문해 보면 많은 유럽 국가들이 이러한 상황에 다가가고 있다는 것을 알 수 있을 것이다.

피지(Fiji)를 예로 들어보자. 비록 1980년대 후반까지 한 세기 동안 피지인들은 프랑스가 한 번도 이루지 못했던 평화적이고 안정적이며 본질적인 진화를 누려왔지만 프랑스는 물론 이런 비교를 달가워하지 않을 것이다. 비율이야 어찌 되었건 피지는 피지 원주민과 영국이 계약 노동자로 데려온 인도인으로 구성되어 있다. 내 기억이 맞는다면 46.2%는 피지 원주민이고 48.6%는 인도계 피지인이다. 인종 간 결혼이 없다면 대략 50 대 50이다. 1987년에 최초로 인도인 다수파 정부가 집권했다. 한 달 뒤 대영제국 장교 시티베니 라부카(Sitiveni Rabuka) 대령이 쿠데타를 일으켰다. 그는 나중에 쿠데타를 한 번 더 일으키게 된다.

프랑스에 대해서 이와 유사한 상황을 상상해 보는 것이 그리 어려울까? 북아일랜드의 충성파 대 국민파, 퀘벡의 분리파 대 연방파의 경우에서 보듯 상대적으로 평화적인 두 문화 사회에서조차 정치는 인종적 성격을 띤다. 약 2020년쯤의 프랑스 선거를 그려보라. 이슬람공화당연합이 하원에서 다수석을 차지한다. 시라크파는 어쩔 수 없다는 듯 어깨를 으쓱하고, 빌팽 씨는 대중에 영합하기 위해 자신의 시 낭독회에 코란의 구절들을 포함하기 시작한다. 그러나 장 마리 르 펜(Jean-Marie Le Pen : 프랑스 극우파 정치인[역주]) 혹은 (그때쯤이면) 그의 딸이 그런 상황을 잘 받아들일 수 있을까? 혹은 프랑스의 라부카 대령이 되려는 유혹을 주체할 수 없게 될까?

그리고 피지 시나리오—연속적인 무혈 쿠데타—는 르완다 같은 두드러진 두 문화 사회와 비교하지 않더라도 낙관적인 시나리오다. 결국 피지 원주민과 인도인의 차이는 프랑스인과 '이민자'의 차이에 비하면 아무 것도 아니다. 이라크가 인공적인 존재이며 결코 기능할 수 없는 국가라고 주장하는 부시 독트린 반대자들은 네덜란드를 봐야 한다. 당신은 쿠르드 족과 아랍인, 수니파와 시아파가 양립 불가능하다고 생각하는가? 탈기독교적 세속주의 게이 마리화나 중독자들과 매춘, 남색, 그리고 당신이 열중하는 모든 것에 반대하는 이슬람주의자들 사이에 존재하는 관할지역상의 분리를 당신은 뭐라고 부르는가? 쿠르디스탄(Kurdistan : 쿠르드 족이 많이 사는 이라크 북부 산악지역[역주])이 이라크에 거북한 존재라면 포르노스탄(Pornostan : 네덜란드가 섹스 산업이 발달한 데서 저자가 지어낸 단어 역주)은 네덜란드 이슬람 공화국에 과연 얼마나 어울리겠는가? 유럽이 지닌 문제들은 부시 독트린을 부정하기보다는 더 시급한 근거를 제공해 준다.

"프랑스" "청년들"에 관해서 말하자면, 앙티브(Antibes : 프랑스의 항구도시역주)의 어느 신사는 내게 충고하기를 그 불만분자들을 "이슬람주의자"로 규정하지 말고 좀 더 자세히 조사하라고 말했다. 그는 "그들은 터번을 두르고 예언자입네 하는 자들이 아니라 LA의 갱처럼 생겼습니다"라고 말했다.

거리에 울려퍼진 "알라는 위대하다"는 외침들을 빼면 내 친구 말이 맞다. 그러나 그것이 핵심이다. 이론적으로 볼 때 "다문화주의"의 미덕은 그것이 일종의 꿀같이 달콤한 문화적 교류라는 점이다. 그것은 이 세상에서 가장 좋은 것이다. 그러나 종종 다문화주의는 이 세상에서 가장 나쁜 것을 가져온다. 서구 문화의 최악의 속성—방종과 자기 만족—과 결합된 이슬람 문화의 최악의 속성—여성의 복종—말이다. 문신과 피어싱을 하고 잉글랜드 북부의 길거리를 활보하는 파키스탄계 스킨헤드 족 갱들은 터번을 두른 시크교도(Sikh : 힌두교 종파역주) 캐나다 기마경찰대만큼이나 다문화주의의 산물이다. 이슬라모파시즘(Islamofascism)은 단어 자체가 스스로를 설명해 준다. 즉 그것은 보수주의적 유럽 전체주의와 이슬람 정체성의 융합이다. 그러나 터번을 둘렀건 갱단의 일원이건 간에 공산주의가 전성기가 있었듯이 이슬람도 오늘날 세계의 불만분자들이 선택할 수 있는 정체성이다.

2001년에 파리 시민들은 베르트랑 들라노에(Bertrand Delanoë)를 최초의 공개 동성애자 시장으로 선출했다. 그리고 늘 그렇듯이 이 사건은 요즘 동성애자 문제 전반에 대해서 사람들이 얼마나 관대하고 편안하게 느끼는지 보여주는 증거로 여겨졌다. 들라노에 시장은 동성애자들을 게이 파레(Paree)—여름 내내 센 강을 따라 화분에 심긴 야자나무와 파라솔 따위들—에 모으기 위해서 노력을 많이 들였다. 그는 2002년 10월 5일 하룻밤의 성대한 파티를 위해서 파리의 문화유산들을 공개하는 "잠들지 않는 밤"(*Nuit Blanche*)을 구상했다. 루브르 박물관, 개선문, 에펠탑으로 오라. 그리고 새벽까지 깨어 있으면 공짜 커피와 크루아상이 마련되어 있을 것이다. 시청은 근사한 전간기(戰間期 : 제1, 2차 세계대전 사이[역주]) 나이트클럽처럼 꾸며졌다. 그리고 입구에 보안용 금속탐지기도 없었다. 진짜 재즈바라면 어쨌든 그런 장치는 없을 테니 말이다.

들라노에 씨가 넘쳐나는 축제인파 속에서 칼에 찔린 곳은 바로 거기였다. 범인은 대동맥에서 1인치 정도 빗겨 찌르는 바람에 실패했다. 그러나 시장은 용감하게도 그가 병원에 간 사이에도 파티가 계속되어야 한다고 고집했고, 피티에 살페트리에르(Pitié-Salpêtrière) 병원에서 세 시간의 수술 끝에 목숨을 건졌다.

살인 미수자는 이슬람 이민자 아제디네 베르카네(Azedine Berkane)였다. 그러나 당국이 애써 강조했듯이 좋은 뉴스는 그가 테러리스트가 아니라는 점이었다. 그렇다. 그는 동성애자를 혐오하는 이슬람교도일 뿐이다.

정확하게 말해 그것이 왜 좋은 뉴스인가?

르몽드는 베르카네가 사는 폭동을 일으키기 일쑤인 비참한 빈민굴에서 그의 이웃들의 시각을 전했다. 누군가는 이렇게 말했다. "그는 우리와 좀 비슷했어요. 이곳에 사는 사람들은 모두 동성애혐오자예요. 그건 자연스럽지 않으니까요."

다른 이웃은 다음과 같이 말했다. "그건 이슬람에 어긋납니다. 이슬람교도 호모는 존재하지 않아요."

전통적인 테러리스트는 대부분 상황에 따른 요구조건을 내건다. 어떤 테러리스트가 자기 땅에 주둔한 당신네 군대를 원치 않는다고 하자. 좋다. 사실 우리도 어쨌거나 그곳에 군대를 주둔시킬 필요는 없다.

그러나 당신을 싫어하는 이슬람교도는 당신이 그냥 싫은 것이다. 이런 느낌은 결코 외부 압력에 영향을 받지 않는다.

팔레스타인에 관한 오래된 농담을 빌리자면 그곳은 두 번 약속된 땅이다. 따라서 오늘날 같은 땅덩어리 안에 서구 민주주의자와 불만을 가진 이슬람교도가 (대부분) 고독한 두 사람으로 존재한다. 그러나 유럽에서도 마찬가지 아닌가? 성전주의자들은 유럽이 미국과는 달리 먼저 잡는 게 임자라고 생각한다. 그리고 그들의 수가 늘어감에 따라 중동의 교활한 이슬람 지도자들은 팔레스타인인들과의 연대를 주장할 때와 같은 방식으로 유럽 이슬람교도들의 권리운동을 채택할 것으로 보인다. 프랑스는 학교에서 머리용 스카프를 금지하는 방안을 고려하기 시작했을 때 정부 장관들을 파견하여 이집트 이맘들에게 조언을 구했고, 제5공화국(1958년 드골의 개정 헌법에 따라 출범한 현재의 프랑스 정치체제[역주])이 다르 알 이슬람의 원격 교구 중 하나라는 이슬람 학자들의 시각을 암묵적으로 수용했다. 이스라엘이 예증하듯이 그러한 교구는 당신이 가입하고 싶어 안달하는 클럽 같은 것이 아니다. (비록 그것이 프랑스 외교정책이 두 번째 핵 보유 이슬람 국가인 이란과의 동거를 허용하는지를 설명해 주기는 하지만 말이다. 상황이 변하지 않는다면 프랑스는 그 세 번째 교구가 될 것이다.)

아야톨라들이 레바논과 가자에서 그러했듯이, 예컨대 이란이 프랑스와 네덜란드를 통해서 약간의 테러 착수금을 퍼뜨리기 시작한다면 어떻게 될까? 유럽 이슬람교도를 설득해서 암스테르담의 게이바에서 자폭하게 만드는 데 돈이 얼마나 들까?

이 문제에 대한 해결의 열쇠를 가진 EU 지도자는 거의 없다. 그러나 프랑스의 머리 스카프 법과 영국의 인종혐오 유발 법안이 분명히 보여주듯이 토니 블레어가 (런던 지하철 테러가 발생했을 때) "우리의 삶의 방식"이라고 부른 것과 이슬람교도의 가치들을 중재하는 일은 유럽 정치문화에서 이미 핵심적인 역학이 되었다. 이는 9·11 이전까지 대부분의 유럽인들이 막연하게만 자각하고 있던 소수자들에게는 주목할 만한 성과이다. 그 와중에 그들은 국경선에 자살폭탄 테러나 여행가방 원자폭탄이 아닌—결국에는 이런 것들을 퍼붓겠지만—이념을 주로 퍼붓는다. 격렬하고, 매혹적이며, 무자비한 이념 말이다. 여기에 마지막 아이러니가 있다. 아마도 유럽의 반유대주의자들에게 무엇보다 가장 괴로운 일일 텐데, 다름 아니라 이 시나리오에서 그들은 바로 유대인들이라는 사실이다. 이것은 역사상 꽤 재미있는 웃음거리들 중 하나가 될 것이다.

정복

2005년 런던에서 가디언이 보도했듯이 "지난밤 프랑스 청년들이 경찰에게 총을 쏘고 300대 이상의 자동차를 불태웠다. 파리 주변 도시들은 도시 소요가 발생한 지 일주일 뒤 최악의 폭력의 밤을 경험했다."

아, 그 "프랑스 청년들" 말이군. 피에르, 자크, 마르셀, 알퐁스 말이지? 그 "청년들" 대부분이 법적으로는 프랑스 시민이다. 그렇지만 폭도들이 자신의 주요 정체성을 "프랑스인"으로 여기지 않으며 앞으로도 그러지 않을 것 같다는 사실을 파리 교외에서 알아차리는 데에는 시간이 오래 걸리지 않는다. 9·11 이후 4년 뒤 실제로 일촉즉발의 "아랍 거리"가 존재한다는 사실이 밝혀졌다. 그러나 그 거리는 클리시 수 부아(Clichy-sous-Bois : 파리 교외 동쪽에 위치한 지역역주)에 있다. 21세기가 시작된 이래로 프랑스 이슬람교도들은 유대교회당, 유대식 정육점, 유대인 학교 등에 반대하는 소극적인 인티파다(intifada : 팔레스타인의 반이스라엘 항쟁역주)를 펼쳐왔다. 정치계급의 관심사는 이러한 공격이 거 뭐더라, "공익"을 대상으로 확산되지 않도록 막는 것이었다. 그들은 이 전투에서 패배하고 있다. 미국의 유럽 마니아들과 달리, 프랑스의 아랍 거리는 이라크 전쟁에 대한 시라크의 반대가 무엇을 의미하는지 정확히 이해했다. 그것은 허약함의 표현이었다.

물론 프랑스는 여기에 계속 있었다. 732년부터다. 교외에서 한밤중 시트로엔(Citroen : 프랑스 자동차 제조사역주) 자동차 방화가 시작된 파리 시각 7시 32분이 아니라, 천 년하고도 1/3세기 전인 서기 732년이다. 그때 이슬람교도들은 지브롤터에서 수천 마일 북진하여 스페인과 르와르 강변에 이르는 프랑스 북부까지 지배하려 했다. 732년 10월 무어인 장군 압드 알 라흐만(Abd al-Rahman)이 이끄는 이슬람 군대는 정확하게 파리 입구가 아니라 거기서 200마일 떨어진 곳에 있었다. 그곳은 위대한 프랑크 족 성지 투르의 성 마르탱(St. Martin of Tours) 바로 남쪽이었다. 푸아티에(Poiters)와 투르 사이의 어디에선가 그들은 프랑크 족 군대와 마주쳤고, 유럽의 다른 기독교 군대와 달리 이 군대는 『이시도르 연대기』(*The Chronicle of Isidore*)에 쓰여 있듯 "벽과 단단한 얼음 덩어리처럼" 한 발짝도 물러서지 않았다. 일주일 뒤 압드 알 라흐만이 죽자 이슬람교도들은 남쪽으로 향했다. 프랑스 장군 마르텔(Charles Martel)이 "망치"라는 별명을 얻은 뒤였다.

푸아티에는 서유럽에서 이슬람이라는 조류의 최고 수위 지점이었다. 무어인들은 어쩌다 급습한 것이었지만, 만약 그들이 이겼다면 파리, 라인 강, 그리고 그 너머까지 밀고 올라갈 마음을 억제할 수 없었을 것이다. 『로마제국 흥망사』(*The Decline and Fall of the Roman Empire*)에서 에드워드 기번(Edward Gibbon)은 다음과 같이 썼다. "(그랬더라면) 아마도 오늘날 코란 해석학이 옥스퍼드의 학교들에서 강의되었을 테고, 성직자들은 할례를 받은 사람들에게 마호메트의 고결함과 진리에 대해 설명하고 있었을 것이다." 기독교 유럽은 없었을 것이다. 북아메리카에 정착한 앵글로-켈트 족은 이슬람교도였을 것이다. 기번은 푸아티에가 "전 세계 역사를 바꿀 뻔한 전투"였다고 말했다.

전투는 매우 단순하다. 한 쪽이 이기면 다른 쪽은 진다. 그러나 유럽의 경우는 그렇게 명료하지가 않다. 오늘날 대담무쌍한 이슬람교도는 압드 알 라흐만보다 유럽 내부로 훨씬 더 깊이 진출했다. 그들은 벨기에 브뤼셀에 있다. 그곳에서 경찰관들은 라마단 기간에 커피를 드러내놓고 마시지 말라고 지시를 받는다. 그들은 스웨덴 말뫼에도 있다. 그곳에서 앰뷸런스 운전사들은 경찰 호위 없이는 일을 하지 않는다. 푸아티에 전투를 다시 치르기에는 너무 늦었다. 전직 총리이자 EU의 거물인 자크 들로르(Jacques Delors)의 딸이며 시라크 이후 시대에 대통령 후보가 될 것 같은 릴(Lille) 시장 마르틴 오브리(Martine Aubry)는 루베(Roubaix)에서 어느 이맘과 모임을 가졌는데, 이 신사는 이웃집 가장자리에서 만나자고 요구했다. 자신의 잔디밭이 그녀가 들어와서는 안 되는 이슬람 영토라는 것을 의식한 탓이다. 오브리 씨는 이에 양보했고, 앞으로 점점 더 많은 정치인들이 그렇게 할 것이다.

유럽 국민들은 그들의 통치자들만큼 유화정책을 받아들이려 하지는 않을 것이다. 그러나 유럽은 하향식 체제이므로 통치자들은 대중들이 그들을 원상태로 끌고 가기 전에 꽤 멀리 나아갈 것이다. 사람들로 하여금 이러한 경향들에 관심을 갖게 하는 용감한 인물들—테오 반 고흐, 배트 이오(Bat Ye'or : 중동의 비이슬람인 역사를 전문적으로 연구한 영국 역사가[역주]), 오리아나 팔라치(Oriana Fallaci : 이탈리아 출신 기자 겸 작가[역주]) 같은 사람들—은 살해당하거나, 무장 경호원과 함께 살아야 하거나, 해외로 추방당하거나, 허울 좋은 증오범죄법에 따라 고발당할 거라고 말하는 사람도 있다. 유럽에서 거절당하면 그들은 비주류로 쫓겨난다. 소말리아 태생의 네덜란드 국회의원 아이얀 히르시 알리(Ayaan Hirsi Ali)는 자신이 직접 경험해 알고 있는 이슬람교도 여성 학대에 반대하는 발언을 했다가 살해위협을 받게 되었다. 이에 대해 그녀의 이웃들, 법원, 그리고 네덜란드 정부는 그녀를 법정으로 데려가 그녀를 집에서 쫓아내도록 결정했고, 그녀의 시민권을 취소할 것이라고 발표했다. 무한정 관용적인 유럽은 공공연하게 반역적인 지하드를 선동하는 이맘들을 추방하는 데 어려움을 느끼지만 결국 이번에는 쉽게 내쫓을 만한 이슬람교도를 찾은 셈이다.

한편, 자기 만족을 즐기는 자들은 유럽의 대학들과 싱크탱크에서 높은 자리를 계속 차지하고 앉은 채 아무런 문제도 없다며 우리를 확신시킨다. 티모시 가튼 애시(Timothy Garton Ash)는 옥스퍼드 대학의 유럽연구센터 소장인데, NPR(National Public Radio : 미국 공영 라디오 방송 채널[역주])은 EU "전문가"가 필요할 때 그에게 전화를 연결하곤 한다. 그는 너무나도 합리적인 사람인데, 얼마나 합리적인지 2003년에는 "미국에서 반유럽주의"를 조장한다며 유럽의 모든 주요 신문에서 나를 공격했다. 그러나 유럽에 대한 나의 예언을 오랫동안 비웃더니 지금은 수용한 것으로 보인다. 우리 사이에 유일한 차이점은 그는 그것을 좋게 생각한다는 것이다.

> 유럽 인구는 급속하게 노화되고 있다. 따라서 연금 수령자를 지탱하기 위해서 더 많은 이민자들이 필요해지는데, 그들은 주로 이슬람 이민자들일 것이다. 점점 이슬람화되는 유럽이 자신을 반이슬람으로 규정한다면 우스꽝스럽고 자멸적일 것이다. … 가능한 최선의 상태에 있는 2025년의 유럽을 잠시 상상해 보자. 약 40개의 자유국가와 6억 5천만 인구로 구성된 정치·경제·안보 공동체로서, 두 세계대전이 시작된 땅들을 모두 포함하고 있고 여전히 전 세계 부의 큰 부분을 생산한다. 21세기 초 지구에서 가장 정세가 험한 지역에서 태어난 6억 5천만 인구는 이제는 마라케시(Marrakesh : 모로코의 도시[역주])에서부터 카이로, 예수살렘, 바그다드, 트빌리시(Tblish : 그루지야의 수도[역주])를 경유해 블라디보스토크에 이르기까지 EU와의 거대한 협력의 울타리 안에 살고 있다. 그것은 대단한 일이 될 것이다.

사실은 그렇지 않다. 분명 대단한 일이 되겠지만 그가 언급하고 싶어하지 않는 쪽으로 대단한 일이 될 것이다. 그리고 그것이 가튼 애시가 유럽의 "가능한 최선"으로 여기는 것이다. 바로 거대한 유럽-이슬람 "협력의 울타리" 말이다. 경로를 수정할 것인지 유라비아를 향해 되돌릴 수 없는 표류를 할 것인지 하는 선택에 직면해 가튼 애시는 의식적으로 후자를 선택했다. 이런 선택을 하는 사람은 그가 마지막이 아닐 것이다.

유럽에서 이러한 인구학적 추세는 더욱 강화될 것이다. 로마제국 몰락기에 로마의 인구가 한때 500명으로 떨어졌던 것처럼 말이다. 어떤 프랑스 토박이들은 자신들에게 투쟁할 배짱이 없다는 것을 깨닫고는 다른 곳에서 은퇴하는 쪽을 택할 것이다. 그렇지 않은 자들은 문제를 해결하겠다고 약속하는 신민족주의 독재자들에게 점점 끌릴 것이다. 내가 그것을 유라비아 내전이라고 부르는 이유가 여기에 있다. 빌팽-시라크주의는 친절을 베풀고 굴복하는 방향으로 나아갈 테지만, 낡은 사상을 고집하는 소수자 집단은 그다지 고분고분하지 않고 결국 일을 저지를 것이다. 한편, 범유럽 정체성을 개발하는 것은 이슬람교도들일 것이다. 그들 대부분은 프랑스나 벨기에, 혹은 덴마크에 특별히 애착을 갖지 않기 때문이다. 그리고 그들은 국가 간 정당들과 로비 집단들이 그들의 지위를 더욱 증진시켜 주리라는 것을 금세 알아차리게 될 것이다. EU는 이미 산송장이지만 유라비안 유니언(Eurabian Union)은 아마 경주자일 것이다.

만약 시라크와 빌팽 무리가 샤를 마르텔이 아니라면 폭도들 또한 13세기 전의 이슬람 군대를 흉내내고 있는 것이 아니다. 그들은 기회를 틈타 적을 시험하면서 약점을 찾아내려 하고 있다. 교외를 방화함으로써 당신에게 더 "존중"받을 수 있다면 그들은 계속해서 방화를 저지를 것이다. 이 젊은이들은 전통적인 이민유형에서 벗어나 그들의 조부모보다 동화가 덜 된다. 동화되어야 할 이유가 어디 있겠는가? 현재의 인구학적 추세를 보건대 그들에게 동화되어야 하는 쪽은 유럽 토박이들일 것이다. 테오도르 달림플(Theodore Dalrymple : 의사 출신 영국 기고자[역주])은 영국 자살폭탄 테러에 관한 시티저널(*City Journal*) 기사에서 신유럽이 처한 이러한 오싹한 상황에 관해 말했다. "전 세계 문화의 공존 가능성이라는 달콤한 꿈은 영원한 갈등이라는 악몽으로 대체되었다."

이것은 새로운 암흑 시대 같은 끔찍한 운명처럼 보인다. 어쩌면 라칭거(Ratzinger) 추기경이 자신의 교황명으로 베네딕토 16세를 선택했을 때 암시된 미래일지도 모른다. 서기 480년에 움브리아(Umbria : 이탈리아 중부에 있는 지방역주)에서 태어난 베네딕토는 중세 암흑기에 로마와 그리스 문명의 핵심 요소들을 보존하려고 노력했고, 기독교를 불어넣음으로써 그것들이 새롭고 더 강력한 형태로 등장하여 유럽과 서양 문명의 토대가 되도록 만들었다. 그의 이름을 따서 명명된 베네딕토 16세는 베네딕토 수도회의 모토인 "*Succisa virescit*"를 인용한 적이 있다. 잘라내도 다시 자라난다는 뜻이다.

기독교의 경우에는 그것이 사실일 것이다. 기독교는 아프리카와 중국에서 성장하고 있고, 언젠가는 유럽에서도 다시 성장할 수 있을지 모른다. 기독교를 다시 받아들일 스페인인과 이탈리아인이 남아 있을지는 다소 의심스럽다. 21세기에 독일 인구는 50% 이상 줄어서 대략 3천8백만 이하가 될 것이다. 질병이나 전쟁이 아니라 독일인들이 집착하는 유토피아로 인해 사람들이 죽기 때문이다. 그리고 이 문제에 대해서 찬반의사를 물을 때마다 그들은 앞서 말한 프랑스 사내처럼 국가 연금이 계속 들어오는 한 악취나는 시체와 같이 살 수 있다고 판단한다. 사회민주주의 국가가 가진 문제점은 정부가 너무 많은 일을 하면 아무도 많은 일을 하려 하지 않는다는 것이다.

9·11 이후 나는 우리 서구인들이 무엇에 목숨을 바치려 하는지를 다룬 칼럼을 통해서 수사학적인 중도노선에 의문을 제기한 바 있다. 그리고 어느 프랑스 교수에게서 복잡한 이메일을 한 통을 받았는데, 그는 유럽인들이 그 무엇을 위해서도 목숨을 바치지 않는다는 사실이 그들이 우월하다는 것을 가장 잘 보여준다고 설명했다. 유럽인들은 탈역사적 유토피아, 즉 유럽이 목숨 바칠 필요가 없는 유럽을 만들고 있다는 것이다.

그러나 언젠가 당신은 어떻게든 죽는다.

Part 3

새로운 암흑 시대

어떻게 불을 밝힐 것인가

07
최첨단 원시인
알려진 미지 vs 고의의 무지

창백한 에버니저는 싸우는 게 옳지 않다고 생각했지만
고함치는 빌은 싸우는 게 옳다고 생각했고 그를 죽였다.

– 일레르 벨록, 「평화주의자」(1938)

운전하다 보면 이따금씩 케리/에드워즈(John Kerry/John Edwards : 2004년 대통령선거 당시 민주당 정·부통령 후보역주)를 대선 후에도 지지한다는 스티커에다가 "자유 티베트"라는 슬로건까지 붙이고 다니는 버몬트 히피족의 자동차 꽁무니를 아주 오래 따라가는 경우가 있다.

"자유 티베트" 스티커 인쇄 계약을 맺는 사람이 된다는 건 멋진 일임에 틀림없다. 그렇지만 자유화가 정말로 언제쯤 시작될지 궁금해 하는 티베트인이 된다는 건 그다지 좋은 일이 아니다. 당신은 자유 티베트에 찬성하는가? 반대하는 사람을 찾는 건 쉽지 않다. 모든 미국 대학들이 찬성한다. 자유 티베트를 위한 인디애나 대학생 모임이 있고, 자유 티베트를 위한 위스콘신-매디슨 대학생 모임이 있으며, 자유 티베트 미시건 대학생 지부가 있고, 자유 티베트를 위한 미줄라(Missoula : 몬태나 주의 도시[역주]) 몬태나 대학생 모임이 있다. 그들은 티베트가 해방될 때면 최후의 티베트인 3인을 미줄라에 이주시키려 한다.

모두가 자유 티베트를 위한다지만 그 누구도 티베트를 해방하려 하지는 않는다. 따라서 티베트는 결코 해방되지 못할 것이다. 최초의 자유 티베트 지지자가 최초의 "자유 티베트" 스티커를 자신의 엣셀(Edsel : 1957년 처음 시판되어 실패작의 오명을 쓴 포드의 자동차 모델[역주]) 뒤에 턱 하고 붙였을 때와 마찬가지로 티베트는 지금도 해방되지 못했다. 둔감한 이상주의가 이 운동의 특징이다. 사실 완전히 둔감하지는 않다. 볼보 자동차를 팔고 스바루(Subaru) 자동차로 바꿔서 허리 숙여 "자유 티베트" 스티커를 새로 붙여야 할 때는 목에 통증이 있게 마련이기 때문이다. 상투적인 자유 티베트 운동이 없었다면 내 아내는 그렇게 정치적으로 변하지 않았을 것이다. 그녀는 동네 교회의 어느 아침식사 자리에서 악의 없이 인습을 완강히 거부하는 오랜 이웃들에게 그렇게 오랫동안 스티커를 자랑스럽게 붙여놓는 이유가 무엇인지 알려달라고 한 적이 있다. "그렇지만 티베트를 해방시키기 위해서 당신은 정확하게 뭘 하고 있죠? 아무 일도 안 하잖아요, 그렇죠?"라고 그녀는 주장했다.

나는 집으로 돌아와서 말했다. "살살 해. 그 사람은 자기가 도덕적으로 우월하다고 광고하는 거지 행동을 호소하는 게 아냐. 만약 럼스펠드가 '티베트 해방이라고? 오, 정말 멋진 생각이로군! 화요일에 제3보병사단을 파병하시오' 라고 말한다면 범퍼 스티커를 부착한 사람들은 어안이 벙벙할 거야. 허리 숙여서 '자유 티베트' 스티커를 떼어내고 '전쟁은 답이 아니다' 라는 스티커로 바꿔야 하겠지."

그러나 자유 티베트는 결코 없을 것이다. 왜냐하면 미국인들이 범퍼 스티커를 달고 운전하고 다닌 몇십 년 동안 중국은 티베트가 알아볼 수 없도록 변할 때까지 사람들을 이주시키고 티베트인들을 고문하고 인종 간 결혼을 강요하고 있었기 때문이다. 자유 티베트 스티커를 단 사람들이 티베트를 해방시키는 데 관심을 가질 때쯤이면 해방시켜야 할 티베트는 더 이상 존재하지 않을 것이다.

그것이 "안정"이다.

레이건 대통령이 즐겨 말했듯이 "현상"(status quo, 現狀)이란 "우리가 처해 있는 혼란"에 해당하는 라틴어이다. 아랍연맹 사무총장 아므르 무사(Amr Moussa)가 (이라크전쟁 전에도 그랬던 적이 있는데) 미국이 "중동 전체의 안정"을 위협하고 있다고 경고할 때, 그 "안정"이란 "우리가 처해 있는 혼란"에 해당하는 아랍어라는 것을 기억하는 것이 중요하다.

그러나 환경보호론자들이 극적인 "기후변화"가 진행 중이라고 믿는 것처럼 대외정책 입안자들도 극적이지 않은 지정학적 무변화가 진행 중이라고 믿는다. 그리고 "기후변화"의 증거가 지극히 적듯이 "안정"의 증거도 지극히 적다. 지정학적 세계는 결코 안정적이지 않다. 항상 역동적이다. 만약 2005년에 서구가 와키스탄[Wackistan : wacky(미치광이)와 Pakistan을 합성해서 만든 가상의 이슬람 국가역주] 대통령 시 코티크(Sy Kottik)를 무기한 "봉쇄"할 수 있다고 결정하더라도 이것은 양측의 관계가 고착된다는 것을 의미하지 않는다. 와키스탄은 서구보다 출산율이 높기 때문에 40년 동안의 "안정" 뒤에는 프랑스인 인구는 훨씬 적어지고 와키스탄인 인구는 훨씬 많아진다. 그리고 와키스탄은 막대한 양의 석유를 보유하고 있으며, 코티크 대통령은 거기서 생긴 부를 이용해 그때까지만 해도 이슬람 세계에서 온건하다고 여겨지던 지역에 있는 급진 학교들과 이슬람 사원들에 자금을 댄다. 그리고 수많은 와키스탄인이 EU로 이민을 가므로 지지자 층이 얇은 기회주의적인 정치인들은 이 이민자들에게 지지를 호소하게 된다. 그리고 저렴한 항공료와 인터넷과 지구상의 모든 카드를 받는 은행기기들과 핵기술의 무국적화는 와키스탄 문제가 더 이상 와키스탄에 한정되지 않는다는 것을 의미한다. 몇백 달러만 있으면 와키스탄인은 8–9시간 내에 엠파이어스테이트 빌딩 앞에 도착할 수 있다.

"안정"은 얼어붙은 강처럼 표면적인 환상이다. 그 밑에는 물이 흐르고 있는데, 언뜻 보아 얼음은 그 두께가 1피트이건 2인치에 불과하건 다 똑같이 "안정적"으로 보인다. 세계 문제에는 현상이라는 것이 존재하지 않는다. "안정"이란 타성과 자기 만족을 궤변으로 그럴 듯하게 칭하는 공상적인 용어이다. 만약 미국과 동맹국들이 앞으로도 대외정책 안정이라는 물신주의를 따르면서 UN 같은 9·11 이전 기구를 계속 신봉한다면 결국 우리는 티베트의 길을 걷게 될 것이다. 즉 해방시켜야 할 것이 아무 것도 남지 않게 되는 것이다.

"봉쇄"는 또 하나의 과대평가된 상품이다. 걸프전 이후 이라크의 경우 봉쇄는, 미국과 영국 공군이 12년간 격주로 헛되이 폭격을 할 수밖에 없도록 만들고 그 대가로 UN 제재 때문에 이라크 어린이 백만 명—혹은 당신이 믿는 "박애주의" 기관에 따르면 2백만 명—이 굶어죽었다는 비난을 받게 만드는 값비싼 독재 관리 프로그램이다. 물론 전쟁이 시작되고 결국 그러한 학살적 제재가 종식된 순간 좌파는 이 UN "봉쇄"가 결국은 아주 훌륭하고 바람직한 것이었다고 결론을 내렸다. 성공적인 사례로 여겨지는 전략—바르샤바 조약을 "봉쇄"한다는 서구의 결정—조차도 실상은 성공적이지 않았으며, 수혜자를 위한 전략도 아니었다. 공산주의 하에서 50년을 보내야 한다고 동료에게 알려주는 것이 당신에게는 쉬운 일일지 몰라도 10년이 지날 때마다 그 국가들에게 부과된 비용은 엄청났다. 인구학적 특성이 가장 불건전한 국가들의 순위표에서 1–5위는 라트비아, 불가리아, 슬로베니아, 러시아, 우크라이나이다. 이들은 모두 왕년의 유럽 공산주의 국가다. 10위 안에서 9개 국가가 전 공산주의 국가다. 나머지 하나는 스페인이다. 20위 안에서는 16개 국가가 그렇다. 공산주의 국가 국민들은 자신의 체제를 극도로 혐오해서 아이를 낳는 것조차 포기할 정도였다. 그리고 우리는 잡석 사이에서 생겨날 수도 있는 모든 탈공산주의 사회의 생명력을 더욱 약화시켰고, 바르샤바 조약은 해마다 그들이 그런 상태에서 벗어나지 못하도록 만들었다.

"안정"과 "봉쇄"는 이슬람 세계에서는 정반대의 도전을 가져온다. 이슬람 국가들은 대부분 출산율 순위표에서 높은 순위를 차지한다. 이슬람 국민들은 자신들의 체제와 관련하여 무엇을 혐오하건 이슬람만은 혐오하지 않는다. 이슬람 국가에서는 이슬람 사원이 유일한 정치공간인 경우가 많다. 따라서 그들은 즐겁게 아이를 낳으며, 우리가 "안정"에 전념하는 동안 이슬람주의가 가진 가장 큰 장점은 커져간다. 이로 인해 종교—정치 프로젝트의 수단—는 강화되고 자원은 늘어난다.

따라서 10년 혹은 20년의 "안정" 뒤에 세계는 새로운 암흑기를 향해 순항하고 있을 것이다. 그때와 마찬가지로 현재 유럽의 왕들은 아무런 일도 하지 않는다. 오늘날에는 그들을 위원, 장관, 수상이라고 부른다. 그때처럼 오늘날에도 대역병—이슬람주의 바이러스—과 대규모 이민이 있다. 포위당한 네덜란드인이 고국을 등지고 캐나다, 호주, 뉴질랜드 등지로 떠나는 사례를 보면 알 수 있듯이 오늘날 대규모 이민은 이미 진행되고 있는 전 대륙적 차원의 "백인 교외 탈출"(white flight)이다. 그때와 마찬가지로 오늘날 우리 모두는 "종교관용령"(edict of toleration) 앞에 머리를 숙여야 한다. 법률과 관습이 재정립되어 경계 없는 다문화적 관용의 신들에게 스스로를 낮췄으니 말이다.

그러나 새 암흑기의 핵심 요소는 바로 이것이다. 즉 그것은 다른 세력이 강대국 미국을 계승하는 세계가 아니라 그 어떤 패권국도 존재하지 않는 그러한 세계가 되리라는 것이다. 오늘날 수많은 전문가들은 중국이 21세기의 패권국이 되는 것을 막을 수 없다는 분석을 기계적으로 내놓는다. 그러나 당신의 적이 가진 힘이 아닌 약점이 진짜 위협이다. 중국은 약한 파워다. 인구 및 여타 구조적 결함들이 벌써부터 중국의 장기적 야망을 꺾고 있다. 러시아는 약한 파워이며, 질병, 핵, 이슬람주의 등 지구상의 최악의 병폐들 중에서도 최악의 것들만 모아놓은 국가다. 유럽은 약한 파워다. 대(大)프랑스라고 하는 국가는 매달 가차없이 대(大)보스니아로 변해가고 있다.

이슬람은 약한 파워다. 세계에서 최악의 이슬람 국가들 중에서 가장 나은 국가들 중 하나인 말레이시아의 전 총리 마하티르 모하메드(Mahathir bin Mohammed) 박사의 말을 빌리면 "우리 손으로 생산하는 것은 사실 아무 것도 없고, 우리 힘으로는 거의 아무 것도 할 수 없으며, 심지어 우리의 부를 관리할 수도 없다." 그러나 이란인들은 모든 유럽 도시들을 파괴할 수 있는 핵무기를 가장 빠른 속도로 개발하고 있다.

북한은 가장 약한 파워다. 그러나 2006년 미국 독립기념일에 북한 독재자는 용감하게 불꽃놀이를 펼쳤다. 로켓의 붉은 섬광과 공중에서 폭발하는 폭탄이란 멋진 것이다. 당신의 값비싼 폭죽이 종종 그러하듯이 생각보다 너무 일찍 터져버리긴 했지만 말이다. 김정일에게는 '로동'

(No Dong : 영어로는 '음경 안 돼' 로 읽힐 수 있음[역주])이 있다. 부디 낄낄거리지 말기 바란다. 그것은 북한이 (진지하게) 제조하는 가짜 비아그라의 부작용이 아니다. '로동' 은 북한 미사일 시스템의 이름이다. "동" (Dong)은 "음경" (dong)에 해당하는 한국어이며, "로" (No)는 "크게 흔들림"에 해당하는 한국어이다[원래 '로동' (蘆洞 : 갈대골)은 이 미사일이 처음 발사된 마을 이름을 따서 미국이 붙인 이름이다. '로(蘆)' 는 '갈대' 라는 의미이므로 대략 의미가 통하지만 '동' (洞 : 골, 골짜기, 동굴)을 '음경' 이라고 이해하는 것은 다소 무리다. 아마도 '굴' 을 뜻하는 'tunnel' 이 미국 속어로는 '여성의 성기' 를 의미하기 때문에 생긴 오해인 듯하다[역주]]. 그리고 이것(크게 흔들리는 음경[역주])이 김정일이 무국적 핵무기 세계에서 자기 자신을 바라보는 방식이다. 어쨌든 미국 독립기념일에 그는 최신형 로동 미사일을 실험하기로 결심했다. 내가 새로 산 총을 당신의 부엌 창문을 향해 쏘아서 총알이 거실로 관통하는지 알아보는 것과 마찬가지로 그것은 "실험"이었다. 김정일의 음경(Dong)은 발사된 뒤 40초 만에 수직으로 떨어졌다. 전문가들은 궤적을 계산하여 그것이 하와이를 향하고 있었다는 사실을 밝혀냈다. 그러나 미사일은 동해에 추락했다.

그리고 모든 사람들이 크게 웃었다. 이런 실패작이 있나! 이런 멍청이가 있나! 미스터 누크스러스(Nukes R Us : 미국의 장난감 체인점 Toys R Us를 빗대어 저자가 김정일을 일컫는 이름[역주])는 말은 그럴 듯하게 하지만(talks the talk) 실제로 핵무기를 제조할(nuke the nuke) 능력은 없다. 하하, 재밌는 농담이군.

그러나 농담이 아니다. 오히려 그것이 핵심이다. 김정일이 위험한 이유가 거기에 있다. 북한은 미국이 아니고, 소련도 아니고, 인도도 아니며, 프랑스도 아니다. 그는 무능력자이지만 핵무기를 가지고 있다. 2006

년에 그는 하와이를 겨냥했고, 자기 집 담장을 확실히 부수었다. 다음번에는 하와이를 겨냥했다가 샌디에이고를 치게 될지도 모른다. 아니면 오클랜드일 수도 있다. 아니면 캘거리나 메인 주의 프레스카일(Presque Isle)일 수도 있다. 아니면 베이징, 아디스아바바(Addis Ababa : 에티오피아의 수도[역주]), 잘츠부르크 혹은 더블린일 수도 있다. 그는 독학으로 배운 핵 미치광이이며, 그 요령을 꽤나 터득했다. 만약 당신이 뉴저지 턴파이크(New Jersey Turnpike : 뉴저지 주의 유료 도로로서 미국에서 가장 붐비는 고속도로 중 하나[역주]) 상에 있는데 토요타 코롤라(Corolla)를 몰고 있는 93세 할머니가 당황해 하고 있다면 그것은 대개 그녀 개인의 문제다. 만약 그녀가 대형 트레일러를 몰고 중앙선을 침범하고 있다면 그것은 당신한테 문제다. 북한에서는 수백만 명이 굶어죽고 있다. 북한의 1인당 GDP는 지구상에서 최저이다. 가나보다 낮고, 짐바브웨보다 낮으며, 몽고보다 낮다.

그러나 북한은 핵무기를 가졌다.

우리가 직면한 문제는 강대국 중국이나 이슬람주의 강대국이 아니다. 상관이 새로 부임하면 당신은 새 규칙을 배우고 가능한 한 최대한 적응한다. 그러나 강대국이 전혀 없는 세계가 될 가능성이 더 크다. 단극(單極)화된 지정학은 무극(無極)화된 지정학에 자리를 내주고, 자국민을 먹여살리지 못하는 하찮은 깡패국가들이 자신의 정신병을 세계로 수출하는 무질서한 세계가 되는 것이다.

예를 들어 참수에 관해서 생각해 보자. 우리들 대부분은 프랑스혁명 이후로 이 문제에 대해서 생각해 보지 않았다. 그러나 참수는 곳곳에서 벌어지고 있다. 2006년에 탈레반 비슷한 이슬람주의 정권이 소말리아를 장악했고, 모가디슈(Mogadishu : 소말리아의 수도[역주])를 점령하는 과정에서 군벌 측 병사들을 생포한 뒤 참수형에 처했다. 알카에다의 우두

머리라는 아부 무삽 알 자르카위는 참수를 자신의 상징으로 만들었고, 미국인 인질 닉 버그(Nick Berg)와 영국인 인질 켄 비글리(Ken Bigley)의 목을 벤 뒤 인터넷에 올린 장면은 매우 인기 있는 잔혹 동영상이 되었다.

그들은 참수에 열광하는 단순한 게릴라나 폭도가 아니다. "우리의 친구들"로 유명한 사우디인들은 날마다 사람들을 참수한다. 2005년에 사우디는 소말리아인 6명을 참수했다. 왜였냐고? 살인? 강간? 동성애? 아니다. 그것보다 더 못된 짓 때문이었다. 바로 자동차 절도였다. 그들은 원래 5년형을 선고받고 복역했지만 형기가 끝날 무렵 사우디 법정은 그들의 범죄에 대한 형량을 참수형으로 높이기로 결정했다. 사우디아라비아에서 참수된 사람들 중 2/3 가량은 외국인이다. 외국이라면 그 어떤 문명국에서도 범죄인물 개요에 실리지 않을 법한 대상이다. 이것은 사우디의 사법"체계"가 다른 어떤 것 못지않게 비(非)사우디계에 대한 경멸에 의해서 작동된다는 것을 시사한다.

참수자들은 점점 가까이 다가오고 있다. 2006년 온타리오의 어느 법정에서는 한 테러리스트가 캐나다 의회를 폭파시키고 수상을 참수하려 했다는 진술이 있었다. 얼핏 들으면 터무니없는 소리 같다. 이 세상에 대한 아무런 환상도 없이 이라크에서 사업계약을 맺은 영국인 켄 비글리만큼이나 터무니없다. 그는 영국의 허름한 전초기지에서 힘든 일을 하면서 성년기의 대부분을 보냈고, 현지 고객들이 일하는 방식을 이해하고 있다고 생각했다. 그는 자신이 마지막으로 듣게 될 소리가 "알라는 위대하다"는 열광적인 외침이고 뒤에 선 사내가 칼을 쥐고 그의 목을 베려할 줄은 꿈에도 생각 못했다.

그러한 끔찍한 상징적 권력행사가 이슬람주의자에 한정될 이유는 없다. 위에 언급한 토론토 음모가 발각된 지 한두 주가 지나서 미국 남쪽

국경에서 참수사태가 발생했다. 티후아나 강(Tijuana River : 캘리포니아 남부와 멕시코 북부를 가로지르는 강[역주])에서 경찰관 세 명의 목이 발견된 것이다. 네 번째 목은 일주일 뒤 아카풀코(Acapulco : 멕시코 남서부의 항구도시[역주])에서 발견되었다. 최신 악행이 이슬람 세계를 넘어서 확산되지 않으리라고 생각하는 것은 희망사항일 뿐이다. 그러나 이 세계가 경기하락, 자의적인 폭탄 테러와 유괴, 의도적인 핵무기 제조, 그리고 서구 사회를 더욱 황량한 길로 내몰게 될 이슬람 감수성에 대한 백만 달러짜리 사소한 양보 따위에 휘말려들더라도 앨 고어는 지구 온난화에 대해서, 낸시 펠로시(Nancy Pelosi : 미 하원 의장[역주])는 대학 등록금에 대해서, 힐러리 클린턴은 처방약 보험제도에 대해서 다시 말하기 시작할 것이 분명하다. 애틀랜틱 먼슬리(*Atlantic Monthly*)의 로버트 카플란은 소말리아 같은 몇몇 국가들의 붕괴에 관한 기사에서 그런 "국가들"의 "시민들"을 "원시로 돌아간 인간"이라고 불렀다. 토박이 토론토 시민이 참수에 열광하게 되고, 피시 앤 칩스(fish n' chips : 영국의 대중적인 음식[역주])와 크리켓과 천박한 영국 팝 음악에 길들여진 요크셔 시민들이 런던 지하철에서 자폭하게 되면 "원시로 돌아간 인간" 현상은 지구 곳곳에 제대로 수출된 것처럼 보일 것이다.

1998년 뉴욕타임스의 토머스 프리드먼(Thomas Friedman)은 맥도널드 체인점이 있는 국가들끼리는 결코 전쟁을 하지 않는다는 황금 아치(Golden Arches : 맥도널드의 로고[역주]) 이론을 처음 공개했다. 그러나 잉크가 채 마르기도 전에 미국과 NATO는 세르비아 폭격을 시작했다. 베오그라드에서 빅맥의 문명화 효과는 그저 그렇다. 1990년대에 이루어진 유고슬라비아 해체는 프리드먼 명제의 정반대 상황을 시사한다. 1980년대에 유고 연방은 부족함 없이 번영하는 탈공산주의를 향해 나아가고 있었다. 크로아티아는 영국인, 독일인, 그리고 여타 부유한 서양인들에게 인기 있는 휴양지였다. 그러나 급속히 발전하는 경제와 과거의 반목 중에서 선택을 요구받았을 때 유고슬라비아인들은 자국이 조각나는 쪽을 택했다. 약탈적인 세력의 압박 아래서 지도력 없는 지도세력과 함께 "원시로의 복귀"를 택할 나라가 유고슬라비아 말고도 얼마나 더 많을까?

9·11 이후 몇 주 뒤 뉴욕에 근거를 둔 미국 비난자이며 베스트셀러 『오리엔탈리즘』(*Orientalism*)의 저자인 에드워드 사이드(Edward Said)는 서구와 이슬람의 "상호 연결성"에 관해 몇 마디 했다. 서구 문명과 이슬람 세계가 실제로는 긴밀하게 "얽혀" 있어서 둘 사이에 "경계선을 긋는" 것이 불가능함에도 불구하고, 시사해설자들이 여러 문화들을 그가 "밀폐된 실체"라고 부르는 것으로 갈라놓는 경향이 있다며 사이드 교수는 개탄했다.

내셔널리뷰 편집자 리치 로리(Rich Lorwy)는 이 말에 감동받지 않았다. 그는 다음과 같이 말했다. "경계는 꽤 분명한 것 같다. 대중적 상업 항공기와 하늘을 찌르는 마천루를 개발한 건 서구의 아이디어였다. 반면, 승무원들의 목을 베고 비행기를 마천루로 날린 건 급진 이슬람의 아이디어였다."

맞는 말이다. 그러나 그것은 문명 융합의 한 형태로서 적어도 한 쪽의 관점에서 업신여김을 받아서는 안 된다. 사실 로리 씨는 이슬람의 중요한 다수가 관심을 가지는 "상호 연결성"만을 고려했다. 이슬람은 17세기 이념에 의해 움직이는 21세기 정치 프로젝트다. 그것은 과거와 현재의 강력한 조합이다. 그럼에도 불구하고 유럽과 북미에서 선동적인 이맘들—자기가 사는 사회에서 통용되는 언어를 배우지 못해 거의 한마디도 할 줄 모르는—은 2, 3세대 서구 이슬람교도들을 원시로 되돌리는 일을 아주 잘 해냈다. 물론 서구 이슬람교도 모두는 아니었다. 그러나 얼마나 많은 수가 원시로 돌아가야 그것이 쟁점이 될까?

죽어가는 서구에 대하여 이슬람이 활용하는 전략이 세 가지가 있다. 첫째는 인구이고, 둘째는 개종이며, 셋째는 현대 기술과 오래된 반목의 수상쩍은 "혼합"이다.

예를 들어 나는 1898년 옴두르만 전투(영국-이집트 연합군이 수단에서 마디파 이슬람세력을 몰아내고 영국의 수단 지배를 유리하게 만든 전투[역주])에서 키치너(Kitchener) 장군이 승리한 이후로 수단에서 벌어진 일들에 그다지 주목하지 않았다. 그러나 2003년에 그 미개한 땅에서 나온 소식은 내 눈을 사로잡게 되었다. 그해 가을 외국인과 악수를 한 수단 남성들의 성기가 사라지고 있다는 보도가 나간 후 집단 히스테리가 수도 하르툼을 휩쓴 듯했다. 직물상을 하는 어느 피해자는 자신이 겪은 이야기를 런던의 아랍 신문 알 쿠즈 알 아라비(*Al-Quds Al-Arabi*)에 말했다. 기사에 따르면, 어느 서아프리카 출신 남성이 가게에 들어가서 "가게 주인의 성기가 몸 안으로 녹아들어갈 때까지 그의 손을 세게 흔들었다."

난 그 느낌을 안다. 클린턴 의원과 악수를 한 후에 내게도 그런 일이 발생했다. 아무튼 알 쿠즈는 "가게 주인은 히스테리에 걸렸고, 병원으로 호송되었다"고 전했다. 수단 범죄국장 야세르 무하마드(Yasser Ahmad Muhammad)는 수단 신문 알라이 알 라이 알 암(*Al-Rai Al-A'am*)에서 다음과 같이 말했다. "그 소문은 어느 상인이 다른 상인에게 카르카디[수단 채소]를 사러 갔을 때 처음 나왔습니다. 채소가게 주인은 갑자기 자기 성기가 시드는 것을 느꼈습니다." 광범위한 취재범위 탓에 매우 귀중하게 여겨지는 중동미디어연구소(Middle East Media Research Institute)는 하르툼의 성기들이 악수에만 취약한 것이 아니라고 언급했다. "이름을 밝히기를 거부한 또 다른 희생자는 그가 시장에 있을 때 어떤 남자가 다가와서 머리빗을 건네주면서 머리를 빗으라고 했다고 말했다. 머리를 빗고 몇 초가 지나자 그는 이상한 느낌을 받았고, 자기 성기가 없어진 것을 깨달았다."

성기가 사라진 이야기들은 도시 전역에 만연했다. 의사들이 첫 번째 고소인이 "완전 건강"하다고 진단했지만 수단 법무장관 살라 자예드(Salah Abu Zayed)는 딸랑거리는 게 없어졌다는 소송을 모두 특별조사위원회로 제출하라고 공표했다. 보건장관 아흐마드 오트만(Ahmad Bilal Othman)은 전염병이 "과학적으로 근거가 없다"며 그것이 "마법, 마술, 혹은 감정의 문제"라고 말했다.

그것이 무엇이건 간에 그것은 이슬람의 희생양 만들기의 완벽한 사례다. 외국인들이 우리를 불능으로 만들었다는 것이다. 외국인들이 악수밖에 안 했다는 건 중요하지 않다. 당신이 실제로 불능이 되었는지는 중요하지 않다. 당신은 불능이라고 느낀다. 알제리 이슬람주의자들에서부터 지구 정반대의 발리 폭탄 테러범에 이르는 수백만의 이슬람교도들이 팔레스타인 상황 때문에 "모욕감"을 느낀다고 끊임없이 주장하는 것과 다르지 않다. 모욕감과 불능감에 정당한 근거가 있는지 여부는 중요하지 않다.

그러나 여기에 속사정이 있다. 즉 성기가 사라진다는 히스테리는 휴대폰과 문자 메시지를 통해서 확산되었던 것이다.

한번 생각해 보라. 당신은 휴대폰을 갖고 다닐 정도지만 이교도와 악수하면 당신 성기가 없어질 수 있다고 여전히 믿는다. 이것은 최첨단 원시인이다.

성기에 대한 집단적 의구심을 제외하면 수단은 웃을 만한 나라가 아니다. 1990년대에 수단에서는 200만 명이 학살당했다. 홀로코스트 희생자의 2/3에 해당하는 숫자다. 그러나 세계는 거의 주목하지 않았다. "다시 발생하지 말아야 할 일"은 너무 많다. 기독교를 믿는 소수자들은 그 직물상의 성기보다 훨씬 더 빠르게 사라지고 있다. 오사마는 그 어떤 비기독교 다수자들 중에서도 수단에서 그의 이념을 위한 비옥한 토지를 발견한 게 틀림없다. 수단인 이슬람 전사들은 알제리, 보스니아, 체첸공화국, 아프가니스탄 등 멀리 떨어진 곳에서 발견된다. 수단은 문맹률이 27%나 되는 경제적 무능력 국가지만, 그럼에도 불구하고 혁명적 이슬람을 다른 많은 국가들에 수출하기 위해서 충분한 여유 자금을 마련해 왔다. 그리고 수단에는 이란을 통해 수입된 5억 달러에 달하는 일급 중국제 무기들이 있다.

앞으로 수단은 테헤란으로부터 어떤 것을 수입하게 될까? 2006년 4월 이란 최고지도자(Supreme Leader : 1997년 이슬람 공화국 헌법에 따라 최고 정치권력이 주어진 종교지도자의 지위역주) 아야톨라 하메나이(Ayatollah Khamenei)는 이란 정부가 핵기술을 다른 관심 있는 세력들과 공유할 준비가 되어 있다고 공표했다. 아야톨라는 다음과 같이 말했다. "이란의 핵 보유 능력은 이란이 가진 다양한 과학 능력들 중 한 가지 사례다. 이란 이슬람 공화국은 과학자들의 경험, 지식, 기술을 전해줄 준비가 되어 있다."

그는 수단 대통령 오마르 알 바시르(Omar al-Bashir)를 만난 자리에서 이러한 제안을 했다.

악수를 두려워하는 사내가 휴대폰을 가지고 있다는 것은 별문제다. 악수를 두려워하는 자가 휴대폰과 여행가방 핵폭탄을 가지고 있다면 어떻게 될까? 깨뜨릴 수 없을 것 같은 오래된 무지와 값싸고 쉽게 구할 수 있는 현대 기술이 만나는 곳에 어두운 미지의 미래가 놓여 있다.

그러한 기술-원시의 잡종은 얼마나 널리 퍼져 있을까? 2004년에 휴대폰에 관한 또 다른 이야기가 신문에 실렸다. 이번에는 하르툼이 아니었다. 런던타임스는 "영국에 사는 이슬람교도 젊은이들이 휴대폰을 이용해서 이라크에서 군인들이 인질을 참수하는 비디오를 보고 있다"고 보도했다. "런던에서 10년 가까이 살아왔고" 자신의 휴대폰에 잔혹 동영상을 모두 다 저장해 온 "어느 30대 알제리인"은 다음과 같이 말했다. "이것이 이 휴대폰을 최대한 활용하는 방법입니다. 이 나라에 사는 사람들 대부분은 휴대폰을 이용해서 여자 누드 사진을 다운로드받지요. 우리 경우에는 미국인 이교도들의 머리가 잘려나가는 것을 지켜볼 때 성전주의 운동이 우리 손바닥 안에 살아 있습니다." 그리고 당시의 인질 켄 비글리에 대해서 언급하면서 다음과 같이 덧붙였다. "지난 주에 미국인들이 죽고 몇 분 지나지 않아서 그걸 내 휴대폰에서 봤습니다. 그 영국인은 거기 가지 말았어야죠. 그는 참수당할 겁니다. 그리고 나는 그걸 이곳에서 내 휴대폰을 통해서 볼 거고요."

켄 비글리는 참수당했고 그 이슬람교도 런던인은 분명 휴대폰으로 참수장면을 봤을 것이다.

1898년 키치너가 옴두르만에서 이슬람 수도승들을 학살한 후에 일레르 벨록은 영국의 기술적 장점을 매우 함축적으로 요약했다.

> 어떤 일이 벌어지건
> 우리에게는
> 맥심 속사기관포가 있다네.
> 저들에게는 없지만.

그러나 수도승들은 이제는 휴대폰을 가지고 있으며, 그들이 값싼 21세기 맥심 속사기관포 모조품을 얻도록 기꺼이 도와줄 사람들도 아주 많다. 게다가 맥심 속사기관포는 차치하고 우리는 (칸트가 말하는) "신중함의 준칙들"(maxims of prudence)에 속박되어 있지만 그들은 그렇지 않다. 그리고 리 해리스(Lee Harris : 미국 작가 겸 평론가)가 썼듯이 "자유주의 세계체제는 내적으로 붕괴되었다." 우리는 더 이상 행위의 한계를 모른다. 이란 대통령이 이스라엘을 지도에서 지워버리겠다고 위협할 때, 그것이 토요일 밤에 모여든 성전주의자들에게 인기를 끌려는 단순한 수사학적 열변에 불과한지 우리는 완전히 확신할 수 없다.

그럼에도 불구하고 많은 어리석은 전문가들은 그렇다고 확신한다. 우리는 이란 대통령 아흐마디네자드(Ahmadinejad)가 사라진 성기에 대해 미친 듯이 헛소리를 해대는 수단인과 다름없다고 고집스레 주장한다. 한 가지 차이가 있다면 이란 대통령은 핵무기 케이마트(K-Mart : 미국의 할인 체인점역주)라도 되는 양 김정일이 기꺼이 전 세계로 전파하고 있는 로동 미사일을 이란이 보유하고 있다고 헛소리를 한다는 것이다. (만약 수단 대통령이 TV에 출연해 "우리가 로동 미사일을 보유하고 있다고 말하게 되어 기쁩니다"라고 공표한다면 어떤 문제가 생길지 예상할 수 있을 것이다. 안 돼! 그 전염병이 거기까지 퍼지다니! 대규모 공황상태가 된다.) 극좌파들과 그들의 많은 지도자들 사이에 차이가 별로 없듯이 우리는 아흐마디네자드 대통령과 구소련 공산당 정치국도 다르지 않다고 여긴다. 공산주의자들은 우리를 핵무기로 날려버릴 수도 있었지만 그럴 수 없는 불가피한 이유가 있었다. 그들에게는 핵보유 능력이 있었지만 우리는 우리가 그들이라면 어떻게 했을지 고려하여 그들의 의도를 합리적으로 평가할 수 있었다. 이란의 경우에는 사정이 다르다. 이란은 그럴 의도가 있고, 유일한 의문점은 이란에게 핵보유 능력이 있는가 하는 점이다.

아흐마다마트리(Ahmaddamatree : 아흐마디네드를 저자가 익살스럽게 부르는 이름[역주]) 대통령은, 휴대폰을 갖고 있지만 악수가 성기를 사라지게 만들 수 있다고 믿는 하르툼 남자들이 세계화된 버전이다. 그는 핵무기를 보유하고 있으며 서양 남자들을 사라지게 만들 수 있다고 믿는다. 사실 이스라엘을 없애버리겠다는 그의 소망은 그나마 멀쩡한 편에 속한다. 그것은 중동의 일상정치가 약간 과열된 버전이라고 보아도 무방할 것이다. 더 중요한 것은 그가 열두 번째 이맘—이른바 "사라진 이맘"(869년에 태어났고 인류의 궁극적 구원자로 여겨지는 이맘[역주])—의 재림을 믿고 있으며, 아마도 자기 자신이 그 이맘이 임명한 대리자라고 믿고 있는 것 같다는 사실이다. 이란 대통령은 테헤란 시장 시절 사라진 이맘이 좁은 길에서 개선식을 하는 수모를 당하지 않도록 도로를 확장하고 싶어했다. 또한 그는 2005년 UN 총회에서 연설할 때 신비한 후광이 나타나 그 오로라가 자신을 둘러쌌다고 주장해 왔다. (그것은 "출구" 표시등이 아니었다. 만약 그랬다 하더라도 그 빛은 캐나다 수상에게는 그와 유사한 축복의 오로라를 발하지 않았다.) 그 직후 그는 인도 외무장관 낫와 싱(Natwar Singh)에게 2년이면 모든 것이 완벽할 것이라고 말했다. 싱 씨는 그것이 이란의 핵무기가 준비되는 시점을 말하는 것이라고 생각했지만 결국 열두 번째 이맘이 도래하기로 예정된 때였음이 밝혀졌다. 인간 역사에는 그 어떤 형태의 천년왕국 광신도도 필요하지 않았다. 그러나 우리 시대는 그런 자들이 인류 종말의 날을 성취할 수단을 가진 시대이다. 중세 유럽의 묵시록 기록자들에게는 의도가 있었다면 오늘날 그들에게는 실천수단이 있다. "종말(end)이 가깝도다"라는 오래된 표어가 있다. 이제는 수단(means)이 가깝다(앞의 end에 '목적'이라는 뜻도 있다는 것을 감안하면 means는 여기에 대비되는 '수단'이 된다[역주]).

겉모습

제1차 세계대전 관련 에피소드 중 가장 오래 전해지는 것은 전후 첫 크리스마스, 그러니까 1914년 12월에 있었던 이야기다. 서부전선의 어느 진흙밭에서 몇 야드 간격을 두고 독일군과 영국군은 상대방에게 크리스마스를 축하하는 현수막을 내걸고 어둠 속에서 양국 언어로 "고요한 밤"을 불렀다. 그리고 마침내 서로 마주한 참호에서 기어나와 완충지대에서 크리스마스 축구경기를 치렀고, 독일식 맥주와 영국식 자두잼을 나누었다. 크리스마스 시즌이 지나자 그들은 서로를 죽이는 일로 복귀했다.

이 완충지대 휴전에서 영감을 얻은 많은 영화, 책, 연극들은 모두 이 이야기의 핵심적 진실, 즉 우리의 보편적 인간성은 일시적인 전쟁의 지옥을 초월한다는 사실을 당연하게 여긴다. 정치인들과 장군들이 우리와 인연을 끊는다면 나머지 사람들은 저 군인들이 살육 중간에 잠시 그랬듯이 미식축구(혹은 축구)도 하고 노래도 부르면서 평화롭게 살 것이다.

이제 이스라엘 하이파(Haifa : 이스라엘의 항구도시[역주])로 가보자. 2003년 어느 토요일 밤에 20세쯤 된 여성 자살폭탄 테러범에 의해 혼잡한 식당에서 19명의 손님이 죽었다. 그녀가 명함처럼 남긴 잘린 목을 보니 그녀의 머리는 서양식 포니테일로 멋있게 묶여 있었다. 이 전쟁의 참가자들 사이에서 보편적 인간성을 찾아보라. 양측이 축구공을 이리저리 차고 노래를 주고받는다고 상상해 보라. 현대 중동에서 아랍인들과 유대인들이 공존하는 유일한 장소는 이스라엘, 특히 하이파다. 젊은 하나디 자라다트(Hanadi Jaradat)가 폭파시킨 식당은 아랍인 가계와 유대인 가계가 40년 동안 공동으로 소유해 왔었다. IRA가 북아일랜드 군 기지에서 일하는 가톨릭신자 요식업자들을 죽이게 된 것과 똑같은 이유에서 이들이 테러 대상이 되었는지 확인해 본다면 흥미로울 것이다. 그러나 인티파다는 상상할 수 있는 다른 어떤 것보다 훨씬 원시적이다. 자라다트 씨는 (EU와 미국이 개탄해 마지않는 미완성의 보안장벽의 빈틈을 통해서) 이스라엘에 일단 잠입하고 나자 대상이 누구라도 괜찮다고 생각했을 것이다. 그녀는 몸을 던져 자폭했다.

팔레스타인의 장례의식은 서양의 감성적인 평화주의가 가진 모든 가정들을 부정한다. 전쟁이라는 것이 노인이 젊은이를 장기 말로 삼아 펼치는 보드 게임이라는 가정은 특히나 그렇다. 나이 든 장군들만 사라져준다면 갈등은 없을 것이다. 그러나 웨스트뱅크에서 찾아볼 수 있는 바와 같이 그러한 보편적 인간성은 리더십에 존재한다. 비꼬는 말이 아니다. 노쇠한 아라파트(Arafat : 팔레스타인 자치정부 초대 수반역주)는 그의 젊은 열사들에게 영광과 영예를 쏟아부었을 테지만, 너무 인간적인 나머지 자기 자식은 자살폭탄 테러 위험지역에서 멀리 떨어진 파리에 머물게 했다. 사엡 에레카트(Saeb Erekat : 팔레스타인해방기구 조종감시위원회 위원장역주)나 하난 아시라위(Hanan Ashrawi : 팔레스타인 정치인역주), 혹은 CNN과 BBC의 전파교신을 방해하는 노련한 테러 옹호자들이 자라다트 씨의 남동생이 그랬던 것처럼 자기 가족의 죽음을 기념하는 모습을 그려보기란 쉽지 않다. 타헤르 자라다트(Thaher Jaradat)는 다음과 같이 말했다. "사람들이 우리를 축하해 주고 있어요. 우리가 왜 울어야 하죠? 마치 누나의 결혼식 같아요. 그녀에게 가장 행복한 날이죠."

문제는 보안장벽이 아니라 심리적 장벽, 사실상 사람들 사이의 생각의 차이다. 이것은 모든 유대인들로부터 대다수 팔레스타인인들을 분리시킨다. 일자리를 포함해서 많은 것을 베풀어 준 자기가 잘 아는 사람들과 공유할 수 있는 보편적 인간성이 한 쪽에는 없다. 와파 사미르 이브라힘 알 비스(Wafa Samir Ibrahim al-Biss)는 이스라엘 베르셰바(Beersheba)에 있는 병원에서 친절하고 훌륭한 치료를 받아왔지만, 그 병원과 자신을 치료해 온 의사와 간호사들을 날려버리려고 폭발물로 무장하고 길을 나선다.

그렇다. 만약 당신이 팔레스타인인들에 우호적이라면 그들의 악행이 "절망"에서 비롯되었다며 어깨를 으쓱할 것이다. 만약 팔레스타인인들이 지겹게 느껴진다면, 당신은 그들이 수십 년 동안 UN의 유화정책 덕을 보고 EU로부터 자금지원을 받고 교활한 아랍에게 조종당한 후에 지구상에서 가장 만취해 버린 사람들이라는 것을 이해할 것이다. 어느 쪽이건 매우 특수한 상황이다.

그러나 만약 그러한 "절망"이 전 세계에 퍼진다면 어떻게 될까? 만약 세계 곳곳의 대다수 사람들이 그 절망을 공유한다면 어떻게 될까?

여기 또 다른 죽음의 장면이 있다. 위에서 사진을 찍은 탓에 시체 운반용 부대는 텅 비어 보인다. 그것은 땅 위에 평평하게 놓여 있는 것처럼 보인다. 가까이 가서 뚫어지게 봐야만 안에 담긴 시체들이 너무 작아서 부대를 다 채우지 못해서 그렇다는 것을 알 수 있다. 시체는 아이들이다. 100명 이상, 아마 150명 이상 되는 죽은 아이들이 몇 줄씩 눕혀 있다. 그 중 많은 아이들이 도망치다 등에 총을 맞았다.

이것은 2004년 러시아의 어느 초등학교에서 학생들이 인질로 잡혔다가 살해당한 베슬란 학살 사건에서 나온 사진이다. 그리고 켄 비글리가 그랬던 것처럼 초등학생들이 이 세상을 떠날 때 마지막으로 들은 소리는 "알라는 위대하다"는 살해자의 외침이다.

신은 위대하다.

이 바이러스는 오랫동안 배양되고 있었다. 1971년 카이로 쉐라톤 호텔 로비에서 테러리스트들이 요르단 수상을 지척에서 저격했다. 그가 바닥에 쓰러져 죽어가자 살해자들 중 한 명이 그의 상처에서 분출하는 피를 마시기 시작했다. 35년 뒤 치러진 팔레스타인 자치정부 선거는 과격파 하마스의 압승이었다. 신참 의원들 중에는 가자에서 선출된 세 자녀의 어머니 마리암 파라하트(Mariam Farahat)가 있었다. 그녀에게는 원래 자녀가 여섯이었지만 그 중 셋은 반이스라엘 테러에서 자폭했다. 팔레스타인인들에게 그녀는 움 니달(Umm Nidal)—투쟁의 어머니—이라는 이름으로 잘 알려져 있었다. 아이들이 하나씩 죽을 때마다 그녀는 점점 투쟁의 어머니가 될 터였다. 그녀는 하마스 모집 비디오로 유명했는데, 거기에서 그녀는 17살 난 아들에게 이스라엘인을 죽이는 방법을 보여주고는 아들에게 돌아오지 말라고 말한다. 이것은 뮤지컬 「42번가」의 하마스 버전이다. 그곳에 갈 때 당신은 젊은이지만 돌아올 때는 산산조각나야 한다.

그녀가 의원에 입후보한 건 교통부차관이나 어업부차관이 되고 싶었기 때문일 수도 있다. 그러나 그녀와 그녀의 하마스 동지들이 선출된 건 그것이 바로 팔레스타인인이고 그것이 바로 그들의 믿음이기 때문일 것이다. 60년에 걸친 UN "난민" 생활 끝에 그들은 자녀를 얼마나 희생시켰느냐에 따라서 후보를 선출하는 데 익숙해졌다. 당신이 가자나 웨스트뱅크에 가본다면 그러한 죽음 문화가 널리 퍼져 있는 것을 알 수 있을 것이다. 편의점에 들어서면 그들은 붙임성 있고 친절하다. 당신은 몇 마디

의례적인 인사말을 주고받는다. 그리고 그 사내의 어깨 너머로 그가 자랑스럽게 벽에 걸어놓은 금주의 순교자들 사진을 보게 된다. 내가 마지막으로 방문했을 때 팔레스타인 학교들은 편지쓰기 경연대회가 한창이었다. 교육부장관 대상 수상자들 중에는 이스라엘에 보내는 다음과 같은 편지로 수상한 12살짜리 마흐무드 칼릴라(Mahmoud Naji Chalilah)도 있었다. "내 심장은 슬픈 고통 덩어리로 변했다. 언젠가 나는 무기를 사서 족쇄를 폭파시켜 버릴 것이다. 나는 내 살아 있는 사자(死者)의 몸을 당신의 두 팔에 내던질 것이다."

런던 시장 켄 리빙스턴(Ken Livingstone)이 좋아하는 이맘이자 "온건"하기로 유명한 물라 유서프 알 카라다위(Yusuf al-Qaradawi)는 런던 경찰청과 영국 노동연금부가 후원한 2004 "우리 아이들, 우리의 미래" 컨퍼런스에 초대받아 연설을 했다. 이야기가 아이들과 그들의 미래에 이르자 이맘 알 카라다위는 정말이지 상황을 정확하게 그려냈다. "이스라엘은 핵폭탄을 가지고 있는지도 모릅니다. 그러나 우리에게는 아이들폭탄이 있고, 이 인간폭탄은 해방의 그날까지 계속될 것입니다."

소녀들에게 감사하라. 그녀들은 가장 즐겁게 자폭할 테니 말이다. 우리는 소련 같은 "적들"이나 IRA 같은 "테러리스트들"을 다루고 있는 것이 아니다. 우리는 1914년 크리스마스 이브에 저 독일군과 영국군을 결속시켰던 보편적 인간성에서 한참이나 벗어나 있다. 성전주의자가 러시아 학교, 이스라엘 식당, 영국인 사업계약자, 혹은 미국인 평화주의자를 바라보면서 무슨 생각을 할지 상상해 보라.

그리고 핵 모의에 동참해서 훨씬 더 많은 러시아인, 이스라엘인, 영국인, 미국인을 죽이자고 제안을 받았을 때 그가 무슨 생각을 할지 상상해 보라.

그러한 순간은 이제 우리에게 달려 있다. 혹은 2006년에 런던 데일리텔레그래프가 보도했듯이 "이란의 강경파 종교지도자들은 전례 없는 새 파트와, 즉 신성한 명령을 내려 적들에 대한 핵무기 사용을 인가했다."

흠, 그거 놀랍군.

우리가 "안다"고 하는 것 중에 어떤 것을 이해하지 못하고 있는가?

2003년에 도널드 럼스펠드가 심사숙고해서 한 말은 지금도 많이 인용된다. 국방부장관은 다음과 같이 말했다. "무언가가 발생하지 않았다는 보고는 항상 내 관심을 끕니다. 왜냐하면 여러분도 알다시피 알려진 기지(旣知)의 것들이 존재하고, 우리가 안다고 알고 있는 것들이 존재하기 때문이죠. 게다가 알려진 미지의 것들이 있다는 것도 우리는 압니다. 우리가 알지 못하는 무언가가 있다는 것을 우리가 알고 있다는 말은 아닙니다. 그렇지만 알려지지 않은 미지의 것들도 있죠. 우리가 알지 못한다는 것을 알지 못하는 것들 말이에요."

많은 사람들이 럼스펠드에게 야유를 보냈다. 영국 쉬운영어쓰기운동(Plain English Campaign)의 재치 없는 얼간이는 그에게 그해의 최악의 영어상을 수여했다. 그러나 아마도 럼스펠드는 영어를 사용하는 정계에서 쉬운 영어를 가장 잘 쓰는 사람일 것이다. 그리고 럼스펠드 같은 사람들이 좀 더 있다면 그의 고백은 경멸을 덜 받을 것이다. 알려진 기지의 것, 알려진 미지의 것, 알려지지 않은 미지의 것에 관한 그의 반복문구는 사실 우리가 직면한 위험을 명석하게 간추린 것이다. 교만한 텍사스 카우보이들이 소중히 여기는 사례를 하나 들어보자. 존 웨인(John Wayne : 서부영화를 많이 찍은 미국 영화배우역주)은 어느 늙은 채굴자의 오두막에 몸을 숨기고 있다. 그는 문지방 너머로 밖을 엿보고는 느릿느릿 말한다. "밖은 조용하군. 너무나도 조용해."

그 말은 그가 알지 못하는 것을 안다는 뜻이다. 그는 악당들이 정확히 어디에 있는지 모르지만 바깥 어딘가에 있다는 것은 알고 있다. 먼지 속에서 조금씩 움직이고 있거나 어쩌면 그를 확실하게 맞힐 수 있도록 커다란 선인장에 다가가려 하는지도 모른다. 따라서 그는 무엇을 경계해야 하는지 알고 있다. 그는 알려진 미지의 것들의 세계에 살고 있는 것이다. 그러나 그가 수평선 너머 악당이나 반짝이는 총열을 찾아내려 하는데 갑자기 제트 여객기가 오두막으로 떨어진다고 가정해 보라. 그것은 럼스펠드가 말한 알려지지 않은 미지의 것들 중 하나일 것이다. 즉 그 여객기는, 그것이 그를 덮칠 때까지 가엾은 존 웨인으로서는 자기가 알지 못한다는 사실을 알지 못하는 그 어떤 것이다.

이것이 대부분의 세계가 9·11에 반응한 방식이다. 우리는 그것이 우리가 알지 못하는 것들 중 하나라는 사실을 알지 못했다. 선진세계에 사는 대부분의 사람들에게 테러리즘이란 상업지역, 기차역, 공원 야외 음악당 같은 곳에서 폭탄이 터져서 20–30명쯤 죽고 30명쯤 불구가 되는 것을 의미했다. 토머스 프리드먼이 뉴욕타임스에 썼듯이 "9·11을 방지하지 못한 것은 정보나 조정의 실패가 아니었다. 그것은 상상력의 실패였다."

말하자면 그것은 알려지지 않은 미지의 것이었다. 우리는 우리가 알지 못하는 것들에 주의할 만큼 충분히 알지 못했다.

이에 대해 정당한 의견차이가 존재한다. 알카에다가 표명한 야심,

세계무역센터 이전의 테러 대상, 미국에서 비행훈련을 받는 아랍 젊은이들의 숫자를 생각했을 때 9·11은 알려진 미지의 것, 즉 우리가 수평선 너머로 주시하고 있었어야 하는 것들 중 하나였다고 말할 수도 있을 것이다. 프리드먼은 "FBI, CIA, 백악관이 모든 일차 첩보를 공유해 왔다 하더라도 그 누구도 그것을 종합해서 오사마 빈 라덴이 행한 거대한 악행을 상상할 수는 없었을 것이라고 나는 확신한다"고 주장했다. 토론의 실마리로 이 말을 받아들이도록 하자. 결국 냉전은 반세기에 걸쳐 매우 잘 알려진 미지의 것들이었다. 우리는 어떤 일이 발생할지 정확한 시기와 내용을 알지 못했지만 대략적인 모양새—버섯 모양일 수도 있었다—는 잘 알고 있었다. 따라서 「닥터 스트레인지러브」(*Dr. Strangelove* : 1964년작 블랙코미디 영화[역주]) 이후로 줄곧 알려진 미지의 것들이 양산한 예상 시나리오들은 그 어느 때보다 어처구니없을 정도로 한결같았다.

이제는 좀 더 까다롭다. 지금은 알려지지 않은 미지의 것들의 시대다. 만약 당신이 공항 발권 카운터에서 표를 사고 있는데 항공사 직원이 컴퓨터가 다운되어서 시스템이 복구될 때까지 아무 것도 할 수 없다고 한다면, 당신은 그 직원이 무표정한 얼굴로 한참을 앉아서 별수 없이 기다리는 것을 보면서 몸은 멀쩡한데 완전히 불구가 되어버린 상황을 목격하게 된다. 만약 당신이 1937년에 카운터 앞에서 항공권을 사고 있는 거라면 사정이 다르다. 항공사 직원은 현금 서랍에서 출납부를 꺼내 사본을 찢어내면 그만이다. 오늘날 우리의 시스템은 취약점이 백만 개는 된다. 그 중 일부는 알려진 미지의 것들이다. 예컨대 테러리스트가 전자기파를 일으켜서 미국과 캐나다에 있는 모든 은행계좌를 지워버리고 금융시장을 붕괴시키는 일 같은 것이다. 우리는 우리가 모르는 다른 것들 중에서 어떤 것은 안다. 예컨대 북한이 자국제품을 어디로 쏘고 있었는지, 잃어버린 소련 핵물질이 어디로 갔는지, 2003년에 런던 경찰청이 발견한 "양말폭탄" 같은 것을 또 누가 가지고 있는지 따위 말이다. 그러나 이러한 상황과 집단과 기술과 양말이 어떻게 결합되어서 우리의 주목을 끌게 될지, 혹은 그러한 연쇄에 다른 어떤 연관이 존재하는지 우리는 사실 알지 못한다. 우리는 TV를 켜서 화면이 연기로 자욱할 때까지 테러가 발생한 것을 알아차리지 못할 수도 있다. 이번에는 5월 7일 프랑크푸르트, 2월 3일 밴쿠버, 혹은 10월 22일 댈러스일 수도 있다. 혹은 알려지지 않은 미지의 것은 우리가 상상도 못한 기술적 재앙의 변종이기 때문에 TV를 켜는 것조차 불가능할지도 모른다.

그러나 우리가 이란에서 맞닥뜨린 것은 알려진 기지의 것들이다. 핵무기를 개발하는 국가, 이웃 국가에게 그런 무기를 사용하겠다고 계속해서 위협해 온 국가, 오랫동안 테러리스트들을 후원해 온 기록이 있는 국가, 말과 행동이 정확하게 일치하는 국가 말이다. 모르는 게 뭐가 있는가?

따라서 문제는 그들이 실제로 그런 일을 할 것인가이다.

그리고 당신이 그 질문을 해야 하는 순간 이미 답을 알고 있다. 똑같은 질문에 똑같은 대답이다. 그들이 정말로 베슬란 학생들을 학살할까? 그들이 저 실수한 영국인을 참수할까? 그들이 저 이라크 국제 구호봉사자와 미국인 "기독교 평화사역자"를 살해할까?

1993년에 헤즈볼라 자살폭탄 테러범이 아르헨티나 주재 이스라엘 대사관을 공격하여 29명이 죽고 수백 명이 다쳤다. 이듬해에 부에노스아이레스에서 아르헨티나-이스라엘 상호협회가 폭탄 테러를 당했다. 여기서는 100명 가까이 죽고 250명이 부상당했다. 홀로코스트 이래로 최악의 유대인 민간인 학살이었다. 아르헨티나 법원은 결국 두 명의 이란

외교관과 두 명의 전직 장관에게 소환장을 발부했다. 주동자는 범행 며칠 전에 구멍이 많은 아르헨티나, 브라질, 파라과이 간 "삼국 접경지"를 통해서 남미에 들어갔었다. 이란이 "소형 핵탄두"나 핵무기 완제품을 헤즈볼라에 보냈다고 가정해 보라. 그걸 들여보내는 건 좀 더 어려웠을까? 그리고 만약 부에노스아이레스 도심지의 대부분이 사람이 살 수 없게 된다면 아르헨티나 정부는 어떻게 할까? 이란은 힘들이지 않고도 자신의 흔적을 멀리 남미에 남길 수 있지만 아르헨티나는 결코 자신의 흔적을 중동에 남길 수 없다. 핵무기로도, 재래식 무기로도 테헤란을 공격할 수 없다.

따라서 우리는 어떤 보복이라도 받을 수 있다. 그렇게 되면 워싱턴은 행동에 나설까? 증거가 얼마나 확실한가에 달려 있다. "상호 확실 파괴"(Mutually Assured Destruction : 핵강대국들이 공격과 보복공격으로 공멸할 수 있는 수준의 핵전력을 각자 유지하는 것역주)는 누가 먼저 핵미사일을 상대방을 향해 발사했는지 알 수 있어야 성립한다. 이란이 헤즈볼라를 비롯한 다른 테러 가맹점들을 차린 것은 "그럴싸한 부인권"(否認權 : 불법활동을 부인할 수 있는 권리역주)을 갖기 위함이다. 사실 그것은 그럴싸하지 않은 부인권이지만 UN에서 이용하기에는 충분하다. 따라서 물라들과의 연관성이 아주 막연하고 애매하다면 미국은 보복하는 데 얼마나 열심을 내겠는가? 부시와 럼스펠드는 그럴지도 모른다. 그러나 클린턴-파월 성향의 행정부라면 그러려고 할까? UN의 이름으로 조사해야 한다는 압력은 얼마나 많을까? 아마도 은퇴한 한스 블릭스(Hans Blix : 전 UN 감시검증사찰위원회 위원장역주)가 복귀할 테고, UN 안전보장이사회에서 제휴 맺기가 이루어지는 6개월 동안 우리는 무도회나 벌이면서 국무장관이 막판에 하르툼으로 날아가 수단이 투표에서 마음을 바꾸도록 설득하는 것을 지켜보면 될 것이다.

이란판 로동 미사일은 텔아비브뿐 아니라 로마, 베를린, 파리, 마드리드, 런던도 공격할 수 있을 것이다. 유럽의 정치계급은 어떻게 반응할까? 테헤란의 위협에 단호하게 맞설까? 아니면 이슬람 핵공격에 직면해야 하는 상황을 피할 방법이 있다고 생각할까? 예컨대 당신은 당신네 수도에 이슬람교도들이 희망해 온 굉장히 큰 이슬람 사원 건축을 승인할 수도 있다. 혹은 어느 특별 정부 위원회의 이슬람교도 로비 집단 지도부와 긴밀한 관계를 유지하려 할 수도 있다. 당신네 내각에 이슬람교도 교육부장관을 임명할 수도 있다. 다시 말해 "이슬람교도 폭탄"이 유럽의 이슬람화를 가속화시킬 것 같다. 왜냐하면 이슬람화는 어느 정도는 당신을 페르시아 핵우산 아래 데려다 주고 테헤란과 그 고객들로 하여금 다른 곳에 관심을 갖도록 만들기 때문이다.

우리의 말이 우리의 폭탄이다

에드먼드 버크(Edmund Burke)는 다음과 같이 썼다. "마음이 무절제한 사람은 결코 자유로울 수 없다. 그들의 격정이 그들의 족쇄가 될 것이기 때문이다." 아야톨라들에서 무국적 성전주의자들에 이르기까지 결국 "근본 원인"은 존재하지 않는다. 그런 것이 있다 하더라도 이라크에서 군대를 철수시키고 팔레스타인을 위해서 국기게양식을 거행한다고 해서 협상할 수 있는 성질의 것은 아니다. 지역 상황이 제공하는 것은 무엇이든 잡아먹고 퍼지는 암이 있을 뿐이다. 2005년 발리에서 학살이 발생하기 5일 전, 파리에서는 이슬람교도 9명이 파리를 공격하려 한 혐의로 체포되었다. 프랑스군이 전부 이라크에 가야겠군. 그렇지 않은가? 시라크 대통령과 그의 수상이 한다는 훌륭한 노력이라는 게 그런 거다. 이들은 2001년 이래로 부시, 블레어, 신보수주의자들, 시온주의자들의 전쟁 도발을 방해해 온 두 주요 인사이다.

아프간 군사작전이 펼쳐지고 나서 몇 달 동안 프랑스 외무장관 위베르 베드린(Hubert Védrine)은 미국의 "단순함"을 날마다 유감스러워했다. 그리고 사담 후세인은 프랑스의 거부권 행사가 이라크에 대한 UN의 유의미한 행동들을 무력화시키는 자신의 노력 중 최선의 성과라는 것을 애초부터 이해하고 있었다. 그럼에도 불구하고 성전주의자들은 프랑스 유조선을 폭파시켰다. 만약 당신이 서구에서 어느 나라 유조선을 폭파시키지 않을지 딱 하나 고른다면 그건 분명 프랑스일 텐데 말이다.

그러나 프랑스 유조선은 아무튼 폭파되었다. 그 후 아덴 이슬람 군대(Islamic Army of Aden : 남예멘에 근거를 둔 테러집단[역주]) 대변인은 "우리는 미국 중형잠수함을 노릴 수도 있었지만 그들은 다 이교도니까 상관없다"고 말했다.

상관없다. 그들은 다 이교도다.

사람들이 어떤 말을 내뱉고 그 말에 맞게 행동할 때 나는 그들의 말을 그대로 믿는다. 전(前) 헤즈볼라 지도자 후세인 마사위(Hussein Massawi)가 적절히 말했듯이 "우리는 당신들에게 무언가를 내놓으라고 싸우고 있는 것이 아니다. 우리는 당신들을 없애버리려고 싸우고 있는 것이다." 이슬람주의자들의 첫 번째 선택은 미국인과 유대인, 특히 월스트리트저널 리포터 고(故) 다니엘 펄 같은 유대계 미국인을 살해하는 것이다. 그럴 수 없다면 발리에서 그랬듯이 호주인, 영국인, 캐나다인, 스웨덴인, 독일인을 죽이는 것도 좋다. 상관없다. 우리는 모두 이교도다. 당신은 발리의 어느 바를 뻰질나게 출입하면서 '이봐, 난 모두를 사랑한다고' 라고 말하는 인습을 혐오하는 네덜란드인 애주가일 수 있다. 그래도 그들은 당신이 딕 체니라도 되는 양 열정적으로 날려버릴 것이다.

2002년 2월 노련한 중동 통신원 로버트 피스크(Robert Fisk)는 (그는 사실상 모든 사건을 일관되게 잘못 전했다) "내 친구 다니엘 펄을 풀어주라" 라는 제목의 칼럼을 썼다. 거기에는 다음과 같은 친숙한 문장이 있었다. 다니엘을 풀어주라. 그러면 당신은 하고 싶은 말을 널리 전달할 수 있을 것이다. 그를 인질로 삼는 것은 "최악의 자책골"이다. 그렇게 되면—피스크가 생각하기에—"수만 명의 아프간 난민들의 고통"이나 "수백만의 가난한 파키스탄인들의 처지" 등과 같은 메시지를 다니엘이 전달할 수 없게 될 테니 말이다.

피스크의 논리는 계속해서 핵심을 놓치고 있다. 그들이 전하려던 메시지는 전달되었다. 참수된 펄의 목이 바로 메시지이다. 그들이 참수 장면을 촬영하고 비디오로 편집해서 중동 상점가와 이슬람 학원을 통해서 유통시키고 인터넷을 통해서 전 세계에 퍼뜨린 이유가 거기에 있다. 비디오는 큰 인기를 끌었고, 메시지는 매우 효과적으로 전달되었다.

이 시대에는 가장 파쇼적인 이념조차도 그 음흉한 충동을 진부한 포장지로 덮을 정도로 매우 신중하다. 동구권은 철두철미한 "인민공화국들"로 구성되었다. 그러나 오웰이 『1984년』에서 "진리부"(眞理部) (즉 공식적 거짓말)라는 대담한 표현으로 밝힌 바와 같이 실상은 그와 정반대였다. 그러나 이슬람주의자들은 전통적인 수사학적 속임수조차 쓰려고 하지 않는다. 그들은 있는 그대로를 말하며, 그들이 하는 말은 사실 그대로다. 그러나 우리는 애써 모르는 척한다. G-8 정상회담이 열리는 동안 런던 지하철을 폭파시켜라. 그러면 세계 지도자들은 마치 테러리스트들이 아프리카의 빈곤이나 지구 온난화 때문에 동요하기라도 했다는 듯이 여기면서 그 문제들을 다루려고 조치를 취하는 중에 그러한 일이 발생해서 얼마나 "가슴 아프고" "아이러니"한지 떠들어댄다. 명료함이 눈부시게 빛나고 있는데도 우리는 전등을 끄고 어두워지는 평원에서 여기저기 더듬고 다니는 상황으로 되돌아가려고 한다.

무질서한 세계는 결국 모든 속박을 풀어버린다. 낮은 수준의 갈등 상황에서조차도 악행은 한쪽만 저지르지 않는다. 미국인들은 "북아일랜드" 하면 IRA와 영국의 대립을 떠올린다. 그러나 그게 전부가 아니다. "충성파" 준군사조직들도 많이 있다. 이들은 상대방이 자기 쪽 민간인에게 폭탄 테러를 하면 다음은 자기 차례라고 생각한다. 이슬람주의자들은 어리석게도 무국적 핵무기가 한쪽으로만 날아간다고 가정한다. 만약 정체불명의 핵탄두가 런던이나 델리에서 발사된다면 정부가 대응할 때까지 기다릴 필요가 없다. 얼스터에서처럼 보복 발사를 하기에는 국가권력이 너무 물러터졌다고 생각하는 집단들이 항상 있을 것이다. 따라서 전화번호부에도 없는 전화가 이곳저곳에서 울리고, 결정이 내려지고, 이슬라마바드와 리야드와 카이로에서 미사일이 발사될 것이다. 이슬람 측에는 비국가 행위자들이 많이 있을 것이다. 결국 이슬람주의 전염병의 희생자에는 수많은 이슬람교도들이 포함될 것이다.

그러나 분명 우리는 이란의 핵공격을 기다릴 필요는 없다. 그렇지 않은가? 발리 폭탄 테러와 마드리드 폭탄 테러, 런던 폭탄 테러는 이미 불을 밝혔다. 이로 인해 이슬람주의가 고전적인 "무장 독트린"이라는 진실은 불가피해진다. 이슬람주의는 파괴하기 위해 존재한다. 언젠가 이슬람주의는 엄청난 규모의 파괴를 저지를 것이다.

08
홀로 떨어진 단극(單極)
미국 vs 나머지 모두

> 결국에는 미국 대 나머지 세계가 될 것이다.
> 당신은 어느 쪽에 설 것인가?
>
> – 매튜 패리스, 《스펙테이터》(영국), 2002년 2월 2일자

미국은 자신이 시작한 "장기전"에서 승리할 수 있을까? 당신은 이 질문이 어리석다고 생각할지 몰라도 다른 나라들은 분명 그렇게 질문하고 있다. 왜냐하면 미국이 승리할 수 없다면 선진세계의 그 누구도 승리할 수 없고, 그들은 새로운 현실에 적응하라는 조언을 받을 것이기 때문이다. 이슬람 유럽과 핵강대국 이란은 시작에 불과할 것이다. 수니 트라이앵글에서부터 생각을 시작해 보는 것도 좋을 것이다. 사담 후세인이 체포되고 몇 주가 지나서 나는 팔루자(Fallujah : 바그다드 서쪽의 수니파 도

시로 이라크전쟁에서 치열한 전투가 벌어진 곳[역주])에 차를 몰고 간 적이 있다. 얼마나 황폐하던지! 이 글을 읽는 팔루자인을 비하하려는 뜻은 없다. 나는 수니파로 가득 찬 허름한 카페에서 늦은 아침을 먹었다. 가게 안에 여성은 한 명도 없었다. 그리고 서양인은 나 혼자였다. 영화에서처럼 내가 들어서자 모두가 대화를 멈추었고, 그 모든 눈동자들이 테이블로 향하는 나를 따라 움직였다.

나는 경험 많은 해외 통신원처럼 보이는 것을 매우 싫어한다. 일주일 동안 중동의 야외시장 뒷골목에서 잠을 잔 듯한 몰골을 싫어한다는 말이다. 그래서 나는 워싱턴이나 뉴욕에서 입던 대로 브룩스브라더스(Brooks Brothers : 미국 의류 제조업체[역주])에서 만든 서양 제국주의 침략자표 옷을 입고 일주일 전에 런던에서 구입한 멋진 넥타이를 매고 있었다. 내 소매단추는 가게 안에서 가장 맵시가 있고 유일한 것이었다. 나는 수니 트라이앵글 주민이 아니며, 따라서 주민인 척 가장할 이유도 없다. 만약 당신이 이교도이고 타락한 식민관료라면 거기에 걸맞게 옷을 입으면 된다.

이어서 나는 모둠구이를 주문했는데, 그다지 모둠 같지 않은 요리가 나왔다. 질기고 오래된 끈적끈적한 닭요리에 불과했다. 내 넥타이가 더 씹기 쉬울 것 같았다. 현지인들은 나를 지켜보았다. 몇몇은 분명 불친절하고 적대적이었고, 나머지는 조심스럽거나 재미있어 했다. 혹은 그렇게 보였다. 그러나 아랍 독재정권에서 막 해방된 낯선 문화에서 확신 있게 말하기란 어렵다. 얼굴 표정조차도 그들이 겉으로 드러내는 것을 항상 의미하는 것은 아니다. 이따금씩 나와 함께 식사하는 사람들은 다른 언어로 히죽거리는 것처럼 보였다. 그렇지만 나는 버클리에서 그보다 더 안 좋은 대접을 받았던 적도 있었으므로 계속해서 음식을 씹었다. 그리고는 대장균 덩어리 주전자 물을 꿀꺽 삼켰다. 섞지 않은 구이는 그리 나쁘지 않았다. 예의를 차리려는 건지 비꼬려는 건지 가게 주인은 깜빡거리는 흑백 TV 채널을 아랍 방송에서 BBC로 돌렸다. 여느 때처럼 BBC 보도는 수렁 같은 이라크에 관한 파멸과 암흑으로 가득 차 있었다.

그리고 내가 팔루자를 다시 생각하게 된 건 그로부터 1년 뒤 미국인 계약자 4명—스코트 헬벤스턴(Scott Helvenston), 웨슬리 배탈로나(Wesley Batalona), 제리 조프코(Jerry Zovko), 마이클 티그(Michael Teague)—이 도심에서 운전하다가 기습을 당했을 때였다. 그들은 차에서 질질 끌려나와 총에 맞았고, 그 시신은 불태워지고 토막났다. 그리고 남은 부분이 유프라테스 강에 놓인 다리에 매달려 있는 동안 현지인들은 길거리에서 춤을 추었다. "폭도들"은 매우 기뻐했고, 공격장면을 비디오로 찍어서 전 세계에 전파했다.

"맙소사, 나도 저런 일을 당할 수 있는 거잖아!"라는 식의 논리에 대해서는 그다지 할 말이 없다. 그러나 TV에서 그 장면을 보면서 나는 11개월 전 팔루자에서 식사하던 때를 회상했다. 그리고 옆 테이블에서 이를 드러내고 히죽거리던 알 수 없는 웃음에 대해서 궁금해졌다. 그 사내들은 나를 죽이고 싶었던 걸까? 한두 명쯤은 한번 해보고 싶었을 거라고 나는 확신한다. 그리고 만약 그랬더라면 서너 명쯤 더 가세해서 자기 신발로 내 시신을 열광하며 두들겼을 거라고 나는 확신한다. 그리고 대여섯 명은 나에 대해서 전혀 별 감정이 없더라도 나를 죽인 일에 사후적으로 전반적인 지지를 보냈을 것이다. 그리고 나머지 사람들은 약간의 양심의 가책을 느꼈을 수도 있지만 침묵을 지켰을 것이다.

그렇다면 그들은 왜 나를 죽이지 않았을까? 나는 용감한 사람이 아니며, 무모하게 용감한 사람은 더더욱 아니다. 그리고 만약 수니 트라이앵글이 지구상에서 가장 위험한 지역이라는 것을 알았더라면 노후한 닛산 자동차를 렌트해서 홀로 그 주변을 운전하고 다니지는 않았을 것이다.

그러나 물론 최근에 팔루자는 위험하지 않다. 왜냐고? 왜냐하면 오사마가 9·11 이후에 고소해했듯이 사람들은 강한 말과 약한 말을 보면 강한 말을 따르기 때문이다. 그리고 2003년 5월, 바그다드가 점령되고 4주가 지난 후 연합군은 명백히 강한 말이었다. 그들은 눈깜짝할 사이에—자칭 살라딘(Saladin : 12세기 이집트 아이유브 왕조의 시조역주)이라는—사담 후세인을 제거해 버렸다. 그래서 어느 우아하고 자그만 날쌘 거세마(去勢馬) 같은 방문기자가 문으로 들어서더라도 그들은 그가 '강한 말' 군중과 함께 있다는 것을 알고 있으며, 거기에 맞춰서 행동한다.

그러나 이듬해에 미국은 더 이상 강한 말로 여겨지지 않게 되었다. 서구의 패배주의적 미디어에서부터 이른바 동정적인 십자군으로 보이고 싶은 부시 정부의 소망에 이르기까지 여러 요인이 있었다. 훌륭한 미디어다. 그러나 아랍의 사고방식에는 이와 같은 것이 없다. 따라서 동정은 현지인들에게 문화적 존중이 아니라 약함으로 비쳐진다. 그리고 애초부터 미디어가 진단한 전쟁공황(quagmiritis : 원래는 입과 혀를 마비시켜 언어장애를 일으키는 질환을 가리킴역주)은 역사상 유례없는 힘을 가진 초강대국이 1년간 전사자 수가 평화로운 일주일 동안 사담을 제재하느라 희생된 전사자 수보다 조금 더 많은 것을 감당할 용기조차 없다는 사실을 시사했다. 이와 대조적으로 세기가 바뀌는 2-3년 동안 콩고에서는 약 400만 명이 죽었다. 당신은 이에 대해 책이나 TV를 통해서 몇 번이나 들어보았는가?

팔루자에 도착하기 전에 요르단 국경과 루트바(Rutba : 바그다드 서쪽 시리아 사막 입구에 있는 도시[역주]) 도심 사이에 놓인 버려진 고속도로 위에서 나는 타버린 탱크를 처음으로 마주했다. 숯덩이가 된 채 도로를 가로막거나 갓길에 처박힌 잔해는 종종 발견할 수 있다. 처음 만난 잔해 앞에서 나는 멈춰섰고, 주변을 둘러보면서 안에 타고 있던 군인들의 운명에 대해서 곰곰이 생각했다. 정신이 번쩍 들었다. 그러나 위대한 기계화 전투 전략가 리들 하트(Basil Liddell Hart)가 썼듯이 "적의 군사력을 파괴하는 것은 실제 목표를 획득하기 위한 수단에 불과하며, 반드시 불가피한 것은 아니다."

전쟁의 목표는 적군 탱크를 파괴하는 것이 아니라 적의 의지를 꺾는 것이다. 리들 하트가 말했듯이 "전쟁에서 우리의 목표는 적대하는 의지를 굴복시킴으로써만 획득할 수 있다. … 야전, 선전, 봉쇄, 외교술, 혹은 정부와 국민의 핵심부에 대한 공격 등은 그러한 목표를 위한 수단으로 여겨질 뿐이다."

미국은 탱크를 부수는 일은 굉장히 잘한다. 만약 미국을 열전(熱戰)—즉 탱크, 폭격기, 전투함 등—으로 끌어들이는 실수를 범한다면 당신은 매우 신속하게 패배할 것이다. 탈레반이 그랬고, 사담 후세인이 그랬다. 팔루자에서 점심을 먹을 때 내게 개인적인 용기가 필요하지 않았던 이유가 여기에 있다. 이슬람 세계를 어디든지 여행할 수 있는 가장 안전한 시기는 미국이 그곳의 독재자를 몰락시킨 직후이다.

그러나 적은 자신이 끝났다는 것을 알 때 항복한다. 이라크에서는 사담 추종자들이 급속하게 몰락했지만 적들이 그 사실을 알고 있는지는 불분명하다. 전투국면 때조차 미국은 동정적인 십자군 역할을 하고 있었다. 서구 반전운동가라는 자들의 전전(戰前) "인간방패" 작전은 완전히 불필요한 것이었음이 밝혀졌다. 왜냐하면 영국군과 미군은 이라크 민간인과 징집병들뿐만 아니라 사담, 우다이(Uday : 사담 후세인의 장남역주), 쿠사이(Qusay : 사담 후세인의 차남역주)를 제외한 모든 사람들을 사실상 인간 방패로 대하기로 결정했기 때문이다. 워싱턴은 의식적으로 모든 이라크인들에게 의심할 수 있는 혜택을 주었다. 나시리야(Nasiriyah : 바그다드 남동쪽의 도시역주)에서 미 해병대를 매복 공격한 거짓 귀순자들에게도 그런 혜택이 주어졌다. 2003년 봄, 몇 주 동안 서구의 신중한 행동에 피해를 본 것은 결국 미국인이나 연합군이 아니라 주로 이라크 민간인들이었다. 이들은 2년 뒤에 "폭도들"의 주요 공격대상이 되었다. 지난 침공 때 바스당원들(Baathists : 아랍의 민족주의적 사회주의자들역주)이 더 많이 죽었더라면 그들에게 더 좋았을 것이다. 그리고 인접 국가들에서 온 외국인 성전주의자 무리가 시리아 쪽 국경에 있는 어떤 대상을 노린 "우연한" 폭격 때 가끔씩 죽어주었더라면 좋았을 것이다. 지나치게 예의를 차린 전쟁은 이기기가 가장 어렵다. 한국전쟁과 베트남전쟁을 생각해 보라. 그리고 독일과 일본의 경우에서 알 수 있는 교훈은 먼저 완전하게 부서지고 나면 전체주의 국가를 재건하기가 더 쉽다는 것이다. 콜린 파월은 포터리반(Pottery Barn : 미국에 근거를 둔 가구 체인점역주) 규정대로 이라크를 훌륭하게 만들어냈다. 즉 "망가뜨린 물건은 본인이 사가셔야 합니다"라는 규정 말이다. 그러나 사담의 바스당과 여타 집단들은 정반대로 결정을 내렸다. "우리는 그것을 부술 배짱이 없어서 가지지 않았다"고 말이다.

나는 이라크에 대해서 걱정하지 않는다. 이라크의 정치계급은 놀라운 자제력과 인상적인 해결책을 갖고 처신해 왔다. 이라크는 뉴햄프셔나 싱가포르가 될 수는 없겠지만 다른 이웃 국가들보다 더 낫고 (세 국가로 쪼개지더라도) 통치도 잘 이루어질 것이다. 당신은 모술(Mosul : 이라크

북서부의 상업도시[역주])이나 바스라(Basra : 이라크 남동부의 항구도시[역주])에서 살아도 괜찮다. 그곳에서 이라크 문제는 이라크에 관한 문제이다. 그러나 이라크 이외에 세계에게 이라크의 쟁점은 이라크의 미래가 아니라 미국의 미래다. 세계를 이끄는 국가는 계속해서 세계를 이끌 수 있을까? 아니면 존 케리의 베트남 신드롬이 (그가 쓰는 표현대로) 뼛속까지 "사무쳐" 있을까? 그렇다면 미국이 "장기전"을 끝까지 밀어붙일 가능성은 얼마나 될까? 특히 만약에 이 전쟁이 신속하고 철저하고 압도적인 군사작전에 따라 치러지지 않고 미국의 군사 및 기술적 장점이 부수적 차원에 머물거나 다른 요인들이 개입되는 무대에서 치러진다면 어떻게 될까? 의지와 인력밖에 없는 적과 마주했을 때 미국에게는 (리들 하트의 말대로) 그러한 의지를 굴복시킬 힘이 있을까? 미군의 바그다드 진격 속도에 적이 충격을 받은 게 확실하다. 그러나 침공은 해방이 되고 해방은 치안유지가 된다. 하드 파워를 발휘한 첫 달이 지나면 하이퍼 파워는 더욱 제한된다. 그리고 미국은 결국 자신이 매우 의욕적인 소인국 사람들에게 붙잡힌 걸리버라는 사실을 깨닫기까지 막강한 힘 중에서 아주 작은 부분만을 이용해야 한다는 게 달갑지 않게 느껴진다.

사담 동상이 언제 철거되었는지 기억하는가? 동상 안이 비어 있었다는 사실이 뒤늦게 밝혀졌다. 이슬람주의자들은 서구 문명도 그와 같다고 생각한다. 외관은 튼튼하지만 속은 비어 있다고 말이다. 단단한 강철층—미군—에 싸여 있지만 안에는 아무 것도 없다.

그들은 왜 그렇게 생각할까? 수많은 사소한 기사들 때문일 것이다. 그 자체로는 전혀 중요하지 않지만 누적되면 눈사태가 되는 신문 하단에 실리는 하찮은 단신들 말이다. 시시한 예를 하나 들어보자. 2003년 크리스마스 직전에 산 후안 카피스트라노(San Juan Capistrano : 캘리포니아

오렌지카운티의 도시역주)의 어느 가톨릭 고등학교가 축구팀 이름을 '십자군'에서 문화적으로 덜 민감한 '라이언스'로 바꾸기로 했을 때 캘리포니아의 이슬람 지도자들은 박수갈채를 보냈다.

한편, 북쪽으로 20마일 떨어진 어바인(Irvine)에서 이슬람교도 축구연맹은 새해 토너먼트 스케줄에 오렌지카운티에서 가장 흥미진진한 몇몇 이슬람교도 축구팀을 포함시키기로 결정했다. 예컨대 인티파다, 무자헤딘(이슬람 전사역주), 사라센(십자군 시대의 회교도역주), 알라의 칼 같은 팀들 말이다.

꼭 그렇게 하기 바란다. 나는 2015년쯤 캘리포니아 스포츠 달력이 정말 궁금하다. 샌디에이고 '성전주의자들' 대 오클랜드 '문화적으로 민감한 사람들', 말리부 '헤즈볼라' 대 샌타 모니카 '착한 사람들', 패서디나 '이교도 학살의 칼' 대 베이커즈필드 '자기 비판자들', 새너제이 '참수자들' 대 버클리 '상호 존중자들' 따위의 스케줄이 나올 것이다.

의식적이건 그렇지 않건 학교 스포츠 팀 이름 같은 사소한 양보의 밑에 놓인 근거는 거대하고, 강하고, 부유한 문화는 약한 문화를 수용하는 아량을 베풀어도 된다는 데 있을 것이다. 불행하게도 받는 쪽은 종종 관대함을 약함으로 해석한다. 민감하고, 관용적이고, 다문화적으로 되기란 쉽다. 이것은 이 시대의 기본 설정이다. 그러나 당신이 민감하지 않은 자들에게 민감하고, 관용적이지 않은 자들에게 관용적이며, 공공연하게 단일문화적인 자들에게 나무랄 데 없이 다문화적이기를 고집할 때 그들이 그것을 약함으로 받아들인다 하더라도 놀라지 말기 바란다.

만약 이것이 "장기전"이라면 장기적으로 진짜 전쟁터는 어디인가? 아라비아의 사막? 아니면 오렌지카운티를 비롯한 수천 개의 카운티에 있는 축구경기장? 뉴욕타임스는 테러 자금을 추적하는 미 재무부 프로그램을 공개하기로 했다가 국가보안을 해친다고 심하게 비판을 받았다. 이에 대해 뉴욕타임스는 자신의 책임을 진지하게 받아들이고 있으며 "군대 배치"는 절대 발설하지 않겠다고 말했다. 그러나 이것은 군대를 배치하는 전쟁이 아니다. 이 비대칭적인 교전에서는 군대 배치가 전신 송금이다. 사우디아라비아에서 미국으로 송금하여 9·11테러를 일으킬 뿐만 아니라 더욱 교활한 온갖 방법으로 그 운동을 추진한다. 성전주의자에게는 제3보병사단에 맞설 만한 것이 없다는 것을 우리는 알고 있다. 그러나 다른 분야는 어떨까?

거의 모든 나라에 있는 전쟁대학교나 전략연구소에서는 국력의 모든 요소를 살펴보는 것이 중요하다고 가르친다. 일례로 2004년 미 국방부 전략억제합동작전 콘셉트를 보면 "전략적 억제력은 외교, 정보, 군사, 경제 등 국력의 모든 요소를 통합하고 거기에 집중하는 국가 억제전략을 요한다."

여기에 특이한 것은 없다. 나는 다섯 번째 요소로 사법권, 즉 법적 강제를 추가하고 싶다. 군사력과 다른 힘 간의 차이는 명백하다. 군사력이 있으면 당신은 명령을 내리고 다른 곳 어딘가에 있는 누군가가 그것을 수행한다. 국력의 다른 요소들의 경우 명령 사슬은 그렇게 직접적이지 않다. 그렇다면 국력의 요소들이 어떻게 작동하는지 살펴보자.

군사력

미국은 지구상에서 가장 강력한 군사력을 보유하고 있다. 워싱턴은 전 세계 군비의 40%를 책임지고 있지만 매우 중요한 다른 통계치와 비교해 보면 이 수치는 무색해진다. 즉 워싱턴은 군사연구비의 약 80%를 책임지고 있는데, 이것은 미국과 다른 모든 나라의 능력 차이가 날마다 점점 커진다는 것을 뜻한다. 아프가니스탄에서는 많은 기본형 로봇들이 알카에다 미치광이들을 찾아 동굴을 샅샅이 뒤지는 데 이용되었다. 만약 이러한 기술혁신을 보고 어떤 건방지게 거드름 피우는 영국인들이 전통적 제국주의의 기백을 그리워하게 된다면 미국의 적들 또한 이에 대해 그들 나름대로의 편견을 가지게 된다. 즉 거대 사탄은 인간미 없는 현대전을 선호할 거라고 생각하게 된다. 왜냐하면 그는 단 3명이 전사하는 것조차 참을 수 없을 테니까 말이다. 따라서 이러한 수법은 미국으로 하여금 파쇄성 폭탄과 벙커버스터(bunker buster : 벙커를 뚫고 내부를 파괴하는 폭탄[역주])로 그들을 흠씬 두들겨 패도록 도발하기 위한 것이 아니라, 저녁 뉴스 속보 때마다 한두 명의 사상자만 내면서 미국을 점진적으로 소모시키기 위한 것이다.

미국의 "친구들"에게는 비제국주의 초강대국의 모순이 하나 더 있다. 미국은 쓰러져 가는 원거리 식민지가 아니라 가장 부유한 동맹국들에 군대를 주둔시킨다. 이를 통해 동맹국들은 조세수입을 탱크와 항공모함보다는 호사스런 복지 프로그램에 자유롭게 지출할 수 있게 되며, 미국과 나머지 세계의 차이는 더욱 악화된다. 다른 종류의 복지와 마찬가지로 방위복지는 끊기 어려운 습관이며, 수혜자에게 해를 끼친다. 현대 유럽이 지닌 유별나게 취약한 특성은 미국이 유럽으로부터 자주국방의 책임을 면제해 준 데서 생겨난 논리적 귀결이다. 1796년에 조지 워싱턴은 알렉산더 해밀턴(Alexander Hamilton : 미국 초대 재무장관[역주])에게 다음과 같이 썼다. "습관적인 증오나 습관적인 애호에 빠져 있는 국가는 어느 정도는 노예라 할 수 있습니다. 그런 국가는 자신의 증오나 애정에 대한 노예입니다. 이 중 어느 하나만으로도 국가가 자신의 의무와 관심사로부터 길을 잃기에 충분하지요."

이것은 유럽과 미국의 관계를 적절하게 요약한다. 미국은 대개 잘못 놓인 유럽에 대한 습관적인 애호의 노예가 된 반면, 유럽은 완전히 비합리적인 미국에 대한 습관적인 증오의 노예가 되었다. 보수주의자들이 복지에 대해서 논할 때 자주 쓰는 표현이 있다. 어느 쪽이 사람에게 좋은가? 물고기를 주는 것인가, 아니면 물고기 잡는 법을 가르쳐 주는 것인가? 이것은 방위복지에도 똑같이 적용된다.

따라서 동네에서 유일하게 테니스 라켓을 가진 사내가 시합을 많이 못하는 것과 마찬가지로 미국의 군사적 우위로 인해 당연하게도 미국의 동맹국과 적들은 모두 다른 형태의 전쟁터에 관심이 많다. 두 군데만 들자면 (프랑스의 경우에는) 국제적 토론장이나 (이슬람 성직자들에게는) 북미의 교외 이슬람 사원 같은 곳 말이다. 이곳들은 초강대국 미국이 자신감을 갖지 못하는 현장이다.

사법권

국력의 요소로서 법적 강제는 어떠한가? 이른바 "20번째 납치범"(9·11에 연루되었지만 알려지지 않은 범인들을 다 합치면 20명은 될 것이라는 주장에서 나온 표현[역주]) 자카리아스 무사위(Zacarias Moussaoui)가 한 말에 따르면 "미국이여, 그대는 패배했다."

반박하기 어렵다. 그날 무사위 씨는 법정 밖으로 끌려나와 말하기 시작했다. 형편없는 9·11 위원회의 어느 허풍스런 위원은 케이블 쇼에 출연해 전 세계 성전주의자들이 미국의 사법체계에 경탄한다고 자랑스럽게 말했다. 무사위 씨가 누린 여유만만한 소송절차가 미국이 제2차 세계대전에 참가한 기간보다 더 오래 이어지고 있던 때였다. 전 세계 만민들은 미국의 사법체계를 엄청나게 비웃고 있었다.

사담 후세인만은 그럴 수 없었다. 그는 재수 없게 이라크 사법체계에 걸려든 것을 후회하고 있었을 것이다. 배심원 12명 중 9명은 무사위 씨가 어렸을 때 겪은 "정서적 학대"가 참작되어야 한다는 데 동의했다. 사담도 같은 주장을 할 수 있었겠지만 그의 배심원은 오프라포닉 법(Oprahfonic Code : 자유주의적 성향의 오프라윈프리 쇼를 빗대어 저자가 지어낸 신조어[역주]) 원칙에 따라서 움직이고 있지 않았다. 형사기소는 테러리스트에게 범죄자가 갖는 모든 권리를 부여한다. 여기에는 "이런, 크룹케 경사님"(Gee, Officer Krupke : 뮤지컬 「웨스트사이드 스토리」에 나오는 노래로, 청소년 비행에 수많은 원인이 있음을 주장하는 내용이다[역주])의 변론도 포함된다. "나는 박탈당했기 때문에 타락한 거라오."

미국이 변호가 지나친 사회라고 말하는 것은 닳고 닳은 진부한 표현이다. 그러나 전쟁을 단지 정의가 잠재적으로 실패한 것에 불과하다고 말하는 경향이 미국 문화에 널리 퍼져 있다는 것을 알게 된다면 이 진부한 표현이 매우 명확하게 느껴질 것이다. 무사위 소송에서 배심원 평결에 대한 뉴스 쇼의 첫 번째 본능은 9·11 희생자 가족들의 친척을 섭외해서 그들이 결과에 만족하는지 묻는 것이었다. 마치 테러와의 전쟁이 유족들이 불가침의 소유권을 가지는 일종의 국가안보를 위한 메건 법(Megan's Law : 캘리포니아에서 성범죄자의 소재를 공개하기로 규정한 법[역주])이라도 되는 양 말이다. 미안하지만 그 화요일 아침에 이런 일은 발생하지 않았다. 수천 명의 희생자는 개별적으로 테러 대상이 된 것이 아니었다. 그들은 미국인이라서 죽은 것이지, 멀리 떨어진 동굴 속의 누군가가 스미스 씨를 살해하기로 결정했기 때문에 죽은 것이 아니었다. 유족들은 우리의 동정을 사기에 충분하며, 그들의 슬픔은 우리가 결코 진정으로 공유할 수 없다. 그러나 그들은 원고가 아니며, 전쟁은 법률소송이 아니다.

그것은 희생자를 위한 "합의"의 문제가 아니라 국가의 승리에 관한 것이다.

소환장으로 성전주의자와 싸우겠다는 데 동의하는 것은 사법거래에 응할 의향이 있다는 선언이다. 처칠처럼 "우린 결코 굴복하지 않을 것이다"라고 말하기보다는 "음, 판사는 대량학살에 대해 무혐의 처분을 내렸지만 지검장은 우리가 여전히 우편물 사기 혐의를 들춰낼 수 있을 거라는군"이라고 말하는 쪽에 속한다. 그리고 이마저도 점점 어려워질 것이다. 2005년 영국 당국은 마침내 국내의 많은 선동적 이맘들 중에서도 가장 유명한 이맘과 대립하기에 이르렀다. 아부 함자는 타블로이드판 신문들이 그를 "갈고리"라고 공식 지명한 덕에 잘 알려진 이름이다. 그는 1991년 아프가니스탄에서 "사고"로 두 팔을 잃었다. 9건의 살인교사 및 기타 혐의로 런던 법정에 섰을 때 그는 유명한 왕실 고문변호사의 변호를 받았다. 그는 아주 교묘한 법률전략을 들고 나왔다. "왕실 고문변호사 에드워드 피츠제럴드(Edward Fitzgerald)는 아부 함자가 코란이 이슬람교도들에게 성전주의 운동을 펼치고 그들의 종교를 보호하기 위해서 싸워야 할 의무를 부과한 것으로 해석했다고 말했다. 그는 핀즈버리파크(Finsbury Park) 사원의 전직 이맘에 대한 형사법원 판례가 '지극히 단순했다'고 말했다. 그는 다음과 같이 덧붙였다. '그가 살인을 설교했다고 말합니다. 그러나 그는 사실 코란에 나온 대로 설교했습니다.'"

코란이 허용한다면 무죄선고를 해야 한다고? 명석하군. 유죄를 선고하는 것은 다문화주의적 존중이 결여된 행위일 것이다. 평화의 종교의 성서가 이교도들을 죽이라고 권한다면 우리는 누구를 재판해야 하는가? 영국 반테러 법정 SIAC(Special Immigration Appeals Commission : 영국의 상급 기록재판소로서 2005년까지 비밀리에 국제 테러리스트의 신원을 확인하는 역할도 맡았다[역주])는 2003년에 어느 35세 알제리 남성이 "알카에다와 연결된 테러리스트들을 적극적으로 도와"왔다는 사실을 포착했다. 그러나 이듬해 그는 벨마시 교도소(Belmarsh Prison)에서 석방되었는데, 감옥이 그에게 "우울증"을 야기하기 때문이었다.

서양의 기준에 따르면 모든 이슬람 테러리스트들은 "우울증"에 걸렸다. 무엇보다도 그들은 자살폭탄 테러리스트로서 자살성향이 있다. 이 "동화되지 않은" 이슬람주의자들은 준법주의, 소수인종 배려, 관료주의적 무기력 같은 우리의 약점을 인상적일 정도로 재빨리 알아차린다. 법정은 적에게 유리하도록 경기장을 평탄하게 다진다.

외교력

국력의 요소로서 미국의 외교력은 어떤가? 제2차 세계대전 이후 미국 시대가 개막할 때 워싱턴은 미국의 가치, 미국의 사고, 미국의 목소리를 적극적으로 장려하는 역할을 맡지 않기로 결정했다. 그 대신에 마이클 맨델바움(Michael Mandelbaum : 존스홉킨스 대학의 외교문제 전문가[역주])이 말하는 '질서유지자' (*ordnungsmacht*)가 되는 쪽을 택했다. 경제질서에 대한 관심에서 미국은 국제기구들 간의 네트워크를 만들었다. 여기에는 국제부흥개발은행(World Bank), 국제통화기금(IMF), 관세 및 무역에 관한 일반협정(GATT) 등이 포함되었다. 지정학적 질서에 대한 관심에서 미국은 다국적 기구들을 설립했다. 여기서 미국은 비제국주의적 패권주의를 어떻게든 피하고자 했기 때문에 모든 회원국의 사고, 가치, 목소리를 인위적으로 과장했다. 예컨대 나는 최근에 UN 고위 인사가 어느 회원국을 용감하게 "권위주의 체제"라고 부르는 사례를 한 건밖에 찾아볼 수 없었다. 그는 전 사무총장 부트로스 부트로스-갈리(Boutros Boutros-Ghali

: 1992-1997년에 UN 사무총장을 역임한 이집트 외교관[역주])로서 2004년에 미국에 대해서 말하고 있었다.

UN에 소속된 보다 능숙한 비평가들은 UN이 끔찍한 기구라는 데에 동의한다. UN에는 사기용 석유판매(Oil-for-Fraud : 원래 이라크 식량 공급을 돕기 위해 석유판매를 허가하는 Oil-for-Food라는 제도인데, 수익금이 불법적으로 이라크 정부에 들어간 적이 있어서 비아냥조로 이렇게 불림[역주])도 있고, 콩고의 아동 성매매도 있으며, 다르푸르(Darfur : 수단 서부 일대[역주]) 학살과 쓰나미에 대한 서투른 대응도 있다. 그렇기 때문에 더더욱 미국은 절실한 개혁을 위해 합의를 도출할 수 있어야 한다. 이것은 매력적인 방침이기는 하지만 대부분의 개혁안이 상황을 악화시킬 것 같다는 게 문제다. 대부분의 주요 회원국들에게 UN은 지정학적 실체를 반영하는 것이 아니라 그것을 대체한다. UN은 더 이상 세계 강대국들이 언제까지나 잡담을 나눌 수 있는 현대판 빈 회의가 아니라 그 자체가 대안적 권력이다. 즉 UN은 실제 강대 국제기구에 반대하는 모조 강대 국제기구이다. 2003년 미국이 UN 총회에서 던진 85건의 찬반투표를 살펴보라.

- 아랍연맹 회원국들은 미국의 입장에 88.7% 반대표를 던졌다.
- 동남아시아국가연합(ASEAN) 회원국들은 미국의 입장에 84.5% 반대표를 던졌다.
- 이슬람회의 회원국들은 미국의 입장에 84.1% 반대표를 던졌다.
- 아프리카 회원국들은 미국의 입장에 83.8% 반대표를 던졌다.
- 비동맹운동(Non-Aligned Movement) 회원국들은 미국의 입장에 82.7% 반대표를 던졌다.
- EU 회원국은 미국의 입장에 54.5% 반대표를 던졌다.

와! 유럽이 미국과 45%나 확고부동한 친구라니! 당신은 이것이 미국의 고립을 보여주는 증거이며 이제 미국이 "상호 의존 선언"을 공포할 필요가 있다는 유럽 엘리트들의 견해를 받아들일 수도 있다. 아니면 당신은 어빙 벌린(Irving Berlin : 미국의 작곡가[역주])의 제1차 세계대전 행진곡에 나오는 의기양양한 엄마처럼 될 수도 있다. "내 아들 짐(Jim)만 빼고 나머지는 모두 줄이 맞지 않았어요." 그러나 위의 수치는 냉전 후 UN의 논리가 제도화된 반미라는 사실을 말해준다.

워싱턴은 코피 아난 체제가 처한 어려움을 활용하고 터틀베이(Turtle Bay : UN 본부가 있는 맨해튼의 지역 이름으로서 여기서는 UN 자체를 가리킴[역주])에 더욱 의존하면서 이것은 개혁하고 저것은 개편하고 또 어떤 것은 만들어낼 수 있었다. 그리고 외교 총력전을 펼친다면 반미 투표율을 80% 남짓으로 낮출 수 있었을 것이다. 미국은 부패하고, 제 기능을 못하며, 경화증에 걸린 반미 클럽을 단출하고 보잘 것 없지만 효과적으로 기능하는 반미 클럽으로 "개혁"했다는 사실을 그 과정에서 깨달았을 것이다.

경제력

많은 사람들이 마호메트 이후 가장 위대한 이슬람교도로 여기는 수피파 신학자이자 법학자인 알 가잘리(al-Ghazali)는 천 년 전에 죽었지만 '디미'(*dhimmi*)—이슬람 사회의 비이슬람교도—의 행동에 관한 그의 언급은 오늘날에도 들어맞는 것 같다. "디미는 알라 혹은 그의 사도들에 관해서 말하지 못하게 되어 있다. … 유대인, 기독교인, 비아랍인은 지즈야(jizya)를 내야 한다."

지즈야는 비이슬람교도들이 자신보다 뛰어난 이슬람교도들에게 내야 하는 인두세이다. 이슬람 세계에 경제혁신이 부족한 한 가지 원인은항상 사회의 자금제공 부담을 주로 이교도들에게 부과해 온 데 있다. 이것은 마호메트 시대까지 거슬러올라간다. 전쟁하는 아랍 부족들을 떠맡아 하나의 이슬람공동체(*umma*)로 통합하게 되면 주요 세입원—서로 싸워서 상대방 물건 훔치기—을 차단하게 된다는 결점이 있다. 마호메트가 이슬람교에 새로 가입하기 원하는 사람들을 배척하지 않는 한편, 이슬람 영토 안에 비이슬람교도들의 존재에 대해서 상대적으로 느긋했던 이유가 여기에 있다. 그들은 조세의 흐름이었던 것이다. 전도유형을 비교해 보면 기독교는 신자들을 획득한 후 땅을 획득하면서 확산된 반면 이슬람교는 땅을 획득한 후 신자들을 획득하면서 확산되었다. 이교도 영토를 정복했을 때 이슬람교는 가혹한 세금제도를 실시해 대규모로 부를 이동시키기 시작했다. 이것은 불신자들에게서 이슬람교도들에게로, 즉 생산적인 경제부문에서 비생산적인 부문으로 돈을 옮기는 방편이었다. 그것은 나름대로 원형적 복지사회였다. 숭배자들이 이슬람교와 그 위대한 혁신과 전성기의 부유한 문화를 칭찬할 때, 이슬람교도들이 절정기 때조차 이슬람 세계의 소수자에 지나지 않았고 주로 타인의 에너지에 기생했다는 사실을 잊는다. 이것은 여전히 유용한 주먹구구식 방법이다. 그나마 나은 이슬람 사회를 꼽아보면 그 사회의 역동성의 원인은 종종 그들이 자신의 세력권을 누군가와 공유한다는 데에 있다. 예컨대 말레이시아는 중국과 공유한다.

그러나 계속해서 축소되는 이교도의 토대가 결국 상황을 눈치채게 된다는 점 때문에라도 거의 모든 이슬람 사회는 경제적 빈사상태로 나아가는 경향이 있다. 발칸지역 시골풍경에서 이러한 현상을 확인할 수 있다. 그곳에서 기독교인 무역업자들은 지즈야에 진저리가 나서 마을을 떠나 멀리 떨어진 구릉지로 이전해 버렸다. 다른 곳에서는 비이슬람교도들 이슬람으로 개종하는 편이 더 쉽다는 것을 알게 되었다. 이것은 이슬람 확장을 초래하는 원인 중 하나이다. 아랍인들이 모두 이슬람교도가 되자 지즈야를 뽑아낼 새로운 이교도들을 찾아 동지중해 연안, 페르시아, 중앙아시아, 북미, 인도, 유럽으로 이동할 필요가 생겼다. 성장의 동력과 관련하여 이슬람교와 EU는 유사한 결함을 가지고 있다. 즉 둘 다 비생산적 경제부문으로 변절할 것을 장려한다.

그러나 이슬람 세계는 지즈야의 개념을 별 노력 없이 전 세계로 확산시켰다. 팔레스타인 당국이 미국, 유럽, 이스라엘에게 받아서 지급하는 보조금을 수혜자들은 일종의 지즈야로 볼 수도 있다. 이와 마찬가지로 워싱턴이 이집트에 퍼준 수십억 달러도 (창문을 뚫고 돌진하는 모하메드 아타의 경우를 빼고는) 거의 효과가 없었다. 당신이 자동차 연료 탱크에 붓는 20달러는 말할 것도 없다. 전보는 이메일로 대체되었고, 전축은 CD 플레이어에 자리를 내주었다. 그러나 덜커덕거리는 좌석이 사라지고 컵 홀더 몇 개가 추가된 것을 빼면 자동차는 한 세기 전에 비해 근본적으로 달라진 게 없다. 석유를 통해서 적에게 자금이 흘러들어 가고 있는데도 새로운 에너지원을 찾는 데 전념하지 않는다면 과연 언제 그럴 수 있겠는가?

그러나 9·11 이후 5년 내내, 그리고 사우디가 지하드에 자금을 대고 있다는 소문이 무성해진 후에도 미국의 대이집트 정책에 생긴 변화라고는 전보다 훨씬 더 많은 현금을 그들에게 퍼붓게 된 것뿐이었다.

사우디 왕가가 통제하는 오일 세입은 자국민뿐 아니라 전 세계 다른 나라 국민들까지도 매수하는 데 쓰인다. 미국인들은 자신들의 목을 걸 밧줄에 돈을 지불하고 있는 셈이다.

정보력

국력의 다섯 번째 요소—"정보"—는 항상 자명하다. 뉴욕타임스, CNN, 할리우드, 대학들, 마이클 무어(Michael Moore : 「화씨 9·11」을 제작한 미국 영화감독역주) 등을 보라. 다시 말해 곤경, 이슬람공포증, "부시는 거짓말쟁이"라는 구호, "출구전략"(exit strategy : 불리한 상황을 회피하는 수단으로서, 전쟁전략의 경우에는 인명 및 재산 피해를 최소화하는 전략을 가리킴역주) 따위를 보라.

제2차 세계대전 때는 이오지마 전투(태평양전쟁 말기에 일본 이오지마 섬에서 미군과 일본군 사이에 벌어진 전투로 일본군이 큰 타격을 입었다역주)가 주요 사건이었고, 미시간에 적을 동정하는 사람들이 모여든 건 지엽적인 사건이었다. 요즘은 우선순위가 역전되었다고 할 수 있다. 다마스쿠스의 대통령궁 밖에서 작은 아사드(Baby Assad : 2000년 아버지 하페즈 알 아사드에게서 시리아 대통령직을 물려받은 바샤르 알 아사드를 가리킴역주)를 폭격하는 것은 유럽을 비롯한 각지에서 이슬람의 물결을 되돌리는 일에 비하면 사소한 전쟁이다. 미국과 선택된 소수의 국가들은 전쟁터에서 "전쟁의지"를 틀림없이 불러일으킬 수 있다는 것을 보여주었다. 그러나 이 전쟁을 결국 승리로 이끌 문화전선에서는 어떤 종류의 의지도 존재한다는 증거가 거의 없다. 영국에서 아부 함자 같은 이맘들이 반역을 선동할 수 있는 면책특권을 가질 수 있었던 것은, 인기 없는 전쟁을 먼 해외에서 수행할 정치적 용기는 있지만 지지를 훨씬 더 많이 얻을 수 있는 안마당 가까이에서 수행할 정치적 용기는 없었던 토니 블레어 측의 그릇된 풍조 덕이었다. 이것은 7·7 런던 지하철 테러가 주는 슬픈 교훈이다. 영국 군대는 영국 남부에서보다 이라크 남부에서 치안유지를 더 잘

한다.

만약 지금 제1차 세계대전을 치르고 있는 거라면 적들은 한 참호 속에 있고 우리는 우리의 참호 속에 숨어서 습지 너머로 그들을 마주하고 있었을 것이다. 그리고 전투는 매우 신속하게 결판났을 것이다. 현명한 이슬람주의자들은 이것을 알고 있었다. 그들은 전장에서는 결코 이길 수 없다는 것을 알지만, 서구에서 자원을 끌어내어 결국 서구 문명이 내부에서 붕괴하고 이슬람이 그 빈 자리를 차지할 좋은 기회가 있다는 것도 알고 있다. 군대는 문명이 가진 무기 중 하나에 불과하며, 최후에 의존하는 무기이기도 하다. 그러나 위에서 말한 국력의 요소들—군대, 사법, 외교, 경제, 정보—을 모두 합해 보면, (제2차 세계대전 당시 일본의 싱가포르 함락 이후 영국에 대해서 사람들이 말하듯이) 이들 다섯 중 적어도 네 개의 총구가 잘못된 방향으로 향해 있다고 어렵지 않게 결론내릴 수 있다. 미디어는 (국내) 권력의 진실을 말하는 데로 향해 있고, 초국적주의는 미국의 힘을 봉쇄하는 데로 향해 있으며, 법은 피고의 입장을 강화시키는 데로 향해 있다. 그리고 이 풍요의 시대에 경제력의 귀착은, 당신이 자동차에 연료를 넣을 때마다 콘스탄티노플 함락 이래로 그 어느 때보다 더 부유한 적에게 자금을 대는 격이라는 사실이다. 한편, 우리는 징후—테러 음모—를 두고 싸우지 원인—이념—을 두고 싸우지는 않는다. 이 전쟁에서 스스로 부과한 제약들—준법적이고, 다문화적이며, 정치적으로 올바른—은 날마다 분명해지고 있다. 사람들은 "적을 알라"라고 말한다. 적들은 우리를 아주 잘 안다. 우리는 그들을 조금이라도 알고 있을까?

겁 많은 초강대국

2003년에 토니 블레어는 미국 국회에서 연설하면서 다음과 같이 말했다. "모든 패권국은 한동안 무적인 것처럼 보이지만 사실 그것도 한때라는 것을 영국은 알고 있습니다. 뒤에 무엇을 남기는지가 중요합니다."

훌륭한 지적이다. 오늘날 G-7의 주요 국가 일곱 중 셋이 영국 후손들의 국가다. 일인당 GDP가 가장 높은 20개 국가들 중에서 현재 혹은 과거의 대영제국 영토인 곳이 11개가 넘는다. 만약 당신이 이들 중 대부분이 괴로운 식민지 조세 피난지—버뮤다, 케이맨 군도—라고 항변한다면 인구가 2천만 미만인 영토는 빼겠다. 그러고 나면 상위 4개국은 미국, 영국, 캐나다, 호주 등 영어권 일색이다. 세계 거의 모든 곳에서 핵심적인 지역 행위자—남아프리카, 인도—는 영국에서 유래했으며, 심지어 중요성이 조금 떨어지는 행위자들을 보더라도 영국의 통치를 받았던 쪽이 그렇지 않은 쪽보다 전반적으로 더 잘 산다. 그러니 말레이시아보다는 인도네시아에서, 세인트루시아(St. Lucia : 동부 카리브 해에 있는 섬나라[역주])보다는 아이티에서 사업을 해보라.

그리고 물론 이 시대의 패권국(미국을 가리킴[역주])은 자신의 정치적 특성을 18세기 영국 신민들에게서 이끌어낸다. 그들은 모국보다도 영국적 사고를 더욱 진전시켰다. 다음 세기에 강대국이 될 수밖에 없다는 중국에 대해서 말하자면, 중국이 정말 그런 위치에 오르게 된다면 그것은 홍콩이 모택동 어록에서 배운 것보다 인민공화국이 영국령 홍콩에서 더 많이 배웠기 때문일 것이다. 1960년대 홍콩 식민지를 변화시킨 금융장관 존 코퍼스웨이트(John Cowperthwaite) 경은 모택동 주석보다도 더 현대 중국의 아버지라고 할 수 있다. 그리고 만약 베이징이 이 문제에 지나치게 초조해하지만 않는다면 천안문 광장에 있는 모든 현수막에는 그의 얼굴이 더덕더덕 붙어 있을 것이다.

내가 당연한 사실을 지적하는 것은 영국인이 결코 그러려고 하지 않기 때문이다. 1–2년쯤 전에 부시 대통령의 전직 연설원고 작성자 데이비드 프럼(David Frum)은 다음과 같이 말했다. "어떤 나라들은 과대망상에 시달리는 반면, 영국은 특이하게도 자신을 헐뜯는 경향이 있는 듯하다." 1960년대 후반 아덴(Aden : 예멘 남서부의 도시[역주])의 고위관리 리처드 턴불(Richard Turnbull) 경은 대영제국이 "축구의 대중화와 게으름뱅이(fuck off)라는 단어" 이 두 가지로만 기억될 것이라며 국방장관 데니스 힐리(Denis Healey)에게 비관적으로 말했다. 영국은 이상한 문화적 자기 채찍질을 해댈 것이 아니라, EU를 구성하는 실패한 민족국가들 안에서 영국식 법, 관습, 의회 민주주의를 청산하는 데에 미래가 달려 있다고 생각하는 괴팍한 유럽 물신주의자들을 '게으름뱅이'이라고 규정하는 편이 더 적절할 것이다.

영국은 전성기 때조차도 라이벌 없는 거인이었던 적이 없다. 그러나 오늘날 언어, 법, 정치, 경제, 그리고 넓게는 문화에서 그 규모와 지속성이 영국의 유산에 필적할 만한 것은 아무 것도 없다.

우리는 지금 미국의 시대에 살고 있다. 그리고 아무도 떠날 계획이 없다 하더라도 "무엇을 남길 것인가?"라는 질문은 해볼 만한 가치가 있다. 미국은 자신의 시대를 어떻게 이용하려고 하는가? 미국은 세계에 무엇을 남기고 싶어하는가?

오늘날에는 위와 같이 질문하는 것이 어쩐지 미국적이지 않은 것처럼 느껴진다. 미국이 가진 지배력은 영국이 결코 누려본 적이 없으며 역사적으로도 유례가 없다. 그러나 비제국주의적 강대국이라는 역설이 남는다. 좋은 건지 나쁜 건지 모르겠지만 미국인들에는 제국주의적 기질이 없다. 앞서 보았듯이 그런 것은 사실 사담에게서 해방된 이라크에나 있는 것이다.

2005년 1월 대통령 취임사가 있기 일주일 전에 나는 몇 년 만에 처음으로 빌리지보이스(*Village Voice* : 뉴욕 시에서 발행되는 주간지[역주])를 펼쳐 들었다. 표지기사에 반박할 수가 없었다. "파멸의 전야 : 세계를 침몰시킬 조지 부시의 4개년 계획."

저런. 대통령의 새 임기가 시작될 때 기대감을 품기는 아주 쉽다. 9·11이 터지자 미 행정부는 두 번째 취임사를 통해 명시한 대외정책이 수십 년간 잘못되었으며 한참이나 뒤늦게 이것을 역전시키겠노라고 공약했다. 부시는 미국이 이슬람 세계 전역에 자유를 확산시키는 일에 전념할 것이라고 말했다. 혹은 회의적인 내 친구의 표현을 빌리자면 우리는 그들이 원하건 원하지 않건 삽으로 자유를 떠다가 그들의 목구멍에 퍼넣을 것이다. 그것은 "백인의 책임"(white man's burden : 미국 식민주의자들이 식민정책을 정당화하기 위해 키플링의 시에서 따온 구절[역주])을 일종의 저(低)탄수화물, 유기농, 친환경 버전으로 제시한 것이었다.

그러나 지금껏 그러한 책임을 미국보다 더 절실하게 느낀 국가는 없었던 것 같다. 지금은 미국의 세계다. 미국은 그 안에서 그저 살아가는 데 만족하지 못한다.

미군이 이라크에 진입한 것과 거의 때를 같이하여 민주당 상원의원들은 "출구전략"이 무엇인지 밝히라고 요구했다. "출구전략"은 교과서에 의지박약으로 정의될 수도 있었던 표현이다. 전쟁에서는 대개 출구

전략이 둘 중 하나다. 승리 아니면 패배다. 패배는 쉽다. 다음과 같이 말하면 된다. "워워, 우리는 세계 패권국인데 사상 최소의 사상자도 처리하지 못하겠어요. 괜찮으시다면 다음 정거장에 도착하는 대로 내릴게요." 우파는 고립주의적 기질이 강하고 좌파는 초국가적 기질이 강한 모순적인 강대국에게 공을 집어들고 집으로 가버리자는 주장은 매력적이다. 초국가주의는 얼간이 같은 얼굴에 정장 차림으로 EU의 수도 도시들에서 열리는 연회에 참석하는 고립주의이다. 이것은 잘난 척하는 해결책, 즉 대외정책의 교토화이다(1997년 12월 선진 38개국이 일본 교토에서 지구 온난화 규제와 방지를 위한 국제협약, 일명 교토의정서를 채택하였다[역주]).

진지한 국가라면 "출구전략이 무엇인가?"에 대한 올바른 대답은 "없다" 또는 "없을 것이다"이다. 그러나 이런 식으로 대답할 수는 없다. 보다 정중한 대답은 대통령의 두 번째 취임사에서 나왔다. "우리나라에서 자유의 사활은 다른 나라에서 자유의 성공에 점점 더 의존하고 있습니다."

"출구전략"의 사례를 알고 싶다면 미국의 남쪽 "국경선"만 봐도 충분하다. 한 세기 전에 멕시코에서 미국의 정책은 온통 출구였고 전략이 아니었다. 금주의 종신 대통령이 감당할 수 없게 된다면? 쳐들어가서 몰아낸 후에 빠져나와서는 누가 새로운 악당이 될지 현지인들이 알아서 하도록 놔둔다. 새 대통령이 감당할 수 없게 된다면 돌아가서 그를 몰아내고 다시 빠져나온다. 이러한 미숙한 정책의 결과로 현재 캘리포니아와 애리조나에는 멕시코 인구의 3/4이 살고 있다. 공공연하게 불법취업자라고 밝히는 그들에게는 출구전략이 전혀 없다. 2006년 미국 전역에서 벌어진 '백만 멕시코인 행진' 때 내보인 플래카드들("백인놈들아, 다시 유럽으로 궁둥이를 옮기지?")을 보건대, 상당수의 멕시코 불법취업자들은 빠져나갈 계획을 짜야 하는 건 바로 합법적 미국인들이라고 생각한다.

이와 대조적으로 영국은 출구전략 없이 인도로 갔고, 몇 세대 동안 머물렀으며, 가장 인구가 많은 민주주의 국가이자 훗날 미국의 주요 동맹국을 낳는 데 산파역을 했다. 이제 어느 쪽이 더 현명한 접근법 같은가? "국가 건설"을 경멸하는 미국 보수주의자들—정치현실주의자 무리들—은 영국이 그들처럼 회의적인 입장을 취했더라면 인도 대륙이 어떻게 되었을지 생각해 보아야 한다. 오늘날 인도는 아마 또 다른 아랍이 되었을 것이다. 권위주의적인 술탄주의자, 힌두교도, 이슬람교도의 별난 조합에다가 바스당 비슷한 파시즘과 마르크시즘의 지역적 변종을 따르는 악당 독재가 더해졌을 것이다. 또한 고객센터나 기술지원센터로 활용하기 어려운 거만하고 무식한 시민들이 사는 매우 불안정한 지역이 되었을 것이다. 새벽 세 시에 고객센터의 수레시(Suresh)나 라지브(Rajiv)와 상담하고 있는 미국인이라면 인도 교육의 혜택에 고마움을 느낄 것이다(미국에서 24시간 고객센터로 전화를 걸면 한밤중에는 인도로 연결된다[역주]). 매컬리(Macaulay) 경과 그의 유명한 1835년 정부 비망록에 감사할 수도 있다. 런던은 잉글랜드, 스코틀랜드, 아일랜드의 깐깐하고 엄격한 교사들을 급파하여 제국 전초기지들의 속성을 변화시켰다. 왜냐하면 영국인들은 그들에게 셰익스피어, 대헌장(大憲章 : 1215년에 영국 존 왕이 반포한 인권헌장[역주]), 아이작 뉴턴 경을 소개함으로써 식민지 신민들에게 근대 사회로 가는 여권을 주고 있다고 생각했기 때문이다.

실패한 국가는 이웃 국가들을 불안정하게 만든다. 미국인들은 서아프리카 지도를 열심히 들여다 보지 않아도 이 사실을 이해할 수 있다. 9·11 살인자들 중 네 명은 그날 아침 비행기에 탑승하기 위해 "불법" 취업자 네트워크를 통해서 신분증을 구했다. 따라서 그날 벌어진 사건에 대한 정말로 깊은 "근본 원인들"을 찾으려면 미국이 멕시코에서 국가 건설에 실패한 데서부터 시작해야 한다고 주장하는 것이 터무니없지는 않다. "출구전략" 물신화가 가진 문제는 오늘날에는 어디에나 멕시코가 존재한다는 데 있다. 문자 그대로 9·11 살인자들이 불법취업자 집단의 일원이었다는 점에서 그러하고, 좀 더 비유적으로 말하자면 수백 달러와 현금카드만 있으면 미국에 들어와서 미국을 폭파시킬 수 있다는 점에서 그러하다. 이제는 모두가 옆집에 산다.

미국은 경제 및 군사력과 거의 반비례하게 문화적으로 고립되어 있다. 나도 안다. 당신은 미국의 "문화 제국주의"에 관한 글을 수천 건은 읽었을 것이다. 당신이 지구상의 거의 어떤 곳으로든 날아가서 맥도널드에서 식사하고, 갭(Gap)에서 옷을 사고, 힐러리 더프(Hilary Duff : 미국의 여배우이자 싱어 송 라이터역주)의 음악을 들으며, 영화 「미녀삼총사 3」나 「내 차 봤냐 7」을 보러갈 수 있다는 말이라면 나도 이해하겠다. 그런데 그래서 어쨌단 말인가? 「메리 위도」(*The Merry Widow*)는 브로드웨이의 대히트작이자 히틀러가 좋아하는 오페레타이다. 만약 내가 여느 컴퓨터 맞선 회사에 내 프로필을 보낸다면 그들은 나를 사담 후세인과 엮어주었을 것이다. 그와 나는 같은 가수[프랭크 시내트라(Frank Sinatra)] 같은 캔디(영국 길거리의 고급 토피)를 좋아한다. 그뿐만이 아니다. 당신은 미국을 좋아하지 않더라도 미국 대중문화를 쉽게 좋아할 수 있다. 런던에서 대부분의 지면을 미국 대중문화 동향에 할애하는 신문들—가디언, 인디펜던트—은 가장 열렬한 반미주의 성향을 표방한다. 또 한편으로는 당신이 미국의 쓰레기 대중문화를 경멸한다면 미국을 더욱 경멸하게 될 것이다. 그래서 전직 프랑스 외무장관 장 피에르 슈베느망(Jean-Pierre Chevènement)은 미국이 "우리 국민에 대한 조직적인 우민화"에 열심이라는 유명한 말을 했던 것이다. 만약 당신이 운 나쁘게 주말 내내 프랑스 TV를 시청한 적이 없었다면 이 주장은 훨씬 더 설득력이 있었을 것이다. 2002년에 프랑스의 어느 시청 건물 안에서 몇몇 좌익 미치광이 환경론자들이 총격전을 벌였을 때 대통령 후보였던 알랭 마들랭(Alain Madelin)은 그것이 "미국화의 부작용"이라며 개탄했다. 어느 프랑스인이 프랑스인 여덟 명을 살해한다. 그러면 그것은 어느 정도는 유해한 미국 문화의 영향이다.

그가 무슨 생각을 하는지 이해할 수 있다. 당신이 세계 어느 곳에 살건 거의 예외 없이 상상 속의 장면은 미국이다. 당신이 마음에 그리는 영화 속에서 자동차 추격전은 LA 고속도로에서, 러브신은 센트럴파크에서 대규모 폭발은 세계무역센터에서 벌어진다. 이 세계는 할리우드의 미국을 중성자폭탄이라도 맞은 것처럼 바라본다. 즉 당신은 섹스, 마약, 로큰롤, 총격전을 받아들이지만 미국적 정신은 영원히 이방인의 것이다. 이것은 건전한 현상이 아니다. 중요한 문제들에 대해서—무례하게 굴려는 것은 아니지만 힐러리 더프는 중요하지 않다—미국과 나머지 세계 사이의 간극은 그 어느 때보다 더 넓어졌다. "문화적 패권"을 치즈버거로 정의한다면 미국은 분명 지배하고 있다. 그러나 좀 더 큰 문화적 관점에서 보면 그것은 대부분의 세계가 선택하기를 거부하는 맛이다.

2004년에 아일랜드에서 조지 부시는 "유럽과 미국은 가족, 친구, 공통된 투쟁과 공통된 가치라는 끈으로 연결되어 있습니다"라고 말했다. 그렇다면 대통령과 많은 미국인들은 그러한 공통된 가치가 무엇인지 명시하기 위해서 정말로 공통된 투쟁을 해야 한다. 2002년 프라하에서 부시 대통령은 동료 NATO 회원에게 "우리는 자유, 인권, 민주주의라는 공통된 가치를 공유하고 있습니다"라고 말했다.

저런. 탈공산주의 세계에서 이것들은 수니 트라이앵글의 참수자들을 제외한 모든 사람들에게 막연하고 반박할 수 없는 일반화다. "공통된 가치"라는 것은 국경을 초월하는 "좋은 하루 되세요"라는 말과 동의어다. 그것을 구체화하려 할 때 비로소 이 개념은 복잡해진다. 미국은 국방비가 GDP의 3.4%인데 다른 NATO 회원국들은 평균 1.9%이다. 따라서 그들이 정말로 "공통된 가치"를 공유한다면 유럽은 국방비를 대폭 삭감할 태세다. 총기에서 종교에 이르는 다른 많은 쟁점들에 대해서도 미국은 예외적이다. 북미의 관점에서 볼 때 사회화된 보건의료에서 가혹한 조세에 이르기까지 현재 다른 서구 민주주의 국가들과 (슬프게도) 신흥 민주주의 국가들의 규범은 캐나다인의 아이디어이다.

재즈, 쇼걸, 무정한 경찰 등 미국 대중문화의 난잡함은 초강대국의 지정학적 용의주도함과 상반된다. 그리고 받는 쪽에서는 세계 대중문화의 미국화로 인해 다른 모든 측면에서 비미국화가 크게 장려된다. EU에서 국제형사재판소에 이르는 초국가적 기구들은 미국적 가치에 공공연하게 적대하지는 않는다 하더라도 최소한 혐오감을 가진다. 미국 문화 전반에 대한 이러한 반감을 고려할 때 브래드 피트나 안젤리나 졸리의 인기는 그다지 위로가 되지 않는다. 영국은 자국의 언어, 법, 제도를 전 세계로 수출했고, 주로 런던에서 유래한 정치와 법 문화를 가진 국가들이 오늘날 수십 개나 될 정도다. 캐리비안에서 남태평양에 퍼져 있는 섬들에 가면 하원의장의 직장(職杖)과 국회의사록이 자랑스럽게 전시된 영국 국회의사당 모형을 볼 수 있다. 영국이 의회의 어머니라면 미국은 남자를 만나야 할 필요를 못 느끼는 부유한 독신 여성이다. 1945년 이래로 신생 독립국들 중에서 공화주의적 분권 연방제라는 미국식 체제를 채택한 국가는 하나도 없다. 그것이 어쩌면 지금껏 고안된 것들 중 가장 성공적인 체제였다 하더라도 말이다.

미국이 제국에 관심이 전혀 없는 데에는 분명한 이유가 있다. 그 중 하나를 들자면 미국은 이미 제국만큼이나 거대하다. 이렇게 거대한 땅덩어리를 통치하는 국가라면 대개 제국주의적 방식으로 운영할 것이다. 그러나 미국은 윤리를 공유하는 13개 대서양 연안 식민지들을 위해서 연방제를 고안했고, 이후에 내륙지방에 적용했으며, 태평양 연안에도 절반 정도 적용했다. 미 공화국에는 해가 지지 않는다는 말은 엄밀히 말해서 사실이 아니다. 오히려 미국은 아주 어려운 시기에 처해 있다.

뿐만 아니라 당신이 사람들에게 자유를 "선사"하면서 전 세계를 정처 없이 떠돌아다닐 수 있다는 말을 미국인들은 깊이 의심한다. 그러기 위해서는 최초의 미국인들이 그랬던 것처럼 우선 그들이 그것을 원해야 한다. 뉴햄프셔 사람들이 자주 말하듯이 자유롭게 사느냐 죽느냐이다. 만약 이라크인들이 자유사회를 몹시 갈망한다면 그것을 고수할 것이다. 그러나 이라크인들이 자유사회를 원하지 않고 그 대신 우쭐대는 독재자를 좋아하게 된다면 그것은 그들의 문제지 미국의 문제가 아니다.

이것이 철학적으로 훌륭하다 하더라도 권력이라는 것이 공백상태를 끔찍이 싫어한다는 실질적인 장애가 존재한다. 미국이 자신의 가치—자립, 분권화—를 수출하지 않으려 한다면 다른 국가들이 자신의 가치를 수출할 것이다. 1980년대에 폴 케네디(Paul Kennedy : 예일 대학 역사학 교수[역주])는 미국의 "제국주의적 과잉확장"을 경고했다. 그러나 지금 직면한 위험은 제국주의적 확장의 결여이다. 즉 초강대국이 명백하게 성공적인 유산을 세계의 나머지 국가들에게 판매하기를 꺼리는 것이 문제다.

모택동이 승리한 이후에 미국 반공주의자들이 "누가 중국을 잃었나?"에 대한 대답을 요구한 것은 유명한 일화다.

대답은 아무도 잃지 않았다는 것이다. 중국은 잃어버린 것이 아니다. 애초에 장개석은 중국을 가진 적이 없었다. 그는 일찍부터 비현실적인 정치 현실주의를 믿는 미국 대외정책 입안자들의 덕을 본 것뿐이었다. 아무개는 망나니인 것 같지만 그는 우리 편 망나니라는 식의 냉소주의에 구현되어 있는 것이 바로 현실주의였다. 그러나 사우디 왕가의 무바라크를 비롯한 많은 사례들을 보건대 그 정반대가 현실에 가깝다. 즉 그는 우리 편 망나니인 것 같지만 결국 그냥 망나니일 뿐이다. 현실주의 정책은 현지에서 조직화될지 모르는 불평불만에 대한 안전판으로서 반미주의를 예방하는 것이었다. 그렇지만 카이로 정부는 그다지 중요한 친구가 되지 못했다. 정권을 동맹자로 삼는 것과 국가를 동맹자로 삼는 것은 차이가 크다. 그것은 세계무역센터와 펜타곤을 향해 비행기를 돌진시킨 자들 중에 이집트인은 모하메드 아타 한 명이고 사우디인은 15명이라는 차이다. 이러한 점에 비추어 볼 때 미국이 무바라크 대통령과 주요 사우디 왕자들과 사이좋게 지내는 한 이집트와 사우디아라비아의 다른 모든 사람들이 "거대 사탄에게 죽음을!"이라고 외쳐대도 문제될 게 없다는 정치 현실주의 이론은 심각한 한계가 있다. 이것은 인구학이 주는 교훈이기도 하다.

따라서 분석가들은 10년을 기다렸다가 "누가 일본을 잃었는가? 누가 러시아를 잃었는가? 그리고 유럽은? 아, 그리고 누가 영국을 잃었는가?"에 대한 대답을 요구할 것이 아니라, 유례없이 단극화된 패권의 시대라고 하는 지금 왜 그렇게 느껴지지 않는지 숙고해 본다면 더 많은 것을 얻을 수 있을 것이다.

대부분의 미국인들은 자신들에 대해 널리 퍼져 있는 고정관념을 잘 알고 있다. 추악하고, 시끄럽고, 경솔하고, 무지하고, 교만한 미국인 등등. 대개 이것들은 사실과 반대이다. 미국은 역사상 가장 온건하고 나서기 싫어하는 패권국일 것이다. "당신은 우리 편인가, 테러리스트 편인가?" 미국의 유럽 "동맹자들"은 대부분 '둘 다 아님'에 표시했고, 중동 "동맹자들"은 대부분 '둘 다'에 표시했다. 벨기에는 딱히 테러리스트 편은 아니지만 아무리 봐도 미국 편도 아니다. 사우디아라비아는 미국 편이지만 세계 곳곳에서 테러리스트들에게 자금을 대고 있다. 이 두 나라는 이런 상태를 잘도 유지하고 있다.

미국에게는 이점이 아주 많다. 유럽에서는 유럽적 합의 때문에 경제와 인구가 축소되고 있는 반면 미국은 용케 둘 다 성장시키고 있다. 그렇다면 초국가적 기구들을 통해서 미국의 힘을 잘 맞지도 않는 유럽적 사고에 가둬놓을 이유가 무언가? 특히 지나치게 유럽화된 국제질서가 21세기 정치에서 전반적으로 실패했다는 사실이 계속 드러나고 있는 이 시점에서 말이다. UN 직원들은 사담이 석유-식량 교환 프로그램을 뒤엎도록 도왔고, EU는 팔레스타인 인티파다를 물질적으로 후원하고 있고, 국제원자력기구(IAEA)는 이란의 핵 야심을 은폐시켜 주었으며, 인종문제에 관한 UN 정상회담은 우스꽝스럽고 떠들썩한 인종차별 파티일 뿐이다. 21세기 초기에도 "백인의 책임"이라는 것이 존재한다면 그것은 본토박이들에 대한 의무를 다하는 책임이 아니다. 9·11 이래로 미국이 깨달아 온 바와 같이 그러한 책임을 이행할 때에는 시라크, 슈뢰더, 양면적인 벨기에, 코피 아난, 옥스팜(Oxfam : 옥스퍼드에 본부를 둔 빈민구제기관[역주]), BBC, 그리고 다른 무수한 사람들과 단체들로부터 지속적으로 비난을 듣게 된다. 이른바 단극화된 세계에서 뭔가 다소 기묘한 일이 벌어지고 있다. 그곳에서 매번 기만당하는 쪽은 바로 그 단극이다.

그리고 여러 지역에서 인구학적 변화가 효과를 나타내기 시작함에 따라 미국은 이스라엘과 똑같은 고립된 진영에 갇힐 위험이 있다. 5년 앞으로 미리 가보자. 이슬람은 프랑스와 유럽의 여러 정책들에 대해서 비공식적으로 거부권을 행사할 것이다. 러시아와 중국은 자국 내 이슬람 교도들에게 어떤 사소한 문제가 있건 간에 자신들의 장기 전략적 이해관계가 지하드를 미국의 문제로 묶어두는 데 있다는 것을 이미 간파했을 것이다. 세계의 많은 국가들은 현재 겪고 있는 인구변화 때문에 미국과는 다른 편에 서는 것이 더 낫다고 생각하게 될 것이다.

알카에다는 미국을 옴짝달싹 못하게 만들었다고 생각한다. 그들에게 미국은 두툼한 쿠션 위에 나른하게 퍼져서 관능적인 오락거리에 빠져 있는 무기력하고 살찐 전제군주다. 미국에게 놓인 선택은 미국이 주도적으로 이 시대를 계획할 수 있다고 믿느냐, 아니면 인류 역사상 가장 강력한 국가가 패권을 유지하는 동안 줄곧 교외에 나가 등산하고 쇼핑이나 하러 다닐 수 있을 뿐이라고 생각하느냐이다. 요컨대 미국 대외정책에 대한 고귀한 민주당의 다목적 "다문화주의" 만병통치약이라는 것이 결국은 이런 것이다. "우리는 권력을 UN이나 EU, 아랍연맹이나 터크스케이커스 제도(서인도 제도의 영국 보호령역주)의 어업부차관에게 되돌려주어야 한다." 아니면 유난스레 번뇌하는 뉴욕타임스의 대외정책 명사 토머스 프리드먼이 고통스러워하며 썼듯이 "부시 대통령은 UN 안전보장이사회 상임이사 5명, NATO와 UN의 사무총장, 이집트, 요르단, 사우디아라비아, 시리아 대통령을 캠프 데이비드(메릴랜드 주에 있는 대통령 전용 산장역주)로 초청해야 한다. 그곳에서 그는 굴욕을 참고 자신의 실수에 대해 사죄해야 한다" 운운.

작은 아사드와 무바라크의 위신을 부풀려 주는 것이 어째서 미국의 관심사인가? 투박한 다각적 아웃소싱은 지정학적으로 볼 때 당신 뒷마당의 잔디 관리를 "불법이민" 노동자에게 맡기는 것과 같다. "여기 있어요. 우린 상관 안 하니까 이 돈 받아요. 자세한 건 알고 싶지 않아요. 우린 들어가서 「아메리칸 아이돌」(*American Idol* : 미국의 오디션 프로그램[역주])이나 볼 거예요." 대외정책은 "미국인들이 갖지 않으려는 직업들" 중 하나일 뿐인가?

"공통된 가치들"과 "보편적 가치들"은 그다지 공통적이지도 보편적이지도 않다. 더욱이 그것을 보존하려는 의지는 드물다. 그러한 가치들을 오랫동안 유지해 온 국가는 매우 적다. 앞으로 미국은 미국의 시대를 진지하게 받아들여야 한다. 부분적으로는 내일의 동맹자들이 서유럽처럼 실수를 저지르지 않도록 보장하기 위해서 그래야 한다. 이것은 적어도 치즈버거 제국주의를 넘어서는 무언가를 의미한다. 결국 세계는 미국의 랩과 치즈버거가 없어도 살아갈 수 있다. 개인의 자유, 연방주의, 자본주의, 언론의 자유에 관한 미국의 사고가 훨씬 더 유용할 것이다.

대부분의 유럽 총리들보다 더 사리에 맞는 말을 하는 싱가포르 고척동(Goh Chok Tong) 총리가 2004년 워싱턴을 방문했다. 이라크전쟁이 곤경에 빠졌다며 민주당원들이 한창 어리석게 광분하던 때였다. 그는 한마디로 말했다. "더 이상 핵심 쟁점은 대량살상무기가 아니며, UN의 역할은 더더욱 아닙니다. 주요 쟁점은 미국의 진실성과 이기려는 의지입니다."

아무래도 싱가포르 총리는 그 점을 많은 미국인들보다 더 명확하게 이해하는 것 같다.

09
예외적 존재의 중요성
시민 vs 피부양자

그렇지만 만약 내가 존 케리에게 투표했다면
그들이 부시에게 권력을 되돌려 주었을 뿐만 아니라
다른 나라들로 하여금 우리 모두를
바보 같은 꼭두각시로 취급하게 만든 데 대해
깊은 분노를 느꼈을 것이다.
스스로 정의롭다고 여기고, 총을 휴대하고, 군대를 좋아하고,
근친혼을 하고, 낙태를 싫어하고, 동성애자를 혐오하고,
외국인을 경멸하며, 여권을 갖지 않은 무식한 백인들은
신이 미국에게 세상에서 가장 큰 성기를 주었으므로
나머지 우리들에게 오줌을 누어
그들의 땅을 "자유롭고 강하게" 만들 수 있다고 믿는다.

– 브라이언 리드, 《데일리 미러》(런던), 2004년 11월 5일자

영화 「슈퍼맨 리턴즈」에서 슈퍼맨은 "진실, 정의, 그리고 미국적 방식"을 위해서가 아니라 "진실, 정의, 그리고 그 밖에 이것저것"을 위해서 싸우려고 돌아온다. "그 밖에 이것저것"과 "미국적 방식" 간의 차이는 크며, 여기에는 많은 위험이 도사리고 있다. "미국적 방식"은 사람이 하는 일에 관한 것이며, 따라서 불완전하다. 그러나 유럽적 방식은 당신을 편안하고 정말로 배부르게 해준다. 마치 박제되어 버린 앵무새처럼 헤어나오지 못하게 될 것이다. 결국 견고한 전쟁은 가장 견고한 토대 위에서, 즉 자기 집 안마당에서 승리할 수 있다. 미국이 대외정책과 대외관계를 어떻게 바꾸건 간에 안마당 전선이 중요하다. 문명적 확신을 걸고 싸우는 전쟁은 과보호 국가(nanny-state) 맹신자들이 많아서는 이길 수 없다. 브라이언 리드(Brian Reade)가 말하는 미국이 가진 장애목록을 보자. '총기를 휴대하고, 근친혼을 하며, 외국인을 혐오한다' 등등. 두말할 필요도 없이 이것이 내가 2004년에 부시를 지지한 이유다. 그러나 이것이 오줌누는 다른 무식한 백인들의 수가 62,039,073명(2004년 부시의 득표 수역주)에 달한다는 사실을 완벽하게 설명해 주는지는 잘 모르겠다. 그렇지만 리드 씨는 미 공화국을 나머지 서구사회로부터 구분짓는 차이점을 수치로 편리하게 나타냈다. 이 차이는 앞으로 훨씬 더 중요해질 것이다.

1. 스스로 정의롭다고 여기는

미국에서 정확히 누가 스스로 정의롭다고 여기는가? 만약 자신의 정의로움에 대해 견고한 믿음을 갖는 경향이 있는 대중문화를 찾는다면 유럽을 보라. 특히 유럽이 미국에 대해서 말할 때 주목하라. 만약 당신이 유럽의 전통적 지혜에 동의하지 않는다면 당신은 멍청이거나 나치일 것이다. 2004년 유럽 대선 다음날 올리버 제임스(Oliver James)가 가디언에 말했듯이 "오늘 아침 나는 말도 못할 정도로 우울하다. 돌아가신 어머니가 생각났다. 내 어머니는 『나의 투쟁』이 1930년대에 출간되자 그것을 읽고는 '왜 이 책이 인도하는 곳을 아무도 보려 하지 않는거지?' 라고 생각했다."

제임스 씨는 임상심리학자인데 투영 사례를 잘못 인용한 것 같다. 『나의 투쟁』과 관련해 말하자면, 부활한 반유대주의(프랑스인 인티파다), 명백하게 인종주의적인 정당들(영국국민당), 그리고 네오파시스트들은 바로 유럽에 있다. 이들은 아직 자국 지도자는 아니지만 대통령 결선투표에 나가거나(장 마리 르 펜) 정부 연합에 참가할(오스트리아) 정도로 국가 지도자의 위치에 근접해 있다.

2. 총기를 휴대하는

미국인들이 총기를 휴대하는 것은 그들이 종신 통치계급이 다루기 쉬운 신민이 아니라 자기 주장이 강하고 자립적인 시민이기 때문이다. 몇 년 전 파리에서 저녁식사를 대접받을 때 상대방이 "총기에 대한 미국인들의 집착"에 대해 물었다.

나는 "미국인들이 총을 휴대하는 것은 많은 미국인들이 총을 휴대하고 싶어하기 때문이죠"라고 대답했다.

그는 비웃었다. "여기 있는 많은 사람들도 총을 갖고 싶어해요. 그렇지만 실제로 총을 갖지는 않아요."

"내 말이요"라고 나는 대답했다.

3. 군대를 좋아하는

좋아해서 안 될 이유가 뭔가? 미국인들은 자국 군대에 대해 절대적인 자부심을 갖는다. 그러나 그것을 다른 무언가와 비교해야 한다면 아마 미국인들은 유럽인들이 강대국인 양 우쭐대는 것이 다소 경멸스럽다고 지적할 것이다. 유럽인들은 발칸의 몇몇 하찮은 성기 절단자들이 그들의 국경에 수백만의 시신을 쌓아올리는 것을 막을 수도 없으니 말이다.

4. 근친혼을 하는

인구학으로 돌아가자. 독일, 스페인, 혹은 이탈리아에서 당신은 무식한 백인 미국인을 흉내낼 수도 없다. 출산율이 부부당 1.1명이라면 잠자리를 같이 할 누이가 없을 테니 말이다.

5. 낙태를 싫어하는

브라이언 리드는 낙태를 좋아한다는 말인가? 교황 요한 바오로 2세는 낙태에 대해 성행위가 "자기 주장을 위한 도구"로 격하된 것이라고 말했다. 리드 씨는 "그래요. 그게 바로 낙태와 관련된 위대한 점이죠"라고 대답할지도 모른다. 그러나 이 문제에 대한 개인의 취향이 무엇인건간에 교황이 말한 바와 같이 단순한 자기 주장으로서의 섹스는 막다른 골목이다. 만약 진보주의자들이 낙태를 하거나 임신하기를 거부한다면 덩치 크고 무식한 백인들의 자식들만이 세상에 남을 것이다.

6. 동성애자를 혐오하는

이 주장에 대해 좀 더 생각해 보자. 가난한 게이들이 망을 본 후에 골목으로 빠져야 하는 곳은 암스테르담이다. 동성애자 시장이 동성애자를 혐오하는 이슬람교도에게 흉기로 찔린 곳은 파리다. 동성애에 공포증을 가진 미국의 근본주의 기독교인들은 유럽의 근본주의 이슬람교도들보다는 덜하다.

7. 외국인을 경멸하고 여권을 갖지 않은

이곳에서 벌어지고 있는 외국인에 대한 경멸 중에는 미국인들에 대한 유럽인들의 경멸이 유일한 것 같다. 이 책의 프롤로그에 나온 마거릿 드래블의 통렬한 비난을 떠올려 보라. 앞에서는 대충 훑어보았을 뿐이다.

> 나의 반미주의는 거의 통제불능이 되어버렸다. 나는 병에라도 걸린 것처럼 반미주의에 사로잡혔다. 그것은 저 유행하는 미국식 질병인 위산역류처럼 내 목구멍에서 올라온다. 이제 나는 미국을 혐오하고 미국이 이라크 및 다른 무력한 세계에서 저지른 일을 혐오한다. 나는 부시와 럼스펠드의 얼굴을 쳐다보지 못하겠고, 그들의 뽐내는 듯한 몸짓을 지켜보지 못하겠으며, 그들의 자기만족적이고 모순된 말도 듣지 못하겠다.

뭐 이런 식이다. 무식한 백인을 흠잡는 브라이언 리드의 해부학을 자세히 들여다 보면 대부분은 개인으로서의, 그리고 사회로서의 생존의 지에 관한 것이다. 그것을 비난조를 좀 줄여서 재구성한다면 "스스로 정의롭다고 여기고, 총을 휴대하고, 군대를 좋아하고, 근친혼을 하고, 낙태를 싫어하고, 동성애자를 혐오하고, 외국인을 경멸하며, 여권을 갖지 않은 무식한 백인들"은 "무익한 허식적 다문화주의보다는 국가 주권을 믿는, 문화적으로 자신만만하고, 자립적이고, 애국적이고, 아이를 많이 낳고, 종교적이고, 민주적이며, 입헌주의적인 무식한 백인들"과 같다.

"나머지 사람들에게 오줌을 눌 수 있는 세상에서 가장 큰 성기"라는 리드 씨의 언급에 대해서는, 만약 그게 그렇게 신경 쓰인다면 당신도 맞받아 오줌을 싸지 그런가? 아, 그러나 유럽에서는 그렇게 단순한 행동조차도 여성화되는 과정에 있는 것 같다. 서서 소변보기는 독일에서는 금지된다. 독일 공중화장실 중에는 변기가 열리면 경고 메시지가 나오는 곳도 있다. 전직 총리 게르하르트 슈뢰더의 목소리로 "화장실 귀신"이 다음과 같이 명령한다. "이봐, 여기서 서서 오줌 누는 건 금지되어 있고 벌금을 내야 된다고. 그러니까 문제를 일으키고 싶지 않으면 앉는 게 좋아."

집에서 사적으로 볼일을 볼 때도 여자처럼 소변을 보라고 명령하는 독일 정부 지도자들의 사고방식은 국가에 의해 강제된 유순함이라고 하는 독특한 유럽적인 혼합물로서 너무나도 적절한 이미지인 것 같다. 으스대며 걷는 텍사스 카우보이와는 대조적으로 이것은 EU에 속한 사람들에게 최후의 보루다. 그러나 이런 장치는 수백만 개나 팔렸고, 클라우스 슈베르마(Klaus Schwerma)는 이러한 현상에 관해서 『서서 소변보는 사람들 : 남성성의 최후의 보루인가?』(*Stehpinkeln : Die Letzte Bastion der*

Männlichkeit?)라는 책을 썼다.

지금은 유럽 대륙과 아메리카 대륙을 더욱 이질적으로 만드는 문화적 분열을 시작할 때가 아니다. 역사가 사이먼 샤마(Simon Schama)는 영국 TV에서 부시 대 케리를 "독실한 미국"과 "세속적인 미국"의 분열로 정의했다. 그리고는 "세속적인 미국"이 "실용주의적이고, 실리적이고, 합리적이고, 회의적"이라며 환영했다. 그러나 이치로 볼 때 그 정반대가 맞는 말이다. 특히 유럽의 환상에 대해 합리적이고 회의적인 사람들은 기독교 근본주의자들, 광신도들, 거듭난 바이블벨트(Bible Belt : 근본주의 신자들이 많은 미국 남부와 중서부 지대[역주]) 신자들, 그리고 신실한 미국의 열성 예수쟁이들이다. 믿음이 남아 있는 쪽은 세속적 유럽이다. 이슬람주의자들에 굴복하지 않고, 정부에 반항적이며, 출산율이 떨어지지 않는 무식한 백인들의 미국은 장기적으로 볼 때 승산이 더 높은 선택이다.

저온살균은 서막이다

미국 동부의 언론들이 개탄하는 맹목적 애국주의의 외국인 혐오증으로 화제를 전환하는 것처럼 보이면 안 되니까 미국을 좀 혹평하도록 하겠다. 서구세계의 온순화와 여성화는 단지 총기 압수의 문제가 아니다. 나는 외국인을 극도로 싫어하는 미국인이었던 적이 없다. 주된 이유는 내가 미국인이 아니기 때문이다. 나는 외국인이다. 따라서 나는 나 자신 말고도 외국인들을 꽤나 편애한다. 말하기 부끄럽지만 나는 프랑스 음식을 좋아하고, 프랑스 커피를 좋아하며, 프랑스 여자를 좋아한다. 솔직히 말하자면 나는 「터미네이터 12」에서 아놀드 슈왈츠제네거(Arnold Schwarzenegger)를 보느니 차라리 이자벨 아자니(Isabelle Adjani)나 이자벨 위페르(Isabelle Huppert), 혹은 다른 많은 이자벨들이 발가벗고 침대 한편에 앉아서 담배 피면서 남편과 이런저런 얘기를 나누는 지루한 프랑스 영화를 보겠다. 역겹더라도 값을 지불하기 전에는 이 책을 내던지지 말기 바란다. 나는 내셔널리뷰의 동료 칼럼니스트 조나 골드버그(Jonah Goldberg)가 확산시킨 "치즈 먹는 겁쟁이 원숭이"(cheese-eating surrender-monkey)라는 조롱에 동의한 적이 한 번도 없다. 신보수주의 주전론자로서 나는 그 누구보다 더 프랑스인을 경멸하지만 치즈에 관해서는 그들이 우위에 있다고 생각한다.

미국의 간이식당에서 치즈버거를 주문하면 웨이트리스가 묻는다. "아메리칸 치즈요, 스위스 치즈요, 체더 치즈요?" 뭐가 다른지 모르겠다. 셋 다 아무 맛도 안 난다. 유일한 차이라면 스위스 치즈라고 부르는 건 구멍이 잔뜩 있어서 같은 돈을 내고도 양이 적다는 것이다. 그러나 그 구멍도 아무 맛이 안 나고 살이 덜 찐다. 그러나 어찌 되었건 치즈는 미국적 방식이 우월하다는 것을 보여주는 전쟁터가 아니다. 미국에서는 유럽의 여느 치즈 전문점에서라면 표준이 될 무저온살균, 무숙성, 무정제 치즈가 금지되어 있다. 총에 관해서라면 자신의 자유를 지키는 데 열심인 미국인들은 치즈 접시에 관해서는 과보호 국가에 기꺼이 양보한다.

나는 개인적으로는 둘 다 원한다. 카망베르 치즈(Camembert)와 학살무기, 거대 연방정부의 규정에 따라 맛을 잃어버린 버터를 비롯한 유제품과 총 모두 다 원한다. 프랑스인들은 전쟁터에서는 겁쟁이 원숭이인지 몰라도 브리 치즈(Brie)가 어느 정도 숙성했다는 이유만으로 깜짝 놀라서 두 손 들고 달아나지는 않는다. 로크포르 치즈(Roquefort) 조각을 다루려면 한스 블릭스의 위원회와 비슷한 상설 검역체계를 확실하게 만드는 수밖에 없다고 고집하는, 치즈를 포기하는 먹는 원숭이(cheese-surrendering eating-monkeys)는 바로 미국인들이다. 그 모든 결점에도 불구하고 프랑스에서는 식품이 철저한 연방정부 관할 아래 있다. 20여 마일만 가면 다른 치즈를 맛볼 수 있다. 반면, 미국에서 식품 과잉보호자들은 식품표준화법(National Uniformity for Food Act)이라는 것을 통과시키려고 로비를 벌이고 있다. 이미 갈 데까지 갔다.

국가가 식품을 관리하는 것은 국가안보 문제에 비해 사소해 보일 수도 있다. 그리고 미국 우유의 맛은—프랑스나 영국이나 심지어 퀘벡 우유와 비교했을 때—큰 문제가 아닌 것처럼 보일 수도 있다. 그러나 미국적 생활방식 중에서 어느 분야나 골라보라. 어느 쪽이 요즘 더 보편적인 방식인가? 미국산 치즈가 보여주는 지나친 정부 규제인가, 헌법 수정 제2조(주의 민병 유지 권리를 보장한 수정조항[역주])에 구현된 자립정신인가? 대체로 보건의료에서 교육에 이르는 수많은 쟁점들이 놀라울 정도로 치즈 문제와 같은 방향으로 나아가고 있는 추세다. 뉴햄프셔 사람들은 아마 "Live Brie or die"("Live free or die"를 살짝 바꾼 표현[역주])라고 말할 것이다. 국가의 온순화는 점진적으로 이루어진다는 것을 미국인들은 알아야 한다. 미국인들은 총기 압수 말고 다른 방법으로 유럽인들과 같은 위치에 도달할 수 있다.

미국이 무기력한 현존 서구 국가들 중 하나로 끝나버릴 수도 있을까? 곧 그렇게 될 것 같다. 나는 "열성당원"이 될 마음은 없다. 민주당원들을 공격하는 것이 언론이 말하듯이 "천박"하기 때문이 아니라, 그들 스스로 시대의 난제에서 거의 동떨어진 쪽을 택했기 때문이다. 민주당원들이 1990년대를 그리워하는 이유를 당신은 알 것이다. 그때는 전쟁이라는 단어가 없었다. 물론 당신은 르완다에서 100만 명이 학살당했다는 비정상적인 소식을 접할 수도 있지만, 보통은 클린턴이 눈물을 흘리면서 사죄하는 속보 형태로 사후에나 알게 되는 경향이 있었다. 그 대신 그때는 미시정치의 시대였다. 이쪽은 규제하고 저쪽에는 사회보장 수급권을 주고, 눈을 돌리면 어디에서나 자전거 도로와 쓰레기 재활용 정책을 볼 수 있었다. 금성에서 온 미국인들은 영원한 탈화성 정치의 시대에 접어들었다고 생각했고, 9·11이 그들의 미니멀리즘(minimalism)에 대한 방해라며 분개했다. "반전"운동을 겪어보면 알겠지만 그것은 말 그대로 "반전"이 아니다. 그것은 '난 이 전쟁에 대해서 들어야 한다는 사실이 싫다'는 운동이다. 따라서 그들은 부시, 체니, 럼스펠드 패거리가 진짜 테러리스트라며 조롱한다. 이들의 결정으로 인해 미국이 "테러"상태에 계속 남아 있게 되었다는 것이다. 이상하게도 이것은 그 어떤 핵무기 국가도 대충돌을 전혀 예상하지 않았던 냉전 시기에 좌파가 살아남기 위해서 선택한 길이다. 당신이 양당제를 믿는다면 유일한 대안정당이 소외를 자초할 때 결국 수권정당조차 보전되기 어렵다. 민주당은 게임으로 돌아와야 한다. 그러나 그러기 위해서는 자전거도로 미시정치를 넘어 지정학적 현실이라는 불쾌한 중앙 고속도로로 돌아와야 한다.

마이 웨이 혹은 하이웨이

반면에 보수주의자들은 위험을 무릅쓰고 큰 정부를 신봉한다. 딕 체니는 9·11이 발생하고 몇 주 후 아주 어리석게도 다음과 같이 말했다. "9·11 이후에 크게 변한 것들이 있는데, 국민들이 정부를 신뢰하고—많이 변했다—소중하게 여기며 정부가 할 수 있는 일에 대해 기대하는 정도도 그 중 하나다.” 과연 그런가? 나는 9·11이 분권적 연방주의 보수주의자들이 가진 국가관의 정당성을 완벽하게 입증했다고 말하고 싶다. 그날 움직인 것은 소방관, 뉴욕 경찰, 구조대 등으로 이루어진 시(市)정부, 작은 정부, 핵심 정부였다. 배신한 쪽은—부통령은 중죄(big-time)라고 불렀을 것이다—연방정부, FBI, CIA, 연방이민국(INS), 연방항공국(FAA), 그리고 다른 모든 거대하고 돈 아까운 줄 모르며 나약한 두문자어(頭文字語) 기관들이었다. 그날 작동한 시스템 아래서는 몬트리올에서 연금을 받으며 사는 많은 알제리인 테러리스트들 중 한 명이 버몬트 주 더비 라인(Derby Line)에서 미국 국경을 넘으려다가 감시인에게 입국을 거절당했더라도, 동쪽으로 불과 몇 마일 떨어진 버몬트 주 비처 폴스(Beecher Falls)에서는 그가 불과 한 시간 전에 입국을 거절당했었다는 사실을 알 길이 없었을 것이다. 컴퓨터끼리 호환이 되지 않기 때문이다. 그러나 그 알제리인 테러리스트가 온라인으로 책을 주문한다면 아마존닷컴은 그가 2년 전에 『이교도 학살의 모든 것』을 구입한 적이 있다는 것을 알고는 “고객 맞춤 추천도서” 창을 통해서 『바보들을 위한 자살폭탄 테러』를 30% 할인된 가격에 제공할 것이다. 아마존은 미 이민국보다 데이터 수집을 더 잘 한다. 예산과 관련이 있을까? 아니다. 아마존 시스템은 아주 저렴하다. 상황을 악화시키고 느리게 만드는 것은 정부의 속성이다. 딕 체니가 말하는 정부—우리가 “신뢰하고 소중하게 여기며 기대를 많이 하는” 정부—가 9·11 아침에 어떻게 했는지 또 다른 사례를 보자.

연방항공국 통제소 : 긴급출격을 고려해야 하는가?

연방항공국 본부 : 맙소사, 난 모르겠다.

연방항공국 통제소 : 아마도 10분 안에 누군가는 결정을 내려야 한다.

연방항공국 본부 : 그런데 방금 다들 나가버렸다.

9월 11일 뭐가 잘못되었는지 그 다음날부터 우리가 알게 된 사건의 개요다. 전체적으로 두 범주로 나눌 수 있다.

1. 정부 기관들이 자신의 역할을 실행하지 않았다. (테러리스트들이 제출한 비자신청서는 우스울 정도로 부적격이었다.)

혹은

2. 기관들의 규정이 시대에 뒤떨어졌다. 비행기 4대 중 3대의 경우 승무원들, 승객들, 지상요원들이 모두 연방항공국의 1970년대 납치 대응요령을 맹목적으로 따랐고, 너무 늦었다는 사실을 깨달은 후에야 그만두었다. 테러리스트들은 그들이 그럴 줄 알고 있었다.

다음번에 테러리스트가 몰래 들어와 테러를 성공시킨다면 성공 원인은 똑같을 것이다. 새로운 9·11 사후 규정이 많이 생길 테지만 어떤 공무원들은 어디선가 규정을 무시할 것이다. 아니면 9·11 테러리스트들이 30년 된 납치 대응요령을 낡은 것으로 만들어 버렸듯이 어떤 교활한 이슬람주의자가 새 규정들도 그렇게 만들어 버릴 것이다. 이것은 변함 없는 정부의 특성이다. 영원히 증식하는 정부 기관들 중에서 90%는 믿을 수가 없다. 당신의 목숨을 그들 손에 맡긴다면 그야말로 어리석은 짓이다.

그러나 네 번째 비행기에 탑승한 승무원들과 승객들은 1970년대 방식을 따르지 않았다. 93 항공편에 탑승한 그들은 자신의 휴대폰을 이용했고, 연방항공국 규정이 그들의 목숨을 구할 수 없다는 사실을 알고는 자유로운 인간처럼 행동하여 목숨을 걸고 테러리스트들에게 저항했다. 그리하여 그 비행기가 워싱턴의 목표물로 향하는 것을 막을 수 있었다. 큰 정부가 실패한 어느 날 아침, 유일하게 좋은 소식은 민간인들에게서 나왔다. 나머지 세 비행기는 하늘에 있는 EU나 다름없었다. 시민의 권리는 연방항공국이라는 하늘 위의 과보호 국가에 빼앗겼다. 산소가 희박한 그곳에서 당신의 모든 자유는 규정상 속박된다. 담배를 피워서는 안 되고, 총기는 100% 통제되며, 승무원의 요구에 무조건 따르도록 법으로 강제된다. 비록 스튜어디스들이—아차, 죄송—비록 승무원들(flight attendants : 스튜어디스라는 표현 대신에 중성적으로 바꿔 부르는 표현[역주])이 당신에게 무례하더라도 말이다. 당신이 거기에 맞서서 무례하게 굴었다간 착륙과 동시에 체포될 것이다. 30년 동안 승객들은 보안이라는 환상 때문에 점점 더 많은 권리를 양보해 왔다. 그리고 그 결과 수천 명이 죽었다. 네 번째 비행기에서 토드 비머(Todd Beamer)를 비롯한 승객들이 그러한 권리를 되찾아 왔고, 그들이 정부보다 더 효율적으로 권리를 행사할 수 있다는 것을 보여주었다. 규정 숭배는 실패했지만 자립과 혁신이라는 위대한 미국적 미덕은 수천 명의 목숨을 구했다. 비머 씨가 다른 승객들에게 말한 것처럼 "밀어붙입시다."

이와 대조적으로 2002년 3월 11일, 모하메드 아타와 마르완 알 세히(Marwan al-Shehhi)가 각자 세계무역센터의 두 건물을 향해 비행기를 돌진시킨 지 6개월 후에 그들이 다닌 플로리다의 항공학교는 이민귀화국(Immigration and Naturalization Services)으로부터 아타 씨와 알 세히 씨의 학생 비자가 승인되었다는 편지를 받았다. 수천 명을 죽인 일도 둔감한 관료제를 통해서 아타 씨의 비자 발급이 원활하게 진행되는 것을 방해하기에 충분하지 않았다. 그리고 관료주의자들의 변론—요약하자면, "걱정하지 마세요. 우리는 유명한 죽은 테러리스트들에게 비자를 발급할 뿐이지 누군지 모르는 살아 있는 테러리스트들에게 발급하는 건 아니에요"—은 미국인들이 대체로 믿어야 한다. 화가 난 부시 대통령은 이민귀화국이 책임자들에게 단호한 조치를 취해야 한다고 주장했다. 조치는 취해졌고, 재니스 스포새토(Janis Sposato)는 "수평이동"하여 "이민국 부국장보"로 자리를 옮겼다. 인사이동 전에 그녀의 지위가 뭐였는지 나는 모른다. 아마도 부국장서리쯤 되었을 것이다. 다행히도 이때 이후로 이민귀화국(INS)은 다른 두문자어로 명칭을 바꾸었고, 스포새토 씨의 직함이 무엇으로 불리는지는 몰라도 완전히 새로운 초대형 명함을 주문했다.

둔감한 관료제 문화를 개혁하기가 어렵다는 것을 감안할 때 우리가 기대할 수 있는 최선은 그 규모를 제한하는 것이다. 그리하여 영리하고 혁신적인 시민들이 거만한 국가의 신민으로 퇴보하지 않도록 충분한 공간을 남겨두는 것이다. 2004년에 월간 와이어드(Wired)의 홈페이지에는 한스 몬데르만(Hans Monderman)이라는 사내를 다룬 흥미로운 단편영화가 실렸다. 그는 북부 네덜란드에서 지난 30년간 고속도로 건설 기술자로 일해왔다. 1–2년 전에 그는 신의 계시를 받았다. 와이어드의 톰 맥니콜(Tom McNichol)이 밝혔듯이 "위험해 보이는 길을 만들라. 그 길은 더욱 안전할 것이다."

다시 말해 길 위에 있는 모든 것들—5미터마다 놓인 표지판, 중앙선, 횡단보도, 정지등, 중앙분리대, 자전거 차선 등—즉 고속도로를 가득 메우는 모든 잡동사니들은 당신에게 안전하다는 환상을 심어줌으로써 사실은 운전을 더욱 위험하게 만든다. 덴마크의 크리스천필드(Christian-field)라는 동네는 몬데르만의 철학을 받아들여 대부분의 위험한 교차로에서 교통표지판과 신호등을 모조리 없앴다. 그랬더니 대형사고가 완전히 없어졌다. 요즘에는 고속도로 나들목 가까이에 가도 무엇을 해야 하는지 알려주는 교통당국의 지시가 없다. 운전자 스스로 깨달아야 한다. 따라서 당신은 나들목에 조심스럽게 접근해서 주변에서 다른 누군가가 접근하고 있는지 눈으로 확인하게 된다.

안전하다는 환상을 만들어냄으로써 스스로 판단해야 할 필요성을 덜어준다는 몬데르만 씨의 의제를 나는 옳다고 생각한다. 하워드 진(Howard Zinn : 미국 사학자이자 진보적 활동가역주)은 신디 시한(Cindy Sheehan : 미국 반전운동가역주)의 책 『친애하는 부시 대통령께』(*Dear President Bush*)를 소개하면서 그 용감한 패배자에게 찬가를 쓴다. "문구용 칼이 고층건물을 무너뜨릴 수 있다. 시 한 편이 운동을 부흥시킬 수 있다. 전단지 한 장이 혁명의 불꽃이 될 수 있다."

그러나 "문구용 칼이 고층건물을 무너뜨릴 수" 있는 단 하나의 이유는 9월 11일에 그러한 위협에 대한 미국의 방어가 주(州)에 한정되어 있었기 때문이다. 만약 문구용 칼을 가진 불량 청소년 19명이 스포츠 바(스포츠 중계를 시청하는 술집역주) 주차장에서 남의 이목을 끄는 행동을 했다간 묵사발이 되도록 얻어맞을 것이다. 그렇지만 항공기 조종실은 현대 사회민주주의 국가의 가장 발전된 모델이며, 큰 정부라는 열정적인 꿈이 하늘 위에 실현된 것이다. 그것은 공상의 세계 속에 있는 매사추세츠다. 따라서 9월 11일 첫 세 비행기에 탑승한 객실 승무원들은 1970년대부터 내려오는 모든 연방항공국 방침을 준수했다. 네 번째 비행기가 위험에 빠졌을 때 승객들은 정부가 그곳에 그들과 함께 있지 않다는 것을 알았다. 그리고 첫 번째 비행기가 건물에 충돌한 지 90분도 지나지 않아 93 항공편의 영웅들은 사태를 파악하고 비행기를 멈출 방법을 생각해냈다.

내가 경험에서 얻은 기본적인 원칙은 이것이다. 권력을 자유시민의 개인적 판단으로부터 정부로 옮기게 만드는 것은 무엇이든지 나쁘다. 테러와의 전쟁에만 해당하는 것이 아니라 더 일반적인 관점에서 국가의 특성 자체가 그렇다. 전직 영국 내무장관 찰스 클라크(Charles Clarke)는 이른바 필수적인 최신 보안조처를 변호하는 칼럼을 타임스에 썼는데, 거기에는 큰 정부의 정신이 무엇인지 잘 나타나 있다. "신분증은 은행계좌 개설, 휴일 해외여행, 수당 청구, 상품 신용구매, 비디오 대여 등과 같이 당신이 이미 신분을 증명해야 하는 일상의 모든 영역에서 잠재적으로 이로움을 줄 것이다."

"비디오 대여"라? 맞는 말인 것 같군. 블록버스터(Blockbuster : 북남미, 유럽, 호주 등에 있는 비디오 대여 체인점역주)에 가면 국가에서 발급한 신분증이 필요하다. 그러나 만약 당신이 파리에서 유로스타(Eurostar : 도버해협 해저 터널을 달리는 고속열차역주)를 타고 영국 국회의사당을 폭파시키러 오는 알제리인 테러리스트라면 그런 신분증이 필요 없다. 그리고 일상적인 거래—"은행계좌 개설 … 상품 신용구매"—에 신분증을 요구하면 앞서 말한 덴마크의 교차로에 있는 모든 표지판이나 신호등과 똑같은 효과를 낳을 것이다. 즉 그것은 은행 직원과 가게 점원이 상황을 판단할 때 스스로 결정해야 할 필요성을 덜어줄 것이다. 그게 괜찮은 일이라고 생각하려면 당신은 정부를 전적으로 신뢰해야 한다.

영국의 종교적 "증오범죄"법은 사회의 샛길에 표지판이 지나치게 설치된 또 다른 사례이다. 이 법은 인간의 판단을 정부의 관리로 대체하려 한다. 다문화적 국가가 매우 잘 작동하고 있기 때문에 우리 이웃과의 상호작용을 스스로 규제할 수 있다는 신뢰가 우리에게는 더 이상 없다. 영국 국교회와 달리 이슬람교는 명백하게 정치적인 프로젝트다. 이슬람 율법은 법률체계이지만, 영미법이나 프랑스 민법전과 달리 이제부터 영국 정부의 특별한 보호를 누릴 것이다. 이것은 공적인 논쟁거리다. 이미 신흥 이슬람교도 로비 집단들이 자문화 중심주의 입장에서 불만을 퍼뜨리면서 맥도널드 커피 소송(뜨거운 맥도널드 커피에 화상을 입은 고객들이 소송을 걸어 승소한 사례가 있다역주)의 원고처럼 행세하고 있다는 점을 감안할 때, 그들은 분명 그 어떤 새로운 법안이든 활용하려 들 것이다. 이미 유럽에서 정치논쟁은 지나친 결벽증 때문에 제한되고 있다. 네덜란드의 "이민문제"는 이슬람교도 문제이고, 프랑스의 "젊은이 문제"는 이슬람교도 문제이며, 영국에서 신분증을 도입하게 만드는 "테러 위협"은 사실 이슬람의 위협이다. 이러한 쟁점에 관해 솔직한 토론을 금지한다면 도대체 어떻게 시민들이 더 안전해질 수 있겠는가? "과보호 국가"라는 용어는 「메리 포핀스」(*Mary Poppins* : 원래 트레버스의 동화로 1964년에 처음 영화화됨역주)를 대출하기 위해서 망막인식 신분조회를 받아야 하는 사회를 가리킨다고는 할 수 없다. 그러나 만약 과보호 국가에서 다음번 테러 때 사적인 감정을 지나치게 드러내면 당신은 고소당할 수 있다.

요람에서 무덤까지

선진세계의 가장 큰 구조적 결함을 되돌리는 문제로 말할 것 같으면 국가와 시민 간의 균형을 회복하는 것이 가장 시급하다. 이라크전쟁 동안에 많은 사람들이 고대 메소포타미아—수메르인, 아카드인, 히타이트인의 땅—가 "문명의 요람"이라고 말한 것을 당신은 기억할 것이다. 매우 적절한 표현이다. 요람이 없으면 문명을 지탱하기가 어렵다. 인구가 반드시 운명을 결정짓는 것은 아니다. 이탈리아와 퀘벡의 가톨릭 출산율이 그런 것처럼 현재의 높은 이슬람교도 출산율도 언젠가는 떨어질 것이다. 어쩌면 크게 떨어질지도 모른다. 그러나 당신네 국가의 출산율이 지금 당장 벼랑에서 곤두박질치는 중이라면 이슬람교도 출산율이 2050년에 당신네 출산율과 같아질 것이라는 예측은 전혀 위로가 안 된다. 그 수가 어찌되었건 마지막까지 살아남은 사람들이 우리가 사는 사회의 성격을 결정할 것이다. 그리고 지금으로서는 유럽에서 마지막으로 살아남는 사람들은 이슬람교도가 될 것이다.

많은 국가들에게 때는 이미 너무 늦었다. 루마니아를 비롯한 여러 공산주의 국가들이 뒤늦게 깨달았듯이 일단 사람들이 출산습관을 잃어버리고 나면 억압적인 독재정권조차도 대중에게 출산을 강요하기가 어렵다. 내가 낙태에 관한 칼럼들에서 출산 부족에 대해서 말하자 "선택권"에 찬성하는 독자들은 그것이 다른 요인 때문이라고 주장했다. 물질적으로 풍족한 모든 사회에 영향을 끼치는 전반적인 출산율 하락, 혹은 물질적으로 풍족한 사회에서 대가족을 유지하는 데 아주 많은 비용을 초래하는 높은 세금 때문이라는 것이다. 그러나 이러한 주장은 닭이 먼저냐 달걀이 먼저냐 하는 논쟁과 어느 정도 비슷하다. 이 경우에는 달걀 부족이 먼저냐 아니면 48세에 맞춤 아기를 하나 가지려고 안달하는 늙고 살이 처진 불모의 여성들이 먼저냐 하는 논쟁이다. 러시아, 일본, 유럽의 출산율 재난이 낙태 때문이건 아니건 낙태문제가 개인적 선택의 문제로 여겨지는 방식 자체가 죽어가는 서구의 존재론적 위기를 보여준다는 점은 분명한 것 같다. 전통적인 사회—예컨대 17세기 농촌마을—에서 자녀들은 경제적인 이유뿐 아니라 더 큰 사회적 차원에서 볼 때도 이점이었다. 오늘날에는 17세기처럼 농장을 운영하는 일이 드물다. 따라서 우리는 현대 사회의 맥락에서 부모 된 사람들에게 다시 이득을 가져다 줄 방법을 찾아야 한다.

우리가 아는 것이라고는 현대 사회민주주의 국가가 해답이 아니라는 것뿐이다. 막대한 수의 베이비붐 세대 퇴역군인들이 호화로운 사회보장 프로그램들을 기대하고 있고, 그 자금을 확보하기 위해서는 충분한 규모의 노동인구를 유지해야 하며, 이것 때문에라도 앞으로 몇 년간 5천만 이민자를 추가로 받아야 한다는 사실을 EU는 이해하고 있다. 게다가 현재 유일한 이민자 공급처는 북아프리카와 중동이다. 이 자들이 피에르(Pierre)와 게르하르트(Gerhard)라는 이름으로 새 문화에 익숙해진 후에도 그러한 정체성을 유지할지는 매우 의심스럽다. 어떤 스칸디나비아 통계에 따르면 복지혜택 수혜자의 40%가 이민자이다. 다른 곳에서도 상황은 비슷하다. 복지체제는 토박이 유럽인들보다는 이슬람주의자 수혜자들에게 훨씬 더 큰 이득을 준다.

인구학적 재난에 대해서 숙고해 본다면 젊은 가임(可姙) 연령층에게 세금부담을 줄여주고 그들이 집을 장만하고 가정을 꾸리기 용이하도록 해줘야겠다고 생각하게 될 것이다. 그러나 큰 그림 속에서 경제에 관한 논의는 지엽적이다. 전통 농촌사회에서 자녀들은 부모의 노후에 대비한 필수적인 보험이었다. 밭 갈고 저녁거리를 사냥하기에 너무 등이 굽고 늙어버렸다면 당신의 자녀가 대신 해줄 것이다. 오늘날에는 당신이 등이 굽고 늙으면(사실 그보다 훨씬 전에) 정부가 개입하여 당신을 돌봐준다. 과보호 국가의 국민들을 세대 간 연대 속에 다시 연결시키기 위해서는 포르투갈 정부가 발표한 세금상한제도나 러시아가 둘째 자녀를 가진 가정에게 지급하는 9천 달러 보조금 이상의 조치가 필요하다. 개인들로 하여금 더 큰 삶의 의미를 다시 깨닫게 만드는 가장 중요한 조치를 정부는 망설이고 있다. 즉 그것은 국가를 축소하는 것이다.

가능한 한 많은 혜택이 아이들에게 주어지도록 방침을 바꿀 수도 있을 것이다. 미국에서는 많은 복지 프로그램들이 (미혼모 가정에 대한 지원에서 보듯 항상 그런 것은 아니지만) 부지중에 인구증가에 기여한다. 최고 수준의 혜택이라는 횡재를 얻기 위해서는 대개 자녀가 있어야 한다는 점에서 그렇다. 그러나 죽음의 소용돌이 속에 더 깊이 빠진 국가들은 매우 진지한 인구증가책을 채택해야 할 것이다. 예컨대 당신에게 부양가족이 넷이 있다면 과세소득은 5로 나누어야 한다. 즉 전업주부 배우자와 아이들 셋이 있는 피고용자는 독신남이 내는 세금의 1/5을 낸다. 둘 다 5만 달러를 번다고 가정했을 때, 프리섹스주의자 독신남은 5만 달러에 대해서 세금을 내더라도 독신자 전용 바를 즐기기에 충분한 돈이 남는다. 한편, 결혼한 사내는 1만 달러에 대해서만 세금을 낸다. 그러면 가족을 유지하기가 수월해질 것이다.

가족규모에 가해지는 또 다른 제약은 주택문제이다. 미국은 많은 아이들을 위해 많은 공간이 딸린 큰 집을 사기에 선진국에서 가장 땅값이 싸다. 캐나다의 출산율이 유럽과 비슷한 이유가 여기에 있다. 부분적으로는 기후 때문에, 그러나 보다 최근에는 트뤼도(Trudeau : 전직 캐나다 수상역주) 하에서의 사회발전 및 이민경향 때문에 캐나다는 미국보다 도시 주변에 인구가 더 밀집해 있다. 캐나다를 위한 "종합계획"을 세운다면, 여전히 아이를 많이 낳는 젊은 부부들로 하여금 비좁은 토론토나 밴쿠

버의 아파트에서 벗어나 드넓은 곳으로 이주하도록 장려할 방법을 제공하고 싶을 것이다. 서유럽에서는 집값이 비정상적으로 비싸다. 여전히 부모와 함께 사는 이탈리아 중년 인구가 사상 최대라는 기사를 접할 때면 나는 오래된 베니 힐(Bennyy Hill : 영국 코미디언역주) 쇼가 생각난다. 베니와 매력적인 그의 아내는 공영주택을 얻지 못해 오토바이를 타고 다닌다. BBC 기자가 묻는다. "부모님 집으로 다시 들어가는 건 어때요?" 베니는 불평한다. "그러려고 했죠. 근데 부모님은 조부모님 댁으로 다시 들어가셨어요."

이것이 문제의 핵심에 더 가깝다. 그것은 그저 세금감면과 저렴한 주택의 문제가 아니다. 우리 시대가 가진 주된 특징은 "지체된 성인되기"(deferred adulthood)이다. 북미와 유럽 곳곳에서는 수백만 명이 별다른 목적 없이 대학에 진학한다. 평균적인 미국인이 학사학위를 끝마치는 시점에 축적하게 되는 지식을 심어주는 데 20년이나 걸려야 할 이유는 전혀 없다. 우리는 단계식 교육에 소요되는 기간을 지금보다 훨씬 더 줄일 필요가 있다. 그러기는커녕 우리는 우리의 몸이 증조부모 세대보다 훨씬 빨리 성숙하지만 마음은 그렇지 않다는 것을 암묵적으로 인정해 왔다. 우리는 청소년기에 훨씬 일찍 진입하고 훨씬 늦게 거기에서 빠져나온다. 어떤 경우에는 중년이 되도록 빠져나오지 못한다. 우리가 만든 이 세상에서는 31세 된 유럽 사내가 나이트클럽을 배회하다가 여자들에게 자신이 엄마, 아빠네 집에 살고 있으며 기저귀를 찼을 때부터 똑같은 방을 쓰고 있다고 말할 수 있다. 그러고도 그 사내는 멋진 데이트 상대와 함께 걸어나올 수 있다. 인류 역사에서 다른 때였다면 이 사내는 조롱거리였을 것이다.

고등학생들에게 훌륭한 교육을 제공하고 나서 졸업 후 곧바로 돈을 벌 수 있게 해주고, 늦은 중년이 되어서야 아이 하나를 갖는 대신에 20대 때 2명 혹은 3명의 아이들을 가질 수 있도록 해준다면 국가나 시민 모두가 더 풍요로워질 것이다. 쉬운 일은 아닐 것이다. 특히 미국에서는 학교들이 지나칠 정도로 조합으로 묶여 있고 학생들을 희생시키면서 특권과 보호 장치를 확장하는 데 전념하기 때문에 더욱 어렵다. 그러나 지체된 성인되기를 제어하지 않으려 하는 탓에 선진사회들은 지속 불가능한 수준의 이민인구에 전보다 더욱 의존하고 있다. 여기에는 미국도 포함된다. 미국은 국가의 상당 부분이 히스패닉화되어 두 문화, 두 언어를 가진 사회들에 나타나는 가장 불안정한 모습을 드러내고 있다.

2015년이면 서구에서 활력 있는 정당들은 거의 대부분 인구증가 옹호자들일 것이다. 그리고 좀 더 신중한 정당들은 부주의한 정부의 사회공학에 의해 파괴된 사회구조를 복원하는 정책들—정액과세 따위—을 지지할 것이다. 유럽과 이슬람주의 못지않게 이제는 사회 및 재정정책도 국가 생존의 문제다. 결국 그것은 돈에 관한 것이 아니다. 물질주의와 자기 만족 때문에 EU의 지상낙원주의자들은 처음부터 자신의 이상을 포기했다. 사회복지 프로그램들을 축소해야 하는 가장 큰 이유는 사람들의 주머니에 더 많은 돈을 쑤셔넣는 대신에 더 많은 책임을 쑤셔넣기 위함이다.

왜냐하면 그렇게 하지 않으면 상상도 할 수 없는 해법만이 남기 때문이다.

저명한 영국 시사해설자 앤서니 샘슨(Anthony Sampson)은 마지막으로 출간한 그의 책에서 9·11 이후 "테러에 대한 공포가 모든 정부의 권력을 강화시켰다"고 주장했다. 그러나 분명 그런 일은 없었다. 한스 몬데르만이 사는 네덜란드에서는 지난 30년간 보여준 다문화주의적 충직이 위험한 환상이었다는 것을 인정하는 징후들이 있다. 반면, 다른 선진 세계는 여전히 다문화주의를 윤색하고 있다. 미국이 유럽의 운명을 피하고자 한다면 (민주당원들이 종종 그러듯이) 야만적인 미국인들이 유럽인들보다 더 개화되지 않았다며 잠자코 있을 것이 아니라 자립과 개인 혁신에 대해서 분명히 말해야 한다. 자유시민은 이러한 생존투쟁에서 살아남기 위해 노력한다. 그러나 과보호 국가의 피보호자는 그러지 않는다. 우리 앞에 놓인 길은 매우 험난할 것이다. "주차금지" 표지판 때문에 뒤죽박죽이 되어버린다면 그 길은 결코 더 안전하지 않을 것이다.

10
쓰러지는 낙타
마지막 남은 다리들

> 자연은
> 스스로를 지키지는 못하는 것들은
> 지켜주지 않기로 결정했다.
>
> – 랠프 왈도 에머슨, 『사회와 고독』(1870)

이 책은 더 많은 전쟁, 더 많은 폭격 혹은 더 많은 학살이 아니라 더 많은 의지에 대한 찬성론이다. 문화적 확신의 시대에 인도의 영국인들은 "사티"(suttee)관습, 즉 남편을 화장할 때 장작더미 위에서 부인을 산 채로 불태우는 전통에 맞닥뜨렸다. 찰스 네이피어(Charles Napier : 19세기 인도 주둔 영국군 사령관역주) 경은 나무랄 데 없이 다문화주의인 입장을 취했다. "아내를 화장하는 것이 당신네 관습이라고 했소? 좋소. 우리한테도 관습이 있소. 남자들이 여자들을 산 채로 불태우면 우리는 그들의 목에 밧줄을 걸어서 매단다오. 장례식 장작더미를 준비하시오. 그 옆에 내 목공들이 교수대를 설치할 것이오. 당신은 당신네 관습을 따르시오. 그러면 우리도 우리 관습을 따르겠소."

오늘날 인도는 사티 없이도 잘 살고 있다. 당신이 거기에 동의하지 않는다면, 그것이 전적으로 백인 남성의 유럽 중심주의에 불과하다고 생각한다면 그래도 좋다. 그러나 나는 당신이 정말로 그렇게 믿는다고 생각하지 않는다. 개인적 판단이 개입되지 않는 다문화주의는 명백한 기만이며, 그러한 기초 위에서 잠재의식적으로 수용되었다. 결국 모든 문화가 동등하다는 생각을 신봉하는 자들은 대부분 선진 서구사회가 아닌 다른 곳에서는 살고 싶어하지 않는다. 다문화주의는 당신의 자녀가 축제일 콘서트를 위해서 "루돌프 사슴코" 대신에 시시한 부족의 비가를 배워야 한다는 것을 의미한다. 혹은 그것은 전신 마사지사가 아메리칸 인디언 정신에서 나온 기법을 당신에게 활용한다는 것이지, 당신이나 당신이 관심을 가지는 누군가가 아프리카나 아메리칸 인디언 사회에서 살아야 한다는 것을 의미하지는 않는다. 이것은 진보적 사기의 정수이다. 그러나 만약 정말로 당신이 사티가 벽걸이 융단에 새겨진 풍요롭고 활기찬 토착문화의 사례에 불과하다고 생각한다면, 당신 이웃들 중에서 25%, 30%, 혹은 48%가 사티를 정말로 믿고 있다면 당신의 쾌적한 교외가 어떻게 될지 생각해 보아야 한다. 다문화주의는 서구 엘리트들이 모든 문화를 경축하기 위해서가 아니라 자국문화를 부정하기 위해서 고안해냈다. 따라서 그것은 진정한 자살폭탄 테러이다.

그들을 제외한 우리들—당신이 자유, 종교적 자유, 법의 원칙과 관련하여 경쟁하는 문화들을 판단할 수 있다고 생각하는 우리들—은 네이피어 장군이 보여준 문화적 냉정함을 회복할 필요가 있다.

그러기는커녕 EU 사법안보위원 프랑코 프라티니(Franco Frattini)는 덴마크 카툰 논쟁에 대한 첫 반응으로 EU가 민감한 주제들을 포괄하도록 "분별"을 독려하는 "매체법"을 만들 것이라고 말했다. 프라티니 씨가 데일리텔레그래프에서 이렇게 설명했다. "언론을 통해서 이슬람 세계에 다음과 같은 메시지를 전할 겁니다. '우리는 자유로운 표현권을 행사하면 어떤 결과가 생기는지 알고 있습니다. … 우리는 그러한 권리를 스스로 규제할 수 있고 그럴 준비가 되어 있습니다.'"

"분별"이라고? "우리의 자유로운 표현을 스스로 규제"한다고? 안 된다. 그랬다간 이슬람 세계에 다음과 같은 메시지를 줄까 두렵다. "당신이 이겼습니다. 항복합니다. 제발 발길질을 멈춰주세요."

그러나 그들은 결코 발길질을 멈추지 않는다. 로버트 페리뇨(Robert Ferrigno)가 소설 『이슬람교도 암살단을 위한 기도』를 시작하면서 인용한 아랍 속담을 빌리자면 "쓰러지는 낙타는 많은 칼을 불러들인다"는 속담이 있기 때문이다. 덴마크와 프랑스 그리고 네덜란드와 영국에서 이슬람은 낙타가 쓰러지고 있으며 지금은 칼질을 멈출 때가 아니라는 것을 눈치챘다.

혹은 시므온 하워드(Simeon Howard)가 1773년에 Ancient and Honorable Artillery Company(군사 열병식과 의식을 전문으로 하는 집단[역주]) 보스턴 지부에서 설교할 때 다음과 같이 말했다.

> 경솔한 사람들은 한 명씩 한 명씩 이러한 요구에 굴복할 것이고, 그들이 위험을 알아차리기 전에 결국 자유는 회복할 수 없는 지경이 됩니다. 상처 자체는 작을지라도 거기에 굴복하는 사람들에게 그 결과는 치명적일

것입니다. 특히 그러한 요구가 끈질기게 지속된다면 더욱 그렇습니다. 그리고 그 상처에 관해서 말하자면, 항상 우리는 "싹부터 잘라내라"(obsta principiis)고 하는 신중함에 관한 고대의 격언에 따라 행동해야 합니다. 침략세력이 처음으로 부당한 요구를 할 때, 그러한 요구가 반복되고 커질 것 같으면 거기에 단호하게 항거해야 합니다. 그리고 때로는 그러한 세력의 요구에 굴복하기보다는 전쟁을 치르는 것이 국민의 권리이자 의무일 것입니다. 자선이라 생각하고 전쟁 없이 지내더라도 전혀 불편하지 않을 수 있습니다. 전쟁은 비록 커다란 악이지만 그러한 양보보다 훨씬 낫습니다. 양보는 공공의 자유에 치명적일 수 있기 때문입니다.

마드리드 폭탄 테러 이후 영어로 꾸준히 발행되는 잡지 중 가장 오래된 스펙테이터(*Spectator*)에는 "우리는 전쟁을 치르고 있는 것이 아니다"라는 제목의 논설이 실렸다. 그들은 지하드가 버킹엄 궁전을 접수하지 않을 것이라고 영국인들을 확신키시고 싶어했다. "오사마 빈 라덴이 몰(Mall : 런던 세인트 제임스 파크의 산책로[역주])을 의기양양하게 행진할 수 있을 것 같지는 않다. 오히려 그는 화성에서 온 난쟁이 녹색 인간이다. 알카에다는 수단은 있지만 목적이 없다."

그렇다. 오사마는 몰을 따라 버킹엄 궁전 정문을 통과하지 않을 것이다. 그것이 포차(砲車)에 걸려 있는 그의 생존 DNA 과립세포가 아니라면 말이다. 그러나 그렇게까지 극적일 필요는 없다. 영국 여왕이 이슬람대영공화국의 최고 아야톨라 대리 앞에서 퇴임서약서에 서명하기 전에는 알카에다 공군은 도버의 하얀 절벽 위에서 영국 공군과 공중전을 벌이지 않을 것이다. 그러나 당신은 매우 점진적으로, 거의 지각하지 못하는 사이에 항복에 이를 수 있다. 이렇게 볼 때 스펙테이터 편집자들은 현실을 정반대로 이해했다. 알카에다에게는 수단이 없지만 그들의 목표—서구의 이슬람화—는 법을 준수하는 수백만 이슬람교도들이 공유하고 있다. 조셉 콘래드(Joseph Conrad)의 걸작소설 『비밀 첩보원』(*The Secret Agent*, 1907)에 실린 가장 유명한 테러의 이미지 중 하나를 떠올려 보라. 소설의 주요 장면에서 외로운 테러리스트는 가슴에 폭탄을 두르고 런던 거리를 터벅터벅 걷는다.

> 그에게는 미래가 없었다. 미래는 신경 쓸 가치가 없다고 생각했다. 그는 군인이었다. 폐허와 파괴의 이미지가 자꾸만 떠올랐다. 그의 걸음은 덧없고, 무의미하고, 초라하고, 비참했다. 그리고 광기와 절망을 세상을 재건하는 데 끌어들인다는 일념은 무시무시했다. 아무도 그를 쳐다보지 않았다. 사람들로 넘쳐나는 거리에서 해충마냥 그는 아무런 의심도 받지 않고 죽은 사람처럼 계속 나아갔다.

이 이미지의 힘은 주변에 있는 런던 사람들의 물결 속에서 테러리스트가 느끼는 고독에 있다. 모두가 더없는 행복에 넘쳐 그를 의식하지 못한다. 그러나 2005년 런던 지하철 테러 이후에 곧바로 분명해졌듯이 그것은 우리가 사는 세상이 아니다. 지금은 흑(테러리스트)과 백(나머지 우리들)으로 명확하게 나뉘지 않고 그 중간에 회색빛 어두운 그림자가 넓게 자리한다. 파괴하고 폐허로 만들겠다고 결심한 테러리스트가 거리를 배회한다. 그 주위에는 그를 부추기는 사람들이 꽤 많이 있다. 그 주위에서는 이보다 더 많은 수의 자신만만한 젊은 남성 동료 광신도들이 대량학살에 기뻐 날뛴다. 그 주위에서는 훨씬 더 많은 수의 "온건주의자들"이 자신들의 이름으로 취해진 조치에 침묵을 지킨다. 그 주위에서는 종교 및 공동체 지도자 연합체가 국가에 대한 반역을 공개적으로 선동한다. 그 주위에서는 또 다른 종교 및 공동체 지도자 연합체가 이 선동자들에 대해 사죄를 한다. 그 주위에는 자신들이 진정한 피해자라고 완강히 주장하는, 일정한 정체성을 공유하는 전문적인 불만분자들의 네트워크가 있다. 그 주위에는 자문화 중심주의에 지나친 결벽증이 있어서 현실을 바로 볼 수 없는 엘리트들의 의견이 매체를 비롯한 곳곳에 광범위하게 퍼져 있다. 그 주위에는 그 문제가 새 법조항을 몇 가지 만들고 지역구제 활동을 조금만 하면 적당히 회피할 수 있는 관리의 문제일 뿐이라고 필사적으로 둘러대는 지배계급이 있다.

패배자의 파괴문화를 확산시키고 거기에 잠재력을 부여하는 것은 바로 서로를 절연시키는 이 회색 동심원들—이맘들, 로비 집단들, 미디어, 주교들, 정치인들—이다. 그리고 이러한 회색 그림자의 연쇄의 끝에 있는 출구는 일반 대중이다. 그리고 스페인에서처럼 복종과 패배주의라는 회색빛 몽롱함 속으로 흘러들어 가는 일반 대중의 수는 충분히 많다. 그러나 미국에서처럼 때때로 그들은 그러지 않을 때도 있다. 그리고 때때로 영국에서처럼 그들은 반항과 오래된 런던 대공습 정신(Blitz : 제2차 세계대전 당시 독일의 대공습 때 런던 시민들이 보여준 금욕주의적 용기와 인내의 정신역주)에 대해서 말하지만 날마다 수천 번 사소한 양보를 한다. 위대한 국가들은 이런 식으로 사멸한다. 전쟁이나 정복에 의해서가 아니라, 지난 10년간 조금씩 그래왔기 때문에 어느 날 아침 눈을 떴더니 공식적인 항복문서에 서명할 필요가 없을 때까지 서서히 죽어간다.

따라서 콘래드의 외로운 테러리스트와 달리 이러한 적은 탁 트인 곳에서도 자신을 숨길 수 있다. 해충들로 넘쳐나는 거리 위의 해충인 셈이다. 미국에서는 정치계급 중 절반이 소송권을 비롯한 모든 법적 권리를 부여해 적들의 입장을 강화시켜 주기를 원한다. 유럽은 이민인구를 두려워하여 마비가 되어버렸다. 서구세계의 언론은 살인자들을 "투사", "활동가", "반대분자" 등으로 그럴 듯하게 칭한다. "그들이 왜 우리를 미워할까?"라고 묻는 건 결코 제대로 된 질문이 아니다. "그들이 왜 우리를 경멸할까?"가 더 낫다.

스페인에서 대학살이 벌어진 후에 세이크 오마르 바크리 모하메드(Sheikh Omar Bakri Mohammed : 이슬람 무장투쟁 지도자[역주])는 리스본 잡지 퍼블리카(*Publica*)에 밝히기를, 런던 이슬람주의자 집단이 영국에서 "대규모 작전을 개시할 준비"가 되어 있다고 말했다. 그는 기본원칙을 명시하면서 다음과 같이 말했다. "우리는 민간인과 비민간인, 결백한 사람과 결백하지 않은 사람을 구별하지 않는다. 이슬람교도와 불신자를 구별할 뿐이다. 불신자의 생명은 전혀 가치가 없다." 이 성직자는 다우닝 스트리트(Downing Street : 런던의 주요 거리[역주])에 이슬람 깃발이 펄럭이는 것을 보기를 기대한다고 덧붙였다. 그는 이렇게 말했다. "나는 언젠가 그런 날이 올 거라고 믿는다. 이 나라는 내 조국이기 때문에 나는 여기에 사는 게 좋다. 그들이 민주주의를 믿는다면 누구를 두려워하는가? 오마르 바크리도 민주주의 덕 좀 보자."

이 말이 우습게 들리는가? 다우닝 스트리트 10번지(재무장관 공관이 있어서 다우닝 스트리트 중에서도 유명하다. 1902년 이래로 수상이 재무장관을 겸임하고 있다[역주])에 나부끼는 이슬람 초승달이라? 정부 청사에 어떤 깃발이 걸려야 하는가 하는 문제가 얼마나 일찍부터 쟁점이 되었는지 알면 당신은 놀랄 것이다. 2005년에 영국 교도소 감독부장 앤 아워즈(Ann Owers)는 영국 감옥에 영국 국기 게양을 금지시켰다. 국기에 새겨진 성 조지 십자가가 한때 십자군이 이용했던 것이라서 이슬람교도들에게 모욕을 준다는 이유 때문이었다. 운전면허청도 영국 국기 게양을 금지시켰다. 히스로 공항도 같은 조치를 취했다.

따라서 영국은 스펙테이터가 화성에서 온 남자만큼이나 괴짜 시나리오라고 부르는 것을 향해 이미 조금씩 다가가고 있다. 옛날 깃발은 법률적으로는 문제 없다 하더라도 사실상 게양할 수는 없다. 이제는 그 자리에 어떤 새롭고 적절한 다문화주의적 견본을 골라서 게양할 것인가 하는 문제만 남아 있다.

그것이 테러리스트들이 공격하는 건물과 대중교통 시설이라면 훨씬 수월할 것이다. EU에서 가장 무기력한 겁쟁이 사법부조차도 거리가 시신으로 뒤덮일 때는 행동하지 않을 수 없다. 그러나 더 똑똑한 불량배들은 오래된 기법을 잘 알고 있다. 만약 어떤 사람을 제압하고자 한다면 머리를 때려선 안 된다. 상대에게 잔인한 짓을 하지 말라. 고통과 고문은 상대가 아주 약하더라도 완강한 저항을 불러일으킬 수 있다. 그러나 상대를 조금만 불편하게 만들고 구석으로 몰아붙여 보라. 그러면 상대방은 정상상태로 되돌아가는 가장 쉬운 길을 찾을 것이다. 카툰 몇 편 때문에 거리를 미쳐 날뛰는 자들이 있는가? 저런! 가장 손쉽고 확실한 해법은 그런 만화를 싣지 않기로 합의하는 것일 텐데.

빠르게 변하는 인구변동은 어느 사회에나 거대한 도전이 된다. 2006년에 미국에서는 어떤 멕시코 출신 이민자도 뒤처져서는 안 된다는 취지의 법안이 상원을 통과했고 대통령이 기꺼이 서명했다. 불법 이민자들에게는 뜻밖의 노다지였다. 이에 내셔널리뷰의 존 더비셔(John Derbyshire)는 미국 남쪽 국경에서 1,400마일 떨어진 롱아일랜드(Long Island : 뉴욕 주 남동부 지역[역주]) 교외지역이 속한 그의 학군의 인종별 등록 통계를 언급했다.

고등학교 : 히스패닉 17%

중학교 : 히스패닉 28%

초등학교 : 히스패닉 31%

남미 출신에게는 지하드, 명예살인 관습, 일부다처제 같은 문제가 없다. 그러나 인구가 급격하게 변동하면 정치일선에서 멀리 떨어진 조용한 동네조차도 비용부담이 커진다. 더비셔가 제시한 통계치를 보건대 어느 시점에 이르면 미국의 모든 학교위원회는 2개 국어 및 관련 프로그램을 해마다 끊임없이 확대하는 문제를 고려해야 할 것이다. 예산항목에 숫자로 나타내기 쉽지 않은 거대한 문화적 전환 또한 이와 별개로 고려해야 한다.

"열린 국경" 지지자들이 말하듯이 미국적 사고가 매우 강력하기 때문에 저 31%의 히스패닉 초등학생도 그들이 고등학교에 진학할 때쯤이면 완전하게 동화될 것이라고 말할 수도 있다. 그럴지도 모른다. 아주 조심스럽게 말하자면 그러기 위해서는 현대 다문화주의의 동화력을 매우 낙관적으로 보아야 한다. 유럽의 입장이 되어보자. 그곳에 밀려드는 인구집단은 스스로를 분리시키는 경향이 더욱 강하고 유럽의 문화적 · 정치적 유산에 더욱 공공연하게 반발한다. 의지와 인구는 강력한 조합이다. 세이크 오마르 바크리 모하메드를 괴짜 과격파로 치부해 버릴 수 없는 이유가 여기에 있다. 그는 정치적 가능성의 범위 내에서 자신이 원하는 것을 충분히 실행시키기기 위해 충분히 많은 사람들로부터 충분한 지지를 불러일으킬 수 있기 때문이다.

9 · 11 이후 모든 저명한 서구 지도자들의 첫 반응은 이슬람 사원을

방문하는 것이었다. 부시 대통령이 그랬고, 웨일스 왕자가 그랬으며, 영국과 캐나다 수상 및 다른 많은 지도자들이 그랬다. 이슬람 사원을 제때에 방문해야 한다는 열병이 사라지고 난 후 당신은 이런 행동들이 예전 같았으면 이상하게 받아들여졌을 거라는 생각을 떨쳐버릴 수 없을 것이다. 진주만이 공격을 당했다고? 서둘러 회를 좀 주문하고 나를 「나비 부인」 공연에 데려다 줘! 당신을 공격한 자들의 동료 신봉자들에게 그들 모두를 적으로 여기지 않는다고 안심시켜 주는 것은 의도는 좋다. 그러나 이것이 최우선순위가 되어야 하는지는 의문이다. 그리고 그 이슬람 사원들에서 언론의 공개 플래시를 받은 이맘들 중에서 적어도 몇몇은 기껏해야 이슬람 테러리즘 문제에 미적지근한 입장을 취하거나 최악의 경우에는 열정적으로 지지했다는 사실이 밝혀진 이상, 그런 행동에는 방문자 쪽의 지나친 자기 기만이 내포되어 있는 것이었다. 그러나 이것은 이후에 일어난 모든 일들에 특정한 분위기를 조성해 주었고, 폭탄이 터지고 테러 모의가 드러날 때마다—9·11에서 런던과 토론토에 이르기까지—이슬람의 신의는 훨씬 역겨워졌다. 영국 작가 멜라니 필립스(Melanie Phillips)는 다음과 같이 썼다. "소수자 권리 독트린은 도덕적 전도(轉倒)를 낳았다. 악행하는 자들은 '희생자' 집단에 속하면 용서를 받는다. 반면, 이들의 행동에 피해를 입는 자들은 단지 '억압적인' 다수자에 속한다는 이유만으로 비난을 받는다. … 공격자를 희생자로, 그리고 희생자를 공격자로 해석하는 이러한 도덕적·지적·철학적 전도를 제대로 이해하고 공개적으로 도전하는 것이—영국인뿐 아니라 이슬람 극단주의에 맞서는 전 세계적 노력을 위해—얼마나 중요한지는 아무리 강조해도 지나치지 않다."

현재의 갈등에 붙여진 이름 "테러와의 전쟁"을 생각해 보라. 잠깐만! 대개 전쟁은 이름이 있는 적들을 대상으로 치러지는 게 아니던가? 그렇다. 그러나 진보적인 사고방식에서는 "적"이라는 바로 그 개념이 구시대적이다. 적은 없다. 친구들이 있을 뿐이고, 그들의 불평을 우리가 아직 배려하지 못했을 뿐이다. 부분적으로 이것은 사회적 건망증이다. 전자시대, 현재 시제의 문화 속에 사는 우리는 사회적 진보가 기술적 진보와 같다고 가정한다. 둘 다 되돌릴 수 없다. 내연기관 발명을 되돌릴 수 없듯이 여성의 권리도 되돌릴 수 없다. 말과 일인승 마차가 증기기관차와 포드 자동차 T(최초의 대량생산 자동차역주)와 제트여객기에 자리를 내주었듯이, 선진 사회민주주의 사회도 정부 데이케어와 주당 35 노동시간, 동성결혼과 전에 없이 심화된 인종적 다양성을 향해 나아갈 것이다. 그 무엇도 이를 되돌릴 수 없다. 7세기 식으로 수염을 기른 그 많은 사람들(7세기에 살았던 마호메트처럼 수염을 기른 이슬람교도들을 일컬음역주)도 물론 그럴 수 없다. 많은 서구인들은 칼리프조를 재건하려는 이슬람주의자들의 계획이 『보글보글 스폰지 밥』(*The SpongeBob SquarePants Movie*)에서 플랑크톤(Plankton)이 "이 세계를 지배할 테다!"라고 소리치는 순간과 똑같다고 생각한다. 스폰지 밥은 플랑크톤 위에 우뚝 서서 "행운을 빌어"라고 말한다.

그러나 당신은 결코 모른다. 어쩌면 우리가 플랑크톤일 수도 있다는 것을. 1939년 8월 아돌프 히틀러는 그의 부하 장군들에게 다음과 같이 말했다. "우리 적들은 하찮은 벌레들이오. 그놈들이 뮌헨에 있더군." 1930년대처럼 오늘날 유럽에서는 최근에 받아낸 항복에 좀처럼 만족하지 않고 또 다른 불평을 날조하는 탐욕스러운 세력 앞에 정치계급이 굴복하고 있다. 사실 공식적인 적은 필요한 만큼 이상으로 남아돈다. 폭탄테러를 해보라. 서구인들은 그 "근본 원인" 때문에 괴로워할 것이다. 참수를 해보라. 서구 정치인들은 가장 가까운 이슬람 사원으로 달려가 "이슬람은 평화의 종교"라고 선언할 것이다. 금요기도회에서 무시무시한 명령을 내려서 유대인들과 이교도들을 모두 학살해 보라. 서구인들은 그것이 이슬람교도들에 대한 반발을 불러올까 애를 태운다. 남색자들의 목을 베고 여성 성기를 절제해 보라. 동성애자 단체와 페미니스트 단체는 지체 없이 부시와 블레어를 비난하면서 당신과 나란히 행진한다. 한 학교 학생들을 모조리 학살해 보라. 서구의 학자들은 "대다수" 이슬람교도들에게 "지하드"는 "건강한 라이프스타일의 저지방 그라놀라 바"(granola bar : 휴대할 수 있도록 막대형으로 된 시리얼[역주])를 뜻하는 무해한 개념이라고 설명한다. 따라서 이것은 이 시대의 불균형한 '죽음의 왈츠' (*valse macabre*)이다. 더 많은 이슬람주의자들이 서구인들의 발등에 올라탈수록 더 많은 서구인들이 그들과 함께 방안 이곳저곳에서 즐겁게 왈츠를 춘다.

프랑스 철학자 장 프랑수아 르벨(Jean-François Revel) 썼듯이 "분명, 자신의 모든 행동에 죄의식을 느끼는 문명은 스스로를 보호할 에너지와 확신이 부족하다." 카툰 지하드 논쟁이 벌어지고 있을 때 뉴욕타임스는 여느 때처럼 잘난 체하며 왜 그 카툰들이 마호메트를 표현한다고 할 수 없는지를 설명했다. 민감한 뉴스 기관들에게는 "종교적 상징을 근거 없이 모독하는 일을 삼가야 하는" 책임이 있다고 뉴욕타임스 편집자들은 설명했다. 바로 그 다음날 타임스는 얼마 전에 소개된 어느 뉴욕 "예술" 작품을 이용하여 덴마크 논쟁을 삽화로 실었다. 성모 마리아가 코끼리 똥에 뒤덮여 있는 그림이었다. 다문화주의는 어느 오래된 냉전기 농담에서와 똑같이 공명정대하게 작동하는 것 같다. 미국인이 소련 사내에게 말한다. "우리나라에서는 누구나 자유롭게 대통령을 비판하오." 그러자 소련 사내가 대답한다. "우리도 마찬가지라오. 우리나라에서도 누구나 자유롭게 당신네 대통령을 비판하오." 뉴욕타임스가 생각하는 규칙 아래에서 서구는 자신의 유대-기독교 유산을 자유롭게 조롱하고 업신여긴다. 마찬가지로 이슬람 세계는 서구의 유대-기독교 유산을 자유롭게 조롱하고 업신여긴다. 굳이 구분을 하자면, 결국은 이슬람이 다른 문화를 혐오하는 것이 서구 엘리트들이 자신의 문화를 혐오하는 것보다 심리적으로 피해를 덜 주는 것 같다.

명백한 테러건 좀 더 미묘한 테러건 간에 반란은 상대방이 자신감이 부족하기 때문에 계속 발생한다. 예컨대 IRA는 영국이 그들을 완전히 뭉개버릴 능력은 있지만 그럴 의지가 없다는 것을 정확하게 이해했다. 따라서 그들은 결코 군사적으로 승리할 수 없지만 결코 패배할 수도 없다는 것을 알았다. 이슬람주의자들도 비슷하게 이해했다. 유일한 차이점은 대부분의 테러전이 매우 지역적이라는 것이다. 이제는 정말로 전 세계적인 반란이 일어나고 있다. IRA가 퍼매너(Fermanagh : 북아일랜드 남서부의 주역주)의 늪지대를 바라보는 방식으로 이슬람주의자들이 전 세계를 바라보기 때문이다. 그들은 그것을 원한다. 그리고 서구 문명이 그들을 쫓아버릴 의지가 없다는 것을 그들은 알아차렸다.

그렇다면 어떤 면에서 이것은 불합리하다. 뉴질랜드에서 부르카를 두르고 운전하고 다니는 여성 이슬람교도들 이야기에 잘 나타나 있듯이 이슬람주의가 가진 확신에는 본질적으로 모순이 존재한다. 일부 경찰 관계자들에 따르면, 이러한 옷차림은 시야를 다소 가릴 뿐만 아니라 도주하는 은행 강도들이 여성 이슬람교도인 것처럼 위장할 수 있게 해준다. 그러나 그 누구도 민감해지려 하지 않는다. 그리고 전반적으로 경찰은 부르카가 이 여성들의 믿음에 필수적이라는 이슬람 로비 집단의 말을 기꺼이 곧이곧대로 믿어준다. 그러나 뉴질랜드 경찰협회 의장 그레그 오코너(Greg O'Connor)는 다음과 같이 한마디 하지 않을 수 없었다. "얼굴을 드러내고 싶지 않을 정도로 믿음이 강하다면 그러한 종교는 운전을 금지시켰어야 하지 않을까?"

그렇다. 당신이 입는 옷이 낙타 수송 시대에서 진화할 수 없다면 당신의 교통수단도 마찬가지일 것이다. 그러나 그것이 2000년대 이슬람이다. 그들은 21세기의 편리함을 갖춘 7세기 사회의 확실성을 원한다. 물론 그런 식의 결합은 이치에 맞지 않다. 이슬람 미합중국, 프랑스 이슬람 공화국, 벨기에 이슬람왕국, 캐나다 이슬람자치령은 이슬람화 이전에 축적한 자본을 소비하면서 운영되다가 매우 급속하게 몰락할 것이다. 실제로 전성기에 있던 많은 이슬람 국가들이 그런 식으로 몰락했다. 그런데도 이 가설을 정말 검증해 보고 싶은가?

사실 해마다 점점 더 많은 세계가 이슬람법에 따라 살고 있다. 파키스탄은 1977년, 이란은 1979년, 수단은 1984년에 각각 이슬람법을 채택했다. 1960년대에 나이지리아는 영미법 아래 살고 있었지만 지금은 그중 절반이 이슬람 율법에 속박되어 있으며, 나머지 절반은 그러한 압박을 느끼고 있다. 오늘날에는 이슬람 국가가 더 많아졌고, 이슬람 국가 안에 급진 이슬람교도들이 더 많아졌다. 또한 비이슬람 국가 내에서 이슬람교도들이 점점 많아지고 있으며, 점점 더 많은 영향력 있는 초국적 기구들에서 의장을 맡는 이슬람교도들이 점점 많아지고 있다. 이 이슬람교도들은 싱가포르, 덴마크, 뉴질랜드 법에 따라 살게 될까 아니면 이슬람법에 따라 살게 될까?

대체로 이 질문 안에 답이 담겨 있다. 이슬람교도 스스로가 아무리 원한다 한들 어떻게 예컨대 캐나다인의 정체성에 동화될 수 있겠는가? 현대 다문화주의 국가가 나아가고 있는 무(無)에 동화되는 것은 불가능하다. 무언가 새로운 것을 덧붙이기보다는 기존 사회를 해체하고 그 자리에 눌러앉는 편이 훨씬 쉽다. 그리고 바로 지금 선진세계 곳곳에서 이런 일은 진행 중에 있다. 다문화주의는 국가를 펜에 불과하게 만든다. 문화적 확신이 없다면 인구가 미래를 결정할 것이다. 아니면 제임스 베넷(James C. Bennett : 미국의 보수적인 기술 및 국제문제 저술가[역주])이 완벽하게 요약했듯이 "민주주의, 이민, 다문화주의 중에서 두 가지만 고르라."

다문화주의의 본질은 모든 문화가 똑같이 "타당하다"는 거짓말이다. 이러한 가정을 받아들이는 것은 현실을 부정하는 일이다. 그것은 인간의 자유, 사회의 건전함, 세계적 인구이동을 객관적으로 측정하기를 거부하는 것이다. 다문화주의가 진실을 부정하고 그 위에 만들어진 최초의 이념은 아니다. 당신은 "히틀러가 명령하면 2 더하기 2는 5가 된다"는 헤르만 괴링의 기억하기 쉬운 언급이 떠오를 것이다. 마찬가지로 미국인들은 미국 헌법이 이러쿼이인 연합(Iroquois Confederation : 뉴욕 주 중부에 살았던 아메리칸 인디언 연합[역주])의 행동규범을 본떠서 만들어졌다는 사실을 받아들이라고 요구받는다. 만약 다문화주의 이론가들, 인종문제 관련 로비, 심지어 미 의회의 우스꽝스러운 결의안이 그러기로 결정한다면 말이다.

그렇다고 해가 되는 것은 아니다. 그렇지 않은가? 그렇게 해서 우리 모두가 서로에게 따뜻하고 부드럽게 느끼게 된다면 그런 척한다고 뭐가 문제겠는가?

왜냐하면 현실을 대혼란 속에 놔두는 것은 결코 도움이 되지 않기 때문이다. 언젠가 그렇게 해야 할 날이 올 것이다.

런던 지하철 폭탄 테러 직후에 플리트스트리트(Fleet Street)의 어느 타블로이드판 신문 1면에 실린 사진을 보라. 젊은 사내 네 명이 웨일스에서 급류타기 래프팅을 즐기고 있다. 살인자들이 런던 지하철을 산산조각내 버릴 준비를 하면서 가진 작은 휴가였다. 겉보기에 이 자들은 또래의 다른 어떤 요크셔 젊은이들과도 차이가 없다. 감자칩을 먹고 자랐고, 크리켓을 좋아하며, 불쾌한 영국식 레저복을 입었다. 육안으로 보기에 런던 폭파범들은 거의 완벽하게 동화되었다. 적어도 스포츠, 유행, 대중음악에 관한 한 그렇다. 유일한 차이는 내면이었다. 그들에게는 지하드를 위해서 동료 영국인 수십 명을 기꺼이 학살하고자 하는 마음이 있었다. 그들에게 모든 것을 뒤덮는 커다란 숲이 없다는 것을 아무도 눈치채지 못하도록 그들은 수많은 나무를 받아들였다. 그들에게는 정체성의 핵심, 충성심의 핵심이 없었다.

이슬람 극단주의가 당신이 램프 속에 다시 담으려고 하는 지니라면 램프를 부수는 것은 도움이 안 된다. 비서구 문화는 다소 원시적이고 불변적이지만 선진국은 비서구 문화를 구성하는 요소들의 합에 지나지 않는다는 것이 다문화주의의 핵심에 놓여 있는 가정이다. 이것은 일종의 사회적 스톡홀름 증후군(인질이 인질범에게 동화되는 현상역주)이다. 타자에게서 나오는 것이라면 무엇에든지 필사적으로 자신을 동일시하는 현상이다. 다문화주의가 가진 훌륭한 점은 그것이 다른 문화에 대해서 무엇이든지 알아야 한다고 주장하지 않는다는 것이다. 부탄의 수도? 말레이시아의 주요 수출품? 알게 뭔가? 이것은 과거 제국주의 업무를 하던 자들이나 능숙한 것들이다. 그러나 다문화주의는 모든 이에게 따뜻하고 부드러운 감정을 포함하고 있을 뿐이다. 그리하여 무지로부터 더없는 행복이 나온다. 만약 그 사내가 가진 풍요롭고 활기찬 문화유산 중에 초승달 모양의 칼을 차고 당신 곁에 서서 "알라는 위대하다!"라고 외치는 행위가 포함되어 있다 해도 당신의 문화적 다양성이 그만큼 보장받지 못한다고 불평할 수는 없다. 유럽에서 이슬람 인구가 성장하고 있다는 점과 보이지 않는 이슬람교도 로비 집단들이 테러와의 전쟁을 어느 정도 제한하는 데 성공해 왔다는 점을 고려할 때, 다음 10년 사이에 유럽에서는 이슬람주의 정당들이 틀림없이 등장할 것 같다. 또한 매우 저명한 서구 이슬람교도들—대사들, 왕자들, 교수들—과 테러리스트들이 그다지 분리되어 있지 않다는 것을 전제할 때, 이 정당들에 속한 많은 저명인사들은 테러리스트들의 궁극적인 목표를 지지할 것 같다. 그리고 다문화주의 사회의 통치원리—서구인은 애초부터 양보로써 문화적 민감성을 보여준다고 하는—를 보건대, 현명한 이슬람주의자는 분명 마드리드 테러와 그 여파에 대해 설문조사를 실시해 이중전략이 가져올 혜택을 숙고해 볼 것이다.

지금 진행 중인 투쟁에는 세 가지 해법이 있을 것이다.

1. 이슬람에 굴복한다.
2. 이슬람을 파괴한다.
3. 이슬람을 개혁한다.

대부분의 서구인들은 1번이 가능성이 크다고 생각하지 않기 때문에 2번이나 3번을 선택해야 하는 가능성 또한 심각하게 고려하지 않는다. 그러나 이슬람에 굴복할 가능성은 꽤 있다. 그런 일이 실제로 발생하더라도 많은 사람들은 말이 안 된다고 생각할 것이다. 2004년 대선 때 존 케리가 한 말을 빌리면, 서구인들은 이 바보들에게 패배했다는 게 믿을 수 없다고 흥분해서 외칠 것이다. 그러나 패배할 '수도' 있으며(나는 항상 그렇게 믿어왔다), 가장 비관적인 사람들이 생각하는 것보다 더 쉽게 패배할지도 모른다(나는 그렇게 믿게 되었다).

"패배할지도 모른다"고 할 때 그 주어는 "좋은 사람들"(the good guys)이다. 나는 이 표현을 넓게 정의한다. 호주, 폴란드, 이라크, 심지어 파키스탄에도 좋은 사람들이 많이 있다. 나머지 세계가 실패할 수 있고 미국이 새로운 암흑 시대에 외로운 자유의 등불로 견딜 것이라고 생각하는 것 같은 독자들이 몇 명이나 되는지 알고는 나는 다소 힘이 빠졌다. 이 점을 더 깊이 생각해 보자. 전체주의적인 중국, 산산조각난 러시아, 미친 중동, 전염병에 시달리는 아프리카, 내전으로 찢긴 유라비아. 여기에다 상대적으로 친절한 두 국가들과 마주하는 국경선을 강화하지도 못하는 국가까지 합해서 이들이 지구를 지킬 수 있을까? "현실주의자들"이여, 꿈이나 계속 꾸시라.

두 번째 선택지는 생각해 볼 수 없다. 비록 당신이 이슬람이 자유사회와 근본적으로 양립 불가능하다고 생각한다 하더라도, 이 세계에서 이슬람 세력을 끝장내기 위해서 감행해야 하는 학살행위는 미국을 알아볼 수 없을 정도로 바꿔버릴 것이다. 이대로 몇 년을 지냈다간 핵무기를 가진 어떤 미치광이들이 예컨대 마르세유나 리옹을 없애버린다 해도 프랑스가 꽤 볼 만한 방식으로 한번 해보겠다고 나서지 않을 거라는 말은 아니다. 그러나 프랑스가 그렇게 한다 해도 러시아가 체첸에서 초토화 작전을 통해서 얻은 것보다 더 많은 것을 얻을 것 같지는 않다.

따라서 세 번째 선택지가 남는다. 이슬람을 개혁하는 것은 비이슬람인들이 할 일이 아니다. 궁극적으로 이슬람교도들만이 이슬람을 개혁할 수 있다. 자유세계가 할 수 있는 일은 이슬람 개혁의 가능성을 증대시킬 조건을 창출하거나 적어도 개혁을 적극적으로 방해하지 않는 것밖에 없다. 다음과 같은 일은 할 수 있다.

1. 이슬람 세계에서 여성의 권리—페미니스트적인 것이 아니라 실제적인 권리—를 옹호한다. 이것은 이슬람의 가장 큰 취약점이다. 모든 이슬람교도 여성들이 글로리아 스타이넘(Gloria Steinem : 미국의 페미니스트역주)이나 패리스 힐튼이 되고 싶어하는 것은 아니다. 그러나 그들은 성기 절제로 삶을 시작하고 형제에 의한 명예 살인으로 삶을 끝내고 싶어하지도 않는다. 유럽의 가정폭력 여성쉼터에 있는 여성의 절대다수는 이슬람교도이다. 중동에 여성쉼터가 있다면 여성들이 어떻게 나올지 약간의 단서를 얻을 수 있다. 이슬람 사회에서 인구의 절반이 잠재적인 반대의 원천이라면 그것을 이용할 필요가 있다.
2. 이슬람교도들을 급진화시킨 와하브주의, 이란 종교, 그리고 다른 이념적 수출품을 유럽 전역에서 몰아낸다. 서구의 적은 이념으로 무장한 적이며, 따라서 이념전쟁을 치를 필요가 있다.
3. 마음에 안 드는 정부라 하더라도 이슬람 세계의 경제 및 정치적 자유를 지지한다. 마음에 안 드는 선출된 정부가 마음에 안 드는 독재정부보다 훨씬 낫다. 시리아와 이집트가 미네소타와 뉴질랜드가 될 필요는 없다. 지금과 같지만 않으면 된다. 자유를 향한 험난한 여정에서 내부의 반대에 몰두해야 하는 모든 이슬람 정권은 국경 너머에서 분쟁을 선동할 시간이 적어진다.
4. 비이슬람교도들을 박해하는 이슬람 국가들이 국제적 정통성을 얻지 못하고 국제기구에서 배제되고 소외되게 한다.
5. 미국을 비롯한 곳곳에서 사우디아라비아와 이란 등이 운영하는 이슬람사원, 마드라사, 싱크탱크, 그리고 여타 활동들에 자금을 차단한다.
6. 이념전선에서 이슬람주의에 맞서는 전략을 개발한다. 미국 군대에 필

적하는 시민대를 창설하고 대안적인 제도, 구조, 가치를 장려하는 데 활용한다. 이러한 활동은 영국 식민부에 상응하는 탈식민주의 기관을 통해 이루어질 것이다. 그 어떤 겁쟁이 같은 명칭이라도 괜찮다. 예컨대 그 기관은 세계공동체구제부(Department of Global Community Outreach)라고 불릴 수도 있다. [그나저나 이것은 워싱턴이 국토안보부(Department of Homeland Security : 9·11 이후 신설된 부서역주)라는 비대한 관료조직 대신에 신설했어야 하는 기관이다.]

7. UN, NATO, IAEA 등 여러 9·11 이전 초국적 기관들을 무시하고 안락사시키며 거기에 들였던 노력을 결과지향적인 다문화주의에 쏟는다. 이제 서구는 실질적인 동맹자가 필요하다.
8. 장기간에 걸친 에너지 산업 전환을 통해 개혁이 불가능한 석유 독재자의 자금 제공을 중지시킨다.
9. 이란 정권을 종식시킨다.
10. 기회가 된다면 군사적 타격을 가한다.

9번과 10번을 빼고 나머지 목표들은 중요하지만 인상적이지는 않다. 다시 말해 서구세계는 이런 일들을 하는 데 매우 서툴다. "테러와의 전쟁"을 "장기전"으로 전환할 때 생기는 문제는 그랬다가 전쟁이 한 단계 후퇴하고 완전히 비전쟁상태에 빠질 수 있다는 것이다. 그러나 다른 대안들은 어떤가? 미국 요새 뒤로 숨을까? 무슨 요새 말인가? 미 국회가 리오그란데 강(Rio Grande : 미국과 멕시코 국경을 이루는 강역주)에 세운 남미인 종합 관광안내소 말인가? 초강대국은 세계 문제에 연루될 수밖에 없다. 훌륭한 고립정책을 편다 해도 남들이 좋게 봐주지 않기 때문에라도 그럴 수밖에 없다. 젊은 영국인 이슬람교도들이 급진화된 가장 큰 원인이 무엇이었는가? 발칸의 쓰레기장에 개가 한 마리도 없었기 때문이라는 것이 1990년대 당시 보수 정부의 결론이었다. 오사마 빈 라덴이 말했듯이 "영국은 칼리프 체제를 파괴한 책임이 있다. 그들은 팔레스타인 문제를 일으켰고, 카슈미르 문제를 일으켰으며, 보스니아 이슬람교도들에 대한 무기수출을 금지시켜서 200만 이슬람교도들을 죽게 만들었다."

어떻게 일련의 제국주의적 개입이 일종의 비제국주의적 비개입으로 끝날 수 있겠는가? 강대국에게는 세계 문제에서 손을 떼는 것이 선택사항이 아니다. 워싱턴이 공명정대한 정책을 시행해도 그 효과가 와키스탄(Wackistan)이나 바스케트카지아(Basketkhazia : 가상의 이슬람 국가역주)에서 나타날 때쯤이면 편파적이라고 느껴질 것이다. 고립정책은 멀리 전달되지 않는다.

자신의 가족들이 자유사회에서 사는 축복을 누리기를 원하는 미국인을 비롯한 서구인들은 1945년 이래로 그들이 서구세계에서 향유한 삶이 인간 역사에서 매우 이례적이라는 사실을 알아야 한다. 그들의 아이들은 그렇게 평온한 삶을 누리지 못할 것이다. 서구인들이 결단을 내려 자신의 현실을 수호하려 하지 않으면 그들의 아이들은 아마 성인이 되어 불쾌하고 야만스런 시간을 보낼 것이다. 1897년에 런던의 몰(Mall)에서 빅토리아 여왕 즉위 60주년 기념행진을 바라보던 5세 소년은, 그가 18세가 될 무렵 지금까지 알려진 세상에서 가장 위대한 제국이 중과세로 유능한 인재들을 해외로 내몰고, 파업으로 마비된 낙심의 수렁으로 가라앉아 경제적 빈사상태에 빠지며, 가장 화려한 식민속국들이 모국보다는 공산주의 러시아와 연결되는 쪽을 더 희망하게 되리라고는 상상할 수 없었을 것이다. 인간의 수명 자체가 짧기 때문에 장기적 경향에 초점을 맞추기란 어렵다. 그렇다면 단기간에 대해서 생각해 보자. 바로 지금 거대한 변화가 진행 중이다.

미국의 권력에 대한 위협은 중국의 혁신이나 인도 출신 공대 대학원 졸업생들이 아니라 근본적으로 미국 자신의 문화적 나태에서 나온다. 로마 약탈이 제국 몰락의 원인이라기보다는 징후였던 것과 마찬가지다. 콜 포터(Cole Porter : 20세기 전반기에 활동한 미국 작곡가역주)의 말을 빌리자면 통치계급은 "오래된 권태와 싸우는 헛수고"를 하고 있다는 것을 깨달았다. 이것은 침공하는 적을 몰아내는 것보다 더 어려운 싸움이다. 서구의 저명한 이슬람 학자 버나드 루이스(Bernard Lewis)는 제2차 세계대전의 가장 암울한 시기에 영국 정보부에서 일했다. 그는 월스트리트저널에 다음과 같이 말했다. "1940년에 우리는 우리가 누구인지, 적이 누구인지, 위험과 쟁점이 무엇인지 알았다. 섬에 사는 우리는 우리가 우위를 점할 것이고, 미국이 전쟁에 합류할 것이라는 것을 알았다. 오늘날에는 사정이 다르다. 우리는 우리가 누구인지, 쟁점이 무엇인지 모른다. 게다가 적의 속성도 이해하지 못하고 있다."

미국과 그보다는 덜하지만 영어권 세계의 다른 국가들에게는 이점이 있다. 유럽이 맨 앞줄에 있고 유럽의 운명이 대서양 이쪽에 있는 가장 둔감한 자들도 각성시킬 것이라는 점이다. 이슬람주의는 군사적으로는 약하지만 이념적으로는 확신에 차 있다. 서구는 군사적으로는 강하지만 이념적으로는 자신이 없다. 자살폭탄 테러는 가장 위대한 자원이어야 할 사람이 폭탄만큼이나 처분하기 쉬울 정도로 완전히 실패한 문화가 지닌 약함의 상징이다. 그러나 서구의 자기 불신 속에서 적의 약함은 강점으로 바뀐다. 2004년에 여러 신문에 실린 바와 같이 체크무늬 셔츠를 입고서 작고 귀여운 아들, 딸을 두 팔에 안고 함박웃음을 짓고 있는 라에드 아브델 마스크(Raed Abdel Mask) 같은 자를 우리는 쉽게 이해할 수 없다.

그의 아내는 세 번째 아이를 임신한 지 5개월째였다. 함박웃음을 짓는 라에드는 아내에게 작별 키스를 한 뒤 못과 유산탄(榴散彈)이 가득한 11파운드짜리 폭탄을 가슴에 두르고는 예루살렘에서 2번 버스에 올랐다.

9·11이 발발한 이후 몇 주 동안 우리는 수많은 "근본 원인들"에 관해서 들었다. 대부분은 "빈곤이 절망을 낳는다" 따위의 흔한 것들이었다. 그러나 9·11 살인자들은 중산층에다 교육수준이 높았다. 이것이 그날 그들이 자기 역할에 그렇게까지 숙련되어 있었던 이유 중 하나이다. 테러는 신중하게 계획되었다. 그들이 연료가 거의 가득 든 장거리 비행기를 납치한 것은 하루 중 공항 보안이 여느 때보다 훨씬 더 느슨한 시각이었다. 지능적으로 계획되었고, 훌륭하게 실행되었다. 범인들은 제트기 조종사가 되도록 훈련을 받았다. 세계 어느 곳에서나 풍족한 삶을 보장하는 직업이 될 터였다. 그들은 맨해튼 고층건물들을 들이받는 대신에 수억 달러의 연봉을 받을 수 있었을 것이다. 그러나 그들은 항공학교에 들어가 엄격한 규율에 따라 훈련을 받았고, 한 대의 비행기로, 한 번의 기회에, 한 방향으로 고층건물을 향해 돌진할 수 있었다.

우리는 모하메드 아타나 라에드 아브델 마스크 같은 자들의 속내를 헤아릴 수 없다. 그러나 만약 당신이 북미와 유럽에서 발생한 사건들을 뒤따르는 고(故) 마스크와 아타 씨라면 우리는 그들 역시 어찌 보면 조금 이상한 사람들이라는 인상을 받지 않겠는가? 동굴에 살면서 새로운 칼리프조를 꿈꾸는 자들에 대해서 듣는다면 우리는 그들이 미치광이라고 생각한다. 그러나 만약 당신이 동굴에 살면서 어느 CNN 속보에 법률 분석가들이 나와서 왜 미국 대법원이 '전쟁포로의 대우에 관한 협약'을 유례없이 해석해서 불법 전투원들에게 제네바조약 권리를 부여하기로 결정했는지 설명하는 것을 본다거나, 혹은 뉴욕타임스 간부들이 별다른 이유도 없이 국가안보 테러 추적 프로그램을 치명적으로 손상시킬 정도로 자세하게 공개하는 것이 자신들에게 왜 중요한지 자랑스럽게 설명하는 것을 본다면 미치광이는 바로 당신 자신이라고 결론짓지 않겠는가? 만약 당신이 동굴에 살면서 NPR을 틀어놓고 다음 대화를 듣는다면 포복절도하지 않겠는가(당신이 착용한 자살폭탄 테러 벨트가 일찍 벗겨져서가 아니라)? 다음은 NPR 모닝에디션(*Moring Edition*)이 테러 용의자 17명이 체포된 이후 토론토 시장과 가진 인터뷰 내용이다. 나는 운전 중에 너무 웃다가 도로에서 벗어나 버렸다. 공영방송에서 이러한 저급한 코미디를 송출하기 전에 노약자와 임산부를 위한 경고 방송이 있어야 한다. 데이비드 밀러(David Miller) 시장은 우선 이슬람에 관한 진부한 얘기로 분위기를 띄웠다. "이슬람에서 당신이 한 사람을 죽이면 모든 사람을 죽이는 셈입니다. 이슬람은 매우 평화적인 종교예요. 그들은 토론토 시민들만큼이나 충격을 받았어요. 그리고 …."

NPR 앵커우먼 르네 몬테인(Renee Montagne)은 "정치적으로 올바른" 에티켓을 그가 완전히 위반했다는 것을 즉각 알아차렸고, 서둘러 말을 끊었다. "네, 그들도 토론토 시민이니까요"라고 그녀는 지적했다.

시장은 "죄송합니다"라며 그녀의 말을 곧바로 받아들였고, 이슬람 교도들을 위대한 다양성의 누비이불 안에 황급히 다시 포함시켰다. "그들은 다른 모든 토론토 시민들처럼 충격을 받았어요."

그러자 몬테인 씨는 용의자라고 알려진 이 사내들이 옆동네 사는 거대 사탄에 비하면 "매우 개방적인 사회, 매우 온건한 이민정책, 매우 훌륭한 사회복지 프로그램들"에 대해서 테러를 저지르려 했다는 사실이 당황스럽다고 말했다.

밀러 시장도 동의했다. "저 자신을 포함해서 토론토에 사는 사람들

중 절반 이상이 캐나다 태생이 아닙니다. 그리고 저는 이것이 캐나다가 제대로 작동하는 이유라고 생각하고요."

몬테인 씨는 다소 심술궂게 "비록 이 경우에는 작동하지 않았지만 말이죠"라고 언급했다.

"글쎄요. 우리가 제공하는 바로 그 공공 서비스 때문에, 바로 그 다양성 때문에 이런 일들이 벌어진다고 생각하지는 않습니다." 어쩌고저쩌고. 아무튼 간에 성전주의자들과 "훌륭한 사회복지 프로그램들" 사이에 관련이 있는 것으로 봐서 후자가 전자를 끌어들이는 것 같다. 적어도 밀레니엄 폭파범, 신발 폭파범, 런던 지하철 폭파범 등등이 모두 유럽-캐나다식 복지체제의 산물이라는 점에서 그렇다. 그러나 좀 더 나아가서 다음과 같이 가정해 보자. 이 사내들은 "사회복지 서비스"가 불충분하다며 이성을 잃었다. 그리고 참수당한 사람이 토론토 종합병원에서 진료를 받으려면 18개월이나 기다려야 하며, 의사들이 잘린 목을 항상 올바른 몸뚱이에 붙이지도 않는다는 사실을 부각시키기 위해서 수상을 참수하려고 했다. 누군가가 화가 나서 캐나다 의회를 폭파시키려 한다면 미쳤다고 비웃음을 받기 십상이다. 그러나 만약 당신이 성전주의자가 되어 힌두쿠시 산맥의 동굴 안에 앉아 르네 몬테인과 데이비드 밀러가 정치적으로 올바른 진부한 문구를 두고 서로를 격하시키려고 경쟁하는 것을 듣고 있다면, 당신과 아메드보다는 그들이 더 자멸적이라고 결론 내리지 않겠는가?

자살폭탄 테러범은 약한 무기일지 모른다. 그러나 자살성향을 가진 문화를 대상으로 했을 때 그것은 약하지 않다.

병상

9·11 직후 나는 유년 시절에 읽어서 어렴풋이 기억하고 있던 오래된 통속소설을 다시 읽었다. 셜록 홈즈의 창조자 아서 코난 도일(Arthur Conan Doyle) 경의 아내는 결핵을 앓고 있었다. 1895년에 그들은 따뜻한 기후가 증상을 완화시켜 주리라는 기대에 이집트로 갔다. 지방색을 놓치고 싶어하는 작가는 없다. 그래서 코난 도일은 1898년에 『코로스코의 비극』(*The Tragedy of the Korosko*)을 출간했다. 소설에서 영국인, 미국인, 프랑스인으로 구성된 여행객들이 나일 강 상류로 여행하는 도중에 오늘로 치면 알카에다에 해당하는 이슬람 구세주 추종자들에게 납치되고 만다. 오늘날과 상황이 아주 흡사한 것이 인상적이다. 불굴의 야만인이 현대인을 갑자기 덮치는 것이다.

> 일 년 전 그가 캠브리지의 느릅나무 숲을 방황하고 있을 때 이 땅을 덮치게 될 마지막 운명은, 그 자신도 예측할 수 있는 바와 같이 그가 리비아 사막 광야에서 어느 마호메트 광신도의 총탄에 살해당해야 한다는 것이었다.

기법조차 완전히 똑같다.

> 잠시 뜸을 들인 후 그가 물었다. "코크레인, 그들이 우리한테 무슨 짓을 할까요?"
>
> "우리 목을 베거나 하르툼에 노예로 데려가겠죠. 선택의 여지가 더

있는지 모르겠어요."

지금과 마찬가지로 당시 이슬람주의자들은 이교도들이 사물을 거꾸로 보고 있다고 생각했고, 무조건적인 믿음 앞에서 진보한 과학적 사고라는 것이 사실은 무기력하고 교만한 나약함이라고 믿었다.

> 물라는 파데트가 제기한 몇 가지 논쟁에 대답했다. "내 어린 양이여, 네가 말하는 배움에 관해서 말하자면 나는 카이로의 알아자르 대학에서 공부했고, 네가 무슨 말을 하는지 알고 있다. 그러나 믿는 자들의 배움은 불신자들의 배움과 다르다. 알라의 법도에 지나치게 깊이 파고드는 것도 적절하지 않다. 오, 내 사랑스런 어린 양이여, 어떤 별에는 꼬리가 있지만 다른 별에는 없다. 그러나 그게 어떤 별들인지 안다고 해서 우리한테 무슨 득이 있겠는가? 알라가 그 모든 것을 창조했고, 그의 손 안에서 모두가 안전하다. 따라서 나의 친구여, 서양의 어리석은 가르침에 우쭐해하지 말라. 오직 한 가지 지혜만이 있음을 이해하라. 알라가 선택한 예언자가 우리를 위해 이 책에 적어놓았듯이 그 지혜는 알라의 의지에 순종하는 데 있다. 그러므로 나의 어린 양이여, 이제 네가 이슬람에 들어올 준비가 되어 있는 것 같구나."

이러한 명쾌한 논리 앞에서 여행자들 중에는 음모 이론에서 위안을 구하는 자들도 있다. 많은 서구인들이 부시가 아프가니스탄과 이라크를 침공하기 위한 구실로 테러와의 전쟁이라는 사기를 통째로 꾸며냈다고 믿는 것과 마찬가지로, 코난 도일 모험기의 도입부에서 어느 등장인물도 영국 정부가 개입의 구실을 대기 위해서 이슬람 구세주 추종자들을 날조했다고 믿는다.

"다시 말하지만 이슬람 수도승은 존재하지 않아요. 1885년 크로머 경이 만들어낸 거예요."

헤딩글리가 소리쳤다. "그런 말 말아요! 파리 사람들은 잘 알고 있어요. 라 파트리(*La Patrie*) 같이 정보에 밝은 우리나라 신문들에 몇 번이나 나왔단 말예요."

그리고 음모 이론가들이 납치되어 이슬람 수도승들이 실제로 존재한다는 것을 알게 되자 그가 보인 첫 번째 반응은—이라크에 붙잡힌 잘못된 이름을 가진 "기독교 평화사역팀"처럼—그가 그들의 관점에 얼마나 동의하는지 역설하는 것이었다.

그 프랑스인은 걸어가면서 다치지 않은 쪽 손을 흔들었다. 그는 레밍턴 개머리판에 가격당해 침묵할 때까지 "칼리프 만세! 이슬람 구세주파 만세!"라고 소리질렀다.

이라크 "평화사역자들"을 납치한 자들이 그랬듯이 이슬람 수도승들도 협조적인 이교도들조차 그저 이교도로 간주했다.

그렇다면 빅토리아 시대의 "선정 소설가"와 우리 시대의 차이는 무엇인가? 코난 도일의 소설에 나오는 영국인들, 미국인들, 유럽인들은 당시로서도 현대 세계 사람들이었다.

아마도 애덤스 씨와 벨몬트 씨를 빼고는 신앙심이 깊은 사람은 없었다. 그들은 모두 이 시대의 산물이었고, 그 중 어떤 이들은 그 신조가 세상 사람들에게 말하는 모든 것을 부정했다.

그러나 결국 그 무리 중에서 영국인, 아일랜드인, 미국인들은 본능적으로 문명적 확신을 갖게 되었다. 그들은 적을 존중한다. 적어도 부분적으로는 그게 적의 본래 모습이라는 것을 알기 때문이다. 9·11 이후에 『코로스코의 비극』을 다시 읽자 이상한 감흥을 받았다. 셀 수 없이 많은 서구 학자들이 TV 방송국과 대중 인쇄매체에 등장하여 "빈곤이 절망을 낳는다"고 주장할 때 나는 다음 문장이 떠올랐다.

> 브라운은 말했다. "이슬람 수도승이 무서움을 느낄 거라고 생각했다간 안전하지 않아요. 그들이 다른 사람들과 똑같은 동기에 따라 움직이지 않는다는 점을 항상 염두에 두어야 하죠. 많은 수도승들이 죽기를 갈망합니다. 그리고 그들은 모두 전적으로 완고한 숙명론자들이에요. 그들은 완전한 고집불통의 극단적인 사례예요. 그것이 순전한 야만주의로 이어질 수밖에 없다는 증거가 여기에 있죠."

어처구니없는 일이다. 어떻게 인류 역사상 가장 선진적인 사회가 무지한 죽음 숭배자들에게 굴복할 수 있는가? 당신은 선진사회가 누구에게 굴복한다고 생각하는가? 더 악한 자들, 더 야만적인 자들, 당신이 미처 대비하지 못한 동안 싸움을 준비해 온 자들에게 굴복한다. 108년 뒤 이집트에서는 현대판 단체관광 잔학행위가 있었다. 서구인들이 주말에 자주 가는 이집트 다합(Dahab)에서 폭탄 테러가 발생한 것이다. 이집트인들을 대상으로 누구 소행인지 여론조사를 실시했다. 4%는 알카에

다라고 생각했고, 21%는 국내 테러집단이라고 생각했으며, 49%는 이스라엘 비밀정보기관 모사드(Mossad)라고 생각했다. 발빼하는 분위기는 이집트에서 강처럼 넘친다.

예컨대 브뤼셀, 런던, 혹은 미시간 주 디어번에 사는 이집트인이나 아랍인 중에서 몇 명이나 그렇게 생각할까?

『코로스코의 비극』에 나오는 영미인 인질들과 오늘날 그들의 후손들 사이에서 중요한 차이점은 저들은 자신의 의무를 받아들였다는 점이다. "백인의 책임"이 큰 부담으로 느껴지는 상황에서 그렇게 하기란 쉬운 일이 아니다. 1898년 코난 도일 소설의 등장인물들에게는 분명 그렇다.

> "우리는 오랫동안 세계의 경찰 역할을 해왔다고 생각합니다. 우리는 바다의 해적과 노예상을 단속했습니다. 이제 우리는 땅 위에서 이슬람 수도승들과 산적들과 문명에 대한 모든 종류의 위험을 단속합니다. 가장 가까이 있는 영국 경찰을 익명으로 비판하면서 모습을 드러내지 않는 미친 성직자나 주술사, 혹은 그 어떤 종류의 선동가도 지구상에 있을 수 없습니다. 결국에는 그런 일에 넌더리가 나죠. 어느 쿠르드인이 소아시아에서 도망친다면 세상 사람들은 왜 영국이 그를 붙잡아두지 않는지 궁금해할 것입니다. 이집트에서 군사반란이 발발하거나 수단에서 성전주의 운동이 일어나면 그것을 바로잡는 것 또한 영국입니다. 그리고 마치 경찰관이 악당을 그의 패거리들 가운데서 체포할 때 저주를 받듯 영국도 저주를 받게 됩니다. 우리는 심한 비난을 받을 뿐 감사는 못 받습니다. 이런 일을 왜 해야 합니까? 궂은 일은 유럽더러 알아서 하라고 합시다."

코크레인 대령은 확고한 의견을 가진 남자의 과단성을 보여주듯 다리를 꼬고 몸을 앞으로 기울이면서 말했다. “브라운, 나는 당신 의견에 전혀 동의하지 않아요. 그런 방침을 주장하는 것은 우리의 국가적 의무를 아주 편협하게 바라보는 거예요. 국가의 이해관계와 외교와 다른 모든 것들 뒤에는 인도하는 위대한 힘, 바로 신의 섭리가 존재해요. 그에 따라서 각 나라는 영원히 최대한으로 활용되고, 그것도 전체의 선(善)을 위해서 활용이 되지요. 한 국가가 반응하기를 그만둔다면 수세기 동안 병원신세를 질 시간이 된 거예요. 스페인이나 그리스처럼 말이죠. 이 국가들한테서는 선이 사라져 버렸어요. 한 인간이나 국가는 그저 유쾌하고 이득이 되는 일이나 하라고 이 땅에 존재하는 것이 아니에요. 종종 불쾌하고 득이 되지 않는 일을 하라고 명령을 받게 돼요. 그러나 그것이 명백하게 옳은데도 받아들이지 않는 것은 겁쟁이 짓일 뿐이에요.”

우리는 오랫동안 겁쟁이처럼 움츠러들고 있었다. 그것은 위대한 문명이 할 만한 일이 아니다. 새로운 암흑 시대를 쫓아버리는 것은 힘들고 많은 대가가 따를 것이다. 그러나 그 대안은 더 안 좋을 것이다.

감사의 말

Regnery 출판사의 해리 크로커와 그의 동료들이 보여준 지지와 조언에 감사를 전하고 싶다. 늘 그렇지만 내 조수 티파니 콜과 샹탈 베노아가 수많은 통계치를 훌륭하게 요약해 주고 조사연구를 잘해줘서 도움을 많이 받았다. 무엇보다 미국, 캐나다, 영국, 유럽, 중동, 아프리카, 아시아, 호주, 뉴질랜드, 그리고 다른 여러 곳의 독자들에게 감사하다. 그들은 빠르게 변하는 세계에서 유용한 통찰력과 일화를 많이 제공해 주었다.

지은이 **마크 스타인**Mark Steyn

캐나다 출신 작가, 정치평론가, 문화비평가.
Jerusalem Post, *The Orange County Register*, *Chicago Sun-Times*, *National Review*, *The New York Sun*, *The Australian*, *Macleans*, *Irish Times*, *National Post*, *The Atlantic Monthly*, *Western Standard*, *New Criterion* 등에 글을 기고했다. 2006 Eric Breindel Award for Excellence in Opinion Journalism을 수상한 바 있다.

저서
The Story of Miss Saigon(1991, 공저), *Broadway Babies Say Goodnight : Musicals Then and Now*(1997), *The Face of the Tiger* (2002, 칼럼집), *Mark Steyn From Head To Toe : An Anatomical Anthology* (2004, 칼럼집) 등이 있다.

옮긴이 **현승희**

서울대 건축학과 졸업, 서울대 대학원 사회학과 석사.
동 대학원 사회학과 박사 수료.

역서
D. S. 맥도날드(D. S. Macdonald), 『한미관계 20년사(1945-1965년) : 해방에서 자립까지』(*U.S.-Korea Relations from Liberation to Self-Reliance : The Twenty-Year Record*), Col. : Westview Press, 1992(공역, 한울, 2001).
J. L.개디스(J. L. Gaddis), 『봉쇄전략 : 냉전기 미국 국가안보정책의 비판적 평가』(*Strategies of Containment : A Critical Appraisal of American National Security Policy during the Cold War*), N.Y. : Oxford University Press, 1982(가제/공역, 근간).

벼랑 위에 선 미국 : 이슬람의 도전과 사라지는 강대국들

초판1쇄 / 2009년 7월 20일

지은이 **마크 스타인**
옮긴이 **현승희**
펴낸이 **여국동**
펴낸곳 **도서출판 인간사랑**
인 쇄 **백왕인쇄**
제 본 **은정제책사**

출판등록 1983. 1. 26. / 제일 3호

정가 15,000원

ISBN 978-89-7418-278-6 93300

(411- 815) 경기도 고양시 일산구 백석동 1178-1
TEL (031)901-8144, 907-2003
FAX (031)905-5815
e-mail/igsr@yahoo.co.kr / igsr@naver.com

동아시아의 로칼리즘, 내셔널리즘, 리저널리즘

일본 국가의 성장과 동아시아 국제질서의 진화를 중심으로

* 이 연구는 2002년도 한국학술진흥재단의 지원에 의하여 연구되었음
(KRF-2002-072-BM2059).

동아시아의 로칼리즘, 내셔널리즘, 리저널리즘

-일본 국가의 성장과 동아시아 국제질서의 진화를 중심으로-

박태호 · 박철희 엮음

인간사랑

글머리에

일본 국가의 성장과 동아시아 국제질서의 진화

박철희(서울대 국제대학원 부교수)

19세기 후반 이래 동아시아에서의 일본의 성장은 동아시아 전체의 질서를 좌우하는 가장 중요한 요인으로 작용해 왔다. 한반도의 식민지화, 일본의 중국 본토 침략 등은 일본의 성장을 배경으로 제국주의 시대의 물결을 탄 일본 국가의 '힘의 확산' 과정에서 비롯되었다. 그러나 미국과의 전쟁에서 패함에 따라 일본은 새로운 일본으로서의 출발을 기약하였다. 전후 일본의 새로운 출발은 두 가지 커다란 전제 위에서 행하여졌다. 하나는, 전전 일본의 체제는 군국주의적이고 팽창적인지라 미국을 중심으로 한 국제질서는 물론 한국, 중국을 위시한 동아시아 국가들에 위협이 된다는 판단 하에 철저한 '민주화'를 도입하는 것이었다. 패권주의적 질서를 지향하면서 현상변경을 시도하는 수정주의적 성향(revisionist)의 일본 국가를 미국 중심의 질서에 편입함으로써 현상유지적 국가로 재편하고자 한 것이었다. 그 중심에 일본의 민주화가 놓여 있었다. 다른 하나의 조치는, 이러한 일본 국가 재편을 제도적으로 보장하기 위한 조치로서 탈군사화를 추진하는 것이었다. 군사부문의 과대성장 국가를 시정하고 군국주의적 질서를 근본으로부터 다시 세우기 위해서는 군사부문의 영향력을 배제하는 조치가 필요하였다. 이것이 일본의 탈군사화 조치였다. 이를 가시화하기 위한 조치로서 미국을 비롯한 점령군 사령부는 새로운 헌법에 전쟁 포기, 군대 불보유, 그리고 교전권 금지를 골자로 하는 제9조를 삽입함으로써 이른바 '평화헌법'을 탄생시켰다. 전후 탄생한 평화헌법을 둘러싼 논쟁이 일본의 전후 정치체제를 규정한 가장 큰 논쟁거리가 된 것은 결코 우연이 아니었다. 일본 국가의 자기 정체성에 대한 논란은 물론 대외정책 설정의 가장 큰 잣대였기 때문이다.

전후 일본이 새로운 국제질서에 편입되면서 전전의 일본과 다른 국가 정체성을 수립해 간 것은 사실이지만 일본 국가의 민족적 정체성을 말살한 것은 아니었다. 일본의 민족주의 내지 내셔널리즘에 대한 고찰이 필요한 연유가 여기에 있다. 전후 새로운 헌법질서를 만들면서 일본인들이 가장 지키고 싶어했던 부분은 다름아닌 천황제였다. 일본이 천황제를 상징천황제로 전환하면서 명치헌법에서 볼 수 있었던 절대적 권력자의 모습을 상실하기는 하였지만 '국체(國體)'로서의 천황제는 유지할 수 있었다. 일본의 전후사는 상징천황제라는 정신적 · 이념적 지주 하에서 정치적 민주주의를 구현하는 시대였다고 할 수 있다. 이 책의 첫부분에서 정창석 박사는 현대 천황제가 가지는 의미를 재조명하고자 하였다. 전후의 새로운 질서 하에서 외면상 일본은 절대적 천황제와의 단절을 선언하였지만, 일본 국민 속에는 여전히 천황제의 신화와 신성성에 대한 존경이 자리잡고 있다. 이것은 일본 민족주의의 근원이 되고 있다. 정창석 박사의 글은 일본의 천황제가 단절적이기보다는 연속성의 연장선상에서 일본인들 속으로 '내재화' 되어 갔다고 분석하고 있다. 그 결과 세계 속의 일본으로 개방된 일반적 질서에의 동화가 아니라 일본 속의 일본으로 스며들어 가는 특수한 편향성을 지니고 있다는 점에 착안한 것이었다. 일본 천황제의 존속은 전후 일본 사회의 정치적 안정을 위한 현실적 필요에 의해 연장되었는지 모르지만, 결과적으로 일본의 내셔널리즘의 원류를 형성하는 한 요소로 작용하고 있는 것은 말할 나위가 없다. 일본의 우익들이 천황제를 들먹이는 것은 일본의 내셔널리즘의 깊숙한 곳에 천황제가 있음을 반증하는 것이라 하겠다.

일본의 내셔널리즘의 다른 한 날개를 구성하고 있는 것이 영토에 대한 개념이라 할 수 있다. 명치유신 이후 '부국강병' 노선을 통해 성장한 일본 국가는 제국주의적 질서인식에 기반한 영토확장에 힘을 쏟았다. 북해도나 오키나와 등 자국의 영토로 남은 지역의 통합은 물론 한반도와 만주, 중국 본토, 나아가 동남아시아에 대한 적극적인 영토확장을 마다하지 않았다. 무리한 팽창주의적 영토확장의 결과 패전에 이르게 되지만, 전후 질서의 재확립 과정에서 영토확장정책에 의해 편입되었던 영토의 일부는 분쟁지역으로 남게 되었다. 최장근 박사는 영토확장정책의 여파로 남겨진 일본의 영토분쟁을 중심으로 일본의 내셔널리즘에 대한 분석을 내놓고 있다. 그는 식민지 시대의 연장선상에서 영토분쟁 지역이 남아 있는 것은 일본 내에서 강화된 전후 내셔널리즘의 존재와 무관하지 않음을 지적하고 있다. 최 박사는 이 연구를 통해 일본의 영토분쟁이 동아시아 국제질서가 새롭게 진화함에 따라 등장할 지역통합에 걸림돌로 남아 있음을 주장하고 있다. 특히, 독도문제는 한일 간의 갈등의 원류를 이루는 것으로 지역화합을 위한 선결과제의 하나로 지금도 남아 있다. 여하튼 영토분쟁은 일본 내 민족주의자들의 목소리를 높여주는 재료의 하나임에 틀림이 없다. 동아시아 지역국가들과의 원만한 통합을 위해서는 현안인 영토분쟁에 대해 일본과 주변국이 해결해야 하는 당위성을 안고 있는 것이다.

일본의 현대적 내셔널리즘을 이해하기 위한 또 다른 단초는 '남'으로부터 어떻게 '우리'를 규정하는 것이냐 하는 문제가 아닐 수 없다. 일본은 식민지 시대에는 '대동아공영권'을 주장하면서 일본인과 한국인들을 '내선일체(內鮮一體)'라는 주장까지 내세워 가며 한국인들을 징병과 징용으로 내몰았다. 이때는 일본인과 조선인들 간에 차별이 있었지만 적어도 명분상으로는 민족적 동질성에서까지 일체화하려는 야심을 가지고 있었다. 그러나 패전으로 끝난 직후 일본인들은 바로 조선인들을 자기들의 민족적 일체성으로부터 분리시키면서 '책임'의 문제를 덜고자 하였다. 어제까지 같은 일본인이라고 하던 사람들을 '조선인'이라며 겉으로도 부정하기 시작한 것이다. 자의 반 타의 반으로 귀국할 수 없었던 수십 만에 이르는 재일동포는 새롭게 규정된 일본의 민족적 정체성 하에서 핍박과 고난의 길을 걸어야 했다. 조현미 박사는 일본 내 재일동포 문학작품에 깔려 있는 민족적 정체성에 대한 표출 양식을 분석함으로써 일본의 대한 인식 변화와 재일동포 자신들의 아이덴티티의 변화양상을 파악하고자 하였다. 일본의 내셔널리즘은 타국 및 타민족에 대한 구별로서의 일본인의 자기 위상 정립은 물론 일본 국내에 남아 있던 재일동포와의 '선긋기'를 통해 '자기 차별화'를 이루어내고자 한 측면이 있었다. 일제강점기, 그리고 전후 일본 사회에서 조선에 대한 부정적 이미지는 문학을 통해 더욱 더 각인되어 갔다. 조현미 박사가 분석한 재일동포의 아이덴티티에서 흥미로운 부분은 재일동포들이 최근에 들어 점차 자신들의 정체성을 자유롭게 표현하고 민족적 굴레에서 벗어나 자신들의 자유로운 내면세계를 표현하기에 이르렀다고 지적하고 있는 점이다. 이는 한일갈등의 굴레 속에서도 점차 확산되고 있는 한국에 대한 이해, 그리고 일본 대중 속의 한류의 확산 등 긍정적 분위기의 고양에 힘입은 바 크다고 할 수 있다.

전후 일본은 전쟁을 끝내고 새로운 동아시아 질서에 편입되었다. 하지만 일본 보수세력 내에서조차 동아시아에 대한 인식은 하나라고 할 수 없다. 이는 전쟁을 바라보는 눈, 전쟁책임을 논하는 논조, 그리고 현대의 동아시아 국가들과 어떻게 공존하고 경쟁하며 살아갈 것인가는 일본의 자기 정체성과도 관련되고, 나아가 일본의 대외노선의 근간과도 직접 연결되는 부분이다. 박철희 교수는 일본 보수세력의 국가론을 논하는 과정에서 보수세력의 동아시아 인식이 다양함을 지적하고 있다. 일본 보수세력의 대명사라고 할 수 있는 세 명의 정치지도자, 즉 나카소네 야스히로, 오자와 이치로, 이시하라 신타로의 대외인식 및 국가전략을 논하면서 일본 사회의 주류를 형성했던 보수 자민당계 인사들이 전전 질서 및 전후의 동아시아 질서를 어떻게 파악했는가 하는 것이 그의 논의의 중심에 서 있다. 그에 의하면, 나카소네는 현실주의적인 국가관을 가지고 미일동맹과 아시아주의를 복합하려는 전략가였다. 전쟁을 직접 경험한 그는 중일전쟁 이후의 일본 역사를 비극의 시작으로 보면서 한국 및 중국에 대한 전쟁과 식민지 역사에 대해 일본은 반성해야 한다는 점을 분명히 하고 있다. 반면, 우익적 성향이 강한 이시하라는 중국에 대한 대결의식과 멸시의 발로에서 중국에 대한 반성을 강하게 비판하면서 일본을 방위대국으로 만들어 중국에 대항해야 한다는 신냉전적 구상을 내세우고 있다. 이에 반해 보통국가론의 원조격인 오자와는 미국을 중시하면서도 유엔을 중심으로 한 국제평화주의를 주장하면서 아시아 국가들과의 미래지향적 협력을 강조하고 있다. 박철희 교수는 이 논문의 말미에서 세 명의 다른 보수정치가들이 합의한 부분은 일본에서 점차 정치적 과제로 실현되고 있지만, 이들이 이견을 가진 부분에 있어서는 진전이 느리다는 사실을 밝힘으로써 보통국가를 향한 지나친 환상적 이해를 경계할 필요가 있음을 밝히고 있다.

일본이 동아시아 국가들과 가지는 국제관계 속에서 가장 중요한 부분은 중국 및 한국에 대한 전략이다. 손기섭 교수는 일본이 동아시아의 중심에 서 있는 중국과 어떠한 전략을 가지고 임해왔는가를 지역질서의 관점에서 분석하고 있다. 그는 일중관계의 새로운 전개의 틀이 마련된 1972년의 국교정상화를 1972년 체제라고 규정하면서 이를 기준으로 72년 체제가 어떻게 형성되고 변화해 왔는가에 분석의 초점을 두고 있다. 손기섭 교수는 1972년 체제가 1970년대의 성립기, 1980년대의 발전기, 1990년대의 전환기로 대별되는 3단계 진화과정을 거쳐왔다고 파악한다. 그는 일중관계의 진화과정은 동아시아에서의 미중일관계, 일중 상호 의존성과 마찰도, 그리고 양국 국내정권의 변동과 연동한다는 사실을 밝힘으로써 일본을 중심으로 한 동아시아 질서의 진화과정을 시대별로 추적하고 있다.

일본을 중심으로 한 동아시아 질서의 진화를 논함에 있어 빠뜨릴 수 없는 것이 북일관계의 변화이다. 북한과의 관계 정상화 문제는 북방영토의 해결과 더불어 전후 일본 외교의 가장 큰 숙제로 남아 있다. 북일 간에 연결고리나 외교적 관계가 전혀 없었다는 인상과는 달리, 냉전기 북일관계는 북한의 대일 인민외교와 일본의 기능주의적 역할분담 외교가 교차하는 시기였다. 일본의 집권 자민당은 미일동맹 강화를 통한 외교적 입지를 확립하고자 한 반면, 혁신세력인 사회당을 중심으로 북한과의 당 대 당 관계 확립을 통해 수면 하에서 여러 가지 접촉 채널을 유지해 온 것이 사실이다. 정영철 박사는 이렇게 유지되어 오던 북일관계가 탈냉전 이후 양국의 외교 변화에 의해 본질적인 변화를 겪고 있음을 밝히고 있다. 북한은 전방위 실리외교를 전면에 내세우기 시작했고, 일본은 실리외교로 전환해 가고 있다는 것이 정영철 박사의 분석이다. 즉, 북한은 일본과의 국교 정상화를 통해 명분을 획득하고 전후 보상을 통한 실리획득을 노리고 있는 데 반해, 일본은 자신의 국가이익을 최대화하기 위해 최소한의 실리를 제공하면서 최대한의 명분을 추구하는 외교를 하고 있다는 것이다. 이같이 북한식의 '최소한의 명분과 최대한의 실리', 그리고 일본측의 '최소한의 실리와 최대한의 명분'을 접합시키려면 양국의 정치적 결단이 중요하다는 점을 정 박사는 지적하고 있다. 최근 이슈가 되고 있는 납치자 문제는 양국의 실리와 명분을 둘러싼 협상이 간단하지 않다는 점을 보여주고 있다.

이근 교수는 한일관계의 역동성을 보여줌에 있어 한국 내, 그리고 남북한 간의 정세변화가 가져오는 외교 및 지역질서에의 영향을 지적하고 있다. 그는 한국의 민족주의가 세계화에 의해 흐려지고 과거 일본에 대한 저항적 민족주의, 그리고 미국에 대한 양면적 민족주의에서 미래, 민족주의적 정체성의 새로운 규정가능성을 주는 중국에 대한 민족주의가 함께 나타나고 있는 민족주의의 '분화'를 지적하고 있다. 그러면서도 '우리 민족끼리'라는 '유사 민족주의'에서 발원한 민족주의가 과거와 달리 한민족 통합의 민족주의나 반외세주의적 배타적 민족주의의 열정이 아닌 세계에서 인정받는 대한민국이라는 국제적 차원의 민족주의로 발전되고 있음을 밝히고 있다. 이는 동아시아 지역질서의 새로운 형성에 가능성을 열어주고 있는 변화라고 할 수 있다.

도진순 교수는 동아시아 국제질서의 진화 속에서 한국이 어떠한 위치를 점하고 있었는지를 논하고 있다. 도 교수는 일제식민지에서 미소 냉전체제로 전환하는 시기 분단된 한반도의 전략적 가치에 대한 미국 수뇌부의 평가와 논리를 분석하고 있다. 냉전 초기 한국의 전략적 가치는 정치 · 외교 이데올로기적 차원이 군사적 차원보다 압도적으로 우세하였으나 한국전쟁을 계기로 한반도의 군사전략적 가치가 이데올로기 못지않게 상승하였다는 것이 도 교수의 논지이다.

이어지는 논문들은 동아시아 경제질서의 진화에 관한 논문들이다. 전후 동아시아 경제질서는 중국이 급부상하는 1990년대 후반까지 일본이 주도하는 질서였다. 동아시아에서의 무역자유화는 일본의 기업들이 활동하기 좋은 여건을 조성하는 의미를 지니기도 하였다. 그러나 일본은 한국과 같이 에너지를 대부분 해외에 의존하는 구조를 가지고 있다. 정진성 교수는 자유화라는 새로운 국제환경 하에서 일본이 펼친 종합 에너지 정책의 실체를 밝히고 있다. 정 교수는 무역자유화 이전의 탄주유종정책에서 무역자유화가 진행되면서 석유수입 자유화를 전제로 한 유주탄종정책으로 전환하여 석유수입 자유화에 대처하는 정책을 형성하게 되었다고 분석하고 있다. 정 교수는 일본 국가가 에너지 안전보장론을 내세워 자국 석유업에 대한 엄격한 통제를 유지하면서도, 해외의 석유를 저렴한 가격에 풍부하게 수입하여 자유무역이라는 새로운 국제질서의 혜택을 충분히 향유하였다고 보고 있다. 이런 의미에서 무역자유화라는 경제환경에 대한 일본 국가의 대응은 이중적이라고 주장한다.

김태영 박사는 일본이 국제화하면서 동아시아의 노동시장이 진화해 가는 과정에 분석의 초점을 두고 있다. 시장경제가 발전하고 일본의 경제가 점차 국제화되면서 동아시아로부터 일본으로의 국제노동 이동은 피할 수 없는 시대적 요청이었는지 모른다. 김 박사는 동아시아 각국으로부터의 미숙련 외국인 노동자의 일본으로의 유입요인이 일본과 공급국측의 임금격차와 고용기회에 의한 노동이라는 경제적 모티브가 주를 이루고 있다고 분석하고 있다. IT분야에서의 동아시아 전문 기술직 노동자의 이동 역시 임금격차와 고용기회라는 두 변수에 의해 좌우되었다는 점도 아울러 밝히고 있다. 일본의 국제화와 더불어 동아시아 노동시장의 진화가 주로 경제적인 요인에 의해 변형되고 있다는 점은 향후 등장할 새로운 경제주도 국가의 노동흡수력과 밀접하게 연관된 부분이 아닐 수 없다.

나머지 세 논문은 동아시아 질서의 재편과정에서 통합과 경쟁력이라는 주제를 다루고 있다. 민문홍 박사와 박세일 교수는 세계화의 도전에 대한 유럽과 동아시아의 대응방식의 차이를 노동, 교육, 복지, 문화정책의 분야에서 살펴보고 있다. 1990년대 유럽은 세계화의 도전과 그에 따른 경제위기를 넘어서면서 지역사회 발전전략과 연계한 새로운 사회발전 모델을 모색했다. 반면, 1980, 1990년대 세계화의 도전에 대한 적극적인 응전의 형태로 나타난 한중일 경제통합과 관련된 시도가 동아시아에서도 나타나고 있으며, 이에 따라 노동정책과 사회복지정책에서도 변화의 조짐이 나타나고 있다고 진단한다. 그러나 동아시아 각국의 경제발전 단계, 문화적 전통, 역사적 경험, 국가의 역할 등 다양한 요인에 따라 노동, 사회복지 분야에서의 대응은 서로 다르게 나타났다는 점을 강조하고 있다. 박태호 교수와 박태균 교수는 아시아개발은행 설립과정에 대한 연구를 통해 아시아에서의 경제협력 심화의 가능성과 한계를 찾아보고자 하였다. 아시아개발은행은 처음에 미국과 일본이 미지근한 태도를 취하였으나 미국의 정책전환이 이루어지면서 현실화된 기관으로서 미국의 입김이 아시아 경제협력에도 중요하다는 사실을 지적하고 있다. 또한 아시아개발은행 본부가 일본이 아니고 필리핀에 설치되는 과정에 대한 분석은 지역협력의 주도권을 둘러싼 국가 간 이해의 조정이 만만치 않다는 사실도 보여주고 있다. 동아시아 경제질서의 진화를 조망하기 위한 일환으로 진행된 아시아개발은행 설립과정에 대한 연구는 각국의 민족주의, 역외국가에 대한 배타주의적 태도, 그리고 역내에서의 세력갈등 등 복합적인 요인이 작용한다는 점을 드러냄으로써 향후 동아시아 경제협력 질서 구축을 위한 시사점을 던져주고 있다. 문휘창 교수의 동아시아 국가 국제경쟁력에 대한 연구는 다이아몬드 모델의 적용을 통해 한국, 중국, 일본의 국가경쟁력을 다루고 있다. 문 교수의 연구는 자본과 기술의 우위를 지닌 일본, 기업가정신과 정보통신기술에 우위를 지닌 한국, 그리고 노동력과 방대한 시장잠재력을 가진 한, 중, 일 삼국의 상호 보완성을 지적함으로써 동아시아 선순환적인 협력의 가능성을 제시한다는 점에서 시사적이다.

이 책은 서울대학교 국제학연구소가 학술진흥재단의 지원을 받아 수행한 연구결과를 모아 출판한 것이다. 지금은 고인이 되신 김장권 교수께서 중심이 되어 추진되었던 이 과제는 '동아시아의 로칼리즘, 내셔널리즘, 리저널리즘'이라는 큰 주제 하에 일본과 한국, 그리고 동아시아를 연구하는 연구자들이 모여 일본 국가의 성장과 동아시아 국제질서의 변화가 어떻게 연계되는지를 살펴보는 데 주된 목적이 있었다. 김장권 교수가 고인이 되신 이후에는 박태호 국제대학원장을 중심으로 연구를 진행하고 수차례에 걸친 공개, 비공개 회의를 개최하였다. 필자는 이 연구의 중간단계에서부터 참여하여 일본의 동아시아 인식에 관한 연구를 진행하면서 동시에 전체 연구결과를 출판하는 작업을 총괄하게 되었다. 이 책의 출간이 예정보다 훨씬 늦어지게 된 것은 본인의 부덕의 소치가 아닐 수 없다. 뒤늦게나마 이 책이 단행본으로 출간될 수 있어서 다행이다.

이 책을 출판함에 있어 여러 분의 도움이 컸다. 먼저 박태호 원장께서는 이 작업을 진두 지휘하시며 연구의 성과가 세상의 빛을 볼 수 있도록 독려하셨다. 서울대 국제학연구소 연구행정실 하지영 씨는 이 책을 하나로 묶을 수 있도록 원고 수합부터 행정지원까지 세세한 신경을 써

주었다. 지금은 동경대로 유학을 떠난 구유진 조교는 원고를 출판사에 넘기고 초교, 재고에 이른 작업까지 수고스러운 일을 마다하지 않았다. 곧 동경대 법학부로 유학을 떠나는 박지선 조교는 출판 및 교정작업을 이어받아 책을 마무리하는 작업에 열정을 기울였다. 이 자리를 빌려 수고하신 모든 분들께 진심으로 감사드린다. 마지막으로 출판을 기꺼이 승낙해 주고 자질구레한 일까지 다 챙겨주시면서 원고를 책의 형태로 만들 수 있도록 도움을 아끼지 않으신 인간사랑의 이국재 부장께 다시 한 번 감사드린다.

편집자를 대표하여
관악산 연구실에서
박 철 희

차례

글머리에

일본 국가의 성장과 동아시아 국제질서의 진화 박철희 05

1. **현대 천황제의 리저널리즘** 정창석 23

2. **일본의 영토분쟁 현안과 그 전망**
일본 영토의 변동과 동아시아 국제질서의 진화 최장근 67

3. **일본인의 내셔널리즘에서 나타난 대한인식과 재일동포의 아이덴티티** 조현미 121

4. **일본 보수세력의 국가론과 동아시아 인식** 박철희 169

5. **일본의 대중국 국가전략**
'72년 체제'의 발전과 전환 손기섭 197

6. **북일관계의 정치경제학**
명분과 실리의 변증법 정영철 241

7. 민주화와 한민족 민족주의의 종언 이 근 293

8. 냉전 원형기 분단 한반도의
전략적 가치에 대한 미국의 평가 도진순 319

9. 무역자유화와 일본의 종합 에너지정책 정진성 361

10. 일본의 국제화와 동아시아의 노동시장
일본으로의 노동력 이동을 중심으로 김태영 417

11. 동아시아 통합과정에 나타날
노동 · 교육 · 복지 · 문화 정책의 변화와 대응
1990년대 이후의 노동정책과
사회복지정책을 중심으로 민문홍 · 박세일 443

12. 1960년대 아시아개발은행의
창립과정에 대한 연구 박태호 · 박태균 511

13. 동아시아와 21세기 국가경쟁력
전망과 과제 문휘창 543

1

현대 천황제의 리저널리즘

정창석(동덕여자대학교)

I. 머리말

1945년 8월 15일 일본 제국주의의 패망 이후 일본의 천황제는 소위 상징천황제로 변모했다. 미국의 군사점령과 더불어 미·소 냉전의 본격화와 사회주의 중국의 탄생, 한국전쟁으로 인해 일본을 '아시아의 방어선'으로 자리매김한 미국의 세계전략 및 극동정책과 맞물려 일본이 필사적으로 지키려 한 이른바 '국체(國體)의 호지(護持)'가 이루어지고 천황은 소위 '인간선언'을 통해 신격을 강등당해 '평화헌법'에 의한 '국민통합'의 '상징'으로 자리잡게 된다. 이 과정에서 천황은 미국에 의해 극동국제군사재판에서 전범으로서의 기소가 면제되고, 이러한 면죄부의 부여는 일본인 자신의 손에 의한 천황의 전쟁책임 추궁을 불가능하게 하였으며, 이윽고 전 국민적인 규모로 전쟁책임 망각증을 일반화시키는 결과를 초래하였다. 미국의 천황에 대한 면죄부의 부여와 일본인의 천황에 대한 가치동일시 현상은 오히려 일본인에게 전쟁에 대한 피해의식을 확대시키는 데 결정적인 역할을 했다.

일본은 1952년 샌프란시스코 강화조약에 의해 미국의 군사점령을 마감하게 되고 미국의 핵우산 밑에서 눈부신 경제발전으로 세계 제2의 경제대국이 되기에 이른다. 그리하여 천황은 '군림하나 통치하지 않는' 영국식 입헌군주로서 소위 '평화헌법'이 규정한 '국사행위'에 한해 공식적 행위를 하는 것으로 되어 있다.

그러나 천황주의 사상은 여전히 맹위를 떨치고 있어 크고 작은 왕실의 사적(私的) 행위가 국민적 행사 내지는 축제로 변질되는 일본인의 몰자각적 천황숭배는 식을 줄 모르고 있다. 1959년의 아키히토(明仁) 왕세자의 결혼은 국민적 축제가 되어 전후복구의 완전종결을 의미하였으며, 1989년 1월 쇼와(昭和) 천황의 죽음은 전후 총결산이라는 시대적 상징성을 지니고 있다. 또한 1989년 11월 헤이세이(平成) 천황의 즉위는 일본인 스스로에게는 근대 전쟁의 악몽으로부터 해방되어 국제화 · 정보화의 새로운 시대를 여는 화려한 출발을 의미하였다. 그러나 이러한 시대적 흐름의 이면에서 1988년 쇼와(昭和) 천황의 병상을 둘러싸고 전 국민적인 규모로 눈사태처럼 번져갔던 '자숙(自肅)'의 비공식적 공식행위들은 일본인의 내면에서 천황제 주술(呪術)의 속박이 어떻게 작용하고 있는가를 극명하게 보여주는 단적인 예라 할 것이다. 결국 상징천황제 하의 천황은 일본인에 대하여 보이지 않는 시간의 지배방식으로(元號), 공사(公私) 혼합의 종교적 방식으로(神社), 국민통합의 상징적 방법으로(君が代, 日の丸), 국가기관의 정통성과 정당성의 부여방식으로(國事行爲) 국가원수로서의 기능을 잃지 않고 있는 것이다.

상징천황제 하의 전후 일본은 일본인 스스로에 의한 천황의 전쟁책임 규명을 회피함으로써 천황의 지배자로서의 신성성을 박탈하지 못했고, 이 가공의 신성성에 편승하여 전쟁책임과 전후책임을 피해의식으로 전환시키는 전 국민적 전향(轉向)을 하여 오히려 세계 어느 지역보다도 평화와 안정을 외치고 누릴 자격이 있다고 착각하며 보낸 시대였다고 할 수 있다. 이러한 일본인 특유의 기정사실에 대한 의식의 화석화 현상은 제국주의 시대의 천황에 대한 무한책임성을[1] 전후(戰後)에 이르러 침략을 당했던 아시아, 나아가 세계에 대한 무책임성으로 치환한 결과이다. 또한 천황의 상징성으로 위장한 신성성을 잠재의식화하여 표면에서는 항상 주어진 민주주의에 대한 지지와 신뢰를 표명하는 현대성을 보이면서도 언제든 전근대적인 천황의 신화와 신성성에 편승하여 한번 실패한 내셔널리즘의 회복을 노골화할 수 있는 특이한 리저널리즘[2]의 지역인 것이다. 전근대성과 현대성의 공존, 이것이 상징천황제의 비밀이다. 이것의 정체를 규명하는 것이 본 연구의 목적이다.

---

1) 丸山眞男, 『日本の思想』, 岩派書店, 1967, pp. 31－33.
마루야마는 도쿄제국대학 교수였던 E. Ledere가 경험한 1923년의 섭정(히로히토) 습격사건(虎の門事件) 때의 황당무계한 연대책임의 양상과 같은 해의 관동 대지진 때 천황 사진(御眞影)을 구하기 위해 불 속에 뛰어들다 죽은 학교장들의 예를 들어 천황에 대한 '신민(臣民)'의 무한책임성을 설명하고 있다.

2) 일반적으로 세계통합주의(globalism)와 대비되는 의미로 지역협력주의(regionalism)가 사용되고 있으나 여기서는 일본의 역사성으로 인한 갈등관계의 리저널리즘의 의미로 사용하였음.

II. 상징천황제의 탄생

연합국의 일본에 대한 군사점령의 근거는 1945년 7월의 포츠담 선언에 의해 미국이 실행하는 것으로부터 출발한다. 이 포츠담 선언에서는 일본 군국주의 세력의 완전 제거, 연합국이 지정하는 일본에 대한 군사점령, 일본 영토의 한정, 일본군의 완전 무장해제, 전쟁범죄자의 처벌, 평화적 생산활동의 재건, 일본 국민의 자유의지에 의한 평화적 정부의 수립과 점령군의 철수, 일본의 무조건 항복과 불응시 신속하고도 완전한 괴멸이 있을 뿐이라는 내용을 담고 있었다.[3] 군사지배를 실시함에 있어 미국은 일본의 민주화가 천황문제의 해결에서 시작된다는 점을 명확히 인식하고 있었다.

제2차 세계대전 말기부터 미국 정부는 일본에 대한 민주화를 이룩한 후 천황제를 존속시켜 이를 점령통치에 이용한다는 기본 정책을 수립하고 있었다. 그러나 이러한 미국의 일본 점령정책의 기본 원칙은 당시의 미국의 국민적 정서와 배치되는 것이었다. 1945년 여름 당시의 갤럽조사에 의하면 전후 천황문제 처리방안에 대한 질문에 '처형'을 주장하는 응답이 33%로 가장 높았고, '무죄'라는 응답은 4%에 불과했다.[4] 또한 같은 연합국 내에서도 소련을 비롯한 여러 나라들이 천황의 전쟁범죄자 기소와 천황제의 폐지를 강력하게 주장하고 있었다.

이러한 분위기 속에서 미국은 1945년 9월 22일의 '항복 후에 있어

3) 外務省 編,『日本外交年表竝主要文書』下卷, 1988, pp. 626－627.

4) 竹前榮治,『占領前後史』, 雙柿舍, 1980, p. 94.

서 미국의 초기 대일(對日) 방침'에서 "일본 국민의 자유로운 의사(意思)에 의해 지지받지 못하는 어떠한 정치형태도 강요하지 않는다"[5)]는 원칙을 표명했다.

이러한 미국 정부의 지침이 없더라도 태평양전쟁 기간 중 일본 국민의 천황에 대한 맹목적인 복종과 충성심을 직접 체험한 연합군 총사령부(GHQ)로서는 점령 초기부터 천황제 폐지로 인해 초래될 일본 국민의 엄청난 혼란을 염려하고 있었다. 또한 점령정책의 수행에 있어 천황제를 민주적으로 개편하여 유지시키는 것이 일본 국민의 지지를 얻는 가장 빠른 방법이라는 사실을 인식하고 있었다.

천황제의 존폐문제는 일본 정부에 있어서도 당면한 초미의 중대사였다. 1945년 7월의 포츠담 선언에 임해서도 소위 '국체(國體)의 호지(護持)'가 보장되지 않았다는 이유로 '무조건 항복'[6)]을 지연시켰던 일본 정부로서는 천황제 유지야말로 지상과제였던 것이다.

그러나 일본 정부로서는 이 문제에 대해 아무런 권한도 부여받지 못했다. 1945년 9월 6일 미국의 '기본지령'과 함께 하달된 '연합군 최고사령관 권한에 관한 시달'은 다음과 같이 되어 있다.

> 천황 및 일본 정부의 국가통치 권한은 연합국 최고사령관에게 종속한다 … 연합국과 일본과의 관계는 계약적 기초 위에 있는 것이 아니고, 무조건 항복을 기초로 한 것이다. 귀관의 권한은 최고의

5) 辻清明 編,『資料前後二十年史』一卷(政治), 日本評論社, 1966, pp. 19－20.
6) 일본 정부의 포츠담 선언 수락은 1945년 8월 14일 '어전회의(御前會議)'에서 결정되었다. 이때의 결정을 소위 '성단(聖斷)'이라 하여 일본인은 히로히토의 결단력과 평화주의자로서의 면모를 강조하는 '성단신화(聖斷神話)'를 창조하게 된다.

> 것이므로 귀관은 그 범위에 관하여 일본측으로부터 어떠한 이의(異議) 제기도 받지 않는다.[7)]

당시 천황제 유지에 관한 한, 그 어떠한 발언도 할 수 없었던 일본 정부로서는 맥아더의 "나는 천황의 지위에 대하여 이것을 변경할 생각이 전혀 없다"[8)]는 간접적인 언급을 확인했을 뿐이었다. 또한 일본 정부로서는 일본 국민의 천황에 대한 민심의 동향도 주시하고 있었다. 1945년 11월 이세신궁(伊勢神宮)과 명치천황능(桃山陵)을 순행(巡幸)할 때 히로히토 천황을 수행한 기도 고이치(木戶幸一, 內大臣)는 연도에 몰려 나온 환영객의 엄숙한 태도를 보고 "참으로 일본인의 진실한 모습을 다시 보는 것 같아 마음을 굳게 먹었다", 또한 "신민(臣民)의 태도야말로 수용하지 않을 수 없어 참으로 안심이 된다"[9)]는 안도감을 드러내고 있다.

그러나 일본인의 천황에 대한 충성심에는 패전 직후에도 변함이 없어 미국전략폭격조사단이 1945년 11월부터 12월에 걸쳐 실시한 일본인에 대한 면접조사에서 천황제 찬성이 95%이고 히로히토 천황의 재위에 대한 찬성이 63%, 퇴위 주장이 불과 3%에 불과했다.[10)]

이러한 미국 정부의 대일정책과 일본인의 전후 인식에 있어 천황제 유지를 기정사실화하는 기초적 연출로 연합군 총사령부 최고사령관 맥아더와 일본 천황 히로히토(裕仁)의 회견은 이것을 확인시켜 주는 상징적 사건이라 할 수 있다. 1945년 9월 27일 천황은 미국대사관을 방문하

7) 위의 책, p. 23.
8) 主本利男, 『占領秘錄』上卷, 每日新聞社, 1952, p. 136.
9) 木戶日記硏究會, 『木戶幸一日記』下卷, 東京大學出版會, 1966, p. 1250.
10) 竹前榮治, 『占領戰後史』, 雙柿舍, 1980, p. 94.

여 맥아더와 회견하였다. 이 회담이 이후의 천황 자신은 물론 일본의 향후 행방을 확인하는 의미를 가진다고 볼 수 있다. 이 자리에는 통역으로 오쿠무라 가쓰조(奧村勝藏, 外務省 參事官)만이 참석한 단독회견이었다. 이 자리에서의 대화내용은 맥아더의 회상기에 다음과 같이 묘사되어 있다.

> 내가 미국제 담배를 내밀자 천황은 예의를 지키며 받아들었다. 그 담배에 불을 붙여주었을 때, 나는 천황의 손이 떨리고 있는 것을 눈치챘다. 나는 될 수 있는 대로 천황의 기분을 편안하게 해주려고 노력했으나, 한편으로 천황이 느끼고 있는 굴욕감의 고통이 얼마나 깊은 것인가는 나 자신도 잘 알고 있었다.
>
> 나는 천황이 전쟁범죄자로 기소당하지 않도록 자신의 입장을 호소하기 시작하지 않을까 하는 불안감을 억제할 수가 없었다. 연합국의 일부, 특히 소련과 영국으로부터 천황을 전쟁범죄자에 포함시키라는 목소리가 높아지고 있었다. 실제로 이러한 나라들이 제출한 최초 전범목록에는 천황이 맨 첫머리에 놓여 있었다. 나는 그와 같이 불공정한 행위가 얼마나 비극적인 결과를 초래하는가를 너무도 잘 알고 있었기 때문에 그러한 행동에 대해서는 강력하게 저항했다.
>
> 워싱턴이 영국의 주장에 동조하려 할 때에 나는 만약 그러한 일이 일어난다면 적어도 백만 명의 장병이 필요하리라고 경고했다. 천황이 전쟁범죄자로 기소되어 교수형에 처해진다면 일본에 군정을 펴지 않으면 안 되며, 틀림없이 전국에서 게릴라전이 시작될 것으로 나는 보고 있었다. 결국 천황의 이름은 리스트에서 제외되었고, 이러한 경위를 천황은 전혀 모르고 있었던 것이다.
>
> 그러나 이러한 나의 불안은 근거 없는 것이었다. 천황의 입에서 떨어진 첫마디는 다음과 같은 말이었다.
>
> "나는 우리 국민이 전쟁을 수행하는 데 있어서 정치 · 군사의 양면에서 행한 모든 결정과 행동에 대해 전적으로 책임을 지는 사람으로서 나 자신을 당신이 대표하는 여러 나라의 결정에 맡기기 위해

> 방문했다."
>
> 나는 커다란 감동으로 몸이 떨렸다. 죽음을 동반할지도 모를 책임, 그것도 내가 이미 두루 알고 있는 여러 가지 사실에 비추어 볼 때 명확하게 천황에게 돌릴 수 없는 책임을 짊어지려는 이 용기에 가득찬 태도는 나의 뼛속까지도 감동시켰다. 나는 그 순간 나의 앞에 있는 천황이 개인의 자격에 있어서도 일본 최고의 신사(紳士)라는 사실을 느꼈던 것이다.[11)]

재임 중 전쟁책임을 명확히 하지 않았던 쇼와 천황이 전쟁책임을 스스로 인정했다는 맥아더의 회고에 대한 신뢰성 문제는 논란의 대상이겠지만, 이것으로 맥아더의 천황에 대한 처분은 다시 한 번 확인되었다고 볼 수 있다. 맥아더가 천황으로부터 깊은 감동을 받았다는 것과는 정반대로 이때의 사진이 당시의 일본인에게 엄청난 충격과 연합국, 특히 미국에 대한 자신들의 위상을 절감하는 계기가 되기도 했다.[12)] 이 회견 이

11) 「ダグラス・マッカーサー」, 津島一夫譯, 『マッカーサー回想記』 下卷, 朝日新聞社, 1964, p. 142.
이 『マッカーサー回想記』에 대해서는 그 신빙성을 의심하는 비판적 견해도 있다. 예를 들면 "『マッカーサー回想記』는 자기 찬미와 과장, 나아가서 사실의 날조, 시간적 사실관계를 거꾸로 배치시키는 모순에 가득찬 책"이라는 비평(千本秀樹, 『天皇制の侵略責任と前後責任』, 青木書店, 1990, p. 170), 또한 "히로히토(裕仁)와 맥아더의 제1회 회담의 역사적 의의는 히로히토가 전쟁책임을 부인하고 맥아더가 그것을 승인하여 히로히토를 종속시키는 공동의 통치자로 임명한 것"이라는 주장이 그것이다(위의 책, p. 177).

12) 당시 천황을 수행했던 시종장(侍從長) 후지타 나오노리(藤田尙德)의 회상에 의하면, "이때의 기념촬영에서 더없이 느긋하게 손을 허리에 대고 있는 맥아더 원수와 예복(禮服)에 바른 자세를 취하고 있는 폐하를 대조시켜 승리자 맥아더 원수에 대해 패자인 폐하가 그야말로 압도된 것처럼 해석하는 경향이 있는데, 결코 그러한 분위기가 아니었다는 것을 덧붙이고 싶다"(藤田尙德, 『侍從長の回想』, 講談社, 1961, p. 174)는 발언이 있다. 이

후에 맥아더의 천황에 대한 답방(答訪)문제에 대해 맥아더는 다음과 같이 말했다.

> 평화조약이 조인되어 점령통치가 끝날 때까지 나는 천황을 방문하지 않을 것이다. 천황을 찾아가면 천황의 지위와 연합국을 대표하는 나의 지위가 동등하다는 것을 인정하는 것으로 해석될 것이다. 원래부터 동등한 것이 아닌 것이다.[13)]

그러나 실제로는 맥아더와 쇼와 천황의 회견은 이후에도 계속되어 맥아더가 해임되어 일본을 떠나기까지(1951년) 천황이 맥아더를 방문하는 형식으로 11회에 걸쳐 이루어졌다. 이러한 회견은 맥아더와 천황의 친밀감을 대변함과 동시에 정치적인 교감이 이루어졌음을 반영하는 것으로, 이후 미국 행정부의 정책에 따라 천황에 대한 전쟁범죄자 기소 면제와 함께 천황제의 존속에 이르기까지 맥아더의 점령정책에 많은 영향을 미쳤다 할 수 있다.

천황제 유지의 예비단계로 총사령부와 일본 정부의 합작에 의해 1946년 1월 1일 천황의 인간선언이 있었다. 이 선언에 의해 외면상으로는 신격(神格)으로부터 인격(人格)으로 강등당한 천황은 달라진 모습을 보이기 위해, 또한 민중에 가까이 다가가는 천황상을 정립하는 방안으로 지방 순행을 빈번히 행하게 된다. 이러한 제스처는 민중 사이에 천황에 대한 친밀감과 황실(皇室)이 항상 민중과 같이 있다는 이미지 조작에

것이야말로 역으로 이때의 일본인의 충격을 증명하는 것이라 할 수 있다.

13) Courtney Whitney, “MacArthur : His Rendezvous with History,” New York : Alfred A. Knopf, 1955, p. 286.

결정적인 역할을 하게 되며, 이러한 천황의 모습을 선전하기 위해 매스컴이 동원되었음은 물론이다.

이후 총사령부의 명제는 천황제의 민주화에 놓여 있었다. 민주화된 천황제의 실체는 일본 헌법의 개정과정에서 구체화된다.

권력을 박탈당한 천황제의 구상은 이미 1942년 라이샤워(Edwin O. Reischauer)에 의해 제안되었다는 것은 흥미로운 일이다. 당시 하버드대학의 소장학자였던 라이샤워의 구상은 괴뢰천황제(puppet emperor system)였다.

> 독일과 이탈리아에서 우리는 나치와 파시스트 통치에 대한 자연스러운 혐오를 기대할 수 있고, 그 혐오는 너무도 강력해서 인구의 다수를 연합국과의 협력정책에 끌어들일 수 있을 것이다. 이와는 대조적으로 일본에서는 전후의 승리를 보장할 손쉬운 방도를 찾을 수 없다. 따라서 우리는 사려 깊게 계획된 전략을 가지고 사상전(思想戰)에서 승리를 거두어야만 한다. 사상전의 첫걸음은 우리에게 기꺼이 협력할 집단을 우리 편으로 끌어들이는 일이 될 수밖에 없다. 만일 그 집단이 일본 국민 가운데 소수를 대변한다면, 이는 어떤 의미에서 괴뢰정권(puppet regime)이 될 것이다. 일본은 괴뢰정권 수립전략을 광범위하게 이용해 왔다. 그렇지만 괴뢰가 부적절했기 때문에 그다지 큰 성과는 거두지 못했다. 그러나 일본 자신은 우리의 목적에 딱 들어맞는 괴뢰를 창조해 놓았다. 그 괴뢰는 우리 편으로 끌어들일 수 있을 뿐만 아니라 엄청난 권위—중국에서의 괴뢰들이 언제나 결여하고 있던—를 수반할 것이다. 물론 내가 지목하는 괴뢰는 바로 일본 천황이다(라이샤워 메모).[14]

14) 후지타니 다카시(Takashi Fujitani), "라이샤워의 '괴뢰천황제' 구상," 『실천문학』 61호, 2001년 봄호, 2001. 2. 15, p. 377.

라이샤워의 구상이 실제로 미국의 대일정책에 얼마나 반영되었는가는 별도로 치더라도,[15] 천황에 대한 맹목적인 충성심으로 전 국민적 가치의존 현상을 보이고 있던 일본인에게 무엇이 효과적인 통치방법인가를 예견한 것이라 할 수 있다.

미국 및 총사령부는 헌법 개정과정에서 이 괴뢰(puppet)의 개념을 상징(symbol)으로 바꾸어 갔다. 본래 군주제의 성격에 있어 상징이라는 말이 사용된 것은 영국에서부터 유래되었다. 1931년 본국과 자치령의 관계를 규정한 웨스트민스터 헌장[16]은 영국 왕(crown)의 성격을 '구성국의 자유로운 결합의 상징' 으로 규정하고 있다.

천황제 유지를 일본 정부에 통보한 것은 1946년 1월 3일 연합군 총사령부에서 나온 소위 맥아더 3원칙을 통해서였다. 일본의 민주화를 추진하는 세 가지 원칙을 제시한 맥아더 3원칙은 천황제 존속, 전쟁의 포

15) 라이샤워 메모의 발굴자인 후지타니는 "라이샤워는 자서전에서 잠깐 에둘러 이 메모를 언급하긴 했지만" "내용에 대해서는 아무런 단서도 남기지 않았다"면서 이 메모가 "정책결정에 상당한 영향력을 행사했다고 믿을 만한 근거는 충분히 있다"는 지적을 하고 있다(위의 책, p. 361).

16) 웨스트민스터 헌장(Statute of Westminster) : 1931년 영국 본국과 자치령과의 관계를 규정한 법률. 자치령은 제1차 세계대전 중 군사협력을 통해 본국에 대한 지위를 향상시켰으므로 양자의 관계는 식민지적 종속관계에서 대등한 입장으로 결합되는 연합체제로 발전시켰다. 1926년 "본국과 자치령은 각기 그 지위가 평등한 자치사회이며, 왕관에 대한 공동의 충성에 의해 자유로이 연합되어 있다"고 정의한 밸푸어(A. J. Balpour) 보고를 채택하고 1930년에는 자치령 총독을 상징적 존재로 결의하였다. 웨스트민스터 헌장은 이들 결정을 이듬해 영국의회가 입법화한 것으로 영국연방의 근본을 규정하였다. 여기에는 국왕(Crown)이 '구성국의 자유로운 결합의 상징' 으로 정의되어 있다. 이에 따라 자치령인 캐나다, 오스트레일리아, 뉴질랜드, 남아프리카연방, 아일랜드, 뉴펀들랜드 등이 본국의회에 대해 완전한 자주적 입법기능을 획득했다(『世界大百科事典』 23, 學園出版公社, 1994, p. 6).

기, 봉건적 제도의 폐지를 강조하고 있으며, 이 중 첫 번째로 천황제에 대해 언급하고 있다. 즉 천황은 국가원수의 지위를 가지며 왕위는 세습된다. 그러나 천황의 권한은 헌법에 따라 행사하며, 헌법이 정한 국민의 의사에 의한 것이어야 한다는 것으로 되어 있다.[17)]

1월 13일 천황주권과 천황의 신격을 규정한 메이지 헌법(大日本帝國憲法, 1889년 제정)을 거의 그대로 답습한 마츠모토 위원회(松本烝治, 松本憲法改正委員會)의 헌법초안이 거부되고 총사령부의 헌법초안이 제시되면서 상징천황제는 결정되었다. 이것을 통보받은 천황은 "그쪽의 의사가 그렇다면 인정해도 좋지 않겠는가. 제1조는 영국처럼 상징으로 바꾸어도 좋다고 본다. 백성의 마음을 내 마음으로 하라, 그것이 조종(祖宗)의 정신이었다"[18)]는 반응을 보였다 한다.

이렇게 하여 신헌법은 1946년 11월에 제정되고 1947년 5월에 시행되었다. 맥아더에 의해 제시된 3원칙은 소위 평화헌법(日本國憲法)에 그대로 반영되었다. 천황은 "일본국의 상징이고 일본 국민통합의 상징이며, 이 지위는 주권을 가지는 일본 국민의 총의(總意)에 의한다(제1조)"고 규정하였고, "황위(皇位)는 세습하는 것으로 국회가 의결한 황실전범(皇室典範)에 의하여 계승된다(제2조)", 또한 "천황의 국사(國事)에 관한 모든 행위는 내각의 조언과 승인을 필요로 하며, 내각이 그 책임을 진다(제3조)"로 되어 있다. 전쟁의 포기는 헌법 제9조에 규정되어 있고, 모든 봉건제도의 폐지는 일본의 민주화를 추진하는 과정에서 외견상으로는

17) 芦部信喜, 『憲法』, 岩波書店, 1993, p. 24.

18) 松村謙三, 『三代回顧錄』, 東洋經濟新報社, 1964, p. 290.
일본에 있어서의 조종(祖宗)의 의미는 단순한 조상의 의미가 아니라, 조(祖)는 일본의 건국신화에서 천황의 조상신이라는 天照大神 이하 諸神을 의미하고, 종(宗)은 제1대 천황이라는 神武 이하 역대 천황을 의미함.

해소된 것으로 되어 있다.

전후 일본의 천황제는 미국에 의하여 유지되었고, 미국이 제시한 소위 평화헌법에 의해 보장되었다. 이 과정에서 일본 국민은 천황제, 곧 '국체(國體)의 호지(護持)'는 이루어졌다고 보았으며, 천황제에 대한 일본인 스스로에 의한 자각적 선택이 말살된 채 '입법자'로서의 미국에 의하여 일방적으로 주어진 민주주의에 의해 전후를 맞이했던 것이다.

맥아더는 전후 일본의 '건국자'로서 '일본 국민의 자유로운 의사'를 앞질러서 가로챔으로써 루소(Jean J. Rousseau)가 말하는 "결과를 원인으로 바꾸어 버리는 입법자"[19]로서의 역할을 다했다. 그리고 그는 루소의 '입법자'로서의 운명을 가듯 1951년 4월 한국전쟁이 치열하게 전개되는 와중에 해임되어 일본을 떠났다.

전후 일본의 초석을 놓은 맥아더, 그는 1853년 내항하여 일본 근대의 출발점을 끊었던 페리(Mathew C. Perry)와 더불어 근대 일본을 '상징'하는 미국인이었던 것이다.

III. 극동국제군사재판

제1차 세계대전에서 승리한 연합국은 패전국 독일의 재군비를 막기 위해 천문학적인 배상금을 부과하였다. 그러나 이러한 독일에 대한 과

19) 이환 역, 『사회계약론』, 서울대학교 출판부, 1999. Jean Jacques Rousseau 저, *Du Contrat Social*, Paris : Gallimard, 1964, p. 57.

다한 경제적 제재는 연합국의 바람과는 반대로 히틀러의 등장을 가능하게 했고, 결국 제2차 세계대전 발발의 원인을 제공하는 결과가 되었음은 주지의 사실이다. 이러한 경험을 교훈 삼아 제2차 세계대전의 연합국은 전쟁범죄자의 처벌과 민주적 제도로 전쟁을 근절한다는 명분을 내세웠다.

제2차 세계대전 중 연합국의 전쟁목적은 '추축국(樞軸國)에 의한 침략과 잔학행위에 대한 자위(自衛)와 제재(制裁)'를 내걸고 있었다. 이러한 전쟁목적의 달성을 위해 연합국은 추축국에 대한 '무조건 항복'을 결정하게 된다. 연합국의 '무조건 항복' 정책은 1943년 1월 카사블랑카 회담에서 미국 대통령 루스벨트와 영국 수상 처칠과의 합의로 구체화된다(후에 소련의 스탈린도 동의). 이 회담에서 당시 미국의 대통령 루스벨트는 세계의 평화란 '독일, 이탈리아, 일본에서의 전쟁세력의 완전한 제거'에 의하여 이루어지며, '독일, 이탈리아, 일본의 전쟁세력의 배제란 독일, 이탈리아, 일본의 무조건 항복을 의미하는 것이고, 독일, 이탈리아 또는 일본 국민의 박멸을 의미하는 것이 아님'을 천명한다.[20]

제2차 세계대전에서 연합국의 전쟁범죄정책의 특징은 전쟁도발국의 국민에 대한 책임(국민책임론) 추궁이 아니라 전쟁지도자에 대한 책임(지도자책임론)을 추궁하여 전쟁세력의 박멸을 시도했다는 점에 있다.

연합국의 전쟁범죄정책은 독일 패망 후 1945년 7월의 포츠담 회담과 병행하여 열린 런던 회의에서 확정되었다. 미국, 영국, 프랑스, 소련의 정부 대표가 모인 런던 회의는 1945년 8월 8일 '유럽 추축국의 주요 전쟁범죄자의 소추 및 처벌에 관한 협정'을 체결하였다.

20) 粟屋憲太郎,『東京裁判論』, 大月書店, 1994, p. 28.

이 협정의 일환으로 채택된 '국제군사재판소 헌장'은 전쟁범죄자의 개념과 범위를 명확히 정의하고 있다. 종래의 '통상적인 전쟁범죄(B급)' 이외에도 전쟁범죄의 개념을 확대하여 침략전쟁의 계획 · 준비 · 개시 · 수행 등의 행위를 전쟁범죄로 규정하는 '평화에 대한 전쟁범죄(A급)'와 전쟁 전 혹은 전쟁 중 일반인에 대한 살해, 학대 등 비인도적 행위를 처벌하는 '인도(人道)에 대한 전쟁범죄(C급)'를 추가하여 국제군사재판의 법적 근거를 마련하였다.[21]

미국의 주도 하에 진행된 국제군사재판의 기본 목적은 연합국의 '정의(正義)'와 추축국의 '불의(不義)'를 명백히 드러내는 데 있었다. 제2차 세계대전이 연합국의 '성전(聖戰)'이었음을 제시하고, 재판 중 추축국의 정치선전의 기회를 박탈함으로써 전쟁 중에 일어난 연합국의 모든 행위는 정당화되며, 재판의 법적 근거는 국제법과 형법, 역사적 관례에 어긋남이 없어야 했다. 또한 이것을 위해 채택된 기본적 헌장들은 연합국의 행위를 구속하지 않아야 했다. 그러나 바야흐로 미 · 소 냉전의 서막을 여는 시대적 조건 하에서 강대국들의 정치적 이해와 주도권의 갈등이 선행되어 헌장의 내용 자체가 일류 보편성을 표방하고 있었으면서도 일반적 정의의 구현을 목표로 할 수가 없었다. 따라서 국제군사재판은 패전국의 '과거'에서 '침략전쟁'의 증거를 채택하는 것에 매달려 승전국의 '과거'에 대한 동등한 심판과 모든 일반 국가들의 '미래'를 보장할 수가 없었던 것이다.

이 협정에 따라 유럽에서는 1945년 11월부터 1946년 10월까지 뉴른베르크 국제군사재판이 열렸고, 극동에서는 1946년 5월부터 1948년

21) 위의 책, pp. 26-27.

11월까지 극동국제군사재판(極東國際軍事裁判)이 열렸다.

극동국제군사재판의 가장 중요한 핵심은 천황의 전쟁범죄자로서의 기소 여부였다. 소위 도쿄재판(東京裁判)에서 천황의 전범 소추를 면제한 결정적인 요인은 연합국에 의한 일본 점령에서 주도권을 장악한 미국의 정책에 있었다. 미국은 일본 제국주의의 패전을 전후하여 국내는 물론 연합국과 국제적인 여론이 천황의 전쟁범죄자 지명을 압도적으로 지지하고 있었음에도 불구하고 점령통치의 원활화를 위해 천황제를 유지하고 이를 이용한다는 고도의 정치적인 판단을 내렸던 것이다.

미국 정부는 1945년 10월 국무, 육군, 해군부 조정위원회(SWNCC)에서 천황의 전쟁범죄자 기소 여부는 연합군 최고사령관 맥아더의 판단에 맡기기로 결정하였다. 이것을 판단하기 위해 맥아더에게 증거자료의 수집을 명령했고, 또한 자료에 따라 결론을 내리도록 지령했다. 그러나 1945년 9월 27일 천황과의 회견에서 이미 점령통치에 있어 천황을 최대한 이용하며, 따라서 천황을 전쟁범죄자에서 면제하기로 결정한 맥아더는 이에 대한 결론으로서 1946년 1월 24일 육군참모총장 아이젠하워(D. Eisenhower)에게 다음과 같은 전문을 보낸다.

> 지령을 받은 이래 천황의 범죄행위에 대하여 비밀리에 가능한 모든 조사를 했다. 과거 10년간 일본의 정치결정에 천황이 참여했다는 특별하고 명백한 증거는 발견하지 못했다. 가능한 한 완전한 조사에 의해 나는 전쟁이 끝날 때까지 천황의 국사 관련 행위가 거의 전부 대신과 추밀원 고문관들의 자동적인 책임이라는 강한 인상을 받았다.
>
> 만약 천황을 전쟁범죄자로서 처벌한다면 점령계획의 중요한 변경이 필요하게 되고 그것을 위한 준비가 필요하게 된다. 천황의 기소는 일본인에게 커다란 충격을 주어 그 파급되는 악영향은 헤아릴

> 수 없이 클 것이다. 천황은 일본 국민통합의 상징이며, 그를 파괴하면 일본 국민은 와해될 것이다. 사실 모든 일본인은 천황을 국가원수로서 숭배하고 있고, 옳고 그르고는 별도로 포츠담 선언은 천황을 존속시키는 것을 의도하고 있다고 믿고 있다. 그러므로 만약 연합국이 천황을 처벌하면 일본인은 이 행위를 사상 최대의 배신이라 받아들여 오랫동안 연합국에 대한 분노와 증오심을 품을 것이다. 그 결과 수세기에 걸쳐 상호 복수의 연쇄반응이 일어날 것이다.
>
> 내 생각으로는 모든 일본인이 소극적 내지는 절반은 적극적으로 저항하여 행정활동은 정지되고 지하활동과 게릴라전에 의한 혼란이 일어날 것이다. 근대적 · 민주적 방법의 도입은 소멸되고 군사적 통제가 불가능해졌을 때 공산주의 조직활동이 분열된 민중 사이에서 발생할 것이다. 이러한 상태에 대처하는 점령문제는 이제까지와는 완전히 다를 것이다. 여기에는 적어도 백만인의 군대와 수십만의 행정관리와 전시보급체제의 확립이 필요할 것이다. 만약 천황을 전범재판에 회부하면 이와 같은 준비가 불가피하다고 권고하는 바이다.[22)]

맥아더는 일본에 대한 점령통치와 전후관리의 원활화를 위해 천황제 유지가 가장 효과적이라고 보고 있었다. 이것의 합리화를 위해 맥아더는 소위 평화헌법을 신속히 일본 정부에 부여하였던 것이고, 일본 정부도 천황제 유지를 전제로 부여된 헌법을 수용하였다.

1946년 1월 19일 맥아더가 공포한 극동국제군사재판소 헌장에는 뉴른베르크 국제군사재판소 헌장 제7조에 있는 '국가원수' 부분이 빠져 있다.

22) 竹前榮治, 『占領前後史』, 雙柿舍, 1980, pp. 82-83.

당연한 결과로 극동국제군사재판은 일본 제국주의의 모든 전쟁이 '국가원수'인 천황의 이름으로 행해졌고 천황의 이름으로 종결되었다는 역사적 사실들을 은폐했다. 그리고 그 '국가원수'의 자리에 '공동모의(共同謀議)'라는 대용품을 설정했다. 대용품으로 선정된 일본 제국주의의 군국주의 파시스트들은 전쟁이 전쟁을 낳는 전쟁 습관화에 찌들어 있었으므로 천황에게 돌아가서는 안 되는 전쟁책임에 대해 지루한 변명으로 일관했다. 그러나 연극은 계속되어야 했으므로 모든 것은 정해진 통로를 따라 제 갈 길을 갔던 것이다.

이른바 도쿄재판이 뉴른베르크재판에 비해 엄청난 시간과 경비가 소요된 것은 그만큼 일본의 전쟁지도자들의 전쟁범죄 책임에 대한 명확한 자각이 없었다는 증거였던 것이다.

이 과정에서 뉴른베르크 국제군사재판에서 보여준 나치 지도자들의 자각된 악적(惡的) 당당함과는 대조적으로 일본 군국주의 파시즘 지도자들은 책임회피와 우둔함과 비겁성으로 가득찬 '왜소성'[23]을 적나라하게 보여주었다. 이것은 그대로 천황에의 가치의존과 자기 동일시에 의한 단선적 가치관으로 일관했던 일본인이 재판정에서 천황이 사라짐으로 인해 초래된 주체적 가치관의 부재현상을 증명하는 것 이외에 아무 것도 아닌 것이다. 전쟁 수행의 최정점인 천황이 전쟁범죄자가 아닌 것으로 간주된 이상 여타의 전범들은 짜여진 각본의 허수아비에 불과했던 것이다. 천황이 제외된 법정에서 일본 제국주의의 지도자 어느 누구가 자신의 전쟁범죄 책임에 대해 명확한 자각을 할 수 있을 것인가.

이 재판에서 '평화에 대한 전쟁범죄(A급)' 대상자 28명이 기소되어

23) 丸山眞男, "軍國支配者の精神形態,"『現代政治の思想と行動』, 未來社 1988, p. 98.

교수형 7명, 종신형 16명 등 도중에 옥사한 2명과 정신이상자 1명을 제외한 전원이 유죄를 선고받았다.

미국 이외에 극동국제군사재판에 참가한 10개국 중 검찰국에 천황의 기소를 제기한 국가는 오스트레일리아뿐이었다.[24)]

극동국제군사재판, 이른바 도쿄재판(東京裁判)은 결국 천황을 기소면제한 상태에서 주도적 '국가원수'가 없는 국가주의자들의 '공동모의(共同謀議)'라는 각본에 의해 진행되었다. 전쟁범죄자 재판에서 연합국의 전쟁을 '성전화(聖戰化)'하려는 의도를 미국이 예외로 인정함으로써 국제군사재판 헌장이 부르짖고 있는 인류 보편성은 연합국 스스로를 부정하는 모순을 낳았던 것이다. 이리하여 두 번에 걸쳐 열렸던 국제군사재판은 미·소 냉전의 개막과 더불어 인류 역사상 승전국에 의해 흔해빠지게 자행되었던 패전국에 대한 복수극의 일반성을 벗어나지 못했던 것이다.

천황이 전쟁범죄자에서 면제된 극동국제군사재판 도중 천황의 소극적인 전쟁책임 추궁의 방법으로 히로히토의 퇴위(退位)가 논의되었으나,[25)] 이러한 시도도 천황 스스로에 의한 전쟁책임의 몰자각성과 미국의 이해관계 및 일본 국민의 천황에 대한 가치의존성에 의해 실현되지 않았다.

1852년의 샌프란시스코 강화조약에서 일본은 미국이 설정한 전쟁범죄에 관한 규정(제11조)[26)]을 수락했다. 이 규정에는 도쿄재판과 아시

---

24) 오스트레일리아가 제출한 전범목록에는 7번째에 히로히토가 올라 있다(栗屋憲太郎, 앞의 책, p. 201).

25) 쇼와 천황의 퇴위 논의는 세 번 있었다. 첫 번째는 1945년 패전 직후, 두 번째는 1948년 도쿄재판 판결 직전, 세 번째는 1951년 강화조약 조인 직전이다(井崎正敏,『天皇と日本人の課題』, 洋泉社, 2003, pp. 131–133).

아 각지에서 열렸던 군사재판에서의 판결을 일본 정부가 승인하는 것으로 되어 있다. 이 조약에 의해 일본의 전쟁범죄자 처벌은 국제적으로도 인정받은 것이 되었고, 또한 일본인에 대한 전쟁범죄자 처벌은 종료된 것이 되었다. 일본의 국제사회 등장은 일본인에게 일본인 스스로에 의한 전쟁책임의 추궁이 완료되었다는 인식을 확산시켰고, 일본인의 전쟁책임의식을 희석시키는 결과가 되었다.

이러한 일본인의 전쟁책임에 대한 치매현상은 제2차 세계대전에서 자신들이 오히려 원폭피해자라는 가치전도 현상을 확산시켰고, 원폭이 투하된 히로시마(廣島)와 나가사키(長崎)를 '평화의 성지(聖地)'로 선전하며 일본 국민이야말로 평화를 외칠 수 있는 유일한 국민이라는 도착의식을 잠재의식화하기에 이른다.

이러한 가치전도 현상은 일본으로 하여금 1978년 10월 17일 야스쿠니 신사(靖國神社)에 도조 히데키(東條英機) 이하 7명의 교수형 처형자와 마츠오카 요스케(松岡洋右) 외 미결병사자(未決病死者), 히라누마 기이치로(平沼騏一郎) 외 5명의 옥사자(獄死者) 등 14명의 A급 전범을 '제신

26) 이석우, 『일본의 영토분쟁과 샌츠란시스코 평화조약』, 인하대학교 출판부, 2003, p. 112.
일본 정부의 공식 발표로는 "日本國との平和條約(Treaty of Peace with Japan)", 1952年 4月 28日 內閣告示 1.
샌프란시스코 강화조약 제11조(전쟁범죄) : 일본국은 극동국제군사재판 및 일본 국내외의 다른 연합국 전쟁범죄 법정의 재판을 수락하며, 또한 일본국에 구금되어 있는 일본 국민에게 이러한 법정에서 부과한 형을 집행한다. 이러한 구금자에 대한 사면, 감형, 가출옥의 권한은 각 사건에 대하여 형을 부과한 하나 또는 둘 이상의 정부 결정 및 일본국의 권고에 의하지 않고는 행사할 수 없다. 극동국제군사재판소가 형을 선고한 사람에 대한 이 권한은 재판소에 대표자를 보낸 정부의 과반수의 결정 및 일본국의 권고에 의하지 않고는 행사할 수 없다.

(祭神)' 으로 합사(合祀)하는 역사의식의 망각을 가능하게 했다.

> 국가기관 혹은 지방자치단체 등 공적인 기관에서는 전범사형자란 용어를 쓰지 않고 전부 법무사망자(法務死亡者), 법무관계 유족이라는 용어를 쓰고 있다. 1952년 4월 28일의 강화조약 발효 다음해 제16국회의 의결에 의해 원호법이 개정되어 연합군측이 정한 A, B, C급 등의 구분에는 전혀 관계없이 법무관계 사망자, 본 신사의 호칭으로는 쇼와순난자(昭和殉難者)와 그 유족이 한결같이 전몰자와 전몰유족과 똑같은 처우를 국가로부터 받을 수 있게 되었다는 점을 확실히 인식할 필요가 있다. 원호(援護)의 실시는 거슬러 올라가 1953년 4월 1일부로 결정되었다. 따라서 소위 A, B, C급 전범으로 사형당한 분들은 그 시점에서 법적으로 복권(復權)되었고, 이것을 반영하여 야스쿠니 신사는 당연히 합사(合祀)하여 모시지 않으면 안 되는 책임을 지고 있다.[27]

종교의 자유가 보장된 일본의 실정법상 신사(神社)는 종교법인이므로 국가적 행위로 규정할 수는 없겠지만 일본인의 전쟁 책임의식의 실상을 보여주는 실례라 할 수 있다.

야스쿠니 신사의 춘추제례(春秋の例祭)에는 1951년 요시다 시게루(吉田茂) 수상의 참배 이래 이시바시 탄잔(石橋湛山)을 제외하고 역대 수상이 참배했으며, 1985년 나카소네 야스히로(中曾根康弘) 수상은 전후 총결산을 선언하며 공식참배를 감행했다. 이후 일본 수상의 공식참배 여부가 국제적인 관심사가 되고 있는 이유는 1952년 샌프란시스코 강화조약

27) "昭和殉難者靖國神社合祀の根據,"『靖國』(靖國神社 社報) 1986. 3. 1日號.

에서 일본이 국제적으로 인정한 '전쟁범죄' 조항(제11조)을 위반하고 있기 때문이다. 또한 정치와 종교를 분리한 일본국헌법 제20조와 제89조의 조항도 이를 금지하고 있다.

이러한 일본인의 전쟁범죄에 대한 책임의식의 부재는 독일인의 그것과 좋은 대조가 되어 더욱 분명해진다. 서독은 뉴른베르크 국제군사재판 이후에도 나치 전범에 대한 재판을 자국의 형법에 의해 진행시켜 왔고, 나치 전범에 대한 시효를 두 번이나 연기했다. 이윽고 1979년 서독 연방의회는 나치의 살인 이외에도 일반인에 대한 살인을 비롯해 모든 살인범죄에 대한 공소시효를 폐지하기에 이른다.[28)]

극동국제군사재판, 이것은 미국에 의해 주도되어 미국의 의도대로 진행되었다. 이 과정에서 일본은 천황제 유지를 선물로 얻었고, 불완전한 재판에 의해 전쟁범죄에 대한 면죄부를 얻었다. 일본인은 스스로에 의한 전쟁범죄자의 처벌과 전쟁책임의 추궁을 망각한 채 전쟁에 의한 피해자 의식만을 증식시키는 전후를 지내고 있었던 것이다.

IV. 상징성의 조작 - 천황의 국사행위

일본국헌법(日本國憲法), 소위 평화헌법은 천황을 '일본국의 상징이

28) 전후 독일은 9만 명이 넘는 나치 관계자들을 재판에 회부하여 7천 명 이상이 유죄판결을 받았다(望田幸男, "戰爭責任・戰後責任問題の水域,"『戰爭責任・戰後責任』, 朝日新聞社, 朝日選書, 1995, p. 7).

며, 주권을 가지는 국민의 총의(總意)에 의한 국민통합의 상징(象徵) (제1조)' 으로 규정하고 있다. 또한 내각총리대신과 최고재판소장에 대한 임명권(제6조) 이외에도 제7조에 10개 항목에 대한 국사행위(國事行爲)를 정하고 있다.[29)]

이 '상징(象徵)'이 갖는 의미는 일본 정부에 의하면, "일본 국민은 유형(有形)의 구체적인 천황의 모습을 통하여 그 속에서 일본국이라는 무형(無形)의 추상적인 존재 혹은 국민통합이라는 무형의 추상적인 내용(內容)을 떠올린다. 또한 천황을 통하여 일본국으로서의 통일성을 느낀다"[30)]로 되어 있다. 그러나 이 '상징'의 의미가 전후 일본의 국회에서 구체적 정의(定義)를 둘러싸고 애매모호한 답변과 말꼬리 잡기 등의 언어 유희를 반복하여 천황제 자체의 추상성과 다의성(多義性)만큼이나 진부한 논의로 전락한 것도 사실이다.

일반적으로 국가에 있어서 상징(symbol)이 갖는 목적은 일치되지 않는 국가의 여러 기능과 국민의 정신적 일체감을 어떤 장소 혹은 어느 시점에 특정 목적을 가지고 집중하여 통일시키는 작용을 하는 유형 · 무형의 어떤 것이라 할 수 있다. 국가에 있어서 이러한 기능은 일반적으로 국

29) 제7조(천황의 국사행위) : 천황은 내각의 조언과 승인에 의해 국민을 위해 다음의 국사(國事)에 관한 행위를 한다. 1. 헌법개정, 법률, 정령(政令) 및 조약을 공포, 2. 국회의 소집, 3. 중의원(衆議院)의 해산, 4. 국회의원 총선거 시행을 공시(公示), 5. 국무대신(國務大臣) 및 법률이 정하는 그 밖의 관리의 임면(任免)과 전권위임장(全權委任狀) 및 대사(大使)와 공사(公使)의 신임장 인증(認證), 6. 대사면(大赦免), 특별사면, 감형, 형집행의 면제 및 복권(復權)의 인증, 7. 영전(榮典)의 수여, 8. 비준서 및 법률이 정하는 그 밖의 외교문서 인증, 9. 외국의 대사(大使) 및 공사(公使)의 접수(接受), 10. 의식(儀式)을 행하는 일.

30) 大原康男 編著, 『詳錄 · 皇室をめぐる國會論議』, 展轉社, 1997, p. 23.

기(國旗), 국가(國歌), 국화(國花) 등을 통해서 이루어지고 있다. 이 경우 이러한 것들은 구체적 실체로서의 의미가 아니라 그것이 표상하고 있는 의미를 통해서 상징성을 발휘하고 있는 것이다. 국기(國旗)의 실체 혹은 국가(國歌) 및 국화(國花)의 실체란 다른 유사한 깃발, 노래, 꽃과 다른 점이 없는 것이다. 따라서 상징이란 말 자체의 추상성과 마찬가지로 상징하는 대상 자체가 추상적인 의미에 있어서 상징의 실체를 발현할 수 있다. 상징하는 것 자체가 추상적이기 때문에 상징은 상징 자체가 스스로 능동적으로 기능할 수 없는 것이다. 상징이란 항상 표상하는 주체가 능동적으로 상징을 내세워 상징의 대상을 주장할 때만이 상징의 의미전달이 이루어질 수 있는 것이다.

일본의 경우 천황이 일본 국가의 상징이라 규정할 경우에는 천황 스스로의 의사표현에 의한 상징의 의미전달은 있을 수 없는 것이 된다. 일본 국민이 천황을 내세워 무엇인가를 주장할 때 천황의 상징성이 드러나는 것이라 볼 수 있다. 이렇게 볼 때 천황 스스로의 능동적인 상징의 전달은 헌법상 불가능하다고 할 수 있다. 살아 있는 인간이 추상적인 상징물이 될 때, 이러한 상징의 의미는 결국 일본 국민에 의해 천황의 이름으로 행해지는 그 어떤 것이 될 것이다. 헌법의 규정에 의해 모든 권력의 원천인 주권이 국민에게 있고, 천황의 정치적인 권력이 박탈되고 다만 상징적인 표상물이 되어 헌법이 규정한 바의 이른바 국사행위만을 행하는 천황이 상징하는 실체는 결국 메이지 유신 이전의 천황의 권위로 환원된 것이라 볼 수 있다. 이것은 마치 영국의 '군림하나 통치하는 않는(The King reigns but does not govern)' 영국의 입헌군주제와 흡사하다 할 수 있다[영국의 경우 상징의 대상을 인격체인 왕(King)으로 하지 않고 사물인 왕관(Crown)으로 한 것은 의미심장하다 할 것이다].

그러나 일본 국민에게 있어서 메이지 유신 이래 천황 주권에 입각하여 절대적인 권력을 장악하고 살아 있는 신(現人神)으로까지 승격되었던 천황의 존재가 제국주의 시대를 마감하고 헌법상 근대의 절대주의 천황제와 단절되었다 해도, 천황제 자체에 대해 절대적인 지지를 보내고 정치적으로 혹은 사회심리적으로 천황의 권위가 맹위를 떨치고 있는 일본 사회에서는 천황제의 연속성이 특별한 의미를 가질 수밖에 없는 것이다. 주지하다시피 정치적 · 사회적인 시민혁명을 거치지 않는 일본 사회에서 헌법상 절대주의 천황제와의 단절을 명문화하고 국민주권의 시민민주주의를 구현했다 해도, 일본 민족 특유의 맹목적 전통 고수주의와 '만세일계(萬世一系)'의 천황제 신화가 잠재의식화되어 있는 일본 국민에게는 천황제 유지야말로 단절로서의 의미가 아니라 연속성의 구속이 더욱 고착되어 있는 것이다.

소위 일본의 평화헌법은 천황의 존재를 법률적 규정과 행동양식의 규범화에 의해 '상징'의 대상으로 수동화시켜 놓았다. 그러나 일본 국민의 천황에 대한 정신적 관련양상이 항상 수동적 · 신화적 속박에서 벗어나지 못하고 있는 것이 현실이다. 따라서 일본인 스스로가 천황 자신의 능동성을 유발시키고 있는 한, 천황은 언제든지 '상징'의 허울을 벗고 능동적 권력주체로서 재등장할 가능성을 안고 있는 것이다.

상징천황제의 의제(擬制), 과연 일본인은 '주권을 가지는 국민'으로서 그들의 '총의(總意)'를 모아 천황제에 대한 '자유와의 계약'을 이루었다고 할 수 있는 것일까? 과연 일본인에게 '상징'으로서의 천황과 '주권을 가지는 국민의 총의'는 존재할 수 있는 것일까? 그것이 불가능하다는 것을 일본인 스스로 보여주고 있는 자리에 일본의 천황제 문제는 가로놓여 있으며, 그래서 일본의 천황제는 아직도 주변국에게는 여전히 미래형인 것이다.

V. 반성과 망언의 리저널리즘

일본 제국주의의 패전 후 유행했던 말 중에 '일억총참회(一億總懺悔)'가 있다. 패전 처리를 위해 성립된 히가시구니 내각(東久邇內閣)의 히가시구니 나루히코(東久邇稔彦) 수상은 '국체(國體)의 유지야말로 우리의 신앙'이며, 이것을 위해 '군 · 관 · 민 모두의 일억총참회'를 역설했다.[31] 이 말의 진정한 뜻은 '나라를 지키지 못한 잘못에 대한 천황에의 국민적 사죄'를 의미하고 있었다. 침략전쟁에 대한 '참회'가 아니라 천황에 대한 '신민(臣民)의 참회'인 것이다.[32] 이에 따라 매스컴에서는 천황의 '성단(聖斷)'에 의한 종결이므로 '패전(敗戰)'이 아니라 '종전(終戰)'으로, '점령군(占領軍)'이 아니라 '진주군(進駐軍)'으로 표현했다. 이것이야말로 일본인의 천황에 대한 '무한책임성'을 세계에 대한 무책임성으로 치환하는 전 국민적 전향의식(轉向儀式)이었으며, 전후 천황제의 연속성을 선언한 최초의 발언이었던 것이다.

31) 히가시구니 나루히코(東久邇稔彦) 수상은 1946년 8월 28일 기자회견 석상에서 '군 · 관 · 민 일억총참회(一億總懺悔)'를 주장했고, 8월 30일자 《아사히신문(朝日新聞)》은 사설에서 '일억총참회론'을 펼쳤다.

32) 이것에 대해서는 와다 하루키(和田春樹)의 다음과 같은 지적이 있다. "총참회하는 내용은 7천만 일본인과 3천만 조선인인 셈입니다. 그런 말도 안 되는 소리가 있습니까? 조선인, 한국인에게 8 · 15는 그들의 광복, 해방의 날이었습니다. 여기서부터 확실하게 갈라집니다. 그러나 이 갈라진다는 사실을 심각하게 새기지 않기 때문에 이러한 역사, 즉 자기들의 침략전쟁에 조선인을 끌어들였다는 역사가 일본인의 전후의 반성에서 빠져버리는 것입니다(加藤典洋, 『敗戰後論』, 講談社 1997 ; 서은혜 옮김, 『사죄와 망언 사이에서』, 창작과비평사, 1998, p. 280).

1946년 1월 1일 쇼와(昭和) 천황은 '신일본(新日本) 건설에 관한 조서(詔書)', 소위 '인간선언(人間宣言)'을 발표했다. 이 '인간선언'은 서두에 1868년의 메이지 천황(明治天皇)이 내세운 '오개조(五個條)의 서문(誓文)'을 인용한 후 다음과 같은 발언이 계속된다.

> 짐과 너희 국민 사이의 유대는 시종 상호 신뢰에 의해 맺어져 단지 신화와 전설에 의해 생겨난 것이 아니다. 천황을 살아 있는 신(現御神)이라 하고 또한 일본 국민이 다른 민족보다 우월한 민족이라 하여 드디어는 세계를 지배할 운명을 지닌다는 가공(架空)의 관념에 기반을 둔 것이 아니다.[33]

이 정치적 연출에는 함축된 의미가 들어 있었다. 전후 일본의 민주주의의 원점은 메이지 천황의 예지에 의한 것이며, 쇼와 천황의 신격은 부정되었으나 그 황위(皇位)는 아마테라스오미카미(天照大神) 이하 '황조황종(皇祖皇宗)'으로부터 계승되었다는 것을 메이지 천황과 자신을 결부시켜 주장하고 있는 것이다. 다시 말해서 전후 일본의 민주주의도 미국으로부터 부여된 것이 아니라 메이지 시대의 계승이라는 뜻이며, 천황제 역시 역사상의 당연한 절차로 계승된 것이라는 의미인 것이다. 외면적 신격을 정치적으로 부정하면서 내면적으로는 천황제 자체의 연속성을 주장하여 천황의 혈통성에 감추어져 있는 신성성을 국민과의 유대와 결합시키고 있는 것이다.

이러한 인식은 한번 실패한 내셔널리즘을 단절로서가 아니라 역사

33) 《朝日新聞》, 1946. 1. 1.

의 망각을 통해 과거 역사에 대한 정당성을 주장하는 일본인의 전후인식에 내재화된다. 일본이 표방하는 외면적인 민주주의의 내면에는 항상 과거의 내셔널리즘을 회복하려는 잠재의식이 공존하고 있는 이중성의 원형이 형성된 것이다.

근대 초기 일본인의 대외인식과 목표는 후쿠자와 유키치(福澤諭吉)의 '탈아론(脫亞論)'[34]이 표상하고 있는 대로 '탈아입구(脫亞入歐)' 의식이었다. 동양의 '악우(惡友)를 사절하고', '서양의 문명국과 진퇴를 같이 하여', '서양인이 동양을 접하는 방식에 따라 동양을 처분' 해야 한다는 이 동양에 대한 멸시의식은 청일전쟁 이후 일본인의 아시아에 대한 '야만관(野蠻觀)'을 고정시켰다. 이것이 아시아 패권주의와 지도자 의식으로 구체화되어 아시아 침략주의로 치달았음은 주지의 사실이다.

이 과정에서 일본인은 "한편에 서양인이 있고 다른 편에 동양인이 존재한다. 전자는 지배하고 후자는 지배되어야 한다"[35]는 서양적 오리엔탈리즘(orientalism)을 그대로 모방했다. 일본적 오리엔탈리즘의 형성이었던 것이다. 서양인이 '백인(白人)의 부하(負荷) (The White Man's Burden)'[36]를 내세우듯 일본인은 '일본인의 부하(Japanese Burden)'를 자처했다.

> 우리 야마토 민족(大和民族)은 스스로 참칭(僭稱)하여 황인종(黃人種)의 수장(首長)이 된 것이 아니다. 우리 야마토 민족의 눈에는 인

34) 福澤諭吉, "脫亞論," 『時事新報』, 1885. 3. 16.
35) Edward W. Said, *Orientalism*, 1978 ; 강홍규 역, 『오리엔탈리즘』, 교보문고, 2003, p. 76.
36) Rudyard Kipling, "The White Man's Burden : The United States & The Philippine Islands, 1899," *Rudyard Kipling's Verse : Definitive Edition* (Garden City, New York : Doubleday, 1929), pp. 56-57.

> 류는 있지만 인종은 없다. 백인종, 황인종 같은 피상적인 차별은 입에조차 담지 않는다. 그러나 스스로 원하지 않더라도 세계 2대 인종의 하나인 황인종은 누구라도 우리 야마토 민족을 숭배하지 않는 자가 없다. 단지 지나(支那), 조선, 샴(타이) 등 황인종뿐만 아니라 인도, 페르시아, 아리비아, 이집트, 터키 등 무릇 백인종에 가깝거나 그렇지 않거나를 막론하고 각 인종들이 한결같이 야마토 민족에 그 희망을 맡기려 하는 표적이 되고 있다.[37)]

일본인의 이 '부하의식'은 그 정신적 근원을 '만세일계(萬世一系)'의 천황이 일본을 통치한다는 '국체' 관념의 맹신에 두고 있었다. 이것은 절대주의 천황제 하에서 '야마토 민족(大和民族)' 우월성의 정당화로 연결되었다.

전후 일본인에게 있어서 소위 '국체'로서의 천황제 유지는 일본인에게 있어서 그 정신적 근간이 그대로 계승되어 일본인의 우월감에 바탕을 둔 근대의식과 민주주의를 표방한 전후의식을 연결해 주는 매개체 역할을 했다. 일본인에게 있어서 이러한 정신적 기저는 아시아의 가해자로서 침략과 지배로 점철된 근대와의 단절을 통한 역사의식의 인식이 아니라 근대 제국주의와의 연결을 통한 역사의식의 인식이라는 내면적 욕구를 말해주고 있는 것이다.

일본인의 이러한 욕구가 대외적으로 나타난 사례가 1953년 10월 제3차 한·일 회담 석상에서의 구보타 간이치로(久保田貫一郎)의 발언이다. 소위 '구보타 망언'으로 알려진 이것은 "36년 간의 일본의 한국 식민통치는 한국민에게 유익했다"는 내용을 담고 있었다.[38)]

37) 德富蘇峰, "黃人の重荷," 『蘇峰文選』, 草野茂松 編, 民友社, 1906, p. 891.
38) 《朝日新聞》, 1953. 9. 22.

식민지 시대 일본인의 한국인식은 '야만관' 이었다. 이 '야만관' 의 실체가 어떠했는가는 후쿠자와 유키치(福澤諭吉)의 다음 발언으로 족하다.

> 도대체 이 나라가 어떠한가를 묻는다면 아시아주 중 하나의 소야만국(小野蠻國)으로 그 문명의 정도는 우리 일본에 까마득히 미치지 못한다고 볼 수 있다. 이 나라와 무역하여 이(利) 있을 수 없고 이 나라와 통신하여 익(益) 있을 리 없다. 그 학문이 취할 만한 것이 없고, 그 병력 또한 두려워할 것이 없으며, 그 위에 설사 그쪽에서 내조(來朝)하여 속국이 된다 해도 기뻐할 만한 것이 못 된다.[39]

제국주의 시대 한국에 대한 식민지 지배는 일본인에 의하면 '일시동인(一視同仁)'[40]이었고, '부형적(父兄的) 애정과 도덕적 사명으로 조선을 교육'[41]시키는 것이었다. 일본인의 한국에 대한 우월감과 시혜의식(施惠意識)이 패전 이후에도 변함이 없다는 것을 여실히 보여준 이 '구보타 발언' 은 한국 및 아시아에 대한 '망언(妄言)' 의 원형이 된다. 또한 정신적 원형으로서의 과거에 대한 정당화는 제국주의 시대의 '영광' 으로 돌아가려는 회귀성도 보여준다.

> 일본이 메이지 이래 강대한 서구 제국주의의 위협으로부터 아

39) 福澤諭吉, "亞細亞諸國との和戰は我榮辱に關するなき說,"《郵便報知新聞》, 1875. 10. 7.

40) 朝鮮總督府, "制度改正の詔書,"『併合の由來と朝鮮の現狀』, 朝鮮印刷株式會社, 1934, p. 2.

41) 北一輝, "國家改造案大綱(1919),"『北一輝著作集』第二卷, みすず書房, 1963, p. 263.

> 시아를 지키고 일본의 독립을 유지하기 위해 대만을 경영하고 조선을 병합하고 만주에 오족협화(五族協和)의 꿈을 건 것이 일본 제국주의라 한다면 그것은 영광의 제국주의이며, 고토 신페이(後藤新平)는 아시아 해방의 파이오니어일 것이다.[42]

이 일본 제국주의 예찬은 그 뿌리에 천황주의가 자리 잡고 있음은 물론이다. 사토 에이사쿠(佐藤榮作)의 다음 발언(1962)은 이것을 여실히 증명해 주고 있다.

> 전후에는 이 팔굉일우(八紘一宇)가 제국주의의 표현이라든가 혹은 침략주의의 딴 이름이라고 말하는 사람들이 있지만, 나는 아무래도 … 세계일가(世界一家)나 인류애 사상과 연결되는 숭고한 정신이 아닌가 생각한다.[43]

'팔굉일우'가 아시아 및 세계 제패의 침략주의의 다른 이름이었음은 재론할 여지가 없다. 그러나 아시아에 대한 침략의 자각이 사라지고 시혜의식만 남을 때 일본 제국주의의 소위 '황도주의(皇道主義)'에 입각한 '팔굉일우'에 대한 가치지향성이 두드러지는 것은 당연하다 할 것이다. 그러므로 그 연장선상의 한 나라인 한국에 대한 침략과 지배를 위한 한 · 일 합병이 '대등한 입장에서 자유의사로 체결된 것'[44]이라는 고정관

42) 椎名悅三郎, 『童話と政治』, 東洋政治經濟硏究所, 1963, p. 59.
43) 佐藤榮作, 『民族と政治』, 1962, 2月號 ; 高崎宗司, 『「妄言」の原形-日本人の朝鮮觀』, 최혜주 역, 『일본 망언의 계보』, 한울, 1996, p. 217.
44) 위의 책.

념을 형성시킬 수밖에 없는 것이다.

이 천황주의에 대한 일본인의 자기화(自己化)는 천황의 정치적 혹은 법률적 규정에 구속됨이 없이 내면적 심성에 그 신성성에 대한 가치를 확대시켜 언제든지 현실적 능동성을 표출할 수 있는 계기를 마련해 주었다. 이런 의미에서 1989년 나카소네 야스히로(中曾根康弘) 수상의 '천황은 창공에 빛나는 태양과 같은 존재'이므로 '국가는 천황을 중심으로 단결해야 한다'[45]는 국가와 천황의 합일설도 근대 일본 제국주의와 연결되는 일본인의 천황에 대한 귀일사상(歸一思想)인 것이다.

이러한 전후 일본인의 역사인식의 연속성과 마찬가지로 쇼와 천황 자신도 적극적인 전쟁책임에 대한 자각이 없었다. 1984년 9월 한국인에 대한 히로히토의 발언은 '금세기의 한 시기에 양국 사이에 불행한 과거가 있어 진실로 유감(遺憾)'[46]이라는 의례적인 것이었다. 이에 대해 '불행했던 것은 한국인이었지 가해자인 일본인이 아니었다'[47]는 한국인의 반응은 그대로 한국인과 일본인의 역사인식의 격차를 드러내는 것이었다. 일본인의 한국 지배의 당사자였던 쇼와 천황이 한국인에게 남긴 말은 이것이 전부였다.

1990년 5월 헤이세이 천황(平成天皇) 아키히도(明仁)의 "불행한 시기에 귀국의 사람들이 받은 고통을 생각하여 통석(痛惜)의 념(念)을 금할 수 없다"[48]는 발언도 한국인이 바라는 것과는 거리가 멀었다. '통석(痛惜)의 념(念)'이란 '신민(臣民)'의 불행에 대한 '군주'의 위로의 말에

45) 《朝日新聞》, 朝刊 1987. 8. 30.
46) 위와 같음, 1984. 9. 7.
47) 宋健鎬, 위와 같음.
48) 위와 같음, 1990. 5. 24.

지나지 않는 것으로 해석할 수 있는 것이다.

이 역사성에 대한 정치적 청산은 1965년 한일협정(韓日協定)으로 정리된 것으로 되어 있다. 또한 역사성에 대한 과거사 문제는 1998년 10월 김대중 대통령과 오부치 게이조(小淵惠三) 수상과의 공동선언에서 '일본이 과거 한 시기 한국 국민에 대해 식민지 지배로 다대한 손해와 고통을 주었다는 역사적 사실을 겸허하게 받아들이고, 이에 대해 통절(痛切)한 반성과 마음으로부터의 사죄'[49]를 함으로써 매듭을 지은 것으로 되어 있다.

그러나 전후 일본의 정치적인 역사청산이 의례적인 회피와 현실호도의 습관성이 되어가는 이면에는 항상 근대 일본 제국주의로의 회귀를 갈망하는 시도들이 공식적 과거 부정과 짝을 이루는 이중성을 형성하고 있었다.[50] 일본 정부의 선언적 과거청산과 이른바 '망언'이라 부르는 정치가들의 과거사 정당화는 일본적 이중성으로서의 '다테마에(建前)'와 '혼네(本音)'를 형성하고 있다. 이 이중성은 상호 보완적 역할분담을 통하여 정치적으로는 과거사에 대한 '반성'과 '사죄'를 하면서도 매년 천황과 결부된 일본적 내셔널리즘의 원천인 야스쿠니 신사(靖國神社)에 대

49) 《한국일보》, 1998. 10. 8.

50) 1993년 8월 호소카와 모리히로(細川護熙) 내각 발족 후 일본의 전쟁을 전례가 없을 만큼 명확하게 침략전쟁으로 인정한 호소카와의 발언(1993년 8월)에 대해 나카니시 게이스케(中西啓介) 방위청 장관이 헌법 재검토 발언으로 사임, 그 뒤 1994년 5월 하타 쓰토무(羽田孜) 내각 발족 직후 나가노 시게카도(長野茂門) 법무상이 1937년의 난징대학살(南京大虐殺)은 날조라는 발언으로 비난을 받고 발언을 철회하고 사임, 1994년 8월에는 발족 직후의 무라야마 도미이치(村山富市) 내각에서 사쿠라이 신(櫻井新) 환경청 장관은 대동아전쟁에 침략의도는 없었다고 발언하여 각국의 비난을 받고 발언을 취소, 사임했다(加藤典洋, 『敗戰後論』, 講談社, 1997 ; 서은혜 옮김, 『사죄와 망언 사이에서』, 창작과비평사, 1998, p. 57).

한 수상의 참배를 공식과 비공식을 혼합하면서 강행하게 하는 것이다. 과거의 역사에 대한 아시아 각국과의 갈등이 강해질수록 일본으로 되돌아가 역사의 회복으로 전환하는 일본적 리저널리즘은 천황주의에 회귀하는 우경화의 길을 걸었던 것이다.

1989년에 고시되고 초등학교에서 1992년도부터(중학교는 1993년부터) 실시되었던 문부성의 학습지도 요령은 전후교육의 '점령군' 색깔을 벗어버리고 일본의 전통으로 돌아가자는 보수파의 외침을 반영하여 이전보다 더 내셔널리즘을 강화하는 내용을 담고 있다. 이른바 '전후교육의 총결산'이라는 양상을 보여주고 있는 것이다. 학습지도 요령의 주요 내용의 하나는 문화전통의 존중과 국제이해의 추진으로, '국제화'라는 이름 하에 내셔널리즘의 촉진이 시도되고 있다는 점을 간과할 수 없다. 또한 '천황에 대한 이해와 경애'가 부활했으며, 국제사회에서 살아가는 일본인으로서의 자각을 기른다는 관점에서 '국기(國旗)와 국가(國歌)'의 지도가 강화되고 있다.

새로운 학습지도 요령에서는 입학식과 졸업식으로 특별히 지정, '국기를 게양함과 동시에 국가를 제창하도록 지도하기로 한다'로 표현을 강화하여 따르지 않을 경우에는 지도요령 위반으로 처분대상이 된다고 문부성은 설명한다.[51)]

이러한 움직임은 역사학계에도 나타나 1997년 후지오카 노부카츠(藤岡信勝)와 니시오 간지(西尾幹二) 등이 중심이 된 '새 역사를 만드는 모임'이 발족되어 '자유사관에 입각한 민족주의'를 표방하였다. 제2차

51) 《朝日新聞》, 1989. 2. 11. 文部省, 『高等學校學習指導要領』, 大藏省印刷局, 1989, p. 1 ; 『中學校學習指導要領』, 1989, pp. 36－37 ; 『小學校學習指導要領』, 1989, p. 106.

세계대전 전승국들에 의해 진행된 일본의 전후개혁을 '자학사관'으로 규정하고 일본의 식민지 지배와 침략전쟁 등 과거의 일본 역사를 정당화하는 데 몰두하며 좌익적 시각을 철저히 배제하는 것이 특징이다. 특히 식민지 지배에 있어 일본의 식민지 지배를 일반화하여 서양 제국주의 국가의 식민지 지배와 동일시한다.

> 식민지 지배가 행해졌던 곳에서는 현지인 사이에서는 쥐죽은 듯이 아무 말 없으며, 잔혹함과 강압적이고 습관적인 억압의 지배 방식에 대한 공포만이 기억에 남아 있다. 서양이 지구 표면의 85%를 지배했던 식민지 경영 실태의 모든 것은 닮아 있었다. 철저한 모욕과 탄압에는 인간은 공포에 질려 어찌할 도리도 없다. 단지 움츠러들 뿐이다. 가혹한 공포정치는 사람을 무기력하게 만든다. 인간으로부터 우러나는 용기를 빼앗는다. 이렇게 하는 것이 통치에 편리하다는 것이다. 페루를 지배한 스페인뿐만이 아니고 영국은 인도인에게, 네덜란드는 인도네시아인에게, 프랑스는 베트남인에게 같은 짓을 했다. 아니, 우리나라에 원폭까지 떨어뜨린 미국의 방식도 이후 일본인이 공포에 질려 아무 것도 하지 못하고 있는 사태를 보면, 지구상의 그러한 큰 흐름의 최후의 저항에 대한 숨통을 끊어놓으려고 한 적의(敵意)의 귀결이었는지도 모른다.[52]

일본인 스스로가 탈출해야 할 '황국사관(皇國史觀)'으로 회귀하고 있으면서도 그 일반성을 서양에서 찾는 '탈아입구(脫亞入歐)'의 변형으로 자기 합리화시키고 있는 것이다. 이러한 내면성의 외연적 모순은 아

52) 西尾幹二,『國民の歴史』, 産經新聞社, 1999, pp. 714-715.

키히토 천황의 발언에서도 나타난다.

2001년 12월 아키히토 일본 천황은 "나 자신과 관련해 환무(桓武) 천황의 생모가 백제 무령왕(武寧王) 무의 후손이라고 『속일본기(續日本紀)』에 적혀 있어 한국과의 연(緣)을 느낀다"[53]는 발언을 했다. 외면적 표상은 한국과의 친밀성 혹은 혈연성을 표현하고 있지만 잠재되어 있는 내면성(本音, 혼네)의 모순은 그대로 식민지 시대의 그 유명한 식민지사관 '일선동조론(日鮮同祖論)'을 드러내고 있는 것이다.

이러한 전후 일본 사회의 이중성은 항상 천황제와 결부되어 정치적으로는 천황의 권력이 박탈되었으면서도 천황제 자체에 대한 터부를 내재화시켰다. 일체의 천황을 둘러싼 일상사와 소도구들이 신성성의 허울을 쓰고 페티시즘으로 성행하고 있는 일본적 사회현실을 가능하게 했던 것이다. 1988년 히로히토 천황의 와병(臥病)과 동시에 전국적으로 확산되었던 소위 '자숙(自肅)'과 '기원(祈願)'의 물결만 보더라도 일본 사회가 얼마나 천황제의 연속성에 익숙해져 있으며 천황제의 '주술(呪術)에 의한 속박(束縛)'이 얼마나 내재화되어 있는가를 웅변적으로 보여주고 있는 것이다.

> 히로히토(裕仁)가 죽지 않고(裕仁의 발병은 1988년 9월 19일 발표되었고, 죽음은 1989년 1월 7일 발표되었다 - 인용자) 사경을 헤매는 시간이 오래 계속되었기 때문에 위와 같은 대책들은 오랫동안 강구되어야 했다. 천황의 용태에 관한 경건한 일일보도(日日報道)는 이 섬나라 전역에 걸쳐서 일사불난한 자기 규제를 굉장히 거대한 규모로 불러일으키고 또 강박해 갔다. '자숙(自肅)'이라는 낱말을 유행어로 부상

53) 《중앙일보》, 2001. 12. 24.

> 시켰다. 자숙의 대상이 된 것들 가운데는 예컨대 TV 광고에서 '날씨 좋습니다' 하는 가벼운 인사말을 사라지게 하고, 정당의 모금 캠페인 모임에서 술을 못 마시게 하는 따위 웃기는 것들도 있었다. 하지만 때는 마침 가을이었고, 가을철은 7, 8월의 지겨운 여름을 벗어나 생기를 되찾아야 하는 시기이다. 따라서 곳곳에서 벌어질 가을 축제들이 몽땅 취소되고, 결혼의 달인 11월에 결혼을 올릴 수 없게 된 것이 자못 떨떠름한 일이 아닐 수 없었다. 학교 체육대회에서는 달리기를 할 때 출발신호로 총을 쏘지 못하게 하니 맥이 빠졌다.[54)]

쇼와 천황의 죽음은 전후의 한 시대가 끝났음을 의미한다. 그러나 천황제라는 질서의 근원에 위로만 향해 세워진 성스러운 존재가 있는 한, 천황에 대한 일본인의 의식은 자유로울 수 없는 것이다. 문제는 민족과 국민이 동일관념인 일본인의 정체성(identity)을 확인시켜 주는 천황이 언제까지나 신성성으로 고정되어 있다는 것이다. 그 역사성에 있어 천황이 고정되어 있으므로 일본인은 천황의 인력(引力)에 의해 항상 외부에 대한 상대성을 상실하는 것이다.

전후 일본은 패전에 의해 아시아에 대한 상대성을 되찾아 아시아를 향한 국민적 객관화의 기회를 부여받았다. 그러나 일본은 천황제의 고정성에 의해 전쟁책임의 타율적 처리로 미완의 유물을 안고 있을 수밖에 없었다. 이 내재적 결함 때문에 '대동아공영권(大東亞共榮圈)'의 악몽에 시달린 아시아는 결코 일본의 리저널리즘의 대상이 아니었던 것이다. 그 역사성으로 인해 일본은 더 이상 손을 잡아주지 않는 아시아를 뒤로

54) Norma Field, *In the Realm of a Dying Emperor*, 박이엽, 『죽어가는 천황의 나라에서』, 창작과 비평사, 2002, pp. 35–36.

한 채 '탈아입구'의 미련을 버리지 못하며 다시 일본 속으로 환원할 수밖에 없었던 것이다.

전후세계에 있어서 저 근대 일본의 상투적 수단이었던 내부적 모순의 외부적 발산이라는 억압이양의 대상이 아시아에 더 이상 존재할 수 없는 이상, 역사성의 필연적 결과로 일본은 내부적 모순의 내부적 응고라는 형태로 한번 실패한 내셔널리즘의 회복을 위해 일본 속의 일본이라는 리저널리즘으로 서서히 이행하고 있는 것이다.

세계 제2위의 경제대국, 세계 제2위의 방위비 지출을 자랑하며 일본은 외면적으로는 성장해 왔다. 그러나 세계로부터 비난받는 일본은 지금 갈등의 시대를 겪고 있는 것이다.

VI. 맺음말

근대 일본의 정치적 특징으로 거론할 수 있는 것은 메이지 유신으로 비롯된 절대주의 천황제의 확립이다. 근대 시민혁명의 과정을 거치지 않은 일본은 위로부터의 근대화 및 국민통합의 구심체로서의 절대주의 천황제를 강요하는 부국강병으로 일본적 근대국가를 이룩하게 된다. 이것은 결과적으로 국민통합이라는 초근대성과 왕정복고라는 전근대성의 공존을 초래하여 전 국민의 신민화와 천황에 대한 전 국민적 가치의존주의를 낳았다. 전통적으로 사적 개념보다도 공적 개념이 우세했던 일본에 있어서는 근대국가 형성과정에서 근대적 시민사회의 기반이 결여되어 있었기 때문에 위로부터의 이데올로기적 요구가 강요되어 국가적 가치, 국민적 이익이 우선되었던 것은 당연한 일이었다. 이러한 사회의 가치지향의 경직성과 기정사실화는 개인 자유의 존중보다도 멸사봉공의 하강식 가치강요를 낳았던 것이다. 이러한 하향식 가치강요에 길들여져 항상 부여된 가치에 의한 성실성에 익숙한 일본인에게 있어서 패전은 하나의 충격이었고, 시련이었으며, 또한 모든 것의 붕괴였고 또 하나의 시작이기도 했던 것이다.

제2차 세계대전을 종결시킨 원자폭탄의 전쟁 무기화의 첫 실험은 일본인에게 있어서 엄청난 공포였으며, 가공의 정신적 신화가 무너지는 절망이었고, 기존 가치의 허무적 종결이었다. 이것은 일본인에게 물리적 역학관계의 공포였으며, 일상적 현실의 피해의식을 심어주었다. 현실적 피해의식은 전쟁가해자로서의 책임의식을 망각시켰고, 일본인으로 하여금 소인국(Lilliput)에서 갑자기 거인국(Brobdingnag)으로 돌아온 걸리버(Gulliver)의 약자의식을 드러내 평화의 교란자가 평화의 실천자로 돌변하는 의식의 치환성을 보여준다. 물리적 역학관계의 압도적 우위에 선 미국으로부터 받은 피폭의 경험은 그대로 미국에 대한 신뢰로 연결되어 미국의 점령정책에 고스란히 순응하는 현실주의적 일본인의 원의식(原意識)을 노출시켜 키워 간다.

거인국의 주민인 미국은 실제로 소인국 주민에 불과한 일본인에게 천황의 전범 소추를 면제해 주었으며, 일본인이 그토록 노침초사하던 국체(國體)로서의 천황제도 유지시켜 주었다. 미 · 소 냉전 초기의 세계전략이라는 이름으로 내려진 이러한 미국의 시혜(施惠)는 일본인에게 깊은 수혜의식(受惠意識)을 심어주어 일본의 서구 지향주의는 더욱 심화된다. 일본인은 미국에 의한 피폭을 전쟁에 대한 피해의식으로 전환시켜 전쟁책임 자체를 희석시켰다. 또한 천황제의 유지를 기회로 삼아 침략전쟁 당사자로서의 원죄적 책임추궁을 자율적 준엄성에 의하지 않고 타율적 요식행위(극동국제군사재판)로 처리하여 오늘에 이르고 있다. 일본 국민은 일본인 특유의 현상의 기정사실화라는 일본적 현실주의에 안주하며 전후를 보내고 있었던 것이다.

전후 일본은 미국에 의해 천황의 정치적 권력이 박탈되고 추상적이고 가공적 의제(擬制)인 상징천황제를 받아들였다. 그리고 그 천황은 전쟁범죄자 소추를 면제받았다. 이것은 동시에 천황에 대한 전 국민적인 가치의존체계를 형성했던 일본인에게 전쟁책임에 대한 면제부를 주는 결과가 되었다. 그리하여 일본인의 전후인식은 가해자라는 원죄의식이 서서히 사라지고 시대적 상황에 순응했을 뿐이라는 자기 변명을 일반화시키며 전쟁의 비참함과 비극성만을 강조하는 피해의식만이 증가했다.

전쟁책임의 타율적 심판(뉴른베르크 국제군사재판) 이후에도 자율적 전쟁책임 추구를 위해 지속적인 노력을 계속하고 있는 독일에 비해, 일본은 고도의 정치적 판단으로 일관했던 불완전한 타율적 심판(극동국제군사재판)을 기회 삼아 자율적 전쟁책임 추구의 노력을 회피하면서 아시아 각국으로부터의 타율적 전쟁책임 추구의 요구마저 외면과 합리화와 무관심과 망각으로 일관하고 있다.

그리하여 전후 일본은 근대 일본이 그러했듯이 아시아 지역에서 아시아에 위치하면서도 아시아에 속하지 않는 근대와의 연속성을 한번 실패한 내셔널리즘의 회복을 통해 다시 이으려는 이중성을 노골화하고 있다. 이 일본적 이중성으로 인한 아시아와의 갈등으로 서구 지향성을 보이면서도 일본 속의 일본으로 서서히 이행해 가는 리저널리즘을 드러내고 있다.

참 | 고 | 문 | 헌

강홍규 역. 2003. 『오리엔탈리즘』. 교보문고. Edward W. Said 저. 1978. *Orientalism*. New York : Pntheon Books.

박이엽 역. 2002. 『죽어가는 천황의 나라에서』. 창작과 비평사. Norma Field 저. 1991. *In the Realm of a Dying Emperor*. New York : Pantheon Books.

서은혜 역. 1998. 『사죄와 망언 사이에서』. 창작과 비평사. 加藤典洋 저. 1997. 『敗戰後論』. 講談社.

실천문학편집위원회. 2001. "라이샤워의 '괴뢰천황제' 구상." 『실천문학』 61권 봄호. 실천문학사.

이석우. 2003. 『일본의 영토 분쟁과 샌츠란시스코 평화조약』. 인하대학교 출판부.

이환 역. 1999. 『사회계약론』. 서울대학교 출판부. Jean Jacques Rousseau 저. 1964 *Du Contrat Social*. Paris : Gallimard.

최혜주 역. 1996. 『일본 망언의 계보』. 한울. 高崎宗司 저. 1996. 『「妄言」の原形－日本人の朝鮮觀』. 水犀社.

Courtney, Whitney. 1955. *MacArthur : His Rendezvous with History*. New York : Alfred A. Knopf. p. 286.

Kipling, Rudyard. 1929. "The White Man's Burden : The United States & The Philippine Islands, 1899." in *Rudyard Kipling's Verse : Definitive Editon*. Garden City, New York : Doubleday.

竹前榮治. 1980. 『占領前後史』. 雙柿舍.

辻清明編. 1966.『資料前後二十年史』1巻(政治). 日本評論社.

主本利男. 1952.『占領秘錄』上卷. 每日新聞社.

木戶日記硏究會. 1966.『木戶幸一日記』下卷. 東京大學出版會.

ダグラス・マッカーサー. 1964.『マッカーサー回想記』上卷. 津島一夫譯. 朝日新聞社.

栗屋憲太郞. 1994.『東京裁判論』. 大月書店.

松村謙三. 1964.『三代回顧錄』. 東洋經濟新報社.

井上淸. 1975.『天皇の戰爭責任』. 現代評論社.

井上淸. 1989.『天皇・天皇制の歷史』. 明石書店.

千本秀樹. 1990.『天皇制の戰爭責任と戰後責任』. 靑木書店.

芦部信喜. 1993.『憲法』. 岩波書店.

外務省編. 1988.『日本外交年表竝主要文書』下卷. 原書房.

藤田尙德. 1961.『侍從長の回想』. 講談社.

丸山眞男. 1967.『日本の思想』. 岩波書店.

______. 1988. "軍國支配者の精神形態."『現代政治の思想と行動』. 未來社.

井崎正敏. 2003.『天皇と日本人の課題』. 洋泉社.

望田幸男 外. 1995. "戰爭責任・戰後責任問題の水域."『戰爭責任・戰後責任』. 朝日新聞社朝日選書.

德富蘇峰. 1906. "黃人の重荷."『蘇峰文選』. 草野茂松編. 民友社.

朝鮮總督府. 1934.『倂合の由來と朝鮮の現狀』. 朝鮮印刷株式會社.

北一輝. 1963. "國家改造案大綱(1919)."『北一輝著作集』第2卷. みすず書房.

椎名悅三郞. 1963.『童話と政治』. 東洋政治經濟硏究所.

副島嘉博 編. 1989.『ジュリスト』. 933號(5月 1−15日). 合倂號. 有斐閣.

西尾幹二. 1999.『國民の歷史』. 産經新聞社.

大原康男 編著. 1997.『詳錄・皇室をめぐる國會論議』展轉社.

『世界大百科事典』23. 學園出版公社 1994.

《중앙일보》.

《한국일보》.

《時事新報》.

《郵便報知新聞》.

《朝日新聞》.

『靖國』(靖國神社 社報)

2

일본의 영토분쟁 현안과 그 전망

일본 영토의 변동과 동아시아 국제질서의 진화

최장근(대구대학교)

I. 들어가면서

근세 일본은 정치적 · 경제적 우위권을 다투고 있던 유럽사회와는 달리 쇄국정책으로 국내적인 정치적 · 경제적 안정을 도모해 왔다. 그러나 막말 서양세력의 동진으로 국가성장의 필요성을 인식하게 되어 근대화를 위한 국제적인 경쟁체제를 수용하게 되었다. 일본은 개국과 더불어 유럽문명을 적극적으로 수용하여 근대 국민국가 형태의 통일국가를 설립했으며, 청일전쟁, 러일전쟁, 제1 · 2차 세계대전을 거치면서 국가발전을 거듭해 왔다. 이 과정에서 두드러지게 나타나는 것이 인적 및 물적 자원 확보와 자본주의 시장개척을 위한 영토확장이었다.

제2차 세계대전 이전의 일본은 영토확장을 통하여 인적 · 물적 자원을 확보하여 괄목할 만한 국가발전을 달성했다. 일본은 패전으로 인해 무조건 항복을 수용함으로써 전전(戰前)에 확장했던 상당부분의 영토를 포츠담 선언에 의거하여 일본 영토에서 분리되어 영토범위나 인적 · 물적 자원의 감소 등 외형적 국가쇠퇴를 초래했다. 그러나 전후 일본은 전전에 형성된 기술자원과 인적 노하우, 그리고 천황 중심의 국가주의 문화, 자본주의 경제체제의 도입 등을 통한 성장 잠재력으로 하여 고도경제성장을 달성했다. 한편으로 일본은 포츠담 선언을 전적으로 수용함으로써 박탈된 영토주권을 최대한 확보하기 위해 전후 꾸준히 대일평화조약에서 미처리된 영토에 대한 영유권을 주장하여 어업, 지하자원 등 경제발전의 동력을 계발해 왔다.

서세동진 이전의 로칼리즘 세계에 만족하고 있었던 근세 일본은 영토확장 야욕이 전혀 없었기 때문에 일본의 성장과 동아시아 국제질서를 변화시키는 요인으로서 작용하지 못했다. 그러나 근대 일본은 서양열강의 문호개방 압력과 더불어 국민국가가 성립되면서 내셔널리즘이 대두되어 일본의 영토를 최대한 확장하는 국경을 획정했다. 이를 필두로 메이지 정부는 부국강병을 국가목표로 설정하여 내셔널리즘을 강화하면서 주변국의 병합 또는 분리합병을 감행하여 영토를 확장했다.

일본의 영토확장정책은 동아시아 국제질서를 변화시키는 진원지가 되었으며, 동시에 일본 국가 성장의 직접적인 요인으로 작용했다. 제2차 세계대전에서 일본이 패전함으로써 동아시아 각국은 일본 영토에서 분리되어 독립을 맞이하게 되었으며, 동아시아 국제질서의 변화를 초래했다. 그후 일본은 미국의 지도 아래 일찍이 자본주의 체제를 도입하여 경제대국으로 성장했다. 동아시아 각국은 일본을 국가발전의 성장모델로 삼았는데, 특히 일부 국가들은 무난히 경제성장을 달성하여 21세기 지구상에서 가장 주목받는 경제적 발전지역이기도 했다.

이처럼 과거 일본의 성장은 곧 동아시아 국제질서의 진화를 의미했다. 향후에도 일본의 발전과 동아시아 질서의 진화는 절대로 무관하지 않을 것으로 예상된다.

본 연구의 목적은 과거 일본의 영토확장정책이 국가성장에 지대한 영향을 미쳤다는 것을 전제로 하여 이러한 일본의 영토정책을 시기별로 그 특징을 고찰하는 데 있다. 이는 전후에 발생한 일본 영토분쟁의 본질을 이해하는 데 도움이 될 것이고, 또한 21세기 일본과 분쟁 중에 있는 동아시아의 영유권 분쟁을 전망할 수 있을 것이다.

현재 일본은 한 · 중 · 러 주변 3국과 영토분쟁을 일으키고 있다. 일본과 이들 3국 사이의 영토분쟁에는 한 가지 공통점을 갖고 있다. 이들 지역은 모두 근대 일본의 영토확장정책에 의해 편입된 지역이라는 점이다.

근대 일본은 국권을 수호하고 동시에 유럽과 같은 강대국이 되기 위해 부국강병을 목표로 삼아서 식산흥업과 영토확장을 국가발전의 기본적인 정책방침으로 설정했다. 따라서 근대 일본은 타민족의 억압과 말살로 꾸준히 영토를 확장했다. 그러나 1945년 일본의 패전으로 일본 영토는 기본적으로 포츠담 선언의 제8항에 의거하여 "카이로 선언을 이행하고, 일본의 주권은 혼슈(本州), 홋카이도(北海道), 큐수(九州), 시코쿠(四國) 및 우리(연합국)가 결정하는 제소도(諸小島)에 국한한다"고 하여[1] 최종적으로 1951년 샌프란시스코 강화조약에 의해 구체화되었다. 그러나 대일평화조약은 제3국과 공산진영의 연합국을 조약 당사국에서 제외시키고 자유진영을 중심으로 추진된 것으로, 이들 국가의 권익을 무시한 일방적인 처리라는 문제점을 안고 있다.

이처럼 국가성장의 한 방편으로 추진되어 온 일본의 영토확장정책

1) 高野雄一/横田喜三郎 編, 『國際條約集』, 有斐閣, 1992, p. 576.

은 시기적으로 그 과정을 3기로 나누어 그 특징을 설명할 수 있다. 제1기는 국방차원에서 국경확정을 위한 영토 편입조치이고, 제2기는 국가의 발전적 차원에서 영토를 확장한 시기이다. 청일전쟁이 바로 여기에 포함된다. 제3기는 국가의 발전적 차원에서 적극적으로 영토를 팽창한 시기를 말한다. 러일전쟁이 여기에 속한다.

이러한 과정을 통한 일본의 영토확장정책은 다음 5가지 특징으로 설명할 수 있다. (1) 근대 국민국가가 성립되기 이전의 전근대 시대는 근대와 다른 영토인식을 가지고 있었다. (2) 근대 일본은 국민국가가 성립되고 내셔널리즘이 대두되면서 국경의식과 더불어 영토확장 의식이 생겨나서 가상의 국경을 설정하여 일본의 영토적 범위가 설정되었다. (3) 1차적으로 국경확정이라는 형태로 내셔널리즘이 대두되어 영토확장을 통한 국가발전을 도모했다. (4) 내셔널리즘의 강화로 일본은 꾸준히 영토를 팽창했으나 국제사회로부터 신뢰를 회복하지 못하고 패전으로 한없이 팽창한 영토의 대부분을 몰수당하는 수모를 겪었다. (5) 일본 영토는 패전과 동시에 포츠담 선언에 의해 선(先)조치되었으나 최종적으로 대일평화조약에 의해서 재확인되었다. 그런데 이 대일평화조약은 냉전이라는 국제질서 속에서 연합국 중에서도 자유진영이 중심이 되어 추진한 것으로 공산진영과 제3국의 입장을 전적으로 무시하는 결과를 초래했다. 한편으로는 자유진영의 연합국은 일본의 공산화를 막기 위해 일본을 적극적으로 지원했다. 일본은 이러한 국제질서를 이용하여 내셔널리즘의 강화와 더불어 제3국과 공산진영에 대해 영토처리 원칙을 무시하고 일방적으로 영유권을 주장했다. 이로 인하여 일본이 최대한 영토주권을 확보하겠다는 영토확장 의식을 갖게 됨으로써 영토분쟁이 야기된 것이다.

연구방법은 우선적으로 영토확장 야욕이 없었던 전근대 일본의 로

칼리즘적인 영토인식은 어떠했는가를 살펴본다. 둘째로는, 근대 국민국가의 성립과 더불어 대두된 내셔널리즘에 의한 국경 형성과정을 살펴본다. 셋째로는, 근대 일본이 부국강병을 국가목표로 설정함으로써 강화된 내셔널리즘에 의한 영토확장 과정을 고찰한다. 넷째로는, 일본이 패전으로 연합국의 요구를 무조건적으로 수용하게 되었고, 그 결과 포츠담 선언 등 대전 중에 체결한 모든 국제법적 약속에 의거하여 대일평화조약을 조인하여 전전에 확장한 영토가 일본 영토에서 분리되는 과정을 고찰한다. 다섯째로는, 대일평화조약에 의해 일본 영토가 분리 · 축소되었음에도 불구하고 일본은 전후 내셔널리즘의 강화로 영유권을 주장하는 영토정책에 관해 고찰한다. 마지막 결론에서는 이러한 역사적 전개 과정에서 분출된 영토분쟁을 총체적으로 고찰하여 향후 일본의 영토분쟁을 전망해 본다.

여기서 근대 이후 영토정책에 의해서 확장된 일본 영토는 '신영토'의 개념을 내포하고 있다고 봐야 하고, 그 이전의 근세 시대에 있어서 일본 영토의 범위를 '고유영토'의 개념으로 봐야 할 것이다.

선행연구는 대부분 대륙침략정책에 초점을 맞추어 연구되어진 것으로 일본의 영토확장에 초점을 둔 연구는 전무하다. 본 연구는 대륙침략의 일환으로 추진한 영토정책을 고찰하려고 한다.

II. 전근대 일본 영토와 로칼리즘

그렇다면 우선 근대 일본이 영토확장을 본격적으로 추진하기 이전인 근세 일본의 영토인식은 어떠했는지를 살펴보기로 한다. 근대 국민국가가 성립되기 이전의 일본은 근세 시대로서 봉건적인 막번(幕藩)체제로 되어 있었다. 즉 일본 전국이 막부와 번으로 되어 있었고, 막부가 번을 장악하고 있었다. 번은 정치적으로 막부로부터 반독립적인 수평적 관계에 위치하고 있었다. 막부는 번을 조종할 수 있는 막번관계를 지속시키기 위해 막부의 허락 없이 대외관계 및 무역을 통한 실력양성을 하지 못하도록 견제했다. 이를 위해 취해졌던 조치가 쇄국령이다. 따라서 막부 허락 없이 영토를 확장하여 세력을 확장할 수도 없었다. 물론 막부도 막번관계를 초월한 대외 영토확장의 야욕이 없었다.

막번체제 하의 일본 서남변방에는 사츠마 번과 유구, 서방변방에는 쓰시마 번과의 조선, 북방변방에는 마츠마에 번과 아이누가 위치하고 있고, 남방변방에는 오가사와라 군도가 위치하고 있었다. 오가사와라 군도를 제외한 나머지 지역의 번들은 쇄국이 진행되는 상황에서도 각각 특별한 관계를 맺고 꾸준히 교류하고 있었다.

이들 변방의 번들은 주변국 및 민족들과 어떠한 관계를 설정하고 있었는지 살펴본다. 먼저 일본열도의 서남변방의 사츠마 번과 유구와의 관계를 통해서 근세 일본의 영토인식에 관해서 고찰해 보기로 한다.

1. 사츠마 번과 유구국

유구는 14-16세기에 걸쳐 일본 국가의 범위 밖에 존재했던 독립된 왕국이었다. 유구는 14세기 이래 중국 명조의 책봉체제 아래에 속한 조공국가였다. 그런데 1609년 사츠마 번(薩摩)의 시마즈(島津) 씨가 유구를 침략하여 시마즈 씨에게도 종속되는 국가가 되었다. 막부와 시마즈 씨는 각각의 나름대로 유구의 국왕체제를 존치하면서 막번체제 외각의 국가로 간주하였다. 즉 막번체제 하에서 유구를 이국이역으로 간주했던 것이다. '막번체제' 하에서 이국이역의 지위를 인정받은 유구는 17세기 후반이 되어서 새로운 시대에 대응하기 위해서라도 스스로의 주체성을 어떻게 보지해 갈 것인가가 국가적 과제였다. 유구는 독립국으로서 일본, 중국이라는 대국 사이에서 생존하기 위해 중국과도 교제하고, 또한 사츠마 번과 막부와도 교제해야 했다. 그 일환으로 근세 초기 유구는 '일유동조론(日琉同祖論)'을 주장하여 이름과 의장(儀裝)까지 일본(야마토)과 동일한 문화를 갖기를 희망했다. 그러나 사츠마 번은 유구에 대해 그것을 금지하는 조치를 내렸다. 결국 막부와 사츠마 번은 1627년 청조가 성립되었을 때 유구를 이국으로 간주하여 방기했다.

유구는 독립국가로서 생존하기 위해 근세 사회를 향해 질적 변화를 도모하여 개혁을 추진했다. 17세기 말 이후 막부에서도 유구와의 관계를 분명히 하여 쇼군의 대군외교 아래 막번체제 하의 이국으로 간주했다. 18세기 초두에는 사츠마 번 시마즈 씨의 공격으로 금지되었던 왕호(王號) 사용도 가능하게 되었다. 그 이유는 막부가 쇼군(將軍)의 권위를 높이기 위해 에도(江戶)에 상경하는 이국사신으로서 안사(按司)가 아닌 왕자가 어울린다고 판단했기 때문이다. 이러한 일본과의 관계 속에서 17세기 후반 유구는 중국의 강희제(康熙帝) 연간 중국 청조와도 진공관계를 맺으면서 안정된 관계를 유지하고 있었다. 그 속에서 막부는 유구가 이국 국적으로서 중국 국적이기를 기대했고, 유구도 거기에 부응하고 있었던 것이다.

또 1622년 네덜란드 함대는 숙적인 포르투갈의 거점인 마카오를 공격하여 실패하고 나서 대만의 팽호도(澎湖島)를 요새로 삼았다. 이에 대해 복건성(福建省) 당국은 팽호도를 중국령이라고 하여 이를 인정하지 않았다. 그러자 1624년 대만 서안의 안평에 성을 쌓고 대만을 거점으로 하여 대일무역을 행했다. 이때 막부는 네덜란드로 하여금 대만－유구－나가사키(長崎) 루트의 중계무역을 인정하면서도 직접적인 유구 기항은 허용하지 않았다. 히라도(平戶)의 영국 상관(商館)도 1616년 히라도와 나가사키 개항이라는 막부정책에 의해 유구 입항은 불가능했다. 즉 막부는 해금정책을 실시하여 유구와 유럽과의 중계무역을 허락하지 않았다. 또한 이런 관계 속에서 유구는 복주(福州)를 왕복할 때 중국과 네덜란드 상선의 약탈행위로부터 구제받기 위해 사츠마 번의 도움으로 1660년부터 네덜란드 상관이 교부한 깃발을 달고 항해하기도 했다.[2)] 이를 보면 막부와 유구는 막번체제 속의 이국이지만 경제적으로 종속관계에 있었음을 알 수 있다.

1708년 나가사키에 거주하던 일본인들의 유구 인식은 어떠했을까? 일례를 보면, "유구의 과반은 복주에 따르며 당나라를 왕래하고 있었고, 또한 반은 사츠마를 왕래했다. 표류민은 나가사키에서 사츠마 번를 거쳐서 유구에 보내졌다. 유구의 언어는 중국과 통하지 않았으나 일본과는 통하는 부분이 많았다. 유구는 일 · 중 양국과 교류하고 있었다. 유구는 당과 일본에 양쪽에 속하는 나라이고, 양국과 교역하여 금은(金銀)을 잘 유통시켜서 큰 이익을 얻어 부국한 나라가 되었다"고 지적하고 있다.[3)] 이렇게 볼 때 일본이 유구를 일본 영토에 편입시키겠다는 의식은 존재하지 않았다고 볼 수 있다. 그러므로 유구와 사츠마 번 또는 막부와의 관

2) 田名眞之, "自立への模索," 豊見山和行 編, 『琉球, 沖京繩史の世界』, 吉川弘文館, 2003, pp. 167－195.

3) 眞榮平房昭, "琉球貿易の構造と流通ネットワーク," 豊見山和行 編, 『琉球, 沖繩史の世界』, 吉川弘文館, 2003, pp. 116－166.

계는 정치적 내속관계라기보다는 경제적인 종속관계라고 보는 것이 타당할 것이다.

다음으로는 일본열도 북변에 위치한 마츠마에 번과 아이누 민족과의 관계를 검토하면서 근세 일본의 영토인식에 관해서 살펴보기로 한다.

2. 마츠마에 번과 아이누 민족

1456년 지방호족 세력이 홋카이도(北海道) 남단 아이누모시리[4]를 침입하여 일본 봉건사회를 구축하려고 했을 때 아이누 민족(족장 코샤마인)은 이를 민족적 위기로 간주하고 일본인 침입자에 격렬히 대항했다. 결국 이렇게 해서 홋카이도 남단에 지방호족의 카키자키(蠣崎) 정권이 탄생하게 되었고, 1585년 히데요시(豊臣秀吉)의 전국 통일기에 일본 국가의 권력 속에 편입되었다. 1604년 도쿠가와(德川) 막부가 카키자키 정권에 흑인장(黑印章)을 부여하여 마츠마에 번이 탄생했는데, 막부는 마츠마에 번을 1만 석의 다이묘(大名)로 인정하여 막번체제 하에 편입시켰다. 아이누모시리 지역과 일본인 지역인 마츠마에 번과 구분이 생기면서 아이누와 일본과의 경계가 형성되기 시작했다. 1633년 막부는 쇄국을 강화했을 때도 마츠마에 번에 대해 아이누모시리 지역과의 교역은 인정했다. 그러나 다른 번의 통교는 제한했다. 마츠마에 번은 점차 아이누와 잡거상태를 거치면서 아이누모시리 지역으로 세력을 확장하여 그 영역의 확장을 도모하는 경향이 있었다. 그러나 마츠마에 번의 영역은 막말

4) 아이누어로서 아이누의 신령스러운 땅이라는 의미이다.

까지 홋카이도 남단의 극히 한정된 지역에 국한해서만 인정되었다.[5] 그 과정에서 아이누 민족은 민족적 위기를 극복하기 위해 마츠마에 번의 침입에 여러 차례 항거했다.

막부는 쇄국정책의 일환으로 마츠마에 번의 영토확장을 허용하지 않았다. 따라서 아이누 민족은 화이질서체제 속의 '막부－번－아이누 민족'이라는 막번체제 밖에 존재하는 반수직적 수평관계로서 정치적으로는 독립된 이국이역으로 간주되었다. 다만 막부는 마츠마에 번에 대해 아이누모시리 지역에 있어서 독점적인 교역권만 인정했다. 마츠마에 번은 성립 초기에는 직접 바쇼(場所 : 교역거점)를 경영했다. 그러나 번의 재정이 악화되어 다른 번 출신의 상인들에게도 바쇼를 임대했다. 일본인의 바쇼 경영은 가혹할 정도로 아이누 민족을 학대했다. 아이누 민족은 여러 차례 이에 저항했지만 결국은 일본인의 체제 속에 서서히 편입되어 갔다. 이렇게 해서 마츠마에 번과 아이누와의 관계는 교역에 있어서 종속관계가 되고 말았다. 막부는 마츠마에 번에 대해 아이누모시리를 이국이역으로 취급하게 했다. 따라서 아이누모시리를 기반으로 창출된 마츠마에 번은 아이누의 주권을 전적으로 말살하고 영토편입을 단행하여 정치적으로 예속시키는 대상으로는 생각하지 않았다.

그러나 막부는 정권 말기 러시아의 남하로 인해 아이누모시리 지역이 러시아에 선점당하는 것을 우려하여 북방 경계의식을 갖게 되었다. 이로 인해 아이누모시리에 대해 종전의 화이질서 속의 이국이역이라는

5) 홋카이도의 서해안은 최초 카미노쿠니(神の國)에서 칸나이(關內)로 확대되었고, 동해안은 최초 시리우치(知內)에서 이시자키(石崎)로 확장되었다(최장근, "마츠마에번의 정치경제적 경계확장,"『일본의 영토분쟁』, pp. 247－254).

인식에서 내지인식으로 전환되는 계기가 되었다. 1778 – 1779년 러시아 사절이 아이누모시리(키이탓프, 앗케시)에 들어와서 아이누인과의 교역을 요구했다. 막부는 이에 대항하여 1786년 직접 관리를 파견하여 쿠릴열도와 사할린 남부의 아이누모시리 지역을 조사했다. 이미 쿠릴열도는 러시아인의 관할 하에 들어가 있었기에 아이누인들은 일본인을 경계의 대상으로 보고 있었다. 그래서 막부는 아이누 민족을 대대적으로 탄압했고, 동시에 러시아와의 관계 단절을 요구하며 내국화 정책을 추진했다. 그 일환으로 막부는 러시아의 후발로 1789년 막부관리를 쿠릴열도(에토로프)에 파견하여 러시아령의 국경표시를 제거하고 일본령의 국경표식을 세워 일본 영토임을 선언했다. 1799년에는 아이누인과 러시아와의 교역도 금했다. 이러한 경과로 일본과 러시아 사이에서 아이누모시리 지역을 둘러싼 영유권 분쟁이 본격화되었다. 일본은 아이누 민족에 대해 동화정책을 실시하여 일본화를 감행했다.[6)]

요컨대 근세 일본은 쇄국정책으로 아이누모시리 지역을 이국이역으로 간주하여 마츠마에 번과 아이누와의 관계는 경제적 교역이라는 로칼적인 교류만을 인정했고, 결코 영토확장을 인정하지 않았으며, 영토확장의 야욕도 존재하지 않았다. 그런데 일본은 막말 러시아 제국주의의 남하에 의해 아이누모시리 지역이 선점당하는 것을 우려함으로써 그 영향에 의해 일본적 내셔널리즘이 대두되었고, 국경확정이라는 형태로 영토야욕이 생겨나서 러일 양 제국주의 국가는 아이누모시리 지역의 분할을 위해 대립되었던 것이다.

6) 최장근, “막부의 국경의식 대두와 영토화정책,” 『일본의 영토분쟁』, pp. 254 – 258.

다음으로는 일본열도의 서방변에 위치하는 쓰시마(對馬) 번과 조선국과의 관계를 고찰하여 근세 일본의 영토인식을 고찰해 보기로 한다.

3. 쓰시마 번과 조선국

근세 시대의 쓰시마(對馬) 번은 조선과 일본 간의 외교관계를 담당하고 있었다. 쓰시마 번은 임진왜란 이후 1598년 히데요시가 죽은 후 조일 간의 국교를 회복하는 데 노력하여 1607년 조일양국의 국교가 정상화되었다. 양국은 1609년 을유약조(乙酉約條)를 체결하여 도주(島主)가 세견선(歲遣船)을 파견하는 통교무역체제를 확립했다. 도주는 임진왜란 이전과 전시 중과 후에도 사기적인 외교술로 막부를 중개했고, 전후에는 이에야스(德川家康)의 국서를 조작하여 양국 간의 의견 차이를 좁혀서 국교회복을 의도했다. 이러한 쓰시마의 행위는 조일양국으로부터 신뢰를 받기 위한 것이었다.

막부는 야나가와 일건(柳川一件 : 국서조작 사건)을 계기로 쓰시마 부중(對馬府中)에 교토(京都)의 오산승(五山僧)을 수년간 교대로 주재하도록 하여 조선과의 왕복문서를 관장하는 이정암윤번제(以酊庵輪番制)를 실시했다.

쓰시마 번은 열악한 지역적 환경 때문에 막번체제 하의 1만 석의 영지였지만 경제적으로는 조선에 의지하지 않을 수 없었다. 그 때문에 조선과 막부의 중재자로서 역할을 담당했다. 쓰시마 번은 막부로부터 의뢰받아서 쇼군 교체와 막부의 대사(大事) 때 조선통신사의 요청과 접반(接伴)을 가직(家職)으로 삼고 있었다. 막부는 쇼군의 권위를 대내외에 과시하기 위해 쇼군이 바뀔 때마다 조선통신사를 초빙했다. 조선통신사는 1607－1811년까지 12번에 걸쳐 왕래했고, 그 중 11번은 쓰시마 도주의 안내를 받으면서 에도까지 왕복했다.

역으로 일본인은 조선에 있어서 부산에 왜관을 설치하여 왜관[국교직후는 구부산진성 자리, 1678년에는 초량항(草梁項)]에 한해서 사신의 의식과 교역을 행했고, 왜관에는 4천5백 명의 일본인(주로 쓰시마인)이 상주하여 교역을 행했다. 그러나 교역 이외의 목적으로는 거주가 허락되지는 않았다.

쓰시마 번과 조선과의 관계는 교역이 궁극적인 목표였다. 공무역과 사무역이 있었는데, 공무역은 도주의 세견선에 의해 일정한 수량과 품목이 정해져 있었다. 그러나 사무역은 일본에서 은을 수출하고 조선으로부터 비단과 쌀을 수입했는데, 그 양은 1660년에 1만 6천 석에 달했다. 중개무역으로 조선 상인을 통해 은이 중국에 전해졌고, 중국으로부터 생사와 비단을 수입했다. 쓰시마 번은 조선과의 무역 및 좌수은산(佐須銀山, 1650 재개)을 개발함으로써 경제적으로 번영했다. 1681년에는 7,976명의 일본 본토인이 쓰시마 번으로 유입되었다. 대외적으로는 왜관을 초량으로 이관시켰고, 대내적으로는 1664년 간고제(間高制)라는 특이한 토지제도를 채택하여 검지를 실행했다. 또 1662년 종래의 지방지행(地方知行)에서 장미지행(藏米知行)으로 바꾸어 번정(藩政)의 기초를 쌓았다.

그 전성기는 대체로 종의진(宗義眞)의 집정기(1657－1700, 번주 재직은 1657－1692)와 겹친다. 그 이후 지나친 토목공사와 은광채굴이 중지됨으로써 은화 조달이 곤란하게 되어 조선과의 무역이 쇄락하게 되었고, 또한 수입품인 생사와 비단이 나가사키 무역에 밀려서 재정이 파탄되었다. 번 재정의 체질개선을 위해 식산정책을 실시했으나 험한 자연조건 때문에 한계가 있었다. 그래서 쓰시마 번은 통신사 사절 요청 및 조선 외교를 담당하고 있었던 관계로 막부에 청원하여 하사금과 차입금으로 경

제적 어려움을 해결해 나갔다.[7]

이처럼 쓰시마는 조선과 교역관계에 머물고 있었으며, 조선의 영토에 대한 확장의식은 전혀 없었다. 다만 임진왜란 이후 조선의 공도정책으로 울릉도가 비워져 있는 사실을 알고 울릉도에 대한 조선 조정의 영유인식을 확인하기 위해 영유권을 주장한 적이 있었다. 또한 막부의 도해면허(1920년대)를 받아 울릉도를 왕래하던 오오야(大谷), 무라카와(村川) 씨와 울산과 동래어부의 대표인 안용복 사이에서 1693년 봄에 발생한 울릉도 영유권 분쟁사건을 계기로 막부가 울릉도를 조선 영토로 인정했다. 쓰시마 도주 종의윤(宗義倫)은 쓰시마를 통해 귀국하는 안용복 일행을 감금하여 막부의 서계를 빼앗고 조선 조정에 다케시마(竹島 : 당시의 울릉도)의 영유권을 주장했다. 그때 조선 조정에서는 이 문제의 대응을 둘러싸고 논란 끝에 울릉도가 조선의 고유영토임을 명확히 전달했고, 쓰시마 번은 최종적으로 이를 수용하여 울릉도를 조선 영토로 인정했다.[8] 그런데 이 사건은 쓰시마 번의 적극적인 영토확장 야욕에 의한 것이 아니라, 공도정책으로 비워진 울릉도의 영유권 인식을 확인하는 절차에 불과했던 것이다.

이처럼 근세 일본, 즉 막부와 쓰시마 번은 교역관계 및 막부의 정치적 권위를 내세우기 위해 조선통신사를 초빙했던 것으로서 조선 영토에 대한 야욕은 전혀 없었음을 알 수 있다.

다음으로는 일본열도의 남변에 위치한 오가사와라(小笠原) 군도와

7) "近世の對馬," 長節子, 『中世國境海域の倭と朝鮮』, 吉川弘文館, 2002, pp. 14-19.
8) "17세기 말 울릉도, 독도 영유권 논쟁과 독도의 조선영토 재확인," 신용하, 『독도의 민족영토사연구』, 지식산업사, 1996, pp. 30-34.

근세 일본과의 관계를 검토하여 근세 일본의 영토인식을 고찰해 본다.

4. 오가사와라 군도와 도쿄도(東京都)

오가사와라 군도는 화산(火山)열도, 오키노도리시마(沖の鳥島) 및 미나미도리시마(南鳥島)로 구성되어 있는데, 오가사와라 테이라이(小笠原貞頼)가 히데요시를 모시고 있을 때 1593년 남해(南海)를 항해하다가 군도를 발견했는데 이를 오가사와라라고 명명했다는 설도 있다. 하지만 센코쿠(戰國) 시대에도 국내문제로 국외 영토확장 야욕은 없었다. 오가사와라 군도가 서양열강에 의해 처음으로 발견된 것은 16세기 구미제국이 동양진출을 시도하던 시기인 1543년 포르투갈 선박이 타네가시마(種子島)에 표착했을 때 오가사와라 군도를 탐험한 것이다. 그해 스페인 제4회 동양원정함대 소속 산장호가 북위 25도 부근에서 이오지마(硫黃島), 북이오지마, 남이오지마를 발견했다. 일본인이 공식적으로 오가사와라 군도를 발견한 것은 1669년 나가 사에이몬(紀州藤代)의 쵸사 에이몽(長左衛門), 미즈누시 안베이(水主安兵衛 : 阿波國 海部郡 淺川浦) 등이 기슈(紀州)에서 에도로 밀감을 운송하던 도중에 폭풍으로 조난당하여 다음해 2월 오가사와라 군도에 표착하게 된 것이었다. 이들은 막부에 오가사와라 군도에 관한 보고서를 상신했다. 그래서 막부는 1675년 시마야 이치사에이(島谷市左衛) 등의 일행 32명을 오가사와라 군도에 파견하여 섬을 순시하도록 했다. 그 이후 이 섬은 표착민을 제외하고는 무인도로서 오랫동안 방기되었다.[9)]

그리고 나서 오가사와라 군도는 1823년 미국의 포경선에 의해서 모도(母島)가 발견되어 선장의 이름을 빌려서 '코힌도'라고 명명했다. 또

1825년 영국의 포경선 '사브라이 호'가 부도(父島)를 발견했고, 1827년 영국 함대 포경선 '브롯삼 호'가 이 섬에 도착하여 각 섬의 이름을 붙였다. 그후 1828년 러시아 군함 '르트켓'이 이 섬을 방문했다. 이 섬은 발견될 때마다 제각기 다른 이름이 붙여졌으며, 또한 영유권도 선언되었다.[10)]

특히 포트로이드는 원정함대의 기항지로서 항상 각국의 함대가 출입했다. 그후 1830년 백인 5명이 하와이 거주의 캐나다인 남녀 20명을 데리고 이주하여 처음으로 오가사와라 군도에 사람이 거주하게 되었다. 그후 거주자 총수는 그다지 변하지 않았는데, 1840년에는 12-3호에 30여 명이 거주하고 있었다. 1853년 미국의 수군제독 패리가 이 섬에 왔을 때에도 거주자는 그다지 변동이 없었다. 1840년 일본인 산노스케(三之丞) 등이 이 섬에 표류하여 오가사와라 군도에 서양인이 거주하고 있다는 사실을 본국에 알렸다. 막부는 1862년 1월 외국부교(奉行) 미즈노 치쿠고모리(水野筑後守) 등의 일행을 막부순검사로서 파견했다. 당시 조사에 의하면 부도에는 19호의 36명, 모도에 영국, 네덜란드, 캐나다인으로 구성된 4호가 살고 있었다. 관리일행은 2개월을 거주한 후 구미인의 거주인에 대해 일본 영토임을 선언했고, 막부관리 6명을 이 섬에 주재하도록 하고 귀국했다. 막부는 그해 8월 하치죠지마(八丈島)에 도민 38명을 이주시켰다. 1863년 5월 재류관민을 송환하여 개척을 포기했다. 그 즈음 미국인 히루스가 이 섬에 상륙하여 섬을 개간했다.[11)]

---

9) "小笠原島," 崔長根, 『明治政府の領土擴張政策－獨島の島根縣編入を中心に－』, 中央大學法學研究科 修士論文, 1994, pp. 69－76.

10) 大熊良一, 『歷史の語る小笠原島』, 小笠原協會, 1966, p. 11.

11) 段木一行, 『離島・小笠原と伊豆七島』, 武藏野鄕土史, 昭和 53, p. 260.

이처럼 오가사와라 군도는 유럽인에 의해 먼저 발견되었다. 후발로 막부가 섬의 존재를 확인한 바 있었지만 일본 영토로서의 영유권 인식은 없었다. 섬의 개척은 서양인에 의해 개척되어 영토주권을 선언하고 있었는데, 막부 말기 서양세력이 동진하여 국가적 위기사항을 의식하게 되었을 때 내셔널리즘이 대두되어 국경선 획정이라는 명분 아래 주변지역을 일본 영토에 편입하려는 의식이 생겨났다. 요컨대 근세 일본은 로칼리즘 시대로서 영토편입 의식이 없었다. 그러나 근대에 들어와서 국민국가 건설차원에서 국경확정의 필요성이 대두됨에 따라 영토확장 의식이 생겨났던 것이다.

다음 장에서는 근세 일본의 영토인식을 바탕으로 해서 막말 일본의 내셔널리즘의 대두와 더불어 행해진 국경확정 과정에서 발생한 근대 일본의 영토인식에 관해서 고찰해 보기로 한다.

III. 근대 일본의 내셔널리즘 대두와 국경확정

일본은 막말 국내외적인 위기상황에서 미국을 비롯한 유럽열강이 문호개방을 요구하자 이를 전적으로 수용하여 전면적인 문호개방을 단행했다. 그런데 이러한 상황에서 설립된 신정부는 유럽식 정치 · 경제제도를 도입하여 근대화를 추진했다. 한편 일본은 부국강병을 국가발전 목표로 삼고 근대적인 정치제도를 개편함과 더불어 식산흥업 및 영토확장 정책으로 국가발전을 도모했다. 영토확장정책은 일본의 근대화를 진행하는 과정에서 특기할 부분인데, 이는 이미 서양열강에서 100년 내지

200년 전에 시행되었던 방식이다. 이미 유럽에서는 제국주의 방식의 영토확장정책은 국제공법상 위법으로 간주되어 단지 시장획득을 위한 식민지정책에 몰두하고 있었다.

원래 근세 막번체제에서 막부는 쇄국정책을 단행하여 화이질서체제의 개념을 채택하여 영토확장의 야욕은 없었다. 단지 막부와 번은 경제적인 관계(교역관계)로서 유구, 아이누 민족, 조선국과의 관계를 유지하고 있었다.

그런데 근대에 들어와서 최초로 시행된 영토확장정책은 막말에 대두된 내셔널리즘에 의해 근대 국민국가 건설에 필요불가결했던 국경확정을 통해 영토를 확장했다. 그 범위는 구미열강에 선점당하기 전에 먼저 편입할 수 있는 모든 지역을 대상으로 삼았다. 여기에 속하는 지역은 북변한계인 쿠릴열도와 사할린도, 남변한계인 오가사와라 군도, 서변한계인 울릉도, 서남변한계인 유구국 등이다. 이를 구체적으로 살펴보면 다음과 같다.

1. 북변한계(쿠릴열도, 사할린도)

오늘날 양국이 영유권을 주장하는 근세 시대 러일 국경지대는 아이누 민족의 삶의 터전인 아이누모시리 지역이었다. 일찍이 제국주의 국가로 성장한 러시아는 식민지 개척을 위해 캄차츠카 반도를 거쳐 쿠릴열도로 남하하여 홋카이도까지 도달했다. 물론 이는 러시아의 중앙정부가 아니고 지방관으로서 무주지 선점론으로 쿠릴열도를 점령했다. 이는 중앙정부에 의한 계속적인 영유권 행사가 아니고 지방관에 의한 비연속적인 영토경영으로서, 이는 국제법상의 영토취득 요건에는 충족되지 못하는 영토조치였다. 이러한 틈을 타서 일본이 북상하여 러시아에 대항하여 영유권을 주장하기 시작했다.

한편 일본의 마츠마에(松前) 번은 근세 막번체제 하에 아이누모시리의 극히 한정된 지역에서 성립되어 아이누를 상대로 경제적 교역관계를 맺고 있었다. 막번체제라는 화이질서 하에서 막부는 번에 대해 영토확장을 허용하지 않았기 때문에 마츠마에 번은 영토확장 의욕을 갖고 있지 않았다. 막부를 비롯한 번이 영토확장 의욕을 갖기 시작한 것은 러시아의 남하로 국가적 위기의식이 대두되면서부터이다. 이처럼 후발로 영토의식을 갖게 된 러일 양국이 첨예하게 대립되었던 지역은 쿠릴열도 남부인 쿠나시리(國後), 에토로프(擇捉) 섬이었다.

또한 러시아는 사할린 섬에 있어서도 선점론을 내세워 일본의 사할린 남부 개척을 인정하지 않으려고 했다. 그래서 때때로 양국이 선점하려고 했던 경계지대에서 출장원 간의 충돌사건이 빈번히 발생하기도 했다.

일본보다 먼저 근대국가로 성립한 러시아는 양국 간의 국경확정을 희망하고 있었고, 게다가 일본과의 교역에서 미국, 영국, 프랑스 등의 유럽열강보다 교역의 우위권을 확보하려는 의도를 갖고 있었다.

이러한 와중인 1853년 러시아는 영국과 프랑스의 지원을 받는 터키와 크림전쟁을 일으켰다. 러시아는 일본과의 국경확정 및 교역교섭을 일시 중단하고 귀국했다. 그 틈을 이용하여 미국과 영국이 러시아보다 먼저 대일화친조약을 체결하여 최혜국의 대우를 보장받는 불평등 교역권을 확보했다. 러시아는 크림전쟁 중임에도 불구하고 미국, 영국과 동일한 교역권을 확보하기 위해 종래의 주장에서 양보하여 1854년 러일화친조약을 체결하여 영국, 미국과 동등한 교역권을 확보했다. 그 대신에 에토로프와 쿠나시리도를 일본 영토로서 인정했다. 사할린의 영유권

문제는 현상유지를 조건으로 유보했다.[12)]

화친조약 이후 일본은 사할린 남부 할양을 위하여 본격적인 개척사업을 추진했다. 러시아는 일본의 사할린 개척을 인정하려 하지 않았고, 게다가 홋카이도에도 관심을 두고 있었다. 일본은 영국, 미국, 프랑스의 자문으로 우선적으로 근대 국민국가 건설을 위해 1869년 홋카이도를 일본 영토에 편입함으로써 쿠릴열도의 우룻프와 에토로프 사이를 경계로 그 이남은 일본 영토가 되었다. 그리고 러시아는 영국, 미국, 일본 사이에서 프랑스의 간섭을 피하여 1875년 사할린 영유권을 확보하기 위해 사할린/쿠릴열도 교환조약을 체결하여 쿠릴열도 전부를 양보했다. 이렇게 해서 최초로 평화적인 러일 국경이 형성되었던 것이다.[13)]

2. 남변한계(오가사와라 군도)

메이지 정부 이전에 오가사와라 군도에는 영국이 일찍이 이 섬의 영유권을 선언한 적이 있었고 하와이로부터 이주해 온 구미계 주민이 살고 있었다. 그 뒤 1850년대에 패리 제독이 내항하여 이 섬을 조차(임대)했다. 1860년 막부가 이 섬을 조사한 적이 있었으나 영토주권을 선언하지는 않았다. 메이지 근대국가가 성립된 이후 메이지 정부는 국경획정을 위해 관리를 파견, 조사하고 이민을 추진했다.

12) "러일국경교섭(1)," 최장근, 『일본의 영토분쟁 – 러일화친조약』, 백산자료원, 2005, pp. 282–288.
13) "러일국경교섭(2)," 최장근, 『일본의 영토분쟁 – 사할린/쿠릴열도교환조약』, 백산자료원, 2005, pp. 288 – 299.

오가사와라 군도의 각 섬에 대한 일본의 영유시기는 제각기 다르다. 메이지 정부는 1876년 3월 우선적으로 고유영토론을 내세워 이 섬의 일부를 내무성 소관으로 정하여 영유권을 선언했다. 이에 대해 영국과 미국이 오가사와라 군도 영유권을 주장했는데, 점차로 미국과 영국은 향후 일본과의 유리한 관계를 선점하기 위해 일본의 영유권을 묵인했다. 그후 나머지 섬들도 점차 일본 영토에 편입조치하여 화산열도는 1891년, 오키노도리시마는 1931년, 미나미도리시마는 1898년에 도쿄도(東京都)에 편입되었다.

3. 서변한계(울릉도 편입 실패)

메이지 정부는 근대 국민국가 성립 이후 국경선을 획정하기 위해 한국에 국정조사단을 파견하여 울릉도 및 독도의 소속을 조사했다. 이때 조사단은 울릉도가 1696년 안용복 사건을 계기로 막부의 관백(關白)이 조선 영토임을 인정했다는 역사적 사실을 보고했다. 동시에 독도의 소속에 관해서는 조선과 무관한 섬이라고 하는 그릇된 정보를 보고했다. 그럼에도 불구하고 메이지 정부는 암초에 불과한 독도의 가치를 전혀 인정하지 않았으며, 영토편입의 대상에서도 제외되었다. 그런데 일본은 조선에 대해 1875년 강화도 사건을 일으켜 불평등조약인 강화도조약을 강요했고, 그 결과 일본 어민들은 한반도 근해까지 침범하여 울릉도, 독도 주변에서 불법조업을 감행했다. 1870년대에 들어와서는 일본 어부들의 울릉도 근해 출몰이 잦아졌고, 울릉도에 잠입해 들어가는 일본인들의 수는 급속도로 늘어났다. 블라디보스톡을 왕복하면서 무역을 하던 일본인들 중에는 울릉도를 일본 영토에 편입해 줄 것을 정부에 요구하기도 했다.

일본 정부는 이들의 울릉도 편입요청을 접수하지 않았다. 그 이유는 이미 안용복 사건을 계기로 막부 관백이 조선 영토임을 선언한 공문서가 존재했을 뿐만 아니라, 유럽열강에서도 울릉도가 조선 영토임을 알고 있었기 때문이다. 이때만 하더라도 일본은 울릉도를 조선 영토로 간주하고 있었고, 독도에 대해서는 공해상의 작은 바위 정도로 간주하여 영토편입의 대상에서 제외하고 있었다. 당시의 바다는 모두가 공해로서 지금처럼 영해라든가 배태적 경제수역이라는 개념은 존재하지 않았다.

4. 서남변한계(유구국 편입 및 대만 침공 실패)

근대 이전 유구국은 일본과 중국을 비롯한 주변국과 교역관계를 맺고 있던 독립국가였다. 중국과는 화이질서 속에서 조선과 같이 종주국 관계에 있었고, 일본과는 막번체제의 화이질서 속에서 막번체제 밖의 이국이역으로 간주되면서 사츠마 번과 교역관계를 맺고 있었다. 막번체제 하의 화이질서체제는 막부는 물론이고 번의 영토확장을 금지하고 있었기 때문에 유구는 단지 교역관계에 한해서 사츠마 번과 경제적 종속관계를 맺고 있었다. 그런데 근대 일본은 국민국가 성립과 더불어 유구를 일본 영토에 편입하려는 의도를 가졌다. 우선적으로 1871년 중앙집권 국가를 위한 제도적 장치로서 폐번치현을 단행했을 때 유국국을 유구 번으로 개칭했고, 1879년에는 무력적 강압으로 군대를 동원하여 오키나와 현으로 개칭하여 일본 영토에 편입조치했다. 이에 대해 유구는 강력히 반발하면서 청국의 구원을 요청했다. 유구는 물론이고 청국에서도 일본의 유구영유에 동의하지 않았다.

한편 1873년 유구인이 대만에 표류하여 대만 원주민에게 살해당하는 사건이 발생했다. 일본은 유구에 대한 통치의 정당성을 부여받음과 동시에 대만에 대한 영토확장 야욕을 숨기고, 유구인를 일본 민족이라 주장하여 이를 문책한다는 명목으로 대군을 파견하여 대만을 침공했다. 그러나 질병 등의 요인으로 그 목적은 달성되지 못했다. 일본은 대만침공의 정당성을 가장하여 대만의 지배권을 갖고 있던 중국에 대해 배상금 지불을 요구하여 간접적인 방법으로 유구가 일본 영토의 일부임을 인정받기에 이르렀다.

다음으로는 내셔널리즘의 강화에 대한 제2기의 영토확장에 해당되는 청일전쟁, 러일전쟁, 제1 · 2차 세계대전을 통한 일본 제국주의의 영토확장에 관해 살펴보기로 한다. 그 대상지역은 대만, 유구, 조어도, 독도, 한반도, 사할린 남부, 만주국 건설, 그리고 제2차 세계대전 중에 점령한 동남아시아 각 지역이 여기에 속한다. 이들 지역은 일본이 제2차 세계대전에서 무조건적으로 항복하지 않았더라면 일본의 영토주권에 포함되어 있을 지역이기도 하다.

Ⅳ. 근대 일본의 내셔널리즘 강화와 영토팽창

1. 대만, 유구, 조어도

메이지 정부는 정부수립 당초부터 1869년 조선에 국정조사단을 파견하여 조선의 영토침략 의도를 노골적으로 드러냈다. 울릉도를 조사한 결과 한국 영토임이 분명해짐에 따라 영토 편입조치를 취하지 못했다. 또한 1871년 폐번치현(廢藩置縣)을 단행하고 동시에 1차적으로 유구국을 유구 번으로 개칭하여 일본 영토에 편입하는 행정적 조치를 단행했고, 1879년에는 무력을 동원하여 강제적으로 병합조치를 취했다. 종주국 관계에 있던 청국은 일본의 유구 병합조치를 인정하지 않았다. 일본은 이런 강압수단으로 주변 약소국 및 약소민족을 일방적으로 병합하여 자연경계에 의한 국경확정을 종결시키려고 했지만 국제사회에서 이를 인정하지 않았다. 그러자 일본은 전쟁이라는 극단적인 수단을 동원하여 제국주의적인 영토 침략행위를 합법화하려고 했고, 또한 청국 및 조선 등 주권국가 영토의 일부를 분할 편입하려고 의도했다. 청일전쟁을 감행하여 '조선은 독립국'이라는 명분을 강조하여 조청 간의 주종관계를 분리시킴으로써 일본이 조선에 개입할 여지를 만들려고 했다.

일본은 조선에 대한 청국간섭을 배제함으로써 오히려 일본이 조선을 보호한다는 명분으로 외교권을 강압적인 방법으로 장악하여 영토편입정책을 본격적으로 수행해 나갔다. 동시에 청국 영토의 일부분인 대만과 팽호도, 요동반도를 청국에서 분리하여 일본 영토에 편입했다. 유구에 관해서는 청일전쟁으로 청국의 간섭을 배제함으로써 기존의 행정적 가조치(1879)를 합법화하여 일본 영토가 되었다. 또한 이미 영토편입을 위해 수차례 기회를 기다리고 있던 조어도에 대해서도 청일전쟁 중에 시모노세키 강화조약과 관계없이 일방적으로 일본 영토에 편입조치했다. 조어도는 역사적으로 중국 영토로 인식되어 오던 지역이었는데, 일본은 무주지 선점론을 내세워서 영토취득을 주장했다. 그러나 강화조약으로 요동반도 할양을 의도했던 일본 제국주의는 청국 본토 분할을 시도했으나 국제사회를 설득할 수 있는 명분을 찾지 못했다. 결국 러시아, 독일, 프랑스가 이를 간섭하여 재차 중국에 반환해야 했던 해프닝도 있었다. 따라서 청일전쟁은 자연적 국경확정과 관계없이 내셔널리즘의 강화에 의한 제국주의의 영토확장 전쟁이었던 것이다.

2. 조선(독도 포함), 사할린 남부

일본은 청일전쟁을 통하여 조선에서 청국의 영향력을 배제한 후 조선에 대한 지배권을 강화해 갔다. 이에 대해 러시아가 일본의 조선 지배권 확대에 대한 경계를 늦추지 않았다. 일본은 조선 및 만주에 대한 영토정책의 일환으로 러시아의 세력을 배척하기 위해 러일전쟁을 감행했다. 일본은 러시아와 전면전을 우려하여 선제공격으로 기선을 제압한 후 동해 해전에서 러시아의 발틱 함대를 격파하고 바로 미국의 중개를 요청하여 전승국으로서 포츠머스 강화조약을 체결하여 영토분할을 시도했다. 우선적으로 일본은 러일전쟁 중에 「한일의정서」를 요구하여 전시 중에 임의적으로 조선 영토의 사용권을 강요했고, 또한 조선 정부의 항의를 피하기 위해 러일전쟁 중에 시마네 현 지방관청에 고지하는 은밀한 방법으로 1905년 2월 독도를 '다케시마(竹島)'라는 이름으로 일본 영토에 편입조치를 시도하여 영토를 분할하려고 했다. 그리고 일본은 이 전쟁에서 사할린 남부를 러시아로부터 분할 편입했다. 조선에 대해서는 러시아의 간섭을 배제하고 1905년 11월 외교권을 박탈했으며, 1907년 8월에는 내정권까지도 박탈했다. 1910년에는 드디어 러일 공조정책에 의한 러시아의 묵인 아래 조선을 일본에 합병조치했다. 이들 외교권과 내정권을 장악할 때는 통치권자인 황제의 동의(국새)가 없었던 일방적인 조치였다. 이는 불법적인 조약을 바탕으로 한일합병을 강요하여 양국이 합의한 듯한 형식을 취하고 있지만 사실 황제의 동의가 없는 일본의 일방적 조치였다. 그러나 일본은 대외적으로는 이들 모든 한일 간의 조약이 양국의 합의에 의한 합법적인 조약임을 선전하여 불법적인 행위에 대한 열강의 비난을 피했다.

이처럼 청일전쟁 이후 1945년 패전까지 일본이 확장한 모든 영토는 제국주의의 침략적인 방법에 의한 것이다. 이렇게 해서 확장한 신영토는 명치국가 건국 이후부터 청일전쟁 · 러일전쟁을 거치면서 확장한 영토, 1914년 제1차 세계대전 이후 독일로부터 분할 위임통치한 지역, 그리고 그 이외의 방법으로 탈취 점거하고 있던 태평양상의 모든 제도, 게다가 만주국을 비롯한 제2차 세계대전에서 일본이 점령한 동남아시아 여러 지역도 모두 여기에 포함된다.

다음으로는 제국주의적인 방법으로 확장한 영토가 일본이 제2차 세계대전에서 패망함으로써 포츠담 선언에 의거하여 1945년 8월 연합군의 점령통치를 거쳐 1952년 4월 대일평화조약 비준에서 분리조치된 일본 영토처리에 관해서 고찰해 보기로 한다.

V. 샌프란시스코 강화조약에서의 영토처리

실제로 일본은 1945년 8월 일본이 무조건 항복함으로써 포츠담 선언에 의거하여 근세 일본의 고유영토에 해당되는 영토범위에 한정되어서 제국주의적인 방법으로 확장한 모든 신영토를 일본 영토에서 분리하는 조치를 기다리고 있었다. 그러나 주요 연합국 간에 결정한 카이로 선언, 포츠담 선언, 그리고 주요 연합국 간에 합의한 영토불확장원칙, 얄타

회담 등의 정치적 결정과정을 근거로 해서 영토가 처리되어야 했다.

그런데 냉전체제 속의 미국(을 중심으로 한 연합국)은 일본의 공산화를 막기 위해 일본의 주장을 대거 수용하는 정치적 결단으로 영토를 처리했다. 만일 그때 카이로 선언, 포츠담 선언 등 국제법의 원칙에 입각하여 영토처리가 이루어졌더라면 다음과 같은 영토조치가 내려졌을 것이다.

(1) 제국주의적 방법으로 확장한 지역은 모두 반환되어야 했다. 즉 다시 말하면, 노예상태의 조선의 독립과 함께 독도도 당연히 합법적으로 분리조치되어야 했고, 사할린 남부는 러시아, 조어도 및 대만은 중화민국인민공화국, 유구는 독립이 되어야 마땅했다.

(2) 미국을 비롯한 연합국은 중국과 소련 등의 공산주의 국가의 권익 및 한국, 유구 등 제3국의 입장을 무시하고 정치적 결정으로 일본에 유리한 영토결정을 단행했다.

다시 말하면, ① 일본은 종래 조선 영토로 인식되어 오던 독도에 대해 영유권을 주장하여 일본에 우호적이었던 미국의 지원을 요청했다. 그 결과 미국의 초안작성 과정에서 1차에서 5차 초안까지는 한국 영토로 명기해 오다가 돌연 제6차 초안에서는 일본 영토로 표기하기에 이르렀다.[14] 이에 대해 영국, 오스트레일리아, 뉴질랜드 등의 다른 연합국이 미국에 항의하여 최종적으로 독도에 대해서는 무인도를 둘러싼 영유권 분쟁지역으로 간주하여 7차 초안부터는 소속을 명확히 하는 것을 피했다.[15] ② 유구는 원래 독립국가였음에도 불구하고 일본이 미국을 설득

14) 김병렬, "대일강화조약에서 누락된 전말," 독도연구보전협회 편, 『독도영유권과 영해와 해양주권』, 독도연구보전협회, 1998, pp. 165-195.

15) "전후 일본 영토처리의 특수성과 국경분쟁의 발생," 최장근, 『일본의 영토분쟁』, 백산자료원, 2005, pp. 100-101.

하여 영국 등의 유구독립 주장을 물리치고 일본 영토로서의 잔존주권을 인정했다. ③ 오가사와라 군도는 일본의 설득으로 잔존주권을 인정하는 신탁통치를 단행했다. ④ 대만은 포츠담 선언에 의거하여 중화민국과 중화인민공화국(중국) 중 어느 한 나라에 주권을 넘겨야 했음에도 불구하고 2개의 중국 모두 샌프란시스코 강화조약에 참가를 거부하고 동시에 대만과 팽호도에 대한 중국의 주권도 분명히 하지 않았다. 뿐만 아니라 서사군도와 남사군도에 대한 중국의 영토주권도 규정하지 않았다. 그리고 청일전쟁 때 일본이 일방적으로 편입한 조어도의 소속에 대해서도 두 중국이 초청되지 못했기 때문에 영유권을 주장할 수 있는 기회조차 박탈당했다.[16] ⑤ 러일 국경문제에 관해서는 얄타 회담에서 일본의 무조건 항복을 받아내기 위해 소련 참전의 보상으로 얄타 비밀협정에서 미 · 영 · 소가 1854년 일본 영토로 인정한 바 있던 쿠릴열도 최남단 4도의 영유권을 정치적으로 타협하여 러시아에 분할해 주기로 결정했다. 러시아는 종전을 전후해서 군사적으로 이들 지역을 점령했다. 미국을 비롯한 영국 등의 연합국은 자신들이 약속하여 결정한 사실을 전적으로 무시할 수 없다. 그래서 일단은 이들 지역에 대한 일본 영토로서의 주권을 전적으로 박탈한다는 내용을 명시했다. 하지만 러시아에 귀속된다는 소속에 관해서는 규정하지 않았다.

요컨대 1951년 9월 대일평화조약에서 일본이 군국주의적인 방법으로 확장한 영토 중에서 최종적으로 일본 영토에서 분리된 지역은 다음과 같다.[17]

① 한일 국경에 대해서는 "일본국은 조선의 독립을 승인하고 제주

16) "전후 일본 영토처리의 특수성과 국경분쟁의 발생," 전게서, pp. 94 – 99.
17) "샌프란시스코조약(대일평화조약)," 제2장 제2조.

도, 거문도 및 울릉도를 포함한 조선에 대한 모든 권리, 권원 및 청구권을 포기한다(제1조)"고 결정했다.

② 중일 국경에 대해서는 "일본국은 대만(臺灣) 및 팽호제도(澎湖諸島) (제2조)"와 "신남군도(新南群島) 및 서사군도(西沙群島)에 대한 모든 권리, 권원 및 청구권을 포기한다(제6조)"고 결정했다.

③ 러일 국경에 대해서는 "일본국은 치시마(千島)열도 및 일본국이 1905년 9월 5일 포츠머스 조약 결과로서 주권을 획득한 카라후토(樺太)의 일부 및 이것에 근접한 제도에 대한 모든 권리, 권원 및 청구권을 포기한다(제3조)"고 결정했다.

④ 태평양제도와의 경계문제에 대해서는 "일본국은 국제연맹의 위임통치제도에 관한 모든 권리, 권원 및 청구권을 포기하고, 또 이전에 일본국의 위임통치 하에 있었던 태평양의 제도(諸島)의 위임통치를 결정한 1947년 4월 2일 국제연합안전보장이사회의 행동을 수락한다(제4조)"고 결정했다.

⑤ 유구와 오가사하와라 제도에 관해서는 "일본국은 북위 29도 이남의 남서제도(南西諸島 ; 琉球제도 및 大東諸島를 포함한다), 소후암(孀婦岩) 남쪽의 남방제도(南方諸島 ; 小笠原 군도, 西之島 및 火山列島 포함한다) 및 오키노도리시마(沖の鳥島)에 대해 미합중국을 유일한 시정권자로 하는 신탁통치제도 하에 둔다고 하는 유엔에 대한 합중국의 모든 제안에 동의한다. 이같은 제안이 행해지고 가결될 때까지 미합중국은 영수(領水)를 포함하는 이들 제도의 영역 및 주민에 대해서 행정, 입법 및 사법상 권력의 전부 및 일부를 행사할 권리를 가지기로 한다(제2장 3조)"고 결정했다.[18)]

이상과 같이 일본 영토에서 분리되어야 할 지역과 그 성격에 관해서 명확히 규명했다. 그러나 대일평화조약을 거부하거나 조약체결 당사자로서의 자격을 부여받지 못한 국가와의 영토문제를 공정하게 처리할 수 있도록 설득력 있는 규정을 마련했느냐가 문제이다. 냉전체제 속에서 자유진영 중심으로 결정된 대일평화조약은 당연할지도 모르지만 공산진영의 권익을 전적으로 무시하는 정신에 입각하여 조인되었던 것이라는 특징을 가지고 있다. 즉 "조약에 서명하지 않은 나라에게는 어떠한 권리, 권원 및 이익을 인정할 수 없다. 또한 일본의 권리, 권원, 권익은 서명하지 않은 어떠한 나라로부터 손해를 보거나 침해당해서는 안 된다(제2장 제25조)"고 규정하여 조인국의 권리, 권원, 권익만을 보장하는 규정으로 되어 있다.

그래서 조약 서명국이 아닌 국가와의 영토문제에 관해서는 "본조약과 동일한 조건으로 2국 간의 평화조약을체결하는데, 일본의 의무는 동조약의 효력발생 후 3년으로 만료된다"고 하여 비조인국가 사이에는 2국 간의 평화조약을 체결하고, 효력발생 3년 후부터 평화조약은 일본을 구속하지 않는다고 규정하고 있다.

이상에서 보는 바와 같이 대일평화조약의 특징은 근대 일본이 확장한 영토를 처리함에 있어서 카이로 선언, 포츠담 선언, 얄타 회담, 영토불확장 원칙에 입각하여 철저히 처리하지 않고 당시 국제 정치상황으로 인해 정치적으로 처리되었던 부분이 적지 않다는 것이고, 특히 국제정세가 냉전체제로 전환되면서 자유주의 국가가 중심이 되어 체결된 대일평화조약은 일본의 공산화를 막기 위해 영토문제를 정치적으로 일본에 유리하게 또는 애매하게 조치하여 영유권 분쟁의 소지를 남겼던 것이다. 이는 오늘날 동아시아 영토분쟁의 발생요인이기도 하다.

---

18) 高野雄一, 『日本の領土』, 東京大學出版會, 1962, pp. 347-348.

전후 연합국의 통치 하에서 일본은 일본국 헌법 제정 등으로 군국주의를 배제하고 민주주의와 자본주의 체제로의 전환을 피할 수 없었다. 그런데 1951년 9월 대일평화조약이 체결되고 일본이 정치적 독립을 달성하게 되어 내셔널리즘을 강화하여 천황제 중심의 국민통합으로 국가발전을 도모하는 과정에서 전전(戰前)의 국가주의로 회귀하는 우경화 경향이 나타났다. 그 과정에서 일본은 대일평화조약에서 애매하게 처리되었던 영토조항에 대해서도 영유권을 주장하기 시작했다. 따라서 다음 장에서는 전후 일본의 영토정책과 영토인식에 관해 고찰해 보기로 한다.

Ⅵ. 전후 일본의 내셔널리즘 강화와 영토분쟁

전후 대일평화조약의 체결과 더불어 점령군이 철수한 이후 일본은 조약 조인국이 아닌 국가들과 2국 간의 평화조약을 체결해야 했고, 또한 미처리된 영토를 해결해야 할 과제를 남기게 되었다.

1. 대만과 팽호도

일본은 대일평화조약의 '조약 당사국이 아닌 국가와는 2국 간에 평화조약을 체결할 것'이라는 규정(제2조 제26조)에 의거하여 1952년 4월 28일(8월 5일 발효) 중화민국(대만)과 '일화(日華)평화조약'을 체결했다.

일본국은 중화민국에 대해 "1951년 9월 8일에 미합중국의 샌프란시스코에서 서명한 일본국과의 평화조약 제2조에 의거하여 대만 및 팽호제도(澎湖諸島), 그리고 신남군도(新南群島) 및 서사군도(西沙群島)에 대한 모든 권리, 권원 및 청구권을 포기했던 것을 승인한다(제2조)"고 하여 이들 지역이 중화민국 영토임을 인정했다.

여기서 일본은 2국 간의 평화조약에서도 중국공산당(중화인민공화국)의 권익을 전적으로 무시하고 자유진영에 속한 중화민국에 반환했던 것이다. 결국 미국을 비롯한 자유진영의 국가들은 중화민국을 국가로 인정함으로써 중국에서 공산진영과 자유진영이 대립되는 구조를 만들었던 것이다.

그후 일본은 국익 중심의 외교를 전개하여 1972년 공산진영의 중국과 국교를 회복하는 것을 전제로 공산진영의 중국을 중국 유일의 합법정부임을 인정했고, 1979년에는 국교를 정상화하여 중화민국의 영토인 대만지역을 공산진영의 중국 영토 일부임을 인정했다. 일본의 국익외교가 중화민국과 공산진영의 중국이 대만지역을 둘러싼 영유권 분쟁을 더욱 격화시켰다고 볼 수 있다. 이는 표면적으로 1개 중국론과 2개 중국론의 대립을 부추기는 결과를 초래했던 것이다.

2. 쿠릴열도 최남단 4도 문제

'대일평화조약' 제2조에 "일본이 쿠릴열도에 대한 모든 권리와 권원을 포기한다"고 규정되어 쿠릴열도는 일본 영토에서 명확히 분리되었지만 그 귀속에 관해서는 명시되지 않았다. 러시아는 "일본국은 사할린 남부 및 이들에 근접하는 제도 및 쿠릴열도에 대한 소련의 완전한 주권을 승인하고 이들 영토에 대한 모든 권리, 권원 청구권을 포기한다"라고 연합국이 명기해 주기를 원했다. 영미 초안은 소련의 주권을 인정하는 의무에 관해서는 언급하지 않았다. 따라서 일본은 이 조항을 이용하여 쿠릴열도에 대한 영유권을 평화조약 체결 당초부터 주장하기 시작했다.

또한 대일평화조약에는 조약 서명국이 아닌 국가와의 영토문제에 관해서는 "본조약과 같은 조건으로 2국 간의 평화조약을 체결하고, 일본의 의무는 동 조약의 효력발생 후 3년으로 만료된다"고 규정되어 있다. 따라서 조약체결 3년이 경과된 후에는 대일평화조약의 '일본은 쿠릴열도에 대한 권리, 권원을 전적으로 포기한다'는 조항은 일본을 구속하지 못하게 되어 있다. 결국 당사자 간의 합의에 의해 결정되어야 할 사안이 되었던 것이다. 이 조항은 일본으로 하여금 쿠릴열도의 영유권을 주장하게 하는 결정적인 요인을 제공했다. 즉 자유진영 중심의 연합국이 공산진영의 이권을 무시하고 일본을 자유진영에 편입할 목적으로 일본에 유리하게 규정한 것이다.[19]

한편 소련은 대일평화조약에 조인하지 않았기 때문에 이 조항을 이행할 의무는 없었다.[20] 조약안에 러일 국경을 명확히 하지 않았으므로 양국 사이에서 평화조약을 체결하여 영토문제를 결정해야 한다는 과제

19) 1949년 중국의 공산화, 한국전쟁으로 냉전이 본격화되어 갔다. 한국전쟁으로 미국은 일본을 미국의 체제에 편입해야 한다는 인식 아래 일본의 독립요구를 수용하여 대일강화조약을 서두르게 되었다.

20) 소련은 미국의 점령으로 유구, 오가사하라도 등의 군사기지화, 대만을 중국의 유일한 합법정부 취급, 베트남, 중공, 인도 등의 공산주의 국가의 대일강화조약 참가국에서 제외한 미국, 영국 중심(초안)의 대일강화조약에 동의할 수 없었다. 러시아는 러일 영토문제에 국한했더라면 쿠릴열도 해결을 위해서라도 참가했겠지만, 미영 중심의 강화조약을 원치 않았기 때문에 단지 역할 없는 체결국으로 참가만 하는 것을 원치 않았다.

가 남게 되었다.

당시 미영을 포함한 자유진영의 연합국은 쿠릴열도를 일본 영토가 아니라는 개념에서 일본 영토에서 분리시켰던 것이다. 러일 분쟁지역인 쿠릴열도가 일본 영토가 아니라고 규정했다면 논리적으로 러시아 영토에 귀속되는 것이다. 그럼에도 불구하고 그 소속을 명기하지 않았던 것은 법적 판단이 아닌 정치적 판단에 의한 결정이라고 볼 수 있다.[21)]

쿠릴열도 4도는 처음에는 1854년 러일 화친조약에 의해서 국경이 결정되어 일본 영토가 인정되었다. 게다가 1875년 러일 간의 카라후토/치시마열도 교환조약에 의해 다시 국경을 변경하여 사할린을 러시아 영토로 인정하는 대신에 4도를 포함한 쿠릴열도 전도를 일본 영토로 인정했다. 처음으로 러일 국경이 평화적으로 완결되었던 것이다. 그런데 그 후 일본은 1905년 러일전쟁을 감행하여 포츠머스 강화조약에서 사할린 남부를 일본 영토에 분할 편입하여 새로운 러일 국경이 형성되었다. 이처럼 제2차 세계대전을 거치면서 러일 간에는 여러 번 국경변경을 초래했다. 제2차 세계대전이 종결되면서 쿠릴열도는 카이로 선언, 포츠담 선언, 얄타 협정에 의해 러시아 영토로서 우선적으로 처리되어 실효적 지배를 하게 되었다. 그럼에도 불구하고 1951년 냉전체제 하의 대일평화조약에서 공산국가인 소련이 불참을 선언함으로써 공산진영의 권익을 인정하지 않는다는 자유진영의 방침이 결정되자 일본은 이를 이용하여 쿠릴열도 4도에 대해 영유권 주장을 하기 시작했다.

21) 미국은 소련의 참가를 희망했고, 소련이 참가하면 미중소 간에 합의한 얄타회담(북변 4도)의 내용을 인정하는 것은 당연한 위치였다. 미국은 러시아가 미영 중심의 대일강화조약 체결을 보이콧하여 러시아에 반환을 이행하지 않았다.

일본이 소련에 대해 정식적으로 러시아 영유권에 이의를 제기하여 영유권 분쟁이 표면화된 것은 후루시초프가 총리(제1서기)에 임명되었을 때이다. 후루시초프는 '냉전'을 보류하고 '평화공존'을 위해 일본과의 외교관계 수립을 희망했다. 1955년 일본의 하토야마(鳩山) 내각이 이에 응하여 일소 간의 교섭이 시작되었다. 이때 양국의 현안은 ① 일본은 일미안보조약이 미일 간의 외교문제로서 소련을 목표로 하고 있지 않다는 것에 대해 소련이 양해를 했고, ② 시베리아에 억류된 일본인 포로문제에 대해서는 조약체결 후 석방하기로 합의했다. ③ 일본은 소련에 대해 북방영토의 반환을 요구했다.

특히 후루시초프는 영토문제에 있어서 국제사회의 평화공존을 위해 소련이 크게 양보하여 하보마이, 시코탄을 반환할 의향이 있음을 시사했다. 그런데 일본은 국내 사정상 하토야마(鳩山一郎) 수상이 민주당의 지시를 받고 있었는데, 자유당과의 보수합동 조건으로 쿠나시리(國後), 에토로프(擇捉)를 포함한 4도 반환을 요구했다. 또한 4도 반환 이외에도 쿠릴열도와 사할린 남부에 관해서는 연합국 사이에서 신속하게 귀속을 정할 것을 요구했다. 이러한 일본의 무리한 요구는 소련과 타협점을 찾지 못하여 9월 말 교섭은 결렬되었다.

이때에 일본은 쿠릴열도 4도에 대한 영유의 정당성을 내세우기 위해 나름대로의 논리를 계발하여 하보마이(齒舞), 시코탄(色丹) 섬은 홋카이도의 부속도이고, 쿠나시리, 에토로프는 1854년 불평등조약임에도 불구하고 러시아가 일본 영토로서 인정한 최초의 합법적인 조약이라고 주장했다. 여기서 일본은 소련에 대해 오키나와와 마찬가지로 쿠나시리, 에토로프에 대해 잠정주권을 인정하도록 요구했다.

당시 미국은 냉전이라는 국제질서 속에서 적대국 소련의 권익을 인정하지 않고 정치적인 차원에서 일방적으로 일본의 입장을 두둔하고 있었다. 미국은 냉전체제 속에서 일본이 소련과 관계 개선하는 것을 우려하여 덜레스 국무장관은 일본에 대해 "일본이 만약 쿠나시리, 에토로프를 포기한다면 미국은 오키나와를 계속적으로 영유하여 일본에게 반환할 수 없다"고 협박했고, 트루만 대통령은 나의 전임자 루스벨트 대통령이 이들의 여러 섬을 취득하려고 하는 소련을 평화회의에서 지지하는 약속을 하고 있었던 것으로 알고 있다"고 전제하면서도 "쿠릴열도 전부의 처분은 평화회담에서 결정되어져야 된다는 일본의 입장을 지지하여 소련 영유를 유보했다.

또한 자유진영의 연합국은 대일평화조약 제15조에서 "일본이 1941년 12월 7일에 보유하고 있었던 남부 카라후토와 그 인접제도, 치시마열도, 하보마이, 시코탄, 그 외 어떠한 영토, 권리, 또는 이익에 관한 일본 또는 연합제국의 권리, 권원 또는 이익을 소련에 의해 손해를 보거나 소련에 유리하게 되어서는 안 된다"고 규정했다.[22] 게다가 1954년 9월 25일 미 상원에서는 "종전 제정 러시아 정부가 영유하고 있었던 지역 중에 일본 영토인 쿠나시리, 에토로프가 포함되어 있다"고 하여 얄타 협정을 전면적으로 부정하는 결의를 했다.

1955년 10월초 하토야마 총리는 고노이치로(河野一郎) 농림대신과 함께 직접 모스크바를 방문해서 일소공동선언을 체결했다. 그때 '일소공동선언문' 중에는 '하보마이, 시코탄은 일본 국민의 강한 요망에 의해서 소련령에서 분리한다.' 그 시기에 대해서는 '전제조건으로 정식으로

22) 러일 평화조약에서도 법리적인 해석으로는 러시아 영토가 되어야 마땅하나 일본의 영유권을 주장하고 있는 이상 이 문제가 해결되려면 정치적인 결정이 될 수밖에 없는 상황에 놓여 있다.

일본과 소련이 평화조약을 체결했을 때' 라고 했다. 그러나 그 이후 소련은 일본의 기시(岸) 내각이 일미안전보장조약을 개정했을 때, "이번 안보조약은 일본이 주도하여 미국과 체결한 것이므로 하보마이, 시코탄을 일본에 양도한다고 했던 종전의 일소공동선언의 합의를 취소한다"고 선언했다. 그 이후 양국 간의 견해 차를 좁히지 못하여 평화조약을 체결하지 못한 채 오늘날까지 미결상태로 남아 있다.

3. 독도문제

1951년 9월 8일 체결된 대일평화조약에서 일본은 미국을 통하여 독도를 일본 영토로서 편입을 시도하다가 뉴질랜드, 오스트레일리아, 영국 등의 다른 연합국의 항의로 일본 영토에 편입조치하려던 계획은 실패로 끝났다. 그 결과 대일평화조약에서는 "제주도, 거문도, 울릉도를 일본 영토에서 제외한다"라는 애매한 표현으로 독도의 지위를 규정하지 않는 방법으로 연합국은 독도문제의 관여를 회피했던 것이다.

독도를 한국 영토로서 보호하고 있었던 맥아더 라인은 대일평화조약이 체결되면서 더 이상 효력을 발휘할 수 없게 되었다. 당시 한국 대통령 이승만은 그해 4월 대일평화조약의 발효를 앞두고 독도기점 8해리 지점으로 하는 평화선을 선포하여 대한민국 주권선임을 선언하여 독도가 한국 영토라는 것을 대외적으로 선언했다. 일본은 이에 항의하여 한국이 주장하는 독도는 일본 영토인 다케시마(竹島)라고 항의했다. 한국은 침략적인 일본의 항의와 일본 어선의 평화선 침범을 철저히 단속하여 강경하게 대응했다.

이미 1945년 해방과 동시에 독도 근해는 맥아더 라인의 보호를 받으면서 한국 어민들이 조업에 종사하고 있었다. 또한 평화선 선포 이후에는 평화선에 의해 합법적으로 실효적 점유를 계속해 왔다.

그럼에도 불구하고 일본은 꾸준히 독도에 대한 영유권을 제기해 왔고, 한국전쟁 중에는 혼란한 국내정세를 악용하여 독도에 침입하여 일본령의 표지판을 세우는 등 실효적 점유를 시도하기도 했다. 그러나 일본의 침략적인 행위는 울릉도 출신의 독도 의용 수비대와 민관활동에 의해 저지당했다.

그런데 미국의 요구로 냉전체제 속에서 행해진 한국과 일본의 국교정상화 교섭과정에서 일본은 교섭타결의 최종적인 요건으로 평화선 철회를 요구했다. 결국 한국은 미국의 재촉 등 국내외 정세에 의해 평화선을 철폐했다. 그러나 평화선 철회는 어업협정에 관한 합의사항이므로 그 상위개념인 독도의 영토주권에는 아무런 법적인 변동이 없었다고 봐야 한다. 한국이 독도를 실효적으로 점유하고 있는 상태이므로 당연히 영해도 확보되어 있었던 것이다.

1952년 1월 평화선 선포 이후 1965년 일본의 집요한 정치행위에 의해 평화선이 철폐될 때까지 평화선으로 14년간 동해의 해양질서를 구축해 왔던 것이다. 1965년 어업협정에 의해 독도주변은 영해를 제외한 그 외의 바다는 공해적 성격을 띠게 되었다. 일본은 평화선 철폐 후 꾸준히 독도에 대한 영유권을 제기해 왔다. 그 일환으로 일본은 1984년 유엔해양법 협약에서 채택된 200해리 배타적 경제수역을 적용하여 새로운 어업질서의 재편을 요구해 왔다. 결국 일본이 의도하는 대로 1999년 1월 독도를 잠정 합의수역 내에 포함하는 어업협정을 체결했다. 이는 금융위기라는 국내적 혼란상황에서 일본의 요구를 수용하지 않을 수 없었다. 결국 일본의 독도영유권 주장에 대한 커다란 빌미를 내어주는 결과를 낳았다. 현재 일본은 이렇게 체결된 영토의 하위개념인 어업협정을 정치적으로 이용하여 일본에 유리한 배타적 경제수역을 요구하고 있고, 동시에 시마네 현은 일본 정부의 묵인 아래 '다케시마 날'을 조례로 제정하여 독도의 영유권을 주장하고 있다. 또한 2005년 새로 개정된 중학 교과서, 2006 고교 교과서에서는 독도 관련 내용을 기술하여 한국이 일본의 고유영토 '다케시마'를 불법으로 점령하고 있다는 식으로 표현하여 영유권을 주장하고 있는 실정이다.

4. 조어도 문제

조어도는 역사적으로 일본보다는 청국 영토로서의 권원이 더 많이 있는 지역이었는데 청일전쟁 중에 일본이 영토적 편입조치를 취했다.[23] 대일평화조약에서는 조어도 문제가 취급되지 않았다. 그 이유는 대일평화조약이 미영 중심의 자유진영이 주도하여 체결되었던 것으로서, 공산진영의 중국은 물론이고 대외적 비난을 피하기 위해 자유진영에 속하는 중화민국도 초청하지 않았기 때문이다. 그러나 중국은 1945년 8월 일본의 패전과 더불어 조어도가 대만의 부속도서로서 중국 영토로서 우선적

23) (1) 일본은 1985년 센카쿠열도를 무주지로 간주하여 오키나와 현에 편입시켰다는 주장이다. 이에 반해 중국과 대만은 당시 열도는 이미 중국령이었다고 주장한다. (2) 메이지 정부가 실시한 무주지 선점에 기초한 일본영토에 편입한 조치가 국제법상 유효한지 여부이다. 중국과 대만은 그것이 중국영토의 약취 또는 도취행위였다고 간주한다. (3) 그후 일본은 자국이 센카쿠 열도에 대해 계속적으로 실질적으로 지배해 왔다고 주장하고 있는 데 비해 중국과 대만은 이 사실에 의문을 제기하고 있다. 일본 정부의 공식적인 입장은 센카쿠 열도의 문제는 존재하지 않는다고 주장한다.

으로 조치되었다는 인식을 갖고 있었다. 따라서 조어도 주변 해역에서는 대만인이 어업에 종사하고 있는 상황이었다. 그런데 냉전이라는 국제정세 속에서 자유진영에 속하고 있던 약소국 중화민국이 조어제도가 오키나와의 일부에 편입하고 있는 미국의 오키나와 통치정책에 적극적으로 반대하지 못했다. 그 경위는 이렇다. 일본이 오키나와 정부와 점령군 정부에 대해 조어도를 오키나와 관할범위에 넣을 것을 요청하여 유구의 일부로서 미국의 신탁통치 범위 안에 포함시켰던 것이다. 그러나 중화민국이 자유진영의 일원으로서 미국정책에 동조하고 있어서 조어도를 방위상으로 미군 관할권에 포함시킨 것을 알지 못했거나 반대하지 않았다. 그래서 중화민국은 1952년 일화평화조약을 체결했을 때에도 조어도의 영유권 문제는 거론되지 않았다.

1968년 조어도 부근 해안에서 중국(대만)과 일본, 한국 3국 조사단이 유엔활동의 일환으로서 석유자원의 매장 여부를 조사한 적이 있었는데, 석유매장 가능성이 발표되었다. 이때 처음으로 중화민국은 물론이고 공산국가의 중국도 조어도에 대한 영유권을 주장하기 시작했다.

그런데 1972년 중국은 일본과의 국교정상화 교섭과정에서는 조어도 영유권 문제를 언급하지 않았다. 그 이유는 중국이 경제적 협력을 받아내기 위해 일중 국교회복을 절실히 필요로 하고 있었기 때문에 조어도 문제로 국교회복에 방해받고 싶지 않았기 때문이다.

양국 간에 조어도를 둘러싸고 분쟁이 본격화된 것은 1978년 4월 중일평화조약 교섭의 막바지에서 발생했다. 100여 척의 중국 어선이 조어도 주변 영해를 침범하여 시위행위를 하는 사건이 발생했다. 중국 정부는 조어도에 대한 영유권 자체를 포기하지 않고 다음 세대로 해결을 미루자는 형식으로 문제의 유보를 제안했다. 이에 대해 실효적인 지배를 하고 있는 일본은 간접적인 방법으로 중국의 요구를 수용하여 현상유지에 동의했다. 이렇게 해서 1978년 8월 양국은 평화조약을 체결하는 데 성공했다. 현재 일본은 실효적 점유상태에서 현상유지정책으로 실효적 지배기간을 연장하여 법적 지위를 높여간다는 정책을 취하고 있다. 그래서 일본이 조어도 근해에 매장되어 있는 석유자원을 굳이 개발하려고 하지 않는 것도 바로 이러한 이유에서이다. 최근 중국이 조어도 주변 바다에서 유전발굴을 시도하고 있다. 일본은 최대한 분쟁을 줄이기 위해 실효적 점유상황에 있음에도 불구하고 자원의 공동개발도 고려하고 있다. 이것은 양자 모두 영토적 권원에 약점을 갖고 있기 때문이라고 볼 수 있다.

5. 유구문제

오키나와는 종전직전에 미군과의 격렬한 전투에서 점령되었다. 일본이 항복한 후 오키나와는 미극동군정 치하에 들어갔다. 대일평화조약 체결과정에서 1946년 1월 29일 SCAPIN 677조에 의하면 연합국측은 유구를 일본 영토에서 분리한다고 결정되었다. 대일평화조약 논의과정에서 연합국은 유구제도 및 오가사와라 제도를 행정상 · 정치상의 이유로 일본 영토에서 분리해야 한다고 주장했다. 그러나 최종적 결정인 대일평화조약에서는 일본의 잔존주권을 인정하는 신탁통치 지역으로 결정되어 실질적으로 미국의 정치적 관할권 아래에 놓이게 되었다.

미군정 당국과 일본 주민 사이에서 오키나와를 둘러싸고 마찰이 끊이지 않았고, 반미운동의 첨병지역이 되었다. 그후 일본은 꾸준히 오키나와 반환을 미국에 요구했으며, 사토(佐藤榮作) 수상은 "오키나와가 조국에 복귀되지 않는 한 일본에 있어서 전쟁은 종결된 것은 아니다"라고 했다. 이처럼 일본은 미국의 동맹국으로 협력을 아끼지 않는 한편, 오키나와 반환을 일관되게 요구해 왔다. 사실 1969년 사토 · 닉슨 수뇌회담에서 '핵제거, 본토병합' 등의 조건으로 오키나와 반환에 합의했다.[24)]

이런 결과는 미국이 오키나와를 극동지역의 안전을 확보하기 위한 전략적 중요성을 갖는 군사기지로 간주했기 때문에 일본 국민의 감정을 건드려서 반미적인 민심의 초래를 우려하여 일본 여론에 순응하는 정책을 모색했기 때문이다.

1972년 5월 오키나와는 일본에 반환되었고, 동시에 오키나와는 미군의 주둔지가 되었다. 일본국헌법 제9조가 존재하는 이상 일본은 일미안보협조체제 속에서 미군의 오키나와 주둔을 반대하지 않고 있다. 향후 제9조를 개정하여 군사대국을 지향하고 있는 일본으로서는 미국철수에 의한 독자적인 안보체제를 희망하고 있다. 한편으로 오키나와 주민 중에서 민족독립을 희망하지는 않지만 오키나와 민족의 자치구현을 위해 운동하는 그룹도 존재한다. 오키나와 자치운동의 그 뿌리는 1879년 유구병합의 역사와 1972년 오키나와의 일본 반환에 있다고 볼 수 있겠다.

24) 오가사와라도는 이미 1954년에 일본 영토에 흡수되었다.

VII. 결론 : 영토분쟁의 전망

이상에서 살펴본 바와 같이 일본의 고유영토 범위는 일본 영토로서의 정체성을 가지고 있는 근세 시대의 영토적 범위라고 말할 수 있다. 근대에 들어와서 국민국가 형성과 더불어 국경확정의 필요성에서 내셔널리즘이 대두되었고, 유럽의 일원으로서 강국을 지향하면서 내셔널리즘을 강화하여 영토를 확장하게 되었다. 이러한 일본의 영토정책은 제2차 세계대전에서 패망함으로써 그 종지부를 찍었다. 이처럼 일본의 영토확장은 동아시아에서의 소수민족의 말살과 약소국가의 병합 및 분할편입을 통하여 동아시아의 국제질서를 재편해 왔다. 또한 일본의 패전으로 여전히 일본 영토에 병합된 상태로 남아 있는 약소민족도 있지만, 일본 영토에서 분리되어 국가적 독립을 달성하거나 영토를 회복하는 등 일본은 동아시아 국제질서의 진원지로서 역할을 해왔다.

이러한 일본 영토의 변동과 동아시아 국제질서의 진화를 로칼리즘, 내셔널리즘, 리저널리즘의 범주 속에서 그 특징을 설명할 수 있을 것으로 본다. 영토라는 개념은 국민국가의 형성에 따른 근대적인 개념이므로 '지방'을 지칭하는 로칼리즘은 국가차원의 개념인 영토의 확장과는 무관하다. 내셔널리즘은 국민국가 성립과 관계되는 개념으로 영토확장과 직접적인 관계를 갖고 있다. 내셔널리즘의 강화와 약화에 따라 일본 영토가 변동되어 왔다. 리저널리즘은 국경을 넘어서 지역 간의 교류를 말하는 것이므로 이는 내셔널리즘을 약화시킬 수 있는 요인이 될 수 있다. 그러므로 리저널리즘의 강화가 반드시 영토문제 해결에 비례하는 것은 아니지만 내셔널리즘을 약화시키는 요인이 되는 것은 분명하다.

그러나 현재 중국과 일본은 내셔널리즘을 강화하고 있는 측면이 있고, 동시에 리저널리즘을 장려하는 측면도 존재한다. 한편 한국과 러시아는 내셔널리즘을 현상유지 상태에서 묶어두고 리저널리즘을 강화하는 측면이 있다. 내셔널리즘이 약화되지 않는 상황에서 영토분쟁의 완전한 해결은 불가능할 것이고, 이는 지역통합에도 커다란 걸림돌로 존재할 것이다. 이를 극복하기 위해서는 리저널리즘을 강화하고 내셔널리즘을 약화시켜 영토문제 해결의 실마리를 찾음으로써 동아시아의 지역통합이라는 방향으로 진전될 것으로 전망된다.

위에서 살펴본 바와 같이 일본의 영토분쟁은 1차적으로는 근대 내셔널리즘의 대두, 그리고 강화에 의한 영토확장정책에 의한 것이었고, 2차적으로는 제2차 세계대전에서 일본이 패전한 이후 포츠담 선언에 입각하여 영토를 처리하지 않고 대일평화조약에서 정치적으로 영토를 처리했기 때문에 발생한 것이다.

그럼 우선적으로 현재 일본과 동아시아 각국 사이에서 진행 중에 있는 영토분쟁의 특징을 정리하면 다음과 같다.

첫째, 독도에 대해서 말하면, 한국은 역사적으로나 국제법적으로 독도가 한국의 고유영토임을 확신하고 있다. 따라서 일본의 독도영유권 주장에 대해서는 절대로 양보할 수 없다는 강경한 입장을 취하고 있다. 이러한 입장은 과거 한국이 일본에 국권을 침탈당한 경험이 있어서 정서적으로도 독도에 대한 영토적 주권의식이 매우 강하다. 그러나 일본은 1951년 9월 대일평화조약에서 연합국이 독도의 귀속을 명확히 하지 않았다는 것에 착목하여 독도영유권을 주장하기 시작했다. 현실적으로 일본이 한국의 실효적 점유상황에서 독도에 대한 영유권을 주장하는 것은 당장 영토주권을 확보하겠다는 것보다는 장기적 측면에서 우선적으로 분쟁지역화하여 상황에 따라 영토주권은 물론이고 어업자원, 지하자원 등을 확보하겠다는 의도를 갖고 있는 듯하다.

한국이 1952년 1월 주권선언으로 독도기점 8해리선상에 평화선을 확정하여 영해주권을 확보하고 있었는데, 1965년 급박했던 국내외적인 상황에서 미국의 재촉과 일본의 강요에 의해 어업협정을 체결하여 평화선을 철폐하고 8해리 배타적인 권리를 포기했다. 실효적 점유상태의 독도는 공해상에서 국제법이 정하는 영해만을 확보하게 되었다. 1998년 11월 일본은 한국의 금융위기 상황을 절호의 기회로 삼아 잠정적인 합의 수역을 만들어 어업협정을 강요했다. 한국 정부는 부득이 국내적인 경제 위기상황과 일본과의 관계계선을 위해 일본의 요구에 동의하는 결과를 초래하여 독도를 잠정합의 수역에 포함시키게 되었다. 일본은 잠정합의 수역을 공동관리 수역이라는 정치적인 개념을 사용하고 있다. 하위개념인 어업협정으로 상위개념인 배타적 경제수역 및 독도 영토주권마저 제한하려는 정치적인 시도를 자행하고 있다. 그러나 한국이 역사적 권원 위에서 실효적으로 점유하고 있는 독도의 영토주권을 하위개념인 어업협정에 의해 구속될 수 없다. 국제법적으로 독도의 영토주권은 물론이고 12해리 영해는 한국의 배타적인 주권으로 남아 있다고 볼 수 있다.

일본은 1954년 한국의 실효적 지배로 움직일 수 없는 상황이 되자 독도문제를 국제사법재판소에서 해결하자고 제안한 적이 있었다. 이러한 일본의 의도는 영토주권을 확보할 수 있다는 자신감의 발로라고 보기는 어렵다. 단지 당연히 한국이 응하지 않을 것을 감안하여 한국의 실효적 점유에 의한 영토주권을 훼손하기 위한 방편으로 삼았던 것에 불과하다. 최근 일본의 일각에서 국제사법재판소에서 독도문제를 해결해야 한다고 주장하고 있는 듯하지만 실질적으로 일본 정부가 원하는 사안은 아니다. 최근에 일본 정부가 국제사법재판소에서 해결하자고 제안한 바가 없다. 따라서 단지 분쟁상황을 만들기 위한 일종의 액션에 불과하다.

독도문제는 일본의 내셔널리즘 확대에 의해서 초래된 문제이므로 일본의 내셔널리즘 약화만이 문제해결의 핵심이다. 이것만이 바로 미래에 지역통합을 위한 한일관계를 개선하는 가장 바람직한 방향이라고 생각된다. 만약 일본의 정치적인 강요에 의해 한국이 영토주권을 부득이 양보하여 독도문제가 해결된다면 양자의 불신이 극에 달하여 지역통합의 길은 더욱 소원한 이야기가 될 수 있을 것이다.

둘째, 쿠릴열도 남단 4도 문제에 대해 언급한다면, 이 지역은 이미 러시아가 2도 양보를 제안한 적이 있으므로 영유권 분쟁지역이라고 볼 수 있다. 일본은 최소한 2도 반환은 가능하다고 보고 있다. 현재 일본이 4도 반환을 요구하고 있기 때문에 영토분쟁이 해결되지 않고 있는 상황이다. 러시아는 현재 4도를 고유영토로 간주하고 있고, 하보마이, 시코탄 2도는 이미 반환을 약속한 바 있었으나 지금은 취소한 상태이지만, 경우에 따라서 문제해결을 위해서라면 2도에 한해서는 반환할 수 있다는 입장을 취하고 있다.

향후 러일 간의 국경분쟁 해결은 심각한 경제상황 등으로 러시아의 국내정치가 혼란스러운 상황이었을 때 일본의 경제지원 등으로 4도 반환이 가능했겠지만 지금과 같이 국내적으로 안정되어 있는 상황에서는 현실적으로는 불가능하다. 만약 일본이 평화조약 체결을 적극적으로 희망하여 2도 반환만을 요구한다면 러시아가 수용할 가능성이 있는 것으로 보인다. 일본은 장기적 플랜으로 평화조약 체결이 하나의 영토분쟁 해결의 가능성으로 판단하고 평화조약 체결을 볼모로 4도 반환을 요구하고 있는 실정이다.

일본은 쿠릴열도 남단 4도 문제를 국제사법재판소에서 해결하기를 원치 않고 있다. 그 이유는 옐친 대통령이 국제법적 해결을 제안한 바 있는 것처럼 법리적 해결을 원하고 있는 실정이며, 또한 영토주권의 결정 요인인 역사적 권원이 일본에 유리하지 않다고 판단하고 있기 때문이다.

러일 간의 영유권 분쟁은 러일 양 제국주의가 내셔널리즘의 강화에 의해 소수민족의 영지인 아이누모시리를 분할하기 위해 대립되어 생긴 문제이다. 이는 리저널리즘을 강화하여 내셔널리즘을 약화시킴으로써 아이누 민족의 자치체제 형태나 1956년 러일공동선언에서 러시아가 선의의 차원에서 제안한 2도 반환을 일본이 수용하여 해결되는 것이 바람직하다. 만약 일본이 경제지원이나 다른 수단을 통하여 4도 반환을 최후까지 관철하려고 한다면 러시아를 비롯한 동아시아 각국의 일본에 대한 신뢰는 회복되지 않을 것이고, 이것 또한 지역통합에도 커다란 장애가 될 것이다.

셋째, 조어도에 대해서는 일본이 실효적으로 점유하고 있는 상황인데, 영유권에 관해서는 역사적 근거가 부족하고, 또한 대일평화조약은 물론이고 1972년 미국이 오키나와를 일본에 반환할 때에도 관할권만을 반환한 것으로 영유권에 대해서는 당사자 간의 합의를 원했다. 이에 대해 중화민국과 공산진영의 중국은 일본의 관할권 인정을 일미 간의 침략적인 행위라고 간주하여 인정하려 하지 않았다.

이렇게 볼 때 역사적 근원이 일본보다는 중국에 있고, 포츠담 선언에 입각한 대일평화조약에 의해서 중국 영토로 처리되어야 했음에도 불구하고 양 중국이 조약 당사자에서 배제됨으로써 영유권을 주장할 기회를 갖지 못했으며, 조어도가 대만의 일부로서 중화민국이 자유진영에 속해 있어서 적극적으로 미국 정책에 동조하고 있었으므로 미국의 신탁통치 관할권인 오키나와에 포함시키는 것을 저지하지 못했고, 오키나와 반환과 더불어 관할권이 일본에 반환되어 최종적으로 일본이 실효적 점유를 하게 된 상황이다. 이렇게 된 이상 전적으로 중국 영토라고도 주장하기 어려운 상황으로 발전하고 있다는 사실 또한 부정할 수 없다.

또한 일본의 입장에서도 이러한 하자 위에서 실효적 점유하고 있는 상황이므로 전적으로 일본 영토라고 주장하기 어렵다. 특히 조어도 주변에는 석유자원이 매장되어 있어서 분쟁이 더욱 격화되는 양상이다. 그런데 이러한 영토주권의 하자를 갖고 있음에도 불구하고 일본이 1998년 어업협정에서 조어도를 중간수역에서 제외하는 데 성공했다. 또한 석유자원 개발문제로 양국 간의 대립이 격화되고 있는 상황인데, 공동개발의 가능성을 모색하고 있는 실정이다. 양국의 영토분쟁은 일본의 실효적 점유상황에서 자원의 공동개발로 영토분쟁을 피하려고 노력하고 있으나 최종적으로는 중국의 영토주권 의식이 강하고, 일본이 실효적 점유를 양보하지 않으려는 문화적 측면을 강하게 갖고 있으므로 영토분쟁의 본질적인 해결은 불가능에 가깝다고 본다.

일본은 조어도 문제를 국제사법재판소에서 해결하기를 꺼리고 있다. 현재 실효적 점유하고 있는 상황이므로 현상유지정책으로 지배기간을 연장하여 영토적 주권을 공고히 한다는 방침이다. 일본이 진정 조어도가 무주지 선점에 의한 국제법적으로 합법적인 일본의 고유영토라고 한다면 조어도야말로 국제사법재판소에서 적극적으로 해결해야 할 사안이다.

조어도 문제는 근대 일본이 내셔널리즘을 강화하여 영토확장의 일환으로 편입한 지역이므로 일본의 내셔널리즘의 약화만이 해결의 바람직한 방향이다. 전후 중국이 조어도의 영유권 주장을 방치해 온 경향이 없지 않으므로 중국의 내셔널리즘을 약화시켜서 중일 양국이 상호 양보하는 차원에서 해결되어야 지역통합에도 도움이 된다. 그렇지 않고 현재처럼 양국 모두 내셔널리즘을 강화해 간다면 영토분쟁의 근본적인 해결은 불가능할 것이 불 보듯 뻔하고 지역통합에도 커다란 장애로 남을 것이다.

이상에서 각 지역의 영토분쟁의 현안에 관해서 정리해 보았다. 그럼 향후 이들 영토분쟁이 어떻게 진행될 것인가를 전망해 보면 다음과 같다. 독도의 경우는 한국도 영유권을 포기하지 않겠지만 일본의 영유권 주장도 포기하지 않을 것이다. 독도문제 때문에 한일관계의 악화는 향후에도 계속될 것으로 전망된다. 향후 일본은 공동관리의 어업수역을 적용하여 배타적 경제수역 설정을 요구하여 지하자원의 공동개발을 강요할 것이다. 한국은 국내외적인 어려운 상황이 봉착하게 되면 일본의 집요한 요구에 굴복하게 될 것으로 보인다.

쿠릴열도 4도 문제는 일본 국내에서 우선적으로 2도 반환 후에 나머지 2도 반환을 추진하자는 여론도 형성되어 있다. 그러나 이미 국내 여론이 영토분쟁의 본질과 다르게 왜곡되어 '북방 4도'는 당연히 일본의 고유영토라는 개념이 확산되어 2도 반환으로 영토문제 해결은 국민정서상 거의 불가능할 것으로 판단된다. 러시아의 국내적인 어려운 상황을 기다렸다가 러시아가 4도를 양보하는 것만이 영토분쟁의 완전한 해결이 될 것이다. 차선의 방법으로 2도 반환과 향후 배타적 경제수역(어업권 혹은 자원의 공동관리) 등에서 간접적인 일본의 권익을 인정하는 방향으로 평화조약의 체결도 불가능한 것은 아니라고 본다. 러일 간의 영토문제의 해결은 한일 간의 독도문제 해결에도 영향을 미쳐 한국에 대해 독도 영유권의 양보를 요구해 올 가능성도 배제할 수 없다.

조어도 문제는 일본의 실효적 점유상황임에도 불구하고 영토적 권원이 미약하다는 약점 때문에 자원의 개발을 적극적으로 추진하지 못하고 있다. 일본은 본질적인 독도문제의 해결이 불가능한 상황에서 한국의 배타적 주권의 양보를 요구하여 자원의 공동개발을 요구해 올 가능성도 높다. 이미 1998년 11월 잠정 합의수역 내에 독도를 포함시켜서 어업자원의 공동관리를 요구하고 있고, 향후 배타적 경제수역조차도 공동관리를 요구할 것임에 분명하다. 이러한 상황이 되면 일본의 정치적인 요구가 더욱 강경하여 소기의 목적이 이루어지면 그 다음으로 독도의 영유권조차 요구하는 위기상황에 직면할 수도 있을 것이다.

일본의 한 · 중 · 러 3국과의 영토분쟁은 러시아와는 2도 반환과 함께 배타적 경제수역의 공동개발이 합의된다면 타결 전망이 있고, 중국과는 영토주권을 제외한 배타적 경제수역에 한해서 공동관리 및 개발이 합의된다면 잠정적인 타결의 가능성이 있을 것으로 본다. 이러한 상황이 도래하게 된다면 양국관계에서 정치적 · 경제적 우위권을 점하고 있는 일본이 한국에 대해 고자세로 영토주권은 차치하더라도 배타적 경제수역에 대한 공동관리를 요구해 올 가능성이 상당히 높다고 볼 수 있다. 이처럼 현실적으로 전개되고 있는 영토문제의 해결방향은 바람직한 해결법이 아니므로 이는 곧 지역통합에도 커다란 걸림돌이 될 것임에 분명하다.

참 | 고 | 문 | 헌

김병렬. 1998. "대일강화조약에서 독도가 누락된 전말." 독도연구보전협회. 『獨島領有權과 領海와 海洋主權』. 독도학회.

_____. 1998. 『독도 : 독도자료총람』. 다다미디어.

독도연구보전협회 편. 1998. 『독도영유권과 영해와 해양주권(독도연구총서 3)』. 독도연구보전협회.

김영진 역. 高崎宗司. 1998. 『檢定韓日會談』. 淸水書院.

민족문제연구소 편. 1995. 『한일협정을 다시 본다』. 아세아문화사.

崔長根. 1998. 『韓中國境問題硏究 - 일본의 영토정책사적 측면에서』. 백산자료원.

_____. 2000. "일본외교의 양면성에 관한 고찰 - 일한어업협정과 영토문제." 『日本學報』. 제44집.

_____. 2000. "어업협정과 독도 및 EEZ와의 관련성 - 일본외교의 정치문화적 특성에서 고찰." 『日本學報』. 제50집.

_____. 2003. "현대 일본 정치의 아이덴티티 모색과 그 방향성 - 일본 내셔널리즘의 전개과정을 중심으로." 『日本學報』. 제54집.

_____. 2004. "대일평화조약의 영토조항의 일고찰 - 정치성에 관해서." 『일어일문학』 21집. 2.

_____. 2005. 『일본의 영토분쟁』. 백산자료원.

신용하. 1996. 『독도의 민족영토사연구』. 지식산업사.

李漢基. 1969. 『韓國의 領土』. 서울대학교출판부.

정해웅. 1999. "EEZ 체제와 한일 어업협정." 『서울국제법연구』. 제6권 1호(國際法學會).

洪聖根. 2003. "獨島폭파사건의 國際法的 論爭 분석." 獨島學會 編. 『韓國의 獨島

領有權硏究史』. 독도연구총서 10. 독도연구보존협회.

河野康子. 1994.『沖繩變換をめぐる政治と外交』. 東京大學出版部.

下田武三. 1984.『戰後日本外交の證言』上卷. 行政問題硏究所出版局.

______. 1984.『戰後日本外交の證言』下卷. 行政問題硏究所出版局.

高野雄一. 1964.『日本の領土』. 東京大學出版會.

細川千博. 1984.『サンフランシスコ講和への道』. 中央公論社,

每日新聞社 編. 1946.『對日平和條約』. 每日新聞社 刊.

宮澤喜一. 1999.『東京一ワシントンの密談』. 中央公論社.

崔長根. 1994.『明治日本の領土擴張政策－獨島の島根縣編入を中心に』. 中央大學大學院 法學硏究科. 석사학위논문.

______. 1997.『近代日本の領土政策史硏究－滿韓國境問題を中心として』. 中央大學大學院 法學硏究科. 박사학위논문.

河野康子. 1994.『沖繩返還をめぐる政治と外交–日米關係史の文脈』. 東京大學出版會.

伊藤 潔. 1993.『臺灣』. 中公新書 1144.

每日新聞社 編. 1952.『對日平和條約』. 每日新聞社.

渡邊昭夫 · 宮里政玄 編. 1986.『サンフランシスコ條約』. 東京大學出版會.

木村汎 編. 1981.『北方領土を考える』. 北海道新聞社.

木村汎. 2002.『遠い國ロシアと日本』. 世界思想社.

榎森進. 1997.『改訂增 補北海道近世史の硏究一幕藩體制と蝦夷地』. 北海道出版企畵センター.

北海道東北史硏究會 編. 1997.『場所請負制とアイヌ』. 北海道出版企畵センター.

和田春樹. 1999.『北方領土問題一歷史と未來』. 朝日新選.

秋月俊幸. 1994.『日露關係とサハリン島一幕末明治初年の領土問題一』. 筑摩書房.

高野雄一. 1980.『國際法からみた北方領土』. 岩波ブックレットNO. 62.

外務省編. 1972. “尖閣諸島」について.” 外務省情報文化局.

金子利喜男. 2001.『世界の領土, 國境紛爭と國際裁判』. 明石書店.

木村汎. 1993.『日露國境交涉史一領土問題のいかに取り組むか』. 中公新書 1147;

中央公論社. 島根縣教育會 編. 1979.『島根縣誌』. 賢美閣.

芹田健太郎. 2002.『日本の領土』. 中公叢書.

田中弘之. 1997.『幕末の小笠原』. 中公親書 1388.

3

일본인의 내셔널리즘에서 나타난 대한인식과 재일동포의 아이덴티티*

조현미(경북대학교)

I. 서론

일본의 내셔널리즘의 확장에 따른 대외인식의 변화는 지정학적인 위치로 인하여 한반도와 항상 밀접하게 관련되어 나타났으며, 한일관계 역시 시대에 따라 변해갔다. 한 국가의 자민족관과 타민족관의 역사적 변화양상이 정책적인 면뿐만 아니라 일반 민중의 의식에까지 미치는 영향은 지대하다. 그러한 영향은 양 민족의 상호 인식의 변화를 초래하였고, 그 결과 자국민의 민족적 아이덴티티의 형성에도 영향을 주었다. 또

* 본고는 "한일 간 상호 인식의 변화와 에스닉 아이덴티티," 2003년, 『일본어문학』 제20집과 "일본인의 대한인식과 재일동포의 아이덴티티 – 일본의 로칼리즘, 내셔널리즘, 리저널리즘," 2003년, 『일본어문학』 제23집에 게재된 내용을 수정 · 보완한 것이다.

한 그러한 아이덴티티의 변화는 결과적으로 같은 지역에서 생활하고 있는 지역공동체의 구성원에게 가장 첨예하게 반응하게 된다. 특히 역사적으로 지배-피지배의 관계에 있던 민족과의 공존은 시대적 · 사회적인 주변상황과 밀접하게 연계되어 나타나게 된다. 그러므로 일본의 대한인식(對韓認識)은 한반도의 한국인들에게보다 같은 나라, 같은 지역에서 생활하는 재일동포들에게 직접적이면서 즉각적으로 나타나게 될 것이다. 그러한 의미에서 재일동포들의 아이덴티티가 그대로 표출되어 나타나는 재일동포[1] 문학작품을 분석함으로써 생활의 현장에서 온몸으로 체험하는 일본인의 대한인식을 보다 정확하게 파악할 수 있을 것이다.

본고에서는 특정작가의 문학작품을 통하여 그 작품에 깔려 있는 민족적 정체성의 표출양식을 시대적 배경과 상호 관련시켜서 분석함으로써 일본의 대한인식의 변화에 따른 재일동포의 아이덴티티 변화양상을 파악하고자 한다.

1) 단 일제강점기의 문학작품은 해당 시기에 국내외에서 활동한 작가들을 예로 들었다. 이는 재일동포의 형성시기가 일제강점기부터라고 하나 해방이후에도 귀국하지 않고 계속하여 거주하고 있는 자와 그 후손을 재일동포라고 하는 일반적인 개념으로 볼 때, 일제강점기의 재일동포문학이라는 개념을 정확하게 표출하기가 곤란하기 때문이다.

II. 일본의 내셔널리즘과 대한인식

국가, 국민 또는 민족이라 번역되고 있는 영어의 내이션이란 단어에서 나온 내셔널리즘은 내이션의 어떤 측면을 강조하고 있는가에 따라 국가주의, 국민주의, 민족주의 등으로 번역되고 있다. 하지만 내셔널리즘의 정의와 본질에 관해서는 다양한 견해가 있으며, 정설(定說)이 없다고 보아도 무방할 것이다. 단지 국가를 으뜸으로 생각하며 그 권위와 의사에 절대적 우위를 인정하는 입장에서 국가의 부강을 도모하려는 사상과 운동을 '국가주의'라고 할 때, 국민의 권익을 옹호하고 확립하고자 하는 입장에서 근대국가의 형성을 지향하는 사상과 운동을 '국민주의'라고 할 수 있다.[2] 요컨대 내셔널리즘이란 그것을 국가주의, 국민주의, 민족주의 중 어느 것으로 번역하건 간에 자민족의 이익과 발전을 위하여 전개되는 사상 및 운동을 의미하며, 그 본질은 민족 및 민족국가의 에고이즘에 있다. 현대 일본의 내셔널리즘은 개인주의를 부정하고 국가의 복권(復權)을 강조하는 고전적인 국가 내셔널리즘적인 면도 없지는 않으나 전후 민주주의가 육성한 '민족 니힐리즘'을 배경으로 '민족적 무의식'이 퍼져, 그로 인해 오히려 내이션의 국가적 일체성을 강조하는 일종의 '공정(公定) 내셔널리즘'[3]이 점차 강해지고 있는 듯하다.

---

2) 차기벽, 『민족주의원론』, 1990, p. 14.
3) 加藤一夫(2000), 『エスノナショナリズムの胎動』, p. 24.

1. 정치적 지도자 계층의 내셔널리즘

국민에 대한 내셔널리즘의 고취는 때에 따라 지배층이 그 지배목적을 수행하는 데 있어서 결정적인 역할을 할 수 있다. 이로 인해 계급대립을 비롯한 국내의 제 모순을 외견적으로 극복하며 국민적 통일성을 꾀하고, 국민의 에너지를 지배목적에 동원시켜 나갈 수 있게 하기 때문이다. 일본의 지배층이 전후 계속하여 주장해 온 '강렬한 내셔널리즘'을 후쿠이(福井)는 '신국민주의'라는 용어로서 표현하고 있는데, 그에 의하면 '신국민주의'의 중심에 있는 것이 '애국심'이며, 패전에 의해 잃어버린 그것을 다시금 국민의식 속에 배양하는 것이 지배층에 있어서 불가피한 과제라 하였다. 애국심의 배양은 '민족공동체에 대한 애정과 신념', 즉 민족의식을 육성함으로써 수행되어진다.[4] 그런데 민족의식의 형성을 위해서는 외부로부터의 위협을 강조하는 것만으로는 충분하지 않아서 민족의 내부에서부터 그것을 형성하는 근거를 구하지 않으면 안되며, 일본의 경우 그 근거를 천황의 존재에 두고 있었다.

1966년의 중앙교육위원회의 답신(答申)『기대되는 인간상』에는 천황[5]에 대한 경애(敬愛)에 그 근거를 집약하여 그것을 애국심과 동일시하

4) 福井英雄(1982), "保守支配の思想と構造," pp. 43－45.

5) 천황(天皇)이란 원래는 중국에서 쓰던 말로 만물을 지배하는 황제라는 뜻이다. 일본 이외의 국가에서는 중국에서 고종(高宗)이 천황이라 칭한 외에는 예가 없다. 그런데 현재의 일본헌법에서는 천황을 "일본국 및 일본국민 통합의 상징"이라고 규정하고 있다. 본 고에서는 원래의 사전적인 의미가 아닌 일본의 왕에 대하여 일본국 헌법에서 규정하고 있는 칭호라는 의미에서 천황이라는 용어를 사용하고 있다.

는 논리를 펼쳤다.[6] 일본국의 상징인 천황을 경애하는 것은 그 실체인 일본국을 경애하는 것이라는, 즉 천황에 대한 경애를 기축으로 하는 내셔널리즘 고양정책(高揚政策)은 그후의 정치과정에 있어서 국가정책으로서 급속히 구체화되어 간다. 이 답신(答申)의 다음해인 1967년에는 많은 국민, 특히 역사학계의 강력한 반대를 무릅쓰고 '건국기념일'이 법정(法定)되었고, 1979년에는 원호(元號)가 법제화되었다. 한편 1972년에는 국민의 권리제한, 국가기강의 재편, 자위대와 안보조약의 합헌화(合憲化) 등과 함께 천황의 원수화(元首化)를 꾀하는 자민당 헌법 조사회의 「헌법개정대강초안(憲法改正大網草案)」이 제출되었다. 또한 야스쿠니 신사 국영화 법안이 69년 이래 5번에 걸쳐 국회에 제출되고, '히노마루(日の丸)' '기미가요(君が代)'의 국기·국가로서의 공정(公定)과 '교육칙어(教育勅語)'의 부활 움직임도 강해져 갔다.[7]

일본 내셔널리즘의 '30년 주기설'을 주장하고 있는 미야가와(宮川透)에 의하면, 1980년대 후반부터 시작된 제4차 내셔널리즘의 시대에 해당하는 현대의 내셔널리즘은 '민족 우수론'과 '국가의 복권', '일본에의 회귀'가 강조된다는 점에서 과거 세 차례 시기와 공통적이지만, 냉전붕괴로 좌파 역사학이 쇠퇴했고 전쟁을 모르는 세대가 대다수를 차지하게 된 점에서 과거보다 더 위험해질 수 있다고 진단했다.[8] 그의 주장을 그대로 수용할 수는 없지만 시대적인 흐름을 살펴볼 때 거의 그가 지적한 네 시기를 전후하여 특히 우익의 활동이 활발해지기도 하고 정치가들의 망언이 되풀이되고 있다는 사실을 간과할 수는 없다. 더욱이 최근에는

6) 福井(1982), 앞의 책, p. 45.
7) 福井(1982), 앞의 책, pp. 45-47.
8) 《조선일보》, 1999년 8월 18일자 특집, "日 保守右派연구."

일본이 '국가 중심의 내셔널리즘'으로 사상적 전환이 진행되고 있다는 우려가 깊어지고 있는 가운데 또 다시 되풀이되고 있는 정치가들의 망언과 제2차 세계대전 이후 A급 전범이 안치된 야스쿠니(靖國) 신사 참배, 그리고 우익들의 과격한 행동들[9]은 주변국가들을 긴장하게 만들고 있다.

1995년 10월, 총무성 장관이었던 에토(江藤隆美)의 "일본은 한반도 통치기간에 좋은 일도 했다"는 발언, 전법무상이며 현재 자민당의원인 오쿠노 세이스케가 1996년 6월 29일 나라시(奈良市)의 한 집회에서 위안부 문제의 본질을 전면 부정한 위에, 7월 2일에는 "대동아전쟁이 침략과 잔학행위로 간주되게 된 건 미국의 점령정책에 의해 세뇌되었기 때문"이라는 발언과 함께 2005년 6월 11일 또 다시 문부과학상인 나카야마(中山成彬)가 "종군위안부라는 말은 원래 없었다"고 주장해 파문이 일고 있다. 그는 문부성 검정을 통과한 중학교 사회교과서에서 '종군위안부'라는 표현이 없어진 데 대해 "원래 없었던 것이 (교과서상에) 있었던게 문제"라고 주장했었다.[10] 이렇게 일일이 열거할 수도 없을 정도의 망언들이 쏟아져 나오고 있는 가운데 우익은 물론 일반 국민들 사이에서도 국가와 국민의식에 있어서 혼란을 느끼고 있음을 나타내는 다양한 사건들이 속출하고 있다.

9) 예를 들어 고이즈미(小泉純一郞) 일본 총리가 야스쿠니 신사 참배 문제로 국내외 여론에 의해 사면초가에 몰리자 자민당 소장파 우익을 중심으로 '평화를 기원하고 진정한 국익을 생각해 야스쿠니 참배를 지지하는 젊은 의원의 모임'이 2005년 6월 28일 창립총회를 열 예정이라는 보도(《한겨레》2005년 6월 23일자)와 일본군 위안부와 강제연행의 기술을 교과서에서 없애는 것을 목표로 내건 자민당의 '일본의 앞날과 역사교육을 생각하는 의원모임' 등을 들 수 있다.

10) 《조선일보》, 2005년 6월 13일자.

2. 교과서 문제와 내셔널리즘

민족의식의 형성에 지대한 영향을 미치는 제도적인 장치 중 하나가 교육이라 할 수 있으며, 이러한 국수적 내셔널리즘의 색채는 교과서 문제와 관련되어 나타나곤 했다.

1955년 당시의 민주당이 『우려해야 할 교과서 문제』라는 작은 책자를 발행, 현행 교과서에는 소련과 중국에 대한 찬양과 마르크스 · 레닌주의의 편향이 있다고 공격하는 데서 시작하여 교과서 검정이 강화되었고, 일본의 침략이나 전쟁범죄와 관련된 기술이 삭제되기 시작했다.

계속하여 국수적 내셔널리즘이 강화되어 가는 가운데 1995년 초 도쿄대학 교수 후지오카 노부카츠(藤岡信勝)를 중심으로 〈자유주의 사관 연구회〉가 발족되었고, "지금이야말로 세계사를 보는 새로운 패러다임이 필요하며, 확실한 국가의식과 긍정적 역사교육을 위한 새로운 역사관과 연구가 필요한 시대"라는 주장이 제기되었다.[11] 〈자유주의 사관 연구회〉는 1996년 1월부터 산케이 신문에 「교과서가 가르쳐 주지 않는 역사(教科書が教えない歴史)」를 연재하면서 역사 재평가 운동에 대한 관심을 환기시켜 왔다. 그것은 곧 현장교사들에게 영향을 미치기 시작했고, 급기야 사회적 이슈로까지 부각됐다. 그러한 상황에서 후지오카 노부카츠, 니시오 간지(西尾幹二) 등이 '자국에 대하여 자부심을 가질 수 있는 교과서를'이라는 슬로건으로 1997년 1월에 〈새로운 역사교과서를 만드는

11) '교과서에 진실과 자유를' 연락회 엮음, 『철저비판 – 일본 우익의 역사관과 이데올로기』, pp. 10 – 11.

모임〉(新しい歷史教科書をつくる會, 이하 〈모임〉으로 약칭함)을 결성했다. 〈모임〉은 그 취지서에서

> 전후의 역사 교과서는 일본인이 계승해 가야 할 문화와 전통을 잊어버리고 일본인의 자부심을 잃어버리게 하는 것이었습니다. 특히 근현대사에 있어서 일본인은 자자손손까지 계속하여 사죄해야만 하는 운명이 지워진 죄인과 같이 취급되고 있습니다. 냉전종결 후는 이 자학적인 경향이 더욱 강해져 현행의 역사교과서에는 구적국(舊敵國)의 프로프간다를 그대로 사실인 양 기술하기에까지 이르렀습니다. … 우리 조상의 활약에 가슴이 뛰고, 실패의 역사에도 눈을 돌려 그 고락을 추체험(追體驗)할 수 있는 일본인의, 일본인으로서의 자신과 책임감을 가지고 세계의 평화와 번영에 헌신할 수 있는 교과서입니다.

라고 밝히고 있다. 즉 〈모임〉이 지향하고 있는 것은 과거의 일본인의 역사를 현대 일본인이 긍정적으로 받아들일 수 있고 용기를 북돋을 수 있는 '일본인의 이야기'를 만들자는 것이었으며, 이러한 내셔널리즘의 경향을 오구마(小熊)와 같이 '위로의 내셔널리즘'라고 표현하는 학자도 있다.[12)]

한편, 1960년대부터 교육계에 일기 시작한 식민지 역사에 대한 반성의 흐름은 점차 대중의 여론에까지 영향을 미치기 시작했으며, 문부성의 교과서 검정제도와 갈등하는 가운데 점차 한국인 강제연행 문제나 중국의 난징(南京) 대학살이 교과서에서 언급되기 시작했다. 1982년의 '역사

12) 小熊英二・上野陽子(2003),『癒しのナショナリズム』, p. 71.

교과서 왜곡문제'와 1997년의 〈모임〉이 편찬한 『새로운 역사교과서』 문제 등이 국내외에 물의를 일으키기도 했지만 2001년 8월15일 마감된 일본의 중학교 역사교과서 채택 결과 〈모임〉이 집필한 교과서는 10% 점유는 무난할 것이라 했던 그들의 주장과는 달리 일반 공립 및 국립중학교에서는 한곳도 채택하지 않았고, 사립 중학교에서는 6개교만이 채택한 것으로 알려졌다. 결국 〈모임〉 교과서 채택률은 0.05% 정도에 그쳤고,[13] 이에 따라 〈모임〉 교과서로 공부하게 될 학생은 2,000여 명에 불과하게 되었다.

이렇게 국내외적으로 커다란 물의를 일으킨 『새로운 역사교과서』의 채택률이 예상에 크게 못 미치게 된 것은 일본 국내의 지식인, 학부모, 교사들의 거센 반대가 있었기 때문이었다.[14] 하지만 2005년, 다시 역사교과서 문제가 한일양국에서 논쟁거리가 되면서 인적 · 물적 교류가 활발히 전개되어 가고 있던 한일관계에 파문을 일으키고 있다. '한일 우정의 해'가 무색해질 만큼 양국관계가 경색국면에 접어들고 있는 가운데 『새

13) 아사히 신문이 이날 전국의 취재망을 동원해 조사한 바에 의하면 〈모임〉 교과서를 채택한 곳은 특수학교인 도쿄(東京) 도립 양호학교(2교 2분실)와 에히메(愛媛) 현립 양호학교 및 농학교(4개교 1분실)에 불과했다. 이 교과서를 사용하는 학생수는 전부 합쳐도 60여 명에 불과하다. 사립학교는 미에(三重) 현의 스다(津田) 학원과 이바라키(茨城) 현의 조소(常總) 학원 등 6개 교에 그쳤다. 이들 학교의 학생수는 정확히 알려지지 않았으나 사립중학교의 평균 재학생 수가 350여 명(99년 기준)인 점을 고려하면 2000명이 조금 넘을 것으로 추정된다(자료 : 《동아일보》, 2001. 08. 16).

14) 〈일본 교직원 조합〉, 〈어린이와 교과서 전국 네트 21〉을 비롯한 12개 시민단체, 〈역사 교육자 협의회〉, 〈일본 전쟁책임 조사자료 센터〉 등 많은 단체가 '새로운 역사 교과서' 불채택 운동에 참여했으며, 노벨문학상 수상자인 오에 겐자부로(大江 健三郎) 외 17명도 성명서를 내고 교과서 불채택 운동에 동참하였다.

로운 역사교과서』를 채택시키고자 하는 〈모임〉측의 활동과 그것을 저지하려는 일본인 시민단체, 그리고 국내의 여론이 결국은 어떤 결과를 초래하게 될지는 아직 미지수이다. 하지만 역사에 대한 올바른 인식을 후세에게 심어주고자 하는 일본인 시민단체와 그들에게 동조하는 일본인이 있는 한 앞으로의 양국 간의 관계는 어둡지 않다고 본다.

3. 매스미디어와 내셔널리즘

1999년 5월 하순, 도쿄 인근에 위치한 자위대 군의관을 양성하는 방위의과대학 기숙사에 한 소년이 칼로 대학생을 위협하며 인질 농성극을 벌인 사건이 발생했다. '현행 헌법을 파기할 것, 미국-러시아-한국에 빼앗긴 국토를 탈환할 것, 미국 등의 내정간섭을 거부할 것' 이라는 내용의 성명서를 들고 저항하던 소년은 6시간 만에 경찰에 체포됐다. '우익 소년' 의 나이는 15세로 인근 고교 1학년이었다.[15)]그런데 놀라운 사실은 소년을 의식화시킨 교사범이 『전쟁론』이라는 일제의 태평양 전쟁을 철저하게 미화시킨 한권의 만화책이었다는 점이다.[16)] 저자 고바야시 요시

15) 《조선일보》, 1999년 8월 18일자 기사.
16) 일본의 대중문화 가운데 만화는 빼놓을 수 없는 것이지만 그 중에서도 예의 『전쟁론』은 1998년 7월 발간 후 무려 60만 권이 팔렸으며, 독자의 대다수가 10-30대라고 한다. 1996년 〈새로운 교과서를 만드는 모임〉이 결성되고 2001년 6월 후소샤의 『새로운 역사교과서』의 시판본이 출판될 때까지 국내외에 큰 물의를 일으킨 가운데 출판된 『전쟁론』은 특히 감수성이 예민한 청소년층의 주목을 끌기에 충분했다. 하지만 『전쟁론』이 출판된 것과 같은 연도에 일본의 전쟁책임, 그리고 종군위안부 문제 등에 관한 일본인으로서의 책임감 등을 소재로 한 시요리 마츠오의 『하늘과 바다 사이

노리는 우파 내의, 〈역사미화 그룹〉의 핵심 멤버이다. 여기서 주시해야 할 점은 이러한 우익의 만화가 널리 읽혀진 것이 시대적으로 우익의 세력이 강화되기 시작하면서 앞서 말한 『새로운 역사교과서』에 관한 매스컴 등에서의 열띤 공방이 오히려 일본의 제국주의적 내셔널리즘에 대한 흥미를 유발시키는 요인으로서 작용했고, 그러한 요인이 역사적 혹은 국가적인 의식이 아직 성숙되지 못한 연령층에게 가상공간과 현실을 착각하여 애국심에 불타는 제국주의 청년을 새삼스레 탄생시켰다는 점이다.

매스미디어가 대중에게 미치는 영향을 볼 수 있는 또 다른 사실로서 북한의 핵문제 혹은 납치문제가 대두될 때마다 민족학교의 학생들에게 가해지는 위협과 폭력을 들 수 있다. 북한의 인공 지구위성이 발사된 직후인 1998년 9월 1일부터 우익들은 조선 회관에 23차례나 대형 확산기를 이용하여 '조선인은 나가라', '조선인은 죽어라' 등의 폭언과 함께 회관의 문을 발로 차는 행위를 했으며, 아이치(愛知)에서는 30대의 일본인 남성이 조선인 여자 중학생에게 전차 안에서 가위로 '머리카락을 자른다'는 위협을 했고, 도쿄의 초등학교 4학년 여학생이 역시 전차 안에서 책가방을 칼질당하는 등 일본 전국에서 조선인 학생들이 일본인들로부터 피해를 당하는 사건이 속출했다.[17)]

비단 1998년뿐만이 아니라 한국이나 북한에 관하여 일본에 조금이

(空と海の間)』라는 만화책이 출판되기도 했다. 그 책에 관한 호응도와 정확한 판매량은 조사하지 못했지만, 2000년에 한국어로 번역되어 한국인 만화 매니아들에게 호평을 얻었다는 사실도 기억할 필요가 있다. 물론 정반대의 성향을 가진 두 종류의 만화의 예지만, 당시 더욱 많은 출판물이 쏟아져 나왔으리라 짐작되며, 이는 당시의 사회적인 분위기를 짐작할 수 있게 한다.

17) 《조선신보(朝鮮新報)》, 1998년 10월 15일 – 18일 기사.

라도 좋지 않은 기사가 등장할 때마다 이런 류의 사건이 발생하는 것을 매스컴을 통해서 심심찮게 볼 수 있다. 이는 우익뿐만 아니라 이제까지 한국과 북한에 대한 편견을 가진 많은 일본인들이 작은 자극에도 쉽게 반응하여 민족적인 감정을 표출한 것이라 하겠다. 하지만 우익의 경우는 예외라 하더라도 전술한 방위의과대학을 기습한 고교생과 같은 경우, 역사적인 지식의 부족과 정체성의 불명확으로 인하여 외부로부터의 자극을 무비판적으로 수용했다고 해석할 수 있다. 이는 역으로 식민지 경험 등의 역사적인 사실을 이해하지 못하고 있는 상황에서 특별한 의식 혹은 감정을 가지고 있지 않은 세대들에게 약간의 지식만을 투여하더라도 그들을 변화시킬 수 있는 가능성이 있음을 시사한다.

III. 시기별로 본 재일동포의 아이덴티티

국가와 민족, 그리고 국적이라는 개념은 그에 따른 다양한 통념(痛念)을 포함하여 재일동포에게 있어서는 언제나 독특한 감정으로 받아들여져 왔다. '국민국가'라는 것은 재일동포에게 있어서는 비원(悲願)이었으며, 그들에게 정치적 · 사회적 에너지를 만들어 주는 원천이기도 했다. 그러면서 이는 한편으로는 많은 재일동포들의 관념을 속박하는 일종의 부담으로서 작용하기도 했다. 재일동포에게 있어서 국가와 민족은 해방 이후에도 통일된 국민국가의 수립에 대한 좌절감과 이데올로기의 분열에 따른 혼란을 초래시키는 대상이었다. 그러한 국가나 민족에 대한 개념은 시대와 사회적 변화에 부응하여 변화해 갔으며, 그러한 변화는 강렬한 리얼리티를 가지고 재일동포 문학 속에 표현되어졌다.

재일동포 문학은 대개 '재일동포 1세대 문학', '2세대 문학', '3세대 문학'으로 분류하지만 시대별로 '식민지 시기'와 '해방 이후', 그리고 '현대'와 같이 분류하거나 이한창(1994)과 같이 '저항과 전향문학기', '민족현실 문학기', '사회고발 문학기', '주체성 탐색 문학기'로 구분하는 학자도 있다. 이렇게 분류상의 정의는 다르더라도 재일동포가 처해진 입장과 환경에 따라 그들이 가장 민감하게 느끼고 반응하는 문제들이 무엇이며 또 어떠한 형태로서 반응하고 있는가에 따라 그 시기구분이 달라진다고 한다는 점에서는 차이가 없다.

본고에서는 일반적으로 행해졌던 문학작품에 대한 분석과는 그 각도를 조금 달리하여 시기별로 당시의 특색을 가장 잘 알 수 있다고 생각되는 작품과 작가를 선정하여 시대적 상황과 부응된 일본인의 대한인식(對韓認識)이 재일동포의 민족의식 및 조국의식에 미치는 영향에 관하여 고찰하고자 한다.

1. 해방 이전(1920-1945)[18)]

1) 일본인의 대한의식

한일관계에 관하여 최초로 언급된 일본 문헌은 나라시대(奈良時代)에 완성된 『일본서기(日本書紀)』로, 일본이 조선을 정복하여 지배했었다

18) 일제에 의한 강점시기를 다시 식민지정책의 정책변화에 따라 1910-1920년의 토지조사사업기, 1921-1930년의 산미증식계획기(産米增殖計劃期),

는 '임나일본부(任那日本府)'의 설치에 대한 기록이다. 이는 일본인과 조선인의 동조(同祖)의식을 강조하는 '일선동조론(日鮮同祖論)'으로 이어진다. 일본인과 한국인은 한 조상, 한 핏줄이라는 논리이지만 일본인이 주장하는 동조(同祖)는 어디까지나 일종의 가부장적(家父長的)인 관계로 일본이 가부장(家父長)이고 조선은 가족원(家族員)으로서, 전자는 지배자의 입장에 있으며 후자는 그 지배 하에 있다는 일본 민족의 우월 의식을 강조한다. 이 이론은 중세에서 근대・현대에 이르기까지 이어져 본래 일본 영토였던 조선을 병합하여 원래의 영토로 부활시켰다는 조선강점(朝鮮强占)에 대한 합리화 이론으로서 작용한다.[19] 강점기의 조선사 연구는 일본인에 의하여 독점되다시피 했는데, 동조론(同祖論)과 함께 조선의 후진, 낙후성을 주장하는 '정체론(停滯論)' 등의 왜곡된 역사관을 일본인뿐만 아니라 조선인에게도 주입시킴으로써 일제에 대한 한반도의 강점이 낙후된 조선을 문명화시켜 주기 위해서라고 정당화시켰다.[20]

식민통치자들이 어떠한 의식으로 조선 민족을 대하고 정책을 펼쳐

1931-1938년의 중국대륙침략기, 1939-1945년의 강제연행기로 구분하기도 한다(조현미, 1998). 이 4가지 시기 중 특히 중국대륙침략기는 일제 식민통치의 기본성격으로 알려진 '황국 신민화정책'(=동화정책=민족말살정책)이 가장 적극적으로 펼쳐졌던 '전시 파시즘기'(변은진, 2003)로서, 이때부터 문학작품에서의 민족적 이데올로기의 표현이 한층 강하게 표출되어졌다. 본 고에서의 시대구분은 일제강점기에서 현대에 이르기까지의 광범위한 시기적 변화를 보고자 하므로 비록 본격적인 이데올로기 혹은 아이덴티티의 표출이 1930년대 초반부터라고 하나 전체적인 흐름에서 보아 일제강점기를 하나의 시기로 묶게 되었다.

19) 旗田巍(1965), "日本と朝鮮," pp. 38-40.

20) 이들 이론에 관하여서는 앞의 旗田(1965) 외에도 하우봉(1998), 『한일양국의 상호 인식』과 박영재(1987), 『오늘의 일본을 해부한다』 등에 상세히 나와있음.

나갔던가를 잘 나타내는 것으로서 3 · 1운동 당시에 일본의 수상이었던 하라(原敬)가 1911년에 기록한 일기가 있다. 그는 "조선인은 가능하면 일본인이 되려고 열망하며, 표면으로는 무언가 비통한 말을 하는 척도 하지만 내심으로는 모두 일본의 처치에 대해 크게 기뻐하고 있다"[21)]라고 기록하고 있다. 1918년 9월 수상에 취임한 하라는 즉시 식민지 지배체제의 개혁에 착수하였지만 그 성과를 보기 전에 3 · 1운동이 발발하였고, 그는 "조선은 일본의 판도(版圖 : 호적과 지도라는 뜻으로 영토, 영역을 의미함)로서 속박(屬邦)이 아니며, 또한 식민지가 아니고 바로 일본의 연장이다"라는 내용의 성명서를 발표한다. 또한 조선총독(朝鮮總督) 하세가와(長谷川 好道)도 "조선은 즉 제국(帝國)의 판도(版圖)로서 그 속방(屬邦)이 아니고, 조선인은 즉 제국신민(帝國臣民)으로서 내지인(內地人)과 하등 차별이 없으며, 따라서 조선의 통치 또한 일찍부터 동화(同化)의 방침에 기초하여 일시동인(一視同仁)의 대의(大義)에 따라 감히 편견이 없을 것을 기한다"[22)]고 했다.

이들 성명서에 보이는 의식은 일본과 조선과의 일체감이며, 양국 간의 대립을 부정한다. 조선은 속국이 아니며, 조선인은 피지배민족이 아니고, 따라서 조선은 식민지도 아니라고 하고 있다. 이 방침은 조선의 독자적인 존재를 존중한 바탕 위에서 조선과 손잡는다는 것과는 다르며, 또한 일본과 조선 간에 지배 · 복종의 대립관계를 명백히 하자는 것도

---

21) 『原日記』, 1911年 5月 31日, 4卷, pp. 276-277. 단 본고에서는 김동명(1998), "일본 제국주의의 식민지 지배체제의 개편-3 · 1운동 직후 조선에서의 동화주의 지배체제의 확정," 『한일관계사 연구』, 제9집, p. 95에서 재인용.

22) 旗田 巍 著 李基東 譯, 『日本人의 韓國觀』, p. 5.

아니다. 상대방의 존재를 없애버림으로써 지배·복종의 대립관계를 없애버린다는 것으로, 이 방침이 구체적으로 나타나게 되면 한국인의 전통적인 풍속·습관·언어·민족의식이 부정되고, 일본식 풍습이나 일본어·일본인 의식(儀式)이 강요되며, 마침내 전쟁에 일본인으로서 동원되기까지 한다. 동화정책(同化政策)은 전쟁 중에 황민화(皇民化) 운동으로 발전하였고, 이는 동화정책의 당연한 도달점이기도 했다.

〈표 1〉은 '조선국 사령부'에서 언급한 양 국민의 성격에 대한 분석으로 일본 민족의 우월성과 조선 민족의 상대적 열등함을 줄곧 설파하고 있으며, '동화'를 주장해 온 일본인들의 대조선인 인식을 단적으로 드러내고 있다.

1937년 중일전쟁의 전면적 개시와 함께 조선에서의 식민통치는 한층 강화된다. 그것은 '내선융화(內鮮融和)'에서 '내선일체(內鮮一體)'라는 슬로건의 변화에서 상징적으로 나타나는 것처럼 조선인에 대한 완전한 '민족말살정책'을 의미했다. 조선인이 조선인답게 살아가는 것이 '황민화(皇民化)의 적(敵)'으로 간주되던 상황 속에서 1938년 2월부터 지원병제도가 실시되었다. 하지만 조선인에게 총을 쥐게 한다는 것은 지배자로서는 불안하고도 두려운 일이기도 했으므로 일정수준의 학력과 자산을 가진 자만이 지원할 수 있다는 상당히 까다로운 조건을 붙였다. 총독부는 '반도의 청년층에게 실력을 발휘할 수 있는 계층의 청년을 훈련시킨 후 군사교육에 의해 체득한 정신을 가장 유효 적절하게 활용'하여 황민화 운동의 견인력으로 하려고 했다.[23] 이러한 의도가 포함된 지원병제도를 표면적으로는 '내선일체(內鮮一體)'의 구현이라고 선전하였

23) 宮田節子(1985),『朝鮮民衆と皇民化政策』, pp. 60－61.

〈표 1〉 조선국 사령부의 일본인과 조선인의 성격비교

일본인	조선인
정직 · 성실 사상이 단순, 관찰이 천박 동정심 많음 의협심 풍부 감사 · 보은의 念이 强 忠君愛國의 念 치열, 희생봉공의 心왕성 의무관념 强 悠久性 풍부, 天皇에 대한 신념 公共을 위해 私를 버리고 단결로 목적 달성에 노력 陽氣, 명랑 · 정직, 허세가 없음 겸양 · 분수를 앎 公私구별, 공정 · 청렴 敬信의 念, 神의 실재 인정 우월감, 對者연구에 노력치 않고 獨善心 强 일반적으로 강하여 비밀을 누설하지 않음	부정직 · 불성실 사상복잡, 인심의 기미를 살핌, 파악 · 조종이 교묘 동정심 결여, 자기에게 이익이 되지 않으면 남에게 친절을 다하지 않음. 타산적, 강자에 아첨 · 영합하고 약자는 고려치 않음. 감사 · 보은의 念 희박 忠君愛國 · 희생봉공 결여 의무관념과 책임관념 박약 영원에 대한 생각이 없고 일시적 · 고식적 단결심 결핍, 會內 會를 만들어 상호암투 陰氣, 책모적, 허세적 겸양의 미덕이 적고 오만 公私 혼동, 기강문란의 풍습 敬信의 念 희박, 오로지 儒教에 심취하여 형식을 쫓음, 신앙심 없고 정신적 道義관념 결여 對者의 성격 · 신념을 알려고 노력 비밀을 과장하고 누설하기 좋아함 의논을 좋아하는 性癖 의혹감 있고 시기심 强(유언비어)

자료 : 변은진(2003), p. 213에서 인용

고, 조선의 지식인 가운데에는 감격하며 사의(謝意)를 표한 사람도 있었다. 한때 독립협회의 중심인물 중 한 사람이었던 윤치호(尹致昊)는 "조선인을 신용해 지원병제도를 실시해도 좋다고 함에 대하여 지극한 감사의 뜻을 표하며, 당국으로부터의 신뢰에 대하여 조선의 청년이 기대를 저버리게 되는 일이 일어난다면 천황폐하를 받들어 모시는 데, 그리고 관계자 여러분들께 정말 죄송한 일이 되지나 않을까 염려된다"[24]고까지 하였다.

2) 문학작품에서 나타난 민족적 아이덴티티

이 시기의 대표적인 작가로는 김달수, 김사량, 장혁주, 김석범 등으로 그들의 문학에는 일본인에 의한 조선인 차별이나 일제에 대한 분노, 정신적 지주인 조국을 향한 튼튼한 유대감이 공통으로 나타난다. 그들의 작품무대는 일제에 의해 피폐화된 조국이었으며, 주인공은 그로 인해 토지를 잃고 일자리를 찾아 방황하는 조선의 민중들이었고, 경제적인 능력의 상실로 인한 갈등과 방황이 초래한 가정파탄과 폭력, 무질서 등의 암담한 현실에 대한 고발이 그들이 드러내고자 한 주제였다.

초기의 재일동포 1세 작가들이 조선 민중을 작품화한 까닭은 그들이 밝힌 일본어로 소설을 쓰는 이유에서 찾아볼 수 있다. 그들은 식민지 지배에 의해 참담해진 조선인의 생활상을 고발하려는 의도(김사량), 혹은 재일문학은 조선어로 조선과 조선인에 대해 써야 한다는 사고방식(김달수), 그리고 가능한 한 조선적인 색채를 담아내고자 하는 노력(김석범)이라는 의도를 확고한 창작목적으로 지니고 있었다.[25)]

그런데 식민지 시기의 조선의 상황은 참담했지만 일본인들이 갖고 있는 조선에 대한 인식은 그 정도가 더욱 심했다. 이러한 인식에는 일제에 의해 날조된 역사의식에 의해 만들어진 '열등한 조선인과 우수한 일본인'이라는 관념이 크게 작용했다.

일제 식민지 시기의 조선사 연구는 일본인에 의하여 독점되다시피

24) 宮田節子(1985), 앞의 책, p. 37.
25) 유숙자(2000), 『재일 한국인 문학연구』, p. 67.

했는데, 일본인과 조선인의 동조(同祖)의식을 강조하는 '일선동조론(日鮮同祖論)',[26] 조선의 후진 · 낙후성을 주장하는 '정체론(停滯論)' 등의 왜곡된 역사관을 일본인뿐만 아니라 조선인에게도 주입시킴으로써 일제에 의한 한반도 강점이 낙후된 조선을 문명화시켜 주기 위한 것이라고 정당화시켰다. 이렇게 만들어진 조선인에 관한 인식은 가난하고, 태만하며, 불결한 나라였고 민족이었다. 『아귀도(餓鬼道)』로 1932년 종합잡지 『개조(改造)』의 현상공모에 2위로 입상하여 조선인 작가로서는 처음으로 일본 문단에 등단하게 된 인물이었던 장혁주는 당시의 일본인들이 일반적으로 가지고 있던 조선상에 대하여 다음과 같이 표현했다.

> 독산(禿山)의 나라, 자토(赭土)의 나라 등으로 조선을 보고 다닌 사람들의 기행문을 보면 대개가 그렇게 적고 있다. 그것은 즉 빈곤을 의미하며, 폐퇴(廢頹)를 표현한 것이다. 긴 담배를 피우며 유연(悠然)하게 움직이고 있는 조선의 백성을 보고는 태만한 민족이라고 하고 있는 것이다. 지금도 곧잘 일본의 지방신문에 '초하(初夏)의 점경(点景)' 이라든가 하는 제목의 사진을 게재하는데, 지게를 땅에 쓰러뜨려 둔 채 거기에 기대어 낮잠을 자고 있는 (조선인) 일용직 노동자가 찍혀 있곤 한다. 이런 것들은 일견 일하는 것이 너무나 싫어 나무 그늘에서 낮잠을 자면서 놀고 있는 듯이 비추어진다.[27]

26) 일본인과 조선인은 한 조상 한 핏줄이라는 논리이지만 일본인이 주장하는 동조(同祖)는 어디까지나 일종의 가부장적인 관계로 일본이 가부장이고 조선은 가족원으로, 전자는 지배자의 입장에 있으며 후자는 그 지배 하에 있다는 일본민족의 우월의식을 강조한다. '일선동조론', '정체론' 등의 일제 식민지시기의 조작된 역사관에 대하여서는 旗田 巍(1965) ; 『日本と朝鮮』, 하우봉(1998) ; 『한일 양국의 상호 인식』, 박영재(1987), 『오늘의 일본을 해부한다』 등 많은 자료가 있다.

27) 中根隆行, "文學における植民地主義," pp. 165 – 170.

결국 장혁주가 지적하고 있는 바와 같이 독산(禿山), 자토(赭土), 백성(百姓), 일용직 노동자라는 용어는 빈곤(貧困), 발퇴(廢頹), 태만(怠慢) 등을 시사하는 식민지를 은유하는 의미로서 기능하고 있었던 것이다. 그 때문에 그는 일본과 조선에 퍼져 있던 조선상에 대해 이의를 나타낸 위에 "나는 한발 더 들어가서 그들 농민과 노동자가 그런 식으로 비춰지게 된 원인을 파헤치고 싶다. 그들은 결코 태만하기 때문에 일을 하지 않는 것이 아니고, 낙관적이기 때문에 놀고 있는 것도 아니다"라고 주장한다. 하지만 장혁주는 그의 작품 『아귀도』에서 식민지민으로서의 고통과 비참함을 표현하고자 했지만 오히려 일본에 퍼져 있던 조선상을 더욱 격화시켜 '전율할 만한 사실'로 표현될 정도의 식민지적 표상을 만들었다고 평가되고 만다.[28]

그런데 일제 식민지 하의 혼란한 상황 속에서 "조선인들이 처한 어려운 처지를 널리 세계에 호소하기 위해 일본어로 작품활동을 한다"[29]고 했던 장혁주는 일본 문단에 등단하여 일본인 문학가들과의 교류가 거듭되면서 도쿄와 조선과의 사이에서 커다란 문화적인 거리감을 느끼게 된다. 그는 『문예통신(文芸通信)』 1935년 5월호에 게재된 「이경의 슬픔(離京の悲しみ)」에서 "나를 태운 기차가 시나가와(品川)를 지나서 요코하마(横浜)를 벗어나면 자신이 낙오자 같아 슬퍼지게 된다", "항상 그렇지만 이번에도 나는 돌아가고 싶지 않았다. 문화의 중심지에서 멀어지고 싶지 않았다"라고 기록하고 있다. 그의 정신세계 속에는 '문화의 중심지'인 도쿄와 '지방'으로서의 조선이라는 지정학적 지도가 그려져 있었

28) 中根隆行(1999), pp. 163-164.
29) 이한창, "재일교포문학 연구," p. 82.

던 것이다.[30)]

당시 문화의 중심지에 대한 동경은 다수의 문인들에게서 발견할 수 있는데, 이광수 역시 일본 제국주의의 압제를 통해 조선인들이 겪는 수모를 문명화되지 못한 민족의 숙명으로 받아들임으로써 자신의 민족개조론과 당시의 문화 계몽운동을 구별하고 있다. 이광수의 친일파로의 전락은 일본인 주도의 근대화에 대한 동경이 주된 원인이었다고 보고, 곽준혁(2005)은 이러한 이광수의 사상을 '종속을 통한 지배이념에서 나타나는 황국적 애국심'이라 표현하고 있다. 곽준혁에 의하면, 이광수는 조선인의 미래는 몰락한 조선의 민족성 개조에 달린 것이 아니라 일본 제국의 비전인 대동아공영권으로의 편입에 있다고 보았고, 따라서 개별 아시아 민족들은 대동아공영을 위해 일본 제국에 동화되어야 할 시점이 도래되었다고 판단했다. 일본 제국으로의 동화는 오히려 문명선도의 실력을 갖춘 주체가 될 수 있는 영광스러운 기회이기 때문에 동화는 문명의 주체가 될 수 있는 기회이자 새로운 문명의 창조를 선도할 수 있는 기회라고 판단했으며, 일본 제국으로의 동화는 오히려 문명선도의 실력을 갖춘 주체가 될 수 있는 영광스러운 기회라고 판단했다. 따라서 자발적인 종속은 문명주도의 주체로의 전환이라는 명목으로 정당화될 수 있다고 보았다.[31)]

30) 해방 전까지 장편 16편과 단편 5편 도합 61편이나 되는 많은 작품을 발표한 장혁주는 1939년에 임진왜란을 합리화하고 가등청정을 영웅으로 그린 『가등청정(加藤淸正)』과 지원병으로 일제의 침략전쟁에 출정하는 것을 미화한 『이와모토지원병(岩本志願兵)』과 같은 친일문학 작품을 발표하였으며, 국내외 여러 친일단체에 가입하여 언론과 강연을 했다. 해방후에 그는 일본에 귀화했다(이한창, "재일교포문학 연구," p. 83).

31) 곽준혁(2005), pp. 92–94.

윤동주나 이육사와 같이 끝까지 조국의 독립을 추구한 문인도 많이 있지만, 장혁주나 이광수와 같이 지식인들 사이에는 일본의 문화에 동경심을 느끼면서 그들에게 조금 더 가까이 가고자 했던 사람들도 많았다.[32] 그리고 해방 후에도 일본식 교육을 받은 지식인층이 정치계에 투입되면서 그러한 동경심을 더욱 적나라하게 드러내곤 했으며, 그 가운데에는 애국자로 자처하며 활약한 사람들도 적지 않았다.[33] 장혁주는 점차 일본 문단과 일본 문화에 대한 동경심으로 인하여 친일적인 경향으로 기울어지다가 결국은 일본으로 귀화하게 된다.

장혁주와 동시대의 대조적인 인물로서 김사량을 들 수 있다. 그의 작품 『빛 속에서(光の中に)』에서는 주인공을 비롯한 모든 조선인들이 민족적인 차별과 잘못된 우월감의 희생자로 나타나는데, 여기에서 그는 일본 사회 속의 조선인들의 고뇌와 억압과 차별이 어떻게 인간성을 왜곡시키는가를 조명하고 있다. 계속하여 발표된 『토성랑』, 『기자림』, 『천마』 등에서 그는 일제에 시달리는 민중의 모습을 그려내고 있을 뿐만 아니

32) 이광수, 최남선, 박희도 등이 대표적인 인물로, 이 중 이광수는 일본에서 있었던 2 · 8독립선언문의 기초를 썼으며, 최남선은 3 · 1운동의 독립선언문을 작성한 사람이었다. 또 최인, 박희도 등은 민족대표 33인에 뽑혔던 사람들이었다. 이들은 일제에 의해 옥고를 치렀으나 모두 변절하고 만다. 그리하여 최인은 1934년 조선총독부의 관리가 되었고, 1937년에는《매일신보》의 사장에 취임하여 본격적인 친일활동을 하였다. 뒷날 일본이 우리 민족의 민족성을 말살하기 위해 창씨개명을 실시하자 이광수는 가야마 미쓰로오(香山光郎)이라는 일본 이름으로 바꾸었으며, 일본이 태평양전쟁을 일으켰을 때에는 최남선과 함께 일본으로 건너가 일본 유학생의 학병지원을 권유하는 강연을 하기도 했다(박문영 · 김영찬 공저(1998), 『한국사 이야기』, p. 381).

33) 박은봉(1993), 『한국사 100장면』, 박문영(1998), 『한국사 이야기』 등 다수의 문헌에 친일행각을 한 유명인들의 실례가 보고되어 있다.

라, 조선 민족에게 비참한 생활을 강요하는 실체가 동양척식회사, 관청, 관리 등 일제 통치에 있음을 밝히고, 그들의 저항하는 모습을 통하여 독자인 조선인들은 이들에게 항거해야 함을 암시하고 있다. 그는 해방 후에도 북한에서 작품을 발표하다가 6 · 25사변 때 종군기자로 참전하여 『종군기』라는 기록문학을 남기고 사망한다.[34] 그의 민족주의적인 작품 성향은 해방 후 공산주의로 변화해 갔지만 그의 작품 전체의 주제는 역시 우리 민족이라는 그 자체에는 변함이 없었다. 하지만 장혁주나 김사량을 비롯한 초기의 재일동포 문학은 일제식민지를 고발하기 위하여 조선의 궁핍상을 그려내고자 했음에도 불구하고 그들이 문학을 통하여 일본 사회에서 받아들인 조선인상은 단지 무지하고 빈곤하며 나태한 인간상에 지나지 않았다.

2. 해방 이후의 재일동포 문학(1945-1970년대 말)

1) 일본인의 대한의식

일본의 패전은 절대주의 천황제와 제국주의로부터의 해방이기도 했다. 마르크스주의 역사학자를 비롯한 지식인들 가운데에는 미국 점령군을 '해방군' 으로 인식하는 경향이 있었으며, 새로운 종속의 문제가 충분히 자각되지 못한 채 '패전의식' 과 '민주주의 의식' 의 혼돈상황이 벌어졌다. 서양에 대한 열등감과 그 반사로서의 동양에 대한 우월감이 일

34) 홍기삼(2000), "재일한국인 문학론," pp. 20-25, 이한창(1994)은 김사량이 이때 행방불명이 된다고 기록했지만, 재일한국인 문학에 관한 다른 많은 문헌을 종합하면 그의 병사 혹은 전사가 틀림없을 것 같다.

본의 국제감각의 핵심을 구성하고 있고, 그러한 국제감각이 메이지 이후의 일본의 특유한 문화구조라고 한다면, 일본의 내셔널리즘은 패전을 경계로 그 이전의 '아시아 연대론'과 '대동아공영권'을 앞세운 식민사관에서 미국 의존 지향의 '코스모폴리탄적 민주주의'로의 변환이라 할 수 있다. 이러한 의식 변환의 근저에는 끊임없는 아시아 문화에 대한 멸시관이 내재되어 있었다는 사실에는 변함이 없다. 하지만 반식민지였던 중국과 완전한 식민지였던 조선에 대한 인식에는 커다란 차이가 있었고, 전후 중국 연구가 눈부시게 발전해 간 데 비해 조선사 연구는 부진을 면치 못하고 있었다는 사실에서도 단적으로 나타나는 것처럼 패전 후 일본인들의 의식 속에는 식민지였던 조선에 대한 무관심에 가까운 멸시의 태도가 있었다. 원칙대로라면 일본의 조선 지배와 그 아래 행해졌던 왜곡된 조선사 연구 및 조선사관에 대한 반성과 비판이 있었어야 할 것이나 전후의 조선사 연구에는 그러한 움직임이 없이 침체되어 있었다.[35] 피지배민족이었던 조선인에 관한 모순적인 인식은 조선인을 극단적으로 기피하는 성향으로 나타나고, 반대로 적대감을 가져야 할 일본을 패전으로 이끈 미국 점령군에 대하여서는 동경과 의존을 나타내는 의식의 역구조를 나타내게 된다.

샌프란시스코 강화조약이 체결되었던 1951년 9월 4일을 기해 당시의 일본인들의 이민족(異民族)에 대한 의식구조를 파악하기 위해 조약체결 전 이틀 동안 도쿄(東京)대학의 이즈미(泉靖一) 교수 연구팀에 의해 실시되었던 조사결과[36]는 실로 그러한 일본인들의 의식상황을 잘 반영

35) 旗田(1965), 『日本と朝鮮』, p. 23.

36) 泉靖一, "日本人の人種敵偏見—朝鮮問題と關連して—," 『世界』 1963. 3, pp. 80-89.

해 주는 것이라 하겠다. 그 내용을 잠시 살펴보면, 도쿄도(東京道) 내(內)의 25군데에서 도합 344명에게 실시한 이민족에 대한 호감도를 묻는 조사에서 샘플 국가 16개국 중에서 호감도가 가장 높았던 나라는 미국, 프랑스, 영국의 순이었고, 호감도가 낮은 순위는 흑인, 조선인, 러시아인, 오스트레일리아인, 필리핀인의 순서로 나타났다. 이는 메이지 시기 이후 변함없이 계속되어 왔던 구미열강에 대한 동경(憧憬)이 미군정(美軍政)에 의한 통치가 끝이 나려 하는 시점에서 최고조에 달해 있었다는 것을 단적으로 나타내고 있는 것이다. 반면에 일본인이 가장 호감을 가지지 못하는 민족은 일본인이 한때 통치하였거나 혹은 잔악행위를 저질렀던 민족들이었다.

서구문화에 대한 동경(憧憬)은 그와 반대되는 문화와 민족에 대한 멸시와도 상통하는바, 흑인이 호감도에서 가장 뒤떨어진 결과를 나타낸 것은 인종적인 외모로 인한 편견으로밖에는 설명할 수 없다. 그리고 흑인을 제외한 호감을 가지지 못하는 다른 민족들 중에서 당시 영토문제를 비롯하여 일본인 귀환문제나 강화회의 불참 등으로 일본인에게 악감정을 품게 했던 러시아인보다도 한국인의 호감도가 낮았던 것은 주목된다. 조사결과를 좀더 상세히 살펴보면 이민족에 대한 호감도를 결정하는 요인들로서 이즈미 교수 연구팀이 제시한 것들로서 외관(外觀)과 민족성을 들 수 있는데, 호감도가 높았던 구미제국의 경우는 당당하고 청결하며 친절하다는 이미지를 가지고 있으며, 특히 가장 접촉할 기회가 많았던 미국인들은 친절하다는 점에서 타의 추종을 불허할 만큼의 높은 호감도를 나타내고 있었다(344명 중에서 197명). 반면 역시 접촉할 기회가 많았던[37] 아시아의 조선인, 중국인은 교활하고 엉큼한 것으로 나타났으며, 청결함이나 당당함, 친절함 등의 긍정적인 이미지와는 거리가 멀었다. 결국 아시아와 구미제국 사이의 상반되는 민족 이미지와 함께 일본인들과의 접촉도가 높을수록 아시아인에게는 부정적인 이미지가, 구미인들에게는 긍정적인 이미지가 더해졌으며, 접촉할 기회가 없었던 민족들에게는 그러한 당당함이라든가 교활함이라는 구체적인 이미지는 떠오르지 않는 상태이면서도 긍정적이거나 부정적인 이미지는 작용을 하고 있었다. 일본인의 이러한 이민족에 대한 관념이 형성되게 된 이유를 이즈미는 다음과 같이 풀이하고 있다.[38)]

> 일본의 문화는 아시아 대륙의 외측에 있어서 항상 외부로부터의 자극에 의해 성장해 왔다. 다시 말하면, 보다 높은 문화와의 직접 혹은 간접적인 영향에 의해 발달시켜 온 것이다. 그리고 그러한 도서적(島嶼的)인 풍토로 인하여 주변의 다른 민족보다 군사적으로도 경제적으로도 우수한 체제를 만들 수가 있었다. 하지만 일본의 주변부에 대하여 일본 민족이 우위를 확보한 시기일지라도 아시아 대륙의 중심부 문화에 대항하기는 어려웠다. 따라서 가까운 민족—예를 들면 조선인이나 아이누—에게는 우월감을 가짐과 동시에 당(唐)이나 인도(天竺)에 대해서는 열등감을 가지게 되었다.
>
> 일본을 중심으로 동심원을 그려볼 때 멀어질수록 일본인의 열등감은 굳어지고 거꾸로 본국에 가까워질수록 우월감이 강해진다.

37) 위의 이즈미의 조사에서는 이민족관의 형성과정을 알기 위한 지표로서 각 민족과의 접촉의 정도를 조사하고 있는데, 해당민족을 본 적이 있는 사람이 조선인 251명, 중국인 263명, 미국인 284명은 전체의 3분의 2를 넘었고, 교제한 경험은 조선인 90명, 중국인 63명, 미국인 60명이었으며, 흑인은 본 적은 있으나(292명) 교제한 경험이 있는 사람은 3명밖에 없었다. 러시아인과 인도인은 본 적이 있는 사람도 조사대상자의 약 반이었고, 교제한 경험은 10명 내외로 적은 수치를 나타내고 있었다. 그리고 이들 민족에 대한 정보는 많은 부분이 타인의 이야기나 신문 등의 언론매체를 통하고 있었다.

38) 같은 논문, pp. 86-87.

이러한 열등감의 존재방식은 이질적인 문화보다는 보다 유사한 문화에 대하여 반발하는 기묘한 성격을 일본 문화에 남겨주게 된 것이다.

일본인의 우월감과 타민족에 대한 잔악행위는 패전과 동시에 비참한 열등감으로 바뀌게 되었는데, 그러한 객관적인 사실이 일본인에게는 마음이 편치 않은 사실이었다. 더욱이 패전직후의 혼란한 사회상황과 어려운 생활여건 가운데 일본에서 생활터전을 마련했던 조선인들이 〈재일본조선인연맹(在日本朝鮮人聯盟)〉 등의 각종 민족단체를 결성하고 활발하게 활동을 개시하자 일본 경찰당국과 언론들은 재일 조선인들을 치안질서 파괴자로 선전하고, 재일 조선인에 대한 지속적인 치안단속을 위하여 '외국인등록령' 을 마련했으며, 또 한편으로는 〈재일본조선인연맹(在日本朝鮮人聯盟)〉을 교묘히 이용하여 재일 조선인들을 적극적으로 고국으로 보내려는 정책을 추진했다.

이러한 이민족에 대한 편견이 일반화되어 있는 가운데 1965년의 한국과의 국교정상화를 전후하여 하타다(旗田巍)를 비롯한 일부 지식인들 가운데 일본이 과거 식민지에 대한 응분의 책임을 져야 한다는 주장이 대두되기 시작했다. 하타다는 "침략국의 인간으로서 국가나 국민으로서의 조직이 있는 이상 본인에게 책임이 없더라도 국민으로서의 책임을 부담하지 않을 수 없다"며 일본의 식민지 지배 역사에 대하여 반성을 촉구했다.[39)]

39) 旗田巍(1963), "日韓會談の再認識 : 日本人の朝鮮觀,"『世界』, 216호 p. 56. 단, 여기서는 최영호(2002)에서 재인용.

이러한 하타다의 발언은 패전 후 결성된 히가시구니(東久邇宮稔彦) 내각의 발언내용과 대조적이다. 이 자리에서 그는 군관민(軍官民) 전 국민이 천황(天皇)에 대하여 '패전(敗戰)'을 총참회(總懺悔)한다고 했다.[40] 그런데 여기에서 그가 문제로 삼고 있는 것은 패전에 대한 책임뿐이었다. 더욱이 지도자와 민중은 패전에 대하여 같은 책임이 있으나 천황(天皇)만은 아무런 책임도 없다는 내용이었다. 그리고 그는 '일억총참회(一億總懺悔)'라는 표현도 하고 있는데, 이것을 문자 그대로 해석하면 조선인이나 대만인에게도 책임이 있다는 것이 된다. 결국 누구에게도 책임은 없으며, 또한 누구도 책임을 추궁할 수 없다는 것과 같은 내용이었다. 이러한 총참회론의 평판은 대단히 나빴다. 하지만 이 발언은 민중의 전쟁책임의식을 혼미하게 하는 그물과 같은 효과를 파급시켰고, 전쟁책임에 관한 수많은 논쟁을 낳았다. 하지만 대부분의 논쟁이 전쟁책임의 소재문제와 자기 반성, 그리고 도쿄재판에 관한 반응 등이 무엇보다도 중요하다 할 수 있는 아시아에 대한 책임의식은 표면적으로는 거의 나타나지 않았다. 그리고 소수의 아시아에 관한 책임의식 가운데에서도 대국(大國)인 중국(中國)에 대한 책임이 중심이었고, 그 이외의 아시아 여러 나라에 대한 책임감에 관한 논의는 거의 보이지 않았다. 그뿐만 아니라 오히려 책임을 부정하는 논쟁도 적지 않았다.[41] 이러한 태도에서 중국 이외의 아시아 여러 나라들을 무시하고 비하하는 잠재적인 일본인의 의식이 나타나고 있다.

전후 일본에서의 한국에 관한 인식의 진전은 1960년의 4 · 19학생

40) 『朝日新聞』, 『讀賣報知』, 각 1945년 8월 30일호.

41) 吉見義明(1992), "占領期野本の民衆意識一戰爭責任論をめぐって," 『世界』 811호, p. 73-99.

혁명, 1961년 5월의 박정희의 군사 쿠데타, 그리고 특히 1965년의 한일 협정 반대투쟁이라는 격동의 연속 속에서 재일 조선인에 대한 차별문제에 대한 자각이 높아지면서 이루어졌다.

2) 문학작품에서 나타난 민족적 아이덴티티

황민화(皇民化) 정책은 일본의 패전과 함께 끝났다. 하지만 황민화(皇民化) 정책이 조선인의 마음에 남긴 상흔은 깊고도 컸다. 특히 중일전쟁(中日戰爭) 이후의 이른바 황민화(皇民化) 시대에 인격형성 시기를 거친 세대의 상흔은 상상 이상이었다고 할 수 있다.

식민지 통치기간 중에 행해졌던 철저한 동화정책에 의해 일본군을 동경하고 일본인화 되기를 갈망했던 조선인들은 해방을 맞아서도 그 기쁨을 온전히 누리지 못하고 오히려 일본의 패전을 아쉬워하며 슬퍼하는 장면을 속속 연출하기도 했다. 일본인의 차별에 저항하여 1968년 2월 인질사건을 벌여 투옥되었던 김희로의 증언에서도 그 예를 볼 수 있다.

일본의 패전을 도쿄도 에도가와구(江戶川區)의 한 소년원에서 맞은 그는 "일본이 전쟁에서 패했다는 것이 매우 분했고, 천황폐하가 우는데 자신도 따라 눈물을 방울방울 흘리며 울었다"고 회상하고 있다.[42] 일본의 패전에 분개하고 동료를 구하려다 희생한 일본군 병사를 이상의 인물로 삼고 있던 김희로였지만, 그는 일본 학우들의 차별 때문에 소학교를 5학년에 중퇴했고, 조선인이라는 것이 들통이 나서 직장을 쫓겨난 경험이 여덟 번이나 있었으며, 결국은 '조센징 돼지새끼'라는 일본 폭력단의 폭언에 분개하여 폭력단 2명을 살해한 후 재일 한국인의 권익을 주장

42) 혼다 야스하루 저, 장문평 역(1992), 『金의 전쟁』, 범우사, p. 228.

하며 인질극을 벌인 주인공이 된다.[43] 식민지 시기의 동화정책이 만들어 낸 황국신민의 소년이 일본 사회의 차별로 인해 철저한 반일감정과 민족의식의 소유자로 변하게 된 것이다.

다시 김희로의 의식의 변환문제로 돌아가서 생각해 볼 때, 유년기에서 소년기까지 혹은 청년 · 사춘기를 거치는 단계를 모두 황민화(皇民化)라고 하는 천황(天皇)의 적자(赤子)로서의 교육을 받아야 했던 세대에게 있어서의 8 · 15가 민족과 조국의 해방이라는 의미로 선뜻 다가올 수는 없었을 것이다. 일본의 패전을 일본인으로서 슬퍼하고 천황(天皇)을 위하여 울고, 허탈감에 빠져서 비통한 심정으로 돌아온 자기 집 앞에서 '일본이 패했으니까 조선인은 조선으로 돌아가라'는 야유를 들었을 때에는 무어라 할 수 없는 기분이었다는 한 재일동포의 회상[44]은 '내선융화(內鮮融和)', '내선일체(內鮮一體)', '신민(臣民)'이라는 식민지 통치이념의 허상을 적나라하게 보여주는 사실이었고, 또 그러한 통치이념이 일반 민중에게는 애초부터 주입되지 않았었음을 증명해 준다.

그런데 모두가 일본에 대하여 반드시 부정적인 이미지만을 가지고 있는 것은 아니었다. 조선인으로서의 민족성 회복 등을 주제로 한 재일교포 문학가 중 한 사람인 김달수는 1962년 '조선인의 일본관'을 주제로 한 좌담회에서 자신은 개인적으로 차별을 받은 기억은 없고, 선생님과 친구들 모두 좋은 사람들이었으므로 과연 자신이 조센진이라는 사실을 모두 알고는 있을까라는 생각을 하곤 했다고 술회하고 있다.[45] 한국

43) 김희로에 관하여는 앞의 책과 함께 다수의 출판물이 있으며, 중앙일보에서 1999년 9월에서 10월 사이에 그가 벌였던 납치사건과 투옥, 그리고 출소후 귀국까지의 경과를 집중적으로 연재한 바 있다.

44) 小澤有作(1978),『近代民衆の記錄 10 在日朝鮮人』, p. 20.

45) 旗田(1969), 앞의 책, p. 21.

에서도 많은 친일파 인사들의 언행이 끊임없이 지면을 장식하여 그 때마다 온 국민의 분노를 자아냈으며, 친일파와 친일정치에 대한 서적도 헤아릴 수 없이 많이 출판되었다. 하지만 김달수의 경우 자신은 차별과 멸시를 받은 기억이 없노라고 하면서도 일제에 대한 고발과 저항, 조선인으로서의 민족성의 회복 등을 주제로 많은 문학작품을 남기고 있는 대표적인 재일동포 작가이다. 작가의 경험을 바탕으로 식민지 현실 속에서 지식인들이 겪어야 했던 고뇌를 다룬 『현해탄』, 해방 후 좌우 이념대립으로 혼란에 빠져 있는 남한의 소도시를 배경으로 남한 정부와 미군정에 항거하는 조선 민중의 모습을 그린 『박달의 재판』 등으로 아쿠다가와상 후보에 올랐다가도 납득이 가지 않는 이유[46]로 수상작이 되지 못했던 김달수를 이은직과 함께 재일 조선인에 의한 일본어 문학의 출발점이라고 재일동포 문학비평가인 임전혜(任展慧)와 이소가이 지로(磯貝治良)는 평가하고 있다.

해방 이후 재일동포 문학의 후기라 할 수 있는 1970년대에 들어서면서는 이회성의 활발한 활동이 시작된다. 그는 1973년에 단편 『다듬이질하는 여인(砧をうつ女)』으로 아쿠다가와상을 수상한 최초의 동포작가이

46) 『현해탄』은 조선민족의 저항정신과 피지배 민족의 비애가 잘 드러난 작품으로 9편의 후보작품 가운데 가장 읽을 맛이 나는 훌륭한 작품이라는 호평을 받았음에도 불구하고 단편 작품을 선정한다는 원칙 때문에 심사과정에서 문제가 되었다. 실제로 그러한 원칙에도 불구하고 장편이 선정된 예는 허다하였지만 그의 작품은 결국 수상작에서 밀려났다. 『박달의 재판』은 유머스런 필치로 한국의 현실과 서민의 생활을 잘 그려냈으며, 수상작으로 다른 작품을 생각할 수 없을 정도로 단연 뛰어난 작품이라고 전형위원회에서 드물게 만장일치로 인정받았음에도 불구하고 신인이 아니라 문단에 꽤 알려진 작가라는 이유에서 탈락되었다(이한창, "아쿠다가와상을 통해 본 재일동포 문학," pp. 68–71).

다. 사할린에서 태어나 일본에서 교육을 받고 지금까지 일본에서 살면서 활동하고 있는 이회성은 『백년 동안의 나그네』로 1994년 재일 외국인의 작품으로서는 처음으로 노마(野間)문학상을 수상한 후 요미우리 신문과의 인터뷰에서 다음과 같이 말한다.

> 처음 작가가 되었을 무렵 한 편집자는 '결국 문학이란 민족이 아니라 인간' 이라고 말했다. 나는 '무슨 소리를 하는 건가, 우리 민족의 고통도 모르면서' 하고 생각했다. 그러나 지금 민족의 문제를 생각할 때, 잔혹한 어둠 속에서 벌거벗고 고백하지 않으면 안 된다는 생각이 든다. 그래 궁극적으로 인간의 문제를 추구하는 것이 문학이다(『백년 동안의 나그네』 후기에서).

그의 발언에서 알 수 있듯이 그는 초기작부터 일관되게 민족 동질성을 확인하고 주장하는 문제로 고뇌하였다. 작가는 『다듬이질하는 여인』에서 이른 나이에 타국에서 생을 마감한 어머니의 모습을 통해 조국이 처한 시대적 불행과 사회적 억압 속에 놓인 조선인 여인의 삶의 한 전형을 제시하고자 하였다. 작가의 생모의 이름인 장술이란 이름을 그대로 사용한 자전적 소설인 이 작품에서 표현된 장술이는 자식 앞에 무서운 어머니, 남편 앞에 엄격한 아내였다. 이때의 무서움과 엄격함이란 곧 인간을 상실한 시기에 인간을 지키는 일이요, 조국을 상실한 시대에 민족을 지키는 일이다. 인간의 옹호와 민족의 수호, 그것은 조국과 민족을 상실하고 멀리 적지를 떠도는 민족에게 요구되는 어머니상이자 곧 아내상이기도 한 여인의 운명이었다.

『다듬이질하는 여인』이 한국적인 어머니상을 그린 소설이라면 같은 작가의 『인면암(人面岩)』은 가장 한국적인 아버지상을 그린 소설이다.

『인면암(人面岩)』에서는 아버지에 대한 부정적인 시각으로 가득 차 있다. 아버지는 귀신같은 사람, 무서운 짓을 예사로 해치우는 사람이다. 술주정, 의처증, 개는 물론 뱀이나 쥐, 달팽이, 도마뱀 등을 잡아먹는 무서운 사람이었을 뿐만 아니라 기분 나쁜 사람이기도 했다. 조선인의 행동이 아들의 눈에 부정적으로 비친 것은 그들이 일본이라는 특수한 환경에 속해 있기 때문이다.[47] 아들은 어느덧 일본인의 시각으로 아버지를 보고 있으며, 아들의 눈에 비친 아버지는 개화된 일본에서 아직도 미개한 조선인인 채로 살고 있는 인물이었다. 그 조선인이란 개를 비롯한 온갖 짐승을 잡아먹는 흉폭하고 미개한 사람이며, 가난에 찌든 인물이다. 이렇게 이희성의 소설을 통하여 표현된 무력하고 폭력적인 조선인 아버지, 엄격하면서도 자상하고 끈질긴 생활능력을 가진 어머니상은 당시의 재일동포 작가의 작품에서 공통적으로 나타나는 표현 형태였다. 이 시기에는 그러한 부모에 대하여, 그리고 가난과 차별의 원인이 된 조국에 대하여 부정적인 시각을 가지고 있는 유년기의 2세들이 화자(話者)가 되어 있는 소설들이 많이 나타난다. 이는 그렇게 부정적으로 비춰질 수밖에 없었던 부모 세대와 조국에 대한 이해의 태도로서 다음 세대의 문학으로 이어진다.

한편, 이회성은 일본에서 생활하면서도 우리 민족의 역사 또는 현실과 결코 무관하지 않은 삶을 살았다. 특히 1970년대에서 1980년대에 들어서는 자신의 생애 가운데 주요한 부분을 재일동포 사회의 정체성 확

47) 송하춘(2001), "재일 한인소설의 민족정체성에 관한 연구," pp. 82-85. 이회성의 문학에 관해서는 그외에도 유숙자(2000), "재일 한국인 문학연구," pp. 74-78과 이한창(2000), "아쿠다가와상을 통해 본 재일동포 문학," pp. 71-75 등 많은 문헌에서 그의 작품과 민족적 정체성문제에 관하여 언급하고 있다.

립과 분단조국의 통일문제에 행동적으로 관여하게 된다. 남북한의 이념보다는 우리 민족이라는 의식에 더 중점을 두고, 남북으로 분단되기 이전의 국명인 '조선' 국적을 계속하여 유지해 왔던 그의 사상은 『문예춘추(文芸春秋)』 1972년 9월호에 게재된 「북쪽이든 남쪽이든 나의 조국(北であれ南であれ, わが祖國)」이라는 글 속에서 잘 나타나 있다. 그는 그 글에서 1972년 3번째 맞은 한국 방문에 관하여 "나는 위정자와 악수하기 위하여 바다를 건너는 것이 아니다. 그 대지에 있는 삼천 백만의 동포의 입김에 닿고 싶다. 그리고 그곳에는 나 자신이 서 있어도 좋은 한 평의 땅이 있고, 밟고 걸어도 좋은 조국의 대지가 있는 것이다"라고 적고 있다. 그가 이야기하는 조국은 이념에 의해 분단된 남한이나 북한이 아닌 자신의 조상이 살던 곳, 내 민족이 사는 곳이라는 것이다. 그의 그러한 민족관은 그가 국적을 조선에서 한국으로 변경하면서 『창작과 비평』 1998년 가을호[48]에 게재한 내용에 잘 나타나 있다.

이회성이 느끼고 고민했던 조국과 민족, 그리고 귀화에 대한 생각은 이회성뿐만이 아닌, 당시의 모든 재일동포들이 공통적으로 안고 있었던 과제였던 것이다. 다만 그는 그 사실에 대해 좀더 심각하게 생각했었고, 그러한 사실들을 작품으로 남기고 행동에 옮겼던 점이 달랐던 것이다. 이회성의 사상을 본고에서 중요시하게 된 것도 그러한 연유에서이다.

48) 이회성, "새로운 세기를 향한 한국과 일본의 문학," 『창작과 비평』, 1998년 가을호, pp. 335－337.

3. 현대의 재일동포 문학(1980년대 이후)

1) 일본인의 대한의식

6월 22일로 한일 국교 정상화 40주년을 기념하여 한일 양국은 2005년을 '한일 우정의 해'로 정하였고, 양국 간의 문화적인 교류가 활발히 전개되기 시작했다. 국내의 애니메이션 시장에서 차지하는 일본 상품의 비율이 높은 것은 어제오늘의 일이 아니지만, 한국 드라마의 일본 시장 점유율 역시 '한류 열풍'이라는 표현이 전혀 어색하지 않을 정도로 커져 가고 있다.

하지만 정치적으로는 2001년 취임 때부터 이웃국가들의 강한 반발에도 불구하고 고이즈미 일본 수상이 야스쿠니 신사 참배를 강행하였고, 2005년 3월 시마네 현(島根縣)은 '다케시마의 날'을 제정하는 조례를 통과시켰다. 이에 맞서서 경기도가 같은 날 '독도수호 결의문'을 채택하는 등 정치적으로 팽팽한 신경전이 계속되고 있다. 1995년 종전 50주년 기념일을 맞아 무라야마(村山富市) 수상이 식민지 지배와 침략전쟁을 반성한다는 담화를 발표한 이래 '무라야마 담화'[49]는 일본 정부의 공식견해로 남아 있지만 실질적으로는 공식견해가 되지 않고 있는데, 이는 고이즈미 수상의 야스쿠니 참배를 둘러싼 논의를 보아도 분명하다.

그런데 정치권에서 강행되는 야스쿠니 신사 참배에 대하여 일본 유족회 회장 고가(古賀誠, 자민당 전 간사장)는 2005년 6월 11일 "영령들이 조용히 편안해지는 것도 중요하다"면서 수상에게 참배 보류를 권했다.

---

49) www.freechal.com/choiygho

그에게 있어서 전쟁은 천황을 위한 것도, 대동아의 공영을 위한 것도 아니었으며, 아시아 해방을 위한 자위적인 행위도 아니었다. 월간잡지 『쇼군(諸君)』 2005년 2월호에서 밝힌 그의 전쟁관은 '잔혹함과 어리석음'이었고, 전쟁의 근본적인 원인은 정치적 빈곤이었다. 그는 "정치의 빈곤이야말로 국가를 그르치고 만다. 죄 없는 많은 국민들을 희생에 말려들게 하고 만다"고 역설한다.[50)]

3 · 1독립운동의 무력진압과 동화정책의 강화로 식민지정책이 본격화되기 시작한 1920년대에도 소수이기는 하지만 일본의 동화정책을 비판하고 조선의 고유한 민족성을 존중해야 한다고 주장한 야나기(柳宗悅)와 같은 학자들도 있었다.[51)] 시대의 흐름에 따라 그러한 주장은 점차 늘어나기 시작했다. 오늘날의 한일관계는 표면적으로 부각되는 일면만을 가지고는 판단할 수 없을 정도의 다양한 시각과 다양한 양식으로 표출된다. 그러한 상호 교류의 방식은 작게는 개인적인 규모에서 크게는 지자체단위의 교류로까지 확대되어 나타나고 있다. 이렇게 일본 국내의 대외인식, 특히 대한인식이 다양화되어 가면서 재일동포 문학도 종래의 민족과 조국에 대한 강한 의식과 집착에서 벗어나기 시작한다.

---

50) 위 『한일시평』 제66호 참조.

51) 야나기의 논문은 일본인으로서 최초로 공개적으로 조선인을 변호한 것으로 그 내용은 조선의 동아일보(1920년 4월) 및 Japan Advertiser에 각각 한글과 영어로 개재되어 큰 반향을 불러일으켰다. 야나기(柳)의 주요한 논문은 다음 3가지이다. ① "朝鮮人を想ふ," 『讀賣新聞』 1919年5月20−24日, ② "朝鮮の友におくる書," 『改造』 1920年 6月號, ③ "『朝鮮とその芸術』序," 1922年 9月. 야나기의 사상은 幼方直吉, "日本人の朝鮮觀," 『思想』 1961年 10月號(No. 448)에 상세히 나와 있다.

2) 문학작품에서 나타난 민족적 아이덴티티

이회성과 같은 시대의 김학영, 김달수, 김석영들의 소설에서 등장하는 주인공은 조국의 역사와 민족, 자기 정체성의 문제로 고뇌하는 지식인들이었고, 재일 2세대 소설가의 작품은 많든 적든 간에 민족적 정체성과 민족주의적 정치적 귀속의식에서 비롯되는 고민을 안고 있는 지식인이 주인공이었다. 그러나 민족성 회복이라는 문제에만 집착을 하던 이들의 문학과는 대조적으로 "자이니치[52] 문학이 민족적인 주체만을 전제로 하고 있기에 자이니치의 존재가 그 영역에서 소외되어 왔다"고 주장하며 일본 사회에서 자신들의 삶은 자신들이 주체적으로 선택한다고 하는 새로운 '자이니치론'을 모색하는 작가들이 대두한다. 이들 새로운 작가들은 "내게 있어 조선이란 커다란 환영일 뿐, 우리 속에 잠재해 있는 조국으로의 회귀는 환영의 산물에 지나지 않는다"[53]라는 양석일의 발언에서도 알 수 있듯이 조국과 민족 일변도에서 탈피하려는 이들의 문학관

52) '자이니치'라는 개념이 언제부터 사용되기 시작했는지 정확한 시기를 알 수는 없으나 윤건차(1992)는 1970년대 후반부터 이 단어가 사실로서의 재일 한국 · 조선인을 표현하는 용어로 침투되었다고 주장한다. 필자는 재일동포가 일본에서 영주하고 있는 자신들의 존재 그 자체에 대한 수긍과 인식방법으로서 사용하게 된 이 용어의 의미를 존중하여 한국어로 표기할 때에도 고유명사와 같은 개념으로서 일본식 발음 그대로 '자이니치'라고 표기함이 마땅하다고 주장해 왔다. 본 고에서는 재일동포 자신들의 주체적인 아이덴티티를 표현하는 방식으로서 '자이니치'란 용어를 사용하며, 일반적으로 이야기하는 재일동포 그 자체를 지칭할 때는 '재일동포'라는 용어를 사용한다. 그리고 필요에 따라 국적을 명기해야 할 필요가 있다고 판단될 때에는 '재일한국 · 조선인'이란 용어를 사용하고 있다.

53) 양석일(1988), 『족보의 끝(族譜の果て)』의 후기, 단 여기서는 이한창(1994) p. 96에서 재인용.

은 시대적 환경의 산물로서 재일동포의 아이덴티티의 변화를 반영하고 있다.

이제까지 부모들의 세대에게 업보처럼 들어붙어 있었던 민족과 조국이라는 개념, 그리고 일시적인 정착지로서의 일본, 항상 이질감을 느꼈던 일본인이라는 의식에서의 탈피를 시도하며 스스로의 정체성을 재확인하려는 움직임이 일어나고, 그러한 움직임은 자신들이 조국의 이념과는 관계없는 '재일 한국인' 도 아니며 '재일 조선인' 도 아닌, 그러면서 '일본인' 도 아닌 자신들의 존재를 '자이니치' 라는 단어를 사용해서 표현하려 하게 된다.

이러한 양상은 신세대 작가 혹은 제3세대 작가라고 불리워지는 이양지, 현월, 이기승, 양석일, 유미리 등의 작품에서도 선명히 나타난다. 그 중에서도 양석일, 현월과 같은 이카이노[54] 출신 작가들을 중심으로 보여지는 재일동포 문학은 재일 한국인 사회 내부의 모순과 사회의 최저변에 놓여 있는 이들의 밑바닥 삶을 노골적으로 파헤치고 있다는 점에서 공통점이 있다. 이들의 작품에는 온갖 악덕과 폭력, 그리고 가난과 불결, 집단적인 린치들이 난무하여 독자로 하여금 온갖 괴로움을 감당해야만 하는 암흑세계로서의 재일동포 사회를 떠올리게 한다. 양석일은 이러한 문학사조에 대해

> 지금까지의 재일 조선인 문학은 일본의 식민지가 되어서 나라를 빼앗기고 강제연행으로 인한 도탄의 괴로움을 견디면서 살아온 내용이 많습니다. 그리고 그것은 사실이지만 재일 조선인에게는 또 하나의 얼굴이 있습니다. 그것은 인간의 사랑이라든가 미움이라든

54) 일본 최대의 재일동포 집중 거주지역.

가 욕망과 같은 보편적인 문제가 조금 결여된 듯 여겨집니다. 문학에 성역은 없으며, 또한 재일 조선인 문제를 성역화해서는 안 됩니다. … 여기 오사카 이쿠노에서 일어나고 있는 문제는 재일 조선인에 대한 차별 문제임과 동시에 우리들 자신의 문제이기도 합니다. 재일 조선인의 내면을 도려내는 것, 그것을 통해 우리들이 놓여 있는 현실이 보이게 됩니다. 지금까지의 재일 조선인 문학은 다테마에 문학이 아니었나 하고 생각합니다.

라고 표현하고 있지만,[55] 재일 한국인 밑바닥 사회에 대한 지나치게 적나라한 폭로가 이미 일본인들 사이에서 암묵적으로 유통되고 있던 한국인에 대한 이미지를 보다 더 위악적으로 과장해서 재현하고 있는 측면이 있다는 것을 간과할 수 없다. 즉 이미 일본인들 사이에서 인식되고 있는 재일동포 사회의 빈곤과 폭력, 불법 등에 대한 이미지가 이러한 재일동포 문학의 등장으로 인해 오히려 확인되고 증폭되는 효과를 발생시키고 있음을 앞서 제시한 장혁주의 예에서처럼 확인 할 수 있는 것이다. 예를 들어 현월의 중편소설 『나쁜 소문』의 주인공 '뼈'의 어린 시절에 관한 묘사에는 다음과 같은 대목이 나온다.

'뼈' 만큼 더러운 아이는 없었다고 동급생들은 기억하고 있다. 옷이 때에 절은 넝마조각에 진배없는 것은 당연지사이고, 똥을 싸고 한 번도 뒤를 닦아본 적이 없다는 것을 자랑스레 떠벌이는 것까지는 웃어 넘긴다 치더라도, 얼굴과 온몸에 난 부스럼에서 고름이 질질 흐르는데도 뭐가 대수냐는 투의 '뼈' 에게는 모두가 질려버렸

55) 양석일, 『在日朝鮮人文學の現狀』. 단 여기서는 윤상인, 『전환기의 재일한국인 문학』, 동국대일본학 19(2000. 12), pp. 92－93에서 재인용.

다[『나쁜 소문(悪い噂)』, 『문학계(文學界)』 1999년 5월호].

그리고 현월의 『그늘의 집』 말미에서도 잔혹한 집단 린치 장면이 나온다.

> 십여 명의 남자들이 빙 둘러 모여 있다. 그것을 에워싸고 꽤 많은 사람들이 광장 주위에 줄지어 있다. 서방은 남자들이 빙 둘러싸인 원으로 들어갔다 나갔다 하는 것을 말없이 바라보았다. 그러는 동안에 사람 벽 사이로 손발이 묶여 땅바닥에 엎어져 쓰러져 있는 세 남자의, 그 부분만 바지가 찢어져 드러난 엉덩이와 허벅지가 보였다. 입을 꾹 다문 남자들이 번갈아 가며 펜치로 살점을 비틀어 뜯어내고 있다. 입을 막은 테이프에서 새어나오는 신음소리 외에 거의 아무런 소리도 나지 않는 걸 새삼 깨닫고는 무섭지 않은 것은 역시 소리가 나지 않기 때문이란 걸 확인했다[현월, 신은주 · 홍순애 옮김(2000), 『그늘의 집』].

그리고 유미리의 소설에도 비정상적인 가정과 문란한 성생활, 그리고 정상적이라고는 생각할 수 없는 사고방식의 소유자인 주인공이 거의 항상 등장한다. 이러한 면들은 재일동포 문학을 무겁고 어둡게 만들었으며, 재일동포 사회의 내부를 스스로가 자발적으로 보여주었다는 점에서 평가받기도 했지만, 오히려 그렇기 때문에 재일동포들이 자신들의 문학에 대해 애착을 갖지 못한다는 비판이 나오기도 한다.

한편, 이들과 달리 이양지의 경우는 민족과 자신의 정체성을 파악하기 위해서 끊임없이 노력했던 이회성과 닮은 점이 많다. 이회성에 이어 동포작가로는 두 번째로 아쿠다가와상을 수상한 이양지의 문학은 이회성이 민족과 조국의 의미를 찾기 위해 고심한 결과 조국과는 다른 의미에서 하나로 융합된 민족의 의미를 발견해낸 것과는 달리, 일본과 한국 사이에서 자신의 조국, 자신의 정체성을 찾기 위해 방황하는 자이니치로서의 자각을 향해 달리고 있다.

이양지의 작품은 중단편 포함하여 10편이 있는데, 이들 작품을 크게 분류해 보면 『래의(來意)』와 『청색의 바람(青色の風)』을 제외하고는 모두 재일 한국인임을 자각한 후의 일본에서의 갈등, 그리고 조국으로의 유학, 조국에서의 갈등, 그 이후 등으로 나눌 수 있다.[56] 즉 대부분의 작품이 일본과 조국에서의 갈등을 그리고 있다. 특히 이양지의 문학에서는 일본과 조국에서의 갈등을 언어와 춤, 그리고 가야금의 소리라는 매개체를 통해서 표현하고 있는데, 한국생활에 대한 부적응이 한국말과 한국인의 태도 등에 대한 거부감으로서 표현된다.

> 학교에서나 거리에서 누구나 사용하는 한국말이 내겐 마치 최루탄처럼 들려요. 맵고 쓰고 들떠 있어 듣기만 해도 숨막혀요. 어느 하숙집이건 모두 내가 싫어하는 한국말을 사용했어요. 다 좋아요. 멋대로 방에 들어와 몰래 커피를 가져가거나, 책상에 놓인 펜을 가져가든, 옷을 맘대로 입고 가든, 그런 건 아무래도 좋아요. 그런 행동이 싫은 건 아니에요. 돌려 받으면 되는 거고, 주어버리면 되니까 상관없어요. 하지만 그 사람의 목소리가 싫어져요. 몸짓이라는 목소리, 시선이라는 목소리, 표정이라는 목소리, 몸이라는 목소리 … 참을 수 없고 마치 최루탄 냄새를 맡은 것처럼 괴로워져요.[57]

56) 윤명현, "이양지 문학과 조국," p. 468.
57) "由煕,"『李良枝全集』, 講談社, 1993, pp. 422－423.

전차 안에서, 버스 속에서, 그리고 거리에서 마주치는 사람들의 소리가 견딜 수 없이 싫었던 유희가 똑같은 한국말이라도 자신이 호감을 지닌 사람의 한국말에는 애착과 관심을 표시한다.

> 아주머니와 언니의 목소리가 좋아요. 두 사람의 한국말이 좋아요. … 두 사람이 하는 한국말이라면 모두 몸으로 쏘옥 들어오거든요.[58)]

마지막으로 하숙한 하숙집 아주머니와 언니와의 생활에서 비로소 만족할 만한 장소를 발견한 유희는 드디어 그들의 목소리, 그들의 한국말이 좋다는 말을 하게 된다. '자이니치' 로서의 정체성을 찾기 위한 방황은 결국 조국에서의 이질적 인간관계와 언어에 있어서의 부적응으로 인하여 좌절되고, 다시 조국이 아닌 모국으로 돌아간 이양지의 눈에 비친 이국의 산하가 더 이상 이국의 것으로 비추어지지 않는 시점에서 새로운 '자이니치' 로서의 출발점을 알려주게 된다.

위와 같이 현대의 문학은 양석일이나 현월과 같이 재일동포 사회의 단면을 폭로함으로써 일본의 불공평한 사회제도와 기회의 불균등을 폭로하려하는 경향과, 이양지와 같이 자신의 한국인으로서의 정체성을 찾기 위해 모국을 방문하는 등의 노력 끝에 결국은 남한도 북한도 자신들의 모국이 아니며 뼈가 묻힐 고국도 아니라는 자각으로 이어져 새로운 자이니치로서의 아이덴티티를 확립하게 된다는 두 가지 설정구도로 나누어진다고 볼 수 있다.

58) 『由熙』, p. 446.

이에 덧붙여 현월이나 유미리, 그리고 가네시로 가즈키 등의 신세대 작가들의 문학은 가족의 화합을 추구하면서도 화합해 갈 수 없는 재일동포 가족의 이야기와 생명의 존중, 인간의 보편성 등의 문제를 다루어 이제까지의 재일 동포 문학의 기조에서 새로운 방향으로의 전환을 보여준다는 점에서 그 의미를 찾을 수 있다. 이는 또한 정착할 수밖에 없는 이국의 땅에서 뿌리 내릴 자이니치로서의 아이덴티티의 공통적인 구도가 그들의 문학작품의 흐름 가운데 나타난 것이라 하겠다.

Ⅳ. 결론

최근에 일본이 국가 중심의 내셔널리즘으로 사상적 전환이 진행되고 있다는 우려가 깊어지고 있는 가운데 한반도의 식민지 지배에 대한 정치가들의 망언과 일본 수상의 야스쿠니 신사 참배, 역사교과서 왜곡의 문제 등이 한일 간의 논쟁을 야기하고 있다. 이러한 논쟁은 해방이후 지금까지 강도의 차이는 있어도 끊임없이 이어져 오고 있고, 재일동포들에게 즉각적으로 나타나고 있다.

재일동포를 둘러싸고 있는 사회환경은 그들의 민족적 아이덴티티에 영향을 주게 되고, 민족적 아이덴티티는 다시 다각적인 방향으로 표출되는데, 그 중 그들의 심리적인 상황이 가장 잘 나타나는 것 중 하나가 문학작품이라 할 수 있다.

일제강점기 일본인들의 조선과 조선인에 대한 인식은 경제적 · 문화적으로 낙후한 국가의 게으르고 나태한 국민이었다. 일본 식민제국은 자민족의 우월함을 강조하기 위하여 조선인에 대한 낙후성을 강조하는 왜곡된 역사관을 일본인뿐만 아니라 조선인에게도 주입시켰고, 나아가 한민족의 고유한 전통과 문화를 말살하기 위한 동화정책을 실시하였다.

이 시기의 문학작품은 자연히 피지배민으로서 경제적인 능력을 상실한 조선인들의 가정파탄과 폭력 등 암울한 생활을 영위할 수밖에 없는 현실에 대한 고발이 주류를 이루었다. 그리고 조선인 문학가 중에는 근대화된 일본 문화에 대한 동경심으로 일본 제국으로의 동화를 통하여 영광스러운 문명의 주체가 될 수 있다고 생각하여 친일적인 경향을 나타내는 작가들도 등장했다.

전후 일본 사회는 패전의식과 민주주의 의식이 혼돈된 상황이었다. 서양에 대한 열등감과 동양에 대한 우월감이 일본의 국제감각의 핵심을 구성하고 있었고, 일본인의 타민족에 대한 인식은 자신들을 점령하고 있는 미국과 구미 선진국에 대하여서는 동경심과 호의적인 감정을 나타내면서도 자신들이 한때 점령하였던 이웃나라들, 특히 조선에 대하여서는 부정적인 이미지를 가지고 있었다. 그러한 부정적인 이미지의 근저에는 가난하고 불결한 조선인상이 자리잡고 있었고, 재일동포의 문학에 나타나는 주인공들은 그러한 이미지를 더욱 각인시켜 주는 역할을 했다. 가난에 찌들려 술과 폭력을 일삼는 가장과 가정을 지켜나가기 위해 노력하는 끈질긴 생활력을 가진 주부, 그리고 분단된 조국이 재일동포들의 문학작품의 주제로 등장했다.

현대에 들어와서는 최근까지 계속되고 있는 일부 정치가들의 한일간의 역사에 대한 망언과 야스쿠니 신사 참배, 역사교과서 왜곡과 같은 한일관계를 경직시키는 사건들이 연이어 발생하고 있지만, 한편으로는 일본에 불고 있는 한류열풍과 왜곡된 역사교과서의 채택을 반대하는 시민단체들의 활동도 활발히 전개되고 있다. 이러한 사회적인 움직임은 재일동포들의 문학을 그들의 음울한 세계를 표현하면서도 자신들의 정체성을 있는 그대로 표현할 수 있게 했다. 비로소 민족의 굴레에서 벗어나 자유로운 자신들의 세계를 표현하기에 이른 것이다.

이제까지 일본인의 내셔널리즘에서 나타난 대한인식이 재일동포의 아이덴티티에 미치는 영향을 재일동포의 문학작품의 분석을 통하여 살펴봤다. 그 결과 재일동포의 아이덴티티는 시대의 변화에 민감하게 반응하면서도 다양한 형태로 나타났으며, 한 개인에게 있어서나 집단에게 있어서도 그러한 반응을 특정한 패턴으로 분류하여 일괄할 수 없는 다양한 측면을 내포하고 있음을 볼 수 있었다. 하지만 그러한 다양성 가운데에서도 재일동포들은 점차 긍정적으로 자신들의 세계를 당당하게 표현하기 시작했으며, 그러한 변화는 그들을 둘러싸고 있는 사회적인 환경이 변화하고 있음을 의미한다.

참 | 고 | 문 | 헌

고병익 외. 1992.『일본의 현대화와 한일관계』. 문학과지성사.

'교과서에 진실과 자유를' 연락회 엮음/김석근 옮김. 2001.『철저비판–일본우익의 역사관과 이데올로기』. 바다출판사 .

곽준혁. 2005. "춘원 이광수와 민족주의." 한국정치사상학회.『정치사상연구』. 11–1.

김동명. 1998. "일본 제국주의의 식민지 지배체제의 개편."『한일관계사연구』. 제9집.

김동춘. 1997.『한국 사회과학의 새로운 모색』. 창작과 비평사.

변은진. 2003. "조선인군사동원을 통해 본 일제식민정책의 성격."『아세아연구』. 64–2.

유숙자. 2000.『재일한국인문학연구』. 월인.

尹健次 著. 하종문 · 이애숙 옮김. 1997.『일본(日本) 그 국가 · 민족 · 국민』. 일월서각.

윤명현. 2002. "이양지 문학과 조국." 한국일본학회.『일본학보』. 제53집.

이문웅. 1996. 세계한민족총서 4.『세계의 한민족–일본』. 통일원.

이한창. 1994, "재일교포문학연구."『외국문학』. 열음사.

_____. 2000. "아쿠다가와상을 통해 본 재일동포 문학."『동국대 일본학』. 19.

이회성. 1998. "새로운 세기를 향한 한국과 일본의 문학."『창작과 비평』.

조현미. 2003. "한일 간 상호인식의 변화와 에스닉 · 아이덴티티."『일본어문학』. 제20집.

_____. 2000. "재일동포의 집주지역 형성과 민족 정체성의 변화–요세바 고도부키를 중심으로."『대한지리학회지』. 35–1.

최영호. 1994. "현대 일본의 민족주의의 특징." 『정신문화연구』. 1994년 6월호.
_____. 2002. 『현대한일관계사』. 국학자료원.
旗田巍 著 · 이기동 역. 1983. 『일본인의 한국관(韓國觀)』. 일조각.
한일관계사학회. 1998. 『한일양국의 상호인식』. 국학자료원.
홍기삼 편. 2001. 『재일한국인문학』. 동국대일본학연구소 일본학총서. 출판사 솔.

安部洋. "日本統治下朝鮮の高等教育－京成帝國大學と民立大學設立運動をめぐって一." 『思想』. 1971年 7月號(No. 565).
石塚裕道. 1977. 『東京の社會經濟史』. 紀伊國屋書店.
泉靖一. "日本人の人種的偏見：朝鮮問題と關聯して." 『世界』. 1963年 3月號.
小熊英二 · 上野陽子. 2003. 『癒しのナショナリズム』. 慶應義塾大學出版部.
小澤有作編. 1978. 『近代民衆の記錄 10, 在日朝鮮人』. 新人物往來社.
加藤一夫. 2000. 『エスノナショナリズムの胎動』. 論創社.
在日の思いに語る會報告, 1995년 2월 3일－2000년 3월 21일.
谷 富夫. 1992. "エスニック · コミュニティの生態研究." 鈴木 廣編. 『現代都市を解讀する』. ミネルヴア書房.
塚本 勳. 1966. "日本人の朝鮮觀と朝鮮人の日本觀." 『世界』. 3月號.
曺賢美. 1998. 『在日韓國 · 朝鮮人の集住地域の形成と實態一神奈川縣の池上 · 櫻本, 戶手, 壽の3地區を事例として一』. お茶の水女子大學博士論文.
寺澤正淸. 1994. "戰後日本人の韓國觀." 『日韓新時代』. 同文館出版.
西成田 豊. 1997. 『在日朝鮮人の「世界」と「帝國」國家』. 東京大學出版會.
中根隆行. 1999. "文學における植民地主義." 名波弘彰 · 荒木正純編. 『植民地主義とアジアの表象』. 筑波大學文化批評研究會.
成田孝三. 1995. "世界都市におけるエスニック · マイノリティへの視点一東京 · 大阪の'在日'をめぐって." 『經濟地理學年報』. 41－4號.
旗田巍. 1965. 『日本と朝鮮』. 勁草書房.
_____. 1969. 『日本人の朝鮮觀』. 勁草書房.
蓮實重彦 編. 1994. 『いまなぜ民族か』. 東京大學出版會.

福井英雄. 1982. “保守支配の思想と構造.” 增島宏編.『現代日本の思想構造』. 法律文化社.

宮田節子. 1985.『朝鮮民衆と皇民化政策』未來社.

幼方直吉. 1961. “日本人の朝鮮觀.”『世界』. 448號.

尹健次. 1992. “在日を生きるとは.”『思想』811號. 岩波書店.

______. 1997.『日本國民論ー近代日本のアイデンティティ』. 筑摩書房.

吉見義明. 1992. “占領期日本の民衆意識ー戰爭責任論をめぐって.”『思想』. 811號.

李貞順. 1977. “わが家の三代.” 季刊.『三千里』. 9號.

李恢成. 1972. “北であれ南であれ, わが祖國.”『文芸春秋』. 1972. 7.

《중앙일보》2003. 7. 16.

《조선일보》1999년 8월 16일.

최영호.『한일시평』www.freechal.com/choiygho

4

일본 보수세력의 국가론과 동아시아 인식

박철희(서울대학교)

I. 서론

종전 이후 일본에게 있어 동아시아 국가는 뜨거운 감자였다. 자국의 이익을 실현하기 위해서는 감싸안아야 하지만 전전의 과거사 문제로 주저할 수밖에 없는 지역이 동아시아였다. 그래서 일본의 보수세력은 미국과의 긴밀한 관계를 유지하면서 경제중심적인 노선을 취했고, 사회당을 중심으로 한 진보세력은 아시아 국가들과의 협력을 외치면서 비무장평화를 주장하였다. 이를 테면 서로 담합하여 만들어낸 구조는 아닐지라도 보수와 혁신 간에 일정한 역할분담을 하였던 셈이다.

그러나 1990년대 이후 일본의 정치가 점차 보수화되어 가면서 이같은 보수와 혁신세력 간의 역할분담이 더 이상 통용되지 않게 되었다. 탈냉전 질서에 들어서면서 일본은 아시아에 대한 접근을 강화하기보다는 미일동맹 강화에 박차를 가했다. 점차 보수화하는 일본 정계에서 동아시아 국가에 대한 인식은 합의를 보기보다는 의견이 분분한 상태를 지속해 왔다. 과거사에 집착하는 급진적 보수 그룹들은 한국과 중국을 역사관에서 동일한 연장선상에 있는 것으로 파악하면서 동아시아에 대한 혐오감을 드러내기도 하는가 하면, 민주주의적 가치관을 중시하는 그룹은 한국과 중국에 대한 접근이 구별되어야 한다는 점을 부각시키게 되었다. 진보적인 생각을 가진 그룹들은 한국과 중국에 대해 공히 과거사에 대한 반성을 바탕으로 초국가적 시민연대를 통한 평화적 공동체를 구축해야 한다고 외친다. 말하자면, 일본 내에서 동아시아에 대한 인식은 결코 하나가 아니다.

1990년대 이후 일본을 바라보면 전후 일본이 지향했던 노선과는 질적인 차이를 보이는 보통국가론자들의 대두가 주목된다. 오자와 이치로는 1993년 『일본개조계획』이라는 책을 통해 일본을 보통국가로 만들자는 정치적 담론을 제공하였다(오자와 1993). 비록 오자와 본인은 일본의 수상이 되겠다는 정치적 야망을 아직 이루지 못했지만 1990년대는 오자와 이치로의 시대였다고 해도 과언은 아니다. 걸프전이 끝나고 처음 보통국가론이 제기되었을 때 오자와의 주장은 아주 우익적인 성향의 개혁적 주장으로 들렸지만 이제는 그의 주장이 온건하게 들릴 만큼 일본은 변화하였다. 소위 '잃어버린 10년'이라고 불리는 1990년대 이후 일본은 정치, 경제, 사회, 문화를 불문하고 아주 심대하고 본질적인 변화를 경험했다(Park Cheol Hee 2004). 1955년 체제 하에서 구가했던 정치적 안정과 경제적 고도성장, 그리고 사회적 평등은 잃어버렸을지 모르지만 일본은 1990년대 중반 이후 전반적인 국가전략은 물론 제반 분야의 개혁을 통해 새로운 일본을 만들어 가고 있다.

이렇게 새로 짜여져 가는 일본의 새로운 모습 하에서 동아시아는 어떻게 인식되고 있는가 하는 것은 초미의 관심사가 아닐 수 없다. 보통국가화하는 일본 속에서 동아시아는 어떠한 의미로 규정되고 있는가? 이

글은 새롭게 정의되고 있는 일본의 국가전략 속에서 보수 정치세력이 가진 전략적 구상과 그 안에서의 동아시아 인식이 어떠한지를 살펴보는 데 목적이 있다.

하지만 일본에 대한 지나친 일반화의 오류는 경계할 필요가 있다. 일본이라는 국가 안에는 다양한 목소리와 주장, 그리고 정치적 흐름이 존재한다.[1] 일본을 하나의 단결되고 일체감을 가진 국가로 파악한다는 것은 주어진 틀에 억지로 일본을 끼워맞추는 결과를 가져올 것이다. 일본 내에는 보수의 목소리가 있는가 하면, 약해지긴 했지만 진보적인 목소리도 존재한다. 더구나 보수세력이라고 일컬어지는 사람들 사이에서도 반드시 합의된 하나의 목소리만 나오는 것은 아니다. 필자는 이러한 다양성에 대한 인식을 전제로 한 위에 논의를 전개하고자 한다.

따라서 이 글에서 논하는 일본이란 일본의 주요한 정치적 행위자의 동아시아 인식일 뿐, 일본이 여기서 논하는 동아시아 인식에 대해 통일된 인식을 가졌다는 것을 의미하는 것은 아니다. 이 글에서 주의하고자 하는 또 하나의 논점은 일본의 동아시아 인식을 논의할 때 동아시아만을 따로 떼어내서 분석하는 것도 한계가 있다는 점이다. 일본의 동아시아 인식은 일본이 가진 미국이나 서구 전반에 대한 인식과 연결된 것이며, 일본의 국가전략과도 긴밀하게 연관되어 있다. 따라서 이 글에서는 동아시아 인식만을 별도로 논의하기보다는 일본 보수세력의 동아시아 인식을 그들이 가지고 있는 전략적 구상의 전체적인 틀 안에서 이해하고자 한다.

1) 필자는 이러한 점에서 일본에 대한 일원론적 입장이 아니라 다원론적 입장에 서서 이 글을 전개하고자 한다.

이 글에서는 우선 전후 일본의 국가론 논쟁을 살펴봄으로써 1990년대 이후 전개되고 있는 보통국가론의 역사적 위상을 살펴보고자 한다. 일본 정치세력 간의 갈등구조를 역사적 안목에서 자리매김한 후에, 현재 일본 정치세력의 주류를 이루고 있는 보수세력의 동아시아 인식을 살펴보자는 것이다. 구체적으로 이 글에서는 일본의 보통국가론을 주도해 온 세 명의 보수정치가인 오자와 이치로, 나카소네 야스히로, 이시하라 신타로의 보통국가론을 비교하면서 이들이 동아시아에 대해 어떠한 인식을 가지고 있는 가를 분석해 보고자 한다.[2] 흔히 한국에서는 보수우익이라는 용어를 통해 보수세력과 우익을 한덩어리로 묶어 처리하는 일본의 진보적 시각을 그대로 수용하고 있다. 하지만 이 글의 끝머리에 밝혀질 것과 같이 보수와 우익은 결코 하나로 취급하기 어려운 측면이 있다는 점을 미리 밝혀두고자 한다.[3]

2) 이글에서 일본의 동아시아 인식이라고 할 때, 일본의 행위자는 정부의 정책에 배어 있는 동아시아 전략이라기보다는 일본 정치세력의 인식을 말하며, 그 중에서도 보수정치인들의 동아시아 인식을 말한다.

3) 보수와 우익을 가르고 이들의 생각과 정책이 어떻게 같고 다른가를 분석하지 않으면 한국은 일본의 주도세력이 되어가는 보수세력에 대해 지나치게 강경한 대응을 할 우려가 있다.

II. 현대 일본 정치세력의 국가론 논쟁

1. 전후 일본 정치세력의 분포

전후 일본의 국가론 논쟁을 살펴보면 일본의 전전 경험을 둘러싼 해석과 일본의 국력상승에 따른 일본의 역할을 둘러싼 의견차라는 두 가지 축을 중심으로 정치세력이 갈라져 있었다. 두 가지 축이란 구체적으로 첫째, 일본의 국가활동에 있어서 군사적인 측면을 포괄할 것인가 아니면 비군사적인 수단에 철저할 것인가에 관한 주장들이다. 즉 평화주의적 노선과 현실주의적 노선에 대한 논박이 그 첫 번째 정치적 갈등의 축을 이루어 왔다. 다른 하나는, 일본이 자국의 이익을 우선할 것인가 아니면 국제적인 공헌과 협력을 우선할 것인가에 관한 주장들이다. 즉 민족주의적 노선과 국제주의적 노선의 갈등이 이에 해당한다.

이러한 두 가지 축을 중심으로 한 일본 정치세력의 대립구도는 국가의 장기적 발전노선을 둘러싸고 정치세력을 크게 네 가지 범주로 갈라 놓았다. 하나는, '평화국가론'으로 대별되는 세력으로서, 일본은 전전의 불행한 과거를 반성하면서 비군사적 수단을 통한 평화애호세력으로서의 일본의 모습을 계속 지켜나가야 한다는 세력이다. 주로 사회당 및 자민당 내 호헌세력들에게서 나타나는 이러한 사상적 흐름은 일본이 대국으로서의 모습을 드러내기보다는 '작고 빛나는 일본'으로서 세계에 모습을 드러내야 하며, 그 중추적인 제도로서의 평화헌법을 지켜나가야 한다는 주장을 내세우고 있다. 사회당의 주류파와 자민당 내 호헌파, 특히 미야자와 전수상과 고노 요헤이 중의원 의장, 그리고 사키가케의 대표였던 타케무라 등이 이 그룹에 속한다고 할 수 있다.

또 하나의 그룹은 '통상국가론' 자들이라고 할 수 있다. 일본이 평화옹호세력으로만 남아서 과거사에 대한 반성에 매진하기보다는 비군사적인 수단에 철저하더라도 경제적인 수단을 통한 국제적인 활동을 중시해야 한다는 주장이다. 일본은 경제발전의 기적을 이루어냈고, 경제원조 등 비군사적인 활동을 통해 국제질서의 유지에 공헌해야 하며, 자유무역체제를 중심으로 한 시장경제와 민주주의 체제 수호에 기여하는 것이 마땅하다는 주장으로서 여기서는 이들을 통칭하여 통상국가론자라고 부르고자 한다. 일본의 국력에 걸맞는 국제적인 공헌을 중시하면서도 비군사적인 측면의 공헌을 중시한다는 의미에서이다. 자민당 내 온건보수세력들이 이 그룹에 속하며, 전통적으로 요시다 노선을 이어가는 보수본류라고 칭하는 정치세력이 그 중심을 이룬다고 하겠다. 카토 고이치나 구타케시타파의 생각들이 이에 가깝다.

우리가 통칭 '보통국가론' 자들이라고 부르는 또 하나의 그룹은 일본의 국력성장을 배경으로 국제적인 공헌을 행하는 것을 당연시하면서도 군사적인 측면의 국제공헌을 배제하지 않는 정치세력을 말한다. 흔히 이들은 신보수주의자들로 분류되며, 일본의 국제적인 위상을 높이는 동시에 인적 공헌을 포함하는 국제협력을 주장한다는 점에서 통상국가적인 면을 강조한 전자의 그룹과 대별하여 신국제주의자들이라고 부르기도 한다. 일본도 국력상승에 걸맞게 다른 나라들이 할 수 있는 활동을 자연스럽게 할 수 있도록 하는 정치적 기반을 마련해야 한다고 주장하는 점에서 이들은 기본적으로 일본의 헌법을 궁극적으로는 개정해야 한다고 믿는 그룹들이다. 자민당 내의 후쿠다파 계열이나 나카소네파 계열에서 이같은 주장에 동조하는 이들이 많다. 고이즈미 수상도 보통국가론자의 하나로 분류될 수 있을 것이다.

끝으로 일본의 민족주의적 자존을 내세우면서도 평화국가로서의 일본을 주장하기보다는 전후 미국으로부터 강요된 질서를 넘어서서 일본의 민족적 자존심을 회복하는 자국중심주의적 요소를 강하게 나타내고 있는 것이 이 논문에서 '자주국가론' 자들이라고 부르는 그룹이다. 이들은 비군사적인 수단에 집착하는 전후 평화애호세력으로서의 평화국가론자들과는 역으로 일본이 자력에 의한 일본의 방어가 가능하고 대국으로서의 일본의 모습을 강하게 드러낼 때 비로소 일본 본연의 모습이 살아난다고 주장한다. 따라서 일본이 과거사에 집착하지 않으면서 동시에 미국의존적 태도를 버려야만 한다고 주장하는 점에서 이들은 자주국가론자들이다. 흔히 우리가 우익이라고 부르는 국수주의적 사상을 지닌 정치세력이 이들이라고 할 수 있다. 이시하라 신타로나 새로운 역사교과서를 만드는 모임의 대표적인 인물들이 이러한 정치세력에 속한다.

이들 정치세력의 흐름을 대별하여 간단히 그림으로 나타낸 것이 다음의 표이다.

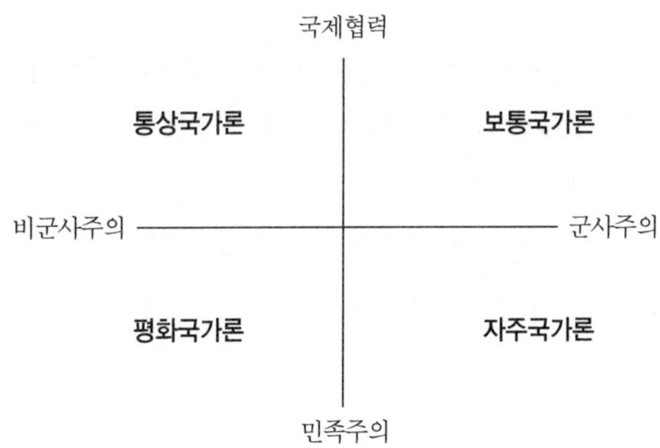

2. 일본 국가론 논쟁의 장기 이행

전후 일본의 국가론 논쟁을 장기적으로 개관해 보면 다음과 같은 정치적 갈등의 역사를 걸어왔음을 알 수 있다. 전후 1955년 체제의 기본적인 대립축은 평화국가론자들과 통상국가론자들의 대립과 갈등으로 점철되어 있었으며, 이것이 현실적으로 일본사회당과 자민당의 대결구조로 현재화되었다고 보여진다. 기본적으로는 전전에 대한 반성을 배경으로 일본의 비군사적인 활동이라는 기본적인 합의에 바탕을 두고 냉전구도 하에서 일본이 비무장 중립적인 평화를 추구할 것인가, 미일동맹이라는 국제주의적 노선을 걸으면서 통상국가로서의 면모를 일신할 것인가에 초점이 놓여 있었다고 할 수 있다.

1990년대 초 탈냉전기 걸프전이라는 새로운 경험에 직면하면서 일본의 국가론 논쟁은 평화국가론자의 퇴조가 눈에 띄게 나타나면서 기본적으로 통상국가론자들과 보통국가론자들의 갈등과 대립으로 이행하였다고 보여진다. 1990년대를 보통국가론을 정치적으로 대변한 오자와의 시대라고 부르는 이유도 여기에 있다. 분열과 재결합, 연립과 해소의 과정을 거치면서 1990년대의 정치과정은 점차 보통국가론자들의 전진배치를 가능하게 했다는 점이 특징적이다.

1990년대 후반 한국 및 중국으로부터의 과거사와 관련된 외압의 증대, 그리고 북한으로부터의 직접적 위협, 그리고 경제대국으로 성장한 중국으로부터의 장기적 위협에 직면하면서 정치적 목소리를 높여가고 있는 것이 자주국가론자들이라고 할 수 있다. 이들은 자신들이 정치적 소수파임을 자각하면서도 때로는 보통국가론자들과 연합하고 때로는 대립하면서 평화국가론자들을 고립시키는 데 정치적 힘을 집중시키고 있다. 2000년대 초반의 정치투쟁은 이미 보통국가론자들을 정치세력의 중심에 위치시키면서 자주국가론자들이 세력을 확장해가고 있는 형국이라고 할 수 있다.

III. 일본 보수정치세력의 국가인식

아래에서는 일본 보수정치세력 중에서도 보통국가론의 주창자인 오자와 이치로의 국가인식과 보통국가론의 원조격인 나카소네, 그리고 위에서 분류한 자주국가론의 대표주자라고 할 수 있는 이시하라 신타로의 국가인식을 비교분석해 보고자 한다.

1. 오자와 이치로

냉전 후 새롭게 전개되는 국제질서 속에서 오자와는 전후 추구해 왔던 일본의 깨끗하면서 가난하지만 우아한 모습을 한 폐쇄국가에서 벗어나야 한다고 주장했다. 일본의 국가이익이 경제성장과 더불어 바뀌었다는 것이다. 그에게 있어 안정되고 평화로운 국제환경을 조성하는 것은 자유무역에 크게 의존하고 있는 일본의 국익에 아주 중요한 것이었다 (오자와 1993, 102). 경제대국이 된 일본이 국제평화와 안정 그리고 자유무역체제를 유지하는 책임을 져야 한다는 것이다. 그런 맥락에서 일본이 진정으로 '국제화된 국가'가 되지 않으면 안 된다고 역설하였다. 일본의 국제사회에 대한 공헌, 즉 국제공헌은 국제사회의 이해뿐만 아니라 일본의 이익에도 봉사한다고 보았다(오자와 1993, 103). 오자와에 의하면, 참된 국제화된 국가가 되기 위해 일본은 보통국가가 되어야 한다 주장했다.

오자와에게 있어 일본이 보통국가가 되는 데 있어 아주 중요한 두 가지 요소가 있었다. 하나는, 어느 국가이건 보통국가라면 국제사회가 마땅히 해야 한다고 생각하는 일을 자기 책임의식을 가지고 자국의 주도하에 할 수 있어야 하고 또 그렇게 해야 한다. 일본도 헌법이나 제도적 제약 등 국내적 제약을 핑계로 삼아서는 안 된다는 것이다. 또한 일본이 외국의 압력에 의해 움직여서도 안 된다고 주장하였다. 자기 주도 하에 국제사회에 응분의 공헌을 하는 것이 보통국가의 첫 번째 요건이라고 본 것이다. 안보협력을 안건에 올리는 것이 그러한 점에서 아주 중요하다고 했다(오자와 1993, 104). 이것은 걸프전 당시 130억 불이라는 거대한 전비를 미국의 요구에 의해, 즉 외압에 의해 갹출해야 했던 쓰라린 경험의 반영이었다. 국제사회가 동의하는 일이라면 미국이나 국제사회의 압력에 의해서가 아니라 일본이 주도적으로 책임의식을 가지고 공헌해야 한다는 발상의 전환이었다. 둘째로, 오자와는 일본이 부유하고 안정된 국제 생활환경 구축에 앞장서야 한다고 주장했다. 그런 맥락에서 환경보호와 같은 국제적 과제를 풀어가는 데 주도적이어야 한다고 보았다. 안보협력과 더불어 국제사회의 공통과제를 풀어가는 데 일본이 선도적 역할을 해야 한다고 본 것이다.

오자와가 보통국가를 언급할 때 염두에 두고 있던 것은 두 가지가 관건이었다. 하나는 일본이 국제사회에 안보협력을 제공하는 것이었고, 다른 하나는 인류사회의 공통과제인 국제적인 문제를 풀어가는 것이었다. 그러한 역할을 수행함으로써 일본은 경제성장 일변도이자 국내사회를 위한 재분배에만 관심을 쏟아왔던 편향된 국가로부터 보통국가로 전환할 수 있다고 본 것이다. 국제사회에 관여하려는 노력을 증진하는 것이야말로 중요한 것이었다. 이러한 측면에서 오자와는 일본의 국력에 부응하는 국제적 책임을 수행하고 국제적인 문제에 적극적으로 개입하고자하는 국제주의자였다.

오자와가 이러한 입장을 취하는 배경에는 냉전기 동안 일본이 국제평화와 번영을 위한 부담을 지지 않았다는 의식이 깔려 있다. 미국이 일본을 위해 그러한 부담을 진 데 반해 일본은 경제성장에만 주력했다는 것이다. 하지만 냉전이 끝나면서 미국이 그러한 부담을 져야 하는 이유가 적어졌다고 오자와는 보았다. 따라서 일본도 국제평화와 번영을 유지하기 위한 노력을 해야 한다고 오자와는 주장한다. 한마디로 일본은 보통국가로서 안보부담을 포함한 정당한 비용을 당연히 부담해야 한다는 것이다(오자와 1993, 107). 국내적으로 자국의 이익을 위한 경제성장에 주력하던 노선에서 벗어나 일본이 응분의 국제적 비용을 부담할 때가 왔다는 주장이다.

오자와는 일본 정계 내에서의 자기 인식의 부족이 그와 같은 정치적 결정을 어렵게 한다고 보았다. 따라서 '정치의 빈곤'을 극복하기 위한 정치개혁이 필요하다는 아이디어를 제시하였다(오자와 1993, 108). 정치적 결정방식을 바꾸는 것이야말로 개혁의 요체였다. 오자와는 다음과 같이 주장하고 있다. "정치개혁 본래의 의미는 정치의 빈곤을 극복하고 일본이 보통국가가 되도록 하는 체제를 마련하는 것이다"(오자와 1993, 108). 따라서 오자와에게 있어 정치개혁의 추진은 보통국가화를 향한 전략적 정치재편과 연관되어 있다.

무책임의 정치에서 벗어나는 것이 정치개혁의 지도이념이었다(오자와 1993, 16). 정치지도자가 책임의식을 가지고 정책주도권을 행사하는 새로운 스타일의 정치를 실현하기 위해 두 가지 원칙이 제시되었다. 권력의 집중과 정치세력간 경쟁의 도입이 그것이다(오자와 1993, 25). 이러한 원칙 하에 오자와는 수상관저의 힘을 강화하는 정치개혁을 주장하였다(오자와 1993, 45). 정계에 경쟁을 도입하기 위하여 오자와는 중선거제를 대신하여 소선거구제가 도입되어야 한다고 주장하였다(오자와 1993, 68). 정책경쟁에 기반을 둔 양당정치의 확립이 소선거구제의 도입으로 가능하다는 것이다. 이는 다시 말하자면, 일본 정계에서 반대의 목소리만을 내면서 국제사회에 대한 일본의 공헌을 거부하는 사회당을 밀어내고 수상에게 힘을 모아줌으로써 국제사회에 대한 역할수행을 위한 장애물을 제거해 나가야 한다는 점을 강조한 것이다.

오자와에 의하면 소위 요시다 독트린은 냉전 하에서 경제성장 일변도 노선으로 오해되어 왔다. 그에 의하면, 요시다는 일본이 자신의 힘과 책임을 가지고 자유진영에 공헌해야 한다는 의식을 가지고 있었다는 것이다. 그러면서 오자와는 요시다가 만약 한 국가가 자기 방어를 위해 다른 나라에 의존한다면 편향된 것이라는 요시다의 말을 인용하고 있다(오자와 1993, 110).

오자와가 안보분야에서의 적극적인 역할을 포함한 보통국가의 개념을 제시하였지만 그가 염두에 두고 있던 것은 유엔중심주의였다(오자와 1993, 127). 오자와는 냉전이 종식된 후에 미국은 유엔에 의한 집단안전보장 기능을 강화해 나갈 것이라고 예측했다. 그는 미국이 '유엔 중심의 평화전략' 으로 역사적인 전환을 할 것이라고 생각한 것이다(오자와 1993, 116). 유엔 비상대기군을 생각한 것은 이런 맥락에서였다. 미국이 유엔을 강화할 것이라고 생각하면서 오자와는 새로운 국제질서를 창출하기 위하여 일본은 미국과 긴밀히 협력해 나가야 한다는 주장을 제시하였다. 유엔 중시의 외교 하에서 미일동맹을 강화하기 위하여 일본은 전수방위원칙에서 '평화조성전략'으로 방위전략을 이행할 필요가 있다고 보았다(오자와 1993, 119). 일본 자위대가 평화유지를 위한 필요에 부응하도록 재조직되어야 한다고 주장한 것이다. 유엔의 요구에 부응하기 위한 유엔 비상대기군을 자위대 내에 조직해야 한다고 본 것이다.

이와 같은 일본의 국가전략을 주장하면서 오자와는 아시아 국가들과의 새로운 관계 정립이 필요함을 인식하고 있었다. 아시아 국가들에 대한 반성 및 사과와 더불어 이에 국한하지 않는 미래지향적인 협력의 필요성을 역설하였다.

2. 이시하라 신타로

이시하라 신타로가 보면 오자와 이치로는 미국에게 '노'라고 말할 수 없는 정치가였다(타하라, 이시하라 2000, 213). 오자와는 미국이 짠 시나리오를 일본에 대변하는 정치인에 불과하다는 것이다. 오자와의 생각과는 달리, 이시하라는 일본이 미국에 의존하지 않고 자국을 지킬 수 있는 나라가 되길 원한다. 그가 보고 싶은 것은 미국으로부터 완전히 독립된 강력한 '방위국가' 일본이었다(타하라, 이시하라 2000, 216).

이시하라는 미국에 대해 아주 비판적이다. 그는 그 원인을 미국의 점령정책에서 찾고 있다. 그에 의하면, 맥아더는 일본이라는 국가를 와해하는 전략을 디자인하고 실행했다. 그 일부로 점령당국은 일본에게 소위 평화헌법을 받아들이도록 강요했다는 것이다. 그리고 일본인이라는 자기 의식을 약하게 하는 전후 교육체제를 만들었다는 것이다. 그 결과 일본인들이 미국을 믿도록 만들었다고 한다(타하라 · 이시하라 2000, 228). 이시하라는 종전 직후 미국은 일본을 약화시키기 위해 일본을 해체하였다고 본다. 그 대신 미국은 미일동맹에 대한 신뢰라는 애매한 의식을 조장시켰다는 것이다. 그러나 이시하라가 보면 미일동맹은 결코 일본을 방어하려는 것이 아니다. 실제로 존재하는 것은 일본을 콘트롤하려는 미국의 전략뿐이라는 것이다(타하라 · 이시하라 2000, 127). 따라서 이시하라는 일본인들의 의존심을 극복함으로써 일본의 아이덴터티를 재생해야 한다고 본다(타하라 · 이시하라 2000, 66). 일본은 우선 정신적으로 자립해야 하고 국가의 힘을 강화해야 한다(타하라 · 이시하라 2000, 130).

이시하라의 반미감각은 일본에 대한 긍지에 뿌리를 두고 있다. 이시하라에 의하면, 일본은 유색인종 가운데 유일하게 근대국가를 건설한 나라이기 때문에 자신의 역사에 자긍심을 가져야 한다(타하라 · 이시하라 2000, 51). 이시하라에 의하면, 만약 일본이 유색인종으로써 근대국가를 건설하지 않았다면 백인들에 의한 식민지 지배는 지속되었을 것이라고 본다(나카소네 · 이시하라 2001, 108). 이시하라는 일본이 서구에 의해 식민지화된 아시아인들의 해방을 원했다는 생각을 믿어 의심치 않고 있다(나카소네 · 이시하라 2001, 128).

이시하라의 세계관은 전통적인 현실주의적 질서관에 가깝다. 이시하라의 관점에서 보면, 국제정치의 역학을 규정하는 것은 군사력으로 정의된 국가 간의 경쟁이다. 국제정치는 곧 힘의 정치인 것이다. 만약 한 국가가 약한 군사력을 가지고 있으면 국제 경쟁사회에서 단지 낮은 지위만을 가질 수 있다고 본다(타하라 · 이시하라 2000, 77). 따라서 국가는 강한 군사적 억지력을 가져야 한다. 미국이 유사시에 일본을 도우러 올 것이라는 완전한 보증은 어디에도 없다고 생각하면서 일본이 누구에게도 도움을 받지 않고도 자신을 지킬 수 있는 군사체제를 가져야 한다고 이시하라는 역설한다. 미국과 중국이 이러한 생각에 반대하겠지만 일본은 자신의 위신을 되찾아야 한다는 것이다(타하라 · 이시하라 2000, 79).

자주가 곧 고립을 의미하는 것은 아니라는 주장에 대해 이시하라는 만약 일본이 진정 강하고 자주적인 나라가 된다면 동맹 파트너를 굳이 찾을 필요가 없을 것이라고 반박한다(타하라 · 이시하라 2000, 85). 일본을 제외한 어떤 나라도 일본에 대한 잠재적인 적이 될 수 있다는 발상이다. 이러한 철저한 현실인식이 없으면 외교도 있을 수 없고 국익의 추구도 없다고 주장한다(타하라 · 이시하라 2000, 86).

중국에 대한 전략에 대해 이시하라는 일본이 가진 카드들을 사용하는 것을 주저할 필요가 없다고 본다. 일본은 자본의 부족이라는 중국의 약점을 충분히 활용해야 한다고 외친다. 그런 의미에서 일본은 대외원조를 중국에 대한 카드로 보다 전략적으로 사용해야 한다고 주장한다(타하라 · 이시하라 2000, 145). 궁극적으로는 일본으로서는 중국이 분열하도록 도와야 한다고까지 주장했다(타하라 · 이시하라 2000, 156).

이시하라에 따르면, 자위대는 헌법에 위배되는 존재이다. 이를 합헌적으로 만들려면 일본은 헌법을 바꾸어야 한다. 일본이 헌법을 바꾸려할 때 다른 나라의 눈치를 볼 필요는 없다고 보고 있다. 국가주권의 문제이기 때문이다(타하라 · 이시하라 2000, 207).

3. 나카소네 야스히로

나카소네는 일본의 근대사를 이시하라와는 다르게 보고 있다. 나카소네에 의하면, 미국에 대한 전쟁을 일으킨 것은 일본의 지도자들, 특히 군부지도자들의 실수였다. 그것은 지나친 자신감과 국제정세에 대한 오판으로부터 나온 결정이었다(나카소네 · 이시하라 2001, 113-114).

지난 전쟁의 평가에 대해 나카소네는 일본이 미국과 영국에 대하여는 정당한 전쟁을 했다고 본다. 하지만 아시아에 대한 전쟁은 침략행위였다는 점을 인정한다(나카소네 · 이시하라 2001, 124). 일본이 아시아 국가들의 독립에 공헌하였다는 주장에 대하여 나카소네는 일본이 처음부터 아시아인들을 도우려고 의도한 것은 아니라는 입장을 취한다. 사실상 미국과의 전쟁을 준비하는 결과로 그러한 일이 나타났다고 본다. 비록 일본이 대동아공영권이라는 발상을 제시하긴 했지만 사실상 일본은 미국과의 전쟁에 이길 수 있는 자원이 필요했던 것이다. 이러한 의미에서 일본은 아시아 국가를 침략한 것이고, 일본은 이러한 행위에 대해 반성해야 한다고 주장한다(나카소네 · 이시하라 2001, 126).

미국에 대해 아주 비판적인 이시하라와는 달리 나카소네는 전후 미일관계에 대해 아주 긍정적인 평가를 내린다. 패전은 일본이 자기 변혁을 할 수 있는 전례없는 기회를 주었다고 본다. 민주주의, 자유, 인권이라는 체제는 맥아더에 의해 주도된 개혁의 덕으로 일본에 뿌리를 내렸다는 것이다. 미국과 일본은 가치관과 이해를 공유하는 협력적 관계를 만들어 왔다. 일본은 자유, 민주주의와 시장경제체제를 가지고 미국이 제공하는 방대한 시장을 통해 발전해 왔다는 인식을 가지고 있다(나카소네 · 이시하라 2001, 121). 이 점에서 나카소네는 미국으로부터의 탈피를 요구하는 이시하라와 생각이 다르다는 점을 분명히 하고 있다(나카소네 · 이시하라 2001, 125).

이시하라가 미국이 제공하는 핵 억지력에 대해서도 의문을 제기하는 데 반해 나카소네는 적어도 심리적인 핵억지를 긍정한다. 심리적 핵억지란 만약 어느 나라가 핵무기로 일본을 공격한다면 미국이 핵을 사용한 국가에 대해 핵을 사용할 것이라는 믿음이 있다는 것이다(나카소네 · 이시하라 2001, 120). 나카소네는 만약 일본이 미국의 핵억지력에 의문을 품고 핵무기를 개발한다면 미일안보조약이 근본적으로 바뀌어야 한다고 보고 있다.

일본의 장래 외교노선에 대해서 나카소네는 일본이 한편으로는 미국과 강한 안보동맹 관계를 유지하면서 다른 한편으로는 아시아 국가들과의 다자적 제도를 만들어 나가야 한다고 주장한다(나카소네 · 이시하라 2001, 123). 아시아에서의 비민주적인 국가인 북한과 중국을 다루는 것은 앞으로의 과제라고 보고 있다. 하지만 나카소네는 중국과 북한도 다자적 메커니즘에 통합되어야 한다는 점을 분명히 하고 있다.

Ⅳ. 보수세력의 국가론 논쟁 맥락에서 본 동아시아 인식

일본 보수 정치지도자들의 보통국가론과 동아시아 인식을 비교분석해 보면 서로의 공통점과 더불어 서로 다른 생각들이 눈에 띈다. 일본 국내정치적인 맥락 속에서 수상관저의 기능 강화 및 정치권의 주도권 확립, 사회당 등 혁신세력의 약화, 헌법개정의 필요성, 위기관리 시스템의 강화 등 다양한 문제들에 대해 합의를 이루고 있으면서도 동아시아 인식의 문제에 이르게 되면 보수세력 간의 인식의 차가 존재한다. 이는 국제정치를 보는 눈과 일본의 중장기 외교전략, 그리고 역사문제에 대한 인식에 대해 서로 다른 의견을 가지고 있는 데서 연유한다.

1. 신국제질서 속의 일본의 역할

오자와는 미일동맹, 유엔 중심 외교, 그리고 아시아 태평양 국가와의 선린관계 유지라는 일본 외교정책의 전통적인 축을 존중하려 하였다. 하지만 그 중에서도 유엔을 중심으로 한 외교에 힘을 쏟으려고 노력한 점에 특징이 있다. 오자와는 탈냉전기의 국제질서가 미국을 중심으로 전개되지만, 미국도 유엔을 중심으로 한 신질서 창출에 힘쓸 것이라는 '유엔 중심의 신국제질서'를 예견하였다. 이는 국제정치를 보는 제도주의적 시각을 바탕에 깔고 있는 것이라 할 수 있다. 따라서 오자와에게는 유엔을 중심으로 한 국제사회(international society)가 일본의 외부에 엄연하게 존재하고 있고, 국제사회에 대한 일본의 공헌을 증대시켜야 한다고 믿었다.

일본이 유엔을 중심으로 한 국제질서에 따르게 되면 동아시아 국가들과의 관계에서도 국제사회의 규범과 가치관이 중요한 역할을 하게 된다. 오자와는 아시아 국가들과의 특수한 관계를 염두에 두기보다는 보편적인 가치관과 인류 공통의 과제 실현을 위해 아태국가들과도 협력해야 한다는 '보편주의적 접근'을 취하고자 하였다고 할 수 있다. 이러한 맥락에서 아태국가들과의 미래지향적인 관계 설정에 주력하고자 하였다.

반면, 이시하라의 국제질서관은 신현실주의, 즉 국가 간 힘의 경쟁관계에 초점을 두면서 일본이라는 국가의 자조 노력(self-help) 내지 자기방위능력을 중시하였다. 이시하라는 궁극적으로 미국과 일본의 관계도 잠재적인 힘의 갈등관계로 파악하는 데 다른 보수세력과의 차이가 나타난다. 유사시 미국도 일본을 도와줄 것이라는 보장이 없다는 판단이 그의 국제정치관에 잘 드러나 있다.

이시하라의 '국가중심주의'는 미국에 대한 지나친 의존을 경계하는 동시에 동아시아 지역에서의 중국과의 경쟁관계를 전면에 내세우는 데서도 나타난다. 이시하라의 한국에 대한 인식은 애매모호한 점이 있다. 하지만 중국에 대한 경쟁심 내지는 경계감은 상당한 정도로 표출되어 있고, 중국을 장기적으로는 분열시켜야 한다고까지 주장함으로써 동아시아의 패권장악을 위한 의지를 숨기지 않고 있다. 그의 질서관의 근간에는 근대 일본 민족주의가 깔려 있으며, 그의 일본에 대한 자긍심의 근저에는 인종차별주의가 잠재되어 있다. 따라서 동아시아 국가들과의 대등한 관계 설정은 이시하라에게 있어 장래의 이상도 현재의 현실도 아니다. 그에게는 '일본 우월주의'와 이를 지속하기 위한 독자적 외교노선 내지 자주외교의 이상이 담겨 있다. 그의 국가주의적 · 민족주의적 정서가 고립주의로 연결되는 고리가 여기에 있다.

나카소네는 미일동맹의 유지를 가장 큰 일본 외교의 축으로 하려는 현실적 내용을 담고 있다. 나카소네는 오자와와 달리 유엔 등 국제기구에 의한 평화를 믿기보다는 국제적 헤게모니를 장악한 미국의 주도에 의한 신국제질서를 염두에 두고 초강대국 미국과의 협력관계의 설정을 일본 외교의 축으로 삼아야 한다는 점을 누차 강조하고 있다. 국제기구란 힘을 바탕으로 한 현실주의적 외교에 정통성을 부여하고 국제적 합의를 창출하기 위한 보조적인 수단으로 이해하고 있다는 점에서 유엔 중심의 외교를 주장하는 오자와와는 다른 점이 있다. 또한 미국의 전후 점령정책 및 대미의존적 외교에 비판적인 이시하라와는 달리, 전후 미일동맹의 가치를 긍정적으로 평가하고 미국으로부터의 자주권 확보보다는 협력에 의한 국제적 파트너십(global partnership)의 창출에 힘을 기울였다. 따라서 나카소네는 외교의 기본축을 미국과의 관계 강화에 두었다고 할 수 있다.

하지만 그는 대결적 시각에서 아시아 국가들과의 관계를 보는 이시하라와는 달리, 아시아지역 국가들과의 다자주의적 협력기구 창출을 주장함으로써 아시아에 대한 배려를 동시에 추구하고자 하였다. 그럼에도 불구하고 동아시아 국가들과의 동맹관계보다는 다자주의적 틀을 선호하고 있다는 점에서 기본적인 대미 중심 외교 라인에는 변화를 가하고자 하지 않았다. 그러면서도 국가 간 관계에서의 민주주의적 체제의 중요성을 중시하면서 동아시아에서 한국과의 협력을 중시하는 점에서는 그가 민주평화론적 시각을 담고 있음을 알 수 있다. 대만과의 관계도 그러한 맥락에서 논지가 전개되고 있다. 이에 반해 동아시아에서 아직 민주화가 성취되지 않은 중국과 북한에 대해서는 아직 경계를 늦추지 않으면서도 장기적으로 이들 국가들이 민주화되고 국제사회에 동참하는 것을 바라고 있다. 아시아 국가들에 대한 경시 내지는 멸시와 일본 민족에 대한 자존심에 근간을 둔 이시하라와는 다르게 인종적 차별에 의한 질서가 아닌 가치와 체제, 그리고 규범에 근거한 차별성을 중시하고 있다.

2. 과거사 문제의 인식과 협력

일본의 보통국가화 노선 추구 속에서 동아시아 국가들과의 관계를 설정함에 있어서 그냥 스쳐지나 갈 수 없는 부분이 과거사 인식과 관련된 부분이다. 오자와 이치로는 일본이 아시아 국가들과 불행한 과거를 가졌다는 점을 부정하지 않는다. 식민지와 전쟁경험 등으로 불행한 과거가 있었다는 점을 인정하면서 이에 대한 반성과 더불어 이를 극복하기 위한 미래지향적인 협력관계 구축에 중요성을 부여한다. 과거를 인정하지만 과거에 집착할 수는 없다는 인식이다.

나카소네도 불행한 과거사를 인정하는 것은 마찬가지이다. 그에 의하면 일본은 미국과의 전쟁과 관련하여 미국에 사과할 필요가 없다. 국제정치상의 일반적 전쟁이자 정당한 전쟁이었기 때문이다. 하지만 아시아 국가들에 대해서는 일본의 자국 이익을 추진하기 위한 침략행위였음을 인정하고 있다. 따라서 아시아 국가들에 대해서는 반성과 사과를 해야 마땅하다는 주장이다. 그러나 이같은 아시아 국가들에 대한 사과의 표명을 위해 어떠한 조치를 취해야 하는가에 대해서는 구체적으로 언급하지 않고 있다. 또한 민주주의 국가인 한국에 대한 반응과 민주화를 이루지 못한 국가인 중국에 대한 반응에 대해 미묘한 시각차를 드러내고 있다. 국제적 불량국가로 인식된 북한에 대해서는 비판적인 입장이다.

이들에 비하면 이시하라는 자국중심적 민족주의의 성격을 강하게 그리고 숨김 없이 드러내고 있다. 일본이 식민지 시대에 저지른 일은 제국주의 시대의 시대정신으로 보면 정당화될 수 있는 부분이며, 일본이 없었더라면 아시아는 서구 제국주의의 희생양이 되었을 것이라는 인식을 가지고 있기 때문에 일본이 아시아 국가들에 대해 굳이 사과하고 반성할 이유는 없다고 본다. 힘이 지배하는 국제정치의 현실 속에서 힘이 없는 국가가 식민지화된 것은 불가피한 것이라는 논리와도 닿아 있다. 또한 역사인식의 문제는 기본적으로 일본이 결정할 문제로서 타국에 의해 좌우될 성격은 아니라고 보고 있다. 따라서 과거사 문제에 관련하여 일본이 지속적으로 반성외교 내지는 굴욕 외교를 탈피하여 당당하게 자신의 주장을 펴야 한다고 보는 것이다.

V. 보통국가론과 동아시아 인식 논의의 정책적 함의

일본 정치세력의 동아시아 인식은 일본의 보통국가화 지향이라는 전반적인 국가전략의 틀 안에서 논의되어야 마땅하다. 동아시아 인식은 전반적인 대외인식의 일부에 불과하기 때문이다. 위에서 살펴본 일본 보수정치인들의 보통국가관과 대외 인식에서 아래와 같은 정책적 함의를 찾아낼 수 있다.

1. 일본 정치 외교의 보수화

일본이 전반적으로 보수화하고 있다는 사실은 자명하다. 1955년 체제 하에서 보수와 혁신이 경쟁하고 대립하던 시대에는 일본의 국제사회에서의 책임을 주장하면서 안보분야에서의 국제공헌을 주장하던 논의는 정치적 금기사항이었다. 이제는 오히려 전후 일본의 평화국가를 지키자는 논의가 소수로 전락하면서 일본 자위대의 국제파병은 당연시되고 헌법개정 논의마저 현실화의 단계를 향해 가고 있다. 보통국가론을 처음 제기한 오자와 이치로 이래 일본 정치의 기본틀은 바뀌어 가고 있다. 오자와는 실패했지만 오자와주의는 살아난 것이다. 1990년대 중반 이후 일본의 정치가 혁신의 몰락과 보수의 상승으로 나타난 배경에는 보통국가론의 주장이 일본 국민에게 파고든 것이 주요한 요인이었다.

위에서 살펴본 세 명의 보수정객의 주장이 서로 다른 점이 있음에도 불구하고 이들의 보통국가화 노선은 대외적으로 다음의 공통점을 담고 있다.

첫째, 일본의 국제공헌이다. 경제적 힘의 상승을 바탕으로 일본이 경제력의 상승에 부응하는 정치군사적인 역할을 수행해야 하며, 국제사회에서의 존재감을 발휘해야 마땅하다는 논의이다. 자국중심의 평화론, 자국이익을 위한 경제력의 사용을 벗어나 국제적인 역할의 수용을 적극 개진하고 있다. 이 점에서 보통국가론은 요시다 독트린에 기반을 둔 보수본류노선과는 구분되는 '신국제주의(neo-internationalism)'를 지향하고 있다.

둘째, 미국과의 동맹의 틀 안에서의 독자적인 능력강화이다. 일본의 방위를 주로 미국에 맡기고 전수방위에 철두철미하던 방위전략을 수정하여 미국과 국제사회에 함께 진출하는 평화유지세력으로서의 이미지를 굳혀가고 있다. 미국에 대해 일방적으로 의존하거나 미국으로부터의 완전한 자주를 성취하려 하기보다는 세계의 유일 초강대국 미국과 협력하면서 일본의 독자적인 역량을 점진적으로 향상시키려 하고 있다. 한국에서 최근 말하고 있는 '협력적 자주노선'이라기보다 '자주적 협력(self-initiated cooperation)'에 가깝다.

2. 국가론 논쟁의 추이에 대한 정확한 현실적 인식

한국 내에는 1955년 체제 하에서의 보혁 간 갈등을 일본 정계 대립의 기본 대립구조로 파악하면서 현재의 보통국가론자들과 자주국가론자들의 주장을 본래의 일본에서 벗어난 일탈로 규정하고자 하는 경향이 강하다. 일본이 변하고 있는데 이를 그대로 받아들일 수 없다는 불안감과 무력감이 교차하면서 보수화된 일본을 그대로 인정할 수없다는 주장이다. 그런 맥락에서 군사대국화, 군국주의화, 우경화라는 비판적인 시각들이 팽배하다. 또한 이같은 시각의 근저에는 일본이 전전의 일본으로 돌아갈지도 모른다는 우려가 깔려 있다. 평화국가론을 벗어난 일본은 군국주의로 회귀할 수 있다는 논지이다. 일본은 변하고 있다. 그러나 일본 사회의 변화에 대해 감상적 환상을 가지기보다는 정확한 현실 인식이 어느 때보다도 필요한 시점이 되었다.

일본이 1955년 체제 하에서보다 보수화하고 있는 것은 사실이다. 평화국가론자들이 약화되고 통상국가론자들마저 힘이 빠진 현실이 이를 증명한다. 지금은 보통국가론자들과 자주국가론자들이 대결하고 있는 양상이다. 동아시아 국가들이 비판의 목소리를 높인다 해도 일본에서 평화국가론자들이 정계의 주류를 이룰 것 같지는 않다. 일본 정계의 주도권이 보통국가론자들의 손에 있고, 일본의 후견인격인 미국이 이를 허용하고 있기 때문이다. 따라서 현재의 일본의 모습을 한 시기의 일탈 행위적인 양상으로 파악하는 것은 무리가 있다. 1955년 체제 하의 일본을 그리는 것은 희망적 바람에 지나지 않는다.

그렇다고 일본이 전전의 일본으로 회귀할 것이라는 주장도 지나친 기우이다. 일본이 민주주의적 가치와 다원화된 생활양식을 팽창주의적 · 침략주의적 · 우월주의적인 방식으로 동아시아를 압도하리라는 것은 19세기 말적인 피해의식의 발로이다. 일본 스스로가 민주주의적 틀을 벗어나지 않을 것이고, 주변국들이 19세기적인 질서와는 달리 아주 강하다. 중국은 물론 한국도 그다지 호락호락한 상대는 아니다. 따라서 군국주의 일본에 대한 주장은 일본에 대한 경고나 비판으로서는 유효하지만 일본의 장래를 예측한 것이라고는 하기 어렵다.

일본 내 정치적 흐름이 소수의 합의를 이룬 보수세력이 일본 국민의 의지에 반해 일본을 우경화시키고 있다는 생각도 현실적인 인식은 아니다. 일본 국민이 싫어하는 길을 보수정치세력에 밀려 끌려가고 있는 것이 아니다. 일본의 유권자들도 일본의 보수화, 일본의 보통국가화에 힘을 실어주고 있다는 사실을 망각해서는 안 된다. 일본을 이끌어 가는 정치세력이 하나의 생각으로 뭉쳐 있다는 것도 사실과는 거리가 있다. 위에서 살펴본 평화국가론자, 통상국가론자, 보통국가론자, 그리고 자주국가론자들이 공존하고 있다고 보아야 할 것이다. 물론 현재 힘의 균형은 보통국가론자들에 쏠려 있다.

3. 보수세력 내 다양한 흐름-분리대응의 필요

일본 정치가 전체적으로 보수화되고 있는 것은 사실이다. 하지만 위에서 살펴본 바와 마찬가지로 일본의 보수세력 전체가 합의를 이룬 상태에서 동일한 방향으로 정책을 전개하고자 하는 것은 아니다. 특히, 보수세력의 동아시아 인식은 가장 다른 면이 두드러지게 나타나는 부분이다. 아시아 전체를 적대시하거나 대결적으로 파악하려는 세력이 있는가 하면, 아시아 전체와의 공존공영을 주장하는 세력이 있고, 다른 한편으로는 아시아 지역 내의 민주국가와 비민주국가를 구별하려는 세력도 있다. 이들을 한데 묶어 '보수우익'이라는 이름으로 정치적 비판을 가하는 것은 보수세력 사이에 존재하는 협력 가능한 부분을 미리 비판의 대상으로 판정해 버리는 우를 범할 수 있다. 쉽게 말하자면 보수와 우익은 구별되어야 한다. 보수세력 내에도 비판적 협력이 가능한 다수가 존재한다고 보기 때문이다. 우익의 논리에는 철저한 비판을 가하면서도 동아시아와의 협력을 강조하는 보수세력과는 비판적이지만 협력적인 태도를 버려서는 안 된다.

참 | 고 | 문 | 헌

김호섭 · 이면우 · 한상일 · 이원덕. 2000. 『일본우익연구』. 서울 : 중심.

Curtis, Gerald L. 1999. *The Logic of Japanese Politics*. New York : Columbia University Press.

_____. 1988. *The Japanese Way of Politics*. New York : Columbia University Press.

Heginbotham, Eric and Richard Samuels. 1998. "Mercantile Realism and Japanese Foreign Policy," *International Security* 22 : 4 (Spring).

Keohane, Robert. 1986. *Neorealism and Its Critic*. New York : Columbia University Press.

Muramatsu, Michio and Ellis Krauss. 1987. "The Conservative Policy Line and the Development of Patterned Pluralism," in Kozo Yamamura and asukichi Yasuba. eds. *The Political Economy of Japan Volume 1 : The Domestic Transformation*. Stanford : Stanford University Press.

Park, Cheol Hee. 2004. "Political Dynamics of Regime Transformation in Japan in the 1990s," *Japanese Journal of Political Science*. 5 : 2.

Pyle, Kenneth. 1996. *The Japanese Question*. Washington DC : AEI Press.

Waltz, Kenneth. 1979. *Theory of International Politics*. Reading : Addison – Wesley.

小澤一郎. 1996. 『語る』. 東京 : 文芸春秋.

_____. 1993. 『日本改造計畵』. 東京 : 文芸春秋.

大嶽秀夫. 2000. 『日本政治の對立軸』. 東京 : 中央公論社.

小熊英二, 上野洋子. 2003. 『癒しのナショナリズム』. 東京 : 慶應義塾大學出版會.

石原愼太郎. 2002.『日本よ』. 東京：產經新聞社.

______. 2000.『アメリカ信仰を捨てよう』. 東京：光文社.

______. 1989.『Noといえる日本』. 東京：光文社.

石原愼太郎 · 田原總一朗. 2005.『日本の力』. 東京：文芸春秋.

______. 2000.『勝つ日本』. 東京：文芸春秋.

北岡伸一. 1995.『自民黨』. 東京：讀賣新聞社.

草野厚. 1999.『連立政權』. 東京：文芸春秋.

國正武重. 1999.『灣岸戰爭という轉換点』. 東京：岩波書店.

高坂正堯. 1981.『文明が衰亡する時』. 東京：新潮社.

______. 1975. "通商國家日本の運命."『中央公論』. 11月號.

武村正義. 1994.『小さくてキラリと光る國日本』. 東京：光文社.

坂本義和. 2004.『戰後外交の原点』. 東京：岩波書店.

清水幾太郎. 1980.『日本よ國家たれ』. 東京：文芸春秋社.

中曾根康弘. 2004A.『日本の總理學』. 東京：PHP 新書.

______. 2004B.『自省錄』. 東京：新潮社.

______. 2000.『21世紀日本の國家戰略』. 東京：PHP.

______. 1998.『日本人に言っておきたいこと.』. 東京：PHP.

中曾根康弘 · 宮澤喜一.『 改憲 護憲』. 東京：朝日新聞.

西尾幹二. 1999 .『國民の歷史』. 東京：產經新聞.

原よしひさ. 2000.『戰後の中の日本社會黨』. 東京：中公新書.

山口二郎. 2004.『戰後政治の崩壞』. 東京：岩波書店.

渡邊治. 1994.『政治改革と憲法改正』. 東京：青木書店.

5

일본의 대중국 국가전략

'72년 체제' 의 발전과 전환

손기섭(부산외국어대학교)

I. 서론

1972년에 성립된 일중 국교정상화는 일본의 다나카 내각기에 수상관저 주도로 극적으로 타결된 것이었지만, 1970년대 초의 미중관계의 개선과 중국 정부의 전쟁배상권 포기 및 미일동맹의 암묵적 용인이 결정적인 영향을 미쳤다. 본고는 1972년 다나카 내각기의 일중 국교정상화 이후에 성립된 '72년 체제' 의 성립과 발전을 둘러싼 정치경제적 특질과 내용을 밝히는 동시에 탈냉전기에 '72년 체제' 적 특질이 어떻게 전환되고 있는지를 분석하고자 한 것이다. 국교정상화 이후의 일본의 대중국 국가전략은 이러한 일중 '72년 체제' 의 발전과 전환에 여실히 투영된다.

일중관계에 있어서의 '72년 체제' 란 1972년 다나카 내각과 중국의 마오쩌둥 · 저우언라이 정권이 양국 간 국교정상화[1]에 합의하여 작성한

'일중 공동선언' 과 후쿠다 내각 때의 '일중 평화우호조약' 을 토대로 성립하는 국교정상화 이후의 정치경제, 외교안보 전반에 작용하는 구조적 틀로 정의할 수 있겠다.[2] 이러한 일중 정치경제관계에 있어서의 '72년 체제' 는 크게 보면 1970년대의 성립기, 1980년대의 발전기, 1990년대의 전환기로 대별되는 3단계의 주요 진화과정을 거치면서 그 특질을 형성 · 발전시켜 왔다고 파악된다.

첫째, 1972년 다나카 내각에서부터 1978년 후쿠다 내각기까지의 일중 정치경제관계는 '72년 체제' 의 성립기로 볼 수 있다. 이 시기에는 일중 정부 간의 정치외교관계의 정상화가 실현되고 민간무역, 항공, 해운, 어업 등 경제교류의 주요 실무분야에서 협정이 체결되었으며, 나아가 우호협력조약이 체결되어 일중관계는 명실상부하게 정치외교의 정상화, 경제교류의 제도화, 미일중 외교안보 제휴의 구도가 성립되었다. 또한 중국은 마오쩌둥 시대의 이념 중심의 정치노선에서 현대화를 추진하는 덩샤오핑 중심의 실용주의 정치로 전환되면서 양국관계는 '72년 체제' 의 안정적인 성립을 완결하게 된다.

둘째, 1979년 오히라 내각에서부터 1989년 다케시타 내각기까지의

1) 일중 국교정상화에 관한 기존의 연구는 활발하다. 역사적 관점에서 일중관계 전반을 분석한 다나카 아키히코의 연구(田中明彦 1991), 미중 국교정상화교섭과의 비교를 시도한 오가타 사다코의 연구(緒方貞子 1992), 전후 일본외교의 속성을 토대로 분석한 소에야 요시히데(添谷芳秀 1995)의 연구가 대표적이며, 일본 국내정책결정의 관점에서 분석한 연구는 벳시 유키오(別紙行夫 1980)와 필자(손기섭 2003)의 연구 등이 있다.

2) 일중관계의 '72년 체제' 에 관한 학술적 논의는 아직 거의 전무한 실정이나, 1990년대 탈냉전기 이후에 가속화되는 일중관계의구조 변모, 대중 경제협력의 완화, 역사인식 대립 등과 관련하여 조금씩 학술적 연구가 시도되는 단계이다(國分良成 2000 ; 孫基燮 1999).

일중 정치경제관계의 강화와 미일중 외교관계의 강화는 '72년 체제' 의 발전기에 해당된다. '72년 체제' 의 발전기에는 오히라 내각기에 성립된 일중 정부 간 경제협력이 나카소네 내각과 다케시타 내각을 통해 계속적으로 제도화되고 확대되면서 정치외교 및 경제협력 분야에서의 우호협력관계가 매우 심화된다. 동아시아 국제질서의 구도는 일본 나카소네 내각이 '테즈쿠리 외교' 로 표현했듯이 수상 간의 프렌드십을 바탕으로 미일중의 전략적 제휴가 지속되었다. 덩샤오핑, 후야오방, 자오쯔양을 주요 지도자로 하는 중국의 실용주의 정권은 사회주의 경제의 개혁과 개방을 표방하면서 일본과의 우호외교와 경제교류에 적극적이었다. 일본의 자민당 정권은 1980년대 들어 명실공히 경제대국화를 실현시키면서도 점차 이익유도 정치의 제 도피로 현상을 나타내면서 보수정치의 개혁이 모색되었다(山口二郎 2000 ; Pempel 1990).

셋째, 1989년 6월 '천안문 사건' 에서부터 2000년 오부치 내각까지의 1990년대 탈냉전기의 일중 정치경제관계는 '72년 체제' 의 전환기에 해당된다고 볼 수 있다. 이 전환기는 크게 보면 두 시기로 대별된다. '천안문 사건' 에서 1995년 무라야마 내각기까지 일본 외교의 방향성 모색과 더불어 일중관계의 위상이 변화를 나타낸 '전환 1기' 시기와 1996년 하시모토 내각기부터 2000년 오부치 내각까지의 미일동맹이 강화된 '전환 2기' 시기이다. '전환 1기' 에는 냉전의 종결과 더불어 소련이란 주적이 사라지면서 미일중의 전략적 제휴관계가 와해되고 새로운 갈등, 즉 정치군사적으로 '중국위협론', 경제통상적으로 '일본위협론' 이 대두될 정도로 동아시아 국제질서가 크게 변동됨에 따라 일중관계도 새로운 틀이 모색되었다. 국내정치적으로는 중국에선 장쩌민(江澤民) 체제가 공고해지고 일본에선 비자민 연립정권 및 자민당 · 사회당 연립정권이 등장하여 오랫동안 단독정권을 유지해 온 자민당 '일당우월 정치 시스템' (佐藤 · 松崎 1986)이었던 '55년 체제' 가 붕괴되었다. '전환 2기' 에는 미중 구도의 대립을 중심으로 동아시아 국제관계가 유동적으로 변하면서 일본은 중국보다는 미일동맹의 강화와 보수우경화 노선을 선택했고, 양국 국내정치의 구조개혁과 세대교체가 가속화되면서 일중 정치경제관계는 선택적 협조와 경쟁을 반복한 것으로 파악된다.

이상에서 보듯 일중 정치경제관계에서의 '72년 체제' 는 동아시아에서의 미중관계의 구도에 크게 영향을 받으면서 전후적 '특수관계' 에서 탈냉전기적 '보통관계' 로 변모했다. 전후 일중관계를 일본의 정책결정 시각에서 체계적으로 분석한 주요 연구업적은 역사적 접근법에 기초하여 정치결정에 주목한 다나카 아키히코(田中明彦 1990), 일중 민간 경제협력을 둘러싼 정치과정에 주목한 소에야 요시히데(添谷芳秀 1995), 미일 국교정상화와 일중 국교정상화의 정치과정을 비교분석한 오가타 사다코(緖方貞子 1992), 일중 국교정상화에 있어서의 비정식 외교에 주목한 벳시 유키오(別紙行夫 1880) 등이 있으며, 동아시아 국제관계의 시각에서 분석한 소에야(1997)와 고쿠분 료세이(國分良成 2001), 다카기 세이치로(高木誠一郎 1999) 등이 있다. 이들 연구업적은 부분적으로는 적합성이 있으나 일중관계의 단면적인 분석에 그치고 있다.

본고에서는 동아시아 국제정치 레벨, 일중 교섭 레벨, 양국 국내정치 레벨의 세 레벨에서 '72년 체제' 를 분석하고자 하며, 분석의 주요한 변수로서 동아시아에서의 미일중 관계의 구조변동, 일중 간의 상호 의존성과 마찰도 양국 국내정치에 있어서 정권변화 등 세 가지로 집약한다. 분석구도를 표로 나타내면 다음과 같다.

〈표 1〉 '72년 체제'의 분석구도

독립변수	종속변수
1. 동아시아 미일중 관계 구조변동	일중 '72년 체제'
2. 일중 간의 상호 의존성과 마찰도	
3. 일중 국내정권의 변화	

II. 일중 '72년 체제'의 성립 : 국교정상화와 평화우호조약

1. 일본의 동아시아 외교구도

전후 일본의 국가전략 노선은 반면강화와 미일동맹을 바탕으로 한 '요시다 노선(吉田路線)',[3] 즉 미일 협조외교, 점진적 재군비, 경제중심주의에 역점을 둔 것이었다. 일본의 동아시아 외교는 미일 협조 외교의 구도 하에서 대만의 국민당 정부를 선택하고 한국과 수교하며 동남아에

3) 요시다 노선은 미국의 전면 재군비 요구를 거부하고 평화헌법의 틀 내에서 점진적 재군비를 시도하면서 경제부흥을 최우선시하는 노선으로, 추진세력은 엘리트 관료가 되었고, 1960년대의 이케다 내각과 사토 내각이 계승 발전시켜 자민당 보수 본류노선의 정책노선이 됨. 이에 관해서는 이미 많은 연구가 진행되었다. 대표적으로는 방위정책과 관련해서는 大嶽秀夫 1983 ; 田中明彦 1997, 미일관계의 관점에서는 五十嵐武士 1999 ; 五百旗頭 1999, 일본 국내 정치노선과 관련해서는 內田健三 1969, 1989 ; 일중관계 연구로선 添谷芳秀 1995 ; 田中明彦 1991 등.

중점을 두는 형태로 전개된바(内田健三 1969), 중국과는 정경분리적 민간무역이 존재하긴 했으나 정부 간 정치외교관계가 단절되는 한계성을 지닐 수밖에 없었다(添谷芳秀 1995). 당시의 요시다(吉田) 수상은 미군정으로부터의 독립 직후의 국가노선으로서 평화헌법을 유지하면서 미일안전보장관계를 중핵으로 방위태세를 점진적으로 정비하는 노선을 택했다. 이는 동아시아 국제정치의 현실과 패전 일본의 상황을 함께 고려하면서 무엇보다 전후부흥이라는 국익실현에 매진하는 '현실주의' 적 대응이었다(Levin 1993).[4)]

이러한 '요시다 노선' 에 바탕한 일본의 전후 동아시아 외교노선은 기본적으로 미일 협조외교를 기축으로 한 것은 두말할 나위가 없었다. 미소 냉전구도가 가속화되어 간 국제환경 속에서 미국의 동아시아정책에 부흥하는 형태로 협조외교를 추진하고, 미국의 전면적 재군비 요구는 거부하나 미일 안전보장조약을 맺고 자위대를 발족시키는 등 점진적 재군비를 시도했던 것이다. 전후 일본은 아시아 침략전쟁의 장본인이란 '부(負)의 유산' 을 가진 가운데 국제구조상 대국으로서의 아이덴티티와 전통적 대국노선을 거부당한 아이덴티티가 함께 공존하는 이른바 '이중 아이덴티티' (添谷芳秀 1997, 6-8)의 속성을 가지게 되었고, 이러한 속성은 미일동맹과 미일 협조외교란 전후적 틀 속에 묶여 있게 된다.

전후 일본의 동아시아 외교구도 하에서 1971년 7월 15일의 닉슨 대통령의 돌연한 방중발표는 사토 내각에게 큰 충격을 안겨주었다. 전격적인 '닉슨 방중' 을 공개발표 불과 수분 전에 일본 정부에 통고한 것은 사

4) 소에야는 이러한 점에서 요시다 노선을 '전후 리얼리즘' 으로 부른다(添谷芳秀 1997, 5).

토 내각을 당혹케 만들었다. 전후부터 지속된 대미 협조외교 기조를 충실히 지키면서 오키나와 반환 열망으로 국내적 압력을 무시하고 일중 정치경제관계를 희생시켜 온 사토 내각 및 자민당 보수본류파에게는 치명타였던 것이다.[5] '닉슨 쇼크'의 일본 외교에의 직접적인 영향은 일본 정부로 하여금 대중국 국교정상화를 추진하게끔 결의하게 한 점이다. 그것도 미국보다도 먼저 관계정상화를 도모하는 쪽으로 방향성이 모아졌다.

전후의 불완전한 일중 정부 간 관계의 원형은 미중대립을 중심적 요소로 하는 동아시아 국제정치구조에 기인되었기 때문에 미중화해의 모색은 역으로 일본 정부로 하여금 일중관계의 개선에 대한 최대의 환경적 제약을 제거해 준 격이 되었다. 일본 외무성은 국교정상화에 있어서 미국에 뒤떨어져서는 안 된다는 초조감을 나타냈다(緒方貞子 1992, 70). 사토 수상은 서둘러 일중 국교정상화를 위한 대중 채널을 찾기 시작했으나 자신의 재임 중에 일중 국교정상화를 달성할 수 있다는 희망은 희박했다. 왜냐하면 중국 정부의 사토 내각에 대한 공격이 집요했을 뿐만 아니라 장기집권 중인 사토 내각이 일중관계 개선이란 새로운 외교과제를 수행하기에는 때가 너무 늦어 있었던 것이다.[6] 사토 내각의 최대 외교과

5) 닉슨 미정부는 미중접근에 의해 소련 및 중국과 관계개선을 도모할 수 있고 골치거리였던 베트남전쟁을 종결시킬 수 있다고 파악했고(添谷芳秀 1995, 188-192 ; 田中明彦 64-65), 일본 및 동아시아 동맹 각국에게 일정한 책임분담을 요구했음.

6) 오가타는 사토 수상의 대응은 후임 내각의 정책변경을 위한 사전정지 작업으로 평가함(緒方貞子 1992, 71). 중국은 물론이고 친중파 자민당의원이나 야당도 사토 정권의 태도에 대해 불충분한 것으로서 받아들임. 중국은 1971년 각서교섭에 있어서 여전히 일본 군국주의 비판을 반복하여 사토 정권을 비난했음(田中明彦 1991, 72).

제였던 오키나와 반환이 1969년 '사토 · 닉슨 회담' 에서 합의된 후(藤本一美 · 淺野一弘 1994, 196-220) 1971년 6월에 '오키나와 반환협정' 이 조인됨에 따라 더 이상 새로운 외교과제를 추진할 기력은 쇠잔해졌다.

2. '다나카 방중' 과 일중 국교정상화

사토 내각에 이어 다나카 내각이 탄생했다. 다나카 수상은 전후 일본의 외교구도로서 요시다가 설정한 미일 협조외교와 미일안보조약을 재확인한 후 일중 국교회복에 임하고자 했다.[7] 미일 간의 조정은 '하와이 정상회담' 으로 나타났다. 1972년 8월 31일에서 이틀간 진행된 다나카와 닉슨에 의한 미일 하와이 정상회담은 미국측이 일본에 적극 배려하는 '대등한 연출' 의 정상회담이 되었다(藤本一美 · 淺野一弘 1994, 268-269). 다나카의 회담목적은 일중 국교정상화에 대해 미일 양국의 의견조정을 도모하고 미국의 양해를 받아내는 일이었으나 미국의 최대 관심사는 미일 간의 무역불균형 문제였다.[8] 다나카는 이를 민첩히 간파하여 군용기와 민간항공기의 긴급수입을 결단하는 정치결정을 내렸다. 그리고 이 하와이 정상회담을 통해 미일안보조약을 '충실히 그리고 완전히' 실행한다는 전제 하에서 일중 국교정상화에 임한다는 것을 재확인해 주

7) 다나카는 정부특사로서 자민당 부총재인 시이나를 대만에 파견하여 대만을 설득코자 하였으나 대만은 끝까지 반대했으며, 대만을 설득하기는 기본적으로 불가능한 일이었다.

8) 미국은 무역불균형 시정조치에 대한 약속을 받아내고자 했으며, 중국문제에 있어서는 다나카 내각의 성급한 국교회복을 견제했다(平野實 1978, 28-30 ; 緒方貞子 1992, 87).

었다. 이렇게 하여 미일안보조약의 유지와 중국과의 국교정상화라고 하는 전후 일본의 두 외교과제가 조화되어 일본의 동아시아 외교구도는 이제 근본적인 구조변화를 맞이하게 되었다.

1972년 7월 다케이리(竹入) 공명당 위원장이 저우언라이 수상으로부터 받아온 '다케이리 메모'[9]에 의해 다나카 내각의 수상관저와 외무성은 고무되었고, 국교정상화에 임하는 중국측의 구체적 방안을 알게 되었다. 그 가장 중요한 사항은 미일안보조약을 중국 정부가 묵인함으로써 미일동맹과 일중 국교정상화의 실현이 양립 가능하다는 점이었으며, 이에 못지 않을 정도의 중요한 사항이 중국이 전쟁배상권을 포기한다는 점을 명확히 했다는 점이었다. 다나카는 일거에 국교수립이 가능하다고 판단했다.[10]

드디어 1972년 9월 25일 다나카 수상은 중국을 방문하여 9월 29일에 국교정상화를 실현시키는 일중 공동성명에 서명했다. 오히라 외상과 외무성 교섭단은 중국의 지펑페이(姬鵬飛) 외상 주도 하의 중국 외교부와 회담하여 최종적인 공동성명안을 만들어냈다. '다나카 방중' 시의 일중 국교교섭의 주요 쟁점은 대만 귀속의 문제와 '일화 평화조약' 과의 정합성 문제였는데, 대부분 중국측이 일본측의 주장에 이해를 표시하는 형태로 처리되었다. 중국 정부를 국교정상화로 유인한 최대 요인은 미

9) 저우언라이 수상과 다케이리 공명당위원장과의 회담의 결과로 저우언라이가 제시하였으며, 1972년 7월 29일의 일중 공동성명의 중국측 초안은 安藤正士 · 小竹一彰, 1994, 125－126.

10) 다나카 수상은 방중에 앞서 고사카(小坂善太郎)를 단장으로 하는 23인의 자민당 대표단과 후루이 · 타가와의 비공식－비공표형 방중단을 보냈다. 후루이 · 타가와 방중단은 공동성명의 외무성 초안을 절충하는 보다 더 중요한 임무를 띤바, '일중공동성명 요강의 일본측 기본방침 요지' 를 휴대하고 방중하여 중국측의 랴오청즈에게 전달함.

중관계 및 중소관계에서 오는 전략적 사고였던 것으로 파악된다(添谷芳秀 1995, 208 ; 緖方貞子 1992, 92). 일중교섭에 나타난 주요한 합의사항은 다음과 같다.[11]

첫째, 중국측 초안에 있었던 '전쟁상태의 종료' 에 관해서, 공동성명 전문에서 '전쟁상태의 종결과 일중 국교정상화는 양국 국민의 소망' 으로 표현하고 본문 제1항에서 '비정상적인 상태' 의 종료를 선언하는 것으로 합의했다. 둘째, 대만의 귀속 및 일화평화조약의 취급에 대해서, 공동성명 전문에서 "일본측은 중화인민공화국 정부가 제안한 '복고 3원칙' 을 십분 이해하는 입장에서 국교정상화의 실현을 도모한다는 견해를 재확인한다" 고 언급하고, 본문에서 "중화인민공화국 정부는 대만이 중화인민공화국 영토의 불가분의 일부임을 거듭해서 표명한다" 고 기술했다. 오히라 외상은 일화평화조약의 존속의의의 종료를 선언했다. 셋째, '전쟁배상의 청구권' 에 관련된 문제로서 '청구권' 의 '권' 을 빼고 "전쟁배상의 청구를 포기한다" 는 표현으로 합의가 이루어졌다.

다나카 내각 때 실현된 일중 국교정상화를 정책결정과 합의내용을 중심으로 분석해 보면 다음과 같은 주요 특징을 이룬다(손기섭 2003, 18-19). 첫째, 다나카 내각에 의한 수상관저 주도의 정치적 결정, 둘째, 미중접근이란 미일중 삼각관계의 중대한 구조변화 선행, 셋째, 중국측의 전쟁배상 청구권의 포기와 미일동맹의 용인, 넷째, 대중국 비정식 외교 채널의 활용 등이 되겠다. 일중 국교교섭을 한일 국교교섭과 비교하면, 정치주도의 정책결정이란 면에서 유사성을 공유하나 전후처리 내용

11) 일중 공동성명, 오히라 외상 기자회견을 비롯한 제반 자료는 外務省アジア局中國課 1993, 98-99 ; 安藤正士 · 小竹一彰, 1994, 126-139.

과 성격은 상이하다. 한국은 일회성의 유상과 무상이 혼합된 경제협력 방식으로 귀결되었으나 중국과는 배상청구권의 포기를 통한 정치적 해결로 나타나 나중에 1979년 12월 오히라 내각 때부터 5-7년 단위의 복수년도 총액결정의 정부 간 경제협력으로 발전하는 모습을 보인다(이원덕 1996 ; 손기섭 2000).

3. 실무협정 교섭과 '일중 평화우호조약'

1972년 다나카 내각기에 실현한 '일중 공동성명' 과 1978년 후쿠다(福田) 내각기에 실현되는 '일중 평화우호조약' 은 일중 정치경제관계에서의 '72년 체제' 를 지탱하는 두 기본축이라고 볼 수 있다. 중국의 입장에서 보면 '공동성명' 은 저우언라이 수상의 직접지도에 의해 실현된 것이며, '평화우호조약' 은 저우언라이가 발안하지만 나중에 덩샤오핑의 지도로 완성시킨 작품이었다(張香山 2002, 134). 진정한 의미에서의 일중 국교회복을 의미하는 '72년 체제' 의 구축은 이처럼 2단계 방식이 원용되었던 것이다.

일본 정부는 '공동성명' 에서 약속한 무역, 항공, 해운, 어업협정 등의 실무관계를 처리하고 나서 '평화우호조약' 에 매진하고자 했다(緒方貞子 1992, 144). 반면에 중국의 덩샤오핑은 1973년 3월 당에 복귀하고 부총리의 직무를 맡음에 따라 대일본 외교를 적극 추진하여 일중 간의 4개의 실무협정과 '평화우호조약' 의 교섭을 조기에 체결할 것을 강조했다. 특히, 덩샤오핑은 평화우호조약의 체결에 대해서 '정치적인 각도와 장기적 중일관계의 각도에서' 접근해야 한다고 주장했다(張香山 2002, 136-137).[12] 실무협정에 있어서는 항공협정이 가장 난항했으며, 자민당 내의 분열을 가속화시키는 주요 요인이 되었다(緒方貞子 1992, 146).[13] 다른 협정교섭은 비교적 순조롭게 진행되어 1974년 무역협정과 해운협정, 1975년에 어업협정이 체결되어 일중 간의 실무협정은 완료되었다.

한편, 평화우호조약의 조기체결을 희망한 중국 정부는 1974년 7월 경부터 일본측에 교섭개시를 요청했다. 중국으로서는 친중국적인 다나카 내각기에 우호조약을 마무리하고 싶었지만, 실제로는 1974년 11월의 예비교섭에서 1978년 8월의 조인에 이르기까지 4년을 요한 장기 교섭이 되고 말았다. 교섭이 장기화된 최대의 원인은 '반패권 조항'이었는데, 중국 정부가 조약에 '반패권' 조항을 명기하도록 일본 정부에 다그친 반면,[14] 일본 정부는 치열해진 중소 대립에 말려드는 것을 경계하여 되도록 중소 양국과 일정한 거리를 두고자 했기 때문이었다.[15] 교섭 난항의 두 번째 요인은 일본의 불안정한 정권교체에 기인했다. 금권체질과

12) 1974년 1월 자민당의원단과 접견한 자리에서 덩샤오핑은 실무협정과 '우호조약'을 74년 내에 완성할 것과 교섭의 동시병행을 역설했는데, 그는 교섭이 늦어지고 있는 이유로서 기시, 사토, 시이나 등의 매파와 친대만파의 영향으로 파악했다.

13) 일 · 대만 노선은 민간협정으로 유지, 일본 항공은 일 · 대만 노선에 취항하지 않음, 중국민항과 중화항공은 나리타, 하네다 공항으로 나눔 등의 6항목으로 대만 정부는 운항금지 조치를 취함.

14) 중국의 덩샤오핑은 1974년 4월부터 7월까지 일본 방중단에 대해서, 반패권 조항은 "중일 양국은 아시아 태평양에 있어서 패권을 추구하지 않는다", "어떤 국가 어떤 집단이 이 지역에서 패권을 추구하는 것에 반대한다. 현재 초강대국이 패권을 추구하고 있는 것은 명확하다"는 두 의미를 지닌다고 거듭 역설했다(張香山 2002, 141).

15) 실제로 소련은 일중 교섭의 과정에서 '아시아 집단안전보장구상'을 제안하여 일본에 대해 '소일 선린협력조약' 체결을 요청했고, 중국은 소련의 구상이 "중국 포위망을 노린 소련 수정사회주의제국의 음모"라고 비난했음(田中明彦 1991, 87 – 88).

재정정책이 문제시된 다나카 내각은 1974년 12월에 물러나고 미키 내각(三木內閣)이 성립되었지만 정국운영은 '록히드 사건'에 의한 다나카 체포에서 '미키 끌어내리기 사건'으로 발전했고, 결국 1976년 12월에 후쿠다(福田) 신정권의 탄생으로 결착되었다(內田 1989). 세 번째 요인은 중국의 정변에 따른 교섭중단으로, 1976년 1월의 저우언라이, 9월에 마오쩌둥의 서거가 연이어 발생했고, 이에 따라 문혁을 주도한 '4인방'이 체포되고 화궈펑(華國鋒) 체제가 성립되었지만 1977년 7월에 덩샤오핑이 재차 부활하여 화궈펑 체제로부터 실권을 장악해 갔다(張香山 2002, 134-160; 緖方貞子 1992, 147-152).

일중 우호조약 교섭이 활기를 띠게 되는 시점은 일본에서 후쿠다 내각이 성립되고 중국에서 덩샤오핑이 실세로 부각되는 1977년 가을 경부터이다. 19777년 9월에 덩샤오핑 부주석이 "후쿠다 수상이 결단하면 1초에 끝낼 수 있다"는 발언이 있고 나서 급진전을 보인다. 덩샤오핑은 니카이도(二階堂進) 자민당 전부총재에게 '미야자와 4원칙'[16]에 제시된 반패권조항안을 수락한다고 언명했다. 이에 후쿠다 내각은 78년 1월에 교섭재개 방침을 굳히지만 자민당 내에서는 신중론이 여전히 거세어 난항했다.[17] 공명당의 야노(矢野) 위원장이 방중하여 중국 정부의 유연한

16) '미야자와 4원칙'은 "1) 아시아 · 태평양 지역에서 뿐만 아니라 세계 어느 곳에서도 패권에 반대한다. 2) 패권 반대는 특정의 제3국을 대상으로 한 것이 아니다. 3) 패권반대는 일중의 공동행동을 의미하는 것은 아니다. 4) 유엔헌장의 정신에 모순되는 것은 받아들일 수 없다"는 네 원칙(田中明彦 1991, 95).

17) 후쿠다 수상은 우호조약 체결교섭을 재개하기 위해 기시 전수상을 비롯한 자민당 내 매파, 대만파, 청풍회 회원들에 대해 설득하였으며, 주중국 사토(佐藤正二) 대사에게 중국외교부와의 비공식협의를 재개할 것을 주문했다(張香山 2002, 148).

자세를 전달했지만,[18] 후쿠다 내각은 결단을 내리지 못하다가 결국 동년 5월 미국을 방문하여 카터 대통령으로부터 미중 국교정상화의 방침을 듣고 나서야 적극자세로 돌아서며 자민당 총무회의 승인을 받았다.

1978년 7월에 정식교섭이 개시되어 양국은 '제3국 조항' 의 미묘한 문구 차이를 두고 극도의 줄다리기를 벌였다. 실무 레벨의 절충에 실패한 후 8월 일본 소노다(園田直) 외상이 방중하여 '이 조약은 제3국과의 관계에 관한 각 체약국의 입장에 영향을 미치는 것은 아니다' 라는 일본 측 최종안을 중국 외상이 동의함으로써 정치적 절충이 이루어졌다(安藤正士 · 小竹一彰 1994, 143－145). 동년 8월 북경에서 조인식이, 동년 10월 동경에서 덩샤오핑 부총리 · 부주석이 참석한 가운데 비준교환식이 거행되었다. 덩샤오핑은 미일안보조약과 자위대에 대한 이해를 표시함으로써 일중관계가 새로운 전환기에 있음을 상기시켰다.[19] 이로써 양국은 국교정상화로부터 실무협정을 거쳐 평화우호조약을 체결함으로써 전후처리 외교가 종결되고 새로운 일중관계의 기본적 틀인 '72년 체제' 가 성립되었다.

18) 다케이리 전위원장과 함께한 야노의 방중은 후쿠다 수상의 전언(우호조약 체결 실행의지는 강하며 일본은 어떠한 나라와도 평화우호적이지 않으면 안 됨)을 중국 지도부에 전달하는 사명을 띤 것으로서, 중국의 장시양산, 랴오청즈 라인을 통해 덩샤오핑에게 전달(張香山 2002, 149).

19) 후쿠다 수상 간의 회담에서 등은 평화추진에 미일안보와 자위력은 당연하며, 아시아 개도국에 대한 원조협력이 각국에 안심감을 줄 수 있다고 피력함(安藤正士 · 小竹一彰 1994, 146－148).

III. 일중 '72년 체제' 의 발전 : 대중경협과 '테즈쿠리 외교'

1. 미일중 제휴와 '72년 체제'

다나카 내각 때 국교정상화가 실현되고 후쿠다 내각기에 일중 평화우호조약이 체결됨에 따라 전후 일중 정치경제관계에 있어서 '72년 체제' 가 성립되었다. 첫째, 동아시아 국제관계에 있어서 미일중 제휴가 확고히 된다. 일중 평화우호조약 성립 이후의 동아시아 국제정세를 보면, 소련은 미일중 접근에 대한 반응으로 베트남과 우호협력조약을 체결했는데, 베트남이 캄보디아를 침략하니까 이번에는 중국이 베트남을 침공하는 사태로 발전했다. 중국 정부는 1979년 1월부터 미국과 공식적으로 국교를 수립하는 한편으로 기한이 다 된 중소 우호동맹 상호 원조조약을 연장하지 않겠다고 소련에 통고했고, 동년 12월 소련이 아프가니스탄에 침공한 이후 동아시아에는 반소 전선의 미일중 포위망이 형성되는 신냉전기를 맞이하게 되었다. 이후 1980년대의 대소 포위망적인 미일중 협력 유지는 나카소네 내각기에 이르러 절정을 이룬다.

둘째, 실무협정이 마무리되고 평화우호조약이 가시화된 1978년경 일중 간의 민간무역이 매우 활성화되었다. 일본의 재계를 중심으로 한 일중 간의 무역은 정부 간 경제협력에 앞서 1978년도 초부터 '중국 붐' 을 이루었다. 중국 정부가 현대화 정책을 가다듬으면서 선진기술과 자본의 도입을 시도했기 때문이었다. 1978년 2월에는 '일중 장기무역협정' 이 체결되어 상해 보산(寶山) 제철소 건설을 비롯한 대형 플랜트 계약

이 성시를 이루었다.[20)]

셋째, 중국 국내에서는 동년 12월 중국공산당 제11기 전국대표자대회 제3차 중앙위원회전체회의(11期3中全會)가 개최되어 마오쩌둥 시대의 혁명 중심 노선에 종지부를 찍고 개혁개방의 현대화 노선으로 전면 전환을 꾀하는 '덩샤오핑 체제'를 확립했다. 덩샤오핑 시대를 연 중국 정부는 현대화를 추진하기 위해 무역의 활성화와 외자도입을 적극 모색하게 되었고, 이로 인해 일중 경제관계는 급속히 진전되어 민간 경제협력의 단계로부터 정부 간 경제협력의 단계로 발전해 갔다.[21)]

마지막으로, 일본의 '대중국 정부 간 경제협력'이 1979년도 12월 오히라 내각(大平內閣)기에 엔차관 협력 패키지의 형태로 본격화되기에 이른다. 양국의 정부 간 경제협력은 상기의 일중 양국의 국내정치의 변화와 관계진전을 거쳐 시작된다. 일본의 정부 주도의 대중경협은 통상 일본 정부의 중국에 대한 엔차관 자금협력을 의미하며, 이는 일본의 개발도상국에 대한 정부개발원조(ODA)의 일환으로 분류된다. 일본의 대중경협은 일본의 대외원조 발전사에 있어 제4기에 해당되는 계획적 확

20) 1978년부터 유효기간은 8년으로서 중국은 원유, 원료탄, 일반탄 약 100억 달러어치를 일본에 수출하고, 일본은 플랜트 및 기술을 70-80억 달러, 건설용 자재 등을 20-30억 달러어치를 중국에 수출하기로 약정함(田中明彦 1991, 108-109). 민간 주도의 대중 대형 플랜트 수출은 파탄을 맞기도 하는데, 이는 나중에 일중 정부 간 경제협력의 촉진요인이 되면서 보완된다.

21) 일중 간의 민간무역은 정경분리적 발상에 의해 50년대에는 4차에 걸친 민간무역협정, 1960년대에는 우호무역 및 각서무역 등을 토대로 점진적으로 발전했으나 기시(岸) 내각기의 일중관계의 단절, 사토(佐藤) 내각기의 저우언라이 4조건 등 정치관계의 변동에 많은 제약을 받았다. 국교정상화가 실현되고나서는 1974년의 무역협정과 1978년의 장기 무역협정의 체결로 발전된다.

충기(1977-1988년)에 시작되어 제5기인 톱도너기(1989-2000년)까지 계속되었다.[22] 다나카 내각의 국교정상화 교섭에 있어서의 중국의 대일 배상 취하결정과 결코 무관하지 않고 또한 '72년 체제' 하의 일중 양국의 관계발전에 큰 역할을 수행했다. 말하자면, 대중경협은 일본 정부의 전후처리 외교, 시장과 자원의 획득 및 일중 우호관계의 유지를 위한 외교수단으로서 활용되었으며, 또한 중국의 근대화와 시장경제화를 지원하는 역할을 맡았던 것이다.

2. 대중국 정부 간 경제협력

엔차관 협력을 중심으로 하는 대중 경협은 복수년도 총액결정에 입각하여 매번 착실한 증액이 이루어져 인도네시아 원조와 함께 항상 최대규모의 원조액을 기록했다.[23]

첫째, 오히라 내각의 대중국 제1차 정부 간 경제협력 패키지와 '대중경제협력 3원칙' 의 설정이다. 1979년 9월 초에 중국 정부로부터 8안건 55.4억 달러에 달하는 정부차관의 공식요청[24]을 받은 오히라 내각은

22) 상세한 내용은 外務省經濟協力局 編,『我が國の政府開發援助(ODA)』上卷(1994, 8-9).

23) 대중원조가 일본의 대외원조에 차지하는 비율은 1985년 15.2%, 1986년 12.9%, 1993년 16.5%, 1994년 16.5%로서 2국간 ODA의 제1위를 차지했다.

24) 《일본경제신문》, 1979년 9월 3일 및『조일신문(朝日新聞)』, 1979년 9월 4일 참조. 중국 정부의 공식요청안을 들고 방일한 구우무(谷牧) 부수상은, 에너지 자원인 석탄과 수력을 개발하기 위해서는 철도, 항만 등의 건설이 불가피하다고 일본 정부에 협력을 요청했다. 또한 중국의 경제 10개년계

연내의 수상방문을 노리며 공여안 작성을 서두르는 등 정부 간 자금협력에 적극성을 나타냈다. '대중경제협력 3원칙'[25]을 설정하여 미국 및 아세안과의 의견조정을 도모하고 자민당으로부터의 내압에도 기민하게 대응했다.

'대중경제협력 3원칙'의 선언과 제도화는 대중원조에 대한 국내외의 높은 관심도와 압력을 반영한다. 대중원조가 막대한 규모의 엔차관 패키지가 될 소지가 많았으므로 해외로부터 일본의 중국 시장 독점과 아세안에 대한 엔차관 감액을 우려하는 소리가 높았다. 미국의 관심은 주로 대중 엔차관의 조달조건에 집중되었다. 또 자민당으로부터도 대중원조의 군사원조에로의 전용에 대한 우려 및 정치 군사대국인 중국에의 공여의 부적절성에 대한 비판이 정부안 작성 말기에 분출됐다.

1979년 12월 초에 '오히라 방중'을 통해 실현된 대중 엔차관 협력은 6프로젝트를 대상으로 5년간 15억 달러의 엔차관을 제공한다는 내용이었다. 5년이란 다년도주의에 입각한 총액 결정방식은 그때까지 전례가 없었던 일이었다. 공여조건은 차관금리 3%, 10년 거치 30년 분할 상환이고, 조달방식으로 '원칙적 언타이드'를 명시했다. 공여안건은 철도 3건, 항만 2건, 댐 1건으로 에너지 자원의 수출입과의 관련성이 높았다. 일중 우호를 상징하는 무상원조로서는 160억 엔의 일중 우호병원 안건이 채택되었다.[26]

획의 조정은 현대화 추진의 속도를 높이기 위한 것이며 외자도입이 더욱 절실하다고 말했다.

25) 대중원조를 결정함에 있어서는 서구선진제국과의 협조를 도모하고, 아세안을 비롯한 아시아 여러나라들과의 균형에 주의하며, 군사협력은 할 수 없음을 선언한 것(田中明彦 1991, 112).

26) 1981년 1월에 중국이 플랜트 수입계약을 일방적으로 중지함에 따라 대중

오히려 내각이 결정한 제1차 대중 엔차관은 1980년대 일중 정치경제관계에 있어서의 '72년 체제'의 발전을 의미했다. 사회주의 체제의 개혁개방을 표방하는 '덩샤오핑 체제'에 대한 지원과 일중 우호관계의 구축에 대한 정치적 배려와 자원외교상의 에너지 대책의 의미가 강했다. 수상관저는 경제협력 관계성청 간의 실무적 조정을 거쳐 작성된 '정부사무당국안'에, 엔차관 총액을 약속하는 구체적 표현을 궁리할 것과 자재의 조달처를 한정하지 않는 '언타이드' 방침을 지시하는 등 실질적 리더십을 발휘한다.

둘째, 1984년도에 '역사상 최상의 일중관계'가 구현되었다고 평가되는 나카소네 내각기의 제2차 엔차관 협력의 결정과정과 원조내용이다. 1983년 4월에 중국 정부는 13안건 총액 60억 달러의 엔차관을 공식 요청했었다(《朝日新聞》 1983년 4월 5일 및 《日本經濟新聞》 1983년 4월 6일). 나카소네 내각은 제2차 엔차관에 대한 중국 정부의 요청액이 60억 달러에 달하는 거액인 점을 고려하여 원조 총액을 늘리기 위한 방편으로서 공여기간을 5년에서 7년으로 연장하는 방책을 강구했다. 나카소네 수상은 대중경협을 통해서 일중 우호의 재구축을 시도했고, 미일협력 및 한일협력과의 연계를 통해 일련의 '테즈쿠리 외교'[27]를 완성시켰다.

수상관저는 자민당 채널을 통해 일중 간의 정치적 조정에 힘을 기울이고, 1984년 3월 방중을 희망하여 유예되어 있던 상품차관 300억 엔을

금융지원책이 강구되었고, 철도확장과 댐건설에 소요되는 엔차관자금 1,300억 엔이 상품차관으로 전용됨.

27) '테즈쿠리 외교'는 한미일중 간의 제휴와 각국 수뇌 간의 우호를 중시하는 외교이며, 나카소네 외교의 특징을 나타낸다. 이에 관한 수상 자신의 회고는 中曾根康弘, 『政治と人生』(1992, 312－316) 및 인터뷰 기록인 『中曾根康弘 五十年の戰後政治を語る』(1996, 445－456) 등이 있음.

추가시켜 제2차 엔차관 총액이 5000억 엔대에 이르도록 조정했다. 1984년 3월 '나카소네 방중'을 통해 실현된 제2차 대중 정부 간 경협은 1984년부터 1990년에 이르기까지 7년간 7프로젝트, 4,700억 엔의 엔차관을 약속하는 내용이었다. 복수년도 총액 제시가 제도화되었으며, 동 공여기간 중에 엔고현상에 의한 1천억 엔 가량의 미사용분이 발생하여 결국 9안건의 추가와 제3차 엔차관의 소급실시가 불가피하게 되었다. 무상원조는 북경시 우편훈련센터 및 북경식육가공연구소의 두 안건을 채택해 1984년도분으로서 60억 엔을 약속했다. 차관조건은 금리가 매년도마다의 상호 협의에 의해 변동될 수 있도록 한 것 외에는 제1차 때와 변함이 없었다. 공여안건은 당초 철도 2건, 항만 3건, 전화망 1건, 댐 1건이었으나 공여기간 중에 댐 2건, 지하철 1건, 상하수도 3건, 국가 경제정보 시스템 1건 등 9안건이 추가되었다.

셋째, 다케시타 내각(竹下內閣) 때의 제3차 엔차관 협력이다. 중국정부의 공식요청은 1997년 9월 초순경으로 엔차관 대상 프로젝트가 31안건이었고, 총액규모는 1989년부터 7년간 1조 1,769억 엔에 달했다. 중국측은 1986년도 말부터 제3차 엔차관의 2년 소급실시를 비공식으로 요청하고 있었는데, 제2차 엔차관 미사용분의 처리 및 자금환류용 특별자금 1천억 엔의 사용도를 놓고 차관교섭이 계속되었다(日中經濟協會 1988, 124). 제3차 엔차관의 본격적인 교섭과 조정은 다케시타 내각과 '지펑(李鵬) 수상 · 자오쯔양(趙紫陽) 총서기체제'란 일중 양국의 신지도부의 출범이 있고난 다음에야 비로소 본격화되었다.

다케시타 내각은 1988년 4월 자민당의 이토(伊藤) 총무회장의 방중을 통해 정치적인 환경조성을 시도한 뒤에 5월에는 우노(宇野) 외상의 방중을 통해 제2차 엔차관의 미사용분과 자금환류 특별자금의 용도를 결정했다. 그리고 7월에 만들어진 외무성안을 토대로 8월에 정부안을 결정했다. 다케시타 내각의 제3차 엔차관 공여결정은 1987년도에 역사인식 문제나 광화료(光華寮) 재판, 방위비 GNP 1% 돌파문제의 발생으로 불편한 관계가 지속되었던 일중관계를 우호협력관계로 재구축하는 외교수단적 의미가 강했다. 1988년 '다케시타 방중'을 통해 실현된 제3차 대중 엔차관 협력은 1990년도부터 6년간 42프로젝트, 총액 8,100억엔의 엔차관 협력을 약속하는 내용이었다. 공여안건은 소규모 안건이 많이 늘어나서 운수 18건, 에너지 9건, 전화망 2건, 비료공장 6건, 해남도 종합개발 2건 등 42프로젝트나 선정되었다.

이상에서 알 수 있듯이 오히라 내각에서부터 다케시타 내각에 이르기까지의 일본의 대중 정부 간 경제협력은 거액의 엔차관 협력 패키지가 복수년도 총액제시로 한 점이 주된 특징이었고, 일본 정부 내의 정책결정과정에서도 수상관저 주도의 정치적 결정의 특징을 띠는 점이 타국 엔차관 원조와 상이한 점이다.

3. 일중 정상 간의 파트너십 강화

1980년대의 일중관계는 협력과 마찰을 반복해 가면서도 기본적으로 미일중 외교적 제휴의 탄탄한 파트너십을 구축하면서 점진적으로 완성도를 높여갔다. 나카소네 내각기에 최상의 일중관계를 실현한 후 그 관계의 제도화가 다케시타 내각까지 지속되었다. 물론 일중 간에 외교적 갈등도 적지 않아 협력과 갈등을 반복하는 과정을 되풀이했지만 점진적으로 일중 파트너십이 강화되었다고 볼 수 있다. 이 시기는 양국 수상 주도의 정상외교가 활발히 펼쳐졌는데, 본절에서는 양국 정상의 상호 방문외교를 중심으로 양국관계의 정치경제적 외교적 발전을 검토하기로 한다.

첫째, 1982년 5월 31일부터 6월 5일에 걸친 중국 자오쯔양 총리의 일본 방문과 '일중관계 3원칙'에의 합의가 주목된다. 자오쯔양 총리는 방일하여 일중관계의 기본 이념축으로서 평화우호, 평등호혜, 장기안정이란 3원칙을 제창해 일본과 합의했다(田中明彦 1991, 115). 자오쯔양 총리는 "중일관계 정상화 이후로 양국 간에는 평화적이고도 우호적인 정치관계와 평등호혜의 경제관계가 확립"되었다고 말하면서(《북경주보》 1982년 5월 25일) 일중 간에는 앞으로 '장기안정'이 중요하다고 피력했다.[28] 1982년 9월의 '중국공산당 제12회 전국대표자대회'에서 제창된 '독립자주외교' 노선[29]을 견지한 중국으로선 일중관계가 미중관계나 중소관계 등으로부터 '국제적 풍파를 받지 않는' 관계로 발전하길 희망했다.

둘째, 1982년 9월 26일에 실현된 스즈키 수상의 방중과 1983년 11월 23일의 후야오방 총리의 방일로서, '역사교과서 왜곡문제'를 극복하고 양국 간 정상의 상호 방문이 제도화되었다. '스즈키 방중' 때는 방중 직전에 심각해진 '교과서 왜곡문제'와의 관련 속에서 중국 정부의 태도가 주목되었다. 당시 '자오쯔양 방일'로 조성된 우호 무드는 이 사건으로 날아가 버리지만 양국 간 장기 안정기조를 해칠 정도로 악화되진 않았다. '스즈키 방중' 때 중국 지도부는 '일중관계 3원칙'을 재차 강조했

28) 다나카 교수는 자오쯔양 총리가 '장기 안정'을 거론한 배경으로서 1981년도에 양국을 고심케 했던 '플랜트 계약 파기문제'에 대한 반성 및 일중관계가 미중관계 및 중소관계에 악영향을 받지 않도록 하는 데 주목적이 있었던 것으로 파악함(田中明彦 1991, 116-117).

29) 정치와 외교의 분리와 통합을 중심으로 한 1980, 1990년대의 중국 외교노선에 대해선 Bajia, Zhang 2002, 39-51 및 田中明彦 1988, 69-85.

고, 덩샤오핑은 당대회에서 중일관계를 최초로 언급한 점을 상기시키면서 "미국, 소련과의 관계도 중요하지만 일본과의 관계는 더욱 중요하다"고 피력하는 적극성을 보였다(《일중경제신문》 1982년 9월 29일). '스즈키 방중' 시에 일본 정부는 총액 650억 엔에 달하는 1982년도 대중 엔차관 공여에 조인했다. 일중 우호관계가 돈독히 되는 가운데 1983년 11월 후야오방(胡耀邦) 총서기의 방일이 추진되어 양국 간 관계는 더욱 진전된다. 나카소네 수상과 후야오방 총서기 간의 정상회담에서는 기존의 '일중관계 3원칙' 에 '상호 신뢰' 의 항목이 추가되어 '일중관계 4원칙' 으로 발전했고, '일중우호 21세기위원회' 의 설립에 합의했다(田中明彦 1991, 129).[30)]

셋째, '후야오방 방일' 에 이어 '나카소네 방중' 이 1984년 3월 23일에서 26일까지 실현되어 일중관계는 '나카소네 · 후야오방 파트너십' 을 바탕으로 역사상 '최상의 상태' 를 구가했다.[31)] 나카소네 수상 · 자오쯔양 총리의 정상회담에서는 후야오방 총서기 방일 때 합의했던 '일중우호 21세기위원회' 의 인선이 정식으로 결정되었고, 무엇보다 1984년에서 1989년에 걸친 8안건 4,700억 엔의 제2차 엔차관 협력 패키지가 결정되어 평화우호조약 체결 이후 일중 정부 간 경협이 오히려 내각에 이어 확대발전되고 제도화된 점이 특징이다. 나아가 나카소네 수상과 아베 외상은 '일본이 군사대국이 안 되며 비핵 3원칙 하에 전수방위에 매진' 할 것을 약속했고, 자오쯔양 총리는 방위정책에 대한 염려와 논의보

30) 일중관계는 우호적이 되어 후야오방은 일본의 자위 방위력에 대해 이해를 표시함.

31) 아베(安部晋太郎) 외상은 '역사상 없었던 최선의 상태' 로 언급하고, 총리실 홍보부에서도 '일중 이천 년 역사에서 가장 양호한 관계' 로 기술『今週の日本』, 1984년 4월 16일.

다는 다롄 등의 연해 도시에의 일본 기업의 투자와 합작경영 유치에 열성적이었다. 나카소네 · 덩샤오핑 회담에서는 덩샤오핑이 국제문제에는 거의 관심을 보이지 않고 오로지 대외개방정책의 강화와 일본 기업유치에 열을 올려 일본 참석자들을 놀라게 했다(《인민일보》 1984년 3월 26일).

4. 일중관계의 마찰요인

1980년대 일중관계는 정부 간 경제협력과 미일중 외교적 제휴를 중심으로 정치경제적 상호 의존성이 가속화되어 갔고 전반적으로 협력의 강도를 높였지만, 때때로 다음과 같은 몇몇 주요한 마찰요인이 개재하여 양국 간의 정치적 불안정을 가져오기도 했다. 전반적으로 보면 1980년대에는 마찰요인보다는 협력요인이 상위에 작용했고, 이러한 마찰요인이 일중 정치경제관계에 심대한 갈등적 쟁점으로 부상하는 것은 1990년대 이후이다.

첫째, '자오쯔양 방일' 후에 터진 '역사교과서 왜곡문제' 였다. 교과서 문제의 발단은 1982년 6월의 일본 각 신문의 교과서 검정에 관한 보도였다. 이에 중국의 신화사통신과 인민일보가 '역사를 왜곡하고 침략을 미화하는 일본의 교과서 검정' 이란 비판기사를 게재함으로써 확대되었는데, 7월 20일 중국 외교부는 일본의 교과서 검정이 '화북 침략' 을 '화북 진출' 로, '중국에의 전면 침략' 을 '중국에의 전면 진공' 으로 왜곡기술하고, '난징대학살' 을 축소 · 은폐 · 왜곡하였음을 공식적으로 비판했다.[32] 중국의 항의에 대하여 일본 정부는 '일중 공동성명' 문안을 상기시키면서 '과거에 일본국이 전쟁을 통하여 중국 국민에게 중대한 손해를 입힌 책임을 통감하며 깊이 반성한다' 는 점을 명확히 하고 중국 정부의 비판을 겸허히 받아들일 것을 약속했다.

이후 양국 정부는 교섭을 거듭하였고, 일본 정부는 8월 13일 동경에서 외무성, 문부성, 자민당의 절충을 거쳐 교과서 검정에 관한 일본 정부의 통일된 견해를 '미야자와 관방장관 담화' 의 형태로 발표했다. 일본 정부는 '근린제국의 우호 친선을도모하는 입장에서 이들 비판을 겸허히 수용하여 정부의 책임 하에 시정' 할 것을 언명하고, 개정시기 단축과 행정지도 등의 세부 보충설명을 첨가했다. 중국 정부는 처음 이를 거부하여 일본 정부를 당황케 하였으나 검정기준, 개정시기 등을 좀더 명백히 하여 양국은 합의를 보았다.

한편, 1986년도에도 자칫하면 '제2차 역사교과서 사건' 이 재현될 가능성이 충분했지만 이번에는 일본 정부의 신속한 대응과 중국 정부의 억제된 태도로 문제가 확대되는 것을 피할 수 있었다. 문제가 된 것은 '일본을 지키는 국민회의' 편의 '고교용 일본사' 교과서로 근현대사에 일본의 입장을 옹호하는 기술이 많았던바, 중국은 "문부성이 최근에 합격시킨 고교 일본사 '신교과서' 는 많은 기술이 역사에 반한다"며 항의했다. 나카소네 수상은 문부성에 대해 재검토를 지시했고, 외무성도 수정요구를 하여 상당수의 수정이 가해지게 되었다(『조일신문』, 1986년 1월 11일).

둘째, 중국의 일본 군국주의 비판과 관련된 마찰요인으로서, '야스

32) '교과서 사건' 은 중국 및 한국 정부의 공식 항의와 국민적 비판에 부닥쳤다. 한국에서는 '60억 달러 안보경협'과도 연계되어 교섭이 난항했고 스즈키 내각 실각의 한 요인이 되었다고 볼 수 있다. 동 사건에 대한 중국의 정책결정에 대해서는 田中明彦 1983, 193－219.

쿠니 신사(靖國神社) 공식 참배' 문제와 일본 '방위비 GNP 1% 한도 돌파 문제' 가 주목을 끌었다. 1985년 8월 6일 '각료의 야스쿠니 참배 문제에 관한 간담회' 의 답신을 받고 난 후 나카소네 수상은 8월 15일 전후 수상으로서는 처음으로 공식 참배했다. 중국측에서는 '일본 군국주의의 부활' 이라고 비판했으며, 때마침 '항일운동 승리 40주년' 과 결부되어 학생 데모가 확산되었다.[33] '방위비 GNP 1% 한도' 의 규정은 미키 내각 시대에 각의결정된 것으로서, 1987년 나카소네 내각기에 이 규정이 지켜지지 않았던바, 덩샤오핑은 때마침 방중한 야노 공명당위원장 일행에게 '일본 군국주의가 부활했다' 고 강하게 비판했다. 이에 대항하여 일본 외무성 차관(柳谷健介)이 '구름 위에 있는 인간' 이라고 반론함으로써 중국 정부의 격렬한 비판을 불러일으켰고, 결국 이 외무사무차관은 사임하기에 이른다.

셋째, 1980년대 중반 무역불균형이 확대된 경제적 마찰요인이다. 1985년도 일본의 대중국 수출은 계속 상승하여 상반기에 수출이 60억 달러에 달해 전년도에 비해 108%의 증가, 즉 2.1배가 되었다. 중국으로부터 일본에의 수출은 동 기간에 32억 달러였으므로 중국의 대일 무역수지 적자는 28억 달러나 되었다. 일본측은 중국의 급격한 대일 무역수지 적자의 원인을 중국측의 사정으로 인식했으나 중극측도 서서히 대일 비판의 강도를 높였다. 1985년 7월 말의 '제4차 일중 각료회의' 석상에서 구우무(谷牧) 국무위원은 "양국의 경제협력은 평가하지만 중일의 양호한 우호관계, 유리한 조건에 비교해서 큰 갭이 있다"라고 비판하고,

---

33) 처음 중국 지도부의 대응은 상당히 절제된 것이었으나 학생 데모가 확산됨에 따라 비판강도를 높였다.

무역불균형 시정, 대중 투자의 촉진, 기술이전의 확대 등을 적극 주문했다(『일본경제신문』 1985년 7월 31일). 중국측의 대일무역적자는 쉽게 호전되지는 않았지만, 1986년 11월의 나카소네의 두 번째 방중에서 중국측이 제3차 엔차관 협력을 요청하는 데서 나타나듯이 일중 정부 간 경제협력을 통해 어느 정도 보완되고 완충되면서 나아간다.[34] 1986년도 '나카소네 방중' 에서 일중관계 4원칙이 재확인되었다.

Ⅳ. 탈냉전기의 일중 '72년 체제' 의 전환 : '미일동맹 재정의' 와 '장쩌민 방일'

1. 1990년대 전반의 '72년 체제'

다케시타 내각의 제3차 엔차관 협력 결정 뒤인 1989년 6월 4일 중국 북경에서 '천안문 사건' 이 발생하여 미국을 비롯한 서구 선진제국이 앞다투어 경제제재 조치를 실시하는 일이 벌어지고, 이미 원조공여가 결정되어 있었던 제3차 엔차관의 실시에 중대한 영향을 미치기 시작했다. 당시의 우노 내각(宇野內閣)은 '일중 특수관계론' 을 근거로 신규 엔차관의 동결에 적극적이지 않았다[35] [『조일신문(朝日新聞)』, 1989년 6월 9일 및

34) 나중에 일본은 정부정부에게 무역흑자의 자금환류 몫으로 1,000억 엔의 자금공여를 약속하고, 1988년도에는 총액 8,100억 엔의 제3차 엔차관 협력 패키지가 약속됨.

田中明彦 1991]. 일본 정부 내에서 다수의견을 차지한 '일중 특수관계론'은 일본의 과거 행위를 보아서나 인국에 대한 예의에서도 거센 비난은 자제해야 되며, 중국 비난에 있어 미국과 같은 입장은 아니라는 주장이었다.[36] 하지만 미의회를 비롯한 서구 선진 각국들의 압력이 증대되는 가운데 우노 내각은 '서구와의 협조'인가 '일중 특수관계'의 유지인가를 선택하지 않을 수 없었고, 결국 목전에 다가온 G7 정상회담 및 미일관계를 고려하여 외무성 주도 하에 엔차관 동결조치를 취한다.

그후 단명에 그친 우노 내각에 이어 발족된 가이후 내각(海部內閣)은 엔차관 재개에 전향적이었지만 국제여론을 의식해 미국의 동의를 얻고 난 다음에 '부분해제'를 거쳐 '전면해제'로 발전시켜 가는 방법을 모색했다.[37] 국내정치적으로는 외무성이 서구와의 협조를 의식해 동결해제에 신중론을 유지한 반면, 대장성이 오히려 적극론을 폈다. 1989년 12월 미정부 대표단의 방중이 공표되자 일본 정부는 보다 더 서두르게 되었고, 1990년 1월 중순경 마츠우라(松浦) 외무성 경제협력국장의 방중과 초우자화(鄒家華) 중국국가계획위원회 주임의 방일이란 상호 방문을 통해 일중 정부 간의 실무적 레벨에 있어서는 동결해제 방침이 '사실상' 확인되었다. 그러나 일본 정부는 G7 휴스턴 수뇌회담 직전이 되어서야 비로소 미정부의 동의와 G7 각국의 양해를 얻는 데 성공했다. 가이후 내각은 끝까지 미국의 동의를 얻는 형태를 취하고 외무성과 대장성의 실

35) 일본 정부의 초기 반응에 대해서는 外務省アジア局中國課 1994, 181 ; 渡邊昭夫 1993 : 12.

36) 상세한 논의는 『조일신문(朝日新聞)』, 1989년 6월 9일 ; 田中明彦 1991, 174-175.

37) 와타나베는 이러한 가이후 내각의 노력을 '적응적 외교'로서 표현하고, 중국의 고립화 방지에 긍정적으로 기여했다고 평가했다(渡邊昭夫 1993, 2).

무적 조정을 중시하여 엔차관을 재개하는바, 내외압을 조정해 가는 신중한 균형외교를 유지했다.

1990년대에 들어와 일중관계에 일어난 최초의 중요한 외교적 결정은 1990년 11월 다케시타 전수상의 방중을 통한 일본 정부의 제3차 엔차관의 동결해제 결정이었다. 국제적 고립이 가속화되어 간 당시의 중국에게는 일본 정부의 솔선된 대중 경제제재 조치의 해제는 하나의 큰 외교적 은혜였다. 가이후 수상은 이듬해인 1991년 8월에 '천안문 사건' 이후 서방 선진국 지도자로서는 처음으로 중국을 방문하여 '세계 속의 일중관계'를 강조했다. 당시는 아직 서구 각국의 대중 제재조치가 해제되지 않은 시기로, 중국 정부는 '천안문 사건' 이후 국제사회에서의 고립탈피를 최대의 외교목표로 삼고 있었다. 일중 양국은 1992년 4월의 장쩌민(江澤民) 총서기의 방일과 동년 10월 일본 천황의 방중을 실현시켜 일중관계는 안정궤도에 진입하는 듯했다. 방일한 장쩌민 총서기가 국제사회에서의 일본의 정치적 역할을 지지하는 등(外務省 1999, 188), 일중 국교정상화 20주년에 해당하는 1992년을 전후로 한 시기의 양국관계는 우호 무드가 농후했던 것이다.

한편 10%를 상회하는 눈부신 성장률을 배경으로 중국이 군사비를 급증시키고 핵실험을 강행함으로써 점차 미국을 중심으로 '중국위협론'[38]이 대두되었다. 냉전 후의 불안정한 동아시아의 국제관계가 미중의 대국 간 관계로 재편성되면서 일중 양국은 상호의 필요성에 의해 협력을

38) 小島朋之, "高速度發展の中の中國脅威論"(1993). 다나카는 '중국위협론'에 대응하는 일본의 대중방책으로서 리얼리즘적 관점에서의 방책(군사강국화의 저지, 불안정화의 저지)과 리버럴리즘적 관점에서의 방책(경제발전의 촉진, 정치체제의 개방화, 다국 간 국제제도로의 유도) 등을 제언(田中明彦, 1994).

강화시켰지만, 중국의 빈번한 핵실험 강행과 군비증강으로 양국의 갈등도 1994년경부터 표면화되기 시작했다. 일본 정부는 중국의 군비증강과 핵실험에 대해 우려를 표명하고 자제를 요청하기에 이르렀다. 1993년 10월의 핵실험에는 호소카와 내각(細川內閣)의 하타 외상이, 1994년 6월의 핵실험에는 하타 내각의 가키자와(柿澤) 외상이 각각 공식적으로 항의했으며, 1994년 3월에 방중한 호소카와 수상도 핵실험의 자제를 강하게 요청했다.

1990년대 중반의 제4차 엔차관 협력을 둘러싼 정책결정에 가장 큰 영향을 미친 환경요인은 자민당 정권의 '55년 체제' 가 막을 내린 일본의 급격한 정치변동과 거듭되는 중국의 핵실험 강행이었다. 중국은 엔고현상에 따른 상환부담 증가 및 '대만문제' 를 들고 나와 핵실험 강행에 따른 곤란한 입장을 만회하려고 했으며, 무라야마 내각은 국내여론이 악화되어 핵실험을 견제하는 외교 카드로서 엔차관 동결문제가 제기되는 것을 두려워했다. 중국 정부는 종래의 5년 일괄방식에서 '3+2' 분리방식에 동의하면서 1994년 2월 주룽지(朱鎔基) 부총리의 방일 및 동년 3월의 호소카와 수상의 방중을 통해 69프로젝트를 대상으로 총액 1조 5천억 엔의 요청안을 일본 정부에 제시했다(『조일신문(朝日新聞)』 1994년 10월 20일). 결국 1996년도부터 실시된 제4차 엔차관 협력의 '전기 3년분' 의 결정은 1994년 12월의 실무적 합의를 거쳐 1995년 1월의 다케무라(武村) 대장상의 방중을 통해 정치적으로 확약되었다(『일본경제신문』 1994년 12월 23일 및 1995년 1월 10일). 대중 경협내용은 40프로젝트를 대상으로 5,800억 엔을 제공하는 것으로서 환경, 농업, 내륙, 소수민족과 관련된 안건이 중시되었다. 환경안건이 많이 선정된 것은 'ODA 대강' 에서 새로 규정된 '환경보전' 이념에 따른 것이었고, 특히 주목을 끄는 점은 새로운 엔차관 공여방식인 '3+2방식' 을 채용한 점이다. 이는 일중 간의 특수적 경협관계에서 보통의 경협관계로의 전환을 모색한 과도기적 방식인 것이다.

1995년 5월과 8월에까지 중국이 핵실험을 거듭하자 결국 일본 정부는 무상원조의 동결[39]을 결정했으며, 중국도 일본의 불충분하고 잘못된 역사인식과 무상원조 동결에 대한 비판을 강화시켰다. 역사문제와 핵실험 강행 문제가 악순환되면서 양국관계는 악화되어 중국이 입장표명을 유보하고 있었던 일본의 유엔안보리 상임이사국 지위 문제에 반대하는 논조를 펴기 시작하는 등, 일중 양국이 천명했던 '세계 속의 일중관계'는 위기에 봉착했다.

2. 미일동맹 재정의

1996년 3월의 대만총통 직접선거를 전후로 한 중국의 일련의 미사일발사 연습 및 군사합동 연습은 일본으로 하여금 '중국위협론' 를 깨우쳐 주고 미일 안보협력을 강화시키는 결정적 계기가 되었다. 일본의 우려와 항의에 대해 중국은 동 군사연습이 주권의 범위 안에서 일어난 것이라고 강조하고 1996년 6월 또다시 핵실험을 실시했다. 일본 정부는 무상원조 동결의 계속을 중국에 통고했으며, 정부 여당 내에서도 엔차관 협력을 동결하라는 압력이 거세졌다. 중국은 7월 하순의 핵실험을 끝으로 포괄적 핵실험금지조약(CTBT) 조인의 자세를 표명하며 핵실험 정지

39) 무라야마 내각의 무상원조 동결결정은 'ODA 대강 및 일중관계 전반을 종합적으로 판단' 하여 실시된 정책결정이었음(外務省編 1992, 188).

를 선언했다.

미일 안보관계의 틀을 재정립하고자 하는 움직임은 1994년 8월에 발표된 '히구치(樋口) 리포트(防衛問題懇談會報告書)'와 1995년 2월의 '나이 리포트'[40]를 통해 구체화되고 있었다. '히구치 리포트'는 1994년 2월 호사카와 수상의 사적 자문기관이었던 방위문제 간담회가 포스트 냉전기의 일본의 안전보장정책의 사상적·이론적 근거를 마련하고자 한 것으로 미일동맹과 동아시아 다국 간 안보협력의 조화를 도모하였다(渡邊昭夫 1998, 24-25). 이 보고서는 1995년 11월에 일본 정부의 각의 결정에 의한 '신방위대강'[41]의 책정으로 발전한다. '나이 리포트'는 미 정부가 일본의 다국 간 안보협력 지향을 우려하여 미일방위협력의 유지와 강화를 의도한 것이었다. 금후 20년에 걸쳐 아시아에 있어서의 전방전개능력으로서 10만 명 규모의 미군병력을 유지할 것을 명확히 하고, 전방전개능력의 유지와 운용을 위해 미일 간의 긴밀한 협력이 필요함을 규정함과 동시에 미일동맹의 역할을 아시아 태평양 지역으로 확대시킬 것을 지향했다.

이윽고 미일 양국은 1996년 4월 방일한 클린턴 미대통령과 하시모토(橋本) 수상과의 정상회담을 통해 '미일 안전보장 공동선언'에 합의했다. 미일동맹의 '확인'과 '재정의'라는 냉전 후의 미일안보조약의 의의를 설정한 이 공동선언은 냉전기에도 좀처럼 사용하길 꺼리던 '동맹'이란 단어를 명백히 사용한 점이 특징이며, 아태지역의 평화와 안정을

40) 정식명칭은, Office of International Security Affairs, United States Security Strategy for the East Asia-Pacific Region, U. S. Departmant of Defense, February 1995.

41) 내용의 전문은 防衛廳 1997, 328-335.

위해서는 주일미군의 전진배치와 일본의 적절한 지원이 긴요하다는 점을 재확인했다(渡邊昭夫 2001).

그 뒤 1997년 9월에 개정된 '미일 신방위협력지침' 은 상기의 공동선언이 설정한 원칙을 실제로 구체화한 것을 의미한다. '신방위협력지침' 은 '평시', '직접 무력공격의 경우', 일본의 안전을 위협할 수 있는 '주변사태' 등 세 가지 경우를 상정하고 있는데, 내외의 주된 관심은 '주변사태' 에 관한 정의와 구체적인 행동계획에 쏠렸다. 신방위협력지침은 '주변사태' 가 지리적 개념이 아니라 사태의 성질에 착목한 것임을 강조하고, 구체적인 정의로서 '일본 주변지역에 있어서의 사태로 일본의 평화와 안전에 중대한 영향을 미칠 수 있는 경우의 사태' 로 규정했다. 이러한 '주변사태에 대한 대응으로서 미일 양국 정부는 주체적으로 수색구조 작전이나 경제제재 시행과 관련한 선박검문을 할 수 있고, 무엇보다도 '시설의 사용' 및 '후방지역지원' 으로 분류한 '미군의 활동에 대한 일본의 지원' 을 구체적으로 명기했다.[42]

이러한 미일안보협력관계의 강화는 핵실험, '대만 문제', 센카쿠 열도 문제 등과 함께 일중관계를 긴장시키는 역할을 했다. 미중대립이 구조화되어 있고 일중관계가 순탄치 않은 가운데 진행되어 온 미일방위협력지침의 개정에 대해 중국은 그것이 미일에 의한 사실상의 중국 봉쇄정책으로 간주하고 민감하게 반응했던 것이다. 중국은 미일동맹의 존재가 일본의 군사대국화 및 핵무장을 막아주는 역할을 일부분 수행한다고 인식하면서도 미일동맹이 아태지역에 있어서 미국의 군사적 전개를 지

42) 미군에게는 자위대 시설 및 민간공항, 항만 등의 사용이 허용되고, 자위대는 미군의 활동에 대한 후방지원으로서 보급, 수송, 정비, 위생, 경비, 통신의 활동이 가능하게 되어 행동반경이 넓어짐.

원하는 최대의 골격이며, 일본의 정치적 · 군사적 입장을 강화시켜 주는 장치라는 점을 우려했다.[43] 이러한 상황 속에서 1997년경부터 일중관계를 호전시키고자 하는 일본 정부의 노력이 병행되었다. 1997년 3월 대중무상원조의 재개를 결정했으며, 외무성과 방위청의 실무당국자들이 중국을 방문하여 방위협력지침 개정의 중간내용을 설명하기도 했다.

3. '협조적 경쟁관계'와 '장쩌민 방일'

일중 양국은 1996년의 위기상황을 거치면서 미국과의 관계구축을 축으로 '협조적 경쟁관계'의 다각적 구축에 몰입하게 된다(五百旗頭眞 1999, 32-33). '미일안보공동선언'으로 대일관계를 개선한 클린턴 미대통령은 1997년 10월에 장쩌민 국가주석을 미국에 초청하고, 이듬해인 1998년 6월에는 자신이 중국을 방문하여 '건설적 전략적 파트너십'에 합의했다. 클린턴 대통령은 중국 방문에서 아시아 경제위기 상황 하에서의 중국의 노력을 높이 평가하고 '대만 문제'에 대해 '삼불(三不) 원칙'[44]을 천명했다. 미국은 일중 양국과 협력관계를 구축하는 데 성공했으며, 미국의 이러한 태도는 동아시아 국제관계에 있어서 2국 간 협조관계의 구축이 다각적으로 모색되는 시대가 도래했음을 의미했다. 일본을 경유

---

43) 중국은 1996년에 두 가지 중요한 외교노선 전환을 모색한바, 소극적이었던 아시아 지역안보포럼(ARF)에의 적극적인 참여와 러시아와 관계를 개선하여 '전략적 파트너십'을 선언.

44) '대만독립 반대', '두 개의 중국 및 하나의 중국, 하나의 대만 반대', '주권국가로서 구성되는 국제기관에의 대만가입 반대' 등의 원칙.

하지 않고 실시된 클린턴 대통령의 공식 중국 방문은 1970년대 초반 '닉슨 쇼크'를 기억하고 있는 일본에게는 또 다른 '클린턴 쇼크'였다.

미 · 일 · 중 삼각관계에서 보면, 일중관계가 미일관계 및 미중관계보다 구조적으로 취약한 상태가 되었고, 일중 간의 관계 재구축이 시급한 과제로 등장하게 되었다. 1990년대에도 일중관계와 미일관계는 미중관계에 크게 종속되어 왔다. 동아시아 지역에서 대국 간 관계의 중핵을 이루는 것은 여전히 미국과 중국이었기 때문이다. 미일안보관계의 재확인을 통한 일본 정부의 일련의 방위정책은 미중관계의 대립이 구조화되어 가는 가운데 일본 정부도 미일관계의 강화라는 전략적 선택을 도모하지 않을 수 없었다.

1997년경부터 확대된 '협조적 경쟁'의 다각적 구축은 일중관계의 개선을 도모할 수 있는 절호의 기회를 제공했다. 1998년 11월의 장쩌민 국가주석의 일본 공식방문은 이런 상황 속에서 이루어졌으며, 방일성과는 크게 두 가지 점에서 주목을 받았다.

첫째, '일중 공동선언'을 채택하여 '평화와 발전을 위한 우호협력 파트너십'의 구축에 합의한 것이다. 공동선언 속에는 유엔 안보리 개혁의 필요성 및 아시아지역 안정을 위해 일중관계의 중요성이 지적되고 양국 수뇌의 정기방문과 일중 경제협력의 확대가 약속되었다. 일중 간의 '우호협력 파트너십'을 위한 구체적 방안으로서 총 33개 분야의 협력항목을 발표했다. 일본은 제4차 엔차관 '후기 2년분'으로 3,900억 엔의 엔차관 공여를 약속했으며, WTO에의 중국의 조기가맹을 지지하고 안보대화의 확대에 합의했다.[45)]

45) "일중공동선언," 및 "공동프레스발표," 자료는 『GAIKO FORUM』, 1999

둘째, '역사인식 문제'를 중심으로 양국 간의 의견상충이 표면화된 바 일중 관계개선의 근본적 어려움을 극명하게 드러냈다는 점이다. 일본 정부는 과거사 사죄의 공동선언 명기를 원하는 중국의 요구를 거부했으며, '대만 문제'에 있어서도 미정부와 같은 명확한 '삼불정책'을 약속하지는 않았다. 장쩌민 국가주석은 방문기간 중 내내 역사 문제를 거론하면서 불편한 심기를 감추지 않았다.[46] 장쩌민 국가주석의 방일을 통해 일중 양국은 '우호협력 파트너십'을 선언하면서도 '역사인식 문제'로 인해 본격적인 관계개선의 실현은 고사하고 쌍방 간의 감정만 악화시킨 결과를 초래했다.

이후 일중 간에는 협조와 경쟁을 반복해가는 경향을 높인다. 정치적으로는 대립하면서도 경제적 상호 의존성은 높이는 보통의 관계를 유지하는 것이다. 일본의 정찰위성의 도입과 전역미사일 방어체제(TMD) 참가에 대해 중국은 우려를 표하면서도 1999년도에는 코소보 문제, 핵기술 스파이 의혹 등을 놓고 미중관계가 또 다시 냉각되자 중국은 장쩌민 주석의 방일 이후 '신방위협력지침' 관련법안들의 통과를 비롯한 일본의 일련의 보수화 경향에도 불구하고 대일비판을 자제했다. 일본은 1999년 7월의 오부치(小淵) 수상의 중국 방문을 통해 일중관계의 개선을 도모했다.

년 3월, 67 – 68.

46) 중국은 역사인식 문제를 해결하여 21세기로 향한 건설적 일중관계의 구축을 희망하며 1998년 10월의 김대중 대통령 방일 때와 마찬가지의 '통열한 반성과 마음으로부터의 사죄'와 유사한 표현의 공동선언 명기를 요구했으나 받아들여지지 않았다.

V. 결론

일중 정치경제관계에 있어서의 '72년 체제'는 1972년 양국 간 국교정상화 때의 '일중 공동선언'과 후쿠다 내각 때의 '일중 평화우호조약'을 토대로 성립하여 일중 정치경제, 외교안보 전반에 작용하는 구조적 틀이다. 분석한 바와 같이 이러한 일중 정치경제관계에 있어서의 '72년 체제'는 크게 보면 1970년대의 성립기, 1980년대의 발전기, 1990년대의 전환기로 대별되는 3단계의 주요 진화과정을 거치면서 그 특질을 형성 · 발전시켜 왔고, 일본의 대중국 국가전략은 이 '72년 체제'의 발전과 전환에 투영되었다.

첫째, 독립변수 1로서 설정한 '동아시아 미일중 관계의 구조변동'과 일중 '72년 체제'의 발전과 전환 관계의 분석이다. 전후 동아시아 국제관계에 있어서 특히 미중관계는 일본의 대중국 외교에 직접적인 영향을 미쳐왔다. 일중관계는 미중관계 및 미일관계의 구조변동에 예민하게 반응했고, 특히 미중관계의 구조변동이란 동아시아 국제정치적 환경조건에 크게 제약되어 있었다. 소에야와 다나카를 비롯한 많은 연구자들이 지적하듯이, 일중 국교정상화 당시 미중관계의 개선이 결정적인 요인이 되었고, 국교정상화 당시 미일동맹을 암묵적으로 용인한 중국 정부의 유연성도 일중관계 개선에 결정적인 변수로 작용한 점도 이러한 미중관계 개선의 소산이다.

'72년 체제' 성립 이후에도 미중관계를 중심으로 한 동아시아 국제질서의 구조변동이 일중관계의 결정적인 국제정치적 환경요인이 되었다. 동아시아에 있어서의 미일중 관계의 구조변화는 1980년대의 '72년 체제' 의 발전기에는 소련에 대응한 신냉전기의 미일중 제휴로 나타났으며, 이러한 점은 1978년도에 일중 간에 평화우호조약이 성립되고 1979년 1월에 미중국교가 정상화되면서 형태적으로 구체적 모습을 갖추게 되었다. 1980년대 중반 나카소네 내각기에는 미일중 정상 간에 '테즈쿠리 외교' 의 진전이 구체화되면서 역사상 최상의 우호적 일중관계가 지속되었다. 이는 결과적으로 1980년대 중후반 고르바초프의 '신사고 외교' 를 이끌어내면서 냉전종결을 가져왔으며, 신냉전은 미일중 제휴의 승리로 결착되었다.

1990년대 이후의 탈냉전기에는 정치군사적으로 '중국위협론' , 경제통상적으론 '일본위협론' 등이 대두되면서 미국에서는 동아시아 정책이 재검토되어 1980년대의 미일중 제휴는 전면적 완화를 피할 수 없게 되었다. 미중관계에서는 미국의 대중 봉쇄와 관여가 반복적으로 나타났고, 일본에서는 1990년대 전반의 '전환 1기' 에는 '일중특수론' 과 '서구협조론' 의 대립을 거쳐 '세계 속의 일중관계' 가 주창되었다. 1990년대 중후반의 '전환 2기' 에는 중국을 주된 대상으로 미일 간에 '미일동맹의 재정의' 가 가속화되어 미일관계가 강화되었고, 동아시아 국제관계에 있어서는 미일중러 간의 협조적 경쟁관계의 다각적 구축이 전개되었다. 일중관계는 미일관계에 필적할 만한 관계로 성장치 못하고 정치외교적으론 선택적 경쟁과 협조, 경제통상적으론 우호협력의 파트너십 구축을 시도하는 전환기적 유동성을 띤다.

둘째, 독립변수 2로서 설정한 일중관계의 '상호 의존성' 과 대립도의 요인에서 본 '72년 체제' 의 발전과 전환 분석이다. 먼저, 상호 의존성의 면이다. '72년 체제' 의 성립 이후 1980년대에는 일중관계의 경제통상적 · 외교안보적 상호 의존성은 복합적이지만 매우 확대되었다고 평가할 수 있겠다. 1980년대엔 정치경제적으론 민간 경제협력이 정부 간 경제협력으로 발전하고, 외교안보적으론 나카소네 내각기와 다케시타 내각기를 통해 미일중 제휴와 빈번한 정상외교의 실현으로 견고해졌기 때문이다. 특히 엔차관 원조가 중심이 된 일중 정부 간 경제협력의 발전은 그 협력내용과 공여방식에 있어서 주목을 받아 마땅하다.

대중 엔차관 협력은 '정책 레벨의 결정' 에 있어서 여섯 번의 주요한 정책결정이 실현되었다. 1979년 오히라 내각 때의 제1차 엔차관 협력, 1984년 나카소네 내각 때의 제2차 엔차관 협력, 1988년 다케시타 내각 때의 제3차 엔차관 협력, 1989년부터 1990년 말에 이르기까지 '천안문 사건' 에 연유한 신규 엔차관의 동결과 그 해제 결정, 1994년의 무라야마 내각 때의 제4차 엔차관 협력 '전기 3년분' 의 결정과 중국의 핵실험 강행으로 인한 무상원조의 동결 결정, 98년 11월 오부치 내각 때의 제4차 엔차관 협력 '후기 2년분' 의 결정 등이다. 이러한 일본의 대중경협은 거액의 엔차관 패키지였다는 점, 복수년도 총액 결정방식을 취한 점, 일중 관계의 우호적 진전과 밀접히 연관된 점, 원조의 공여결정은 물론이고 동결 및 동결해제 결정도 출현했다는 점 등에서 대단히 흥미롭고 '정치결정' 의 성격을 띤다.

다음으로, 일중 정치경제관계에 있어서의 '72년 체제' 가 잉태하는 마찰요인의 분석이 되겠다. 1980년대 '72년 체제' 의 발전기에도 일중관계의 마찰요인은 다양하게 존재했다. 침략전쟁의 과거사 문제에 대한 '역사인식' 과 관련하여 1982년도에 '역사교과서 왜곡 문제' 가 발생했으며, 1985년도에는 '야스쿠니 신사 참배 문제' 가 외교분쟁의 쟁점이 되었다. 일본 군국주의 부활 우려라는 견제 속에서 'GNP 1% 한도 돌파 문제' 도 쟁점화되었고, 경제적으론 중국의 무역수지 적자 문제가 마찰요소로서 대두되었다. 1980년대의 일중관계의 마찰요인은 주로 일본측에서 마찰요인을 제공했다는 점이 특징이며, 중국은 이에 대응하는 형태로 항의하거나 비판했다. 하지만 이러한 마찰에 양국은 신중히 타개책을 모색함으로써 일중관계의 정치경제적 상호 의존성을 깰 정도로 심각하게 발전하지는 않았으며, 중국은 오히려 정부 간 경협의 외교 카드로 활용한 성격도 짙다. 단지 1987년도 이후엔 양국관계의 정치적 불안정성이 가중된다.

한편, 1990년대 초중반의 탈냉전기 전환 1기에는 주로 중국측에서 마찰요인을 제공했다. 천안문 사건, 거듭된 핵실험, 대만해협에서의 양안충돌 등이다. 일본은 신규 엔차관의 동결과 해제 및 무상원조 동결 등의 수단으로 대응하나 일본 정부는 초기의 일중관계의 특수성과 우호적 분위기에서 점차 비판의 강도를 높여갔다. 1996년 이후의 전환 2기에는 일본의 '미일동맹 재정의'를 통한 미일동맹의 강화, 일본 정부의 역사인식 등에 대한 중국 정부의 비판이 주된 마찰요인으로 부각되었다. 양국은 한편으로 경제협력을 중심으로 한 우호협력 파트너십을 강조했지만 예전의 '특수관계'에서 변화하는 동아시아 국제정치적 조건 하에서 선택적 협조와 경쟁이라는 보통관계로 선회하는 과도기로 평가된다.

셋째, 독립변수 3으로 설정한 양국 국내정치에 있어서의 정권변화 요인이다. 1970－1980년대 중국의 정권변화와 세대교체는 '72년 체제'의 성립과 발전에 크게 긍정적인 영향력으로 작용했다. 즉 마오쩌둥 · 저우언라이 체제에서 덩샤오핑 · 화궈펑 체제로 변동됨에 따라 중국의 대외 개혁개방 노선이 가속화되었고, 이 점이 '72년 체제'의 성립과 발전에 크게 영향을 미쳤다. 1990년대 탈냉전기에는 중국에서는 덩샤오핑 정권에서 장쩌민 정권으로 정권변화와 더불어 세대교체가 진행되었고, 일본 국내에서도 38년간의 자민당 단독정권에서 호소카와, 하타의 비자민 연립정권이 성립되었고, 1996년도 이후엔 자민당 중심의 연립내각이 중심을 이룬다.

탈냉전기의 이러한 양국의 정권변화와 세대교체의 가속화는 동아시아 국제정치 구조의 불안정성과 더불어 일중관계의 새로운 변수로 부각되었다. 전반적으로 일중관계는 전후적 특수성에서 벗어나 보통의 관계 속에서 국익에 따라 협조와 경쟁을 반복하는 관계로 전환된 것이다. 특히 정치외교적으로는 민감한 대립을 하면서도 경제적으로는 상호 의존성을 높이는 경향이다. 일중관계는 동아시아에 다각적인 '협조적 경쟁관계'의 틀 속에서 정치경제적 · 지정학적 파트너십 강화의 구축을 의도했다. 일본의 미일동맹 강화 및 역사인식으로부터의 탈피욕구는 국내정치적 보수화 경향과 더불어 이러한 동아시아 국제관계의 구도 변화를 내포하며, 일중관계의 전환은 중국의 급속한 성장과 일중 양국에 있어서의 정권변화 및 새로운 세대의 부상에 기인하는 측면이 강하다.

참 | 고 | 문 | 헌

손기섭. 2003. "동아시아에 있어서의 일중 국교정상화의 정치과정." 『일본연구논총』 제17호.

이원덕. 1996. 『한일 과거사 처리의 위험 – 일본의 전후처리외교와 한일회담』. 서울대학교.

진창수. 1999. "북일관계 – 국교수립의 정치적 요인." 백학순 · 진창수 편. 『북한문제의 국제적 쟁점』. 세종연구소.

Drifte, Reinhard. 1996. *Japan's Foreign Policy in the 1990s From Economic Superpower to What Power*. Oxford : ST ANTONY' S COLLEGE.

Kokubun, Ryousei. 2003. "China and Japan in the Age of Globalization." *The Maturing of Japan – China Ties, Japan Review of International Affairs*. Vol. 17, No. 1 Spring 2003.

Orr, Robert M. 1990. *The Emergence of Japan's Foreign Aid Power*. NY. Oxford : Columbia University Press.

Pemple, T. J. 1990. "Uncommon Democracies : The One – Party Dominant Regimes." in T. J. Pemple ed. *Uncommon Democracies : The One – Party Dominant Regimes*.

Tanaka, Akihiko. 1999. "Issues for Japan's East Asian Diplomacy." *Japan's Diplomatic Concerns, Japan Review of International Affairs*. Vol. 13, No. 1 Spring.

Thayer, Nathaniel B. 1993. "Japanese Foreign Policy in the Nakasone Years." in Gerald L. Curtis, ed. *Japan's Foreign Policy*. Armonk and London : M. E. Sharpe, Inc.

Vogel, Ezra F. Yuan Ming and Tanaka Akihiko. 2002. *The Golden Age of the U.S.–China–Japan Triangle 1972–1989*. Cambridge and London : Harvard University Asia Center.

安藤正士・小竹一彰編. 1994.『原典中國現代史 日中關係』. 岩波書店.

五百旗頭眞. 2001. "日本外交50年."『國際問題』. 第500號(5月).

______. 1999. "冷戰後の日本外交とリーダーシップ."『國際問題』. No. 468(3月).

石井明. 1987. "中國に負った無限の賠償."『中央公論』(8月).

伊藤剛. 1997. "日米中關係における台灣問題一米中和解とその影響." 日本政治國際學會編.『危機の日本外交–70年代』. 岩波書店.

內田健三. 1989.『現代日本の保守政治』. 岩波書店.

緒方貞子・添谷芳秀譯. 1992.『戰後日中・米中關係』. 東京大學出版會.

外務省經濟協力局編. 1994.『わが國の政府開發援助(ODA) 上卷.

外務省中國課. 1994.『最近の中國情勢と日中關係』(12月).

______. 1993.『日中關係基本資料集 1970–1992年』. 霞山會.

國分良成. 2001. "冷戰終結後の日中關係–72年體制の轉換."『國際問題』. No. 490.

小島朋之. 1993. "高速度發展の中の中國脅威論."『東亞』. No. 310(4月).

添谷芳秀. 1997. "1970年の米中關係と日本外交." 日本政治學會編.『危機の日本外交一70年代』. 岩波書店.

______. 1995.『日本外交と中國 1945–1990』. 慶應通信.

高木誠一郎. 1999. "アジアにおける脫冷戰過程と日米中關係." 平野健一郎 編.『講座現代アジア』. 東京大學出版會.

佐藤誠三郎・松崎哲久. 1986.『自民黨政權』. 中央公論社.

田中明彥. 1991.『日中關係 1945–1990』. 東京大學出版會.

______. 1994. "東アジア國際政治と對中政策."『東亞』. No. 319(1月).

張香山・鈴木英司譯. 2002.『日中關係の管見と檢證丁一國交正常化30年の步み』. 三和書籍.

中曾根康弘. 1992.『政治と人生』. 講談社.

日中經濟協會. 1988.『日中經濟交流 1987年–均衡回復の努力と擴大への試練』(4

月).

藤本一美・淺野一弘. 1994.『日米首脳會談と政治過程』. 龍溪書舍.

別枝行夫. 1988. "日中國交正常化の政治過程." 日本國際政治學會編.『國際政治』. 第66. "變動期における東アジアと日本-その史的考察."

防衛問題懇談會報告書. 1994.『日本の安全保障と防衛力のあり方-21世紀へ向けての展望』(8月 12日).

防衛廳. 1997.『日本の防衛』. 平成9年版.

山口二郎. 2000.『危機の日本政治』. 岩波書店.

渡邊昭夫. 2001. "日米同盟の50年の奇跡と21世紀への展望."『國際問題』. No. 490(1月).

______. 1998. "日米安全保障關係の新展開."『國際問題』. No. 456(3月).

______. 1993. "國際情勢變動期における日本の外交政策の決定過程：天安門後の中國と灣岸戰爭後のケース・スタディ." 日本國際問題研究所編.『1990年代における日本の戰略的な課題』.

6

북일관계의 정치경제학*

명분과 실리의 변증법

정영철(이화여자대학교)

I. 들어가며

지난 2004년에 있었던 요코다 메구미(横田惠)의 유골 감정을 둘러싸고 북－일관계는 악화일로를 걷고 있다. 여기에 '2차 북핵위기'가 고조되면서 일본의 대북 적대감정은 돌이킬 수 없는 지경에 다다르고 있는 것처럼 보인다. 2002년, 2004년 두 차례에 걸친 고이즈미(小泉純一郎)

* 이 논문은 두 가지 점에서 한계를 가진다. 첫째는 일본 내의 정치적 동학에 기초하여 일본의 대북정책을 다루고 있지 못한 점이며, 둘째는 북－일관계의 핵심변수인 미국의 역할을 제대로 조명하고 있지 못한 점이다. 이러한 점에서 이 논문은 북－일관계를 둘러싼 종합적인 해석으로는 부족한 것이 사실이다. 그럼에도 불구하고 이 논문은 북한과 일본이 서로에 대해 어떠한 전략적 입장을 가지고 있는가를 이해하는 데서는 유용하리라고 믿는다. 이 논문에 대해 꼼꼼하게 논평을 해주신 세종연구소의 정성임 박사님께 감사를 드린다.

수상의 방북과 회담을 통하여 국교 수립을 위한 협상까지 진행하던 북–일관계가 갑자기 차갑게 얼어붙은 것은 무엇 때문일까? 양국관계가 이렇게까지 파탄으로 이르게 된 책임은 1차적으로 북한에 돌려지고 있는 듯이 보인다. 미국에 의해 '깡패국가(rogue state)', '악의 축(axis of evil)' 국가로 규정된 북한은 일본에게는 '믿을 수 없는 국가'로 자리 잡은 듯하다. 그러나 한편으로 그 이면에 숨어 있는 일본 우익들의 '북한 활용'에 대해서도 제대로 인식해야 한다. 일본 우익들의 지속적인 '반북 캠페인'과 여론 선동은 현재의 북일관계를 파탄에 이르게 한 중요한 요인임에 틀림없으며, 최근의 위기를 더욱 부채질하고 있다.

과거 북일관계는 갈등과 대화의 역사를 반복해 왔다. 일본식 기능주의와 북한식 '인민외교'가 교차한 가운데 냉전체제가 이들 사이를 규정해 왔다.[1] 국교정상화 및 관계개선에 대한 북한의 일관되고 지속적인 요구와 기능주의적 입장에서 사회 · 경제 · 문화적 교류만으로 제한하고자 했던 일본은 국제정세와 한반도 상황, 그리고 일본과 북한의 상충되는 요구에 의해 제한적인 관계만을 맺어왔다. 북한은 미국 주도의 동북아 냉전체제와 남북 경쟁이라는 구도 하에서 주도권을 쥐기 위한 필요와 경제적 요구에 따라 일본으로의 접근을 중요시했고, 일본은 전후 처리와 한반도 문제에 대한 주도권을 확보하기 위해 북한에의 접근을 신

1) 북한의 외교는 크게 세 가지로 구성된다. 당–당, 국가–국가, 인민–인민이다. 물론, 외교의 궁극적인 전략의 수립과 통제는 당이다. 인민외교는 정식 국교가 수립되지 않는 나라들에 대한 인민 대 인민의 외교를 의미한다. 북한의 일본에 대한 외교는 북한의 외무성이 주도하고 있지만 과거부터 지금까지 인민외교 역시 중요하게 기능해 왔다. 일반적으로 인민외교란 정부 차원의 외교가 아닌 민간이 주도하는 외교적 형태를 의미한다. 북한은 국교가 수립되지 않은 미국, 일본에 대해 민간급 외교를 추구하여 왔으며, 경제, 사회, 문화, 스포츠 등의 다양한 분야에서의 외교적 활동을 전개하고 있다.

중하게 진행시켜 왔다.

그러나 사회주의권의 붕괴와 탈냉전의 도래에 따라 양국관계는 근본적인 변화를 맞게 되었다. 남한의 북방정책과 한반도 문제의 국제화, 그리고 북한의 경제적 위기에서의 탈출이라는 요구가 맞물리면서 1990년대 초반 양국관계는 새로운 돌파구를 찾게 되었다. 바로 자민 · 사회 양당의 방북이었다. 가네마루 신(金丸信)을 대표로 한 양당 대표단은 조선로동당과 3당 공동선언을 발표하여 북일 간의 국교정상화를 위한 교섭과 보상 및 그밖의 문제에 대해 전향적인 노력을 전개할 것을 표명하였다. 가네마루 신의 방북 이후 양국은 국교정상화를 위한 협상에 착수하여 지금까지 12차례에 걸친 회담이 진행되었다. 회담에서 양측은 식민지 보상 문제, 핵 · 미사일 문제, 납치문제 등을 둘러싸고 서로 간의 입장을 좁히지 못한 채 지금까지 이르고 있다.

이처럼 1990년대 이후부터 전개된 북일관계의 진전에는 변화된 국제정세, 북한과 일본의 상충되는 요구, 그리고 한반도를 둘러싼 복잡한 정치지형이 자리하고 있다. 이는 북일관계의 진전이 단지 양국 간의 문제가 아님을 말해준다. 더욱이 우리에게는 한반도의 미래와 관련되어 특별히 중요한 문제로 와닿는다.

II. 갈등과 대화의 역사 : 냉전시기 북일관계

1. 비정치적, 사회경제 교류의 확대

1990년 가네마루 신을 대표로 한 일본의 자민 · 사회 양당 대표단의 방문과 전격적인 국교정상화를 위한 협상의 합의는 북-일관계의 새로운 출발의 계기가 되었다.[2] 그동안 북한과 일본은 1955년 남일 성명을 계기로 민간급으로부터 출발하여 비공식적인 대화와 협상을 거쳐왔으며, 점차 사회경제 분야에서의 공식적 접촉으로 발전해 왔다.[3] 북한과 일본의 최초의 의미 있는 접촉은 한국전쟁이 끝나고 1954년 일본의 하토야마 내각의 성립과 1955년 북한 남일 성명으로부터 시작한다. 이는 1951년 9월 체결되고 1952년 4월 발효된 샌프란시스코 강화조약을 통해 일본이 미국 점령통치로부터 벗어나서 일정하게 독자적 외교정책을 펼칠 수 있었던 상황과 한국전쟁 이후 일시적인 동서 해빙 분위기가 배경으로 자리하고 있었다.[4]

일본의 하토야마(鳩山一郎) 수상은 1955년 연두 기자회견에서 소련과 중국과의 관계정상화를 위한 외교방침을 천명하고 북한과도 외교관계를 수립할 의향이 있음을 표명하였다.[5] 북한 역시 1955년 2월 25일 당

2) 당시 3당 공동선언의 내용은《로동신문》1990년 9월 29일자 참조.

3) 북일관계의 전개를 공식적/비공식적-간접적/직접적 접촉의 형태로 구분하여 시기적으로 유형화한 논문으로는 최영호, "국가 간 접촉형태로 본 북일관계의 전개과정," 『국제정치논총』 38집 1호, 1998.

4) 신정현, "북한의 대일정책(1953-1979)," 『아세아연구』 65호, 1981, 30쪽.

시 외상인 남일 성명을 통해 일본과의 국교정상화와 경제교류에 대한 의지를 표명하였다.[6] 남일 성명 발표 이후 1955년 10월에는 북한의 최고인민회의 초청으로 후루야 사다오(古屋貞雄)가 이끄는 사회당 방문단의 방북이 이루어졌다.[7]

비록 양측 정부 간의 대화가 이루어지지는 않았지만 남일 성명과 일본 대외정책의 변화를 계기로 민간급의 비공식적 접촉이 활발하게 전개되기 시작하였다. 1955년 10월에는 중국의 국제무역촉진위원회의 중개에 의해 북한의 조선무역상사와 도쿄물산 등 3개 상사 사이에 거래협정이 체결되었고, 평양에서는 일소무역회와 조선국제무역촉진위원회 사이에 '북일무역촉진에 관한 의사록'이 조인되었다.[8] 또한 북한 적십자사와 일본 적십자 사이의 간접 협상에서 직접 협상을 거쳐 재북 일본인

---

5) 신정화, 『일본의 대북정책』(서울 : 오름, 2004), 52쪽. 물론, 하토야마의 이러한 외교정책 천명은 미국과의 관계에서 일정한 독자성의 표출이라고 할 수 있지만 그 한계를 뛰어넘을 수 있는 것은 아니었다. 특히, 남한과의 관계에서 북한과의 관계개선은 '의향' 이상일 수는 없었다. 이러한 점은 향후 하토야마가 북한과의 관계에서 "우리나라의 입장과는 맞지 않는 제안이 있으며" … "북한과의 경제 · 문화교류는 한국과의 관계를 저해하고 악영향을 미칠 정책을 실시할 수는 없다"라고 한 데서 분명하게 드러난다. 신정화, 같은 책, 54쪽.

6) 이에 앞서 1994년 8월 남일은 일본에 거주하는 조선 인민들 대한 일본 정부의 박해를 반대 · 항의하는 성명을 발표하였다. 《로동신문》 1954년 8월 30일 [박정진, "북한의 일본에 대한 전략적 이해변화 분석," 통일부 신진학자 연구논문 모음집(http://www.unikorea.go.kr 2005년 12월 검색). 2002에서 재인용] ; 한편 1955년 2월 남일 성명을 접한 일본 외무성은 '고려할 가치가 없다' 는 부정적인 의사를 표명했다. 신정화, 위의 책, 53쪽.

7) 당시 남일 성명에 적극적으로 반응한 것은 일본의 사회당이었다. 사회당은 1955년 두 번에 걸쳐 방북단을 파견하였으며, 북한과의 관계 확대를 시도했다. 신정화, 위의 책, 55쪽.

8) 신정화, 위의 책, 57쪽.

의 귀환과 재일 조선인의 귀국 협정이 타결되어 1959년 일본 니가타 항을 통해 최초로 재일 조선인 귀국이 실현되었다.[9)]

이 시기 북한의 반응에 적극적으로 대응한 것은 일본 경제계였다. 한국으로의 일방적인 수출과 그에 따른 한국의 지불능력의 불안정과 비교할 때 당시 북한은 일본의 수출 시장으로서 유망한 곳이었으며, 북한의 광산물은 일본 기업인들의 관심을 끌기에 충분한 것이었다.[10)] 또한 양측의 현안이었던 어업협정도 일본측이 시급하게 해결해야 할 문제였다.[11)] 북한 역시 전후 경제건설이라는 당면 과제에 직면하여 일본은 필요한 물자를 획득할 수 있는 좋은 무역 파트너였다.

이러한 조건에서 북한은 일본 정부를 직접 상대하지 못했지만, 대일 '인민외교'를 통한 관계 확대를 시도할 수 있었고, 반면 일본은 정경분리 정책에 기초하여 북한과의 사회경제적 교류 확대를 시도할 수 있었다. 그러나 이러한 양측의 관계 확대는 1965년 한일협정 체결을 계기로 제약되었으며, 북한의 대일 국교정상화에 대한 요구도 철회되었다. 한일협정은 북한의 입장에서 미국을 중심으로 한 남방 3각 군사동맹체제 형성으로 비추어졌을 뿐만 아니라, 일본의 군국주의를 한층 강화시키는 계기로 비추어졌다. 1962년 12월 북한의 정부 성명은 이러한 북한의 인식의 일단을 엿볼 수 있게 한다. 즉 북한은 일본과의 국교정상화가 이루어지지 않은 원인을 일본 정부가 '미제에 의해 강점된' 조건 하에서 일

9) 신정화, 위의 책, 65쪽.
10) 신정화, 위의 책, 57쪽.
11) 북일 간의 어업협정은 특히 일본의 어부들에게는 매우 중요한 문제였다. 일본은 자국 어부들이 북한의 군사수역 바깥의 공해에서 안전하게 어로활동을 하도록 북한과 협정을 맺을 필요성을 느끼고 있었다.

〈표 1〉 북한의 대일무역 추이(1956－1967)

(단위 : 만 달러)

연도	수출	수입	합계
1956	51	10	61
1957	201	213	414
1958	193	212	405
1959	77	283	360
1960	309	185	494
1961	398	494	892
1962	455	478	933
1963	943	535	1,478
1964	2,023	2,128	3,151
1965	1,472	1,651	3,123
1966	2,269	502	2,771
1967	2,961	637	3,598
1968	3,403	2,075	5,478
1969	3,219	2,416	5,635
1970	3,441	2,334	5,775
1971	3,006	2,891	5,897
1972	3,831	9,334	13,175
1973	7,232	10,016	17,248
1974	10,882	25,191	36,073
1970	6,484	18,063	24,547

출처 : 신정화, 앞의 책, 59쪽, 136쪽 표 합침.

본 지배층의 비우호적 태도 때문이었으며, 미국이 일본의 군국주의 세력을 아시아 침략의 '돌격대'로 내세워 '동북아시아 동맹'을 하루속히 결성하기 위하여 한일회담을 발악적으로 추진시키고 있는 것으로 비판

〈표 2〉 연도별 북한으로의 귀국자 수

(단위 : 명)

연도	귀국자	연도	귀국자	연도	귀국자
1959	2,942	1967	1,831	1975	379
1960	49,036	1968	중단	1976	256
1961	22,801	1969	중단	1977	180
1962	3,497	1970	중단	1978	150
1963	2,567	1971	1,358	1979	126
1964	1,822	1972	1,003	1980	40
1965	2,255	1973	704	합계	93,286
1966	1,860	1974	479		

출처 : 신정화, 앞의 책, 65쪽.

하였다.[12] 또한 한일회담은 일본 내의 사회당을 비롯한 혁신세력의 반발도 초래하였으며, 이들의 대북한 접근을 한층 강화하는 계기가 되기도 하였다. 한일협정 체결 이후 북한은 일본에 대한 국교정상화 제안을 철회하였고, 일본과의 국교정화 시기상조론을 피력했다. 하지만 이러한 북한의 태도가 일본과의 민간교류 및 경제협력의 철회까지 이어지지는 않았다. 앞의 〈표 1〉에서 알 수 있는 것처럼 양측의 경제교류는 한일협정의 체결에도 불구하고 꾸준히 증가추세에 있었던 것이다.

다른 한편, 한일협정의 체결은 북한과 관련해서 여러 가지 복잡한 문제를 발생시켰다.[13] 가장 핵심적인 문제는 대일청구권 문제와 소위

12) 북한의 정부 성명(1962년 12월 13일), 박정진, 앞의 논문에서 재인용.

13) 유영구는 한일협정을 사실상의 미국까지 포함한 3국 간 협정이었다고 본다. 이로 인해 북일관계와 한일관계의 고정화가 형성되었다고 주장한다.

'한국조항'의 문제였다. 이에 대해 1962년 이케다 수상은 '두 개의 한국 정책'을 의미하는 발언으로 이 문제를 해결하려고 하였다. 즉, 38선 이북에 있는 일본의 재산권은 한일회담이 종결된 이후에도 해결되지 않은 채로 남는 것이라고 하여 북한에 사실상의 정부가 존재함을 시인하였다. 나아가 일본 정부는 재산권 문제를 해결하기 위하여 언젠가 북한과 협상을 하게 될 것을 시사하기도 하였다.[14] 결국 북일관계는 한반도 분단과 그에 따른 남북한 체제 간 경쟁에 적지 않은 영향을 받을 수밖에 없었던 것이다. 그리고 그 과정에서 북한과 일본의 관계는 사회 · 경제 · 문화적 영역을 넘어서기 어려웠던 것이다.

2. 비공식적 협력과 공식적 적대관계

북한과 일본의 관계는 1972년 '7 · 4 남북공동성명' 발표를 계기로 새로운 전기를 맞게 되었다. 한일협정 이후 적대적인 대치관계를 지속하였던 북일관계는 데탕트라는 국제분위기와 남북 화해의 조건에서 조심스러운 접근이 재개되었다. 김일성은 1972년 1월 요미우리 신문과의

유영구, "한일 · 북일관계의 고정화 과정 소고 : '55년체제'에서 1965년 한일 국교정상화까지," 『중소연구』 76호, 1997/8 겨울.

14) 신정현, 앞의 논문, 45쪽 ; '한국 조항'은 한일협정 체결 후부터 지속적으로 문제가 제기되었다. 사토 수상은 한일협정에도 불구하고 '한국 조항'을 부정하는 발언을 하였으며, 기무라 외상도 그러했다. 그러나 공식적인 '한국 조항'의 수정은 이루어지지 않았다. 다만, 1975년 데탕트의 분위기에서 일본의 미키 수상과 미국의 포드 대통령은 회담을 통해 '한국 조항'의 일부 수정을 시도했으나 미국 측의 소극적인 자세로 수정에 성공하지는 못했다. 이에 대한 자세한 내용은 신정화, 앞의 책, 103-112쪽, 164-165쪽.

회견에서 "두 나라 사이의 비정상적인 사태를 하루빨리 끝장내고 정상적인 관계를 수립할 것을 념원"하고 있다고 밝히면서 북일 간의 정상적인 관계를 위해서는 우선 '적대시 정책의 철회'와 '한일조약'의 폐기를 주장함으로써 여전히 한일관계에 대한 부정적인 입장을 피력하고 있었다.[15] 그러나 이후 김일성은 북일관계에 대한 인식은 "일한기본조약이 일본이 생각하고 있는 정도로 큰 장해는 아니다"라고 발언함으로써 일정하게 변화하였다.[16] 또한 일본 공명단대표단과의 담화에서는 '한일조약'이 남북 간의 민족대단결에 큰 저해요소는 아니라고 말하기도 하였다.[17] 그해 9월 박성철 부수상이 일본 특파원들과 가진 회견에서 "비록 일본이 남북한과 외교관계를 수립한다고 할지라도 그것은 분단된 조선의 재통일을 저해하지 않을 것이다"라고 주장하였다.[18] 이러한 김일성과 북한 당국의 인식 변화는 중국과 미국의 화해로 인해 대만이 국제무대에서 지위가 급락했던 사실을 염두에 둔 것으로 보인다.[19]

이러한 북한의 대일정책에서의 변화는 세계적인 데탕트 분위기, 남북대화, 일본 내에서의 친북한 세력의 등장과 강화, 북한의 대일관계에서의 이해관계의 증대 등이었다.[20] 그러나 이러한 관계의 진전에도 불구

15) 김일성, "조선민주주의인민공화국의 당면한 정치 · 경제정책들과 몇 가지 국제문제에 대하여(1972년 1월, 《요미우리》 신문과의 회견)," 『김일성저작집 27』(평양 : 조선로동당출판사, 1984), 54쪽.

16) 김일성, 1972년 6월 30일 지지통신과의 회견[박재규, 『북한의 신외교와 생존전략』(서울 : 나남출판사, 1997), 84쪽에서 재인용].

17) 김일성, "일본 공명당대표단과 한 담화(1972. 6. 1)," 『김일성저작집 27』(평양 : 조선로동당출판사, 1984), 243쪽.

18) 신정현, 앞의 논문, 59쪽에서 재인용.

19) 대만은 미 · 중 화해에 따라 1971년 UN에서 축출되고 그 지위를 중국이 승계하였다. 또한 1972년 일중 국교정상화에 따라 일본과 단교되었다.

20) 신정현, 앞의 논문, 66쪽.

하고 1973년 남북한 관계의 해빙 무드가 끝나자 북일관계도 이에 연동되어 변화되기 시작하였다.[21] 북한 역시 이 시기 동안 사회경제적 교류를 중심으로 북일관계의 확대를 시도 하였지만 '두 개의 한국'과 '교차승인'을 불러올 수 있다는 판단 아래 북일 간 국교정상화에 부정적인 반응을 보였다.[22] 더구나 1980년대 들어 신냉전이 도래하게 되면서 북일관계는 더 이상 진척되기 어려워졌다. 일본도 이 시기에 북한과의 관계보다는 한국과의 안보 및 경제분야에서의 협력을 강화하였다.[23] 일본은 한국과의 우호협력 관계를 유지 · 증진하고 북한과는 경제, 문화 등의 교류를 점진적으로 증대하는 것이 바람직하다는 생각을 갖고 있었다.[24] 따라서 이 시기에 북일관계가 확대되거나 새로운 전기를 맞이하기는 대단히 힘들었다. 더욱이 '제1후지산 마루' 사건과 버마(미얀마) 랑군(양곤) 테러 사건, 이어지는 1987년의 KAL 폭파사건 등으로 북일관계는 심각한 갈등국면으로 넘어가게 되었다.[25] 결국 1970년대는 국제적인 데탕

21) 1973년 8월 발생한 김대중 납치 사건으로 남북대화는 중단되었으며, 이에 따라 한반도의 짧은 해빙 분위기는 사라지고 말았다.

22) 북한이 일본과의 수교를 '두 개의 조선(한국)'과 '교차승인'의 위험성을 들어 반대한 것은 1978년이다. 김일성은 세카이와의 회견에서 "조일 국교정상화는 시기상조"라고 언급하였다. 김일성, "일본 정치이론 잡지 세카이 편집국장과 한 담화(1978. 10. 21)," 『김일성저작집 33』(평양 : 조선로동당출판사, 1987), 529－30쪽.

23) 이러한 일본의 정책이 이 시기의 특징이라고 말하기는 어렵다. 단지, 이전의 시기와 비교하여 일본의 북한에 대한 관심이 감소하고 미국을 중심으로 하는 한－미－일 동맹의 추진과 대북한 접근을 자제한 시기였다고 판단된다.

24) 진희관, "북일관계 연구 : 북한의 대일인식 변화를 중심으로," 『통일문제연구』 1997년 상반기호, 230－231쪽.

25) '제1후지산 마루' 사건은 1983년 북한 남포항에 입항한 '제1후지산 마루'호를 타고 북한 장교 한명이 일본으로 밀항한 이후 후지산 마루가 남포항

트와 남북 화해 분위기에 편승하여 북일 간 교류와 협력이 지속되었으나 일본의 '두 개 한국' 정책과 '교차승인'을 둘러싼 마찰이 지속된 시기였다.

이러한 관계는 1988년 한국 노태우 정부의 '7 · 7선언'을 계기로 다시금 대화와 협상의 관계로 복원되기 시작하였다.[26] 그러나 1980년대 말의 이 시기는 소련과 동구권의 붕괴로 야기된 탈냉전과 한국의 북방정책이 성공하면서 북한에게는 심각한 위기를 느끼기 시작한 때였다. 결국, 북한은 안보와 발전이라는 이중의 위기에서 일본과의 관계개선을 보다 적극적으로 재고하게 되었고, 일본으로서도 탈냉전을 맞이하여 동북아에서 발언권을 확대하려는 의도에 따라 양측은 서로의 접점을 모색하게 된다.

3. 냉전시기 북일관계의 특징 : 인민외교와 기능주의

북일관계의 역사는 대화와 갈등, 사회경제적 교류의 확대와 정치, 군사적 대결의 확대라는 특징을 보여주고 있다. 또한 북한의 대일 '인민외교'와 일본의 '기능주의'가 교차하고 있다. 이의 원인은 냉전시기 서

에 재입항하자 북한이 배를 억류하고 선원 5명을 간첩혐의로 체포한 사건을 일컫는다. 제1후지산 마루 사건의 장본인인 민홍구는 2004년 4월 일본 유치장에서 자살하였다.

26) 진창수, "북일국교정상화 교섭의 개시와 좌초," 한국세계지역학회, 2002년도 춘계정기학술회의 논문집, 4쪽. '7 · 7선언'이 발표되자 당시 일본 관방장관이던 오부치 게이조는 환영과 지지의 일본 정부 견해를 발표하였다. 이 견해에서 일본은 제1후지산 마루 사건해결을 전제로 모든 측면에서 북한과 대화할 용의가 있음을 전후 처음으로 공식석상에서 밝혔다.

로 다른 진영에 속하는 양자의 근본적인 한계에서 비롯된다. 일본이 한국과 미국의 반대를 극복하고 북한과 관계정상화를 이루는 것은 불가능에 가까웠다. 따라서 일본이 취한 정책은 일본식 정경분리－기능주의였다. 기능주의적 접근을 통한 사회 · 경제 · 문화적 교류를 중심으로 하는 양국간 교류의 증진에도 불구하고 정치－군사적 관계는 오히려 더욱 멀어졌다.[27] 마찬가지로, 북한 역시 국교정상화를 위한 의지에도 불구하고 이것이 몰고 올 '교차승인'과 '두 개의 조선(한국)' 고착화라는 위험 때문에 1970년대 이후에는 소극적인 자세로 돌아섰다. 사실, 북한의 국교정상화에 대한 요구는 남북한 분단체제에서 한반도에서의 합법정부를 둘러싼 경쟁이 작용하고 있었다.[28] 대신, 북한은 '인민외교'를 통한 일관된 정책을 추진하였다. 즉 일본 정부와의 관계개선을 요구하면서도 아래로부터의 관계확대를 지속적으로 추진했던 것이다. 북한은 일본 정부의 기능주의적 접근에 대해 이를 '일본 정부의 자주성' 문제로 바라보고 비판해 왔다.

그럼에도 불구하고 양자는 서로에 대해 적대적인 파국의 상황을 결코 원하지 않았다. 그것은 일본측의 입장에서 북한이 존재하는 한 마지

27) 류상영은 이러한 일본의 대북한 접근은 쓰미아게(積み上げ 方式 : 쌓아올로기 방식) 방식으로 보고 있다. 즉, 일본식 기능주의인 것이다. 류상영, "일본과 북한관계 : '사라진 접점'의 경제적 재해석,"『국제정치논총』44집 2호, 2004, 150쪽.

28) 북한의 외교역사를 분석하면서 일본과의 접근을 근거로 북한이 진영론적 외교에서 일찍부터 일탈해 있었다고 평가하는 것은 일면적인 타당성을 지니지만 올바른 지적은 아닌 것으로 보인다. 그것은 북한의 대일접근이 탈진영론적 외교로부터 비롯된 것이라기보다는 한국을 국제적으로 고립시키고 한반도에서의 정통성을 구축하기 위한 외교전술로서 이해되어야 하기 때문이다. 북한의 대일접근을 근거로 탈진영론적 외교로 보는 입장은 박정진, 앞의 논문.

막 남아 있는 과거 청산의 대상이었고, 동북아시아에서 일본의 입지를 넓히기 위해서는 관계의 끈을 놓을 수 없었다. 반면, 북한의 입장에서 재일조선인 문제, 경제협력의 문제 등에서 일본은 유용한 대상이었다. 또한 한국과의 경쟁에서도 일본은 유용한 대상이었다. 따라서 적대적 관계의 지속에도 불구하고 일본은 북한과의 협상의 여지를 남겨두었고, 북한 역시 인민외교를 통한 대일접근을 포기하지 않았다. 그것은 1950년대부터 1980년대까지의 북일관계의 접촉유형이 비공식적 · 간접적 형식에서 공식적 · 직접적 형태로 발전해 왔다는 것에서도 확인된다.

III. 탈냉전의 북한 외교 : 실리주의 외교의 등장과 북일관계

1. 북한 외교의 변화 : 실리추구의 전방위 외교

1980년대 말 동구 사회주의권의 붕괴와 탈냉전의 도래는 북한의 외교정책에 커다란 변화를 강제하였다. 지금까지의 진영 간 외교정책과 비동맹 중심의 외교노선이 근본적으로 재검토되어야 했다. 이를 반영하듯 북한은 '자주, 친선, 평화'의 외교원칙을 '자주, 평화, 친선'으로 바꾸고, 우선적인 외교 대상지역을 기존의 사회주의권에서 동남아시아, 제3세계 국가 등으로 변경하였다.[29] 사실, 1980년대 말부터 지금까지 북한 외교는 '안보와 발전의 딜레마'에 의해 체제 생존과 국제적 고립에서의 벗어남을 목적으로 하고 있다. 이로부터 북한은 진영론에 기초한 외교정책에서 벗어나 보다 더 실리추구적인 외교정책으로 변화를 모색하였다.

일반적으로 모든 나라의 대외정책은 국가이익을 최대화하기 위한 것에 목표를 둔다. 이러한 국가이익의 기본 내용은 안보, 경제적 번영과 유리한 국제 질서의 창출 등을 들 수 있다. 이런 점에서 북한의 1980년대 말 이후의 가장 우선적인 관심은 안보, 즉 체제생존이었다. 사실, 국가 수립 이후부터 지금까지 북한 대외정책의 본질은 '체제 보전'을 위한 일관된 노력과 남북한 경쟁에 따른 대내외적 정당성의 확보였다.[30]

북한의 대외정책은 크게 두 시기로 구분되며, 이를 좀더 세분화하면 사회주의권을 중심으로 한 진영외교, 비동맹 외교의 상대적 강조 시기, 대서방 외교의 강조 시기 등으로 구분할 수 있다.[31] 1990년대부터는 진영외교가 더 이상 유지될 수 없게 되자 생존외교와 이를 위한 전방위 실리추구 외교로 변화하였다.[32]

먼저, 북한의 외교정책의 변화는 1980년대 후반, '자주, 평화, 친선'의 대외 이념의 뒤바꾼 순서로 나타났다. 또한 기존의 사회주의권 외교를 중심으로 제3세계, 우호적인 선진자본주의 국가들의 순서에서 동남아시아, 제3세계, 우호적인 자본주의 국가의 순서로 뒤바뀌었다.[33] 1991

29) '자주, 친선, 평화'의 대외이념은 1980년대에 제기된 원칙이다. 1988년부터 북한은 '자주, 평화, 친선'으로 순서를 바꾸었다. 즉, 북한의 생존환경으로서 평화를 보다 더 강조한 것이다. 김근식, "북한의 체제보전과 대외정책 변화 : 진영외교에서 전방위 외교로," 『국제정치논총』 42집 4호, 2002.

30) 김근식, 위의 논문, 153쪽.

31) 북한의 1980년대 말까지의 대외정책은 『조선민주주의인민공화국 대외관계사 1, 2』(평양 : 사회과학출판사, 1987)를 참조.

32) 북한 외교의 시기적 구분과 특징에 대해서는 정규섭, 『북한 외교의 어제와 오늘』(서울 : 일신사, 1997)을 참조.

년 김일성은 신년사에서 아시아 국가들과의 대외관계를 강화할 것을 천명하기도 하였다.[34] 이러한 변화는 사회주의권 붕괴에 따른 외부 조건의 변화에의 대응이기도 하였지만, 다른 한편으로는 경제적 침체에 대응하기 위하여 그동안 사회주의권에 의존하여 왔던 대외 경제교류의 확대를 위해 동남아시아로 눈을 돌린 것에서 연유한다. 그러나 이러한 노력은 미국의 봉쇄로 인한 국제적 고립과 북한 자체의 자원 한계, 때마침 터진 북한 핵문제로 인하여 소기의 성과를 거두기는 어려웠다. 점차 북한 핵문제가 불거짐에 따라 미국과의 관계개선이 가장 중요한 외교과제로 부각되게 된 것이다.

다음으로, 1980년대 말부터 남북한 관계를 통한 국제적 고립의 탈피를 위한 노력이 진행되었다. 남한의 북방정책 추진을 통한 중국 · 소련과의 외교관계 수립은 북한으로 하여금 심각한 위기감을 느끼게 하였고, UN에의 동시가입은 북한의 전통적인 '하나의 조선' 정책이 국제적으로는 실패했음을 의미하는 것이었다. 이러한 상황에서 북한은 남한과의 대화를 통해 국제적으로 합법화된 '두 개의 조선'에 대응하였다. 이는 1991년 체결된 '남북 기본합의서' 전문에 '쌍방 사이의 관계가 나라와 나라 사이의 관계가 아닌 통일을 지향하는 과정에서 잠정적으로 형성되는 특수관계'라고 남북관계를 규정한 데서 드러난다.[35] 이 시기 북한은

33) 리기성, "위대한 수령 김일성 동지께서 신년사에서 제시하신 사회주의 경제건설의 완충기와 우리 당의 혁명적 경제전략," 『경제연구』 1994년 2호 ; 조강일, "무역 제일주의 방침은 사회주의 경제건설에서 일대 앙양을 일으키게 하는 혁명적 방침," 『경제연구』 1994년 2호 ; 최영옥, "현 시기 우리 당이 제시한 무역정책과 그 정당성," 『경제연구』 1997년 2호.

34) 《로동신문》 1991년 1월 1일.

35) 남북기본합의서 전문(http://www.unikorea.go.kr)

UN 동시가입에 따른 '두 개 한국'의 고착화와 국제적인 고립으로부터의 탈피를 목적으로 남한과의 관계개선을 시도했다. 그러나 김영삼 정권의 공세적인 대북정책 등으로 오히려 남북관계가 후퇴하게 되자 워싱턴을 경유하는 '통미봉남(通美封南)' 정책으로 선회하고 말았다.

셋째로, 안보와 발전의 딜레마 속에서 일본으로의 접근을 강화하였다. 1980년대 말과 1990년대 초 짧은 기간 동안의 남북 화해 분위기는 북일관계의 진전을 추동하는 중요한 계기가 되었다. 특히, 1988년 '7·7선언'은 비록 제한적이기는 하였지만 일본으로 하여금 북한에 대한 봉쇄를 풀고 관계 진전을 위한 중요한 시발점이 되었다.[36] 북한 또한 일본과의 관계 확대를 통해 국제적인 고립에서의 탈피와 보상금을 통한 경제적 이익을 도모하였다. 때마침 일본 내의 정치지형의 변화와 맞물려 그동안 친북한 입장을 견지했던 사회당의 세력이 확장하고 북한과의 관계개선의 목소리가 높아지자 일본 정부는 사회당을 매개로 북한과의 대화를 적극적으로 추진하였다. 가네마루 신의 방북은 이런 배경 하에서 가능한 것이었다.

넷째, 북핵 문제로 인해 북한과 미국과의 긴장이 높아지자 벼랑끝 외교전술을 통하여 미국과의 직접 대화를 추진하였다. 1988년 베이징에서 참사관급 비공식 접촉을[37] 계기로 북－미 간 비공식적 직접 대화를

36) '7·7선언' 이후 일본은 1987년 KAL기 사건으로 인해 실시된 일본의 대북한 봉쇄를 해제하고 북한과 대화재개의 입장을 밝혔다.

37) 북한과 미국은 1988년 12월부터 베이징에서 처음으로 참사관급 접촉을 가졌다. 당시까지 미국은 외교관들에게 어떠한 비공식 접촉도 금지하였다. 이러한 미국의 입장 변화는 그해 10월 북한에 대한 미국정책의 변화로부터 비롯되었다. 이 역시 한국의 '7·7선언'과 관련된다. 박재규, 앞의 책, 50쪽.

시작한 양측은 북핵문제를 둘러싼 갈등의 와중에서 결국 직접 협상을 통해 1994년의 제네바 합의에까지 이르게 되었다. 이후 제네바 합의는 몇 차례의 위기를 겪었으나 결국 2000년 울브라이트 국무장관과 조명록 국방위원회 제1부위원장의 상호방문을 통해 북-미 공동 코뮤니케를 발표하고 국교정상화의 발판을 마련하는 데까지 이르렀다.[38] 사실, 1994년 제네바 합의 이후 북한은 미국과의 관계개선을 위한 전향적인 의지를 보여왔다. 1997년 김정일은 "우리는 미국을 백년숙적으로 보려하지 않으며, 조미관계가 정상화되기를 바라고 있다. 미국이 랭전 시대의 낡은 관념에서 벗어나 힘의 립장에서 조선문제를 대하지 않고 조선반도의 평화와 통일에 도움이 되는 일을 한다면 조미관계도 두 나라 인민들의 리익에 맞게 좋게 발전할 것이다"라고 하여 미국과의 관계개선에 적극적으로 임할 수 있음을 내비쳤다.[39]

마지막으로 북한은 2000년 남북 정상회담을 통해 남북관계의 극적인 전환을 맞이하게 되면서 유럽 및 호주, 캐나다 등 서방국가들과의 전방위외교를 더 한층 강화하였다. 이 결과 유럽의 대부분의 나라들과 외교관계를 맺게 되었고, 캐나다, 필리핀, 호주 등의 주요 국가들과 관계를 회복하는 데 성공하였다.

이러한 북한의 적극적인 외교정책은 사회주의권이 붕괴한 이후 국제적인 고립에서 벗어나려는 목적과 더불어 경제개혁을 위한 우호적인 대외환경을 마련하기 위한 것으로 보인다.[40] 또한 2000년 부시 행정부

38) 당시 발표된 북-미 공동코뮤니케 전문은《중앙일보》2000년 10월 13일.
39) 김정일, "위대한 수령 김일성 동지의 조국통일 유훈을 철저히 관철하자(1997. 8. 4)," 『김정일 선집 14』(평양 : 조선로동당출판사, 2000), 358쪽.
40) 이에 대해서는 정영철, 『북한의 개혁 · 개방 : 이중전략과 실리사회주의』

〈표 3〉 북한의 외교관계 확대 현황(1998년 이후)

국가	수교일자	국가	수교일자
남아프리카공화국	1998. 8. 10	스페인	2001. 2. 7
브루나이	1999. 1. 7	독일	2001. 3. 1
호주	2000. 5. 8(75년 단교)	룩셈부르크	2001. 3. 5
필리핀	2001. 7. 12	그리스	2001. 3. 8
영국	2000. 12. 12	브라질	2001. 3. 9
이탈리아	2000. 1. 4	뉴질랜드	2001. 3. 26
네덜란드	2001. 1. 15	쿠웨이트	2001. 4. 4
벨기에	2001. 1. 23	EU	2001. 7. 7
캐나다	2001. 2. 6	아일랜드	2003. 12. 10

현재 북한은 EU 회원국들 중 프랑스와 에스토니아를 제외한 모든 국가들과 수교관계를 맺고 있다.

의 등장으로 북－미 관계개선의 문턱에서 좌절하고 부시 행정부의 대북 강경책이 예상되는 상황에서 '남북 공조'와 EU 국가들과의 관계 확대를 통해 미국의 봉쇄를 돌파하고 압박하기 위한 것으로 보인다.[41]

결국, 북한의 외교전략은 과거 진영외교와 비동맹 중심의 외교에서 실리 추구의 전방위 외교로 변화되었다. 이는 대외적인 환경의 변화와 대내적인 개혁 추진을 위한 우호적 환경 마련이라는 이중적인 목적을 지니고 있었다. 이러한 가운데 북한은 일본과의 관계개선에 적극적인 의미를 부여할 수밖에 없었다. 그것은 일본과의 관계개선은 경제적 보상이라는 실리와 더불어 체제 유지를 위한 안보의 측면에서도 매우 중

(서울 : 선인, 2004). 사실, 북한의 개혁 · 개방에는 외부의 우호적인 환경을 조성하는 것이 매우 중요하다.

41) 정영철, 위의 책, 103－107쪽.

요했기 때문이다.

2. 북일 국교정상화 교섭

1980년대 말의 사회주의권의 붕괴로 국제적 고립의 위기에 처한 북한은 일본과의 관계개선에 적극적으로 임하기 시작했다. 때마침 1988년 한국 정부의 '7 · 7선언'으로 일본 정부 역시 북한에 대한 경제봉쇄의 해제를 통해 북한에의 접근을 본격적으로 시도하기 시작했다.[42] 양측이 서로에게 접근하는 이유에 대해서는 대체로 다음과 같이 지적된다. 즉 북한으로서는 경제난 해소에의 도움, 북일관계를 통한 북미 관계개선, 그리고 북한의 정통성 확보 등을 목적으로 하며, 일본으로서는 한반도의 긴장완화와 평화공존의 유지를 통한 일본 시장화, 한반도에 대한 일본 영향력의 확대, 그리고 통일된 한반도의 경쟁국으로의 부상의 방지 등을 목적으로 한다.[43] 여기에 일본은 북한과의 과거사를 청산함으로써 전후의 굴레로부터 벗어나는 것이 중요하게 제기되고 있다.

당시 일본은 다나베(田邊誠) 사회당 서기장을 중심으로 북한과의 교

42) 김영춘은 이때부터 시작하여 북일 간의 관계정상화 과정을 6시기로 나누고 있다. 즉 1시기 : 수교교섭의 배경과 3당 공동선언, 2시기 : 1차에서 8차까지의 교섭, 3시기 : 대북 쌀지원과 연립 3당 대표단 방북, 4시기 : 수교교섭의 교착화, 5시기 : 일본인 처 귀향과 연립 3당 대표단 방북, 6시기 : 대포동 발사 문제 타결과 수교 재개 등이다. 김영춘, 『일본의 대한반도 정책 변화와 추이』(서울 : 통일연구원, 2002), 7－8쪽.

43) 진희관, "북일관계 연구 : 북한의 대일인식 변화를 중심으로," 『통일문제연구』 1997년 상반기호, 222－223쪽 ; 이재봉, "북미, 북일관계의 변화와 동북아의 평화," 『호남정치학회보』 제8집, 1997, 91쪽.

섭이 진행되고 있었다. 1950년대 중반부터 줄곧 북한의 입장을 지지하고 가교역할을 해오던 사회당이 이번에는 일본 정부를 대신하여 북한과의 관계개선의 앞장에 서게 된 것이다.[44] 일본 정부 역시 다케시다(竹下登) 총리의 사죄발언과 교섭 의향을 밝히면서 사회당과의 협력에 적극적으로 임하고 있었다.[45] 북한은 1989년 사회당 다나베의 방북시 일본과의 관계개선 의사를 표명하였고, 1990년 한국의 김영삼 대통령과 소련의 고르바초프 서기장과의 회담을 계기로 대일 관계개선을 적극적으로 표출하기 시작하였다. 이러한 배경 하에서 북한은 일본 집권 여당의 실력자와 교섭할 것을 제안한 다나베의 의견을 받아들여 가네마루 신을 공식 초청하게 되었다.[46] 가네마루 대표단의 방북에 앞서 다케시다의 후임인 가이후(海部俊樹) 수상 역시 사죄의 발언으로 다케시다 총리 시기의 노선을 그대로 유지하였다. 특히, 가이후는 가네마루를 통해 친서를 직접 북한의 김일성에 전달하는 등 적극적인 지원을 아끼지 않았다.

1990년 자민당의 가네마루, 사회당의 다나베를 대표단장으로 하는 방북단이 평양을 방문하고 자민, 사회, 조선로동당 3당 공동선언이 발표되었다. 3당 공동선언은 당시의 조건에서 파격적인 내용을 담고 있었고, 북한의 요구를 거의 모두 반영한 것이었다. 3당 공동선언을 통해 북한은 체제의 정통성과 경제적 보상에 대한 자신들 요구의 정당성을 내외에

44) 당시 사회당과 북한과의 관계에 대해서는 신정화, 앞의 책 참조.
45) 다케시다 총리는 1989년 3월 중의원 예산위원회에서 북한과의 불행한 과거에 대하여 "깊은 반성과 유감"의 뜻을 표명하고, "조선민주주의 인민공화국과의 관계개선"에 나설 것이라는 의사를 명확히 했다. 신정화, 위의 책, 207쪽. 여기서 주목되는 것은 북한의 공식명칭인 '조선민주주의인민공화국'을 사용했다는 것과 북한에 대하여 처음으로 전쟁책임과 식민지 지배를 사죄했다는 점이다.
46) 북한이 가네마루를 초청하게 된 배경에 대해서는 신정화, 앞의 책 참조.

알리게 되었고, 사회당은 북일관계에서 일본 내의 이니셔티브를 획득하는 효과를 낳았다. 그러나 일본 정부로서는 3당 공동선언이 예상을 뒤엎는 내용을 담고 있어서 쉽게 받아들일 수 없었다. 여기에 남한 정부는 비판적인 입장을 공개적으로 표출하였다.[47] 3당 공동선언에서 주목할 만한 내용은 북-일 간 국교정상화를 위한 협상의 추진이었다. 북한은 경제 보상에 중점을 놓고 회담을 전개하였으나 국교정상화 이전에는 경제보상에 임할 수 없다는 일본의 입장에 따라 국교정상화를 전격적으로 제안했던 것이다.[48]

3당 공동선언에 따라 북-일 간에는 정부 간 국교정상화를 위한 협상이 시작되었다. 예비회담을 거쳐 국교정상화를 위한 기본의제, 국교정상화에 따른 경제적 제 문제, 국교정상화에 따른 국제문제, 그밖에 쌍방이 관심을 가지는 제 문제 등의 의제를 설정하였다.[49] 평양과 도쿄에서 각각 1차, 2차 회담을 통해 서로의 입장을 확인한 양측은 3차 회담부터는 장소를 베이징으로 옮겨 협상을 지속하였다.

당시의 회담은 북한의 조기 국교정상화 제안과 일본의 선결조건이 좀처럼 타협점을 찾지 못한 지루한 회담이었다. 여기에 3차 회담부터 일

47) 당시 한국 정부는 3당 공동선언을 합의한 가네마루를 공개적으로 비판하였다. 그리고 일본의 북한 접근에 대해 5원칙을 일본에 요구하였고, 일본 정부는 이를 받아들였다. 한국이 요구한 5원칙은 1) 한일 양정부의 충분한 협의, 2) 남북관계의 의미있는 진전, 3) 북한에 IAEA와 사찰협정을 요구할 것, 4) 일본의 경제협력과 배상이 북한의 군사력 강화에 이용되거나 국교정상화 이전에 제공되는 것에 대한 우려, 5) 북한을 개방으로 이끌고 국제사회에 협력하도록 할 것 등이다. 신정화, 위의 책, 232쪽.

48) 당시 협상에서의 김용순 발언에 대해서는 박재규, 앞의 책, 87쪽 ; 신정화, 위의 책, 225쪽.

49) 각각의 의제에 대한 내용은 신정화, 앞의 책, 5장을 참조.

〈표 4〉 북일 국교정상화 회담의 의제와 양측의 입장(1차－8차)

협상	일시/장소	내용
제1차	1991. 1 평양	북한 : 일본의 외교문제를 통한 사회, 식민지지배에 대한 보상과 재산청구권, 교전국간의 배상요구, 문화재 반환, 전후 45년간에 대한 보상 요구
		일본 : 일본과 조선은 전쟁상태가 아니었으므로 보상 및 배상은 불가능함. 전후 보상의무 없음. 국제원자력기구와 핵사찰 협정 체결 요구
제2차	1991. 3 도쿄	북한 : 핵사찰 문제는 북미 간의 문제, 한일합방조약 등 과거의 조약은 일본이 무력을 사용하여 강제로 체결한 것이므로 무효임
		일본 : 과거의 조약과 과련하여 당시는 유효하게 체결, 실시. 경제적 제 문제는 재산청구권으로 처리
제3차	1991. 5 베이징	북한 : 기본문제 합의를 통해 외교관계를 수립하고, 그후 보상문제를 협의하는 방식을 제안. 북한의 관할권은 한반도의 1/2임을 인정
		일본 : 일괄해결을 통한 정상화 방안을 제시. 남북대화 진전, 남북한 유엔 동시가입, IAEA에 의한 핵사찰 수용은 국교정상화의 전제조건, 의제외 안건으로서 '이은혜' 의 생존확인 요구
제4차	1991. 8 베이징	북한 : 일본은 한반도의 비핵지대화를 지지해야만 한다
		일본 : 재산청구권 범위 내에서 물적 피해를 고려, 재산청구권 요구에는 증거물품이 있을 경우 보상이 가능
제5차	1991. 11 베이징	북한 : 인적 · 물적 피해의 가해국인 일본이 보상해야만 함
		일본 : 핵사찰, 남북대화 문제의 진전을 요구
제6차	1992. 1 베이징	북한 : 일본의 요구(남북한의 유엔 가입, 남북대화, 핵사찰협정 체결 문제 등)는 전부 해결되었음
		일본 : 공동문서에 샌프란시스코 강화조약의 내용을 반영시켜야만 함
제7차	1992. 5 베이징	북한 : 일본은 한일조약과의 정합성 주장을 철회해야만 한다
		일본 : 핵문제 해결 없이 국교정상화는 곤란
제8차	1992. 11 베이징	북한 : 일본은 보상책임을 회피할 수 없다
		일본 : 이은혜 문제를 제기

출처 : 신정화, "북일관계의 역사," 『역사비평』 2002년 겨울호, 71쪽.

본이 '이은혜 문제' 등 납치자 문제를 제기함으로써 양측은 회담을 통한 갈등만을 키워나갔다.[50] 당시의 주요 쟁점은 과거사의 사죄 문제, 보상의 범위 문제, 북한의 핵문제, 남북 관계개선 문제 등이었다. 이 중 가장 핵심이 되는 쟁점은 북한 핵문제를 둘러싼 갈등이었다. 일본은 북한의 핵문제 해결을 선결조건으로 제시하였고, 북한은 북－미 간 문제이므로 일본이 관여할 문제가 아니라고 주장하였다.[51]

결국 회담은 1992년 11월 제8차 회담에서 북한이 회담 중단을 선언하고 회담장을 나감으로써 종결되고 말았다.[52] 1차에서 8차까지의 수교 회담에서 보여준 양측의 태도는 상반된 것이었다. 즉, 북한은 국교정상화에 적극인 반면에 오히려 일본은 핵사찰 문제와 남북대화 재개 문제, '이은혜' 문제를 제기하면서 여러 가지 선결조건을 내세웠던 것이다. 이는 일본이 대북 수교 교섭의 과정에서 미국, 한국 등이 제시한 핵문제 해

50) 초기 북일 간 국교정상화 회담에서 납치자 문제는 주요 의제가 아니었다. 그러나 3차 회담에서 KAL기 폭파범인 김현희의 일본어 교사였다고 하는 '이은혜'가 납치된 일본인이라는 사실을 일본 측이 제기하고 조사를 요청하자 북한이 강하게 반발함으로써 납치자 문제가 쟁점으로 부각되기 시작하였다. 이후 1997년 일본 언론의 요코다 메구미 사건의 대대적인 보도 이후 납치자 문제는 북일관계 정상화에 가장 중요한 문제로 되고 말았다.

51) 사실, 핵문제에 대한 일본의 발언력은 약한 편이다. 일본은 북한 핵문제를 해결할 수 있는 지렛대를 갖고 있지 못하다. Nkato Sachio , "Japan's Shifting North Korean Policy under Koizumi Administration : Toward Reponsive Engagement," *Ritsumeikan International Affairs* Vol. 2(2004), p. 156.

52) 1992년 11월 베이징에서 열린 8차회담에서 북한은 의견 대립이 계속되자 부단장이 협의의 중단을 선언하고 회담장을 나가고 말았다. 이로써 8차회담은 후속 회담 일정도 합의하지 못하고 종결되었으며, 사실상 국교정상화 회담은 끝나고 말았다. 이러한 북한의 태도는 이미 6차 회담부터 감지되었는데, 북한은 일본과 국교 정상화를 해도 좋고 안 해도 좋다는 입장을 보였다. 조선중앙통신사, 『조선중앙연감』 1993년판.

결 및 남북관계를 앞지르는 북일관계 개선에 대한 남한의 반대를 수용했기 때문이었다. 즉, 일본은 미국과 한국이라는 동맹국의 요구조건도 충족시켜야 했고, 또한 일본 내의 정치적 역학관계와 납치자 문제를 둘러싼 국내 여론 때문에 운신의 폭이 넓지 못했던 것이다. 이에 대해 결국 북한은 일본과의 끝이 보이지 않는 국교정상화 회담을 잠시 중단하고 미국과의 직접 협상을 보다 더 중시할 수밖에 없었다.

1기 국교정상화 회담 이후 북일관계는 상당한 시간 동안 이렇다 할 진전을 보지 못했다. 일본은 자민당 1당 체제가 무너지고 비자민 연립정권, 자민－사회 연립정권을 거쳐 전후 양당체제가 무너지는 정치적 격변을 겪게 되었고, 북일관계는 잠시 뒤로 미루어졌다. 북한 역시 핵문제를 둘러싼 북미 간의 갈등, 김일성의 사망 및 1995년부터의 자연재해 등으로 인한 경제위기 속에서 대외관계가 위축될 수밖에 없었다. 중단된 수교회담을 재개하기 위한 노력으로서 1995년 3월 연립 3당 대표단이 방북하여 '수교회담 재개 합의서'를 체결하고 북한의 인도적인 쌀 지원 요청에 따른 회담을 하기도 하였으나 수교회담으로까지 이어지지는 못하였다. 당시 일본은 무라야마(村山富市) 수상의 식민지 지배에 대한 '국책의 실수'를 인정하는 사과로 대화 재개를 위한 명분들을 하나씩 마련해 나가고 있었다.[53] 그러나 다른 한편, 1997년 일본 언론들의 요코다 메

53) 당시 무라야마 수상은 1995년 8월 15일 총리 담화를 통해 "우리나라는 멀지 않은 과거의 한 시기, 국책을 잘못하여 전쟁의 길을 걸어 국민을 존망의 위기에 떨어뜨려 식민지 지배와 침략에 의해 많은 나라, 특히 아시아 제국의 국민들에 대하여 다대한 손실과 고통을 주었다. 나는 … 의심할 여지도 없는 이 역사를 겸허히 받아들여 여기에 다시금 통절한 반성과 마음으로부터의 사죄의 마음을 표명한다"는 사죄 성명을 발표하였다. 채경석, "한반도 평화체제 구축과 일본의 역할," 『북한연구학회보』 7권 2호, 2003, 394쪽.

구미 납치사건에 대한 대대적인 보도와 그에 따른 일본 여론의 변화로 인해 납치자 문제가 최대의 현안으로 등장하게 되었다.

정체된 북－일관계에 돌파구를 마련한 것은 1999년 무라야마 전수상을 대표로 한 일본 대표단으로 하는 방북이었다. 사실, 무라야마 일행의 방북 전 북한은 8월 10일 조선중앙통신을 통해 대일관계 3원칙을 천명하고 일본이 과거청산을 통해 관계개선을 희망해 올 경우 기꺼이 응하겠다는 메시지를 보냈다.[54] 결국 그해 12월 무라야마를 대표로 하는 방북단은 국교정상화 회담을 재개하기로 합의하고 납치자 문제는 북일간 적십자 회담을 통해 논의하기로 합의하였다.[55] 이에 따라 2000년 4월에 제9차 국교정상회담을 재개하였다. 그러나 재개된 회담 역시 납치자 문제가 최우선의 의제로 등장함에 따라 별다른 성과를 얻기 어려웠다. 일본은 수교회담에서 일괄타결 방식을 고집함으로써 사죄, 보상 및 납치자 문제 등에 포괄적인 선결조건이 해결되지 않으면 안 된다고 주장하였다. 또한 북한 역시 2000년 6월의 남북정상회담과 미국과의 관계에 우선적인 관심을 둠으로써 북－일 간의 핵심 쟁점은 지루한 주장만 반복되고 말았다. 결국 2000년 10월 11차 수교회담을 마지막으로 2기 국교정상화 회담도 결렬되고 말았다.

---

54) 《조선중앙통신》 1999년 8월 10일. 여기서 밝힌 대일 3원칙은 1) 일본은 북한에 대한 압살정책을 포기할 것, 2) 일본은 북한에 범한 과거의 죄에 대한 성실한 사죄와 철저한 보상을 할 것, 3) 일본이 끝까지 힘의 대결로 나온다면 북한도 상응하는 대응책을 선택할 것 등이다. 양재인 · 김용복, "북일관계개선과 북한의 개혁 · 개방 정책," 경남대 극동문제연구소, 『동북아연구』 7집, 2002, 59쪽.

55) 당시 납치자 문제를 둘러싼 양측이 회담 재개를 위한 방법으로 납치자 문제에 대한 조사를 양측의 적십자로 정하고 국교정상화 문제는 따로 회담을 논의하기로 하였다.

〈표 5〉 북-일 국교정상화 회담의 의제와 양측의 입장(9차-11차)

협상	일시/장소	내용
제9차	2000. 4 평양	북한 : 과거문제와 관련하여 4항목 요구(일본 정부의 공식 문서에 의한 사과, 인적 · 물적 손실에 대한 보상, 문화재 반환, 재일조선인의 법적 처우 보장)
		일본 : 사죄는 무라야마 담화로, 보상문제는 청구권으로 처리되었음. 납치문제를 포함한 북일 간의 모든 현안이 논의의 대상
제10차	2000. 8 동경	북한 : 과거청산이 최우선 과제
		일본 : 사죄는 무라야마 담화로, 보상문제는 청구권으로 처리되었음. 경제협력 방식에 의한 과거청산
제11차	2000. 10 베이징	북한 : 사죄와 보상문제의 최우선 처리
		일본 : 경제협력 방식의 의한 과거 청산, 국교정상화와 납치문제를 일괄해서 해결

출처 : 신정화, 앞의 논문, 77쪽.

11차례에 걸친 수교회담 과정에서 양측은 이견을 해소하지 못하고 팽팽한 대립을 계속하였다. 그러나 엄밀하게 평가한다면 회담에서 북한은 일본에 대해 양보안을 제시하면서 국교정상화 협상을 타결하기 위해 노력한 반면, 일본은 선결조건을 제시하면서 이를 거부하는 입장을 취했다. 이러한 양측의 태도는 3차 회담에서 북한측이 '선국교정상화, 후보상문제 협의'를 제시한 반면 일본은 일괄타결을 고집한 데서, 그리고 5차 회담에서 북한측이 '전후 보상 문제'를 사실상 철회한 반면 일본은 핵사찰과 남북대화 이외에 3차 회담부터 '이은혜 문제'를 새롭게 제시한 데서 명확하게 알 수 있다. 이러한 이유는 북한측이 국교정상화 회담을 통해 경제적 보상을 얻기 위한 보다 시급한 처지에 있었던 반면에 일본은 미국, 한국 등과의 합의에 따라 운신의 폭이 좁았고, 일본 내의 여론에 의해 쉽게 정치적 결단을 내릴 수 없었던 사정과 관련된다.

결국 2000년 10월의 11차 회담을 끝으로 정상적인 회담 재개는 어렵게 되었다. 그러나 당시의 조건은 2000년 남북정상회담의 성공으로 인한 남북관계의 개선이 빠른 속도 전개되고 있었고, 북－미 간에도 특사를 주고받는 등 관계정상화를 눈앞에 두고 있는 듯이 보였다. 지루한 공방만을 주고받는 일본과의 협상을 잠시 제쳐놓고 남북관계와 북미관계에 집중한 북한의 외교정책이 어느 정도 성과를 내면서 일본은 외교순위에서 뒤로 처지게 되었다. 북한과 일본의 관계에서 일본이 초조해지기 시작한 것이다. 당시 북한의 외교관은 "북－미관계 정상화가 가까워지면 일본은 우리의 요구를 불가피하게 수용할 것이므로 우리가 먼저 서두를 필요가 없다"는 입장을 보이기도 하였다.[56] 일본으로서도 지금까지와는 다른 방식을 통한 대북 접근이 요구되었던 것이다.

3. 평양선언과 북－일관계의 현재

11차례의 협상 결과 북－일 간에는 보다 더 고위급의 정치협상이 필요함을 느끼게 되었다. 그러나 다른 한편, 미국에서의 '9 · 11테러'의 발생과 대북 강경책 등에 따라 북한과 일본의 협상 재개를 위한 국제적인 환경은 그리 우호적이지 못했다. 이러한 상황에서 2002년 9월 고이즈미 일본 수상의 전격적인 평양방문이 이루어졌다.[57] 사실, 고이즈미 수상의

56) *The DPRK Report*, No. 26(Sep.－Oct. 2000), 서보혁, 『탈냉전기 북미관계사』(서울 : 선인, 2004), 306쪽에서 재인용.

57) 사노 코지(佐野孝治)에 따르면, 고이즈미의 방북에는 세 가지 배경이 자리하고 있었다고 한다. 첫째가 북한 경제의 악화, 둘째가 부시 행정부의 대북 강경정책, 셋째가 한 · 미 · 일 외교당국의 대북공조라고 한다. 사노 코지(佐野孝治), "북일 국교정상화 교섭과 일본 국내의 반응," 광운대 인문

방문에는 그동안 물 밑에서 진행되어 온 외무성 실무자급 회담[58]과 부시 행정부 등장에도 불구하고 남북관계가 급진전하고 있던 배경과도 무관치 않았다. 당시 남북관계는 임동원 특사의 방북 이후 경의선 연결공사, 개성공단 개발, 경제 · 사회 · 문화분야에서의 교류 등 급진전되고 있었다. 또한 부시 행정부의 '악의 축' 발언에도 불구하고 북 – 미가 당시까지는 직접 충돌하지 않고 있었다.

고이즈미의 방북으로 북 – 일관계는 새로운 단계로 진전되었다. 북 – 일 평양공동선언은 북한측이 일본에 대해 대폭적인 양보를 통해 가능한 것으로서, 북한이 일본과의 국교정상화를 위한 기본의제 문제에 대해 정치적 결단을 내린 것이었다.[59] 평양선언은 과거사 문제, 청구권 문제,

---

사회과학연구소, 『인문사회과학논문집』 32집, 2003, 78쪽. 그러나 그의 이러한 설명은 현실과 부합하지 않는다. 그것은 고이즈미 방북 이후 미국이 켈리 특사의 방북을 통해 남북관계와 북일관계의 개선에 제동을 걸었다는 데서 확인된다. 오히려 당시 고이즈미 방북에는 납치자 문제로 중단된 수교회담의 재개를 위한 고위급 정치회담의 필요성, 2002년 들어 가속화되었던 남북관계의 진전(임동원 특사 방북 이후의 남북관계의 급진전), 고이즈미 수상의 국내 정치에서의 위기 상황 등이 맞물린 것이라고 보는 것이 정확할 것이다.

58) 북일 정상회담은 2002년 5월 과장급 회담에서 정상회담 개최가 합의되었고, 7월 브루나이에서 열린 아세안지역안보포럼(ARF)에서 양국 외무상이 만나 외무성 국장급 회담을 합의하였으며, 결국 8월 평양에서 국장급 회담을 통해 최종 결정되었다. 이때 고이즈미는 김정일에게 관계개선을 희망하는 '친서'를 전달하였다. 송주명, "위기 속의 개혁, 개혁 속의 위기 : 북일 정상회담과 북한개혁의 국제적 조건," 『동향과 전망』 2002년 가을호(통권 54호), 80–94쪽 ; 《연합뉴스》, "북 – 일, 대타협 실마리 찾은 듯," 2002년 8월 30일.

59) 정상회담 전에 일본의 《교토통신》과의 회견에서 김정일은 고이즈미의 방북이 "조일관계를 정상화해 나가는 데서 획기적인 계기가 될 것"이라고 언급함으로써 대폭적인 양보를 시사하였다. 김정일, "위대한 령도자 김정일 동지께서 교도통신 사장이 제기한 질문에 주신 대답," 《조선중앙통신》

납치자 문제, 핵 · 미사일 문제 등에서 일본의 요구를 거의 대부분 수용한 것이었다.[60] 이는 북한이 일본과의 관계개선에 절실한 필요성을 느끼고 있었다는 것을 의미하며, 다른 한편으로는 북한이 그해 7월 1일부터 시행한 '경제관리 개선조치'와 관련하여 북일 관계개선을 통한 보상을 주된 목적으로 하고 있었음을 말해준다. 이에 비해 일본은 북일관계의 실질적인 진전보다는 국내 정치적 지지에 보다 우선적인 관심을 가지고 있었던 것으로 보인다.[61]

평양선언을 계기로 북한과 일본은 2002년 10월 29일 제12차 국교정상화 회담을 재개하였다. 그러나 이미 10월의 켈리 특사의 파견을 계기로 형성된 '제2차 북핵위기', 납치자 문제에 대한 일본 내에서의 점증하는 반북 여론 등으로 회담을 둘러싼 주변 여건은 보다 더 악화되었다. 특히, 한반도 문제가 '제2차 북핵위기'를 통해 국제화됨으로써 일본이 독자적으로 국교정상화를 결정하기 어려워졌다.[62] 사실, 2002년과 2004년의 방북은 일본의 대미협조 외교노선에 자율성이 더해진 것이었다.[63]

일본의 독자적인 문제를 해결하기 위한 고이즈미의 방북과 회담은 미국의 대북정책을 근본적으로 거스를 수는 없는 한계를 가지고 있었다.

2002년 9월 14일.

60) 평양선언의 내용은《연합뉴스》2002년 9월 17일.

61) 양재인 · 김용복, 앞의 논문, 65쪽.

62) 2차 '북핵위기'가 불거진 이후 북한은 57차 유엔총회 연설에서(2002년 11월 17일) "미국이 핵문제를 지금 시기에 들고 나온 목적은 북남, 조일관계를 파탄시키기 위한 데 있다"고 주장하였다.《연합뉴스》2002년 11월 19일.

63) 양재인과 김용복은 고이즈미의 1차 방북을 독자적인 행보로 해석한 반면, 송주명은 미국과의 사전조율에 의한 것으로 보고 있다. 양재인 · 김용복, 앞의 논문, 65쪽 ; 송주명, 앞의 논문, 93쪽.

또한 납치자 문제를 둘러싸고 일본 내의 반북 여론이 극에 달하게 되자 일본 정부의 운신의 폭은 더욱 좁아질 수밖에 없었다. 더구나 과거와 달리 일본의 정치세력 중에는 북한의 입장을 지지 · 지원할 수 있는 혁신세력이 극도로 위축되어 있는 상황이었다.[64] 결국 일본 내 보수 우익이 주도하는 반북 여론을 뒤로 하고 일본 정부가 북한과의 관계를 확대하기 대단히 어려웠던 것이다. 결국 제12차 수교회담을 끝으로 더 이상의 국교정상화 회담은 진전되지 못하였다. 그리고 북핵문제를 다루기 위한 6자회담의 틀에서 일본은 납치자 문제를 안건으로 시도하려고 하였다. 그러나 이는 불가능한 문제였다.

현재 북한과 일본의 관계는 2004년 5월의 제2차 고이즈미 방북에도 불구하고 납치자 문제를 둘러싸고 극한 대립으로까지 치닫고 있다. 더욱이 최근 요코다 메구미의 유골 진위 여부를 둘러싸고 북한과 일본의 감정은 그야말로 폭발 직전의 위기라고 할 수 있다. 일본은 북한에 대한 독자적인 제재법안을 준비 중이며, 일본판 '북한인권법안' 이 여야 모두에게서 동의를 받고 있다.[65] 북한 역시 제재는 '선전포고' 라고 선언하며 강경자세를 누그러뜨리지 않고 있다. 결국, 현재의 북－일관계는 두 번에

64) 그동안 일본 내에서 북한의 입장을 대변하던 사회당은 내부 분열로 인하여 해체되었고, 일부가 사회민주당으로 잔류하였으나 총선에서 참패하면서 사실상 존재가치를 상실하였다. 이로써 일본의 국내 정치는 '55년체제' 가 붕괴되었다.

65) 집권 자민당은 물론 제1야당인 민주당도 '(가칭) 북한인권법' 을 국회에 상정, 처리할 것으로 알려지고 있다. 민주당의 경우 '북한인권침해구제법안' 으로, 자민당은 '북한인권법' 을 준비중이다. 《연합뉴스》 2005년 2월 10일. 일본은 2006년 7월과 10월에 이루어진 북한의 미사일 실험발사, 핵실험 이후 유엔의 대북제재를 가장 강경하게 주장하였고, 독자적인 제재를 가하고 있다.

걸친 정상회담에도 불구하고 오히려 사태가 악화되고 말았다. 그리고 이를 정상적인 외교의 방법으로 풀 수 있는 가능성도 점점 더 작아지고 있는 듯이 보인다.

결국 양측의 정치적 결단이 가장 중요한 수단이 될 전망이다. 그리고 그 정치적 결단의 변수로는 북-미관계와 남북관계의 진전이 놓여 있다. 일본으로서도 마지막 남은 북한과의 과거청산 및 동북아에서 점점 커져가는 중국, 러시아 등의 주도권을 방관할 수는 없다. 북한 역시 경제 재건을 위한 가장 확실한 수단으로서 보상금과 경제협력을 외면할 수는 없다. 둘 다 서로를 외면할 수 없는 조건에서 적당한 명분과 실리가 주어지면 양측은 언제든지 다시 마주앉을 수 있을 것이다. 그러나 다시 마주앉을 때의 협상은 정치적 결단과 의지가 보다 중요하게 제시되어야만 할 것이다.[66)]

66) 신정화는 북한이 일본 외무성과의 협상을 꺼려한다고 주장한다. 북한이 선호하는 방식은 정치가들에 의한 정치적 결단이며, 가네마루 신이나 일본 정치인들의 방북에서 북한은 주요 문제를 매듭짓고자 했다고 한다. 외무성은 정치적 결단에 이은 실무적 처리만으로 한정짓고자 한다는 것이다. 신정화, 앞의 책, 222쪽.

Ⅳ. 북일관계의 정치경제학 : 명분과 실리의 외교전략

1. 북한 : 명분을 앞세운 실리 추구

동아시아 각 국가들과 일본은 일단 법적으로는 과거청산을 마쳤으나 아직 북한만이 미해결의 상태로 남아 있다. 2000년 당시 외상이었던 고노(河野洋平) 외상이 "일북관계 국교정상화는 일본의 외교에서 지금 최대의 과제이다"라고 언급했던 것은 바로 북한만이 유일하게 과거사 미청산의 대상으로 남아 있는 상황을 지적한 것이었다.[67] 일본은 한반도에 실질적으로 존재하는 두 개의 정권을 사실상 인정하면서 '한국조항'의 '한반도 조항(신한국조항)'으로 수정과 북한과의 관계개선의 여지를 남겨두었다. 북한 역시 일관되게 일본과 국교정상화를 제안하고, 일본과의 친선의 관계를 추진해 왔다.[68]

1990년대 가네마루 신의 방북 이후 변화된 일본에 대한 북한의 입장은 크게 세 가지 요인 때문으로 설명할 수 있다. 첫째는 사회주의권의 붕괴로 인한 국제적 고립의 위기감, 둘째는 경제적 위기에 따른 보상의 문제, 셋째는 안전보장의 문제였다. 그러나 첫째와 셋째의 문제는 일본을

67) 김용복, "북일관계정상화의 정치경제 : 북일경협과 동아시아 경제협력," 『일본연구논총』 14호, 2001, 72쪽.

68) 물론, 북한의 일본에 대한 국교정상화는 한일협정 이후 '두 개의 조선(한국)', '교차승인'의 위험을 이유로 1970, 1980년대에 국교정상화를 거부하기도 하였다. 그러나 이 시기에도 북한의 일본에 대한 접근은 달라지지 않았다. 또한 북한은 일관되게 일본 '인민'과의 친선의 뜻을 표명해 왔다.

통한 해결의 의미가 크게 퇴색되었다.[69] 현재 남아 있는 문제의 핵심은 북한의 경제재건을 위한 일본의 필요성이라고 할 수 있다.

북한은 일본과의 국교정상화를 통해 사죄를 통한 명분의 획득과 보상을 통한 실리의 획득을 추구하고 있다.[70] 일본의 북한에 대한 사죄는 여러 가지 경로와 방식을 통해 표명되었다. 다케시다 총리와 가이후 총리의 사죄 발언, 무라야마 총리의 사죄 발언도 있었으며, 가네마루 신의 파격적인 사죄 표명도 있었다. 그리고 고이즈미 총리와의 평양선언에는 과거사에 대한 공식적인 사과의 뜻을 표명하기도 하였다. 비록 평양선언이 보상의 문제에 있어서 과거 한일협정에 준하는 형식을 띠고 있지만 한일협정과의 근본적인 차이는 '사죄 있는 협정'과 '사죄 없는 협정'에 있다.[71] 이는 곧 북한이 명분과 실리를 추구하지만 명분을 앞세운 실리에 보다 더 많은 관심이 있다는 것을 의미한다. 즉 구체적으로 일본으로

---

69) 물론, 안전보장과 국제적인 고립에서의 탈피에서 일본의 역할이 사라진 것은 아니다. 그러나 보다 중요하게 안전보장은 미국과의 직접 협상을 통해서, 고립 탈피는 유럽 및 선진 자본주의 국가들과의 전방위 외교를 통해 해결하고자 하고 있다. 현재 북한의 입장에서 일본의 가장 큰 매력은 경제 보상이다.

70) 김용복은 일본이 아시아의 금융위기 이후 새롭게 조성되는 지역적 협력에서 주도권을 행사하고자 노력하고 있다고 진단한다. 그러나 이러한 역할을 수행하기 위해서는 주변국의 신뢰와 동의가 필요하며, 이를 위해서는 청산되지 못한 과거사를 청산하고 동아시아에 필요한 공공재를 제공해야 한다. 따라서 이를 위해서 반드시 넘어야 할 것이 바로 북일 국교정상화라고 주장한다. 김용복, 앞의 논문, 81쪽.

71) 지난 2000년 남북 정상회담 이후 남측 언론사 사장단의 방북시 김정일은 "자존심을 꺽으면서도까지 일본과 수교할 생각은 없다"고 전했다. 《연합뉴스》 2000년 8월 13일. 이는 북한이 일본과의 수교에서 최소한의 명분이라도 추구하겠다는 것을 의미한다. 제1차 북일정상회담 직전 가진 《교토통신》 사장과의 회견에서도 과거사청산을 중요하게 지적하였다.

부터의 사죄를 받지만 이는 최소한의 요구에 만족할 수 있으며, 최대한의 실리—많은 보상금—에 집중한다는 것을 의미한다. 이러한 북한의 태도는 일본과의 협상이 결렬되는 시기에 예외없이 과거사 문제와 위안부 문제, 문화재 약탈의 문제에 대한 강도 높은 요구와 비판이 뒤따르고 있는 데서 확인할 수 있다. 즉, 기본의제로서 과거사 청산 문제는 북한에게는 일본을 압박할 수 있는 최대의, 최고의 명분인 셈이다.

북한이 명분을 앞세운 실리를 추구하는 것은 현재 진행되고 있는 경제의 개선—개혁—과도 밀접한 연관을 맺고 있다. 지난 2002년 제1차 북일정상회담을 전후하여 북한은 몇 가지 중요한 경제개혁 조치를 취하였다. 첫째는 '7 · 1조치' 로 불리우는 경제관리 개선조치이며, 둘째는 신의주 특별 행정구 설치였다. '7 · 1조치' 가 북한의 내부 경제구조와 정책에 대한 변경을 목표로 하고 있다면 신의주 특별 행정구는 대외개방을 목표로 한 것이었다.[72] 2002년의 조치에서 더 나아가 2003년 3월부터는 '시장' 을 공식적으로 인정하고 시장을 통한 유통체계를 활성화하기 시작하였다. 그동안 농민시장의 형태로만 존재하던 북한에서 '공식적인 시장' 의 첫 출발이라고 할 수 있다. 이를 두고 북한의 개혁이 시장화 개혁이라는 평가와 계획으로의 복귀를 위한 것이라는 해석이 엇갈리고 있으나, 분명한 것은 시장을 통한 경제활성화를 목표로 하고 있다는 것만은 분명해 보인다.[73]

문제는 북한의 이러한 개혁조치가 성공하기 위해서는 공급의 확대

72) 이에 대한 분석으로는 정영철, 앞의 책 참조.

73) 이에 대한 여러 가지 평가에 대해서는 정영철, 앞의 책 ; 조동호, "계획경제 시스템의 정상화," 『KDI 정책포럼』 160호, 2002 ; 박순성 · 김연철, 『북한경제개혁연구』(서울 : 후마니타스, 2002) 등을 참조할 것.

가 요구된다는 점이다. 공급의 확대에는 내부의 생산을 정상화하는 방안과 외부로부터의 공급량을 늘리는 것이 있으나 현재 북한의 상황에서 내부의 생산 정상화는 단기간 내에 기대하기 힘들다는 점에서 외부로의 개방이 필수적이라고 할 수 있다. 그러나 현재 북한은 외부로의 개방도 쉽지 않은 상황이다. 그것은 미국과의 관계가 악화되면서 테러지원국 지정에 따른 경제봉쇄와 각종 국제적인 기구와 제도적 장치 등에 의해 자본의 도입은 물론 기술의 유입도 기대하기 힘든 상황이기 때문이다.[74] 결국 북한으로서는 내부의 경제개혁을 위한 외부로부터의 필요한 자본과 기술의 도입은 중국을 통한 부분적인 무역거래와 남북 경제협력을 통한 길 이외의 대안이 별로 없는 상황이다. 그것도 일시에 거대 규모의 자본 도입은 어려운 형편이다. 따라서 북한으로서는 거의 유일한 거대 자본의 도입으로서 일본과의 국교정상화에 따른 보상금에 관심을 가질 수밖에 없는 상황이라고 할 수 있다. 이런 의미에서 경제개혁의 성공적 추진을 위한 국가예산과 재정의 확보 및 산업 정상화를 위한 필요 상품과 기술의 도입에 일본의 보상금 및 일본과의 국교정상화는 중요한 의미를 갖게 된다.

특히, 지난 1차 북일정상회담 직전 발표된 신의주 특구 구상은 일본 자본의 유치를 목적으로 한 것과도 관련된다. 신의주 개발에 필요한 초기 투자액은 최소 20－30억 달러에 이르며, 이를 조달하는 유력한 통로는 일본과의 수교시에 받게 될 보상금이었다.[75] 북한의 경제적 보상에

74) 대표적으로 바세나르 협약을 들 수 있다. 바세나르 협약에 따라 북한으로의 이중용도 품목의 제품과 기술, 부품은 수출이 거의 불가능하다. 바세나르(Wassenar) 협약에 의해 남북한 간에 추진되고 있는 개성공단으로의 물자 반출입 역시 앞으로 상당한 제약이 따를 것으로 예상된다.

대한 강조는 과거 가네마루 신의 방북시 김용순 아·태 위원장의 발언에서도 드러났다.[76] 이에 대한 일본의 태도는 확고하며, 1·2차에 걸친 정상회담에도 불구하고 보상금은 국교정상화 이후에도 가능하다는 입장을 고수하고 있다. 따라서 북한으로서는 국교정상화를 통한 보상금을 확보하기 위해서라도 '최소한의 명분' 만 얻어낸다면 국교정상화의 속도를 높이고자 할 것이다. 바로 여기에 북한의 '최소한의 명분과 최대한의 실리' 라는 국교정상화 전략이 놓이게 된 것이다.

2. 일본 : 실리의 제공을 통한 명분의 확보

일본의 북한에 대한 태도는 명확하다. 그것은 마지막 남은 과거사 청산을 통해 일본의 국제사회에서의 지위를 높이는 것이며, 동시에 동북아시아에서의 일본의 발언력을 강화하는 데에 있다.[77] 일본은 1990년대를 거치면서 전범국가로서의 지위를 탈피하고 소위 '정상국가' 로서 경제력에 걸맞는 국제사회의에서 지위를 획득하고자 하였다.[78] 특히, 제

75) 이에 대해서는 정창현, "신의주 특별행정구, 언제부터 누가 어떻게 구상했나," 『월간중앙』 2000년 11월호 ; 정영철, 앞의 책, 164-165쪽.

76) 일본은 북한과의 국교정상화 이전에는 어떠한 보상도 할 수 없다는 입장을 고수하고 있다. 북한이 '선국교정상화' 를 제안하고 나선 것도 이러한 일본의 태도 때문인 것으로 보인다. 북한의 '선국교정상화' 제안은 3차 수교회담에서 일본측에 제시되었다.

77) 김용신은 일본의 대북한 접근의 중요한 이유 중의 하나로 러시아와의 평화조약 체결 실패와 한국의 대러시아 접근에 소외감과 그에 따른 외교 지체현상의 극복을 주요 이유로 들고 있다. 김용신, "일본의 외교전통과 대북한·동북아 정책," 강태훈 외, 『동아시아 지역질서와 국제관계』(서울 : 오름, 2002), 294쪽.

1차 걸프전쟁 당시 막대한 액수의 전쟁비용의 부담에도 불구하고 군사적인 공헌에서의 취약성으로 인해 비판이 뒤따르자 보다 적극적으로 정치 · 군사적 지위를 갖추고자 하였다.[79] 또한 동북아에서 중국의 지위가 강화되자 안보 측면에서 미국과의 동맹을 한층 강화하면서 '평화헌법'의 굴레에서 벗어나고자 하였다. 클린턴 행정부 시절 합의된 '신가이드라인'을 시작으로 신방위대강, 유사사태법 등 착실하게 군사력의 강화를 이어오고 있다.[80]

이러한 조건에서 북한에의 접근은 일본에게 크게 두 가지 이유 때문에 중요성을 갖는다. 하나는 북한과의 과거사 청산을 통해 일본의 과거사 굴레를 벗어내는 것이었으며, 다른 하나는 북한 핵문제를 계기로 심화되고 있는 동북아시아에서의 주도권 경쟁에서 일정한 지분을 확보하기 위한 것이었다. 더욱이 북핵문제를 통한 안보, 군사력의 강화는 일본에게 좋은 명분을 제공해 주었다. 특히, 1998년 북한의 대포동 미사일

78) 나카소네 등을 비롯한 일본의 유력 정치인들의 주장의 핵심은 일본의 정상국가로의 진입이다. 이를 위해서 '헌법개정', '미일동맹에 기초한 군사력 강화' 등을 추진해야 한다고 주장한다. 대표적으로 나카소네 야스히로, 박철희 · 오영환 옮김, 『21세기 일본의 국가전략』(서울 : 시공사, 2001).

79) 걸프전 당시 일본이 국제연합에 지원한 액수는 약 130억 달러였다. 그러나 일본에 대한 국제사회의 평가는 낮았고, 일본 국내에서도 그 이상의 공헌을 요구하는 목소리가 강해졌다. 나카니시 히로시, "냉전 후 일본의 안전보장정책의 전개," 이원덕 · 진창수 편, 『동북아지역 안보와 일본의 역할』(성남 : 세종연구소, 1998), 20–26쪽.

80) 최근의 아사히 신문의 보도에 따르면, 미국과 일본은 2002년에 한반도 유사시를 가정한 작전계획 '5055'를 수립하고, 이에 따라 2004년 12월 10일 각의에서 결정된 신방위대강계획도 이에 근거해 작성한 것으로 알려지고 있다. 이러한 일본의 움직임은 최근 '미 · 일 동맹'을 축으로 일본의 독자적인 군사력 및 작전권의 강화와 맞물려 진행되고 있어서 주변국의 우려를 사고 있다.

(광명성 인공위성) 발사 실험을 계기로 북한에 대한 관심과 일본 안보에 대한 위기감은 더욱 고조되었다.

이러한 일본의 대북 접근에는 물론 일본 국내 정치적 역학구도에도 크게 영향을 받았다. 이 과정에서 일본은 자신의 국가이익을 최대화하기 위해 그동안 자신들을 옭아매고 있던 명분을 해소하는 것으로 이어졌다. 즉 북한과의 관계에서 최소한의 실리를 제공하면서 최대한의 명분을 추구하는 것이었다.[81] 이는 곧 북한과의 경제적 보상을 만족시키면서 일본이 취할 수 있는 대내외적 명분을 확보하는 것이다. 이미 평양선언에서 일본은 이러한 입장을 잘 드러냈다. 즉 최소한의 실리를 제공하면서 명분을 해소하는 것이었다. 일본은 현재 북한에 대한 경제적 보상에 대해서 그 명분이 문제일 뿐, 보상 그 자체에 대해서는 반대하지 않고 있다. 앞으로 액수를 둘러싼 줄다리기가 있을 것으로 예상되지만 큰 변화는 없을 것으로 보인다. 일본은 북한에 제공할 보상금에 대한 대체적인 계산을 마친 것으로 알려지고 있다.[82] 일본은 보상을 대가로 북한에

81) 일본에게 명분의 해소란 곧 일본의 과거사 청산과 이를 통한 국제사회의 지위 확대라고 할 수 있다. 그리고 이는 거꾸로 일본에게 최대한의 실리를 의미한다.

82) 일본은 과거 한일협정에 준하는 액수에 대해서 달러를 기준으로 한 산정액과 엔화를 기준으로 한 산정액에 대한 검토를 끝낸 것으로 알려지고 있다. 이를 기준으로 한 대체적인 산정액은 최소 40억 달러에서 80억 달러에 이른 것으로 알려지고 있다. 그러나 실제액수는 이보다 훨씬 더 클 것으로 예상된다. 일각의 보도에 의하면 대략 100억 달러 수준에서 결정될 것이라고 한다. 김영춘, 앞의 논문, 62쪽 ; 한편, 1990년 김일성과 가네마루 신의 회담 당시 북한은 약 100억 달러를 요구한 것으로 알려지고 있고, 2002년 김정일－고이즈미 회담 이후 북한을 방문한 일본 언론사 사장단의 한 명은 북한이 약 300억 달러를 요구하였다고 밝히기도 하였다. 앞으로 보상액수가 얼마로 결정될지는 알 수 없지만, 최근 한일협정 문서 공개를 두고 북한이 보다 더 많은 액수를 요구할 가능성이 높다고 볼 수 있다. 물론,

게 명분을 요구할 것이며, 이는 일본에게 명분의 해소로 작용하게 될 것이다.

그러나 북일관계의 정상화가 일본에게 정치 · 군사적인 측면에서의 명분 획득을 제공한다고 한다면 장기적인 측면에서 보자면 경제적 실리와도 밀접한 관련을 맺고 있다. 현재 북한과 일본의 '경제적 접점'[83]은 상실되고 있고, 이에 따라 경제적 연관성은 점차 사라져 갔다. 즉 북한의 무역상품과 일본의 무역상품의 연관성은 수직적 분업구조에도 미치지 못하는 상태가 된 것이다.

다음의 〈표 6〉, 〈표 7〉에서도 알 수 있듯이 1990년대 이후 북-일 간 무역거래는 북한의 수출급감으로 특징되며, 이는 주요 수출품목의 감소에 의한 것이다. 이는 곧 무력거래의 축소만이 아니라 북한 산업구조의 변화와 일본과의 접점이 점차 사라지고 있음을 말해준다. 그러나 다른 한편, 현재의 북-일관계가 정상화의 길로 접어들게 된다면 그것은 일본 기업가의 입장에서는 새로운 시장의 창출을 의미한다. 즉 과거 일본이 한국이나 동남아시아 국가들에 행했던 것처럼 보상금의 현금 지급이 아닌 물자 지원이나 일본산 기계류 등의 지원을 통해 그 지역에 일본 기업의 시장이 창출될 수 있는 것이다. 이는 곧 북한 경제의 일본 경제에의 종속의 위험을 가지고 오거나 일본과의 수직적 분업 관계에 위치하도록 할 것이다.

현재 일본은 ODA를 내셔널리즘적 외교수단으로 사용하려는 자세가 강화되고 있다. 즉 ODA를 통해 상대방을 정치적으로 압박할 수 있

이 과정에서 일본은 한일협정에 준하는 액수를 제시할 가능성도 배제할 수 없다.

83) 북-일 간의 경제적 접점에 대한 논의는 류상영, 앞의 논문 참조.

〈표 6〉 북한의 대일본 무역현황(1990-2002)

(단위 : 천 달러)

	수출	수입	총액
1990	300,682	175,900	476,582
1991	283,574	223,993	507,567
1992	257,393	222,894	480,287
1993	252,351	219,654	472,005
1994	322,684	170,780	493,464
1995	339,680	254,957	594,637
1996	291,412	226,994	518,406
1997	310,484	178,804	489,288
1998	219,489	175,137	394,626
1999	202,564	147,839	350,403
2000	246,891	206,760	463,651
2001	108,524	129,971	472,695
2002	103,942	60,780	369,541

출처 : 류상영, 앞의 논문, 156쪽.

어야 하고, 자국 기업의 이익을 확보해 주는 수단으로도 사용되어야 한다는 것이다. 이러한 일본의 자세는 북한에게도 동일하게 적용될 가능성이 높다. 이미 경제협력 방식의 보상에 합의한 조건에서 일본은 이를 군사적 용도로 사용되는 것을 막고 일본 기업의 배타적 이익기회로 활용하려고 할 것이다.[84] 여기에 현재 문제로 제기되고 있는 약 8억 달러에 달하는 대일 채무 역시 보상금을 통한 상환의 압력으로 작용하게 될 것

84) 송주명, 앞의 논문, 102쪽.

〈표 7〉 일본의 주요 품목별 대북한 수출 감소추이(1988－2002)

(단위 : 1,000엔)

	유기화학품	철강제품	알루미늄 제품	정밀기기/광학
1988	255,701	1,187,797	171,324	983,411
1989	143,443	692,134	116,566	948,559
1990	271,277	826,009	96,800	797,970
1991	273,271	885,287	90,325	1,000,505
1992	121,252	670,129	88,799	874,354
1993	49,005	420,713	51,000	542,697
1994	49,805	317.962	49,161	317,087
1995	50,284	315,968	46,696	253,748
1996	39,940	452,593	71,707	470,981
1997	13,398	265,705	40,118	309,555
1998	9,115	174,208	24,143	147,528
1999	6,498	146,030	30,548	182,723
2000	6,841	98,275	28,882	265,918
2001	14,690	96,821	23,610	213,278
2002	48,36	40,563	82,414	143,745

출처 : 류상영, 위의 논문, 157쪽.

이다. 이러한 일본의 입장은 최근 일본의 해외투자 유형에서 찾아볼 수 있다. 즉 미국을 제외하고 아시아로의 편중 현상이 심화되고 있는 조건에서 북한에 제공될 보상금이 일본의 동북아 경제협력에서의 중요한 자원으로 활용될 가능성이 높은 것이다.

다음 표는 일본의 경제전략이 미국을 여전히 중시하면서도 점차 아시아 중시 전략으로 바뀌고 있음을 보여주는 지표로 해석될 수 있다.[85] 결국 북한의 대일 보상금은 북한에게 경제회생을 위한 자원의 역할을 하

〈표 8〉 일본의 시기별 · 지역별 해외투자 유형

	1965	1970	1975	1980	1985	1990	1996
북미	25.4	25.5	24.6	26.9	32.2	43.8	49.7
유럽	2.7	17.9	15.8	12.3	13.2	19.1	15.4
오세아니아	0.7	7.9	5.9	6.9	5.1	5.8	1.9
아시아	19.8	21.0	26.5	26.9	23.3	15.3	24.2
중남미	29.6	15.8	18.1	16.9	18.7	13.0	9.3
중동 · 아프리카	20.5	9.3	6.1	6.2	3.6	1.1	0.5
기타	1.2	2.5	3.1	3.9	4.0	1.9	1.0

출처 : 나성섭, 『80년대 이후 일본 통상정책 기조의 변화』(서울 : 대외경제정책연구원, 1998).

게 될 수도, 혹은 대일 경제종속의 지렛대가 될 수도 있는 이중 칼날의 의미를 갖는다. 바로 이런 의미에서 일본의 외교전략이 명분 획득을 앞세우고 있지만 장기적인 전망으로서 그것은 결국 실리의 최대화라는 목적으로 연결된다고 볼 수 있다. 더욱이 북-일관계의 정상화는 현재 진행되고 있는 동북아 경제협력체 건설 전망, 시베리아 자원 개발 등의 측면에서 장기적인 실리에 부합하게 될 가능성이 높다. 그리고 이 과정은 다른 한편으로 북한을 둘러싼 한 · 중 · 일 간의 치열한 경합도 배제할 수 없는 상황을 가져올 수 있다.[86)]

중요한 것은 현재의 동북아시아 지역에서 일본만이 북한과의 의미

85) 김기석, "1990년대 일본의 대외경제정책 변화," 강태훈 외, 앞의 책, 233쪽.

86) 중국은 지난해(2004년)부터 본격적으로 북한에 대한 투자를 확대하고 있다. 중국이 관심을 가지는 분야는 주로 북한의 광산 개발 등의 천연자원 확보와 북한의 백화점 등의 유통시장이다. 평양의 제1백화점은 중국 온주(溫州)상인들이 중심이 된 중쉬그룹(中旭集團)이 투자하고 있다.

있는 관계를 맺고 있지 못하다는 점이다. 따라서 중국, 일본, 러시아, 한국 등의 동북아 지역에서의 경제협력체 건설에 앞서 북일관계의 정상화는 일본으로서도 경제적 이익과 정치적 이익을 위해서 반드시 넘어야 할 산이라는 점이다. 바로 이 지점에서 일본의 외교전략으로서 실리의 제공과 명분의 획득이 놓여 있는 것이다.

3. 새로운 문제들과 기본문제

현재 북한과 일본 간에는 관계정상화의 선결과제를 놓고 몇 가지 쟁점들이 존재하고 있다. 먼저, 기본문제로서 과거사 청산과 보상의 문제가 있으며, 북핵문제 또한 중요한 쟁점이 되고 있다. 북핵문제는 북일 간에 해결할 수 있는 성질의 것이 아니며, 또한 일본의 북핵문제에 대한 발언권도 미약한 편이다. 그러나 북핵문제가 일본의 정치권에 미치는 영향이나 일본의 미·일동맹을 축으로 하는 안보구상에 중요한 명분이 되고 있다는 점에서 관계정상화의 중요 사항으로 제기되고 있다. 이는 북핵문제를 핵심으로 하여 한반도 문제가 국제화됨으로써 북일 간의 관계정상화에도 영향을 미치고 있기 때문이다.

현재 북한과 일본의 관계정상화를 가로막고 있는 가장 중요한 문제는 납치자 문제이다. 북한과 일본 간에는 납치자 문제를 둘러싼 극심한 갈등이 지속되고 있다. 제3차 국교정상화 회담에서 제기된 '이은혜 문제'로부터 시작하여 1997년 일본 언론에서 대대적으로 보도된 요코다 메구미의 사건을 계기로 납치자 문제는 가장 핵심적인 쟁점으로 부상하였다. 북한과 일본 간에 제기된 납치자 문제는 2002년 '평양선언'을 통해서 북한이 이에 대한 '유감'을 표명함으로써 일단락되는 듯했으나 일본 내의 여론이 더욱 악화됨으로써 예기치 못한 사태로 전개되었고, 오늘에 이르고 있다.

납치자 문제의 제기는 북일관계에 있어서 두 가지 의미를 가진다. 하나는 북일 간의 기본의제가 해결되지 못하면서 차후의 협상에서 기본의제가 납치자 문제와 연동되어 해결될 것이라는 점이며, 다른 하나는 납치자 문제가 현재의 상태로 보아 정상적인 절차에 의해 해결되기 어렵고, 결국 정치적 결단을 통한 해결로 진행되리라는 전망이다.[87] 북일 간의 기본문제는 과거사 청산과 이에 대한 보상의 문제이다. 그러나 납치자 문제로 인해 이러한 기본문제가 시야에서 사라짐으로 해서 북한측은 오히려 기본문제에 대한 기존의 명분을 더욱 강도 높게 주장하며 대응하고 있다.[88] 즉 북한측의 최소한의 명분과 최대한의 실리전략이 '최대한의 명분과 최대한의 실리'를 오히려 강요하고 있는 셈이다. 이는 곧 북한의 기본문제와 일본의 납치자 문제가 충돌하고 있음을 의미한다. 앞으로 이러한 두 가지 대립점에서 당장의 현안인 납치자 문제를 어떻게 양국이 해결하는가에 따라서 기본문제의 해결에서 중요한 변수가 될 것이다. 그리고 그 방법은 정치적 결단에 의한 방법이 유일한 해결책이

87) 현재의 '유골' 진위를 둘러싼 논쟁도 마찬가지이다. 이는 어느 일방도 쉽게 양보할 수 있는 사안이 아니며, 결국 해결책은 쌍방의 정치적 결단 이외에는 방법이 없다. 북한의 주장에서 눈길을 끄는 것은 "일본의 '가짜 유골설'은 일제의 과거범죄에 대한 보상을 회피하기 위한 것"이라는 주장이다. 북한은 일본의 가장 아픈 과거를 지적하고 있는 것이다. 《연합뉴스》 2005년 1월 5일.

88) 《연합뉴스》 1994년 9월 8일 ; 2003년 9월 16일 ; 2003년 4월 5일. 특히 북한은 납치문제는 이미 다 해결된 문제이며, "납치문제는 오히려 우리가 일본에 따지고 계산해야 할 문제"라며 "일본은 조선 인민 앞에 저지른 과거범죄에 대해 성근하게 사죄 청산해야 할 것"이라고 주장하고 있다.

될 것이다.[89)]

V. 나가며 : 정치적 결단을 통한 타협

현재 북일관계는 북한의 강도 높은 과거사 사죄의 요구에도 불구하고 결국 그 결말은 보상의 요구로 나타나고 있다.[90)] 경제위기에 시달리고 있는 북한으로서는 일본의 자본을 외면할 수 없는 형편이다. 일본 역시 '과거사의 굴레' 에서 벗어나 정상국가로 가기 위한 마지막 관문으로 북한의 존재를 의식하지 않을 수 없는 형편에 있다. 그러나 양자 사이에는 납치자 문제라는 어렵고 복잡한 문제가 가로놓여 있다. 지난 15여 년에 걸친 북일 수교회담의 역사가 보여주듯이 국교정상화에 대해 적극적

89) 정치적 결단을 촉구하는 것은 북한이다. 북한은《로동신문》을 통해 일본이 하루빨리 '정치적 결단' 을 내릴 것을 요구하고 있다(《로동신문》2005년 1월 8일). 이는 역으로 북한이 납치자 문제를 하루빨리 매듭짓고 경제적 보상을 바라고 있음을 말해주는 것이라 해석된다. 납치자 문제를 둘러싼 정치적 결단은 일본의 유골 감정에 대한 기술적 문제에 대하여 문제가 있을 수도 있음을 인정하고, 이 문제는 앞으로의 기술적 문제로 남겨두고 국교정상화 회담을 이어가는 방식이 될 가능성이 높다. 이미 요코다 메구미의 유골 감정에 대한 일본의 주장에 대해 영국의『네이쳐(*Nature*)』지에서 문제를 제기한 바 있으며, 이는 북일 양측이 기술적인 문제로 유골 감정의 결과를 모호하게 처리할 좋은 명분이 될 수도 있을 것이다. 유골 감정에 대해서는《연합뉴스》2005년 3월 9일[네이쳐 온라인(www.nature.com) 2005년 2월 2일자].

90) 진희관, "북일 수교교섭 어떻게 돼가고 있나,"『통일한국』1995년 12월호(144호), 20쪽.

으로 임했던 것은 북한이었다. 사실, 양측이 국교정상화에 이르지 못한 원인은 주로 일본측에 있다. 즉 북한의 경직된 자세라기보다는 일본의 소극적 자세에 주된 원인이 있다고 보는 것이 정확할 것이다. 북한의 적극적인 자세에 조건을 붙이는 것은 언제나 일본이었던 것이다.[91] 이는 역으로 일본이 원하기만 한다면 언제든 실현가능한 문제라는 것을 의미한다.

현재 일본의 북한과의 국교정상화를 방해하는 가장 주된 요소는 두 가지로 집약된다. 즉 하나는 현안인 납치자 문제에 대한 일본 국내 여론의 동향이며, 다른 하나는 미국과 북한과의 관계 문제이다. 전자가 '일본 정부' 의 정치적 결단의 문제라면, 후자는 '일본 정부의 능력' 의 문제라고 할 수 있다. 결국 북일 국교정상화의 시기는 경제협력에 관한 일본의 대응, 대량살상무기와 관련한 미국의 요구에 대한 북한의 응답, 그리고 미국이 설정해 놓은 범위를 뛰어넘을 수 있는 일본의 능력에 의해 결정될 것으로 보인다.[92] 제네바 합의 이전 일본 외무상이 "미북합의가 끝나면 그때가 일북회담 재개시점"이라고 말했던 것처럼 미국의 변수가 가장 중요한 것이 사실이다.[93]

북한의 대일본 접근의 근저에는 '최소한의 명분과 최대한의 실리' 라는 전략이 놓여있고, 일본은 '최소한의 실리와 최대한의 명분' 이라는 전략이 숨어 있다. 앞으로 각자가 추구하는 명분과 실리의 접합점에서

91) 서동만, "북일수교교섭의 전망과 과제," 경남대 극동문제연구소, 『북한연구시리즈』 20집(2002), 168쪽.

92) 신정화, "북일 실리외교로 동북아 평화체제 촉진하게 될 터," 『북한』, 2002년 10월호(370호), 111쪽.

93) 진희관, 앞의 논문(1995), 19쪽.

타협점을 찾게 될 것이다. 그러나 그 타협점을 찾기 위해서는 양측의 '정치적 결단'을 통한 해결이 전제되어야 할 것이다. 현재 양측의 발목을 잡고 있는 납치자 문제는 '정치적 결단' 없이는 해결되기 어렵다. 사실, 지금의 상황에서 일본의 납치자 문제는 북한을 공격하는 좋은 수단이기는 하지만, 거꾸로 북한의 일본의 과거사를 추궁하는 부메랑이 되고 있는 것도 사실이다. 일본으로서는 국교정상화를 통해서 북한을 압박할 수 있는 카드가 그다지 많지 않은 것도 사실이다. 이는 일본의 오코노기가 지적한 것처럼 단기적인 현안에만 집중하는 근시안적 태도를 버리고 '기본'으로 돌아가 장기적인 관점에서 대북정책을 재정립할 것을 요구한다.[94)]

현재의 북일관계가 과거의 굴레를 벗고 새로운 관계를 정립하게 된다면 이는 동북아 전체의 평화와 번영에 획기적인 계기가 될 것이다. 일각에서 논의되는 동북아경제협력체의 건설은 물론 군사적 안전보장의 문제에서도 새로운 전기를 맞이하게 될 것이다. 물론, 북한과 미국이라는 마지막 남은 냉전의 대립축이 해소되어야 한다는 것을 전제하는 것이지만, 그에 못지않게 북한과 일본의 관계 정상화는 동북아시아 구성원들 모두에게 커다란 이익을 가져다 줄 것이다. 여기에 지금 현재 진행되고 있는 북한의 개혁도 북일관계의 정상화로 탄력을 받게 될 것이며, 이는 한반도의 마지막 냉전을 씻어내는 중요한 역사적 전환점이 될 것이다.

94) 〈연합뉴스〉 2002년 4월 12일.

참 | 고 | 문 | 헌

김근식. 2002. "북한의 체제보전과 대외정책 변화 : 진영외교에서 전방위 외교로."『국제정치논총』. 42집 4호.

김기석. 2002. "1990년대 일본의 대외경제정책 변화." 강태훈 외.『동아시아 지역질서와 국제관계』. 서울 : 오름.

김영춘. 2002.『일본의 대한반도 정책변화와 추이』. 서울 : 통일연구원.

김용복. 2001. "북일관계정상화의 정치경제 : 북일경협과 동아시아 경제협력."『일본연구논총』14호.

김용신. 2002. "일본의 외교전통과 대북한 · 동아시아 정책." 강태훈 외.『동아시아 지역질서와 국제관계』. 서울 : 오름.

김일성. 1984. "조선민주주의인민공화국의 당면한 정치 · 경제정책들과 몇가지 국제문제에 대하여(1972. 1)."『김일성저작집 27』. 평양 : 조선로동당출판사.

_____. 1984. "일본공명당대표단과 한 담화(1972. 6. 1)."『김일성저작집 27』. 평양 : 조선로동당출판사.

_____. 1987. "일본 정치이론잡지 세까이 편집국장과 한 담화(1978. 10. 21)."『김일성저작집 33』. 평양 : 조선로동당출판사.

_____. 2000. "위대한 수령 김일성 동지의 조국통일 유훈을 철저히 관철하자.(1997. 8. 4)."『김정일선집 14』. 평양 : 조선로동당출판사.

나카소네 야스히로, 박철희 · 오영환 옮김. 2001.『21세기 일본의 국가전략』. 서울 : 시공사.

나성섭. 1998.『80년대 이후 일본의 통상정책 기조의 변화』. 서울 : 대외경제정책연구원.

나카니시 히로시. 1998. “냉전 후 일본의 안전보장정책의 전개.” 이원덕 · 진창수 편. 『동북아 지역 안보와 일본의 역할』. 성남 : 세종연구소.

류상영. 2004. “일본과 북한관계 : ‘사라진 접점’의 경제적 재해석.” 『국제정치논총』 44집 2호.

리기성. 1994. “위대한 수령 김일성 동지께서 신년사에서 제시하신 사회주의 경제건설의 완충기와 우리 당의 혁명적 경제전략.” 『경제연구』 2호.

박순성 · 김연철. 2002. 『북한경제개혁연구』. 서울 : 후마니타스.

박재규. 1997. 『북한의 신외교와 생존전략』. 서울 : 나남출판사.

박정진. 2002. “북한의 일본에 대한 ‘전략적 이해변화’ 분석.” 『통일부 신진학자 연구논문 모음집』(http://www.unikorea.go.kr) (서울 : 통일부).

사회과학출판사. 1987. 『조선민주주의인민공화국 대외관계사 1, 2』. 평양 : 사회과학출판사.

서동만. 2002. “북일 수교교섭의 전망과 과제.” 경남대 극동문제연구소. 『북한연구시리즈』 20집.

서보혁. 2004. 『탈냉전기 북미관계사』. 서울 : 선인.

송주명. 2002. “위기 속의 개혁, 개혁속의 위기 : 북일 정상회담과 북한개혁의 국제적 조건.” 『동향과 전망』 2002년 가을호(특권 54호).

신정현. 1981. “북한의 대일정책(1953－1979).” 『아세아연구』 65호.

신정화. 2002. “북일관계의 역사.” 『역사비평』 2002년 겨울호.

_____. 2002. “북일 실리외교로 동북아 평화체제 촉진하게 될 터.” 『북한』 2002년 10월호(370호).

_____. 2004. 『일본의 대북정책』. 서울 : 오름.

양재인 · 김용복. 2002. “북일관계개선과 북한의 개혁 · 개방 정책.” 경남대 극동문제연구소. 『동북아 연구』 7집.

유영구. 1997. “한일 · 북일관계의 고정화 과정 소고 : ‘55년체제’에서 1965년 한일 국교정상화까지.” 『중소연구』 76호(8 겨울).

윤덕룡. 2003. “최근 경제조치에 따른 재정수입 및 지출구조의 변화.” 조명철 외. 『7 · 1경제관리개선조치 현황평가와 과제 : 북한경제개혁의 전망』. 서울 : 대외경제정책연구원.

이재봉. 1997. “북미, 북일관계의 변화의 동북아의 평화.” 『호남정치학회보』 제 8집.

佐野孝治. 2003. “북일 국교정상화 교섭과 일본 국내의 반응.” 광운대 인문사회과학연구소. 『인문사회과학논문집』 32집.

정규섭. 1997. 『북한외교의 어제와 오늘』. 서울 : 일신사.

정영철. 2004. 『북한의 개혁 · 개방 : 이중전략과 실리사회주의』. 서울 : 선인.

정창현. 2000. “신의주 특별행정구, 언제부터 누가 어떻게 구상했나.” 『월간중앙』 11월호.

조강일. 1994. “무역 제일주의 방침은 사회주의 경제건설에서 일대 앙양을 일으키게 하는 혁명적방침.” 『경제연구』 2호.

조동호. 2002. “계획경제 시스템의 정상화.” 『KDI 정책포럼』 160호.

조선중앙통신사. 1993. 『조선중앙연감』.

진창수. 2002. “북일국교정상화 교섭의 개시와 좌초.” 한국세계지역학회. 2002년도 춘계정기학술회의 논문집.

진희관. 1997. “북일관계 연구 : 북한의 대일인식 변화를 중심으로.” 『통일문제연구』 1997년 상반기호.

_____. 1995. “북일 수교교섭 어떻게 돼가고 있나.” 『통일한국』 1995년 12월호 (144호).

채경석. 2003. “한반도 평화체제 구축과 일본의 역할.” 『북한연구학회보』 7권 2호.

최영옥. 1997. “현시기 우리 당이 제시한 무역정책과 그 정당성.” 『경제연구』 2호.

최영호. 1998. “국가 간 접촉형태로 본 북일관계의 전개과정.” 『국제정치논총』 38집 1호.

Nakato Sachio. 2004. “Japan’s Shifting North Korean Policy under Koizumi Administration : Toward Reponsive Engagement.” *Ritsumeikan International Affairs* Vol. 2.

《로동신문》. 1990년 9월 22일.

《로동신문》. 1991년 1월 1일.

《로동신문》. 2005년 1월 8일.

《연합뉴스》. 2000년 8월 13일.

《연합뉴스》. 2002년 4월 12일/8월 30일/9월 17일/11월 19일.

《연합뉴스》. 2003년 4월 5일/9월 16일.

《연합뉴스》. 2004년 9월 8일.

《연합뉴스》. 2005년 1월 5일/2005년 2월 10일.

《조선중앙통신》. 1999년 8월 10일.

《조선중앙통신》. 2002년 9월 14일.

《조선중앙통신》. 2003년 6월 10일.

《중앙일보》. 2000년 10월 13일.

통일부 인터넷 자료실(http://www.unikorea.go.kr).

7

민주화와 한민족 민족주의의 종언

이근(서울대학교)

I. 들어가는 말

자유민주주의와 민족주의 간에는 일정 정도의 긴장관계가 존재한다. 그 이유는 자유민주주의와 민족주의의 속성 및 요체가 서로 어울리기 어려운 부분이 있기 때문이다. 물론 정도의 차이라고 할 수 있지만 일반적으로 자유민주주의는 개인을 강조하고 민족주의는 광범위한 집단을 강조한다. 그 연장선상에서 자유민주주의는 다양성을 중요시하지만 민족주의에서는 다양성보다는 통합성, 일체성을 중요시한다. 자유민주주의에서는 개인, 그리고 이익집단의 표현의 자유가 존중되지만 민족주의에서는 개인 및 이익집단의 표현의 자유에 대하여 의도하건 의도하지 않건 통제의 기제가 작동한다. 그리고 자유민주주의의 일상의 문제들은 나에게 매우 구체적인 문제들이지만 민족주의의 문제들은 나에게 그다지 구체적이지 않은 '상상된 문제' 들이 많다.

이러한 상호 어울리기 힘든 속성과 요체 때문에 자유민주주의와 민족주의가 서로 동시에 오랜 기간 존재하고 있다는 사실은 매우 흥미로운 연구거리가 아닐 수 없다. 후쿠야마가 말한 '역사의 종언'은 자유민주주의가 기왕의 다양한 다른 이념과의 경쟁에서 완승하여 이제는 자유민주주의를 끝으로 이념 진보의 역사가 끝났다고 주장하는 것이지만, 자유민주주의와 민족주의 간의 긴장관계를 풀어나가는 것이 새로운 과제로 아직 남게 되지 않을까 생각된다.[1)]

'역사의 종언' 문제는 별개의 문제로 하더라도 한국의 경우에는 이러한 긴장관계를 더욱 복잡하게 하는 구조적 문제가 중첩되어 있다. 그것은 위에서 언급한 자유민주주의와 민족주의 간의 긴장관계에 한국의 경우에는 민족분단이라는 새로운 긴장관계가 중첩되어 있기 때문이다. 그리고 그 중첩된 긴장관계는 자체적인 생명력을 갖기 시작하였는데, 그 이유는 남한과 북한에서 모두 새로운 형태의 '상상의 공동체', 즉 '유사 민족의식'이 생겨나고 있기 때문이다.[2)] 뒤에서 자세하게 설명하겠지만 이러한 자유민주주의와 민족주의의 긴장관계, 그리고 여기에 덧붙여진 민족분단과 새로운 '상상의 공동체' 형성이 한반도의 남북관계와 대외관계를 매우 커다란 힘으로 규정해 왔다.

이 글의 목적은 이러한 일반적 민주주의와 민족주의 간의 긴장관계라는 틀에 남북한의 분단이라는 한국적 특수성을 접목하여 한국의 민주주의와 민족문제에 관한 동학을 이해하는 데에 있다. 즉 한반도 남쪽에서 진전된 자유민주주의가 한반도의 민족문제에 어떠한 긴장관계를 만

1) Francis Fukuyama. 1993. *The End of History and the Last Man*. Harper Perennial.
2) 뒤에서 다시 자세히 설명하겠지만 Benedict Anderson은 민족주의를 '상상의 공동체'라는 개념으로 풀고 있다. Benedict Anderson. 1983. *Imagined Communities : Reflection on the Origin and Spread of Nationalism*. Verso.

들어냈는지, 그리고 남북의 분단이 그러한 긴장관계를 어떠한 형태로 굴절시키고 있는지, 또 이러한 한국적 민주-민족 긴장관계가 구체적으로 어떻게 현실에서 발현되었는지를 추적해 보는 것이 이 글의 목적이다.

II. 상상의 공동체 속의 자유민주주의

1. 두 개의 상상의 공동체

민족이 과연 무엇인가에 대한 논의는 매우 오랜 기간 동안 격렬한 논의가 있었던 문제이다. 그 논의를 아주 단순화하여 정리하면 본질적으로 민족이 처음부터 실재한다는 시각과 특정한 역사적 · 사회적 과정을 통해서 만들어지고 구성된다는 시각으로 그 논의가 대별된다. 그런데 이 글에서는 '우리 민족'이라는 특정한 생각이 어떻게 '우리 나라'라는 특정한 공간에서 생겨났는가에 주목하여 전자보다는 후자의 시각을 취하고자 한다. 그 이유는 아무리 본질적으로 실재하는 그 무엇이 있다고 하더라도 공통의 경험을 하는 관계와 공간으로서 '우리'라는 인식은 그 범위와 응집도에 있어서 단위 및 시대별로 차이가 날 수 있기 때문이다.

예를 들어 '우리 민족', 내부에 '우리 가족', '우리 고향사람', '우리 동문'이라는 다양한 '우리'들이 존재하고, '우리 나라' 안에도 '우리 고향', '우리 경상도' 등 역시 다양한 '우리'들이 존재한다. 과거 삼국시대의 한반도에서 '우리'라는 범위와 응집도는 일제시대의 '우리'라는 범위와 응집도와 다를 것이고, 일제시대의 범위와 응집도는 역시 현재의

'우리'의 범위와 응집도와 다르다. 실제로 특별한 국가적 경계가 없었던 동남아시아나 라틴아메리카에서 임의적으로 경계를 나누고 국가를 만든 다음 그 안에 사는 토착민과 이주자 간에 '우리'라는 민족의식이 싹트는 것을 보면 민족이 '상상된 공동체'로서 만들어진다는 것을 알 수 있다.

미국, 캐나다와 같은 이민의 국가에서 생겨나는 민족의식 역시 '상상의 공동체'가 만들어내는 것이다.[3] 즉 민족은 서로 전혀 모르는 사람들이 서로 '우리'라는 상상을 하면서 만들어지는 공동체인데, 희한하게도 경상도에 사는 김 아무개와 서울에 사는 박 아무개는 태어나서 한 번도 만나보지도 대화를 나누어 본 적도 없지만 상상 속에서 '우리'라는 같은 민족의식을 갖게 되는 것이다. 이러한 상상 속의 '우리'가 형성되는 과정은 공통점(언어, 역사, 인종 등)을 만들어내고 그것을 공유하면서 특정한 방향으로 표준화하는 것인데, 여기서 매우 중요하게 작용한 것들이 공통의 표준어와 인쇄기술, 그리고 매스 미디어 등이다. 지방에서 지방의 언어를 사용하던 사람들도 동일한 표준어의 세계로 들어와서 그러한 동일한 표준어를 쓰는 다른 지방에 사는 사람들의 생활을 신문, 잡지, 소설, 그리고 최근에는 방송 매체 등을 통해서 매일 알고 경험하게 되면서 그들은 서로 같은 공동체에 속하고 있다는 것을 상상하게 된다. 그러면서 그 공동체 안에서 구성원의 삶의 방식이 유사한 형태의 문화로 발전하고 표준화되면 그러한 상상의 공동체의 응집력이 강해진다.

여기서 이렇게 상상의 공동체라는 성격을 띤 민족 개념을 길게 설명한 이유는 해방과 분단 이후 한반도에서도 상상의 공동체로서 민족이

3) Ibid.

남한과 북한에서 각기 만들어져 왔기 때문이다. 한반도에서 한민족이라는 응집도가 높은 상상의 공동체가 언제 어떻게 만들어졌는지는 보다 깊이 있는 연구와 논쟁의 대상이지만 분단 이후 남한에서는 남한의 표준어와 남한의 인쇄 및 방송매체가 미치는 범위, 그리고 다루는 일상의 대상을 엄격하고 강하게 통제하면서 남한만의 상상의 공동체를 만들어 왔다. 그리고 동시에 북한을 남쪽의 상상된 공동체에서 상당부분 유리시키면서 우리와는 매우 다른 이질적인 공동체로 묘사하여 왔다. 남한은 공통의 일상을 공유하는 '우리'로 발전하였지만, 북한은 공통의 경험을 희미하게 공유한 점차 우리에서 유리된 '저들'로 발전하게 된 것이다.

이렇게 서로 '저들'이라는 대칭의 상상의 공동체가 형성되게 된 배경에는 상이한 정치경제체제가 각기 정당성을 주장하면서 남과 북에서 형성되었고, 그들 간에 체제경쟁을 하면서 그 체제 안에서 통치의 대상인 국민을 상상의 공동체로 통제해 왔기 때문이다. 남한의 일상에는 북한주민의 일상이 좀처럼 전해지지 않았고, 전해진다 하더라도 우리와는 매우 이질적인 저들의 세계로서 전해져 왔다. 남한주민이 공유하는 역사도 북한과 분리되어서 형성되었고, 상이한 문화와 생활의 표준이 형성된 것이다. 박정희 정부의 반공교육, 엄격한 언론과 표현의 자유에 대한 통제, 금기시된 객관적 북한 연구, 각종 국가주의적 행사와 남한에서만 돌아가는 사회적 리듬, 북한과 엄격히 단절된 냉전구조 등이 한반도 남쪽에서 '상상의 공동체'를 만들어 나갔다.

우리와 단절된 북한을 희미하게나마 남아 있는 민족의식 속에서 재구성하려는 남북교류의 노력들은 국가의 통제가 느슨해진 4 · 19와 1980년 민주화의 봄 기간 등에 잠시 활발해지곤 하였으나 다시 군부집권에 의한 철권통치가 행해지면서 북한은 우리와는 단절된 공간으로서 발전되어 갔다. 그리고 한민족과 통일이라는 민족주의적 이데올로기는 자신의 체제를 정당화하면서 자신의 체제를 중심으로 하나의 민족으로 다시 통합되어야 한다는 통치이념으로 변질되어 갔다. 다시 말하자면 한민족과 통일이라는 민족주의가 분단된 한반도의 남쪽에 계속 남아 있었지만, 그것이 남과 북을 연결하는 상상의 공동체를 발전시키는 노력으로 진전된 것이 아니라 오히려 북쪽의 '그들' 을 더욱 이질적으로 만드는 작업으로 발전한 것이다.

이러한 노력은 북한에서도 동일하게 진행된 것으로 보인다. 그들만의 정치경제체제, 그들의 표준어와 엄격히 통제된 인쇄 및 방송매체, 주체사상으로 대변되는 그들만의 통치이념, 사상, 복장, 사회적 리듬의 엄격한 통제 등을 통하여 북한만의 '상상의 공동체' 가 만들어졌으며, 남한주민의 일상은 그들의 일상과 공유되지 않았다. 이산가족이 있고, 아직까지 거의 동일한 언어를 사용하고 있으며, 한때 동일한 상상의 공동체를 가진 적이 있었기 때문에 희미하게나마 한민족의 민족의식이 남아 있었겠지만 자신만의 독특한, 남쪽과 단절된 정치 · 경제 · 문화 공간이 북쪽에서 형성되면서 북쪽만의 상상의 공동체가 형성되어 갔을 것이다.

2. 남한에서의 민주화와 민족문제

해방 이후 남한은 자유민주주의 시장경제를 통치이념으로 하는 미국의 영향권 하에 있었기 때문에, 그리고 남한의 생존과 경제발전에 미국의 도움이 필수적인 것이었기 때문에 한국 군부정권의 엄격한 정치 · 사회적 통제도 자유민주주의 시장경제라는 이념에서 완전히 자유로울 수 없었다. 비민주적인 박정희, 전두환 정권도 외견상으로는 민주주의의 모습을 띠고자 상당한 노력을 기울였고, 그 와중에 생겨난 상대적으로 느슨한 정치적 공간에서 민주화를 목적으로 하는 정치 · 사회 세력들이 탄압 속에서 성장해 왔다.

근대화가 성공적으로 진행되면서 한국의 민주화 세력이 권위주의 세력에 대항할 수 있는 발전된 물적 · 이념적 기반을 갖게 되었고, 반면 박정희 정부와 전두환 정부는 집권의 정당성 결여로 인하여 통치이념 및 형식에서 부분적으로 자유민주주의적 요소들을 허용하였다. 1980년 광주사태, 단임의 공약, 그리고 학생운동과 민주화 운동에 대한 가혹한 탄압은 전두환 정부의 치명적인 약점으로 작용하였는데, 통제된 민주적 공간에서 물적 · 이념적으로 성장한 민주화 세력, 그리고 이들에 대한 중산층의 지지는 결국 전두환 정부의 생명을 단축시켰다. 대통령 직선제를 선언하는 6 · 29선언, 대통령 직선제에 의하여 출범한 노태우 정부는 절차적 민주화를 빠르게 진행시킨 소위 87년 체제를 탄생시켰는데, 그 이후 한반도의 남쪽에서는 김영삼 정부, 김대중 정부, 노무현 정부로 이어지면서 절차적 정당성을 확보한 민주정부가 연속적으로 출범하게 된다.

그런데 여기서 주목해야 할 대목은 87년 체제와 함께 한반도의 남쪽만에서 한민족의 민족주의가 완성되기 이전에 자유민주주의가 훨씬 먼저 발전하였다는 점이다. 즉 한반도를 포괄하는 상상된 공동체가 형성되기 이전에 남쪽만의 상상의 공동체에서 자유민주주의가 급속도로 성장하였다는 것을 의미한다. 이는 이 글의 서두에서 말한 민족주의와 민주주의 간의 긴장관계를 매우 복잡하게 만든 과정이라고 할 수 있는데, 한반도 남쪽에서는 민주주의와 두 개의 민족주의, 즉 남과 북 두 개의 상상된 공동체와의 긴장관계가 생겨나게 되었다는 것을 의미한다.

그리고 이에 더하여 1980년대와 1990년대 민주화 운동의 한가운데에 자리 잡고 있었던 민족문제 담론은 학생운동과 노동운동의 상대적 퇴조로 말미암아 소위 신세대, 젊은 세대에게는 중요한 문제의식으로 자리

잡지 못하게 되었다. 특히 세계화와 1997년 금융위기, 그리고 그 이후 진전된 신자유주의적 이념, 제도와 표준의 도입은 젊은 세대로 하여금 거창한 정치담론보다는 보다 개인적으로 중요한 일상의 담론과 사건에 더욱 관심을 기울이도록 하고 있다. 또한 근대화와 군부 권위주의를 직접 체험하지 못한 세대의 등장은 87년 체제 이후 민주주의에서 거대 정치담론보다는 보다 개인적이고, 문화적이며, 현상적인 이슈가 관심의 주 대상이 되는 경향을 낳았다. 아마도 최근 발견되는 이른바 20대의 보수화 현상은 이러한 시대적 배경을 반영하고 있는 것이 아닌가 싶다.

여하튼, 한민족 민족주의 완성 이전에 급속도로 발전된 이러한 남한만의 '상상의 공동체', 그리고 남한만의 자유민주주의는 한반도의 남쪽에서 다양한 형태의 민족과 민주주의 간의 긴장관계를 조성하게 되는데, 여기서 문제를 더욱 복잡하게 만드는 것이 바로 남한에서 생겨난 독특한 주권의식의 분화이다.

III. 남쪽의 상상의 공동체와 주권의식의 분화

1. 한국의 주권국가 경험의 빈곤

주권의 개념과 정의, 역사 등에 관한 연구 역시 엄청나게 방대하고 논란이 많은 주제이다. 단순화의 위험이 있지만 국제정치에서 가장 일반적으로 사용되는 주권의 정의는 '대내적 최고의 권위, 대외적 독립'을 의미한다. 이러한 일반적인 정의가 생겨난 이유는 아마도 국제정치에서는 추상적인 차원에서 국가를 행위의 주체로 보고 바로 그 국가가 주권의 당사자기 되기 때문일 것이다. 따라서 이러한 주권의 정의 속에서는 상상의 공동체를 이루고 있는 민족의 일원들은 사실상 빠지게 된다. 왜냐하면 이들을 국가라고 부를 수 없기 때문이다. 민족의 일원들은 사실상 국가가 통치하는 통치의 대상이다. 그렇다면 이러한 일반 국민들은 주권에 대하여 어떻게 상상을 하고 있을까?

일반 국민들의 주권의식은 대내외적으로 자신들의 상상의 공동체를 지켜주는 정치적 중심이 어디에 있고, 그리고 그 정치적 중심이 얼마나 독립적인가를 놓고 형성되는 경향이 있다. 일반적으로 상상의 공동체를 지켜주는 정치적 중심을 정부라고 할 때, 그 정부가 외부의 간섭을 받지 않고 독자적으로 자신들의 안전과 생명, 재산을 지켜주고 발전시켜 주면 주권을 확보하고 있는 것으로 인식한다. 그리고 그 정치적 중심이 이러한 주권을 충분히 행사할 때 일반 국민들은 그 정치적 중심에 충성(loyalty)을 표하게 된다.

상식적으로 어느 나라이건 완전히 주권적인 국가는 존재하지 않는다. 자신들의 상상의 공동체를 정부가 스스로의 힘만 가지고 완전히 지켜주는 것은 불가능하다. 직간접적으로 외부의 협조·개입·간섭을 통하여 상상의 공동체가 유지·발전되는 것이 현실의 세계이다. 그런데 자기의 정부 혹은 국가가 자신의 공동체를 더욱 잘 지켜주는지, 아니면 다른 국가나 국가의 연합이 자신의 공동체를 더욱 잘 지켜주는지에 따라 그 공동체의 일반인은 자신의 국가 주권의 정도를 다르게 느낄 것이다.

예를 들어 이라크가 미국과의 전쟁에서 패해서 과도기 정부를 미국이 구성하여 이라크라는 상상의 공동체를 지켜준다면 이라크 국민들은 자신의 국가가 주권적이라고 인식하지 못할 것이다. 반면 북한과 같이 고립된 약소국이라 하더라도 북한의 정부가 독자적으로 북한이라는 상상의 공동체를 지켜주는 것으로 인식된다면 북한 국민들은 북한을 상당히 주권적이라고 인식한다.

이러한 틀에서 보면 상당히 도발적인 주장이지만, 한반도의 상상의 공동체인 한민족은 제대로 된 주권국가와 인식을 보유한 적이 매우 드물었던 것으로 보인다. 조선이 19세기 말 개항을 하면서 서양과의 접촉을 늘리기 전까지 중국과 조선의 관계는 근대적 의미의 주권국가 간의 관계로 보기 힘들다. 근대주권국가의 개념조차 머리 속에 있지 않았고, 사실상 사대질서 속에서 종주국과 조공국 간의 불평등 위계적 질서에 속해 있었다고 볼 수 있다. 다시 말하자면 조선은 자치를 하고 있었으나 중국에 대하여 사대의 예를 표하며 중국의 권위를 인정해 주는 일종의 속방과 같은 존재로 볼 수 있다. 따라서 이 시기에는 주권이나 주권인식을 논하는 것 그 자체가 별로 의미가 없다.[4)]

그런데 19세기 말 서양의 근대국가체제, 공법질서가 본격적으로 동양으로 전파되면서 주권국가 개념이 한반도로도 들어오기 시작하였는데, 불행하게도 조선은 근대적 주권국가로 발전하지 못하고 일본의 식민지로 전락하고 말았다. 따라서 이 시기의 한민족이라는 상상의 공동체는 그 공동체를 지켜주는 정치적 중심을 일본에게 빼앗기고 일본이라는 새로운 상상의 공동체로 전환되는 과정에 편입되게 된다. 이 시기에는 한국이라는 주권국가는 존재하지 않았고, 한민족이라는 상상의 공동체의 일원인 한민족은 주권의식을 갖지 못했거나 서서히 일본의 주권을 자신들의 주권으로 인식하기 시작하였을 것이다. 다시 말하자면 주권국가로

4) 중국과 조선 간의 외교관계와 관련해서는 동덕모, 『조선조의 국제관계』(박영사, 1990); 김용구, 『세계관 충돌과 한말 외교사, 1866-1882』(문학과 지성사, 2001) 참조.

서 일본에 대하여 정치적 충성을 보이는 한민족의 구성원이 늘어났을 것이다.

이렇게 주권이 일본으로 넘어갔던 20세기 초반을 겪은 후 해방을 맞이하여 잠시 주권을 되찾는 듯했지만(사실상 되찾아 왔다기보다는 처음으로 주권국가를 만들기 시작한 것으로 해석하는 것이 정확할지 모른다), 한민족은 남한과 북한으로 갈라져서 둘로 쪼개진 불완전한 주권국가를 형성하기 시작한다. 즉 한민족은 조선시대 이후 한민족 전체를 포괄하는 근대적 의미의 '상상의 공동체'를 단 한번도 가진 적이 없다는 것을 의미한다. 그런데 여기서 이 글의 초점인 남한만의 문제로 논의를 좁혀보면 남한이라는 상상의 공동체 역시 완전히 주권적이지 못했던 것을 알 수 있다.

2. 남한의 민주화와 주권의식

앞에서 말했듯이 한 민족국가가 완전히 주권적이라면 그 국가의 정부가 외세의 간섭 없이 독립적으로 민족이라는 공동체를 지키고 발전시킨다고 인식되어야 한다. 그런데 불행하게도 남한에서는 한국전쟁과 냉전을 겪으면서 한국 정부가 독립적으로 남한의 국민을 보호하고 생활을 풍요롭게 해줄 능력이 없다는 것을 상당수의 국민이 인식하게 된다. 즉 남한이라는 상상의 공동체를 지켜내고 발전시키는 데 있어서 한국 정부만 가지고 안 되고 미국이라는 존재가 필수적이라는 것을 남한의 상당수 국민이 인식하게 된다는 것이다. 따라서 한국 국민의 주권인식 속에 미국이 한가운데로 들어오게 되는 것이다.

한국전쟁에서 남한을 지켜주고, 그 이후 냉전기간 동안 북한이라는 상상의 공동체와 대결하면서 한미 동맹을 통하여 남한이라는 상상의 공동체를 지켜주고 경제원조와 시장제공을 통하여 남한의 경제발전에 지대한 공헌을 한 나라 미국은 한국 정부가 한국 국민에게 해야 할 일을 대신 해준 것으로 인식된다. 그리고 한국의 연이은 대통령들은 자신의 정당성을 확보하기 위하여 취임하면 곧바로 미국으로 달려가 자신이 미국이 인정하는 지도자라는 모습을 정상회담을 통하여 국민에게 보여 주곤 한다. 마치 조선시대 사대질서 속에서 조선과 중국과의 관계를 보는 느낌이라고 할 수 있다. 이러한 맥락에서 볼 때 일제시기 식민지에 이어서 곧바로 한반도의 남쪽에서는 다시 완전히 주권적이지 못한 상상의 공동체가 생겨났고, 그 안에서 정치적 충성을 친미적 한국 정부, 그리고 보다 궁극적으로는 미국 그 자체에게 표하는 정치세력이 한반도 남쪽에서 형성되기 시작한 것이다.

반면, 한민족이 완전한 주권을 소유한 새로운 상상의 공동체를 만들고자 했던 사람들, 또 그러한 민족주의 의식이 있었던 세력들은 이렇게 분단된 한민족의 현실과 또 미국이 한민족 상상의 공동체에 깊이 들어와 사실상 일정 정도의 주권을 행사하는 현실을 인정하지 못하였다. 이들은 냉전기간 중 반정부세력, 통일 민족주의 세력으로 성장하였고, 한국의 민주화에 결정적 공헌한 세력이 되었다. 물론 이들 중 상당 부분의 정치세력이 미국에 대하여 은연중에 자신도 모르게 한국에서의 주권적 권위를 인정하는 세력도 있었다. 이들이 소위 보수적인 민주화 세력이라고 할 수 있는데, 1990년 민정당, 통일민주당, 신민주공화당의 3당 합당세력이 이 세력을 대표하는 것으로 해석된다. 하지만 1992년 김영삼 대통령의 취임사에서 민족의 중요성을 8번이나 강조하였고, 또 그 어떤 동맹보다도 민족이 우선한다는 표현을 사용하고 있는 것을 볼 때, 소위 보수적 민주화 세력도 이념적으로는 한민족 주권의 상상의 공동체를 비전으로 삼고 있었다는 것을 알 수 있다.

반면, 보다 진보적인 민주화 세력은 미국의 주권적 권위를 하루 빨리 한국에서 소멸시키고 북한과의 통일을 앞당겨 그야말로 한반도에서 한민족 상상의 공동체를 완성시키고자 다양한 정치적 운동을 하게 된다. 1980년대 중반의 학생운동 세력이었던 반미 반파쇼 민족민투쟁위원회(민민투)와 반미 자주화 반파쇼 민주화투쟁위원회(자민투)가 이러한 한국의 주권이념을 강조하는 민주화 세력이라고 할 수 있다. 이 중 후에 민족해방(NL) 계열의 자민투의 경우는 한민족 상상의 공동체 완성을 자민투보다 이념적으로 전면에 내세운 것이었는데, 주권의 문제와 민족의 문제를 동시에 연결시키고자 했던 것이 결국 북한의 주체사상에까지도 끌리게 된 배경이 아닌가 생각된다.

진보적 민주화 세력이 미국에 대하여 한국의 주권을 강조하게 된 결정적인 계기는 1980년 광주사태라고 할 수 있다. 한국 정부는 한국의 공동체인 '우리'를 안전하게 지켜주고 잘 살게 해줄 때 국민이 정당성을 부여하고 주권적 정부라고 인정을 하게 되는데, 오히려 국가가 '우리'를 학살하고 탄압하게 되자 국가에 대하여 주권적 정당성을 인정하지 못하게 된다. 그리고 한국에서 상당 부분 주권적 권위를 행사해 온 미국이 '우리'를 지켜주지 않고 오히려 한국 정부의 무력적 진압을 뒤에서 묵인한 것으로 인식하면서 진보적 민주화 세력은 '우리'를 위한 진정한 주권을 가진 정부를 찾아오고자 반미 민주화 투쟁을 하게 된다.

3. 남한에서의 주권의식 분화

여하튼 이러한 배경에서 볼 때, 1987년 이후 진전된 민주화의 역사

속에서 남한이라는 상상의 공동체에서 몇 개의 주권의식의 분화가 생겨난다. 우선 하나는 미국의 주권적 권위를 계속 인정하는 세력으로서 미국이 자신의 상상된 공동체 안에 계속 핵심으로 들어와 있으며, 그 안에서 혜택을 받았다고 생각하는 세력이다. 이들이 바로 현재 한국의 정치 지형에서 오른쪽에 위치한 보수세력이라고 판단된다. 다른 하나의 분화는 미국의 주권적 권위를 인정할 수 없으며, 북한과의 통일을 하루 빨리 이루어 완전한 주권을 가진 한민족 공동체를 만들고자 하는 세력이다. 이들은 현재 한국의 정치 지형에서 왼쪽에 위치한 진보세력이라고 볼 수 있다. 그 사이에 위치한 중도우파와 중도좌파는 아마도 미국의 주권적 침투성과 한민족 공동체의 형성에 대하여 상대적으로 덜 오른쪽, 덜 왼쪽에 있는 세력으로 파악된다.

민족문제와 관련하여 보수적 우파는 북한에 대하여 남한이라는 상상의 공동체를 미국이 지켜주었다는 생각이 강한 세력이기 때문에 이미 북한은 적대적인 '그들'이 되었다. 정치적 공동체로서 우리를 그들로부터 지킨다는 의미는 이미 남한에 북한과 다른 주권국가가 형성되어 있음을 상상하고 있는 것이다. 반면, 진보적 좌파는 아직도 북한을 우리 속의 '그들'로 보는 경향이 남아 있다. 장구한 역사 속에서 불행하게도 잠시 갈라져 있는 것이지만 한반도의 완전한 주권을 가진 민족국가는 북한을 포함한 한민족의 '우리'를 만들 때 이루어진다는 생각을 반영하고 있다.

따라서 보수세력에게 있어서 통일문제는 적대적인 '그들'을 소멸시키는 과정이고, 진보세력에게 있어서 통일문제는 '원래의 우리'를 되찾는 과정이다. 전자는 매우 정복적인 느낌을 주게 되는데, 그것이 보수세력의 강경 이미지와 중첩된다. 한편, 보수세력 및 진보세력과는 또 다른 별개의 세력으로 범주화될 수 있는 산업화와 민주화 이후에 등장한 젊은 자유주의 세력에게는 북한이 이미 이들의 상상의 공동체 안에서 매우 희미하게 자리 잡고 있으며, '그들'의 이미지가 강화되면서 북한을 일종의 가난한 제3세계의 일국 정도로 대상화하게 된다. 따라서 남북문제는 어렴풋이 민족의 문제이기도 하지만 보다 구체적으로는 이웃에 있는 최빈국을 도와주는 문제, 또 그러한 빈국이 '우리'에게 피해를 일으키거나 귀찮게 굴지 않도록 하는 문제 정도로 변환하였다.

이러한 주권의식의 분화는 앞에서 지적한 민주와 민족 간의 긴장관계로 인하여 한국에서 매우 독특한 정치적 동학을 낳게 된다. 특히 자유로운 사고와 표현의 자유, 경쟁적 정치과정을 역대 한국 정부 중 가장 충분히 허용하고 있는 노무현 정부에서 매우 복잡하고 독특한 상호작용을 일으키고 있다. 그리고 어떠한 의미에서 해방 이후 역대 한국 정부 중 가장 주권적인 사고를 많이 한 정부라고 평가할 수 있는 노무현 정부 하에서 이러한 상호작용은 매우 역동적이고 혼란스러운 상호작용으로 발전하고 있다. 이제 여기서 민족과 민주의 긴장관계, 그리고 여기에 중첩된 분화된 주권의식을 가진 세력 간의 정치적 경쟁이 어떻게 지금의 한국사회에서 노정되고 있는지를 분석할 때가 되었다.

IV. 민주주의, 한민족 민족주의, 그리고 남한 민족주의

자유민주주의로 민주화가 진행되면서 남한에서는 북한과 매우 이질적인 상상의 공동체가 형성된 것은 이미 앞에서 언급하였다. 그러나 한민족 전체의 공동체를 이루고자 하는 정치적 소망은 역대 정권을 거쳐 지속되어 왔다. 노태우 정부의 '한민족 공동체 통일방안', 김영삼 정부의 '민족 공동체 통일방안', 김대중 대통령의 '남북 국가연합' 아이디어와 '햇볕정책', 그리고 2000년 6·15 공동선언에 의한 낮은 단계의 연방제, 노무현 정부의 대북 포용정책의 지속 등은 이러한 한민족 전체의 공동체를 실현하고자 하는 민족주의적 노력과 정책이라고 할 수 있다.

그런데 매우 흥미로운 것은 이러한 민족주의적 아이디어와 정책, 구호가 역대 정권을 지나면서, 그리고 자유민주주의로 민주화가 진행될수록 한민족 전체의 공동체를 최우선시하기보다는 오히려 양쪽의 이질적 공동체의 공존과 그 공존의 관리쪽으로 내용이 변화하고 있음을 알 수 있다. 물론 한국에서 자유민주주의의 진전은 보수 정부에서 비교적 진보적인 정부로 정권교체가 일어나면서 이루어진 측면이 있기 때문에 민족주의의 내용이 보수적인 내용에서 진보적인 내용으로 바뀌어 온 면이 있다. 다시 말하자면 북한에 적대적인 보수세력은 북한에 대하여 상당히 위협적인 대북 및 통일정책을 추진하였다면, 비교적 진보적인 세력은 한 민족의 동질성을 강조하는 덜 공격적인 대북정책을 추진하였다고 볼 수 있다.

그러나 자유민주주의가 진전되면서 한민족 전체의 민족주의가 주는 꿈, 매력보다는 남한이라는 상상의 공동체를 보존·발전시키고, 그 안에서 개개인이 풀어야 할 삶의 문제가 남쪽의 구성원에게 보다 절실해 지고 있음을 반영하는 측면 역시 강하다. 이는 서두에 말한 민주주의와 민족 간의 긴장관계가 점차 분명해지고 있음을 의미한다. 예를 들어 김대중 정부의 평화, 화해, 협력을 목표로 한 대북정책의 3대 원칙은 무력도발의 불용, 흡수통일 배제, 그리고 화해 협력의 적극추진이다. 그 내용은 북한과의 성급한 통일보다는 평화통일기반 조성이 우선시되는 대북정책이다. 사실상 북한에 덜 위협적인 내용을 담은 진보적 아젠다가 반영되어 있지만 보다 현실적인 의미에서는 남한이라는 상상의 공동체를 급속한 통일과정으로 몰아넣어 혼란이 야기되는 것을 방지하고자 하는, 즉 남한을 보존 · 발전시키면서 어떻게 통일을 이루어낼 수 있는가의 고민이 포함되어 있다.

퍼주기의 논란을 가져온 햇볕정책은 북한 정권을 유지시켜 준다는 비난을 받기도 하지만 사실상 북한을 점진적으로 변화시켜 남한과의 동질성을 늘려가자는 한민족 민족주의와 함께 북쪽의 도발과 급격한 붕괴로부터 남한을 지켜내고자 하는 남한 민족주의를 동시에 포함하고 있다. 또한 1997년 금융위기는 한민족보다는 개인을 더욱 강조하는 남쪽 국민들의 자유주의적 성향이 강화되는 계기가 된 것으로 판단된다. 금융위기로 인하여 국민 개개인의 삶이 어려워진 현실에서 북한문제로 인하여 자신들의 삶이 고통스러워지고 귀찮아지지 않기를 바라는 성향이 강화되었을 것이다.

한편 김대중 정부 시기의 '주적' 논쟁 역시 한민족 민족주의와 남한 민족주의가 충돌하는 지점을 보여준다. 김대중 정부가 『국방백서』에 북한을 주적으로 하는 내용을 삭제하려고 하자 한국의 보수세력은 이에 대하여 강한 비판을 퍼부었다. 여기서 중요한 것은 북한이 과연 주적이냐 아니냐를 따지는 것보다 보수세력이 북한을 주적으로 보는 시각이 사실상 한민족 민족주의가 아닌 남한 민족주의의 가장 강한 형태를 반영한다는 사실이다. 상대방을 적으로 규정하게 되면 이는 상대방이 더 이상 공존의 대상이 아니다. 즉 상대방이 소멸되어야 나의 생존과 번영이 가능하다고 보는 것이다. 따라서 북한을 주적으로 보는 시각은 북한과의 동질성을 찾아서 한민족 민족주의를 완성하고자 하는 것이 아니라 이질적인 북한을 제거하여 남한 민족주의를 완성하는 것으로 해석하는 것이 설득력 있다. 매우 역설적인 사실은 민주화가 진행되면 진행될수록 진보건, 보수건, 일반 국민이건, 이러한 남한만의 민족주의, 남한만의 상상의 공동체적 사고가 더욱 거침없이 표현될 것이라는 점이다.

이러한 한민족 민족주의와 남한 민족주의 간의 갈등은 노무현 정부의 포용정책에서도 읽을 수 있는데, 김대중 정부보다 더 친북적이라고 언론에서 평가되는 노무현 정부로 들어서면서 한민족 민족주의보다는 오히려 남한 민족주의가 훨씬 강화되는 경향을 보인다. 노무현 정부의 남한 민족주의는 남북관계뿐만이 아니라 다른 부문에서도 강하게 드러나지만, 남북관계만을 보게 되면 노무현 정부는 남북한의 동질성을 찾고자 하는 통일의 노력보다는 남한을 어떻게 북한의 핵위협과 붕괴의 위협에서 지켜내어 민주화와 시장경제의 동력을 잃지 않게 하느냐에 더욱 열정적이었다. 이러한 노무현 정부의 정책기조는 얼핏 보면 분단의 고착화를 가져온다는 비판이 가능하지만, 다른 한편으로는 자신을 당선시킨 남쪽의 상상의 공동체를 지켜야 한다는 자유민주주의의 원칙에 충실한 것이라고 해석할 수 있다. 최근 노무현 정부가 북한 핵문제를 푸는 과정 속에서 나온 보수세력 및 미국 공화당 정부와의 갈등은 이러한 배경에서 볼 때 친북적이기보다는 너무나도 친남적인, 너무나도 자유민주주의적인 기조 때문이었다는 역설이 가능하다.

역사적으로 한민족 민족주의에 더욱 충실한 진보진영이 정권을 잡았음에도 불구하고 이렇게 남한 민족주의가 강화되어 온 배경에는 남한의 상상의 공동체가 시간이 지나면서 더욱 또렷하게 상상될 수 있게 되었기 때문이며, 또한 그 상상의 공동체 구성원의 다양한 의견이 자유민주주의라는 틀 속에서 자유롭고 경쟁적으로 개진될 수 있었기 때문이다. 김대중 정부와 노무현 정부에 들어와서도 북한은 남한의 일상으로 들어오지 못했고, 남쪽은 북한을 동일한 민족으로 상상하는 학습의 과정으로 들어가지 못했다. 6 · 15 정상회담 이후 잠시 북한이 우리의 상상 속으로 들어오는 이벤트 등이 있었으나 결국 특이한 호기심의 대상으로 변화되어 오히려 북한이 타자화되는 과정을 겪게 된다. 금강산 관광과 개성공단 역시 제3국에 대한 호기심 같은 관광과 투자의 대상으로 여겨지게 되었으며, 남쪽은 북한 말고도 관심과 흥미를 가질 남쪽 및 세계의 일들이 너무나도 많았다.

V. 민주주의, 세계화, 그리고 한민족 민족주의의 운명

한민족 민족주의가 남한의 민족주의와 긴장관계를 갖게 되는 것을 앞에서 살펴보았는데, 이에 더하여 남한의 민족주의 역시 자유민주주의와 긴장관계를 갖게 된다. 즉 다원화된 남한의 개개인과 이익집단들의 생활세계에 북한의 생활세계는 거의 존재하지 않을 뿐더러 남한 민족의 사회통합 문제(남한 민족주의 문제) 역시 개개인과 이익집단이 추구하는 가치와 긴장관계를 갖게 된다. 이는 국가주의적 통제가 없고 사고와 표현과 정치참여의 자유가 보장되는 자유민주주의에서는 어쩌면 당연한 현상일지 모른다. 이제 민족이 아니라 개인의 이익과 이익집단의 이익을 말해도 통제하거나 비난할 명분이 서서히 사라지고 있는 것이다.

앞에서 언급하였듯이 한국의 주권인식의 분화에는 미국과의 강한 정신적 유대를 갖는 보수세력이 있고, 매우 반미적인 진보세력이 있다. 남한의 상상의 공동체가 그 자체로서 완결성을 갖기 위해서는 이러한 주권인식의 긴장관계가 어느 정도 해소되지 않으면 안 된다. 그러나 민주주의가 발전되면 발전될수록 언론 통제가 약화되고 표현의 자유와 경쟁적 정치참여가 보장될수록 남한에서 주권인식 분화의 긴장관계는 강화된다. 김대중 정부의 햇볕정책과 6 · 15 정상회담, 그리고 미국의 미사일 방어망(MD) 참여 거부 등의 문제에서 볼 수 있듯이 민족의 사안이 미국과 연대하는 보수세력과 외세를 배척하려는 진보세력 간의 갈등으로 통합을 못 이루는 경우가 많았다. 이는 노무현 정부에 들어와서도 마찬가지인데, 제2차 북핵위기와 그 해법, 한미동맹 재조정과 전략적 유연성의 문제, 한미 FTA를 둘러싼 갈등의 배경에 항상 미국을 우리의 주권적 권위 안에 포함시키려는 보수적 해법과 미국을 우리의 주권적 권위 밖으로 밀어내려는 진보세력 간의 갈등이 있었다. 한국군의 전시작전통제권 반환과 관련해서는 전작권을 반환하려는 미국에 대하여 보수세력이 강한 불만을 표명하였지만, 이는 이들이 민족주의적 반미세력이 되었다기보다는 미국이 한국에서의 주권적 지위를 포기하려는 것에 대한 불안의 표출에 가깝다.

한편 김영삼 정부의 세계화 추진과 1997년 금융위기는 남한이라는 상상의 공동체의 경계를 이전보다 훨씬 모호하고 흐리게 만드는 작용을 하였다. 증가하는 외국인 투자, 미국 금융시장 및 경제와 연동되어 돌아가는 한국의 금융시장, 그리고 미국과 영어권을 향해 속속 빠져나가는 조기유학, 영어 열풍과 미국적 문화의 급속한 침투 등 남한의 상상의 공동체는 이제 남한의 일상만을 상상하는 것이 아니라 세계의 일상, 특히 미국의 일상을 동시에 상상하고 있다. 신문의 국제면은 대부분 미국 관련 소식이고, 외화는 대부분 헐리우드 영화, 기러기 가족은 양국을 수시로 넘나드는 세계 가족이 되어 버렸다. 거기에 유럽과 일본과 미국으로 진출한 한국의 스포츠 스타 덕분에 스포츠의 생활세계는 이미 한국보다 오히려 그쪽의 생활세계에 맞추어지는 경향이 생기고 있다.

한편 세계화가 가져온 또 다른 민족주의에의 영향은 과거와 미래의 민족주의의 공존이다. 과거의 민족주의는 일본에 대한 민족주의, 그리고 미국에 대한 양면적인 민족주의였다면 이제는 미래의 민족주의로서 중국에 대한 민족주의가 서서히 등장하고 있다. 중국의 동북공정에 대한 남한의 반응이나 중국의 패권에 대한 미래의 막연한 불안 등이 이를 반영하는 현상들이다. 따라서 남한에서의 민족문제는 민주주의와 세계화의 진전과 더불어 매우 복잡다기한 분화과정으로 들어갈 것으로 보인다. 여기서 이 글의 주제와 관련하여 가장 중요한 점은 남한만의 이러한 복잡다기한 분화가 결국 남북한을 합친 한민족을 하나로 묶어내는 한민족 민족주의의 가능성을 점차 약화시킬 것이라는 점이다.

VI. 나오면서 : 민족문제와 2007년 대통령 선거와의 관계

2007년 대선의 향방은 아직도 점치기 어려운 시점이다. 그러나 현재의 시점에서 대선의 주요이슈를 각 정치세력이 설정하는 것을 보면 2007년 대선에도 남한 민족주의와 자유민주주의 간의 긴장이 반영되어 있다는 것을 알 수 있다. 우선 범여권에서는 남북관계 개선, 평화세력의 결집이라는 민족주의적 아젠다를 설정하는 것으로 보인다. 이 아젠다에는 남한 민족주의와 한민족 민족주의가 섞여 있어서 그 민족주의적 실체를 아직 확실히 알 수는 없으나 평화를 강조한다는 점에서 남한 민족주의에 가깝다는 생각이 든다. 반면 야권에서는 (현재 여야의 구분이 사라졌지만 한나라당으로 대표되는 야권) 경제문제에 집중하면서 자유민주주의의 핵심인 개개인의 먹고 사는 문제를 주요 아젠다로 삼고 있다. 한미 FTA를 전선으로 구축하려는 제3의 진보세력들은 반미 민족주의와 개개인의 먹고 사는 문제를 합친 양면적 성격의 세력이라고 규정할 수 있다.

월드컵 4강의 남한 민족주의적 열기가 정몽준과 노무현을 낳았고, 세계 최초의 배아줄기세포 복제라는 사기가 황우석 종교를 낳았으며, 세계 최고의 국제기구인 유엔의 사무총장에 반기문 외교부 장관이 선출된 것이 반기문 열풍을 낳았듯이 한국에서 아직도 민족주의적 열정은 강하게 남아 있다. 그런데 이러한 민족주의적 열정은 과거와 달리 한민족을 통합하자는 민족주의적 열정이기보다는, 또 반외세적인 민족주의적 열정이기보다는 세계에서 인정받는 대한민국이라는 보다 웅대한 국제적 차원의 민족주의이다. 이러한 면에서 한국의 민족주의는 남한만을 중심으로 하여 빠르게 세계화하고 있다.

범여권이 내세우는 남북관계 개선과 평화세력의 문제도 과거의 한민족 민족주의라는 틀에서 설정하게 되면 자유민주주의의 민주화와 세계화가 진전된 남한에서 크게 매력을 얻지 못할 것이다. 반면, 경제문제에 집중하는 야권도 갑자기 돌풍처럼 불어닥칠 범여권의 민족주의적 이벤트에 방심할 수 없다. 그러나 결론은 한 방향으로 모아진다. 남한만의 민주화와 세계화의 진전은 이제 북한을 '우리'의 상상의 공동체로 끌어들이는 민족주의적 기획이 점차 설 땅을 잃어버리게 될 것이라는 점이다. 개개인의 삶과 가치를 존중·발전시킬 수 있다는 희망을 주면서 세계적인 남한의 모습을 만들고 보여주는 지도자가 앞으로 한국 국민이 원하는 지도자가 될 것이다.

참|고|문|헌

김동성. 1996. 『한국민족주의 연구』. 도서출판 오름.

김영명. 1999. 『고쳐쓴 한국현대정치사』. 을유문화사.

김용구. 2006. 『세계외교사』. 서울대출판부.

_____. 2001. 『세계관 충돌과 한말 외교사, 1866-1882』. 문학과 지성사.

_____. 2002. 『외교사란 무엇인가』. 도서출판 원.

김인걸 외 편저. 2005. 『한국현대사 강의』. 돌베게.

김일영 · 조성렬. 2003. 『주한미군 역사, 쟁점, 전망』. 한울(한울아카데미)..

남시욱. 2005. 『한국 보수세력 연구』. 나남.

도진순. 『한국민족주의와 남북관계』. 서울대학교 출판부, 1997.

동덕모. 『조선조의 국제관계』. 박영사, 1990.

박명림. 1996. 『한국전쟁의 발발과 기원 1, 2』. 나남.

박태균. 2006. 『우방과 제국, 한미관계의 두 신화 : 8 · 15에서 5 · 18까지』. 창작과 비평사.

_____. 2006. 『한국전쟁-끝나지 않은 전쟁, 끝나야 할 전쟁』. 책과 함께.

서동만. 2005. 『북조선사회주의 체제성립사 1945-1961』. 도서출판선인(선인문화사).

손호철. 1993. 『한국정치학의 새 구상』. 풀빛.

_____. 1997. 『현대한국정치-이론과 역사』. 사회평론.

송호근. 2003. 『한국, 무슨 일이 일어나고 있나 : 세대, 그 갈등과 조화의 미학』. 삼성경제연구소.

신광영. 2005. 『한국의 계급과 불평등』. 을유문화사.

신용하 외. 1998. 『IMF체제의 사회과학적 진단』. 서울대학교 출판부.

심지연 · 김일영 편. 2004. 『한미동맹 50년 : 법적 쟁점과 미래의 전망』. 백산서당.

심지연 외. 『남북한 관계론』. 한울. 2005.

이 근. 2001. "국가관계에 있어서 관성의 구성주의적 이해 : 미 · 일 반도체 무역분쟁 사례를 중심으로." 『국제정치논총』 제41집 제3호. 국제정치학회.

_____. 2001. "6 · 15 정상회담의 구성주의 적 이해?" 『국가전략』 제7권 4호(통권 18호) pp. 29–53.

_____. 2006. "제국으로서의 미국." 『역사비평』 통권 75호. 역사문제연구소. pp. 130–148.

이용희. 1977. 『한국민족주의』. 서문당.

_____. 1975. "한국민족주의의 제문제." 이용희 외. 『한국의 민족주의』. 한국일보사.

이종석. 2000. 『새로 쓴 현대북한의 이해』. 역사비평사.

임현진 외. 1999. 『21세기 민족통일에 대한 사회과학적 접근』. 서울대학교 출판부.

최장집. 2005. 『민주주의 이후의 민주주의』. 후마니타스.

와다 하루키. 2002. 『북조선 : 유격대 국가에서 정규군 국가로』. 돌베개.

한국민족운동사연구회. 1999. 『한국민족운동과 민족주의』. 국학자료원.

Anderson, Benedict. 1983. *Imagined Communities : Reflection on the Origin and Spread of Nationalism*. Verso.

Anthony D. Smith. 1995. *Nations and Nationalism in a Global Era*. Wiley & Sons.

Anthony D. Smith. 1998. *Nationalism and Modernism : A Critical Survey of Recent Theories of Nations and Nationalism*. Routledge.

Cumings, Bruce. 1997. *Korea's Place in the Sun : a Modern History*. W.W. Norton & Company.

Cumings, Bruce. 1988. *The Origins of the Korean War* . Longman.

Dahl, Robert. 1971. *Polyarchy : Participation and Opposition*. New Haven : Yale University Press,

Diamond, Larry and Marc F. Plattner, 1994. eds. *Nationalism, Ethnic Conflict, and Democracy*. A Journal of Democracy Book. Baltimore : The Johns Hopkins University Press.

Diamond, Larry and Marc F. Plattner. 2001. eds., *The Global Divergence of Democracy*. Baltimore : Johns Hopkins University Press.

Fukuyama, Francis. 1993. *The End of History and the Last Man*. Harper Perennial.

Gellner, Ernest. 1983. *Nations and Nationalism* . Cornell University Press.

Hutchinson, John and Anthony D. Smith. 1995. eds., *Nationalism* (Oxford Readers) Oxford University Press.

Lee, Guen. 2000. "A Constructivist Reading of Japan's Adaptive Responses to US Trade Demands : Power in Trade Dispute Resolutions," *Journal of International and Area Studies* (Summer).

Leifer, Michael. 2000. *Asian Nationalism*. Routledge.

Stephen D. Krasner. 2000. *Sovereignty : Organized Hypocrisy*. Princeton University Press.

Thomas J. Biersteker and Cynthia Weber. 1996. eds. *State Sovereignty as Social Construct*. Cambridge University Press.

Weber, Cynthia. 1995. *Simulating Sovereignty* . Cambridge University Press.

Wendt, Alexander. 1999. *Social Theory of International Politics*. Cambridge University Press.

Young, Mitchell, Eric Zuelow, Andreas Sturm. 2007. eds. *Nationalism in a Global Era : The Persistence of Nations*. Routledge.

8

냉전 원형기 분단 한반도의 전략적 가치에 대한 미국의 평가

도진순(창원대학교)

I. 머리말

두루 지적하는 바와 같이 한반도는 대륙문명과 해양문명의 교차로에 있으며, 이러한 지정학적 위치로 해서 역사의 전환기에는 흔히 거대강국의 원심력에 노출되었다. 이러한 사실은 고구려와 수·당과의 전쟁, 고려와 거란·몽고와의 전쟁, 조선의 임진왜란과 병자호란 등 전통시기의 역사에서도 확인되지만 특히 식민·분단·전쟁으로 이어지는 근대 이후 특히 현저하였다.

필자는 한반도의 전략적 가치에 대한 연구의 일환으로 전통적인 중화체제의 한반도가 식민지적 근대 세계체제로 개편되는 시기 역사적 지판(historic terrain)의 변화를 분석한 바 있다.[1] 본 연구에서는 그 다음의 전환기인 일제 식민지에서 미소 냉전체제로 전환·정초(定礎)되는 시기 분단 한반도의 전략적 가치에 대한 미국 수뇌부의 평가와 논리를 분석하고자 한다.

본 연구의 범위와 방법에 대해서 몇 가지 언급하고자 한다. 먼저 본 연구는 시기적으로는 제1차 미소공동원회가 결렬된 1946년부터 1950년 한국전쟁이라는 열전(Hot War)이 시작되기 이전까지, 즉 냉전(Cold War)이 시작되는 원형기를 분석하고자 한다. 이 시기 한반도는 일제 식민지 체제에서 동서 냉전체제로 개편되는 전환기이며, 이 시기 한반도의 전략적 가치에 대한 평가는 이후 열전기(한국전쟁) 미국의 한반도 개입과 군사전략, 나아가 이후 냉전적 경제발전 등과도 역동적으로 연결된다.

다음으로 본 연구에서는 공간적으로 한반도의 전략적 가치가 지정학적 이해관계, 즉 미국 · 소련 · 중국 · 일본 등 주변 강국의 이해관계, 나아가 동북아시아 및 세계의 정치적 지형과 어떻게 관련되는지 검토하고자 한다. 이것은 외세가 종횡하는 분단 한반도의 전략적 가치가 국가, 지역권, 세계 또는 세계체제 등 세 가지 차원이 결합되어 어느 한 가지만으로는 분석할 수 없는 역동성을 지니고 있기 때문이다.

마지막으로 냉전 원형기 분단 한반도에 대한 전략적 가치 평가를 더욱 역동적으로 파악하기 위해서는 군사전략적인 가치와 이데올로기, 외교, 정치, 경제 등을 포괄하는 비군사적 측면으로 나누어 분석하는 것이 필요하다. 냉전 초기 아시아에서 미국의 안보 전략은 원자폭탄 등으로 인해 소련이 전쟁을 먼저 시작하지 않을 것이라는 전제 하에서 아시아 민족주의에 대한 적극적인 포섭과 경제적 지원을 기획하였다. 즉 미국의 초기 봉쇄전략은 소련의 군사력에 대해 이데올로기, 정치, 경제를 중

1) 도진순(2001), "동아시아에서 근대 제국의 형성 논리와 로칼리즘 · 내셔널리즘 · 리져널리즘 · 세계체제"(미발간).

심으로 비대칭적으로 대응하는 것이었기 때문에 이러한 분야별 분석이 필수적으로 요청된다.

이처럼 본 연구는 냉전 원형기 분단 한반도의 전략적 가치에 대해서 외부적으로 지정학적 이해관계, 내부적으로 분야별 이해관계와 연결하여 분석하고자 한다. 이렇게 함으로써 우리가 흔히 쉽게 재단하는 '냉전적 분단'이란 개념의 내포(內包)와 외연(外延)에 어떠한 역동성이 개재되어 있는지 검토하는 데 도움을 줄 수 있을 것이다.

II. 두 종류의 삶과 이데올로기 전장

1. 하나의 한반도와 대륙적 가치

1945년 해방 직후 미국의 대한정책은 두루 알고 있는 바와 같이 소련과의 협의에 의한 한반도 전체에서의 신탁통치정책이었다. 미소 냉전이 본격적으로 시작되기 이전 세계는 많은 갈등이 있었지만 하나의 세계, 하나의 보편적 삶이 목표였다. 그 연장선상에서 한반도 정책은 미소가 주도하면서 다자(多者)가 공동으로 참여하는 통일된 한반도 관리였으며, 이러한 정책의 기조는 1945년 10월 점령 초기의 대한 정책을 다룬 SWNCC 176/8,[2] 1946년 1월 미소공동위원회를 위한 지침 SWNCC176/

2) *FRUS(1945)*, Vol. VI, pp. 1073-1091.

18[3] 등으로 정리되었다.

그러나 1946년 5월 제1차 미소공동위원회가 결렬되자 미국은 한반도에서 일방적 행동을 검토하기 시작하였다. 1946년 6월 미국무부는 육·해군의 동의를 얻어 새로운 「대한정책」을 기초하였는데, 여기서는 비록 모스크바 협정이란 틀 내에서이지만 독자적인 행동을 위하여 한반도의 전략적 가치를 다음과 같이 평가하였다.

> 한국에 대한 미국의 궁극적인 목표는 간단히 말하면 한국의 독립이다 … 한국의 독립은 한국인 자신들을 위해서 뿐만 아니라 극동 전체에 걸쳐 정치적 안정을 강화하는 수단으로도 중요하다. 소련이나 일본이 한국을 지배할 경우, 중국의 만주 지배권은 더욱 위태롭게 될 것이고, 때문에 강력하고 안정된 중국을 건설할 수 있는 전망은 줄어들 것이다. 강력하고 안정적인 중국 없이는 극동에 항구적인 정치적 안정은 있을 수 없다.[4]

여기서 주목할 점은 미국의 극동정책에서 중심축은 강력하고 안정된 중국이며, 한반도의 전략적 가치도 그것과 결합하여 평가하고 있다는 사실이다. 즉 한반도에 대한 가치 평가가 극동이라는 지역적 공간, 특히 중국 국민당 정권의 만주 지배와 관련하여 파악하고 있다. 이러한 대전제 하에서 미국은 소련뿐만 아니라 일본마저 견제하고 있다. 즉 마치 반세기 전 아시아 대륙에서 러일 간의 쟁패과정을 염두에 둔 듯 소련과

3) *FRUS(1946)*, Vol. VIII, pp. 623-627.
4) [Annex : Policy for Korea : Appendix "B"], Memorandum by the Assistant Secretary of State for Occupied Areas(Hilldring) to the Operation Division, War Department, June 6, 1946, *FRUS*, Vol. VIII, p. 697.

일본의 한반도 및 만주 지배에 대한 견제를 표방하고 있다. 일본의 한반도 지배에 대한 견제는 과거 식민지 지배에 대한 징벌과 결별의 성격이 강하지만, 아무튼 한반도가 일본으로부터 분리되어야 한다는 철학이 근저에 자리하고 있다는 사실은 인상적이다.

물론 한반도에 대한 전략적 평가의 기초에서 가장 중요한 것은 소련의 만주 지배에 대한 견제였다. 만주 및 중국 대륙과 연결된 한반도의 전략적 가치는 사실 해방 직후부터 견지된 원칙이었다. 소련이나 중국의 일방 지배를 견제하기 위한 4개국 신탁통치 구상도 한반도의 이러한 대륙적 가치에 주목한 것이라 할 수 있다.[5)]

1946년 중반의 이러한 평가는 트루만(Herry S. Truman) 대통령도 동의한 것이었다. 1946년 6월 22일 폴리(Edwin W. Pauley) 대통령 특사는 "한국은 작은 나라이지만 아시아에서 우리의 성공 여부 전체가 달려 있는 이데올로기적 전쟁터(ideological battleground)"라 지적하였다. 폴리는 한반도에서 예상되는 소련의 목표로 가능성이 높은 것부터 순차적으로 다음 네 가지를 지적하였다 : ① 한반도를 동구처럼 위성 괴뢰국화하는 것, ② 중국 북부 및 만주를 포위 · 압박하기 위한 집게의 한쪽 날로 한반도를 사용하는 것, ③ 일본이 미국의 대소 교두보로 사용될 경우 이를 포위 · 압박하기 위한 집게의 한쪽 날로 한반도를 사용하는 것, ④ 한반도의 청진, 흥남, 원산 등 부동항 조차. 이 네 가지 중에서도 폴리는 특히 ②의 중국 북부 및 만주를 강한 중국을 위한 핵심 공업지대로 파악하고 이것에 대한 견제로서 한반도의 대륙적 가치를 중요하게 평가하였다.[6)]

5) 小此木政夫, 현대사연구실 역(1986), 『한국전쟁 : 미국의 개입과정』, 청계연구소, pp. 313－329.

6) Ambassador Edwin W., Pauley to President Truman, June 22, 1946, *FRUS*,

폴리의 보고에 대해 빈센트(John Carter Vincent) 극동국장, 애치슨(Dean Acheson) 국무차관, 트루만 대통령은 두루 동감을 표명하였다.[7] 이처럼 1946년 초 미국은 한반도에 대한 독자적인 전략을 구상하면서 소련의 중국 북부 및 만주 장악을 견제할 수 있는 한반도의 대륙적 가치를 중요하게 평가하였다.

2. 두 개의 한반도와 전략적 가치의 모순

1947년 초 "유명한 15주(2. 21-6. 5)"는 미국의 대외정책이 루스벨트식 국제주의(internationalism)에서 소련에 대한 봉쇄(containment)로 전환되는 중요한 시기였다. 이러한 전환은 새로 임명된 국무장관 마샬(George Marshall)과 애치슨(Dean Acheson), 케난(George F. Kennan), 러스크(Dean Rusk) 등이 주도하였으며, '트루만 독트린'과 '마샬플랜'으로 대표된다.[8] 트루만은 이제 세계는 '보편적인 하나'가 아니라 '대립되는 두 가지 삶(two ways of life)'으로 대치하고 있다고 선언하였으며, 이에 따라 동아시아와 한반도도 두 가지로 분리되기 시작하였다.

1947년 중국에서 마샬의 국공합작 중재가 실패하였으며, 미국의 동아시아 정책에서 중심축은 중국에서 일본으로 서서히 이동하기 시작하였

Vol. VIII, pp. 706-711.

7) President Truman to Ambassador Edwin W. Pauley, July 16, 1946, *FRUS*, Vol. VIII, pp. 706, 714.

8) Joseph M. Jones(1955), *The Fifteen Weeks, February 21-June 5, 1947*, New York(Harcourt, Brace & World) ; Cumings(1990), *The Origins of the Korean War*, Vol. II, Princeton University Press, part 2, ch. 2 참고.

다. 1월 29일 마샬 국무장관은 남한에 '한정된 정부(definite Government)'를 조직하여 남한 경제를 일본과 연결시키는 계획안을 작성할 것을 빈센트(J. C. Vincent)에게 지시하였다.[9] 즉 한반도는 이제 남북으로 점차 분리되어 서로 다른 것들과 결합하기 시작하였다.

마샬의 이러한 의지 표명에 따라 〈한국 문제 국무부 · 전쟁부 부간 특별위원회(the Special Inter－Departmental Committee on Korea ; 이하 '부간특위'))〉가 구성되어 한국 문제에 관한 비망록을 작성하여 국무장관에게 보고하였으며, 약간의 논란을 거친 이후 4월 초 전쟁부 · 해군부도 대체로 이 비망록에 동의하였다.[10] 부간특위 비망록의 핵심은 한편으로는 소련과의 '정부 차원의 협상(governmental negotiations)'을 권유하면서, 다른 한편으로 미국이 일방적으로 남한에 대한 공세적이며 '적극적인 계획(aggressive positive program)'을 채택한다는 것이었다.

당시 남한에 대한 적극적인 계획을 마련한 이유는 "한반도는 미소가 단독적으로 정면 대치하고 있는 유일한 곳"이라는 전략적 평가 때문이었다. 즉 두 개의 세계가 한 민족 공간에서 서로 대치하고 있는 독특한 이데올로기적 · 정치적 지형이 높이 주목되었던 것이다. 이에 대한 대처로서 남한에 대한 "적극적 계획"의 주된 내용은 군사적 측면이 아니라, 즉 이데올로기와 정치경제적 측면에서 승리할 수 있는 경제원조와 남한

9) *FRUS(1947)*, Vol. VI, p. 603.

10) "Draft Report of the Special Interdepartmental Committee on Korea," 1947. 2. 25, *FRUS 1947*, Vol. 6, pp. 608－618 ; SWNCC, Memorandum for Information No. 75 : Report of the Special Interdepartmental Committee on Korea," 1947. 3. 31 ; 신복룡 편(1991), 『한국분단사자료집』 6, 원주문화사, pp. 424－541 ; *FRUS(1947)*, vol. 6, pp. 618－619, 621－623, 625－628, 628－630 참고.

단독의 임시적인 과도정부 수립이었다.[11]

부간특위의 보고와 관련하여 1947년 4월 29일 합동전략조사위원회(Joint Strategic Survey Committee)는 대외원조에 관한 보고서(JCS 1769/1)를 제출하였다.[12] JCS 1769/1의 세계전략에서 전략적 중심은 "대서양"이었고, 아시아 태평양 지역은 대륙에서 전쟁을 피하고 태평양 도서방어선을 중심으로 반격하는 "전략적 방어"지대였다. 1950년 1월 12일 애치슨의 프레스클럽 연설에서 언급된 태평양 도서방어선의 원형이 여기에서는 다소 느슨하게 "알래스카에서 필리핀, 오스트레일리아"로 이어지는 것으로 언급되어 있다.[13]

JCS 1769/1에서 아시아 태평양 지역은 16-19항에 걸쳐서 언급되어 있다. 16항에는 한반도에 원조가 필요한 이유를 분단이라는 독특한 특성과 관련하여 언급되어 있다.

> 안보적인 관점에서 대한(對韓)원조가 필요한 이유는 다음과 같다. 한반도는 38선으로 분리되어 근 2년 동안 적과 직접 대치하면서 이데올로기전(ideological warfare)을 수행해 온 유일한 지역이다. 여기에서 패배한다는 것은 전 세계에서 미국의 위신과 안보에 심대한 타격을 줄 것이다. 이 투쟁을 포기하는 것은 세계에 대한 미국의 신

11) RG 353, SANACC, 제86항, "334 Committee, Interdepartmental, Korea."
12) Report by Joint Strategic Survey Committee, "United States Assistance to Other Countries from the Standpoint of National Securities," 1947. 4. 29, *FRUS* Vol. 1, pp. 736-750 ; Etzold, Thomas H. & Gaddis, John Lewis(1978), *Containment : Documents on American Policy and Strategy, 1945-1950*, New York : Columbia University Press, pp. 71-83.
13) Etzold & Gaddis(1978), p. 72. 오키나와는 아직 태평양 도서방어선의 중요한 기지로 포함되지 않았다.

> 뢰와 의무에 의구심을 불러일으켜, 결과적으로 미국의 국가안보에 사활적으로(primary and vital) 중요한 서구(Western Europe) 국가들을 고무시키려는 우리의 노력에 손상을 줄 것이다.[14)]

여기서 주목할 점은 먼저 "적과 직접 대치하는 유일한 이데올로기적 전장"이라는 측면에서 분단 한반도의 전략적 가치가 높다는 점이다. 즉 군사적 측면이 아니라 이데올로기적 측면이 강조되고 있는 것이다. 때문에 한반도의 전략적 가치는 구체적 군사작전과 연결되는 아시아의 지정학보다는 '세계적 차원'에서 미국의 위신과 관련되고, 그것은 나아가 미국이 최고 사활적인 지역으로 파악하는 서부 유럽의 안보 및 부흥과 관련되어 파악하고 있다.

한편, JCS 1769/1은 바로 다음 항(17항)에서 순수 군사적인 측면에서 한반도의 가치를 위와는 완전 상반되게 평가하고 있다.

> 현재의 외교 · 이데올로기적 전장이 무력 전장으로 바뀌어야 한다면 한반도는 미국의 국가안보에 거의 또는 전혀 도움이 되지 않는다.[15)]

미소 냉전 초기 미국의 세계 전략에서 분단 한반도의 전략적 가치는 이처럼 대단히 비대칭적이었다. 즉 외교 · 이데올로기적 측면에서 분단 한반도는 적과 직접 대치하고 있는 유일한 지역으로 극히 중요하고 예

14) Etzold & Gaddis (1978), pp. 71-83.
15) Etzold & Gaddis (1978), p. 78.

민한 전장(戰場)이었지만 실제 군사전략적 가치는 거의 없다는 것이다. 외교 · 이데올로기적 고가치와 군사적 저가치의 갈등과 모순, 이것이 냉전 초기 한반도의 전략적 가치가 지니는 중요한 특성이라 할 수 있다.

이것은 냉전이 본격화되기 이전, 즉 한반도에서 남북의 분리를 본격적으로 고려하기 이전 통일된 한반도가 소련의 만주 지배와 관련하여 지정학적 가치를 높이 평가하였다는 것과 상반된다. 물론 이러한 전환은 당시 동아시아에서 진행된 정치군사적 지형의 변화와 깊은 관계가 있다. 중국 대륙의 전략적 능력과 가치는 급속하게 감속하였고(18항), 대신 일본이 가장 중요한 지역으로 부상하였다(19항). 그러나 당시까지 일본의 부상은 주로 이데올로기 및 경제적 측면이 강하였고, 군사적 측면에서는 여전히 최소 수준을 유지하는 상태로 극히 제한적이었으며, 아직 태평양 도서 방어선에도 들어가지 못했다.

이처럼 미소 냉전이 시작되면서 한반도의 전략적 가치에서 중국 대륙과 연동된 군사적 가치는 급속하게 하락하였다. 반면 두 개의 세계가 본격적으로 대립되면서 미국의 위신, 신뢰, 의무 등과 관련되는 이데올로기적 전장으로서 한반도의 가치는 오히려 상승하였다. 그것은 극동 차원에서 일본과 연결되었고, 세계 차원에서는 미국의 최우선 순위인 유럽의 안보와 결합되었다.

그렇다면 분단 한반도의 전략적 가치의 총합은 어느 정도로 평가하고 있는 것일까? 흥미롭게도 JCS 1769/1은 세 가지 차원에서 주요 나라들의 순위를 랭크하고 있다. ① 문서는 "미국의 국가안보상 중요한 16개 나라의 순위"를 매기고 있는데, 전략적 방어지대인 동아시아 국가는 13위 일본에서 시작해 중국(14위), 남한(15위), 필리핀(16위) 순이다. ② 정세의 불안정성을 반영하는 "원조의 긴급성"에서 남한은 18개 국가 중에서 5위에 랭크되어 있으며, 필리핀은 13위, 일본과 중국은 아예 없다.

일본은 국내 상태가 불안하지 않기 때문에, 중국은 이미 미국이 한 발을 빼고 있었기 때문이다. ③ 위의 두 항목, 즉 안보상 중요성과 원조의 긴급성을 통합한 순서를 보면 총 16개국 중에서 동아시아 국가로서는 일본이 8위, 남한이 13위, 중국이 14위, 필리핀이 15위이다.

여기서 주목할 점은 태평양 도서방어선에서 누락된 한국이 방어선에 들어가 있는 필리핀보다 안보상의 중요성이나 원조의 긴급성, 두 가지의 종합 모두에서 우선 순위에 배치되어 있다는 점이다. 이것은 합참이 한반도의 가치를 단순히 군사전략 중심이 아니라 대통령과 국무부 등에서 강조하는, 분단 한반도의 정치 · 이데올로기적 중요성을 수용했기 때문이다. 또한 1947년 당시 미국의 초기 봉쇄정책이 소련의 군사력에 대한 맞대응보다는 이데올로기와 경제에 치중하는 비대칭적 대응을 중심으로 하였기 때문이다.[16]

요컨대 냉전 초기 JCS 1769/1에서 분단 한반도의 전략적 가치는 정치 · 외교 · 이데올로기적 차원이 군사적 차원보다 압도적으로 우세하였다. 때문에 한반도에서 미국의 정책은 군사적 측면에서는 제한적이며 방어적이지만 이데올로기에서 승리를 위해서 경제적 원조 등 적극적인 정책을 펴게 되었다. 이것은 또한 남한에 대한 부간특위의 '공세적이며 적극적인 계획(aggressive positive program)'과 맥락을 같이 하는 것이다.

16) Gaddis(1982), *Strategies of Containment*, N.Y. : Oxford University Press, PP. 61－64.

III. 미군 철수와 전략적 가치 논쟁

1. SWNCC 176/30 : 케난과 합참의 근접

제2차 미소공동위원회가 사실상 결렬되자 1947년 7월 미국은 독자적인 대한정책을 추진하였다. 7월 23일 국무, 육군, 해군 3부조정위원회 산하에 한국특별위원회를 설치하였고, 국무부 동아시아과의 앨리슨(John Allison)은 한국 문제의 유엔 상정과 남한 단독정부 수립에 이르는 새로운 정책을 위한 각서를 작성하였다.[17] 이 각서는 국무부의 개입정책인 대한(對韓) 원조를 기조로 하면서 육군부의 주한 미군 철수론과 타협한 것이라 할 수 있다. 이 각서를 기초로 하여 8월 4일 한국특별위원회는 SWNCC 176/30를 채택하였다.[18]

9월 19일 하지(John R. Hodge)의 정치고문인 제이콥스(Joseph Jacobs)는 SWNCC 176/30에서 애매하게 조화되어 있는 "개입"과 "철수"의 분명한 선택을 요구하는 전문을 워싱턴에 보냈고, 이에 따라 워싱턴에서는 한반도에서 미군 철수를 둘러싼 논쟁이 일어났다.[19] 먼저 국무부에서는 버터워쓰(Walton Butterworth)의 극동국이나 앨리슨의 동아시아과를

17) Memorandum by the Assistant Chief of the Division of Northeast Asian Affair (Allison), July 29, 1947, *FRUS*, Vol. VI, p. 734.
18) SWNCC 176/30 : Report by Ad Hoc Committee on Korea, 4 Aug. 1947, *FRUS*, Vol. VI, p. 738.
19) 小此木政夫, 현대사연구실 역(1986), pp. 20－21.

중심으로 한반도에 대한 적극적인 개입정책을 주장하였고, 케난(George F. Kennan)과 정책기획실(PPS)은 합참의 군사전략적 의견을 주로 받아들여 "한반도가 우리에게 결정적인 전략적 중요성을 가지지 않는 이상 주 임무는 큰 위신의 상실 없이 빠져 나오는 것"이라는 이른바 "우아한 철수"를 주장하였다.[20]

한편, 3부조정위원회의 요청에 따라 합참은 군사적 측면에서 한반도의 전략적 가치를 평가하여 9월 29일 "주한 미군 및 그 기지는 군사적 측면에서 전략적 이익을 거의 갖지 않는다"는 평가를 육군장관의 승인을 받아 국무장관에게 제출하였다.[21] 합참은 구체적으로 다섯 가지 이유를 적시하였는데, 그 중 하나는 다음과 같다.

> 극동에서 무력분쟁이 발생하는 경우 현재 주한 미군은 군사적 부담이 되며, 분쟁의 발발에 앞서 대폭적인 증강 없이 그것을 유지하기는 곤란할 것이다. 또한 미국에 의한 아시아 대륙에의 공격작전은 아마도 한반도를 우회할 것이다.[22]

당시 합참은 기본적으로 미국이 아시아 대륙에서 대소 지상전을 수행할 능력을 가지고 있지 않다는 평가를 바탕으로 미국의 반격도 오키

20) Memorandum by the Director of the Policy Planning Staff(Kennan) to the Director of the Office of Far Eastern Affairs(Butterworth), Sep. 24, 1947, *FRUS*, Vol. VI, p. 814.

21) Report by JSP, "Military Importance of Korea," 22 Sep. 1947, Record of the Joint Chief of Staff, Part 2 : 1946–1953 ; 小此木政夫, 현대사연구실 역(1986), pp. 22–23 ; "Memorandum by the Secretary of Defence(Forrerstal) to the Secretary of State," 26[29], Sep. 1947, *FRUS*, Vol. VI. pp. 817–818.

22) *FRUS 1947*, VI. p. 817.

나와, 알래스카, 알류샨 등의 연안 도서로부터 해 · 공군에 의한 작전에 한정하고 있었다. 또한 아시아 대륙에 해 · 공군 기지를 확보하는 경우에도 한반도보다는 산뚱(山東)반도가 한국 및 화북에 이르는 소련의 전략선을 방해하고 뤼순(旅順) · 다롄(大連) 등을 중립화시키며 더 넓은 범위에서 소련의 제공권에 대항하는 데 유리하다고 평가하였다.[23)]

결국 9월 29일 마샬, 로베트(Robert Lovett), 케난, 버터워쓰, 앨리슨 등 국무부 수뇌들은 한반도에서 "나쁜 결과를 최소화하면서 가능한 한 빨리 한반도에서 철수를 모색해야 하며, 소련의 철군 제안을 적절히 이용할 경우 미국은 명예롭게 철수할 수 있다"는 의견에 합의하였다.[24)] 이러한 결론은 케난과 정책기획실 입장을 대폭 수용한 것이었다. 정책기획실장 케난은 "한반도가 군사전략적 가치는 거의 없다"는 합참과 의견을 같이 하였을 뿐만 아니라, "평화롭고 자유로운 민주주의 발전의 희망이 존재하지 않는다"고 남한의 정세를 부정적으로 평가하였다. 이런 상황에서 이데올로기전의 승리는 기대할 수 없는 것이다.

케난은 기본적으로 한반도를 포함한 아시아 대륙을 역사적 후진지대로 낮게 평가하였고,[25)] 공산화되던 중국 대륙에서 미국의 이익도, 할 일도 "거의 없다"고 평가하였다. 또한 한반도의 군사전략적 가치는 "거의 없으며", 일각에서 제기되고 있던 만주에 대한 개입정책을 넌센스라고 지적하였다.[26)] 당시 그는 일본의 전략적 가치를 매우 높게 평가하였지

---

23) JWPC476/2(MOONRISE), 29 Aug. 1947, *Record of JCS, Part 2 : 1946–53*, the Soviet Union, Microfilm, University Publication of America, 1979 ; 小此木政夫, 현대사연구실 역(1986), pp. 52–53.

24) Memorandum by Kennan, 1 Oct. 1947, *FRUS 1947*, Vol. VI. p. 818, N. 27.

25) Cumings(1990), pp. 54–58.

26) PPS 13 : Resume of World Situation, Nov. 6, 1947, Etzold & Gaddis(1978),

만 그것과 연결된 한반도의 해양적 가치에는 거의 주목하지 않았다. 요컨대 그는 미국이 아시아 대륙과 한반도에서 손을 떼야 한다는 입장이었고, 이런 입장은 합참의 "아시아에서의 전략적 방어" 개념과 잘 결합할 수 있었다.

1947년 전반기에는 합참이 한반도의 이데올리기적 가치를 높이 평가하는 국무부의 의견에 따랐다면, 1947년 후반기에는 국무부가 정책기획실을 중심으로 한반도의 군사적 가치를 낮게 평가하는 합참의 의견에 근접해 갔다. 1947년 후반기 한반도에 대한 전략적 가치 평가와 미국의 대한정책에 대하여 국무부와 합참은 의견통일을 이루는 듯이 보였다. 그러나 이러한 기조는 오래 유지되지 못하였다.

1. NSC 8, NSC 8/2 : 맥아더와 앨리슨의 논쟁

1948년 한국 문제의 유엔 상정과 주한 미군의 철수는 서로 짝을 이루는 것이었다. 이러한 상황에 대처하기 위해 1948년 4월 2일 마련된 NSC 8[27]은 한반도의 군사전략적 가치를 낮게 평가하던 합참 · 육군부의 의견과 이데올로기적 측면을 높이 평가하여 대한 군사 및 경제원조가 필수적이라는 국무부 사이의 타협을 반영하는 것이었다. 즉 NSC 8은 국무부의 의견을 받아들여 남한에 대한 경제원조뿐만 아니라 군사원조를 포함하였으며, 또한 군부측의 의견을 받아들여 "1948년 말까지 미군 철

pp. 95－96.

27) NSC 8 : Report to the President by NSC on the Position of U.S. with Respect to Korea, Apr. 2, 1948, *FRUS*, Vol. VI, pp. 1163－1169.

수를 완료하기 위해 모든 노력을 다해야 한다"고 규정하였다.

그런데 NSC 8은 미군 철수의 조건으로 대한정책의 일반적 목표, 미국 유엔의 공약과 일치해야 한다고 규정하고 있다.

> 한반도 전역에 대한 소련의 지배 확대는 중국 및 일본에 대한 소련의 정치적 및 전략적 입장을 강화하고, 반대로 그들 지역 및 극동 전체에서 미국의 입장에 악영향을 미칠 것이다. … 소련에 지배되는 세력에 의하며 유엔 후원 아래 남한에 수립된 정권이 전복된다면 그것은 유엔의 위신과 영향력에 심대한 타격이 될 것이다. 미국의 이해관계도, 설령 UN과 동일하지는 않다고 하더라도, 그에 필적하는 타격을 입게 될 것이다.[28)]

NSC 8은 당시 미국 봉쇄정책이 지니는 비대칭적 대응을 반영하여 전반적으로 한반도에서 군사와 전쟁보다는 정치와 경제, 외부적 침략보다는 내부적 전복을 중심 문제로 취급하고 있다. 여기서 한반도의 전략적 가치는 동북아 지역과 세계 두 가지 차원에서 언급되어 있다. 먼저 동북아 차원에서는 중국 및 일본과 관련하여 언급되고 있지만 그것을 주로 정치 · 이데올로기적인 것이었다.

반면, 군사전략적 측면에 대해서 맥아더(Douglas MacArthur)와 케난은 한반도가 일본의 방위와 거의 관련이 없다고 낮게 평가하고 있었다. 1948년 3월 1일 맥아더는 케난과의 대담에서 알류샨, 미드웨이, 오키나와, 필리핀으로 이어지는 태평양 도서방어선을 언급하였지만 여기서 한반도는 제외되었다. 태평양 방어선에서 핵심은 오키나와였으며, 맥아더

28) *Ibid.*, p. 1167.

는 오키나와에 해·공군 기지를 유지하면 유사시 동북아시아 대륙의 어느 항구도 장악할 수 있다고 판단하였다.[29)]

다음, NSC 8은 세계적 차원에서 한반도의 전략적 가치를 유엔과 연결하여 평가하고 있다. 미국의 이해관계는 UN만큼은 아니더라도 그에 필적하는 것으로 언급되고 있다. 즉 1947년 4월 29일 합동전략조사위원회(Joint Strategic Survey Committee)의 보고서(JCS 1769/1)만큼 한반도의 전략적 가치를 서구와 연결하여 미국의 이해관계와 직결시키지는 않지만 UN과 연결시켜 그와 거의 유사한 수준으로 취급하였다.

NSC 8이 채택되자마자 국무부와 육군부, 그리고 주한 미군 사령부는 미군 철수와 유엔의 관여 두 가지 문제를 중심으로 근 1년간 논쟁이 계속되었다. 육군부는 NSC 8에 규정된 철군 완료 기한의 엄수를 강조하였지만 국무부는 그것보다 유엔에서 한국 문제 처리가 더 우선되어야 한다는 입장을 견지하였다. 이러한 대립의 과정에서 한반도 현지 사령관, 정치고문, 특사의 의견은 대체로 국무부과 견해를 같이하여 현지의 하지 주한 미군 사령관이나 제이콥스 정치고문은 철군 연기를 주장하였다.

1948년 8월 15일 남한 정부수립 이후에도 논쟁은 계속되어 미군 철수 예정일인 9월 15일이 지나도 유엔 총회가 한국 문제를 상정하지 않았기 때문에 철수는 시작되지 않았다. 육군부 작전기획국장 웨드마이어(Albert Wedemeyer) 장군이 11월 초 철군 개시일을 11월 15일로 공식 통보하였지만 살츠만(Charles E. Salzman) 국무부 차관보는 유엔이 한국 문제를 다루기 이전에 철군할 수 없다는 입장이었다. 또한 11월 12일 무초 특

29) PPS 28/2 : Conversation between General of the Army MacArthur and Mr. George, March 5, 1948, Etzold & Gaddis (1978), pp. 228–230.

사는 미군의 주둔만이 한국의 국내상황을 진전시킬 수 있는 유일한 길이라고 보고하였다.[30)]

1948년 12월 12일 한국 문제에 관한 결의안이 유엔에서 통과되었고, 여기서 "가능한 한 90일 이내 점령군의 철수"를 요구하였다. 또한 소련은 12월 25일 철군을 완료하였다. 이처럼 12월에 들어와 미군 철수가 불가피한 상황으로 박두하자 육군부는 철군 연기를 주장하던 국무부의 근거가 소멸되었으므로 1949년 3월 31일까지 미군 철수를 완료할 것을 주장하였다. 그런데 여기서 철군의 근거로 제시한 주요한 기준은 "기존" NSC 8의 철군 규정 및 합참의 군사전력적 평가와 더불어 맥아더 장군의 "최근" 평가였다. 즉 국무부가 현지의 주한 미군 사령관 하지와 그의 정치고문 제이콥스, 그리고 무초 대사의 보고서를 근거로 철군 연기를 주장하였다면 육군부는 이들보다 상관인 도쿄의 맥아더를 내세웠다.

> 1948년 12월 4일 맥아더 장군은 "남한에 주둔하는 소규모 미군은 대규모 공격에 돌출되어 깨지기 쉬워 … 그것은 자산이라기보다 짐이 된다"고 평가하였다.[31)]

1년 반 이후 맥아더 장군은 한국전쟁에서 확전의 주역이 되지만, 1948년 12월 당시만 해도 한반도의 군사전략적 가치를 이처럼 낮게 평가하였다. 그는 합참과 마찬가지로 알류샨 열도, 필리핀, 오키나와로 이어지는 태평양 도서방어선에 주목하였고, 아시아 대륙에서 군사작전이

30) Muccio to the Secretary of State, Nov. 12, 1948, *FRUS* Vol. VI, pp. 1325–1327.

31) Draper to Saltzman, 22 Dec. 1948, *FRUS*, Vol. VI, p. 1342.

필요한 경우도 한반도보다는 중국 본토에 더 주목하고 있었다.

국무부에서 맥아더 장군의 상대는 동아시아과였다. 12월 17일 국무부 동북아과의 비숍(Max Bishop)과 본드(Niles Bond)는 한반도의 전략적 중요성을 강조하면서 미군 철수를 연기하고 나아가 NSC 8까지 재검토할 것을 주장하는 비망록을 제출하였다.[32] 여기서 강조하는 한반도의 전략적 가치는 중국의 공산화에 대한 대안으로서 부상하는 일본과 연결되었다.[33]

> 만약 한반도 전체가 공산주의의 지배로 들어간다면 일본열도는 세 방면에서 공산주의와 연결된 환(環)에 의해 포위될 것이다. 즉 일본열도의 동북지역은 사할린과 쿠릴열도에서 소련의 사정권 안에, 남서지역은 남한 공산주의자의 사정권 안에 처하게 될 것이다. 이로해서 공산주의자들이 일본을 그들의 영향력 하에 편입시키려고 노력할 것이다. 공산주의자들은 그들이 활용할 수 있는 경제자원을 통한 유혹, 아시아와 유럽에서 공산주의 정부가 증가하고 있다는 정치적 선전과 심리적 호소 등을 이용할 것이다. 이러한 상황에서 일본을 공산체제와 차단하여 미국의 영향력 하에 두는 것은 더욱 어려워질 것이다.[34]

32) Memorandum by the Chief of the Division of Northeast Asia Affairs (Bishop) to the Director of the Office of Far Eastern Affairs (Butterworth), Dec. 17, 1948, *FRUS*, Vol. VI, pp. 1337–1340.

33) Cumings (1990), pp. 56, 169, 175–177.

34) Memorandum by the Chief of the Division of Northeast Asia Affairs (Bishop) to the Director of the Office of Far Eastern Affairs (Butterworth), Dec. 17, 1948, *FRUS*, Vol. VI, p. 1338.

이 메모는 일본이 막대한 잠재력을 지닌 동북아의 중심이며, 이와 관련하여 분단 한반도의 전략적 가치를 다시 평가하여야 하며, 따라서 미군 철수를 포함한 NSC 8의 결정이 재고되어야 한다고 요구하였다.[35] 이 문서는 냉전 한반도의 전략적 가치를 유엔과 세계적 차원에서 뿐만 아니라 극동의 일본과 관련하여 구체적으로 검토하였다는 점에서 주목할 가치가 있다. 또한 이것은 일본을 중시하지만, 한반도를 이와 분리하여 전략적 가치를 낮게 평가하던 국무부 내 입장과도 분명한 차이를 보이고 있다.[36]

동북아 내지 일본 문제로 한반도의 전략적 가치를 재평가하자는 국무부의 논리를 반박하기 위해 육군부는 다시 1949년 1월 19일자 「맥아더 서한」을 동봉하였다.[37] 맥아더는 심리적인 이유를 고려하여 철군 일정을 약간 지연하여 남한 선거가 실시되는 5월 10일을 철군 종료일로 권유하였지만, 군사전략적인 관점에서는 육군부와 마찬가지로 한반도가 거의 가치가 없다는 조기 철군론자였다. 그는 "미군이 한반도에 오래 주둔하면 할수록 철군의 위험성은 더 커질 것"이라 주장하였고, 더욱이 전쟁시 한반도를 포기해야 한다는 입장을 표명하였다.

> 미국이 공산주의자에 의한 내란에 동반한 전면적인 침입에 대처할 수 있을 정도로 한국군을 훈련시키고 장비를 지급하는 것은 불

35) *Ibid.*, pp. 1337 – 1340.
36) 두 가지 입장은 한국전쟁시기 38선 이북으로 전쟁을 확대하는 문제를 두고 다시 논쟁하였다. 도진순(2004), "한국전쟁의 기본개념으로서 제한전(limited war)의 성립과 분화," 한국사연구회, 『한국사 연구』 125.
37) *FRUS(1949)*, Vol. VII, p. 945, n. 2 ; Sawyer(1962), *Military Advises in Korea : KMAG in Peace and War*, Washington D.C. : Government Printing Office, p. 37.

> 가능하다. 만약 심각한 위협이 전개된다면 미국은 한국군에 대한 실질적인 군사적 지원을 포기할 수밖에 없을 것이다.[38)]

철군 논의의 종결과 NSC 8의 재론을 위해 국무부는 한국 현지의 무초(John Muccio)에게 의견을 요구하였고, 그는 남한의 상황이 진정되어 1949년 6월까지 미군 철수가 가능하다고 보고하였다.[39)] 또 다시 현지 책임자가 캐스팅 보트를 행사한 것이었다. 이러한 보고를 기초로 신임 애치슨 국무장관은 6월 30일을 철군 시점으로 명시한 NSC 8/1을 제출하여 군사적인 관점에서 검토하기 위해 1949년 3월 17일 합동전략조사위원회(Joint Strategic Survey Committee)로 넘겼다. 이후 국무부는 무초와 본드의 의견을 청취하고 군부의 수정안을 수용하여 NSC 8/2를 제출하였고, 1949년 3월 23일 트루만의 재가를 받았다. NSC 8/2에서 군부는 6월 30일이라는 구체적인 철군 완료 시점을 얻어내는 데 성공하였고, 국무부는 NSC 8보다 더 확대된 대한 경제원조을 얻어냈다. 결국 NSC 8/2에서도 군사전략적 가치와 정치경제적 가치의 불일치를 극복하지 못하고 병렬적으로 처리하였다.[40)]

1949년 6월 27일 철군 완료를 앞두고 육군부는 "주한 미군의 철수 이후 발생 가능한 북한의 전면 남침"의 경우에 대비하는 작전을 수립하였다. 여기서 미국이 취할 수 있는 행동으로 ⓐ 한국 거주 미국인의 긴급 철수, ⓑ 한국 문제의 유엔안전보장이사회 상정, ⓒ 유엔 승인 하에 법질

38) *Ibid.*, p. 945, n. 2.

39) The Special Representative in Korea(Muccio) to the Secretary of State, Jan. 27, 1949, *FRUS*, Vol. VII, pp. 947 – 952.

40) Report by NSC to the President, Mar. 22, 1949, *FRUS*, Vol. VII, pp. 969 – 980.

서의 회복과 38선의 불가침성을 재확인시킬 목적으로 미군과 기타 UN 회원국의 부대로 구성된 특별기동대의 치안유지 활동(police action), ⓓ 한미연합사령부 설치, ⓔ 트루만 독트린을 한국에도 적용시키는 것 등을 거론하고, 바람직한 것으로 ⓐ와 ⓑ를 권고하였다. ⓓ와 ⓔ는 선택에서 아예 배제하였고, ⓒ도 군사적으로 불합리한 것으로 판단하였으나 다른 수단이 실패하였을 경우에 고려할 수 있다고 한정하였다.

합참은 전쟁 발생시 개입을 최소화하는 육군부의 방안에 대해 동의하였으며,[41] 다시 한 번 "한반도는 군사적으로 전략적 가치가 거의 없으며, 철군으로 전쟁이 일어날 경우 미군의 개입은 바람직하지 않다"는 입장을 밝혔다.[42]

Ⅳ. 전쟁 전야의 봉쇄전략 : 비대칭과 대칭

1. 비대칭적 쐐기전략 : NSC 48

1949년 말 NSC 48이 미국의 아시아 봉쇄(containment)정책의 문서

41) 커밍스는 육군부의 이러한 방안을 한반도에서 제한전을 적극 검토한 것으로 해석한 바 있지만, 당시 이 방안은 거꾸로 한반도 전쟁에 최대한 개입하지 않는 방법이었다.

42) JCS 1776과 1776/1/2, 116/1/4 ; RG 218, Joint Chiefs of Staff, CCS 383.21 Korea(3-19-45), Sec. 20, pp. 10-13. 이 연구의 출간과 관련된 두 개의 관련 메모는 *FRUS(1949)*, Vol. VII, pp. 1046-1057.

인가, 아니면 봉쇄의 외피 속에 롤백(rollback)정책을 내장하고 있는 것인가 논란이 있어 왔다. 커밍스는 NSC 48의 여러 초안들을 검토하고, "미국의 당면 목표는 소련의 힘(power)과 영향력(influence)을 봉쇄하고(contain) 적당한 지역에서 감소시키는(reduce) 것"이라는 구절 등을 근거로 제시하면서 NSC 48을 1950년의 NSC 68과 유사하게 봉쇄와 롤백이 결합된 것으로 주장하였다.[43)]

그러나 "봉쇄(contain)뿐만 아니라 축소(reduce)"라는 표현은 1949년 4월 모스크바 대사의 전문에 이미 나타나며,[44)] 또한 NSC 48에서 "적당한 지역에서 소련의 힘과 영향력 감소"는 군사전략적 차원보다는 정치·경제·이데올로기적 차원이 우선하는 것으로 보아야 할 것이다. 즉 NSC 48은 "아시아 지역은 빈곤, 내셔널리즘, 혁명"이 만연된 곳으로 파악하고, 여기서 소련과 연계된 공산주의자들이 주도권을 장악하는 것을 방지하기 위하여 미국이 적극적으로 정치·경제·이데올로기적 지원을 해야 한다는 것이 핵심이다.[45)]

그러한 정책이 통할 수 있는 "적당한 지역"의 구체적인 대상은 중국이었다. 애치슨으로 대표되는 NSC 관련자들은 마오쩌둥과 같은 중국 공산주의자들을 소련으로부터 독자성이 강한 민족주의자라고 파악하였다. 따라서 타이완의 장제스 정권에 대한 지원을 유보함으로써 공산 중국을 소련과 분리해내어 미국 편으로 끌어당기려는 "쐐기전략(wedge

43) Cumings(1990), pp. 158-182.

44) Moscow Embassy Joint Intelligence Committee Report, "Soviet Intension", Apr. 5, 1949, *FRUS*, Vol. V. p. 605.

45) Etzold & Gaddis(1978), pp. 251-269 ; Gaddis(1982), pp. 69-70. 반면 군사적인 관점에서 NSC 48은 여전히 "서구에서의 전략적인 공격"과 "동방에서 전략적 방어"를 명시적으로 표명하였다.

strategic)"을 구상하였다. 신생 마오쩌둥의 공산 중국이 1년 전 티토(Tito)의 유고슬라비아(Yugoslavia)와 같은 길을 갈 수 있다는 쐐기전략이야말로 NSC 48에서 "소련의 힘과 영향력을 감소"시키는 주요 방편이었던 것이다.[46)]

물론 중국 대륙의 공산화라는 정세에 대처하기 위한 NSC 48에는 기존의 동북아정책과는 다른 주목할 만한 새로운 특징들이 나타나는 것도 사실이다. 그 대표적인 것으로 일본 본토의 전략적 가치가 급속하게 상승하여 군사적 측면에서도 변화를 가져왔다. 그간 미국의 일본에 대한 군사정책은 "최소 수준"으로 유지하는 것이었고, 태평양 방어선에서 일본 본토는 빠져 있었으며, 군사기지의 핵심은 어디까지나 오키나와였다. 그러나 1949년부터 합참은 미군의 점령기간 연장, 일본의 재무장 등을 모색하였으며, 국무부는 대일강화조약의 조기 체결을 검토하였다. 이제 일본은 미태평양 방어선의 핵심 부분으로 편입되었고, 중국 대륙을 상실한 이후 태평양 방어선의 비중도 단순한 방어선 이상으로 격상되었다. 즉 기본적으로는 전략적 방어선이지만 "대규모 군사력"이 아닌 방법으로 공산세력을 물리치는 부분적인 "제1공격선"이 되기도 한다는 것이다.

> 군사적인 관점에서 볼 때 미국은 아시아에서 소련의 공격에 성공적으로 방어할 수 있다면 "최소한의 지위"를 유지해야 한다. 이러한 최소한의 지위는 현재 유지하고 있는 아시아의 도서 연쇄 방어선으로 구성되어 있다. 이러한 도서 연쇄는 전쟁시 공산주의를 물리치는 우리의 제1방어선일 뿐만 아니라, 우리가 대규모 군사력이

46) Gaddis(1982), pp. 68 – 71.

> 아닌 방법으로 공산세력이 장악하고 있는 지역들을 축소시키려고 할지도 모를 경우에 설정되는 제1공격선이기도 하다. 이러한 제1방어선에는 일본, 류큐, 필리핀이 포함되어야 한다.[47]

NSC 48에서 일본의 지위는 강화되었지만 한반도 정책에 관한 한 전반적으로 기존의 봉쇄정책에 의존하고 있다. 문서는 한반도에서 미국 정책의 목표를 NSC 8을 계승하여 다음과 같이 설정하고 있다.

> 이 정책의 주된 목표는 대한민국 정부가 ① (내부) 공산주의 확장 위험을 통제하고, (외부적으로) 소련 지배 하에 있는 공격적인 북한 정권으로 야기되는 위력을 봉쇄(contain)할 수 있을 정도로, ② 그리하여 궁극적으로 전국을 민주주의적 기초에서 평화적으로 통일하기 위한 핵으로 기능할 수 있도록 지원하는 데 있다.[48]

여기서 한반도 정책의 단면 목표는 여전히 봉쇄(containment)이며, 한반도의 통일은 이것과 분리되어 장기적인 목표로, 그것도 평화적 수순으로 설정되어 있다.

47) Etzold & Gaddis (1978), p. 264.
48) Etzold & Gaddis (1978), p. 256.

2. 에치슨 연설과 비판

1950년 1월 12일 미국무장관 애치슨의 프레스클럽 연설, 「아시아의 위기 : 미국 정책의 한 시험대」는 사실상 위의 NSC 48/2를 다양한 측면에서 설명한 연설이라 할 수 있다.[49]

연설에서 가장 중요한 부분은 '사회 제국주의(Soviet Imperialism)'라는 개념으로 소련을 공격한 것이다. 공산주의 대신 제국주의라는 개념을 사용한 것은 소련과 여타의 공산권을 분리하려는 미국의 쐐기정책이 적용된 것이다. '소련 제국주의'에 대한 애치슨의 비판은 단순히 철학적 · 이데올로기적 수준에 머문 것이 아니라, 사회주의 조국 소련이 신생 사회주의 중국의 절반에 이르는 대규모 영토의 병합을 음모하고 있다는 충격적인 내용을 포함하고 있었다. 즉 소련의 합방 시도가 "외몽골에서는 이미 완료되었으며, 만주(滿洲)에서는 거의 완료되었고, 내몽골과 신장(新疆)에서는 급속하게 추진되고 있다"고 주장하였다.[50]

이처럼 애치슨은 대륙의 공산 중국을 친미로 유도하는 한편, 타이완에 대해서는 일 주일 전 트루만 대통령에 의해 이미 공공연하게 천명된 "미국의 불개입정책"을 다시 확인하였다. 1월 5일 트루만은 타이완이 "중국의 일부"이며, "미국은 타이완에 군사기지를 만들 어떠한 의도나 특권도 없으며 타이완에 군사원조도 하지 않을 것"이라고 천명하였다.

---

49) 小此木政夫, 현대사연구실 역(1986), p. 60 ; 도진순(2002), "1950년 1월 애치슨의 프레스클럽 연설과 하나의 전쟁 논리," 한국사연구회, 『한국사연구』, 119.

50) Acheson, "Crisis in Asia : An Examination of U. S. Policy," *The Department of State Bulletin*, Vol. XXII (January 16, 1950), pp. 111-118.

나아가 "대만은 자체 방어를 위한 적절한 자원들을 스스로 가지고 있다" 고 내팽개치듯이 언급하였다.[51]

당시 미국의 지도자들은 공산주의의 위협을 외부(소련군)에 의한 군사적 공격과 내부의 전복으로 명확하게 구분하고, 후자는 군사적인 수단보다는 경제적 지원과 부흥에 의해 효과적으로 저지될 수 있다고 생각하는 경향이 강했다. NSC 48/2와 애치슨의 연설에는 이러한 인식이 지정학과 결합되어 언급되고 있다. 즉 소련과의 전면전의 경우 미국은 태평양 방어선을 중심으로 대처하며, 그 밖의 지역에서 전복공작 등에 대해서는 정치·경제·이데올로기적 지원으로 대처한다는 것이었다. NSC 48과 애치슨 연설에서 무게 중심은 외부로부터 공격에 대한 방어선이나 군사문제가 아니라 내부의 전복에 대한 정치경제적 지원 문제이었다.

애치슨이 언급한 '태평양 환상방어선(defence perimeter)'은 1947년 미국 군부의 기본 전략 중에 하나로 입안되어 1948년 이후 합참(JCS), 맥아더 극동사령부(SCAP), 국방부 등이 두루 인정하던 것이었다. 1948년 3월 맥아더가 케난에게 언급한 도서방어선, 1949년 3월 1일 맥아더가 영국 언론인인 프라이스(G. Word Price)와의 회견에서 언급한 전략적 경계선(strategic boundaries), 1949년 12월 8일 미합참에서 마련한 전쟁계획 'Offtackle'의 전략방어 제1선(the first line of strategic defence), 1949년 12월 말 NSC 48의 전략방어선 등이 그것이다. 애치슨은 맥아더와 합참의 이러한 방어선 중 최근의 내용을 다시 설명한 것에 지나지 않았다.[52]

---

51) *The Department of State Bulletin*, January 16, 1950.

52) PPS 23, Feb. 24, 1948, *FRUS*, Vol. I, p. 525 ; *New York Times*, March 2, 1949(22면) ; PPS 28/2 : "Conversation between General of the Army MacArthur and Mr. George F. Kennan," March 5, 1948, Etzold & Gaddis (1978),

애치슨은 위와 같은 맥락에서 아시아의 여러 나라들에 대한 전략적 · 지정학적 가치를 평가하였다. 그는 서구 동맹국들의 이해관계가 얽혀 있는 동남아보다 동북아에서 미국의 이해관계가 더 중요하며, 그 중에서 일본의 전략적 가치를 매우 높이 평가하였다. 그는 연설 이틀 전의 비밀증언에서 미국의 동북아정책은 "일본을 핵으로 하는 아시아의 초승달 내지 반원지대"의 경제부흥을 통한 공산권의 포위에 있다고 밝혔다.[53] 또한 일본을 "미국의 직접 책임 아래 있는" 태평양 방어선의 핵심으로 언급하였다.

그는 한국을 태평양 방어선에서도 제외하였지만 그것은 특별한 의미가 있는 것은 아니었다. 오히려 그는 한국에서 "미국의 책임은 더욱 직접적이고(more direct) 미국의 기회는 더욱 명확하다(more clear)"고 언급하였다.[54] 이것은 결코 한국의 포기를 의미하는 것이 아니었으며, 정치 · 경제 · 이데올로기적 측면에서 한반도의 전략적 가치를 높게 평가하던 이전 국무부의 정책을 전환한 것도 전혀 아니었다.

그럼에도 불구하고 이 연설 당시부터 크게 논란되었다. 당시 공화계 의원들의 비판의 핵심 중에 하나는 애치슨의 아시아 전략이 맥아더 극동사령부와 사전에 의논한 것이었는가 또는 일치하는가 여부였다. 앞서

---

p. 229 ; Acheson, "Crisis in Asia : An Examination of U. S. Policy," *The Department of State Bulletin*, Vol. XXII(January 16, 1950), pp. 111–118 ; Gaddis (1980), "The Strategic Perspective : The Rise and Fall of the 'Defensive Perimeter' Concept," Dorothy Borg and Waldo Heinrichs, ed.(1980), *Uncertain Years : Chinese–American Relations, 1947–1950*, New York : Columbia University press, pp. 62–66 ; 도진순(2002), "1950년 1월 애치슨의 프레스클럽 연설과 하나의 전쟁 논리."

53) Cumings(1990), p. 423.

54) Acheson, "Crisis in Asia : An Examination of U. S. Policy", pp. 116–117.

언급한 바와 같이 애치슨이 언급한 방어선은 맥아더의 그것과 같은 것인데 왜 이러한 논쟁이 일어나는 것일까?

먼저 논란의 핵심이 한반도도 일본도 아니었다는 점이다. 당시 중국 대신 일본에 대한 비중이나 이와 연결된 한반도의 전략적 가치에 관해서는 일본 중시주의자인 애치슨의 국무부가 맥아더, 합참, 육군부보다 훨씬 높게 평가하고 있었다. 문제의 핵심은 중국과 타이완이었다. 1948년 12월 말 NSC 48/1, 2를 마련하고 1월 5일 트루만의 타이완 불개입정책 표명 이후, 미국 행정부의 대아시아정책에서 핵심 문제는 타이완 불개입정책과 공산 중국과의 새로운 관계 설정 문제였다. 이에 대해 친중 공화당 의원들은 행정부의 정책에 대단히 분노하였고, 이로 해서 트루만 행정부의 초당적 외교전략은 붕괴의 위기에 처하게 되었다.

특히 트루만이 타이완 불개입정책을 공공연하게 표명한 직후 맥아더는 이를 비판하면서 새로운 공세적인 아시아 방어선 설정을 주장하였다. 그는 아시아를 유럽과 동일한 수준으로 격상시키는 확고한 반공정책을 강조하면서 극동에서 공산주의를 제압할 수 있는 명확한 선(definite line)을 "다시" 그을 것을 강조하였고, 나아가 당시 아시아를 순방하고 있는 전권대사 제섭(Philip Jessup)에게도 아시아에서 공산주의 저지책을 설득할 것이라고 언급하였다.[55] 당시 공화당의 태프트(Robert Taft) 상원의원도 "공산주의에 의해 인도되는 국무부가 장제스의 몰락을 도모하고 있다"고 비난하였다.[56]

그런데 당시 맥아더가 NSC 48과 애치슨 연설을 비판하면서 새로운 방어선을 주장하였지만 한반도와 관련하여 입장을 바꾼 것은 없는 것으

55) *New York Times*, January 6, 1950.

56) *New York Times*, January 11, 1950.

로 보인다. 그것은 다음 몇 가지 경로를 통해서 확인할 수 있다. ① 맥아더는 1948년 미군 철수 논쟁에서는 물론 한국전쟁 발발 직후까지도 한반도가 군사전략적으로 거의 가치가 없다는 입장을 줄곧 견지하였다. ② 이러한 판단 때문에 맥아더는 한국전쟁 이전 북의 침입 징후를 알리는 많은 정보들을 무시하였다. ③ 1950년 6월 25일 한국전쟁이 일어나자 맥아더는 소련이 반드시 공격의 배후에 있는 것도 아니고, 북한군의 공격이 전면적이 아니라 "단순한 위력 정찰"로 보았으며, 한국군이 승리할 것으로 낙관하였다. ④ 그가 한반도 사태를 심각하게 인식한 것은 전쟁 발발 후 3일째 서울이 함락되고 난 이후이지만, 이때 그가 "할 수 있는 것"으로 표명한 것은 "미국인들을 안전하게 구출하는" 소극적 소개 정책이었다. 이것은 다름 아닌 1년 전(1949년 6월 27일) 미군 철수 완료를 앞두고 조기 철수론자들인 육군부와 합참이 "한반도는 군사적으로 전략적 가치가 거의 없으며, 철군으로 전쟁이 일어날 경우 미군의 개입은 바람직하지 않다"는 입장에서 마련된 것이었다.[57)]

3. 대칭적 대응과 제한전 : NSC 68

1949년까지 미국의 안본전략 문서들은 원자폭탄 등으로 소련이 전쟁을 먼저 시작하지 않을 것이라는 전제 하에서 아시아 민족주의에 대한 적극적인 포섭과 경제적 지원을 기획하였다. 그러나 1949년 후반 이

57) JCS 1776과 1776/1/2, 116/1/4 ; RG 218, Joint Chiefs of Staff, CCS 383.21 Korea(3-19-45), Sec. 20, pp. 10-13 ; *FRUS*, 1949, Vol. VII, pp. 1046-1057.

후 국무부 일각에서는 이러한 전제와 의도에 대해 회의를 품게 되었다. 특히 미국의 적극적인 유인전략에도 불구하고 1949년 12월 마오쩌둥은 중소우호동맹을 체결하기 위해 모스크바를 방문하였다.

스탈린과 마오쩌둥이 모스크바에서 회담을 계속할 때 NSC 48의 기조에서 쐐기전략을 구사한 것이 애치슨의 연설이라면, 이러한 쐐기전략이 통하지 않을 때를 대비한 새로운 준비가 NSC 68이었다. 즉 NSC 68은 NSC 48 이후의 중요한 새로운 사태 전개, 즉 중국에서 공산주의의 승리와 중소동맹, 소련의 원자탄 보유 등으로 소련이 전쟁을 시작할 수 있다고 예견하면서 그 대책을 마련한 것이었다. NSC 48이 비대칭적 봉쇄전략으로 쐐기정책을 적극적으로 고려하였다면, NSC 68은 대칭적인 봉쇄전략으로 군사적 대응에 충실하였다. NSC 48/2가 타이완 포기정책과 공산 중국에 대한 유인정책을 표명하였다면, NSC 68은 그러한 정책을 전혀 언급하지 않았다.[58]

NSC 68의 예언적 가치는 소련과의 전면전('global war', 'world war')을 기준으로 전쟁이 일어나지 않을 것이란 종래의 대전제를 뛰어넘어 핵 대립시대에 '제한전(limited war)'의 가능성을 예견하고, 후일 '유연대응전략(flexible response)'이라 명명되는 여러 가지 전략을 검토하였다는 점이다. 이리하여 소련의 '제한적인 기습공격(surprise attack + limited war)'과 이에 대한 '제한적 역공세(counter attack + limited war)'가 적극 검토되었다.[59]

1950년 2-3월 NSC 68의 초안 작성을 주도한 사람은 케난의 후임

58) Gaddis (1982), pp. 98-99.
59) NSC 68 : U. S. Objectives and Programs for National Security, April 14, 1950 ; Etzold & Gaddis (1978), pp. 383-442 ; Gaddis (1982), pp. 89-126.

으로 국무부 정책기획실(PPS)의 책임자가 된 니츠(Paul Nitz)였다. 초안은 4월 7일 트루만에게 제출되었지만 9월 30일까지 승인되지 않았다. 이 문서에서 한반도와 그 전략적 가치에 대해서 특별히 다시 규정한 것은 없지만, 이 문서가 제출되고 난 두 달 이후 한국전쟁이 발생하였기 때문에 NSC 68은 한국전쟁의 기본개념이 되는 제한전을 기초하는 데 많은 공헌을 하였다.

예컨대 한국전쟁 발발 직후 블레어하우스(Blair House) 회의에서 한반도가 군사적 가치가 거의 없는 지역이지만 재앙의 도미노적 연쇄작용으로 세계전과의 연결 가능성, 서구 동맹국들의 미국에 대한 신뢰 등을 고려하여 단호한 대처를 모색한 것, 북한군의 공격을 소련에 의한 '제한적 기습공격'으로 규정하고 이에 대한 '반공격의 제한전'을 결정한 것 등은 NSC 68의 영향이 적지 않았다고 할 수 있다. 사실 한국전쟁의 초기 국면을 주도한 애치슨의 대응방식은 NSC 68의 정신과 거의 완벽하게 일치하고 있다.[60]

NSC 68이 한국전쟁을 위해 사전에 마련된 것도 아니고 한반도에 대한 언급도 없었다. 그러나 이제까지 소련과의 전면전 개념에서 군사적인 가치가 거의 없었던 분단 한반도가 제한전 개념에서는 적절한 지역으로 그 군사적 가치가 급상승하였다. 그것을 단적으로 보여주는 것이 전쟁 직후(7월 1일) NSC 73에서 한반도를 미군이 개입할 수 있는 '유일한 전장'으로 평가하고 있다는 점이다.

현재 한국전쟁에 개입하는 것은 한반도가 미국이 무력으로 즉

60) Gaddis(1982), p. 110.

> 각 공세적인 작전을 수행할 수 있는 유일한 전장(the only theater)이라는 점에서 특별하다. 여기서 검토되는 세계의 다른 모든 지역에서 미군은 적절하게 배치되어 있지 않거나 다가올 위기에 효과적인 작전을 펼 수 없다.[61]

즉 한반도는 지척인 일본에 미국의 육·해·공군이 모두 주둔하고 있었기 때문에 가장 적절한 제한전의 전장으로 평가되었다. 애치슨도 상원외교위원회에의 증언에서 다른 지역과 비교하면서 한반도를 제한전의 최적 장소로 평가하였다.

> 그들이 그리스를 침공하였다면 우리는 천마일 이내 아무런 군대도 없었다. 우리는 이란에 대해서도 아무 것도 할 수 없었다. 우리는 베를린에서 무엇인가 하기에는 끔찍하였을 것이다.[62]

NSC 68로 해서 미국은 한국전쟁을 제한전으로 규정하며 신속하게 대처할 수 있었고, 한국전쟁 발발 이후 한반도를 제한전의 최적 장소로 높이 평가하였다. 이리하여 분단 한반도의 전략적 평가가 지니고 있었던 모순, 즉 이데올로기·정치·외교적 고가치와 군사전략적 저가치의

61) NSC 73 : Note by the Executive Secretary to the National Security Council, July 1, 1950, *FRUS*, Vol. I, p. 332.

62) Acheson Report to Cabinet Meeting, July 14, 1950, *FRUS*, Vol. I, p. 345 ; Acheson executive session testimony before the Senate Foreign Relations Committee, July 24, 1950, *Review of the World Situations*, 1949–1950 : Hearing Held in Executive Session Befor the Committee on Foreign Pelations (Washington D. C. : U. S. Goverment printing office, 1974), p. 323 ; Gaddis (1982), p. 110.

모순은 해결되었다.

한국전쟁의 초기 대응에 NSC 68의 개념들이 유용하게 사용된 것은 사실이지만, 그 작성자인 니츠와 정책기획실이 한국전쟁을 전략적으로 줄곧 주도한 것도 아니었다. 1950년 7월 이후 한국전쟁의 목적이 전한반도로 확대되면서 NSC 68을 마련하였던 정책기획실의 입장은 오히려 배척되었다. 그러나 중국의 개입 이후 한국전쟁은 결국 소모적인 제한전으로 최종 귀결되었고, 한국전쟁 이후 NSC 68은 냉전시대 미국의 국가안보정책을 규정하는 중요한 기준이 되었다. 그리고 한반도의 전략적인 평가도 이데올로기적 측면뿐만 아니라 실질적인 군사안보의 전략적 가치도 매우 높게 평가되었다. 이리하여 1950년대 한국은 이데올로기, 정치, 경제, 군사 등 각 분야의 총체적이며 대칭적인 냉전적 대립의 최전선 국가로서 자리하게 되었다.

V. 맺음말

1946년 한반도에서 미국의 독자적인 행동이 모색되면서 한반도의 전략적 가치를 평가하였다. 폴리 대통령 특사가 한반도를 '아시아에서의 우리의 성공 여부 전체가 달려 있는 이데올로기적 전쟁터'라 규정한 바와 같이 그것은 동서 대립의 이데올로기적 가치가 아시아의 지정학적 이해와 결합된 것이었다. 좀더 구체적으로는 한반도에 대한 소련 또는 일본의 지배를 견제하면서 소련의 중국 북부 및 만주 장악을 견제할 수 있는 한반도의 대륙적 가치를 중요하게 평가하였다. 이러한 견해는 트루만 대통령과 국무부 인사들이 두루 동감하는 것이었다.

1947년 트루만은 세계는 보편적인 하나의 삶이 아니라 대립되는 두 가지 삶으로 대치하고 있다고 선언하였다. 이를 전후하여 동아시아와 한반도도 두 개로 분리되기 시작하였다. 이에 따라 한반도의 지정학에서 소련의 만주지배를 견제하는 대륙적 가치는 점차 하락하고 남쪽으로 일본과 연결되는 해양적 가치가 점차 부상하였다. 이러한 전환과 더불어 한반도는 전략적 방어지대인 동북아에서 군사적 가치는 거의 없는 것으로 변화되었지만, 동서 대립의 심화와 함께 이데올로기적 가치 및 비군사적 가치는 더욱 높은 것으로 규정되었다. 즉 군사적 가치와 이데올로기적 가치는 분리 · 모순되기 시작하였다.

그러한 전형을 보여주는 것이 1947년 4월의 JCS 1769/1이다. 여기서 분단 한반도는 "적과 직접 대치하면서 이데올로기전을 수행해 온 유일한 나라"로 그 이데올로기적 가치를 높이 평가하였다. 때문에 한반도에서 미국의 전략적 가치는 구체적 군사작전과 연결되는 아시아의 지정학이 아니라, 냉전적 세계체제(World System)의 전선국가(Front State)로서 미국의 위신과 직결되었다. 즉 한반도는 비록 두 가지 세계체제에서 변방(peripheral) 지역이지만, 이데올로기전을 통해서 미국에게 최우선적이고 사활적(primary and vital)인 서부 유럽의 안보 및 부흥과 관련되어 적극적으로 평가되었다. 반면, 지정학적 차원이나 순수 군사적략의 측면에서 분단 한반도는 "미국의 국가안보에 거의 또는 전혀 도움이 되지 않는다"고 규정하였다.

1947년 냉전 초기 미국의 세계전략에서 외교 · 이데올로기적 고가치와 군사적 저가치의 모순관계와 비대칭성이야말로 분단 한반도의 전략적 가치가 지니는 중요한 특성이라 할 수 있다. 1947년부터 1949년까지 아시아에서 미국의 안보전략은 원자폭탄 등으로 소련이 전쟁을 먼저 시작하지 않을 것이라는 전제 하에서, 미국의 초기 봉쇄정책은 소련의 군사력에 대해 이데올로기와 경제를 중심으로 비대칭적으로 대응하는 것이었다. 때문에 한반도의 전략적 평가의 모순관계에서 우위를 점한 것은 늘 군사전략적 측면이 아니라 이데올로기적 측면이었다.

그러나 한반도의 전략적 가치가 지니는 이러한 모순관계 때문에 1947년 중반 한국 문제의 유엔 이관과 더불어 미군 철수 및 미국의 개입 정도에 대한 논쟁이 줄기차게 진행되었다. 당시의 입장은 대체로 세 가지로 나눌 수 있다.

하나는 국무부에서 한반도를 담당하는 극동국이나 동아시아과는 늘 외교 · 이데올로기적 가치를 중심으로 한반도의 전략적 가치를 높이 평가하고 미국의 적극적 원조와 미군 철수 연기를 주장하였다. 이들은 냉전 한반도의 전략적 가치를 세계체제 및 유엔과 관련되는 이데올로기적 전장이란 차원에서, 또한 중국 대륙의 공산화와 더불어 극동의 핵심으로 부상하는 일본의 안보와 관련하여 한반도의 지정학적 가치를 높이 평가하였다.

이러한 입장을 정면으로 반박한 측은 합참과 맥아더로 대표되는 군부였다. 특히 국무부 동북아과나 극동국과의 논쟁에서 합참 · 육군부 등이 주된 근거로 활용한 것은 다름 아닌 맥아더였다. 그는 1948년 말 "남한에 주둔하는 소규모 미군은 대규모 공격에 돌출되어 깨지기 쉬워 … 그것은 자산이라기보다 짐이 된다"고 주장하였고, 1949년 초에는 전쟁 시 미국은 한반도를 포기해야 한다는 입장을 표명하였다. 요컨대 합참과 맥아더 등의 군부 인사들은 1949년까지 아시아에서는 태평양 방어선을 중심으로 군사작전을 펴고, 대륙작전을 실시하는 경우에도 한반도를 우회하며, 새로 부상하는 일본의 방어에도 한반도가 별로 도움이 되지 않은 것으로 평가하였다.

국무부 내에서 소련 전문가인 케난과 정책기획실은 극동의 중심으로 중국보다 일본을 중시한다는 점에서 국무부의 동북아과와 의견을 같이하였으나 한반도의 전략적 가치에 대해서는 합참과 맥아더의 견해를 동조하였다. 그들은 "한반도가 결정적인 전략적 중요성을 가지지 않는 이상 주 임무는 큰 위신의 상실 없이 빠져나오는" 이른바 '우아한 철수'를 주장하였다.

1948년 4월의 NSC 8이나 많은 논란 끝에 다시 작성된 1949년 3월의 NSC 8/2는 한반도의 군사전략적 가치를 낮게 평가하던 합참 · 육군부 · 맥아더의 견해와, 세계적 차원에서 이데올로기적 가치와 일본과 연결된 지정학적 가치를 중시하는 국무부의 타협이었다. 즉 한반도의 전략적 가치에 내재하는 모순관계가 해결되지 않고 병렬된 것이었다. 이러한 타협의 산물로 NSC 8시리즈에서 미국은 대한정책의 목표는 단기적 과제로 내부 공산주의와 외부 북으로부터의 위력을 봉쇄할 수 있도록 지원하는 것으로 설정하고, 이와 분리하여 장기적인 목표로 민주주의적 기초에서 평화 통일을 설정하였다.

1949년 말 미국의 동아시아 정책을 전반적으로 규정한 NSC 48은 미국의 비대칭적 봉쇄전략이 '쐐기전략'과 결합된 중요한 문서이다. NSC 48은 소련의 영향력과 힘의 '봉쇄(contain)뿐만 아니라 축소(reduce)'를 목적으로 하고 있지만, 그것은 군사적 방법이 아니라 이데올로기 · 정치 · 경제를 우선하는 것이었다. 더욱이 신생 마오쩌둥의 공산 중국이 1년 전 티토의 유고슬라비아와 같은 길을 가게 할 수 있다는 쐐기전략이야말로 NSC 48에서 '소련의 힘과 영향력의 감소'시키는 주요 방편이었던 것이다.

NSC 48에서 기존의 동북아정책과는 다른 주목할 만한 새로운 변화는 중국 본토의 공산화에 대한 대응으로 일본 본토의 전략적 가치가 급속하게 상승하였다는 점이다. 그간 미국의 일본에 대한 군사정책은 "최소 수준"으로 유지하는 것이었지만, 이제 일본은 태평양 방어선에서 핵심지대로 부상하였다.

NSC 48에서 중국에 대한 유인정책과 일본의 지위는 강화되었지만, 한반도 정책에 관한 한 전반적으로 기존 NSC 8의 봉쇄정책을 그대로 인용하고 있다. 즉 한반도에서는 타이완처럼 남한을 포기하거나 중국처럼 북한을 포섭하려는 유인정책도 표명되지 않았다. 또한 일본과 같이 전략적 위상의 현격한 강화도 없었다.

1950년 1월 12일 미국무장관 애치슨의 프레스클럽 연설은 NSC 48/2를 다양한 측면에서 설명한 연설이다. 그는 소련과 여타의 공산권을 분리하려는 쐐기정책에 따라 소련을 공산주의 대신 '제국주의'라는 개념으로 공격하였다. 또한 소련이 중국의 거대한 지역들을 합병하려 하고 있다면서 소련과 중국에 대한 쐐기정책을 노골적으로 표명하였다.

한반도에 대한 정책에서는 그간의 비대칭성과 이데올로기적 측면의 우위성을 동시에 언급하였다. 즉 그는 군사전략적으로 '태평양 환상방어선'에서 한반도를 제외시켰지만, 그보다 더 중요한 것으로 한반도에서 '미국의 책임은 더욱 직접적이고, 미국의 기회는 더욱 명확하다'고 강조하였다. 이것은 결코 한국의 포기를 의미하는 것이 아니었으며, 정치·경제·이데올로기적 측면에서 한반도의 전략적 가치를 높게 평가하던 이전 국무부의 정책을 전환한 것도 전혀 아니었다. 또한 NSC 48과 마찬가지로 중국에 대한 유혹은 표방하였지만 북한을 유혹하진 않았다.

한반도에서 군사전략적 차원의 저가치가 극복되어 전략적 가치의 비대칭적 모순관계가 해결되는 것은 NSC 68과 한국전쟁 발발이었다. 1950년 1월 스탈린과 마오쩌둥이 모스크바에서 회담을 계속할 때 NSC 48의 기조에서 쐐기전략을 구사한 것이 애치슨의 연설이라면, 이러한 쐐기전략이 통하지 않을 때를 대비한 새로운 준비가 NSC 68이었다. 즉 NSC 48이 소련의 군사력에 대한 비대칭적 봉쇄정책의 전형이라고 한다면 NSC 68은 소련의 군사력에 대한 대칭적 대응, 즉 군사적 대응을 본격적으로 마련한 것이었다.

이러한 전환은 NSC 68이 소련과의 전면전을 중심으로 사고하여 전쟁이 일어나지 않을 것이란 종래의 대전제를 뛰어넘어 핵 대립시대에 '제한전(limited war)'의 가능성을 예견하였기 때문에 가능한 것이었다. 이리하여 NSC 68은 소련의 '제한적인 기습공격'과 이에 대한 '제한적 역공세'가 본격적으로 검토되었다.

NSC 68은 한반도와 그 전략적 가치에 대해서 특별히 다시 규정한 것은 없지만, 이 문서가 제출되고 난 두 달 이후 한국전쟁 발생하였기 때문에 NSC 68은 한국전쟁에 대한 기본개념인 제한전을 기초하는 데 많은 공헌을 하였고, 이제까지 소련과의 전면전이란 측면에서 군사적인 가치가 거의 없었던 분단 한반도가 제한전 개념에서는 가장 적합한 지역으로 군사적 가치가 급상승하는 계기를 마련하였다.

이리하여 분단 한반도의 전략적 평가가 지니고 있었던 오래된 모순관계, 즉 이데올로기 · 정치 · 외교적 고가치와 군사전략적 저가치의 모순은 해결되었다. 결국 제한전을 중심으로 하는 대칭적 봉쇄작전에서 한반도의 군사전략적 가치는 이데올로기적 가치 못지 않게 상승하였다. 그리고 그것은 전후 1950년대 분단 한반도가 이데올로기, 정치, 경제, 군사 모든 측면에서 총체적이며 대칭적인 대립의 최전선 국가로서 자리잡는 기초가 되었다.

참 | 고 | 문 | 헌

도진순. 2001. “동아시아에서 근대 제국의 형성 논리와 로칼리즘 · 내셔널리즘 · 리져널리즘 · 세계체제.” 미발간.

_____. 2002. “1950년 1월 애치슨의 프레스클럽 연설과 하나의 전쟁 논리.” 한국사연구회. 『한국사연구』 119.

_____. 2004. “마음 속의 전쟁(*1*) : 한국전쟁의 기본개념으로서 제한전(limited war).” 한국사연구회. 『한국사연구』 125.

신복룡 편. 1991. 『한국분단사자료집』 6. 서울 : 원주문화사.

小此木政夫 · 현대사연구실 역. 1986. 『한국전쟁 : 미국의 개입과정』. 청계연구소.

Acheson, Dean. 1950. “Crisis in Asia : An Examination of U. S. Policy.” *The Department of State Bulletin* (1950 January 16).

Cumings, Bruce. 1990. *The Origins of the Korean War II : The Roaring of the Cataract*, 1947–1950. Princeton : Princeton Univ. Press.

Etzold, Thomas H. & Gaddis, John Lewis. 1978. *Containment : Documents on American Policy and Strategy*, 1945–1950. New York : Columbia University Press.

Gaddis, John Lewis. 1980. “The Strategic Perspective : The Rise and Fall of the ‘Defensive Perimeter’ Concept.” Dorothy Borg and Waldo Heinrichs, ed., *Uncertain Years : Chinese–American Relations*, 1947–1950. New York : Columbia University Press.

Gaddis, John Lewis. 1982. *Strategies of Containment*. N.Y. : Oxford University Press.

Jones, Joseph M. 1955. *The Fifteen Weeks, February 21–June 5, 1947*. New York Harcourt, Brace & World.

United States, Congress. 1951. *Military Situation in the Far East : Hearings before the Committee on Armed Services and the Committee on Foreign Relations*. Part 1–5, Washington D. C. : U. S. Government Printing Office.

United States, Congress, Senate, Committee on Foreign Relations. 1974. *Reviews of the World Situation*, 1949–1950 : *Hearings Held in Executive Session Before the Committee on Foreign Relations*. Washington, D. C.: U. S. Government Printing Office.

United States, Department of State. *Foreign Relations of the United States(FRUS)*. Washington, D. C. : U. S. Government Printing Office.

United States, Department of State. 1950. *The Department of State Bulletin*. Washington, D. C. : Office of Public Communication, Bureau of Public Affairs.

Sawyer, Robert K. 1962. *Military Advises in Korea : KMAG in Peace and War*. Washington D.C. : Government Printing Office.

9

무역자유화와 일본의 종합 에너지정책

정진성(한국방송통신대학교)

I. 머리말

제2차 세계대전 종료 이후도 통제경제체제 하에 있던 일본 경제는 1949년경부터 닷지라인이 실시됨에 따라 시장경제로 복귀하기 시작했다. 일본의 대표적 에너지 산업인 석탄산업의 경우, 1949년 9월 탄가통제가 폐지되고 배탄공사(配炭公社)가 해산되어 동 산업에 대한 국가통제는 종료되었다. 이에 따라 국내적으로는 시장 메커니즘에 기초한 경제운용이 시작되었다고는 하나 대외적으로는 여전히 강력한 국가통제 하에 놓여 있었다. 일본 정부는 이러한 대외적인 경제관계에 대한 통제를 배경으로 국내 산업에 대한 강력한 영향력을 보지하고 있었다. 예를 들면, 통산성은 외환할당 권한을 이용하여 무역을 통제하였고, 이것은 동시에 유효한 산업정책의 수단으로서 활용되었다. 그러나 1960년대에 들어와 무역자유화가 실행됨으로써 일본 경제는 비로소 적어도 광공업분야에서는 국제적인 시장원리에 기초한 경제운영이 불가피해졌으며, 정

부의 영향력은 크게 감소하였다.[1)]

1950년대 말부터 일련의 무역자유화가 실시되는 중에 석유의 수입자유화는 1962년 10월에 단행되었다. 그러나 석유의 수입자유화는 반드시 에너지 산업에 대한 정부개입의 여지를 없애는 것은 아니었다.

우선, 석유수입의 자유화는 국내 석탄업의 쇠퇴를 가져와 탄광이직자대책(炭鑛離職者對策) 및 산탄지역진흥대책(産炭地域振興對策)을 필요로 했다. 더욱이 석유수입의 자유화는 에너지 혁명, 즉 고체 에너지에서 액체 에너지로의 급격한 전환이 한창 진행되던 시기에 실시되었기 때문에 광부 실업문제는 초미의 과제로 대두되었다. 1950년대 말부터 1960년대 전반에 걸쳐 1차 에너지 공급에서 차지하는 석유비중은 급속히 증대하였고, 이와 반비례하여 국내 탄 비중은 크게 저하되었다(〈그림 1〉). 이 기간 중(1958－1965), 석탄광부수(常用勞務者數)는 29만 4천 명에서 11만 1천 명으로 실로 18만 3천 명(62%)이 감소하였다.

둘째로, 에너지 산업이 국민경제에 중대한 영향을 미치는 기간산업이며, 또한 자원의 부존상황에 절대적으로 의존하는 산업이란 점에서 오는 문제가 있다. 석유자원이 빈곤한 일본의 경우, 석유에 의한 석탄의 대체는 에너지 공급을 해외에 의존하는 것을 의미한다. 〈그림 2〉는 에너지 혁명의 진전과 함께 일본의 해외 에너지 의존도가 급격히 상승하였음을 보여주고 있다. 일본의 에너지 산업은 에너지의 해외 의존도가 상승하는 중에 에너지의 안정공급이라는 문제를 해결해야만 했다.

이상과 같은 문제는 시장 메커니즘만에 의해서 해결될 수 있는 것은

1) 鶴田俊正, "高度成長期," 小宮隆太郎 · 奥野正寛 · 鈴木与太郎編, 『日本の産業政策』, 東京大學出版會, 1984.

〈그림 1〉 1차 에너지 공급 중의 석탄과 석유의 구성비

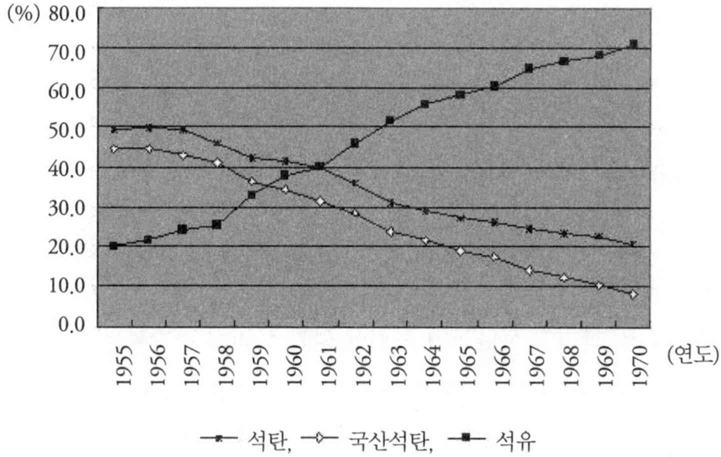

〈그림 2〉 해외 에너지 의존도 추이

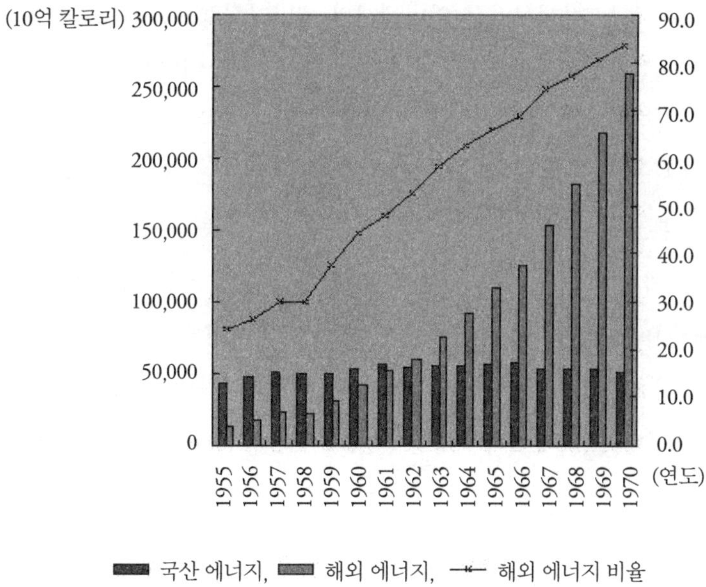

아니었다. 무역자유화는 일본 경제가 시장경제체제로 복귀하는 데 크게 공헌했으나 동시에 에너지 산업에서는 정부의 개입을 필요로 하는 새로운 문제를 제기했다. 일본 정부는 무역자유화 과정에서 발생한 이러한 문제를 시장 메커니즘이란 경제의 기본 운용원리를 손상시키지 않으며 해결하지 않으면 안 되는 곤란한 상황에 직면했다.

종합 에너지정책은 바로 이러한 문제를 해결하기 위한 방책, 즉 석유에 의한 석탄의 대체를 배경으로 일어나는 에너지의 저렴한 공급과 안정적 공급, 그리고 석탄산업 쇠퇴에 따른 사회적 마찰과 같은 상호 모순되는 문제를 조정하기 위한 정책으로서 그 수립이 시급히 요청되었다. 물론 이 이전에도 에너지정책이라고 할 수 있는 것이 일본에 존재하지 않았던 것은 아니다. 그러나 장기적 전망 하에 석탄, 석유, 전력, 원자력 등 각종 에너지를 일국의 총에너지 공급체계 중에 적정히 자리매김하여 전체로서 에너지의 공급이 저렴하며 또한 안정적인 가장 바람직한 상태로 되도록 하는 정책이라는 의미에서의 에너지정책, 즉 종합 에너지정책의 필요성을 명확히 인식하기 시작한 것은 바로 에너지 혁명이 진전되던 시기부터라고 할 수 있다.[2] '자유화(自由化)' 라는 새로운 국제적 환경 하에서 일본의 종합 에너지정책의 형성과정과 그 특징을 명확히 하는 것이 본고의 과제이다.

본고의 검토대상 시기는 무역자유화를 전후로 하는 시기(1950년대 후반에서 1960년대 전반)로 한정한다. 종합 에너지정책의 기본골격은 석유수입 자유화가 단행된 지 약 1년 후에 발표된 「산업구조조사회 종합에너지부회」[3] 보고서에서 확립되었다고 판단하기 때문이다.

---

2) 星野省也, 『日本のエネルギー問題』, ダイヤモンド社, 1964년, 368쪽.

또한 본고는 1차 에너지, 그 중에서도 석탄과 석유에 관한 정책에 논의를 한정한다. 2차 에너지로서 중요한 화력발전은 1차 에너지의 수요자 입장에서만 다루어진다. 종합 에너지정책은 모든 종류의 에너지 간의 조정책을 포함하는 것이나 무역자유화는 직접적으로는 1차 에너지인 석탄과 석유에 관련되는 문제이기 때문이다. 그러나 본고가 석탄 및 석유에 대한 개별적 정책을 다루고자 하는 것은 아니며, 논의의 중심은 에너지정책의 기본 기조 및 장기적 전망의 검토에 두고 있다. 에너지별 정책에 대한 검토는 지면의 제약도 있을 뿐만 아니라 본고의 목적, 즉 에너지 간 조정문제의 해명을 위해서도 반드시 필요한 것은 아니기 때문이다.

본고가 검토대상으로 하고 있는 시기에 관한 개별 에너지정책에 관한 연구는 대단히 많지만 종합 에너지정책에 대한 것으로서는 이하의 문헌이 중요하다. 앞서 인용한 호시노(星野)의 연구[4]는 종합 에너지정책의 필요성이 에너지 혁명이 진전되고 석탄위기가 심화되는 과정 중에 제기되었다는 중요한 지적을 하고 있으나 종합 에너지정책의 성립과정 및 내용에 대해서는 총론적인 서술에 그치고 있으며, 종합 에너지부회의 보고가 발표되기 직전에 집필되어 동 부회의 보고에 대해서는 분석을 포함하고 있지 않다. 일본에너지경제연구소가 편찬한 전후 에너지 산업에 대한 포괄적인 연구서[5]는 전후 일본의 에너지정책에 관한 장에서 종합 에너지정책 형성과정에서의 종합 에너지부회의 의의를 높이 평가하

3) 일본에서 사용하는 총합(總合)이라는 용어는 종합(綜合)으로, 에네르기는 에너지로 번역하였음.

4) 星野省也, 『日本のエネルギー問題』, ダイヤモンド社, 1964년.

5) 日本エネルギー經濟研究所編, 『戰後エネルギー産業史』, 東洋經濟新報社, 1984년.

여 동 부회의 보고에서 저렴, 안정, 자주성의 3항목이 에너지 정책의 원칙으로서 명확히 제시되었다고 하고 있다. 그러나 본론에서 설명하고 있는 바와 같이 동 부회가 제시한 원칙은 저렴, 안정, 기타 국민경제 이해와의 조정이며, 자주성의 문제는 안정공급의 한 측면으로서 다루어지고 있다는 점에서 동서의 기술은 사실을 오인하고 있다. 동서가 저렴, 안정, 자주성을 3원칙으로서 기술한 것은, 종합 에너지부회가 기타 국민경제적 이해와의 조정을 과도적인 문제로서 다루고 있기 때문에 장기적 에너지정책의 원칙으로 파악하지 않았기 때문이라고 추측된다. 그러나 종합 에너지정책의 형성과정을 생각할 때, 기타 국민경제적 이해와의 조정문제는 과도적인 문제로서 파악되고 있었다고는 하나 그 시점에서는 시급히 해결해야 할 현안으로서 중대한 의미를 가지고 있었음에 주의해야 한다. 통산성이 편찬한 『통상산업정책사(通商産業政策史)』[6]는 통산성을 중심으로 한 종합 에너지정책에 대한 가장 상세한 기술을 하고 있다. 그러나 본서도 일본 에너지경제연구소의 서술을 답습하여 종합 에너지정책의 원칙을 저렴, 안정, 자주성으로 기술하고 있는 것은 문제이다. 또한 본서는 종합 에너지정책의 형성과정을 자세히 검토하고 있음에도 불구하고 정책의 원칙이 어떤 과정에서 또 어떤 필요성에서 성립되었는가에 대한 설명이 불충분하고 전반적으로 정책의 내용을 평면적으로 기술하고 있는 난점이 없지 않다.

본고는 이러한 선행연구를 토대로 하여 특히 다음과 같은 문제를 해명하고자 한다.

첫째, 에너지 저렴의 원칙이 에너지정책의 기본원칙으로 인식되는

6) 通商産業省, 『通商産業政策史』, 第10卷, 通商産業調査會, 1990년.

것은 언제부터인가? 석유수입 자유화는 에너지 저렴의 원칙의 전제조건이라고 할 수 있는데, 자유화 정책과 에너지정책은 어떠한 관련을 가지고 전개되었는가?

둘째, 에너지 안정공급의 원칙과 에너지 저렴의 원칙과의 조정문제는 어느 시점에서 어떤 계기로 인식되기 시작했는가?

셋째, 저렴의 원칙과 안정공급의 원칙 및 기타 국민경제적 이해와의 조정방책은 어떠한 내용이며, 그 특징은 무엇인가?

본고의 구성은 다음과 같다.

제2절에서는 무역자유화 이전의 '탄주유종(炭主油從)' 정책의 성립 및 전개과정을 개관한다.

제3절에서는 무역자유화 과정을 개관한 뒤 석유수입 자유화를 전제로 하여 에너지정책의 기조가 '탄주유종(炭主油從)'에서 '유주탄종(油主炭從)'으로 전환하는 과정을 검토한다.

제4절에서는 석유수입 자유화에 대처하는 종합 에너지정책의 형성과정을 검토한다.

제5절에서는 종합 에너지정책에 존재한 모순되는 원칙 간의 조정문제에 대해 검토한다.

제6절에서는 본고에서 밝힌 내용을 요약한다.

II. 무역자유화 이전의 에너지정책- '탄주유종(炭主油從)' 정책의 확립과 전개

무역자유화에 대한 논의가 본격적으로 시작되던 1959년 초의 일본의 에너지정책은 탄주유종의 방침 하에 실시되고 있었다. 탄주유종 방침은 일반적으로 1955년 5월 통산성을 중심으로 작성한 '에너지 종합대책' 이 각의요해(閣議了解)됨으로써 확립되었다고 한다.[7)]

'에너지 종합대책' 은 "에너지 수요의 증대에 대응하여 에너지 자급도의 향상을 도모하고 국제수지의 개선에 기여하는 견지에서 극력 국내 에너지의 유효 이용을 추진할 것"을 기본방침으로 하였다. 석탄대책으로서는 탄가를 중유 및 수입탄에 필적할 수 있는 정도까지 인하하는 것을 목적으로 하는 합리화 추진을, 석유대책으로는 중유 보일러의 설치 제한 등을 통한 중유 사용의 억제를 명시하였다.

'에너지 종합대책' 의 또 하나의 의의는 말 그대로 석탄, 석유, 전력, 신탄 등 각종 에너지에 대한 '종합적' 대책이었다는 점이다. 그러나 이것은 에너지의 장기적 전망에선 에너지 간의 조정을 의미하는 본래적 의미에서의 종합적 대책은 아니며, "본질적으로 석탄방위정책이며 중유

---

7) 통산성은 1952년 경에 당시의 석탄부족과 고탄가 문제의 해결을 위해 해외 에너지 수입증가의 용인, 중유사용 촉진 등의 정책을 시행하고 있었으나 1953년경부터의 석탄산업의 불황, 국제수지의 악화 등의 환경변화에 대응하여 1953년도 하기부터 중유억제정책으로 전환하기 시작했다. '에너지 종합대책' 의 수립과정에 대해서는 『通商産業政策史』, 第7卷의 제8장 제1, 2절을 참조.

등 수입연료에 대한 자원주의적 입장에서의 규제조치"[8]라고 하는 것이 타당할 것이다. 또한 국제수지의 개선을 자원주의적 입장의 가장 중요한 근거로 하고 있는 점이 특징이라고 할 수 있다.

1955년 9월에 성립한 석탄광업합리화임시조치법[石炭鑛業合理化臨時措置法, 이하 석탄광업합리화법(石炭鑛業合理化法)으로 약함]은 상기의 '에너지 종합대책'의 방침에 따라 합리화를 통해 고탄가 문제(高炭價問題)를 해결하고자 하는 것이었다. 동법에 기초하여 작성된 합리화기본계획[合理化基本計畫, 당초계획(當初計畫)]은 1959년도의 석탄생산을 1954년도의 4,300만 톤보다 약 14% 많은 4,900만 톤으로 상정하고, 그 기간 중에 노무자를 5만 7천 명 삭감하여 생산능률을 12.5톤(1인당 월생산량)에서 18.4톤으로 끌어올림으로써 약 2할의 코스트 삭감을 목표로 하는 것이었다. 또한 석탄광업합리화법의 제정과 함께 중유 보일러 규제법을 제정하여 중유소비를 억제하였다.

석탄광업합리화법에 의거하여 설립된 석탄광업심의회(石炭鑛業審議會)는 10월에 합리화기본계획을 작성하여 1960년도의 생산목표를 5,100만 톤으로 상정했다. 이것은 1954－1960년의 석탄소비가 약 20% 증가하는 것을 전제로 하는 것인데, 이러한 수요 전망에는 경제기획청을 중심으로 입안 중이었던 경제자립계획(經濟自立計畫)이 영향을 주었다.

경제기획청의 경제심의회(經濟審議會)는 '경제자립과 완전고용 달성을 위한 장기 경제계획'에 관한 총리의 자문에 대해 1955년 12월 5일, '경제자립 6개년계획'을 답신하여 그것은 동월 20일, '경제자립 5개년

8) 石炭經濟研究所, 『石炭鑛業の諸問題－新石炭政策の背景』, 石炭經濟研究所, 1962년, 44쪽.

계획' 으로서 각의결정(閣議決定)되었다. 에너지 분야에 대해서는 "석탄 및 전력을 중심으로 하여 해외 에너지 의존도를 가급적 적게 함과 함께 열효율을 높혀 사용 합리화를 도모"[9]하는 것을 기본목적으로 하여 1960년도까지의 총에너지 공급을 1954년도보다 24% 증가한 132백만 톤(석탄환산)으로 추정하였다(〈표 1〉). 〈표 1〉에 의하면, 총에너지 공급에서 점하는 석탄, 수력발전, 석유제품의 비율은 1960년도에 각각 40.2%, 33.9%, 15.9%로서 1954년도의 41.4%, 33.0%, 13.7%과 큰 차가 없고 국내 탄과 수력 중심의 구도에 변화가 없음을 알 수 있다.

〈표 1〉 경제자립계획 에너지 수급전망

(석탄환산, 천 톤, %)

	1954년도(실적)		1960년도(계획)	
석탄	44,140	(41.4)	53,300	(40.2)
(국내탄)*	42,912		51,000	
전력(수력)	35,230	(33.0)	44,850	(33.9)
석유제품	14,600	(13.7)	21,010	(15.9)
아탄(亞炭)	750	(0.7)	808	(0.6)
천연가스	172	(0.2)	492	(0.4)
신탄(薪炭)	11,770	(11.0)	11,990	(9.0)
합계	106,722	(100.0)	132,450	(100.0)

자료 : 『국민소득배증계획자료(國民所得倍增計畫資料)』 제1권, 74, 207-208쪽.
주 : 1. *국내탄은 생산실톤수.
2. 환산단위는 석탄 6,500㎉/t.

1955년 후반부터 경기 회복에 따른 석탄수요의 증가를 배경으로 정

9) 總合研究開發機構(NIRA)戰後經濟政策資料研究會 編, 『國民所得倍增計畫資料』, 第1卷, 32쪽.

〈표 2〉 산업합리화심의회 에너지부회의 장기 에너지 수급 전망

연도		1955		1965		1975	
		실수	환산	실수	환산	실수	환산
수력(億 kW)		479	36883(33.9)	682	52514(29.9)	848	65296(27.1)
석탄(精炭)	생산	42515	40814(37.5)	61000	58560(33.4)	65000	62400(25.9)
	수입	3201	3777(3.5)	9350	11033(6.3)	18350	21653(9.0)
저품위탄(低品位炭)		–	–	1400	812	3000	1740
잡탄		1642	1396	2000	1700	2000	1700
아탄(亞炭)		1399	701	1550	837	2000	1080
석탄계(천 t)		48757	46688(42.9)	75300	72942(41.6)	90350	88573(36.7)
석유	생산	354	545	1500	2310	1500	2310
	수입	9272	14279(13.1)	25060	38592(22.0)	44260	68160(28.3)
석유제품수입		2336	3597	1000	1540	5830	8978
석유계(천 kl)		11962	18421(16.9)	27560	42442(24.2)		79448(32.9)
천연가스(백만 ㎥)		164	202	600	738	900	1107
신탄(薪炭)			6700		6710		6710
합계			108894(100)		175346(100)		241134(100)
해외 에너지 의존도			(19.9)		(29.2)		(41.0)
1955 = 100			100		161		221

자료 : 『將來における日本の産業とエネルギー』, 213-215쪽.
주 : 1. 환산단위는 석탄 6,500㎈/kg.
2. ( )는 %.
3. 해외 에너지 의존도는 에너지 공급합계에 대한 수입탄, 수입원유, 석유제품 수입의 합계의 비율.

부는 장기 에너지 수급전망의 검토를 다시 실시하였는데, 그 결과 탄주유종(炭主油從) 방침은 더욱 분명해졌다. 우선 통산성은 산업합리화심의회 에너지부회에서의 장기 에너지 전망 작업을 1956년 2월부터 재개하였

다. 약 8개월간의 장기간의 검토결과 제출된 답신의 주된 내용은 다음과 같은 것이었다.[10)]

답신은 1955-1975년의 GNP 연평균 신장률 4.2%라는 가정 하에 같은 기간 중에 총에너지 수요는 약 2.2배 증가한다고 하는 결론을 냈다. 에너지 공급의 종별 구성비는 1975년도에 국내탄 25.9%, 수력 27.1%, 석유 32.9%로 예상되어 국내 탄의 예상 생산규모는 1965년도에 6,100만 톤(실톤수), 1975년도에 6,500만 톤으로 추정되었다(〈표 2〉). 즉 석탄광업합리화가 문제로 되었던 1954-1955년의 전망에 비해 당시의 석탄호황을 반영하여 석탄증산의 기대가 함축되어 있음을 알 수 있다. 수입석유를 비롯한 수입 에너지에의 의존도는 약 40%에 달할 것으로 예상되었는데, 이것은 에너지 수요의 확대에 전력 · 석탄 등의 국산 에너지의 공급능력이 따라가지 못할 것으로 판단되었기 때문이다. 경제자립계획의 장기 전망에 비해 석탄의 증산을 기대하고 해외 에너지 의존도를 더 높이 예상하고 있음을 알 수 있다.

에너지부회의 답신은 큰 반향을 일으켜 각 방면으로부터 에너지정책 재검토의 기운이 높아졌다. 특히 1957년 8월에 고노 이치로(河野一郎) 경제기획청장관이 '탄주유종(炭主油從)'이라고 해야 할 '고노 구상(河野構想)'을 공표하여 에너지정책은 정부 레벨에서 보다 적극적인 석탄증산을 용인하는 방향으로 전환하게 되었다.

이러한 정부방침의 전환을 추인하는 의미를 가지는 것이 경제심의회가 심의를 하고 있었던 신장기경제계획(新長期經濟計畫, 1957년 12월 발

10) 通商産業大臣官房物資調整課 編,『將來における日本の産業とエネルギー』, 1957年.

표)이었다. 나중에 신장기계획에 포함되는 동 심의회 에너지부회의 보고[11]는 장래의 에너지 수요 증가에 대해 국산 에너지의 공급으로는 대응할 수 없으며, 따라서 해외 에너지 의존도가 높아질 것을 예상하고 에너지의 안정적 확보와 외화수지 혹은 고용면의 영향을 참작하여 경제적으로 가능한 한 극력 국내자원의 개발을 도모하는 것을 에너지정책의 근간으로 하였다. 에너지의 장기 수급예상을 보면, GNP의 연평균 증가율을 1956-1965년 6.5%, 1966-1970년 5%, 1970-1975년 4%로 가정할 때, 1956-1975년의 20년간에 총에너지 수요는 약 2.5배 증가할 것으로 예상되었다. 1975년도의 에너지 공급의 종별구성을 보면, 국내탄의 비중은 40.8%에서 25.3%로 크게 감소하는 반면, 석유의 비중은 19.2%에서 40.3%로 크게 증가하는 것으로 되어 있다(〈표 3〉). 산업합리화심의회 에너지부회의 추계에 비해 보다 빠른 에너지 수요의 증가와 보다 높은 해외 에너지에의 의존을 예측하고 있다. 물론 높은 해외 에너지 의존도의 예상이 에너지정책의 방침이 유주탄종(油主炭從)으로 전환한 것을 의미하는 것은 아니다. 그것은 국내 에너지, 그 중에서도 국내 탄을 가능한 한 증산하는 것을 전제로 하는 것이며, 1975년도의 예상 석탄생산량은 산업합리화심의회 에너지부회의 예상보다 1,000만 톤 많은 7,200만 톤이 상정되어 석탄증산의 방향을 명확히 하였다.

고노 구상의 출현과 경제심의회 에너지부회의 탄주유종(炭主油從)에의 방침 전환에 대응하여 통산성은 석탄산업합리화법의 개정안을 작성하여 개정안은 1958년 4월 국회에서 가결되었다. 개정의 골자는 불황합리화 대책의 색채가 강했던 동법을 신탄전의 종합개발을 중심으로 한 중

11) 經濟企劃廳,『日本のエネルギー』, 日刊工業新聞社, 1958年.

〈표 3〉 경제심의회의 에너지 장기전망(1957년)

	1956		1962		1975	
	실수	환산	실수	환산	실수	환산
수력(억 kW)	526	31579(29.1)	660	39600(24.7)	967	58100(21.4)
석탄(천 t)	55016	48984(45.1)	79400	71103(44.3)	102480	93228(34.4)
생산	50821	44369(40.8)	68500	59513(37.1)	80000	68500(25.3)
(정탄)	48281	42517	64000	56600	72000	63700
(저품위잡탄)	2540	1852	4500	2913	8000	4800
수입	4195	4615	10900	11590	22480	24728
아탄	1552	776	1700	850	2000	1000
석유(천 kl)	14586	20858(19.2)	28835	41234(25.7)	76442	109312(40.3)
국산원유	320	458	1000	1430	1500	2145
수입원유	12226	17483(16.1)	26706	38190(23.8)	74942	107167(39.5)
제품수입	2040	2917	1129	1614	0	0
천연가스 (백만 m³)	319	364	1430	1630	3000	3420
신탄(薪炭)		6090		5980		5980
합계		108642(100.0)		160397(100.0)		271040(100.0)
해외 에너지 의존도		(23.0)		(32.0)		(48.7)
1956 = 100		100		148		250

자료 : 경제기획청, 『日本のエネルギー』, 일간공업신문사(日刊工業新聞社), 1958년, 3쪽.
주 : 1. 환산단위는 석탄 7000㎈/kg.
2. ( )는 %.
3. 해외 에너지 의존도는 에너지 공급 합계에 대한 수입탄, 수입원유, 석유제품 수입의 합계의 비율.
4. 원계획에는 1962년도에 도입 준비 중인 발전을 목적으로 하는 실용규모 원자로에 의한 발전이 개시되는 경우의 수치와 1975년도에 대해서의 A안, B안의 원자력 발전계획이 포함되어 있지만 생략하였다. 원자력 발전은 석탄환산 합계에 포함되어 있지 않다.

산대책으로 바꾸는 데 있었으며, 이 개정에 수반하여 동법의 기한은 1967년까지 연장되었다. 개정 후 새로이 세워진 합리화기본계획은 목표년도인 1967년의 석탄 생산규모를 6,900만 톤으로 상정하였다.

그러나 1958년부터 석탄산업이 심각한 불황에 빠지게 됨에 따라 지금까지 석탄증산을 중심으로 한 에너지정책의 재검토가 불가피하게 되었다. 1958년 후반부터 경기가 회복됨에도 불구하고 석탄산업의 불황이 계속됨에 따라 당시의 사람들은 석탄불황이 단순한 경기순환에 의한 것이 아니라 구조적인 것이며, 그 배경에는 에너지 혁명의 급진전이 있다는 것을 깨닫기 시작했다. 더구나 1959년에 들어와 무역자유화의 논의가 활발히 진행되고 석유수입 자유화도 조만간 현실화될 것이 예상됨에 따라 석유수입 자유화를 전제로 한 에너지정책의 재검토가 불가피해졌다. 이 시점에서의 에너지정책의 전환과정을 살펴보기 전에 우선 석유수입 자유화 과정에 대해 검토하기로 한다.

III. 무역자유화의 진전과 에너지정책의 전환

1. 무역자유화의 프로세스

전후 일본은 1949년 4월 1달러＝360엔 단일환율체제를 확립하면서 미국을 중심으로 한 세계무역체제의 일원으로 편입되지만 무역은 여전히 정부에 의한 통제 하에서 이루어졌다. 정부에 의한 무역관리제도의 기초를 이루는 것은 ‘외환 및 외국무역관리법(外國爲替および外國貿易

管理法)'(1949년 12월 1일 공포실시)이었다. 이 제도의 특징으로서는 첫째, 수출은 원칙적으로 자유거래를 인정하고 있으나 광범위에 걸쳐 허가제를 시행하고 있으며, 수입은 전면적으로 정부의 통제 하에 두고 있는 점이다. 둘째는 무역관리와 외환관리가 동시에 이루어지고 있는 점이다. 그 대표적인 것이 외화예산제도이다.[12)]

외화예산은 부족 기미의 외화 고갈을 방지하고 무역의 밸런스를 유지하기 위해 외화 사용을 제한하고 그 효율적인 사용을 도모하는 것을 목적으로 하고 있으며, 1회계연도를 상반기, 하반기로 나누어 각각 그 기간이 시작되기 전에 공표되었다. 이 외화예산을 기초로 하여 통산성이 제출하는 상세한 수입공표에 따라 업자는 수입방침을 결정하여 수입승인을 요구하였다. 수입승인제는 대별하여 ① 외화자금할당제도(Foreign Exchange Allocation System, FA제), ② 자동승인제도(Automatic Approval제, AA제)로 나누어져 각각 품목이 한정되어 있었다. 통산성은 외화자금할당제도에 속하는 상품에 대해서 업자의 신청을 심사하여 적당한 업자에게 외화사용을 할당하는 권한을 가지고 있었다. 무역자유화 이전에는 석탄, 석유는 면화, 양모, 철광석, 쌀, 밀, 중요 기계류 등과 함께 주요 수입품으로서 외화자금할당제도에 속하고 있었다. 일본에서의 무역자유화는 구체적으로는 외화자금할당제도의 폐지 또는 외화자금할당제도에 속하고 있는 상품의 자동승인제도로의 이행을 의미하는 것이었다.

1958년 말부터 다음해에 걸쳐 서구 주요 17개국의 통화가 교환성을 회복함에 따라 일본에서도 무역자유화에 관한 논의가 본격화되었다. 통산성은 1959년 1월 성내(省內)에 무역자유화대책위원회를 설치하여 무

12) 松井清 編,『新版日本貿易讀本』, 東洋經濟新報社, 1961년.

역자유화에 대한 본격적인 검토를 시작했다. 민간에서도 5월 20일 경제단체연합회(이하 경단련으로 약함)가 제20회 정기총회에서 자유화에 대한 적극적인 태도를 표명하였으며, 8월 7일에는 아리사와 히로미(有澤廣巳), 나카야마 이치로(中山伊知郎), 이와사 요시자네(岩佐凱實) 등 8명이 '자유화에 관한 공동제언'을 발표하여 면화, 양모, 고철 등을 즉시 자유화하여 불과 약 30%인 일본의 자유화율을 일거에 60%로 인상할 것을 제안했다.

그러나 이 시기의 일본은 정부나 업계나 모두 자유화에 대해서 소극적인 태도가 일반적이었다.[13] 일본에서의 자유화 논의가 본격적으로 이루어지기 시작한 것은 외압 때문이었다. IMF총회(1959년 9-10월)와 GATT총회(1959년 10-11월)에서 미국을 비롯한 서구제국이 일본의 무역자유화를 강력히 요구함에 따라 일본 정부는 1960년 6월 '무역 · 외환자유화대강(貿易 · 爲替自由化大綱)'(이하, '계획대강'으로 약함)을 발표하여 1960년 4월 현재 40%였던 자유화율(정부물자를 제외한 1959년 수입통관 총액에서 점하는 자유화 품목 비율)을 3년 후 약 80%(석탄, 석유를 자유화한 경우 90%)로 인상하기로 했다. 그러나 더 한층의 개방을 요구하는 IMF 등의 요구에 의해 일본 정부는 1961년 9월 26일 '무역외환자유화촉진계획(貿易外換自由化促進計劃)'을 발표하여 '계획대강'에서 설정한 1963년 4월의 자유화율 80%를 1962년 10월까지 90%로 끌어올리는 것으로 개정하였다. '촉진계획'에 의해 '계획대강'에는 "소요(所要)의 시일을 두고 자유화(3년 이내의 자유화는 무리)하는 그룹"에 속해 있던 석유가

13) 通商産業省, 『通商産業政策史』, 第8卷, 通商産業調査會, 1991年, 171-72頁.

자유화의 대상에 포함되었다. 단, 원유(原油)는 수입자유화하되 중유 등의 석유제품의 자유화는 단계적으로 실시하는 방침이 취해졌다('계획대강' 발표 이후의 무역자유화 실시상황은 〈표 4〉를 참조).

〈표 4〉 '계획대강' 책정 이후의 무역자유화 추이

	자유화 품목수	비자유화 품목수	자유화율(%)	주요 AA품목	비고
1960. 4	586		41	커피콩, 니켈, 광석	
7	61		42	유석(貴石), 無水푸탈酸	
10	481		44	카카오, 아연, 광석	
1961. 4	660		62	섬유원료, 라디오, 미싱	
7	112		65	대두, 인스턴트 커피	
10	500		68	은, 시계, 티탄	'촉진계획' 결정(9월)
12	170		70	스텐레스강, 양복	
1962. 4	8	492(466)	73	야자유, 특수강, 양말	
10	230	262(232)	88	원유, 양고기, 생사, 진주	
11	8	254(224)	88	세타, 안전 면도날	
1963. 4	25	229(197)	89	바나나, 강괴	대일 8조국이행권고
6	2	227(195)	89	아코디온, 펠트모자	
8	35	192(155)	92	설탕, 축전지	90%공약달성(8월 말)
1964. 1	3	189(152)	92	고량, 나왕재(材)	
2	7	182(145)	92강	납, 아연	
4	8	174(136)	93약	칼라텔레비전, 휘발유	IMF 8조국이행
10	12	162(123)	93약	진, 면사, 트랙터	

자료 : 대장성, 『일본세관 100년사』(下), 337쪽 ; 『통상산업정책사』 제8권, 219쪽에서 재인용.

주 : 비자유화 품목의 ( ) 안의 수치는 자유화 면제품목을 제외한 실질수, 즉잔존 수입제한 품목수를 나타냄.

2. 석유수입 자유화의 요구

무역자유화가 일본 경제에 미치는 영향에 대해서는 각 방면으로부터 수많은 분석이 이루어졌지만 자유화가 필요한 이유 혹은 자유화에 의한 이익으로서는 대개 다음과 같은 것들이 주장되었다. 예를 들면, 통산성의 '무역자유화론의 재검토에 대하여'(1959년 4월 6일)는, 무역자유화의 논점으로서 ① 무역자유화는 세계의 대세인 점, ② 통제경제에 의해 자유경제체제의 경제성이 저해되고 있는 점, ③ 무역관리에 의한 국내산업보호정책은 사도(邪道)임을 지적하고 있다.[14]

또 경제기획청의 자료에서는 무역관리의 이유로서 ① 국제수지의 옹호, ② 산업정책의 대위(代位)·보충(補充), ③ 국내산업 보호를 생각할 수 있지만, 최근 무역자유화가 세계의 대세로 되어 있고 또 국제수지의 불균형도 시정되어 자유화의 필요성이 특히 국제기관에서 강하게 요청되고 있는 사정을 설명한 후, 자유화의 메리트로서 자유화에 의해 ① 일본 경제의 식료, 원재료, 에너지 코스트가 낮아진다는 점, ② 경쟁을 통해 기업이나 산업의 체질개선을 추진할 수 있다는 점을 들고 있다.[15]

자유화에 대한 다른 주장들도 위의 내용과 대동소이한데, 요컨대 자유화의 배경으로서는 세계적인 자유화의 대세와 국제수지의 호전, 자유화의 이점으로서는 식료, 원재료, 에너지 코스트의 절감과 경쟁에 의한 효율화(체질개선)가 기대된다는 점으로 요약될 수 있을 것이다.

14) 『通商産業政策史』, 第8卷, 176－77쪽.

15) 經濟企劃廳, 『貿易自由化と日本經濟』(その1), 1960년.

석유수입의 자유화는 특히 에너지 코스트의 삭감이라는 측면에서 주장되었다. 상기의 자료에 의하면, 무역자유화는 에너지 부문에서 "가공산업의 발전을 도모하고 산업구조의 고도화 효과를 올리면서 무역자유화를 추진하고 경쟁력을 강화하기 위한 기본적인 전제가 되는 것은 저렴한 에너지의 공급이다. 우리나라의 에너지 코스트는 일반적으로 높은 편이다"라는 인식 하에 무역자유화에 의한 에너지 코스트의 삭감을 기대하고, 그 일례로서 전력의 경우 화력발전을 중유전소화력(重油專燒火力)으로 이행할 경우 건설비의 16%, 운전비의 6%를 절감할 수 있음을 소개하고 있다.[16]

이러한 주장은 이미 1950년대 중반부터 제기되고 있었는데,[17] 1950년대 후반에 중유억제를 비판하고 유주탄종정책으로의 전환을 강력히 주장한 것은 전력업계였다.

전력업계와 석탄 및 석유의 수요업계를 중심으로 작성된 산업계획회의[産業計畵會議, 위원장은 마쓰나가 야스자에몽(松永安左衛門)]의 권고(「일본 경제 재구축을 위한 권고(日本經濟たてなおしのための勸告)」 1956년 9월 14일)는 일본의 에너지 쇄국정책이 고탄가나 석유 가격체계의 왜곡을 가져와 일본 경제의 진보를 저해하는 요인이 되고 있으며, 따라서 중유의 소비억제나 외화할당제를 개선하여 값싼 에너지원인 중유로 전환할 필요성을 강조하였다.[18] 또 마쓰나가 야스자에몽은 전력중앙연구소[電

16) 『貿易自由化と日本經濟』(その1), 55쪽.

17) 1954년에 석유업계는 당시의 통산성에 의한 중유소비를 억제하여 빈곤할 뿐만 아니라 비싼 국내 에너지로 에너지수요를 충족시키려는 정책은 정책의 오류로 쇄국적 자급자족경제론이라고 비판하였으며, 경단련도 중유소비 억제에 신중할 것을 요구하고 있었다(『通商産業政策史』, 第8卷, 345-467쪽).

力中央硏究所(電中硏)]에서 매년 발표하는 '전력설비근대화계획(電力設備近代化計畫)'을 통해 값싸고 안정적인 전력공급의 실현을 위한 '화주수종(火主水從)'이나 화력발전용 연료를 석탄에서 중유로 전환할 것['유주탄종(油主炭從)']을 적극적으로 주장하였다.[19)]

최근의 연구에 의하면, 전력중앙연구소에 의한 유주탄종(油主炭從) 주장은 1957년의 제3차 근대화 계획에서 제기되어 1958년의 제4차 근대화 계획에서 확고한 것으로 되었다고 한다.[20)] 전력중앙연구소는 제4차 근대화 계획(1958년 9월)에 따르면 화력발전이 1967년도에 가장 효율적인 발전을 한다고 해도 1,600－1,800만 톤의 석탄부족이 예상되며, 그 부족분은 원자력발전의 조기 실현가능성이 희박한 상황에서는 중유에 의존하지 않을 수 없게 된다. 전력업계는 이 시점에서 석탄, 중유의 혼소화력(混燒火力)보다 25%의 발전원가의 인하가 기대되는 중유 전소화력발전소(專燒火力發電所)의 건설을 결단하고 '유주탄종(油主炭從)'을 선도하는 역할을 하게 되었다.[21)]

제4차 근대화 계획의 발표 직후인 1958년 10월에 발표된 산업계획회의의 권고[「잘못된 에너지정책(あやまれるエネルギー政策)」]는 정부의 에너지정책에 대해서 "물량 밸런스만을 다루고" "가격 측면을 전혀 무시하고" 있다고 비판하고, 에너지 가격을 원유가격까지 인하하기 위해 석유에 대한 외화할당제도를 완화할 필요가 있다고 주장했다.[22)] 동 권고의

18) 産業計畵會議, 『日本のエネルギーと石炭』(付錄), 1960년.
19) 橘川武郞, 『日本電力業の發展と松永安左衛門』, 名古屋大學出版會, 1995년.
20) 小堀 聰, "エネルギー革命と日本の電力産業・電力政策－重油專燒火力發電所をめぐって," 『經營史學』, 39卷 4號, 2005년.
21) 小堀, "エネルギー革命と日本の電力産業・電力政策,".
22) 産業計畵會議, 『日本のエネルギーと石炭』(付錄), 1960년.

첨부자료에 의하면, 1965년도의 예상 석탄 수요량은 도쿄의 중유가격(1,000㎉당)이 1.13엔, 1엔, 0.90엔, 0.85엔, 0.80엔인 경우 각각 7000만 톤, 6,500만 톤, 5,300만 톤, 4,500만 톤, 3,700만 톤이 되는 것으로 추계된다고 한다.[23] 중유의 사용을 자유로 하면 중유가격은 80－90전(錢)으로 하락할 것으로 예상되기 때문에 이 경우 석탄 수요량은 3,700－5,300만 톤이 된다. 5,300만 톤의 석탄소비 경우 소요 외화는 7,000만 톤의 석탄을 소비하는 경우에 비해 1억 5,000만 달러 증가하지만 이것은 1965년도의 예상 외화지출의 4%에 불과하다. 즉 중유의 자유사용을 인정하면 약간의 외화지출 증가에 대한 반대급부로서 천킬로칼로리당 20전(錢) 이상의 에너지 가격 하락이 가능하므로 종합적인 견지에서 보면 일본 경제에 플러스로 된다는 것이 산업계획의의 주장이다.

전력업계를 중심으로 제기되고 있던 에너지 코스트의 삭감을 위해 에너지원을 중유로 전환해야 한다는 주장은 석유가격의 하락에 의해 석탄가격의 상대적인 고가 경향이 분명해짐에 따라 경제계 전반의 콘센서스를 얻게 되었다. 중유가격은 1957년 1사분기부터 1959년 1사분기 사이에 17전(錢, 약 15%, 천 킬로칼로리당) 하락하여 1959년 1사분기의 게이힌(京浜) 지구의 중유가격은 메리트[24]를 고려할 경우 석탄가격에 비해 보일러에서는 13전(錢, 14%), 화력발전에서는 6전(錢, 6%) 더 낮았다(〈그림 3〉). 이러한 석탄의 상대적 고가 경향이 진행되는 중에 1959년 6월 15일에는 석유연맹, 일본철강연맹, 전기사업연합회 등 26단체가 중유

23) 産業計畫會議, 『わが國エネルギー政策の基本問題』, 1958년, 89쪽.

24) 메리트는 중유와 석탄의 각각의 칼로리당 가격이 경제적으로 등가가 되는 경우의 비율로, 대개의 경우 중유가격을 100으로 했을 때의 석탄가격으로 표시한다.

보일러 규제법 철폐운동을 전개할 것을 결정했다. 경단련도 이러한 움직임을 중시하여 7월부터 연료대책위원회에서 정식으로 석탄문제의 검토를 개시하여 12월 8일에는 '석탄가격정책에 관한 의견'을 발표하여 "장기적 관점에서 보면 연료의 수급은 자유경제의 일환으로서 연료의 경제적 합리성에 기초한 소비자 자유선택의 위에서 성립해야 할 것"을 명백히 하였다.

〈그림 3〉 중유와 국내탄의 가격 추이

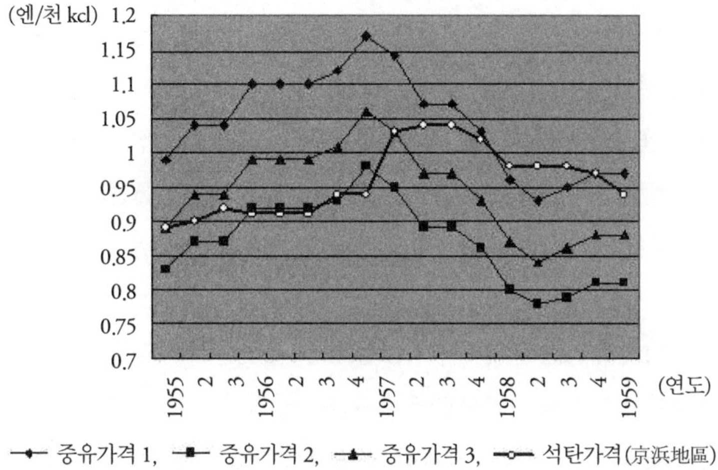

자료 : 통상산업성석탄국, 「석탄광업관계자료」, 1954년 9월 15일(『통상산업정책사』, 7권 398쪽에서 재인용).

주 : 중유가격 2는 보일러 연소 경우의 메리트 차 83.4를 고려한 가격.
중유가격 3은 화력발전 경우의 메리트 차 90.4를 고려한 가격.
경병지구(京浜地區)의 석탄가격은 대규모 생산자의 대규모 수요자에 대한 직매가격(直賣價格).

3. 에너지정책의 전환 – '탄주유종(炭主油從)' 에서 '유주탄종(油主炭從)' 으로

석유가격의 하락이 진전되는 가운데 석유수입이 자유화되어 소비자에 의한 에너지의 자유선택이 가능하게 되면 현재의 가격으로 석탄이 석유와 경쟁할 수 없는 것은 명백하였다. 정부는 이러한 사태에 대처하여 새로운 에너지정책의 수립이 필요하게 되었다.

우선 통산성은 1959년 4월경부터 지금까지 신장기경제계획의 선상에서 추진되어 오던 석탄증산정책의 재검토작업에 착수하여 합리화에 의한 석탄의 경쟁력 확보를 정책의 기본방침으로 하는 정책으로 전환하기 시작했다.[25] 1959년 10월에는 석탄광업심위회에 기본문제부회와 생산성부회를 설치하여 석탄광업의 합리화 대책을 동 심위회에 자문하였다.

동 심의회 기본문제부회가 12월 19일 통산성에 제출한 중간답신은 석탄불황의 원인을 경기순환에 수반되는 일시적인 것이 아니라 구조적인 요인에 근거한 것임을 명확히 한 점에서 중요하다. 이러한 인식 위에 석탄대책의 기본을 경합재에 대해 경제적으로 대항할 수 있는 조건을 정비하는 데 두고 구체적으로는 1963년도까지 탄가를 1,200엔 인하하는 것을 목표로 하여 이를 위해 스크랩 앤드 빌드 정책을 더욱 강력히 추진할 것을 제언했다. 1963년도의 생산규모는 5,000만 톤에서 5,500만 톤으로 상정되어 1975년도 7,200만 톤의 출탄체제를 목표로 한 신장기경

25) 『通商産業政策史』, 7卷, 403쪽.

제계획은 여기서 완전히 포기되었다.

한편, 경제기획청에서는 신장기경제계획에 대신할 국민소득배증계획(國民所得倍增計畫)의 작성과 관련하여 에너지대책이 논의되고 있었다. 1960년 12월 27일에 각의결정된 소득배증계획의 에너지 소위원회 보고[26]에 의하면, 연평균 경제성장률 7.8%의 가정 하에 1959-1970년 사이에 에너지 총수요는 2.1배가 되는 것으로 추정되었다. 공급면에서는 수입 에너지의 구성비가 같은 기간 중 34%에서 59%로 증가하는 반면, 1970년도의 국내 탄생산은 5,500만 톤으로 상정되어 국내 탄의 비중은 32%에서 18%로 감소하는 것으로 되어 있다. 즉 석탄 생산규모는 거의 현상유지 규모라고 할 수 있는 5,500만 톤에 고정하고 증대하는 에너지 수요에 대해서는 적극적으로 해외 에너지의 수입에 의해 대응한다고 하는 방침임을 알 수 있다. 1957년의 신장기경제계획이 에너지 수요에 대해 가능한 한 국내 탄의 증산에 의해 대응하고 국산 에너지로 충족되지 않는 에너지 수요에 대해서는 해외 에너지의 수입으로 충당한다는 방침과 정반대라고 할 수 있다. 소득배증계획계획은 고도성장을 위해 필요한 에너지의 저렴한 공급확보를 위한 '유종탄종(油主炭從)'으로의 방침전환을 명확히 선언한 것이다.

한편, 에너지소위원회 보고가 "최근의 고체 에너지에서 엑체 에너

26) 경제기획청에서는 1959년 4월 경제심의회 에너지부회를 설치하여 새로운 장기 에너지 계획에 대해 심의하고 있는 중 정부가 경제심의회에게 소득배증계획에 대한 자문을 하게 됨에 따라 에너지에 대해서는 정부 공공부문부회 에너지 소위원회에서 심의하게 되었다. 에너지 소위원회의 구성멤버는 에너지부회의 전문위원 중에서 선발되어 에너지부회의 심의결과를 토대로 하여 에너지 계획을 작성하였다. 에너지 소위원회 보고의 에너지 장기정책의 기본방침은 1960년 7월 25일의 에너지부회의 심의결과 보고의 내용과 완전히 일치한다.

〈표 5〉 소득배증계획 1차 에너지 공급 전망

	1959		1970		1980	
	실수	환산	실수	환산	실수	환산
수력(억 kW)	616	36950(27.6)	919	55140(19.5)	1059	63549(14.0)
석탄(천 t)	56751	50636(37.8)	84640	81278(28.7)	102440	100858(22.2)
정탄	47886	42666(31.9)	55000	50914(18.0)	55000	50914(11.0)
저품의잡탄	3181		4000		4000	
수입탄	5684	6252(4.7)	25640	28204(10.0)	43440	47784(10.5)
아탄	1445	723(0.5)	400	200(0.1)	400	200(0.0)
석유(천 kl)	25722	39356(29.5)	98335	140618(49.6)	198977	284537(62.6)
국산원유	482	689(0.5)	1500	2145(0.8)	2000	2860(0.6)
수입원유	24997	35746(26.8)	89976	128665(45.4)	183630	262591(57.8)
제품수입	2043	2921(2.2)	6851	9808(3.4)	13347	19086(4.2)
천연가스 (백만 ㎥)	684	780(0.6)	2053	2340(0.8)	2530	2884(0.6)
신·목탄 (薪·木炭)		6090(4.0)		5980(1.3)		5980(0.6)
핵연료	–	–	(226)	(2260)	(1481–1112)	(14810–11120)
합계		133729(100.0)		283226(100.0)		454689(100.0)
해외 에너지 의존도		(33.6)		(58.8)		(72.5)
1956 = 100		100		212		340

주 : 1. 환산단위는 석탄 7,000㎈/kg
2. 수입원유에는 도시가스 및 유안용(硫安用) 원유가 포함되어 있다.
3. 핵연료에 대해서는 교체분만을 계상하여 그 실수는 천연 우라늄으로 환산하였지만 석탄환산 합계에는 포함되어 있지 않다. 석유제품 수입은 원자력발전을 고려하지 않은 경우의 수치이다.
4. ( )는 %.
5. 해외 에너지 의존도는 에너지 공급 합계에 대한 수입탄, 수입원유, 석유제품 수입의 합계의 비율.

지로의 이행 및 에너지 사용에서 수요자의 자유선택의 세계적 추세에 비추어" 앞으로의 에너지 장기정책의 기본적 방향으로서 다음의 3항목을 제시했다는 점이 주목된다.

① 에너지는 모든 경제활동에 다대한 영향을 미치는 점에 비추어 볼 때, 가능한 한 저렴한 가격으로 공급하는 것이 필요하기 때문에 경제성을 중심으로 한 합리적인 공급구조를 확립할 것
② 앞으로 수입 에너지가 점차 증가할 것으로 예상되기 때문에 경제성의 원칙에 반하지 않는 한도에서 외화부담의 경감이란 견지에서의 대책을 추진할 것
③ 에너지의 기초물자로서의 중요성에 비추어 과거에 경험한 바와 같이 경제발전의 애로가 되어 경제성장의 제약요인이 되지 않도록 그 수요에 상응하는 양을 안정적으로 확보 · 공급할 것.

즉 에너지 혁명의 진전과 수요자의 자유선택이라는 세계적 추세를 배경으로 하여 경제성의 원칙(저렴한 에너지 공급구조 확립), 경제성의 원칙에 반하지 않는 한도 내에서의 외화부담 대책, 안정적인 공급확보를 장기 에너지정책의 기본방침으로 제시한 것이다. 수요자의 자유선택이 석유 수입자유화를 전제로 하는 것임은 물론이다.

이와 같은 기본방침이 제시되었다는 것은 후술하는 산업구조조사회 종합 에너지부회 보고서에서 확립되는 에너지정책의 기본원칙—에너지 저렴의 원칙, 에너지 안정공급의 원칙, 기타 국민경제적 이해(고용, 국제수지 등)과의 조정—의 원형이 이미 이 시점에서 형성되고 있었음을 의미한다. 그러나 다음과 같은 점에서 종합 에너지부회의 보고와 차이가 있음에 주목할 필요가 있다.

첫째, 소에너지위원회 보고는 경제성의 원칙과의 조정이 필요한 문

제로서 외화부담, 즉 국제수지의 문제를 중요시하고 있는 반면 고용문제는 각론의 석탄항목에서 언급하고 있는 데 그치고 있는 점이다. 당시 석유수입 자유화에 따른 석탄산업에서의 고용감소에 대한 논의가 활발했던 점에 비추어 볼 때 약간 의외의 느낌이 들지만, 이 시기에는 고용문제 이상으로 외화지출의 부담을 심각하게 받아들이고 있었음을 반영하는 것이라고 생각된다.

둘째, 안정적 공급확보의 문제가 단지 성장을 제약하는 물량의 문제로서만 파악되어 그 이해가 에너지 안전보장이나 자주성의 문제까지 심화되지 못하고 있는 점이다. 따라서 경제성의 원칙과 안정적 공급확보의 문제 사이에 존재하는 조정문제에 대한 명확한 인식이 나타나 있지 않다.

다음 절에서는 소득배증계획에서 윤곽이 나타나고 있는 종합 에너지정책의 기본원칙이 어떠한 과정을 거쳐 산업구조조사회 종합 에너지부회 보고서에서 제시한 3개의 기본원칙으로 수렴되어 가는가를 살펴보기로 한다.

Ⅳ. 종합 에너지정책의 확립

1. 석유수입 자유화의 충격

석유수입 자유화는 관련산업에 큰 충격을 줄 것으로 예상되었다. 특히 문제가 된 것은 석탄산업에 대한 대책과 석유업계에서의 특수원유

취급문제와 석유업계 질서유지의 문제였다.

석탄산업의 경우, 전술한 바와 같이 자유화가 실행되면 국내 탄은 중유나 수입 탄에 대해 가격경쟁력을 잃고 쇠퇴하지 않을 수 없으며, 이에 수반하는 고용감소의 문제가 발생할 것으로 예상되었다. 따라서 합리화에 의한 생산성의 향상, 경합재에 대한 경쟁력의 확보와 함께 고용유지 혹은 이직자 대책이 석탄정책의 중요한 과제로서 인식되었다.

석유수입 자유화가 석유업계에 미치는 영향은 두 가지로 나눌 수 있다. 하나는 국산원유나 해외개발 원유대책, 이른바 특수원유의 문제이며, 또 하나는 업계 질서유지의 문제이다.

특수원유의 문제는 요컨대 보호대책의 시비에 관한 것이라고 할 수 있다. 국산석유는 수입원유에 비해 비싸기 때문에 국가의 보호정책 없이는 그 존립이 불가능했다. 해외개발 원유는 일본 자본에 의해 해외에서 개발 · 생산되는 원유를 가리키는 것인데, 당시 아라비아 원유와 북수마트라 원유가 일본 자본에 의해 개발 · 생산되고 있었다. 이러한 해외개발회사의 기업성적은 아직 안정되어 있지 못하여 이들 회사는 석유수입 자유화 후에도 자신들이 생산하는 원유 수취에 대한 보장을 요구하였다.

또 하나의 문제인 업계 질서유지라고 하는 것은 석유수입 자유화에 의해 과당경쟁이 일어나 결국 자본력이 우월한 외국 자본에 의해 국내 석유산업이 지배됨으로써 석유가격도 높은 수준으로 인상될 것이라는 우려에서 오는 것이었다. 지금까지는 외화할당제도에 의해 업계의 경쟁이 통제되어 왔지만 자유화는 그러한 정부의 통제수단을 없애는 것이었다. 이때 완전히 자유경쟁에 맡길 것인가 아니면 어떤 형태로든지 정부의 통제를 계속해야 할 것인가라는 문제가 제기되었다.

정부는 '유주탄종(油主炭從)'의 방침에서 장기적인 에너지 수급의 전망은 세우고 있었지만, 이상과 같은 문제에 대처하는 종합적이고 구체적인 에너지정책은 아직 수립하지 못하고 있었다. 더욱이 종래의 에너지정책은 석탄정책이 중심이었으며, 이제부터 에너지 주공급원의 역할을 짊어져야 할 석유에 대해서는 외화할당제나 보일러 규제법과 같은 석유소비 억제적인 것 외에는 이렇다 할 정책이 없었다. 정부는 석유를 중심으로 하는 종합 에너지정책의 수립을 서두르게 되었다.

2. '구주 에너지정책조사단'의 조사보고

통산성은 우선 석탄의 의존도가 높은 유럽 제국이 어떠한 에너지정책을 취하고 있는가를 조사하고 그 결과를 에너지정책의 입안에 반영한다고 하는 목적에서 1961년 2월, 구주(歐州) 에너지정책조사단을 유럽 여러 나라에 파견하였다.

같은 해 7월에 제출된 동 조사단의 보고[27]는 앞으로 유럽의 에너지정책은 에너지의 소비자에 의한 자유선택(free choice of consumers)을 전제로 하여 실행될 것이며, 따라서 필연적으로 석유소비는 증가하고 석탄보호정책은 수정 내지 철폐가 불가피할 것으로 예상하였다. 이것은 1975년까지 1차 에너지의 지속적이고 장기적인 부족은 일어나지 않을 것이란 예상 하에 각국은 소비자 선택의 자유를 인정하면서 가능한 한 저렴한 코스트로 에너지의 적정한 공급을 도모해야 한다고 한 OEEC(구주경제협력기구, OECD의 전신)의 에너지위원회의 보고(통칭 로빈슨 보고, 1960

27) 土屋清・稲葉秀三 編, 『エネルギー政策の新展開』, ダイヤモンド社, 1961년.

년 1월) 및 1961년 3월의 에너지정책에 관한 OEEC의 권고에 근거한 것이었다.

단, 동 조사단의 보고가 시장원리를 에너지정책이 근거해야 할 유일한 원리로서 주장한 것은 아니라는 점에 주의할 필요가 있다. 동 조사단의 보고는 일본의 석탄정책에 대한 반성으로서 지금까지 상대적으로 간과되어 왔지만 앞으로는 주의해야 할 요소로서 에너지의 안전보장, 사회적 및 인간적 측면(고용문제)에 대한 고려, 노사관계의 안정을 들고 있다. 이러한 문제들은 어떤 형태로든지 시장원리에 의한 정책운용을 제한하는 요인이라고 할 수 있는데, 특히 에너지 안전보장에 대한 문제제기는 새로운 문제제기로서 이후의 에너지정책의 입안에서도 중요한 역할을 하게 되었다.[28)]

동 보고는 유럽 제국이 1956년 가을의 수에즈 동란에 의해 심각한 에너지 위기를 맞이했다는 쓰라린 경험에서 안전보장의 문제에 대해 중대한 관심을 가지고 있으며, 그 대책으로서는 에너지 자급도를 높이는 방향에서가 아니라 에너지 공급원의 분산화를 도모하는 방향에서 노력하고 있음을 소개하고, 일본에서도 "수입 에너지에 대한 의존도의 증대를 고려하여 어느 정도까지 국산 에너지인 석탄에 의존하는 것이 현명한가, 어느 정도의 규모에서 최소 필요한도의 전력을 석탄 및 수력으로 가동시키는 것이 타당한가를 충분히 검토하여 그것에 대응하는 태세를

28) 종래 구주 에너지정책조사단의 보고에 대해서는 그것이 세계의 에너지 정세의 대세가 소비자에 의한 에너지 선택의 자유에 기울고 있다는 것, 일본에도 시급히 종합적인 에너지대책을 강구해야 한다는 것을 널리 인식시켰다는 점 등에서 평가를 받아온(예를 들면, 『通商産業政策史』, 第10卷, 425쪽) 반면, 안전보장이라는 문제를 제기한 점에 대해서 별다른 평가가 없는 것은 필자로서는 의외였다.

취해야 할"[29] 것을 강조하였다.

동 조사단이 안전보장 중심의 에너지정책을 주장한 것은 아니지만 동 조사단이 제기한 안전보장론은 큰 반향을 일으켰으며, 앞으로의 에너지정책에 다대한 영향을 미치게 되었다. 특히 석탄업계에서는 안전보장론을 "업계 다년의 원망의 구체적 표현으로서 받아들여 이후의 석탄정책의 지주"[30]로서 강조하였다.

3. '에너지 간담회'의 활동

통산성은 유럽제국의 에너지정책에 대한 조사가 일단락된 후 석유수입 자유화의 조기 실시에 수반하는 에너지정책의 재검토를 위해 1961년 8월 '에너지 간담회'를 설치했다. 에너지 간담회는 통산성 설치법에 근거한 심의회가 아니라 에너지정책에 대한 학식경험자와 통산성과의 자유로운 간담의 장으로서 설치된 것이었으나 그 활동은 대단히 활발하여 에너지정책에 큰 영향을 발휘했다.

동 간담회는 1961년 8월 31일 우선 석탄대책에 관한 중간답신을 하였는데, 여기서 주목되는 점은 "석유자유화의 진전 및 그에 수반되는 보일러 규제법의 폐지에 의해" 1963년 이후 상당히 대량으로 발생할 우려가 있는 과잉탄의 수요선을 전력업에서 구하고 있는 점이다. 즉 "다소 전력업의 부담은 증대하겠지만 전력업의 공급책임을 생각할 때 에너지

29) 土屋清・稲葉秀三 編,『エネルギー政策の新展開』, 65쪽.
30) 大同通信社,『石炭年鑑』, 1962年度, 43쪽.

안전보장의 의미에서 석탄수요의 증대에 이해를 가지는 것이 바람직하다"고 하고, 구체적으로는 치쿠호(筑豊)[31]의 과잉탄 300만 톤 대책으로서 산탄지발전소의 건설 혹은 수요자와의 장기 거래 계약을 추가로 300만 톤 늘릴 것을 제언했다. 에너지 안전보장 및 산탄지 발전은 모두 구주 에너지정책조사단의 보고에서 강조되었던 점들이다.[32] 간담회의 제언은 1962년 10월의 석탄광업조사단의 답신대강(答申大綱)에 반영되어 답신대강은 "우리나라 에너지의 종합 밸런스나 에너지의 안전보장이라고 하는 관점에서도 최소한 필요"로 판단되는 연 5,500만 톤의 수요확보를 정책의 중점 목표로 하여 전력 · 철강 두 수요사업에게 협정에 의한 장기 석탄 거래량의 증대를 요청했다.

간담회가 1961년 12월에 제출한 석유업체에 대한 중간보고는 향후의 석유정책의 수립에 큰 영향을 주었다. 동 중간보고는 다수의견으로서 석유수입 자유화에 수반하여 발생하는 문제, 예를 들면 국산 원유나 해외개발 원유의 취급, 석유업계의 과당경쟁, 외국 자본에 의한 국내 시장 지배 등의 문제에 대처하기 위해 석유업계에 일정한 법적 규제를 가할 필요가 있다는 견해를 제시했다. 또한 국내 석유시장의 일정 비율을 국가의 영향 하에 두기 위한 반관반민의 국책회사 설립도 제안하였다. 다수의견은 석유수입 자유화에 대비하여 국가의 통제성향이 강한 정책을 제언한 것이다.

이 답신에는 소수 의견으로서, 현재도 국가의 영향 하에 있는 석유

31) 규수 후쿠오카(福岡) 현에 있는 일본 최대의 석탄생산지.

32) 석탄업계에서는 시큐리티(안전보장) 이론의 사상을 주체적으로 정부의 신석탄정책에 반영하시키는 매체가 된 것이 '에너지 간담회'라고 평가하고 있었다(『石炭年鑑』, 1962年度, 43쪽).

시장의 점유율은 충분히 확보되어 있고, 통제법 제정의 필요성은 인정되지 않으며, 아라비아 석유 등의 해외개발 원유는 그 판로의 개척에 노력하면 문제가 없다는 의견도 병기되었다. 그러나 정부의 석유대책에 소수 의견은 반영되지 않았으며, 다수 의견은 석유업계에 대한 규제법인 석유업법의 제정 및 석유개발공단의 설립으로서 구체화되는데, 이에 대해서는 후술한다.

4. 종합 에너지정책의 확립 – '종합 에너지부회' 보고서

'에너지 간담회'가 활발한 활동을 전개하고 있는 중에 각 방면에서 석유수입 자유화 후의 종합 에너지정책 수립에 관한 의견들이 발표되었다. 이러한 의견들의 최대 관심사는 석유수입의 자유화가 현실화하는 가운데 전체적인 에너지 수급의 밸러스상 석탄에게 어떠한 위치를 부여해야 할 것인가 하는 문제였다. 즉 석탄과 석유 간의 조정문제가 최대 현안으로서 등장하게 되었으며, 그러한 의미에서 이 시기부터 종합 에너지정책의 모색이 본격적으로 전개되었다고 할 수 있다.[33)]

이러한 에너지 간의 조정문제는 이미 1959년 12월에 발표된 석탄광업심의회의 답신에서도 의식되고 있었다. 즉 답신은 석탄불황의 연원을 에너지 간 소비에 있는 상대적 지위의 변화에 의한 것으로 파악하고, "국민경제적으로 보아 국내 탄을 어떻게 평가하고 그것에 어떤 지위를 부여할 것인가 하는 것이 다른 부문과의 관련에서 제시되어 이를 기초

33) 星野省也, 『日本のエネルギ一問題』, 368쪽.

로 하여 대책이 세워져야 할 필요"가 있음을 강조하였다. 1960년에 들어와 '무역 · 외환자유화계획대강'(1960년 6월) 발표 직전에 나온 각 기관의 분석에서도 자유화가 석탄산업에 미치는 영향을 논하는 가운데 국민경제 전체와의 관련에서 종합적인 에너지대책의 확립이 필요함이 지적되고 있었다.[34] 전술한 '구주 에너지정책조사단'의 보고도 종합적인 견지에서 에너지정책의 수립을 강력히 권고하고 있었다.

'촉진계획'(1961년 9월)의 발표 전후에는 종합 에너지정책 수립에 대한 제언이 보다 구체적인 내용을 가지고 전개되었다. 1961년 10월 28일에 자민당 경제조사회는 종합 에너지정책의 시안을 제시하였는데, 그것은 에너지의 안정공급 확보와 정부의 역할을 강조하는 것이었다. 즉 정책의 기본원칙으로서 경제성 우위의 원칙과 정치적 배려의 원칙(내셔널 시큐리티 등의 견지에서)을 병기하고, 에너지 안정공급의 확보를 위해 국내 에너지의 비중을 적어도 50% 정도 유지할 것을 제시했다.

일본석탄협회도 1961년 10월의 '석탄광업은 이렇게 생각한다(石炭鑛業はかく考える)'라는 성명에서 "단순히 경제성만을 고집하지 않고 공급의 안정성도 충분히 고려하여 국내 자원보호의 견지에 서서 석탄, 석유(국산유를 포함하여), 전력 등 에너지의 종합적 계획을 시급히 세워 정부 스스로 그 선에 따라 지도적 역할을 해야 할 것"이라고 하여 에너지 안정공급의 논리에 선 종합 에너지정책의 수립에 정부가 적극적 역할을 할 것을 기대하였다.

반면, 에너지의 소비자 단체인 전기사업연합회는 1961년 12월에

34) 예를 들면, 經濟企畫廳, 『貿易自由化と日本經濟』(その2), 51쪽 ; 日本銀行, 『貿易自由化と主要産業－自由化の影響と問題点』, 1960년, 245쪽.

'종합 에너지정책에 대하여(總合エネルギー政策について)'를 발표하여 그 기본원칙으로서 소비자의 자유선택과 저가격에 의한 공급을 들고, 조정책이 필요한 경우에도 그것은 잠정조치에 그쳐야 할 것이며, 전체 에너지 코스트를 높이는 정책이어서는 안 된다고 하여 정부의 개입을 경계하였다. 소비자의 자유선택에 수반되는 문제점으로서 안전보장의 문제와 국제수지의 문제를 들어, 전자를 석유의 공급안정 대책으로서 파악하여 그 대책으로서는 공급원의 분산화와 일본 선적 탱커의 증대를 제시했다. 후자에 대해서는 수입연료의 수입총액에서 점하는 비율은 크지 않으며, 오히려 비싼 국산 에너지를 사용함으로써 수출제품의 코스트를 끌어올려 외화사정을 악화시킬 위험이 있음을 지적하였다. 또한 석유업에 대한 대책으로서는 원칙으로서 규제가 없는 편이 바람직하며 법적 조치는 불필요하다는 입장을 취하고 있다.

한편, 석유정제업체를 구성 멤버로 하는 석유연맹으로부터는 종합 에너지정책에 관한 적극적인 의사개진이 보이지 않는다. 석유연맹은 에너지정책의 기본방침으로서 저가격 에너지의 안정적 공급 실현, 수요자의 에너지 선택의 자유, 효율적인 국내정제주의(國內精製主義)의 견지를 제시하고 석유관세나 중유소비세에 대한 반대의사를 표명하였으나,[35] 이후 석유업계의 논의는 석유수입 자유화 이후의 업계 질서문제 및 이와 관련되는 석유업법에만 오로지 집중되고 있는 모습이었다. 즉 업계 질서유지를 위해 법적 조치가 필요한 것인가에 대해 업계의 견해가 좀처럼 수렴되지 못하고 있다가[36] 결국 1961년 11월에야 '석유의 자유화

35) 石油連盟, "石油自由化對策について," (1963년 8월 10월).

36) 석유업계에는 민족계 중소기업을 중심으로 하는 석유업 규제법 찬성 그룹, 일부 대기업을 중심으로 하는 입법조치 불요 그룹, 그리고 석유자유화후

대책 요강' 을 당시의 석유연맹 회장인 나카오 유키오(中尾幸雄)에 의한 '사안(私案)' 으로서 발표하였을 뿐이다.

그러나 나카오 사안(中尾私案)에서도 업계 내의 질서유지책에 대해 "강력한 통제는 자유화의 취지에 반할 뿐만 아니라 도리어 에너지 코스트의 상승을 가져올 위험도 있기 때문에 이를 배제한다"고 하면서도 "현재의 에너지 사정에 비추어 극력 업계의 자주성을 존중하는 적절한 잠정조치로서 신제유소 허가제, 설비의 계출, 필요한 경우의 수급조절, 공동행위의 용인 및 석유심위회(가칭)의 설치 등 극히 경미한 규제는 불가피"하다고 하여 대단히 모호한 입장을 보이고 있다. 석유업계는 이러한 내부의 분열 때문에 석유자유화 대책 수립과정에서의 헤게모니를 정악하지 못하고 석유정책은 통산성의 에너지 간담회 페이스로 진행되게 된 것이다.[37)]

반면, 석유생산업자로 구성된 석유광업연맹[38)]은 일관되게 석유생산업자에 대한 정부지원, 석유산업에 대한 법적 규제, 특수원유의 일괄구입기관의 설립을 주장하였다.[39)]

일정기간의 잠정입법은 불가피한다는 그룹으로 나누어져 좀처럼 결론을 얻지 못했다(『昭和 37年石油業界の推移』, 95쪽).

37) 석유업계는 '에너지 간담회' 에 석유업계 또는 석유수요업계가 참가하고 있지 못하고 있는 데 대해 업계의 의견이 충분히 반영되지 못하고 있다고 비판하고 있었으며(『昭和37年石油業界の推移』, 94쪽), 법규제조치의 움직임에 대해 석유업계 내부에 자유론와 구속론이 혼합하여 존재하고 있고 "이 상태대로 추이하면 정부는 업계에 통일적 의견을 요구하가 어려울 것으로 판단하고 일방적인 판단에 의한 대책실시로 진전할 가능성이 충분"이 있음을 우려하고 있었다(石油連盟, "石油自由化對策," 1961년 10월 10일).

38) 국산석유 또는 해외개발원유 생산자인 帝國石油, 石油資源開發, アラビア石油, 北スマトラ石油開發協力의 4사로 구성된 단체.

정부 레벨에서의 종합 에너지정책 수립의 움직임은 1962년의 제40회 통상국회에서 석유업법안의 심의과정에서 기본문제의 하나로서 제기되면서 본격화되었다.[40] 국회는 석유업법의 통과와 함께 중참양원(衆參兩院)의 부대결의로서 "신속히 종합 에너지정책을 수립하여 석유 및 기타 에너지원이 점해야 할 지위와 그 방법을 명확히 할 것"을 정부에 요청하였다.

통산성은 이에 대응하여 기존의 산업구조조사회에 새로이 종합 에너지부회를 설치하여[41] 종합 에너지정책의 확립을 목적으로 하는 검토작업에 착수했다. 종합 에너지부회의 제1회 부회는 1962년 5월 15일에 열려, '종합 에너지부회의 운영에 대하여' 심의하고, "에너지 산업에 대해 이른바 종합 에너지정책의 확립이 각 방면에서 요구되고 있는" 것에 비추어 "종합 에너지정책의 내용은 반드시 명확한 것은 아니지만 그 기본을 이루는 것은 장기적 에너지 공급구조에서의 각종 에너지, 특히 석탄이 차지하는 위치를 명확히 함과 함께 필요한 정책을 종합적 견지에서 검토하는 것으로 생각"되므로 종합 에너지정책을 이상과 같은 측면

39) 예를 들면, "石油鑛業の自由化對策について," (1961년 10월) ; 「石油輸入自由化對策に關する要望書」(1962년 2월 15일) ; "原油輸入自由化對策に關する要望書," (1962년 8월 1일) ; "原油輸入自由化對策に關する要望書," (1962년 12월 10일).

40) 국회심의에서는 종합 에너지대책을 확립하고 그 일환으로서 석유업법을 제정해야 하는 것은 아닌가라고 하는 질문이 각당에서 제기되었는데, 질문의 취지는 대체로 일정 한도의 국내탄 수요를 확보하고자 하는 것이었다(『昭和37年石油業界の推移』, 105쪽).

41) 종합 에너지부회는 1962년 4월 6일의 閣議了解에서, "종합적 에너지정책을 심의하는 최고자문기관"으로서 산업구조조사회 제6조에 근거하여 동 조사회내에 설치하는 것으로 되어 있던 에너지부회를 강화·확충하여 종합 에너지부회로 한 것이다(『昭和37年石油業界の推移』, 200쪽).

에서 검토하기로 하였다. 이로써 반드시 명확한 의미에서 사용되어 왔던 것은 아니던 종합 에너지정책의 개념이 '장기적 에너지 공급구조에서의 각종 에너지 상호 간의 조정과 위치부여 및 이를 위한 시책'으로서 정의되었다고 할 수 있다.

1963년 12월에 제출된 동 부회 보고서의 1차 에너지 수급 전망을 보면 연평균 경제성장률을 1962 – 1967년도 8.6%, 1968 – 1972년도 7.5%라는 가정 하에서 1962 – 1972년 사이에 에너지 수요는 2.4배 증가하고, 해외 에너지 의존도는 같은 기간 중에 48.5%에서 72.2%로 상승할 것이 예상되었다(석유비중은 42.6%에서 66.9%로 상승, 〈표 6〉 참조). 종합 에너지부회의 예상을 소득배증계획의 예상과 비교하여 보면, 부회의 1972년도 예상치는 소득배증계획의 1980년도 예상치와 거의 같은 수준임을 알 수 있다. 즉 총에너지 공급량은 소득배증계획의 1980년도 예상이 4억 5,469만 톤인 데 대해 부회의 1972년도 예상치는 4억 4,291만 톤, 해외 에너지 의존도는 각각 72.5%과 71.3%이다. 종합 에너지부회는 소득배증계획이 1980년도에 도달할 것으로 예상한 총에너지 수요규모 및 해외 에너지 의존도가 8년이나 빨리 실현될 것을 예상한 것이다. 한편, 국내탄의 생산은 5,500만 톤 규모에서 유지함으로써 총에너지 공급에 대한 국내 탄(정탄)의 비중은 1972년도에는 11.4%에 불과할 것으로 예상하고 있다. 소득배증계획에 비해 더 급속한 에너지 수요의 확대를 예상하면서도 석탄생산은 현상유지의 수준으로 고정시킴으로써 증대하는 에너지 수요를 해외 에너지(주로 석유)의 공급으로 대응한다는 소득배증계획 이래의 방침이 더욱 명확히 나타났다고 할 수 있다.

단, 동 부회 보고서는 고도성장을 달성하기 위해 필요한 저렴한 에너지를 해외석유의 수입으로써 조달하고자 한다는 '유주탄종(油主炭從)'의 방침에 서 있으면서도 종합 에너지정책의 기조에 관한 설명에서 종

〈표 6〉 종합 에너지부회의 1차 에너지 공급의 장기 전망

	1962		1967		1972	
	실수	환산	실수	환산	실수	환산
수력(억 ㎾)	624	37423(20.2)	828	49680(16.5)	933	55980(12.7)
석탄(천 t)	68220	61722(33.3)	79230	72483(24.1)	81282	74740(16.9)
정탄	53587	47746(25.7)	55700	50520(16.8)	55700	50520(11.4)
저품의잡탄	3181	2044(1.1)	7000	3780(1.3)	7000	3780(0.9)
수입탄	10847	11932(6.4)	16530	18183(6.0)	18582	20440(4.6)
아탄	1057	529(0.3)	900	450(0.2)	700	350(0.3)
석유(천 kl)	55277	79046(42.6)	118104	168889(56.2)	206980	295981(66.9)
국산원유	876	1253(0.7)	1100	1573(0.5)	1100	1573(0.3)
수입원유	47261	67583(36.4)	109976	157194(52.3)	196375	280816(63.5)
제품수입	7140	10210(5.5)	7078	10122(3.4)	9505	13592(3.1)
LPG(천 t)	127	217(0.1)	272	465(0.2)	272	465(0.1)
천연가스 (백만 ㎥)	1586	2147(1.2)	3155	4279(1.4)	5400	7455(1.7)
신 · 목탄 (薪 · 木炭)		4350(2.3)		3693(1.2)		3200(0.7)
핵연료(t)			58	580(0.2)	400	4000(0.9)
합계		185434(100.0)		300519(100.0)		442190(100.0)
해외 에너지 의존도		(48.4)		(61.9)		(71.3)
1956 = 100		100		162		238

자료 : 『소화 38년 石油業界の推移』, 268-69쪽.
주 : 1. 환산단위는 석탄 7,000㎈/kg.
2. 수입원유에는 도시가스 및 유안용 원유(硫安用 原油)가 포함되어 있다.
3. LPG는 수입분만.
4. ( )는 %.
5. 해외 에너지 의존도는 에너지 공급 합계에 대한 수입탄, 수입원유, 석유제품 수입의 합계의 비율.

합 에너지정책은 "수요자의 자유선택과 프라이스 메커니즘의 유도에만

맡길 수 없는 다른 요청도 함께 생각할 필요"가 있다고 한 점에 주의해야 한다.

동 부회 보고서는 종합 에너지정책을 검토함에 있어서 고려해야 할 논점으로서 ① 에너지 저렴의 원칙, ② 에너지 안정공급의 원칙, ③ 기타 국민경제적 이해와의 조정이라고 하는 3점을 제시했다. ②의 에너지 안정공급의 원칙은 EEC의 '에너지정책에 대한 각서'(1962년)에 의거해, 다시 산유국의 정치적 불안 등의 경제외적 이유에 의한 공급의 불안정성과 인위적인 가격인상의 문제로 나누어 전자를 에너지 공급의 안전보장(시큐리티) 문제로서, 후자를 국제 석유자본에 대한 자국의 석유 정제자본의 자주성의 문제로서 파악하고 있다. ③의 기타 국민경제적 이해와의 조정이란 탄광 이직자 문제와 산탄지역 경제문제, 그리고 국제수지 문제를 의미한다.

"프라이스 메커니즘의 유도에만 맡길 수 없는 다른 요청"이란 ②와 ③에 의한 ①에 대한 제약요청이다. 보고서는 ③의 문제, 즉 이직자 문제나 국제수지 문제는 과도적인 것으로 판단하고 장기적 에너지정책의 방향에 영향을 주는 것은 아니라고 하고 있다. 반면, ②의 안정공급의 원칙은 ①의 저렴의 원칙과의 조정문제는 장기적 · 기본적인 검토를 요하는 문제로서 파악하였다. 원칙 간의 조정문제에 대해서는 다음 절에서 자세히 살펴볼 예정이지만, 종합 에너지부회의 보고에 의해 석유수입 자유화 이후의 에너지정책의 전체적 방향이 명확히 제시되었다고 할 수 있을 것이다.

종합 에너지부회는 1965년 발전적으로 해소하여 대신하여 동년 8월에 발족한 종합 에너지조사회는 1967년 2월 제1차 답신을 발표하였다. 그 내용은 에너지정책의 목표를 에너지의 저렴 안정공급의 확보와 기타 정책목표와의 조화에 두고 있는 등 그 기본방향에서는 종합 에너지부회

보고서와 크게 다르지 않다. 단, 조사회의 하부기구로서 종합, 수요, 석유, 원자력의 4부회를 설치하여 각 에너지 간의 종합적 조정을 더욱 치밀하게 하고 있다는 점, 원자력의 비중이 커졌다는 점, 그리고 새로운 문제로서 공해문제가 제기되었다는 점을 특기할 수 있다.

V. 종합 에너지정책의 원칙 간 조정문제

1963년의 〈종합 에너지부회〉 보고서에 의해 그 기본적 골격이 확정된 일본의 에너지정책의 특징은 정책운용의 기본을 시장원리에 두면서 정부 통제의 여지를 상당히 남기고 있는 점에 있다고 생각된다. 즉 시장원리에 입각한 에너지 저렴의 원칙은 에너지 안정공급의 원칙과 기타 국민경제적 이해와의 조정 때문에 일정 부분 유보할 수 있다는 입장이다. 이하에서는 시장원리와 충돌하는 다른 원칙과의 조정에 관한 정책에 대해 보다 자세히 살펴보기로 한다.

1. 기타 국민경제적 이해와의 조정

1) 탄광이직자대책 및 산탄지역대책

석유수입의 자유화는 국내석유업자, 중소규모의 석유정제업자 및 국내 석탄생산자의 쇠퇴를 가져올 것으로 예상되어 그 대책이 강구되었다. 특히 지금까지 국내 에너지 수요의 과반을 공급해 왔던 석탄산업의 쇠퇴는 심각한 고용문제나 지역문제를 발생시킬 것이 우려되었다. 석탄산업 부문이 야기하는 사회적 문제에 대한 정책적 배려는 1959년 말경부터 시작되었다.[42)]

1959년 12월 19일에 발표된 석탄광업심의회의 답신은 스크랩 앤드 빌드에 의한 합리화를 강력히 추진함과 함께 탄광이직자대책과 산탄지역진흥대책에 대한 관계자의 협력을 강하게 요청했다. 동 답신의 발표 전일에는 탄광이직자임시조치법(炭鑛離職者臨時措置法)이 제정되어 동법에 근거하여 설립된 탄광이직자원호회(炭鑛離職者援護會)가 이직자에 대해 직업훈련 수당이나 이주자금을 지원했다. 1961년 6월에는 고용촉진사업단법(雇用促進事業團法)이 제정되어 원호회의 업무는 동법에 의거하여 새로이 설립된 고용촉진사업단에 인계되었다.

지역대책으로서는 1961년 11월 산탄지역진흥임시조치법(產炭地域振興臨時措置法)이 제정되어 동법에 근거하여 설립된 산탄지역진흥사업단(產炭地域振興事業團)이 산탄지역에서의 사업을 지원하기 위한 토지조성사업이나 융자사업을 실시하기 시작했다. 광해대책(鑛害對策)도 강화되었다. 1960년 12월에는 광해대책부회(鑛害對策部會)가 석탄광업심의회에 설치되고 이 부회는 1961년 4월 석탄광해대책심의회(石炭鑛害對策審議會)로 발전하였다. 동 심의회는 광해배상의 실행을 확보하는 수단으로서 광해배상적립금제도의 설치를 제언하여 그것은 1963년에 석탄광해배상담보법의 제정과 광해배상기금의 설립으로서 실현되었다.

이처럼 석탄산업의 쇠퇴에 수반되는 사회적 마찰에 대한 정책이 강

42) 1959년 이전에도 이직자 대책이 실시되지 않은 것은 아니나 독자의 정책으로서가 아니라 공공사업이나 실업대책사업, 때로는 광해대책사업 중에 실업자를 흡수하는 정도의 대책에 머물러 있었다.

화됨에 따라 이 부분에 대한 정부지출도 증대하였다. 1960년에는 석탄대책관계 예산 중에 이직자 원호대책비로 23억 3,000만 엔이 처음으로 석탄대책관계 예산으로서 계상되어 그 액수는 1962년도에 50억 700만 엔, 1963년도에는 61억 7,200만 엔으로 증가했다. 산탄지역진흥대책비도 1961년도에 3,000만 엔이 처음으로 계상되어 1963년도에는 1억 3,330만 엔으로 증가했다. 광해대책비를 포함하는 사회적 문제에 대한 예산액은 1963년도에 90억 엔을 넘어서서 석탄대책관계 예산의 약 48%를 차지하였다.[43)]

종합 에너지부회는 이직자 문제를 과도적 문제로서 파악하고 있었는데, 실제로 탄광이직자는 1960년대 후반부터 크게 감소하였다. 상용노동자의 감소수는 1965년도부터 1만 명을 하회하게 되었으며, 1962–1963년도에는 4–5만 명에 달했던 구직자수도 1–2만 명 수준으로 감소하였다(〈표 7〉). 이직자의 재취직도 비교적 원활히 이루어져 탄광이직자의 80%가 6개월 이내에 재취직되었다고 한다.[44)] 이것은 탄광이직자 대책의 효과로서 평가할 수 있는 면도 있지만, 당시의 고도성장에 의한 노동력 수요의 증대라고 하는 매크로 경제적 환경에 의한 면도 크다고 생각된다. 물론 문제가 없는 것은 아니다. 전기 구직자를 포함한 전 구직자의 취업률은 60%대에 머물고 있어 중고령자를 중심으로 한 실업자의 퇴적문제는 여전히 산탄지역의 큰 문제로 남아 있었다. 단, 그러한 문제가 에너지정책의 기본방침에 영향을 줄 정도의 팩터로는 되지 않았다고

43) 石炭鑛業合理化事業團, 『團史(整備 · 近代化編)』, 1976年. 1963년도 이후 100억 엔대 전후였던 석탄대책예산은 1967년도부터 400억 엔 이상, 1969년도부터는 600억 엔 이상으로 큰 폭으로 증대하나 이 시기의 증가는 주로 석탄기업의 경영위기를 구원하기 위한 자금지원에 의한 것이다.

44) 勞動省職業安定局, 『炭酸離職者對策十年史』, 1971年, 326頁.

할 수 있다. 1967년의 종합 에너지조사회의 답신에서는 여전히 고용의 안정을 석탄대책의 하나로서 제시하고는 있으나 강조점은 이직자대책이 아니라, 오히려 고용의 확보나 근대적 노동환경의 정비 등에 놓여 있었다.

〈표 7〉 탄광이직자의 재취직 상황 및 상용노동자 증감의 추이

연도	합리화탄광이직자의 재취직			상용노동자 감소수
	구직자(신규)	취업자	취업률(신규)	
1958				15011
1959				29964
1960				25592
1961				32963
1962	49100(32800)	30300	61.7 (92.4)	40385
1963	59800(41000)	39900	66.7 (97.3)	36969
1964	38880(18980)	25570	65.8 (134.7)	10672
1965	25310(12000)	13810	54.6 (115.1)	5925
1966	17700(11200)	8700	49.2 (77.7)	7001
1967	22500(13500)	13070	58.1 (96.8)	14134
1968	11380(4800)	7170	63.0 (149.8)	9522
1969	23220(19010)	15600	67.2 (82.1)	20559
1970	20600(12980)	13510	65.6 (104.1)	9882

자료 : 『石炭・コークス統計年報』, 『탄광이직자대책 10년사』.
주 : 구직자, 취업자는 합리화탄광이직자의 재취직 실적치. 구직자는 전기 구직자와 신규 구직자의 합계.

2) 국제수지

석유수입 자유화는 해외 에너지에의 의존도를 높여 국제수지의 악화를 초래할 것이 우려되었다. 특히 석탄광업측에서는 석탄광업 보호의 유력한 근거로서 국제수지의 문제를 제기하여 왔다. 그러나 그러한 주장의 에너지정책에 대한 영향력은 1960년대에 이미 크게 약화되고 있었다.

예를 들면, 전술한 종합 에너지부회의 보고서는 국제수지의 대책으로서 석탄 등의 국내 자원의 사용을 주장하지는 않았다. 보고서는 국제수지 문제에 대해 "오히려 적극적으로 저렴한 에너지를 이용함으로써 제품 코스트를 절감하여 산업의 국제경쟁력의 방어, 수출의 진흥을 꾀하는 방향에서 대처"할 것을 제언하였다. 이에 더하여 "경제성 있는 해외원유의 개발, 저렴한 가격으로의 원유 구입, 국적선 탱커의 적취비율(積取比率)의 향상" 등을 직접적으로 국제수지의 개선에 기여하는 문제로서 배려하지 않으면 안 된다고 하고 있다.

1960년대 후반이 되면 국제수지의 악화를 이유로 하는 석탄광업보호론은 더욱 그 설득력을 잃게 되었다. 〈그림 4〉에서 알 수 있는 바와 같이 1960년대 후반이 되면 무역수지는 점차 흑자기조화되어 가고 적자가 발생해도 수출액에 대한 그 비중은 낮아졌기 때문에 석유수입에 의한 국제수지의 위협은 크게 줄어들었다. 츠치야 기요시(土屋淸)가 1966년에 지적한 바와 같이 "일본의 수출이 30억 달러, 40억 달러였던 당시는 5,000만 톤의 석탄에 대신하는 5억 달러라고 하는 것은 대단히 큰 부담이었지만 현재 100억 달러의 수출이므로 석탄이 제로가 되고 가령 그 전부를 석유수입에 의해 충당한다고 해도 국제수지 면에서는 이미 반대할 이유는 되지 않게" 된 것이다.[45)]

단, 종합 에너지조사회의 답신은 석유수입의 급증으로 1965년도에 에너지 수입은 16억 달러에 달해 수입 총액의 19%에 달하게 된 것을 지적하고 앞으로의 에너지정책 수행에서 국제수지에 대한 배려를 요청하고 있다. 그러나 이것은 석유수입액의 급속한 증대에 대한 대책의 필요

45) 土屋淸, "轉換点に立つ石炭政策,"(『昭和41年石油業界の推移』, 207쪽).

〈그림 4〉 무역수지의 추이

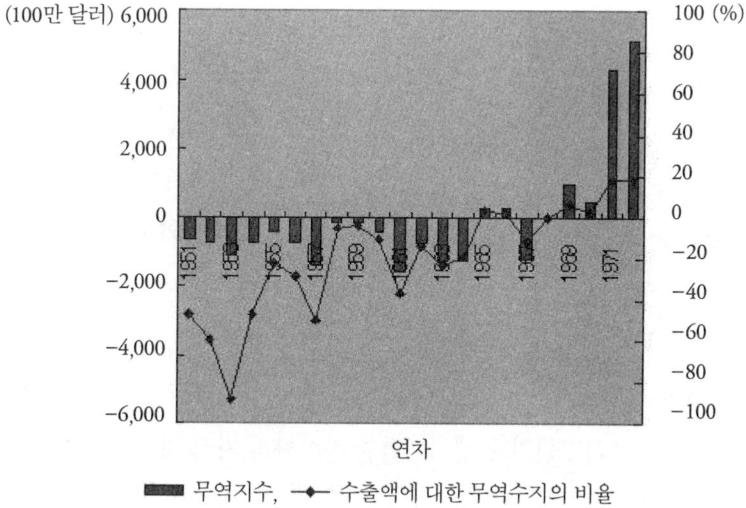

성을 지적한 것으로, 국제수지를 이유로 국산 에너지의 보호, 증산을 주장하고 있는 것은 아니다.

2. 에너지의 안정공급

에너지 안정공급의 문제는 전술한 종합 에너지부회 보고서의 정리에 따라 에너지 안전보장의 문제와 에너지 산업의 자주성의 문제로 나누어 생각하기로 한다.

에너지 안전보장은 국내 석탄산업 보호의 유력한 논거였다. 그러나 종합 에너지부회 보고서는 에너지 안전보장이 에너지 저렴의 원칙에 우선해야 한다고는 하지 않고 있다. 보고서는 양자의 조정은 "저렴의 원칙을 기본으로 하고, 안정공급의 원칙은(략), 양자가 모순될 경우 국민경제적으로 보아 합리적인 사회적 보험료로서 시인할 수 있는 범위" 내에서 이루어져야 하며, 또한 안전보장을 위한 대책은 "그것을 위한 부담의 증대가 미니멈으로 그치도록 배려하여야 할 것이며, 동시에 그 부담의 배분이 합리적으로 이루어지도록" 할 것을 요청하고 있다. 이러한 기본 인식 하에 보고서는 국내 석탄산업에 대해 현상유지적인 석탄생산 연 5,500만 톤을 "에너지 저렴의 원칙과 안정공급의 원칙과의 조정결과 도출된 석탄광업의 적정 생산규모"로서 제언하였다.[46]

에너지 안전보장을 위한 대책으로서 종합 에너지부회가 강조한 것은 국내 에너지 산업의 보호보다도 에너지 공급원의 분산화였다. 그 방법으로서는 에너지원의 종별 · 지역별 분산화와 자국 자본에 의한 해외 유전의 개발이 제시되었다. 이외에 일본 선적 탱커의 증강 및 저유능력의 증대가 안전보장 대책으로서 제시되었다.

한편, 에너지 산업의 자주성 확보는 일본 석유정제업의 국제 석유자본에 대한 자주성의 확립을 의미한다. 석유수입의 자유화는 외국 자본 및 외자계 기업에 의한 국내 석유업 시장의 독점을 초래함으로써 저렴하고 안정적인 석유공급이 저해되는 것은 아닌가 하는 우려를 가져왔다. 이른바 끈 달린 원유구입 계약(국제 석유자본이 일본의 석유정제회사에 자금을 공여하고, 그 반대급부로서 일정량의 원유구입을 의무화한 것)에 의해 일본의 원유구입의 자주성은 저하하여 1962년도의 경우 원유구입의 이른

46) 5,500만 톤의 석탄 생산규모는 종합 에너지부회 보고의 전년에 발표(1967년 10월)된 석탄광업조사단 답신대강의 내용을 그대로 수용한 것이다. 이 답신대강은 석탄이 석유에 대항할 수 없음은 결정적이라고 명언하고 앞으로의 석탄정책은 경제합리주의적인 입장만이 아니라 석탄광업의 위기가 초래하는 국민경제적 손실과 사회적 영향을 고려해서 실시되어야 한다고 했다.

바 '프리 핸드'는 전 구입 원유량의 20% 정도로 저하하고 있었다.

자주성 확보의 문제에 관하여 종합 에너지부회 보고서는 총론에서는 끈 달린 론(loan)의 선악이라고 하는 눈 앞의 현상에서만 검토해서는 안 되며, 일본 석유산업의 기본적 존립형태의 문제로서 해결하지 않으면 안 된다는 원칙적인 내용만을 기술하고 있으며, 각론 부분에서 국가의 적극적 조성에 의한 해외유전의 개발, 해외개발 원유의 수취 증가 및 석유정제 기업의 경영기반을 강화하기 위한 집약화 내지는 기타 합리화의 촉진을 제언하고 있다. 이 중 해외유전의 개발이나 해외개발 원유문제는 안전보장의 문제와 중복되는 것이며, 석유정제 기업의 경영기반 강화를 위한 집약화 · 합리화는 1965년 4월에 만족계 기업 3사의 판매부문을 집약화한 교도석유(共同石油)의 설립으로 실현되었다.

자주성 확보의 문제와 관련해서는 종합 에너지부회 보고서의 전년에 제정된 석유업법(1962년 7월)에서 이미 중요한 대책이 준비되어 있는 점에 주목해야 한다. '에너지 간담회'의 답신을 구체화하여 제정된 석유업법은 정책당국이 당초 의도했던 가격통제는 법제화되지 않았지만 석유정제업의 허가 및 특정설비의 신 · 증설의 허가를 주요 내용으로 하는 강력한 규제법으로서 이후의 석유산업에 큰 영향을 주었다. 석유업법제안 설명은 과당경쟁의 방지를 위해 "석유업의 사업활동을 필요한 최소한도에서 조정하고자 하는 것이" 석유업법의 취지라고 하고 있으나, 과당경쟁의 방지가 완전한 자유경쟁의 경우 일어날 것으로 예상되는 소수자본(즉 우월한 자본력의 국제 석유자본)에 의한 시장지배와 국내 석유산업의 자주성 상실이라는 사태에 대한 대책이라는 것은 명백하다.

또한 정부는 국산 원유 및 해외개발 원유의 보호와 지원을 위해 국책회사의 설립을 구상하고 있었다. 그것은 '에너지 간담회'의 답신에서 이미 제기되어 있었지만, 종합 에너지부회 보고서도 '간담회'가 제시한

국책회사, 혹은 석유업에 대한 국가자금을 투융자하는 석유공급 안정기금의 구상에 대해 의욕적으로 검토할 것을 제언하고 있다.

국책회사 혹은 석유안정공급기금 구상은 이것이 해외개발 원유의 수취 의무화로 연결되거나 또는 국가의 통제강화로 이어질 수 있는 위험이 있다는 등의 이유에 의한 석유정제업자의 반대로 실현되지 못했다. 그러나 석유업법의 제정으로 정부는 행정지도를 통해 석유정제업계가 국산 원유와 해외개발 원유의 수취에 협력하도록 할 수 있었다. 결국 국책회사의 구상은 종래의 구상에 있었던 해외개발 원유의 수취를 공단업무로부터 제외하고, 석유의 탐광 및 채광에 필요한 자금의 출자 및 대부를 주 업무로 하는 기관으로서 석유개발공단(1967년 10월)을 설립함으로써 부분적으로 실현되었다.

VI. 맺음말

석유수입 자유화 이후의 종합 에너지정책의 기본방향은 1963년에 발표된 산업구조조사회 종합 에너지부회 보고에 의해 확립되었다. 동 부회 보고는 에너지정책의 원칙으로서 에너지 저렴의 원칙, 에너지 안정공급의 원칙, 기타 국민경제적 이해와의 조정을 제시하고, 기본적으로는 에너지 저렴의 원칙에서 운용하되 안정공급의 원칙 및 기타 국민경제적 이해에 의해 에너지 저렴의 원칙이 제약될 수 있다고 보았다.

정부가 에너지의 기본원칙을 이상의 3점으로 요약하는 데는 다음의 두 계기가 중요하였다.

첫째는, 소득배증계획에서 경제성의 원칙에 입각한 소비자의 자유선택을 명확히 하여 유주탄종의 방침을 확실히 한 점이다. 이 시점에서 유주탄종으로의 정책전환을 한 것은 향후의 경제성장을 달성하기 위해서는 저렴한 에너지의 풍부한 공급이 불가결하다는 것, 에너지 혁명이 진전되는 가운데 저렴하고 풍부한 에너지는 해외 석유에서 구할 수밖에 없다는 점이 정부와 민간 산업계 양쪽에서 명백히 인식되었기 때문이다. 석유수입 자유화는 풍부하고 저렴한 해외 석유수입을 위한 전제조건이었으며, 동시에 석유수입을 한층 촉진시키는 역할을 하였다. 단 소득배증계획 당시는 경제성의 원칙을 제약하는 요인으로서 국제수지의 제약이 강조된 반면, 공급안정의 중요성을 강조하면서도 그것이 경제성의 원칙과 충돌하는 경우에 대한 인식은 명확히 나타나 있지 않았다.

둘째는, 구주 에너지정책조사단이 에너지 안전보장론을 적극적으로 제기한 이후 경제성의 원칙과 안전보장의 문제가 클로즈 업되어 '에너지 간담회'에서 안전보장의 논리에 선 정책을 적극 제언한 점이다. 결국 에너지 안전보장론은 당시의 석탄정책 및 석유정책에 큰 영향을 주었으며, 종합 에너지부회 보고서에서도 종합 에너지정책의 원칙의 하나로서 정립되었다.

종합 에너지부회 보고는 에너지 안정공급을 두 가지 측면, 즉 에너지 안전보장과 자주성의 문제로 정리하여 각각에 대해 다음과 같은 대응방향을 제시하였다.

에너지 안전보장에 대해 부회 보고서가 강조한 것은 에너지원의 종별 · 지역별 분산화였으며, 국내 에너지의 확보에 대해서는 '사회적 보험료로서 시인할 수 있는 범위'에서 제한되어야 한다는 견해를 밝혔다. '사회적 보험료'의 산정에 대한 명확한 기준이 제시된 것은 아니나, 국내 자원중심주의에서 벗어나 국제전략적 시야에서 에너지 안전보장의 문제를 고려하는 방향을 명확히 제시했다는 점은 평가할 수 있을 것이다.

국내 에너지 산업의 자주성에 대해 부회 보고서는 해외유전 개발, 해외개발 원유의 수취 증가, 및 석유정제 기업의 경영기반 강화 등을 위한 정부의 지원을 강화하고, 국책회사안 및 석유안정기금에 대해 의욕적으로 검토할 것을 제언하였다. 전년에 제정된 석유업법도 국내 석유기업의 자주성 확보대책의 측면이 있음을 고려하면 자주성 확보대책은 정부의 지원과 규제를 중심으로 하는 방향에서 모색되었다고 할 수 있다.

한편, 기타 국민경제적 이해와의 조정문제는 부회의 전망대로 과도적인 문제로서 장기적인 에너지정책에 영향을 주는 요소는 되지 않았다. 1960년대 후반이 되면 석유수입의 급증에 따른 외화부담의 문제에 대한 정책적 배려는 계속되었으나 국제수지의 방어가 석탄산업 보호의 명분으로서 갖는 의미는 거의 상실하였다. 이직자 문제와 산탄지역 문제 역시 1960년대 후반에는 석탄광부의 감소 및 이직자대책의 강화로 만족스러운 상황은 아니지만 적어도 에너지정책에 영향을 줄 수 있는 첨예한 사회문제로 되지는 않았다.

총괄하면, 일본 경제는 석유수입 자유화를 전제로 하는 유주탄종 정책 하에 해외석유를 저렴한 가격에 풍부하게 입수할 수 있었고, 저렴하고 풍부한 에너지의 공급은 고도경제성장의 기초가 되었다. 에너지 면에서 일본 경제는 자유무역이라는 새로운 경제환경에 잘 적응하여 그 혜택을 충분히 향유하였다고 할 수 있을 것이다. 그러나 다른 한편에서 일본 정부는 에너지 안전보장론(자주성 확보)을 이유로 자국 석유업에 대해 엄격한 통제를 유지하였다.[47] 그런 의미에서 무역자유화라는 경제환

47) 석유업법과 같은 통제정책은 오히려 석유산업의 경쟁을 억제하여 비효율

경에 대한 일본 정부의 대응은 이중적이라고 할 수 있다. 이제 막 무역자유화란 거친 물결을 헤쳐나가게 된 일본 경제는 아직 외자(外資) 공포로부터 자유롭지 못했던 것이다.[48)]

적인 업체를 온존하여 전체적으로 석탄업계를 약체화하였다고 하는 비판이 많다.예를 들면,『通商産業政策史』, 第10卷, 522–23쪽 ; 손열,『일본 성장과 위기의 정치경제학』, 나남출판, 2003년, 190쪽.

48) 에너지 간담회에서 소수의견으로서 통제입법의 도입에 반대의견을 표명했던 와키무라 기타로(脇村義太郎)는 석유업법 실시 10년 후에 "외자에 대한 공포는 석유업법 제정 당시 일반적으로 강했다"고 술회하고 있다("石油業法を再検討する,"『週刊東洋經濟』, 1970년 1월 17일호).

참|고|문|헌

손열. 2003. 『일본 성장과 위기의 정치경제학』. 나남출판.

石油連盟. 『石油業界の推移』. 各年版.

大同通信社. 『石炭年鑑』. 各年版.

通商産業省. 『石炭・コークス統計年報』. 各年版.

雇用促進事業團. 1971. 『雇用促進事業團十年史』.

經濟企畵廳. 1958. 『日本のエネルギー』. 日刊工業新聞社.

______. 1960. 『貿易自由化と日本經濟』.その1, その2.

橘川武郎. 1995. 『日本電力業の發展と松永安左衛門』. 名古屋大學出版會.

勞動省職業安定局. 1971. 『炭鑛離職者對策十年史』.

渡邊洋三. 1975. "石油産業と戰後經濟法體系." 東京大學社會科學硏究所編. 『戰後改革』. 8. 東京大學出版會.

産業計畵會議. 1958. 『わが國エネルギー政策の基本問題』.

______. 1960. 『日本のエネルギーと石炭』. 東洋經濟新報.

産炭地域振興事業團. 1972. 『産炭地域振興事業團十年史』.

石炭經濟硏究所. 1962. 『石炭鑛業の諸問題－新石炭政策の背景－』. 石炭經濟硏究所.

石炭鑛業合理化政策史硏究會. 1990. 『石炭鑛業合理化政策史』.

石炭鑛業合理化事業團. 1976. 『團史(整備・近代化編)』.

星野省也. 1964. 『日本のエネルギー問題』. ダイヤモンド社.

小堀 聰. 2005. "エネルギー革命と日本の電力産業・電力政策－重油專燒火力發電所をめぐって－." 『經營史學』. 39卷 4號.

小宮隆太郎・奧野正寛・鈴木・太郎編. 1984. 『日本の産業政策』. 東京大學出版會.

松井淸編. 1961.『新版日本貿易讀本』. 東洋經濟新報社.

石炭鑛害事業團. 1971.『石炭鑛害復舊史』.

日本エネルギー經濟硏究所編. 1986.『戰後エネルギー産業史』. 東洋經濟新報社.

日本開發銀行. 1959. "石炭と重油の競合問題に關する一考察."『調査月報』. 第7卷 第2號(3月).

日本銀行. 1960.『貿易自由化と主要産業－自由化の影響と問題点－』.

日本興業銀行. 1960.『貿易自由化の産業界に及ぼす影響』.

總合硏究開發機構(NIRA)戰後經濟政策資料硏究會編. 1999.『國民所得倍增計畫資料』第1卷. 日本經濟評論社.

______. 2000a.『國民所得倍增計畫資料』. 第31卷. 日本經濟評論社.

______. 2000b.『國民所得倍增計畫資料』. 第32卷. 日本經濟評論社.

土屋淸・稻葉秀三 編. 1961.『エネルギー政策の新展開』. ダイヤモンド社.

通商産業大臣官房物資調整課 編. 1957.『將來における日本の産業とエネルギー』.

通商産業省. 1990.『通商産業政策史』. 第10卷. 通商産業調査會.

______. 1991a.『通商産業政策史』. 第7卷. 通商産業調査會.

______. 1991b.『通商産業政策史』. 第8卷. 通商産業調査會.

鶴田俊正. 1984. "高度成長期." 小宮隆太郎・奧野正寬・鈴木・太郎編.『日本の産業政策』. 東京大學出版會.

10

일본의 국제화와 동아시아의 노동시장

일본으로의 노동력 이동을 중심으로*

김태영(강릉대학교)

I. 서론

경제 국제화의 진전과 함께 자본의 이동은 국제적으로 어떠한 제약도 없이 진출국의 외자우선정책에 의해 진행되었으며, 자본이동은 노동력 이동과 밀접한 관계를 맺게 되어 노동자는 약한 입장에 처하게 되었다. 특히, 일본은 1985년 9월 프라자 합의 이래 엔고(円高)로 인해 제품생산은 일본 국내보다 해외에서 생산하는 편이 코스트가 적게 들기 때문에 한국, 중국 및 아시아 제국 등에 생산거점을 옮기는 기업이 늘어나 산업의 공동화(空洞化) 현상이 진행되었다. 노동 코스트를 줄이기 위해 해외에 진출한 일본 기업들은 현지 노동자들과 잦은 마찰을 빚기도 했

* 『일본어문학』(2006)에 발표된 논문을 수정 · 가필하였음.

다. 한편 일본 사회는 소자화 · 고령화의 영향으로 노동력 부족은 심각하여 외국인 노동자를 IT(정보기술) 등의 특정분야 및 3D업종에서 받아들이고 있는 실정이다.

일본에서는 이른바 '외국인 노동자'가 주목받고 있지만 이민 노동력의 격증은 일본에서만 볼 수 있는 현상이 아니고 구미에서도 큰 사회문제가 되어 있다. 북미로의 이민은 동아시아로부터 400만 명, 중남미로부터 900만 명 정도로 추산하고 있으며, 유럽으로의 이민은 북부아프리카로부터 300만 명, 동유럽으로부터 300만 명으로 추정되고 있다.

노동의 국제이동에 관한 자료는 무역이나 투자와는 달리 극히 한정되어 있어 이 한정된 자료에서 동아시아의 국제 노동이동에 관해 몇 가지의 정식화된 사실을 얻을 수 있다. 우선 동아시아에서 노동시장 통합의 정도는 아직 다른 지역보다 낮지만 1990년대 이후 급속히 상승해 오고 있다는 것을 알 수 있다. 전체 인구에서 차지하는 외국인 노동자의 비율을 비교해 보면 스위스와 미국이 10%를 넘고 있으며, 독일이 약 8%, 프랑스가 약 6%, 영국이 4%인 것에 반해 일본에서 외국인 노동자 비율은 약 1.0%에 이르고 있는 실정이다.[1] 동아시아의 홍콩(40.0%)과 싱가포르(15.5%) 등 몇 개의 국제화된 나라(지역)에서는 예외적으로 외국인의 비율이 높다.[2]

그러나 최근 아시아의 노동시장 통합의 정도는 적어도 아시아 통화위기까지는 급속하게 상승해 왔다. ILO(1998)에 의하면 아시아 지역 내의 이민수는 1980년의 100만 명에서 1997년에는 650만 명으로 높은 증

1) 經濟産業省 編(2003), "第3章, 第2節 : 海外の優れた人的資源の活用－國際的な勞仝力移動," 『通商白書』通商政策局情報調査課.
2) 後藤 純一, "동아시아의 국제 노동이동과 일본의 외국인 노동자 문제," 참고.

가를 보이고 있다. 동아시아에서 주요 수용국은 일본 및 홍콩, 싱가포르, 대만 등의 NIEs이고, 인도네시아나 필리핀 등이 주요 송출국이다.[3] 한국, 말레이시아, 타이는 수용과 송출 양방의 성격을 띤 나라이다. 아시아의 이민증대 경향은 수용 및 송출국 쌍방의 자료에서 볼 수 있다.[4]

본 연구에서는 증대하는 시장경제와 일본 경제의 국제화에 따른 동아시아에서의 일본으로의 국제 노동이동의 현상을 개관함과 동시에 일본의 외국인 노동자 유입 요인과 실태에 대하여 고찰하고자 한다.

3) 2000년 1월 현재 대만의 외국인 노동자의 총수는 296,569명, 국적별로는 타이 139,661명(47.1%), 필리핀 113,875명(38.3%), 인도네시아 42,522명(14.3%)으로, 이 3국이 99%이상을 차지하고 있다. 성별로는 남성이 167,948명으로 56.64%, 여성은 128,621명으로 43.37%를 점하고 있다. 미등록 외국인은 약 2만 명, 그밖에 약 4만 명의 미등록 중국인이 있다. 대만 거주 취업 외국인 중 기술 · 전문직 종사자는 약 1만 명이고 합법 취업자의 압도적 다수를 외국인 노동자가 차지하고 있다.

4) 한국에서 취업하고 있는 외국인은 전문 · 기술직에 종사하는 합법적 취업자, 산업기술 연수생, 미등록 외국인의 3개로 분류할 수 있다. 한국 정부는 전문 · 기술직 이외의 '단순노동 분야'에서의 외국인의 취업을 원칙으로서 인정하지 않고 있다. 이 분야에서 실질적으로 취업하고 있는 노동자가 산업기술 연수생과 미등록 외국인이다. 외국인 노동자는 약 243,363명으로 합법 취업자 14,697명(6.0%), 산업기술 연수생 74,787명(30.7%), 미등록 노동자 153,898명(63.2%)으로 취업 외국인에게 차지하는 미등록 외국인의 비율은 대단히 높다.

II. 국제 노동이동에 관한 고찰

1. 국제 노동이동의 제 가설

외국인 노동자를 받아들이는 정책은 각국의 국내 노동시장의 상황, 역사적 배경, 지리적 요인 등의 영향을 받아 각각 독자의 노동정책을 전개해 왔다. 국제 노동이동의 역사는 식민주의(colonialism) 시기부터 시작된 것이 그 기원으로 볼 수 있다. 일명 노예무역으로 인식되는 현상이며, 대표적으로는 아프리카에서 미국으로 약 1,500만 명이 이주되었던 것으로 파악되고 있다.[5] 그러나 미국의 남북전쟁으로 인해서 노예해방이 이루어졌으며, 미국 전역(특히 남부)에는 대체 노동력이 필요하게 되었다. 대체 노동력은 농장, 광산, 그리고 건설을 목적으로 하여 중국과 인도의 아시아 국가 등 40여 개국으로부터의 이주가 발생하였다. 1834년에서 1941년까지 약 3,700만 명의 이주 노동자가 생성되었다고 한다.[6]

이러한 국제 노동이동은 단지 그것이 국내의 지역 간 이동, 예를 들어 농촌에서 도시로의 이동, 과소지에서 과밀지로의 이동, 경제정체 지역에서 성장 지역으로의 이동이라는 경우와 같이 단순한 국내 이주(integral migration)와는 달리, 국경이라는 국민경제의 영역을 넘어 국가 통

5) Stalker, P.(1994), *The Work of Strangers : a Survey of International Labour Migration*, International Labour Office, Geneva.

6) Potts, L.(1990), *The World Labour Market : a History of Migration*, Zed Books, London.

치권력의 통제의 틀을 벗어나는 이동을 의미한다는 점에서 다르다.[7)]

근대사회에서는 근대국가의 권력 속에서 국익이 우선시되고 자본, 노동력의 이동은 제한되어 왔다. 로빈슨(L. Robbins)에 의하면 국가 차원의 계획에서 이주는 최소로 삭감되고, 인간의 이동은 제한되며, 더욱이 국익이라는 것은 국내의 일부 특정집단(예를 들면 지주, 재산소유자)의 이익을 위해 유출이민이 제한되었다고 한다.[8)] 이러한 국제 노동이동은 국내 이동에 비해 이동의 자유가 훨씬 불완전하다고 할 수 있고, 그것이 완전히 자유가 아니더라도 인간의 역사가 시작된 이래 계속적으로 행해져 왔다.

노동이동의 원인은 소득격차에 입각한 이동과 취업기회의 유무에 입각한 이동으로 크게 나눌 수 있다.[9)] 전자는 노동력이 소득이 낮은 지역에서 소득이 높은 지역으로 보다 높은 소득을 얻기 위해서 이동하는 것을 말한다. 후자의 취업기회설(就業機會說)은 소득격차가 존재하지 않아도 취업기회가 있는 한 노동과잉 지역에서 노동부족 지역을 향해 사람들이 일을 찾아 이동한다는 설이다. 플레이셔(B. M. Fleisher)에 의하면 푸에루토리코와 미국 간의 단기 노동이동에 대해서 실업률과 양 지역

7) 石原孝一, "國際勞動市場の形成と國際間勞動移動," 『國際勞動市場一その形成と展開』, 高文堂出版社, 1986年.

8) L. Robbins, Economic Planning and International Order, 1937, 大庭治夫, 「勞動移動緒前提の政治經濟學的考察」, 『日本EC學會年報第2號, ECにおける勞動移動』, pp. 48－49.

9) Colin Clark나 L. Robbins 등이 언급한 것처럼 인구, 노동력이 저생산성 지역에서 고생산성 지역으로 이동한다고 하는 것은 생산성격차＝소득격차라고 보는 것이고, 이런 의미에서 일반적으로 소득격차설이라고 이해해도 좋을 것이다. C. P. Kindleberger & P.H.Lindert, Intyernational Economics, 1978, 相原光他 譯 國際經濟學, 416 참조. C. P. Kindlberger도 소득격차설을 따르고 있다.

간의 항공운임의 변화에 의존하고, 특히 미국측의 실업률 변화가 이동량을 결정한다고 한다. 이것은 수입국의 노동수요 여하가 결정적인 요인을 형성하고 있는 것을 나타낸다.[10)]

2. 국제적 노동이동의 결정요인

UN Population Division(2002)에 의하면[11)] 국제이주는 1990년 1억 5,400만 명에서 2000년에는 1억 7,500만 명에 도달하였다고 한다. 이 중 약 60%는 선진국으로의 이주이며, 유럽에 5,600만 명, 북미에 4,100만 명 정도이다. 1965년에서 1985년 사이에는 매년 150만 명씩 3천만 명이 이주하였으며, 1985년에서 2000년 사이에는 매년 500만 명씩 7,000만 명이 이주하였다. 특히 그 원인에 대해서는 특별히 밝혀진 것은 없지만 1985년에서 1990년 사이에는 매년 1,000만 명씩 이동한 것이 특징적이다(〈표 1 참조〉).

이들 중 약 1억 명의 이주 노동자와 가족은 경제적 이유로 인한 이동으로 파악되고 있다. 일명 경제적 이유와 비경제적 이유에 의한 이주원인에 관한 구분에 의한 것이다.

그러나 이것은 이주 초기에서의 모티브에 대한 설명일 뿐 이주과정을 통한 통찰은 아니라고 하겠다. 국제이주의 원인에 관한 범주는 일반

10) B. M. Fleisher, "Some Economic Aspects of Pueroto Rican Migration to the U.S." in the *Review of Economics and Statistics*, February, 1963, Vol. XL.V. No. 1, 森田, 『國際間移動の勞動』, 1982年, 第4章, p. 117.

11) UN Population Division(2002), *International Migration Report 2002*, ST/ESA/SER.A/220.

〈표 1〉 글로벌 이주자, 1965－2000

(단위 : 백만 명)

연도	이주자	세계의 인구	이주자/세계인구	연 변화
1965	75	3,300	2.3%	－
1975	85	4,100	2.1%	1
1985	105	4,800	2.2%	2
1990	154	5,300	2.9%	10
1995	164	5,700	2.9%	2
2000	175	6,100	2.9%	2

자료 : UN Population Division(2002).
출처 : Martin, Philip(2003), Sustainable Labor Migration Policies in Globalizing World. October 29, 2003(www.urban-renaissance.org).

적으로 세 가지로 나누어진다. 1) 수요－풀(demand－pull), 2) 공급－푸시(supply-push), 그리고 3) 네트워크(network) 요인을 말한다. 이것을 다시 노동자들의 모티브(motives)를 중심으로 설명하면, 그 프레임은 노동자 모집에 의한 수요－풀(또는 공급－푸시)에 의해 이주가 고무되는 경제적 이주와 해외에 정착하고 있는 가족들과의 결합을 목적으로 하는 비경제적 이주로 구분된다. 전자는 노동력의 부족에 의해서 다수의 국가에서 정책적으로 국제노동자를 흡수하는 구조, 즉 '노동공급과 수요, 노동과잉과 부족, 이주자 수입과 수출'을 보여주지만[12] 후자는 자발적인 이주의 경향을 나타내고 있다. 그런데 시간간격(time span)을 두고 그 특성을 정리할 수도 있는데, 전자(수요－풀, 공급－푸시)는 이주 초기에서의 모티브를 설명하는 한편, 후자(네트워크)는 성숙된 이주 흐름으로서 더욱

12) Massey, D.(1993), "Theories of International Migration," *Population and Development Review*, Vol. 19, pp. 431－466.

중요한 위치를 차지하고 있다. 그리고 양자 사이에 또 다른 형식도 존재하는 경우도 있는데, 국제노동을 경험한 이들이 고향으로 돌아오거나 본국의 미디어 등에 노출되면서 지역 간 '임금격차나 고용기회' 에 대한 정보가 확산됨으로써 경제적 모티브, 또 한편으로는 귀환자로부터의 네트워크적 전파에 의한 것이라는 비경제적 모티브에 의해서 국제이주가 발생하기도 한다(〈그림 1〉 참조).

〈그림 1〉 국제이주를 결정짓는 모티브(결정요인)의 변화

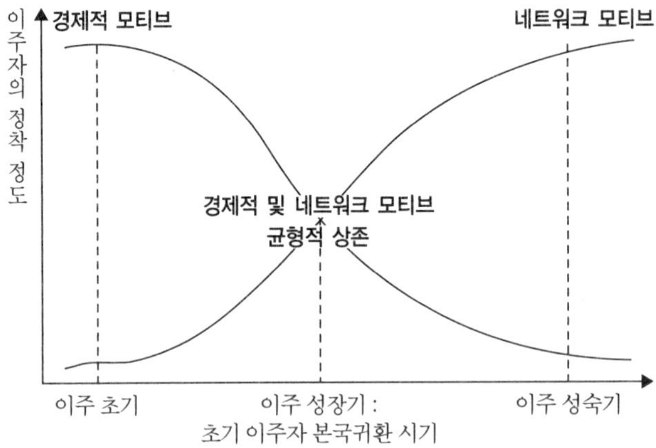

궁극적으로는 이주 성장기와 이주 성숙기가 도래하면 네트워크 모티브가 이주를 유지시키는 중요한 요인이 되어간다. 그것은 이미 본국에서 일을 하고 있더라도 가족의 결합을 위해서 이주를 결심하게 되는 형태로 나타난다는 것이다.[13] 또한 이주국에서의 에스닉(ethnic) 집단의

13) Leete, R. and Alam, I.(1993), *The Revolution in Asian Fertility*, Oxford :

형성 정도도 네트워크 모티브에 일부 귀속된다. 따라서 국제 노동이동은 초기에는 비경제적 모티브에 의해서 이주가 결정되지만 점차적으로는 앵커 이주자(anchor migrants)에 의해서 체인 이주자(chain migrants)가 발생하는 것이다.

한편 최근에 와서는 이주 노동자의 성격이 일부 전환된 곳이 있다. 2003년 OECD보고서[14]를 보면, OECD국가에서 증가하였던 노동성격은 선진국으로의 이동이라는 측면에서 부분적으로는 정보통신기술 및 보건과 교육부분의 고급 인력자에 의해 나타난 현상으로 해석되고 있다. 그러나 이것은 고용기회와 임금격차에 의한 노동이동이라는 전통적인 결정요인에서 벗어나지는 않는 것으로 보인다. 다만 핀들리와 존스(Findlay and Jones 1998)에 의하면,[15] 과거와 같이 값싼 노동력으로서 고용기회와 임금격차는 아니라는 점이다. 따라서 과거와 같이 미숙련노동자의 이동현상이 국제 노동이동의 과제로 등장하였지만 최근에는 그 성격이 달라지고 있다는 점은 주목할 만하다. 그렇다고 하더라도 OECD국가로의 고급인력의 노동이동 또한 궁극적으로는 가족결합의 모티브로 수렴되는 특징에서 편차가 있다고는 주장하기 힘들기 때문에 상술한 국제 노동이동의 결정요인에서는 크게 벗어나지 않는 것으로 판단된다.

Clarendon Press.

14) OECD(2003), Trends in International Migration : SOPEMI – 2003 Edition.

15) Findlay, A. and Jones, H.(1998), "Regional Economic Integration and the Emergence of the East Asian International Migration System," *Geoforum* Vol. 29, No. 1, pp. 87–104.

III. 일본으로의 노동력 이동의 배경

경제의 국제화가 진전됨에 따라 동아시아에서도 무역(물건), 투자(금전)뿐만 아니라 노동(사람)에서도 통합이 진행되고 있다. 또 일본에서도 최근 고령(高齢)·저출산(低出産)을 배경으로 외국인 노동자 수용에 대한 옹호론(擁護論)이 다시 활발히 거론되고 있다. 21세기에 접어들면서 생산연령 인구비율의 급속한 감소가 예상되는 가운데 일본인 노동력은 줄고 있으므로 적극적으로 외국인 노동자를 받아들이지 않으면 심각한 노동력 부족현상이 나타날 것이라는 예측이다. 특히, IT와 개호(介護 : 간병) 및 3D업종 등의 특정분야에서는 눈에 띄는 불균형이 예상되고, 외국인 노동자에게 의존하지 않을 수 없다고도 말하고 있다.[16)]

일본 경제는 1960년대부터 1970년대 초까지 고도경제성장을 이루며 필요한 노동력을 농촌지역에서 공급해 왔다. 따라서 장기에 걸치는 경제성장에도 불구하고 외국인 노동자 문제는 거의 문제가 되지 않았다. 그러나 1970년대 초에는 국내 노동력 부족이 표면화되어 특히 청년 노동력에서 현저하게 나타났다. 그 결과 한국이나 싱가포르 등의 아시아 제국의 여자 노동자들이 '연수' 형태로 주로 노동력 부족이 심각한 하청 영세 기업에서 일하게 되었다.

일본은 외국인 노동자를 받아들이는 데 서구의 여러 나라에 비해

16) 인구의 고령화(高齢化)가 계속되어 가는 가운데 간호 노동자 수도 현재의 64만 명에서 2010년에는 91만 명, 2025년에는 123만 명이 될 것으로 예상되고 있다. 厚生勞動省, "2001년 간호 서비스 시설 · 사업소 조사," 참고.

'폐쇄적' 인 정책을 전개해 왔다. 그러나 1980년대 후반에 아시아 국가들로부터의 노동자들의 유입이 크게 증가하였다. 이것은 시장협정에 의해 촉발된 엔화의 급격한 가치상승에 주로 기인한다 할 수 있다. 이 협정은 일본에서 값싼 노동력이 크게 부족한 가운데 입안된 것이다.

외국인이 일본 내에서 취업하는 것은 1951년 공포되어 지속되어 온 '출입국 관리 및 난민 인정법' (이른바 '입관법') 에 의해 원칙적으로 금지되어 한정된 범위에서의 허가가 인정되어 왔다. 즉 베트남 난민 등과 같은 예외를 제외하고는 전문 · 기능 노동자는 인정하지만 단순노동자는 인정하지 않는다는 정책을 취해 왔다.[17]

그러나 급속한 경제적 성장과 영세 중소기업에서의 계속된 노동력의 부족 때문에 이주 노동자들의 수는 1980년대에 크게 증가하였다. 영세 중소기업은 정부에게 노동력 부족에 대처하기 위해 이주 노동자들을 제공할 것을 요구하였다. 특히 1985년 9월의 선진국 재정부장관 회의(G5) 이후의 급속한 엔고의 진행은 일본과 아시아 제국과의 경제격차, 임금격차를 확대해 이것들 아시아 제국으로부터의 미숙련노동자의 일본 내에의 유입을 증대시켰다. 일본의 노동비용은 아시아 국가들에 비

17) 참고로 외국인 노동자 수락제도에 관한 각국의 예를 들면 다음과 같다. 대만은 건설업, 제조업, 각종 서비스업까지 폭넓은 분야에서 받아들이고 있지만, 대상은 타이, 필리핀, 인도네시아, 말레이시아의 4개국에 한정하고 있다. 이들 각국과 수락 협정을 체결하여 건설업은 노동자 총수의 30%, 제조업은 20% 등의 상한을 두고 있다. 취업기간은 최장 3년이며, 약 30만 명의 단순노동자를 받아들이고 있다. 싱가포르는 기능이나 숙련도에 따라 (1) 전문직, (2) 숙련 · 기술직, (3) 미숙련 · 비숙련직으로 구분하여 3 종류의 노동허가증을 발급하고 있다. 또한 업종별로 외국인 고용 한도율을 설정하여 고용자로부터는 외국인 고용세를 징수하고 있다. 고용세는 숙련도가 낮은 직종일수록 세율이 높다.

해서 월등한 우위를 유지해 왔다. 특히 일본의 노동비용은 말레이시아, 태국, 필리핀, 인도네시아, 중국 등에 비한다면 10배에서 20배에 이르러서 노동 대비 임금이 월등히 높았던 것이다(〈표 2〉 참조).

〈표 2〉 아시아 국가들의 노동비용의 변화

(단위 : 시간당 달러)

국가 \ 연도	1984	1988	1991	1994
일본	6.3	14.9	16.4	–
대만	1.6	2.9	5.0	5.8
한국	1.9	2.3	3.6	–
홍콩	1.7	2.2	3.4	3.9
싱가포르	–	–	–	3.6
말레이시아	–	0.8	1.0	1.5
태국	0.6	0.7	0.9	1.0
필리핀	–	0.6	0.7	0.8
인도네시아	–	0.2	0.3	0.4
중국	0.3	0.3	0.3	–

출처 : Findlay, A. and Jones, H.(1998), op. cit.

그리고 1989년 만들어져 1990년 6월에 개정된 '입관법'을 계기로 일본계 노동자들의 유입이 크게 증가하였다. 개정 '입관법'의 내용을 보면 외국인의 재류자격을 세분화하고 의사, 어학교사 등 기능을 갖고 있는 외국인 노동자의 수용을 용이하게 함과 동시에, 소위 단순노동자의 불법취업을 배제하기 위해 그 고용자나 알선자에 대해서는 새로운 불법취업 조장죄를 붙여서 일정한 벌칙을 부과하게 되었다.

개정에 있어 또 다른 중요한 변화는 기업주들로 하여금 저임금의 교육생을 고용하도록 함으로써 최저임금을 피하도록 했으며, 1982년에 도입된 교육생제도를 확대한 것이다. 1986에서 1994년 사이에 교육생의 수는 점차 증가했다. 이러한 제재 때문에 사용자들은 체류기간이 끝난 노동자들을 해고하거나 위험성에도 불구하고 그들을 계속 고용했다. 그러나 그 정책은 착취적인 근로조건을 강화함으로써 미등록 이주 노동자들에게 심각한 영향을 미쳤다.

1990년대 들어 거품경제가 붕괴하고 일본의 경제는 가라앉았다. 이러한 과정 속에서 일본계 노동자들이 일본에 체류하는 것을 막기 위해 일본 정부는 그들에게 근로비자의 효력을 연장하는 조건을 강화하였으며, 결과적으로 많은 이주 노동자들은 해고되거나 상당한 임금의 감소를 감수해야 했다.

IV. 외국인 노동자의 실태

1. 외국인 노동자의 현황

1972년 일본에서 외국인 등록자수는 약 74만이었으나 점차 증가하여 2002년에는 178만 명에 달해 총 인구에 점하는 비율은 1.4%에 이른다. 외국인 노동자는 1985년 프라자 합의 이후에 급증한 후 1990년대 중반 이후도 경제성장의 정체가 계속되는 가운데도 증가경향이 계속되고 있다. 외국인 노동자의 출신지역을 보면 대부분이 동아시아 지역과 남미 지역이다. 일본계 노동자를 일단 제외하면 일본의 외국인 노동자 문제는 아시아 지역과의 관계를 빼놓고는 말할 수 없다. 외국인 노동자는 우선 '정주형 외국인'과 '객지벌이형 외국인 노동자'로 나눌 수 있다. 약

65만 명 정도 존재하는 '정주형 외국인'은 주로 재일 한국 · 조선인들이다.

2003년 현재 '정주형 외국인'을 제외한 외국인 노동자는 76만 명에 이르며, 일본 내의 고용자수의 약 1.4%를 차지하고 있다(〈표 3〉 참조). 또한 '객지벌이형 외국인 노동자'는 재류 자격에 의해 학술, 예술, 의료, 흥행 등 일정한 전문지식과 기술을 살려 취업하기 위해서 입국을 인정받은 외국인은 그 인정된 범위 내에서만 일할 수 있다.

〈표 3〉 외국인 노동자수

(단위 : 만인)

	1990	1992	1993	1994	1995	1996	1997	1998	1999	2000	2001	2002
외국인 노동자 (A)	26	58	61	62	61	63	66	67	67	71	74	76
불법체류자	10.6	29.2	29.7	28.8	28.5	28.3	27.7	27.1	25.2	23.2	22.4	22
노동력 인구 (B)	6,384	6,578	6,615	6,645	6,666	6,711	6,787	6,793	6,779	6,766	6,752	6,689
고용자(C)	4,835	5,119	5,202	5,236	5,263	5,322	5,391	5,368	5,331	5,356	5,369	5,331
외국인 노동자 비율 (A)/(B) (%)	0.4	0.9	0.9	0.9	0.9	0.9	1.0	1.0	1.0	1.1	1.1	1.1
(A)/(C) (%)	0.4	1.1	1.2	1.2	1.2	1.2	1.2	1.2	1.3	1.3	1.3	1.4

주 : 외국인 노동자에는 「外交」, 「公用」, 「研修」 및 「永住者」(特別永住者를 포함)는 제외.
자료 : 법무성입국관리국, 總務省統計局.

그 외에도 일본의 산업기술이나 지식을 습득받는 것을 목적으로 일본 정부 및 민간기업에서 일하고 있는 외국인 연수생은 '연수'의 재류 자격으로 입국해 일하고 있기 때문에 외국인 노동자로 분류하지 않는다.

또한 대학이나 일본어 학교에서 공부하고 있는 유학생이나 취학생

〈표 4〉 외국인 취로자수

(단위 : 인)

	재류자격	1991	1996	2001
취로목적 외국인 (전문적 · 기술적 분야)	교수	1,824	4,573	7,196
	예술	560	273	381
	종교	5,476	5,010	4,948
	보도	382	454	348
	투자 · 경영	7,334	5,014	5,906
	법률 · 회계업무	76	65	99
	의료	365	140	95
	연구	975	2,019	3,141
	교육	7,569	7,514	9,068
	기술	3,398	11,052	19,439
	인문지식 · 국제업무	14,426	27,377	40,861
	기업내 전근	1,488	5,941	9,913
	흥행	21,138	20,103	55,461
	기능	2,972	8,767	11,927
	소계	67,983	98,301	168,783

자료 : 법무성입국관리국.

은 제도상으로는 취업할 수 없게 되어 있지만 '자격 외 활동'의 허가를 얻으면 1일 4시간까지의 취업이 인정되고 있다. 2004년 현재 유학생과 취학생은 129,873명이며, 그 중 자격외 활동의 허가를 얻고 아르바이트를 하고 있는 학생은 약 50%에 이른다.

일본에서는 취업목적의 재류 자격으로서 14종류의 전문적 · 기술적 분야를 마련하여 외국인 노동자를 받아들이고 있다. 일본 정부는 전문적 · 기술적 분야의 외국인 노동자에 대해서는 경제사회의 활성화와 국제화를 꾀한다는 관점에서 이 분야에서 수락에 적극적이며, 수락 인원수를 제한하고 있지 않음에도 불구하고 해당 분야에 있어서의 수락 인원수는 약 10만 명(2001년 현재. '흥행', '기능'을 제외한다)에 머물고 있어 고도 인재 외국인 노동자의 확보에 관해서 구미제국에 크게 뒤지고 있다.

2001년 현재 일본에서 취업하고 있는 외국인은 약 740,000명으로, 그 중에서 기술 · 전문직 종사자 168,783명이며, 이를 제외한 571,217명이 이른바 단순 노동분야에 취업하고 있다. 그 내역은 일본인계 239,744명, 연수 · 기능 실습생 65,535명, 미등록 외국인 224,068명이다. 미등록 외국인은 취업 외국인 총계의 32%, 단순 노동분야 취업자의 약 60%를 차지하고 있다(〈표 4〉 참조).

2. '기술' 및 '인문지식 · 국제업무' 노동자

2002년 현재 전문적인 기술이나 지식을 활용해 일본 기업에 취직을 목적으로 '기술' 또는 '인문지식 · 국제업무'의 재류 자격과 관련되는 재류 자격 인정 증명서의 교부를 받은 외국인은 10,942명, 2001년도 12,618명과 비교해 1,676(13.3%) 감소했다. 국적 · 지역별 내역을 보면 미국 2,343명, 영국 1,535명, 중국 1,377명, 캐나다 1,111명, 오스트레일리아 964명, 한국 894명, 인도 724명 순이다. 지역별 허가인수를 보면 아시아 3,709명(33.9%), 북미 3,454명(31.6%), 유럽 2,376명(21.7%), 오세아니나 1,295명 순이다. 즉 동아시아로부터 일본으로의 전문적 기술적 분야의 노동력 이동은 단순노동자들에 비해 상당히 그 수가 적은 편이다.

일본 정부는 IT기술자의 수용에 대하여 2001년 1월에 발족한 "고도 정보통신 네트워크 사회 추진전략 본부"가 발표한 "e-JAPAN 전략"이나 동년 3월에 각의(閣議)에서 결정된 규제개혁 3개년 계획에서 IT기술자 등의 전문적 · 기술적 분야의 업무에 종사하는 외국인을 좀더 적극적으로 수용할 것을 결정하였다. '기술' 또는 '인문지식 · 국제업무'의 재류 자격으로 재류 자격 인정 증명서의 교부를 받아 컴퓨터 관련 회사에 취직하는 사람은 1,883명, 정보처리 업무에 종사하는 사람은 900명이다(〈표 5〉 참조).

재류 자격별 교부 건수는 '인문지식 · 국제업무'가 7,912건, '기술'이 3,030건으로 '인문지식 · 국제업무'가 '기술'의 약 2.6배나 되며, 인문과학 분야의 업무의 수요가 자연과학 분야의 업무의 수요를 크게 웃돌고 있다.

전체 취직자의 업종을 보면 비제조업이 9,936명, 제조업이 1,006명으로 비제조업이 차지하는 비율은 90.8% 이다. '기술' 분야는 비제조업이 2,388명, 제조업이 642명으로 비제조업이 차지하는 비율은 78.8%이다. 특히 컴퓨터 관련 회사에 취직한 사람이 1,698명으로 비제조업 중의 71.1%를 차지하고 있다. '인문지식 · 국제업무' 분야는 비제조업이 7,548명, 제조업이 364명으로 비제조업이 차지하는 비율은 95.4%이다.[18]

특히 교육분야에 취직한 사람이 5,728명으로 비제조업 중의 75.9%를 차지하고 있다. 교육분야에서 다수를 차지하고 있는 것은 어학교육이며, 번역 · 통역, 해외업무 및 무역업무 등의 어학 관련 업무로 전체의 약 59%를 차지하고 있다. 이것은 민간 어학학교에 있어서의 외국인 강사의 수요가 높고 일본 기업이 외국어의 이용에 관련해 외국인을 고용

18) 法務省入國管理局(2003년 7월).

〈표 5〉 외국인의 직무내용별 구성

(2002, 인)

	기술개발	정보처리	교육	번역통역	해외업무	기타	합계
기술	1,216 (40.1%)	860 (28.4%)	16 (0.5%)	30 (1.0%)	88 (2.9%)	820 (27.1%)	3,030 (100.0%)
인문지식 국제업무	45 (0.6%)	40 (0.5%)	5,732 (72.4%)	622 (7.9%)	181 (2.3%)	1,292 (16.3%)	7,912 (100.0%)

하는 필요성이 높기 때문이다(〈표 5〉 참조).

3. 외국인 연수 · 기능 실습생

일본의 단순노동자의 수락에 대해서는 브라질 등의 일본계 2세, 3세 등을 제외하면 '외국인 연수 · 기능 실습제도'에 의하는 것으로 한정된다. 이 제도에서는 연수생은 최장 3년(연수 1년, 기능 실습 2년)의 체재가 인정되고 있다(2002년도의 신규 수락수는 약 4만 명). 그러나 수락 인원수 범위나 기능실습 이행대상 직종이 한정되고 있다는 점, 연수기간 중 야간을 포함한 시프트 근무는 실시할 수 없는 점 등의 문제가 있다.

개발도상국의 인재양성에 협력하는 것을 목적으로 해서 시작된 연수생의 수는 1980년대 초의 1만 명 정도에서 1990년의 '입관법' 개정의 영향에 의해 1991년에는 약 4만 3천 명으로 10년 동안에 4배 이상으로 급증했다.[19]

19) 島田晴夫, 『外國人勞動者問題の解決策』, 東洋經新報, 1993년, p. 22.

연수생 제도는 값싼 노동력을 얻기 위한 구조적 산물의 하나이다. 1994년 현재 17,305명의 교육생이 있는데 중국인이 56%, 그 다음은 필리핀인 10%, 인도네시아인 9%로 아시아인들이다. 영세 중소기업은 합법적으로 값싼 미숙련노동자들을 얻기 위해 이 제도를 활발히 이용하였다.

그리고 연수생은 연수비자로 입국하여 어디까지나 '기술을 배운다'는 것에 목적을 두고 있기 때문에 노동자로 간주하지 않는다는 것이 일본 정부의 입장이다.

그러나 1993년 외국인 노동자의 새로운 수락제도로서 기능실습 제도가 발족했기 때문에 연수생의 위치설정, 그리고 연수제도 그 자체에 대한 정부의 자세가 명확하지 않다. 즉 연수를 끝내 실습에의 이행을 희망하는 사람은 '특정활동'이라고 하는 취업 비자로 변경만 하면 기능 실습생으로서 연수 · 실습, 아울러 2년 이내의 기간에 '취업'할 수 있다. 〈표 4〉에서 알 수 있듯이 기능 실습생의 수는 1991년 3,260명에서 2001년 37,831명으로 약 10년 동안 10배 이상 급증하고 있다.

여기서 가장 큰 문제는 이 연수 · 기능 실습제도 그 자체가 인재육성을 목적으로 하고 있다기보다는 일본 중소기업의 노동력 부족을 해소하기 위해서 설치되고 있다고 하는 면이 매우 강하다는 것이다. 연수생도 실질은 노동자로서 다루어지고 있는 것이 현실이다.

4. 불법 잔류, 취업자

2005년 3월 현재 불법 잔류자수는 207,299명으로 약 10년간 감소 경향을 보이고 있다.[20] 이것은 일본의 경기침체에 의한 영향도 크지만,

한편으로 외국인 연수 · 기능 실습제도의 발족에 의해서 외국인 노동자의 목적이 불법 취업으로부터 외국인 연수에 대체해 온 것도 영향을 주고 있을 것이다. 2005년 현재 불법 잔류자를 출신지별로 보면 한국이 43,151명으로 가장 많고 다음이 중국으로 32,683명, 필리핀 30,619명, 타이 12,787명 순이다(〈표 6〉 참조).

〈표 6〉 국적별 재류자격별 불법 잔류자수

국적	총수	재류자격					
		단기체재	흥행	취학	유학	연수	기타
총수	207,299	139,417	11,319	8,506	8,173	3,648	36,236
한국	43,135	39,099	43	455	549	23	2,982
중국	32,683	3,010	373	7,119	7,039	1,400	13,742
필리핀	30,619	15,128	9,875	208	39	452	4,917
타이	12,787	11,520	35	60	29	195	948
말레이시아	7,431	7,288	10	12	32	13	76
인도네시아	7,169	5,914	134	8	10	398	705
타이완	6,760	6,564	11	12	9	5	159
페루	6,624	4,453	3	0	4	13	2,151
브라질	4,905	791	41	3	7	13	4,050
스리랑카	4,209	3,712	2	119	77	141	158
기타	50,961	41,938	792	510	378	995	6,348

자료 : 법무성입국관리국(2005년 3월).

20) 추가로 확인되어진 바에 의하면 불법 잔류자 이외에도 허가없이 자격외 활동하는 불법 취업자나 밀입국해 취업하는 사람이 다수 있기 때문에 그 정확한 숫자는 불명하나 약 30만 명 정도로 추정하고 있다.

그리고 불법 잔류자수에 비해 불법 취업자수가 압도적으로 적은 이유는, 불법 취업자의 상당수는 '단기 체재'의 재류 자격으로 입국해 자격외 활동을 실시하고 있지만, 그외 국민이 불법 재류했을 경우에는 불법 취업 사건으로서가 아니고 불법 재류 사건으로서 처리하기 때문이다. 또한 법무성이 집계하고 있는 불법 취업자의 대부분은 불법 취업자 본인이 입국관리사무소에 출두한 수에 근거하고 있기 때문에 숨어서 일을 하고 있는 불법 취업자도 상당수 있다고 생각된다(〈표 6〉 참조). 그러므로 실제의 불법 취업자수는 더 많이 있다고 생각하는 편이 타당할 것이다.

이와 같이 불법 잔류자 · 불법 취업자의 수가 감소경향에 있다고는 할 수 있지만 약 30만 명이 넘는다고 하는 수는 일본 사회 안에 그들을 필요로 하는 수요, 즉 단순노동자를 필요로 하는 수요가 강하게 존재하고 있다는 것을 의미한다고 할 수 있다. 또한 일본인계 노동자도 불법 재류자와 함께 장기화 · 정주화의 경향을 보이고 있다.

한편 2004년 현재의 불법 취업자의 직업내용을 살펴보면 공원이 20.8%, 다음이 건설작업자가 15.9%, 호스테스 등의 접객업으로 14.7%, 웨이트리스 · 바텐더가 8.5%를 점하고 있다. 성별로 보면 남성은 건설작업자가 26.8%로 가장 많고 다음이 공원으로 25.4%, 조리사가 9.15%로 이 3업종에 취업한 노동자가 전체의 약 61.3%를 차지하고 있다. 여성은 호스테스 등의 접객업이 34.7%로 가장 많고 다음이 공원으로 14.3%, 웨이트리스가 12.0%로, 이 3업종에 취업한 노동자가 전체의 61.0%를 차지하고 있다(〈표 7〉 참조).[21]

21) 2002년도 法務省入國管理局 자료 참조.

〈표 7〉 불법 취로자의 취업내용별 구성(2004년)

(단위 : 명)

직종	공원(工員)	건설 작업자	호스티스 등 접객업	웨이트리스/바텐더	그외 노무 작업자	조리사	그외 서비스업 종사자	접시 닦이	기타	총수
남성	5,146	5,426	–	1,235	1,739	1,845	927	–	3,956	20,274
여성	2,010	–	4,873	1,684	–	689	1,479	833	2,483	14,051
전체	7,156	5,468	5,057	2,919	–	2,534	2,406	–	8,785	34,325

자료 : 법무성입국관리국.

1990년대 초에는 남성의 직업은 건설작업자와 공원으로 약 90%를 차지했으며, 여성은 약 70%가 호스테스 등의 접객업에 종사하였다. 약 10년 사이에 남녀 모두의 직업이 다양화하고 있다는 것을 알 수 있다. 그러나 현재에도 불법 취업자의 주된 직업은 남성 · 여성 모두 공원이나 건설작업자 등 이른바 '단순노동'에 종사하고 있다 할 수 있다.

불법 취업자의 취업기간별 구성을 보면 2004년 현재 '5년 이상' 체재하고 있는 취업자수는 10,498명으로 가장 많고 전체의 30.6%를 점하고 있다. 상대적으로 '1년 이하' 체재하고 있는 취업자의 비율은 낮으며, 약 3명 중 1명이 5년 이상 불법 취업하고 있어 불법 취업자의 장기화 · 정착화 경향이 진행되고 있다 할 수 있다(〈표 8〉 참조).

이와 같이 아시아 제국으로부터의 불법 취업자 증가의 배경으로서는 1) 일본과 불법취업 외국인의 본국과의 현저한 경제 격차의 존재, 2) 급격한 엔고에 의한 일본에서의 가동 메리트의 증대, 3) 불법 취업 외국인의 본국에 있어서의 고용사정의 악화, 4) 일본과 불법 취업 외국인의 본국을 묶는 브로커의 암약, 5) 국내의 영세 · 소기업 및 풍속 영업 관련 업종에 있어서의 고용 요구의 존재 등을 들 수 있다.[22]

〈표 8〉 불법취업자의 취업기간별 구성(2004년)

(단위 : 명)

	6개월 이하	1년 이하	2년 이하	3년 이하	5년 이하	5년 이상	미상	합계
총수	4,462	3,676	5,133	3,759	5,921	10,498	876	34,325
남성	1,925	1,888	2,835	2,154	3,621	7,446	405	20,274
여성	2,537	1,788	2,298	1,605	2,300	3,052	471	14,051

자료 : 법무성입국관리국.

V. 결론

이와 같이 동아시아 각국으로부터의 미숙련 외국인 노동자의 일본에의 유입요인은 일본과 공급국측의 '임금격차와 고용기회' 와 같은 경제적 모티브에 기인한다고 할 수 있다. 또한 IT분야 등의 동아시아 전문기술직 노동자의 이동도 '임금격차와 고용기회' 에 의한 노동이라는 범주를 크게 벗어나지 못하고 있는 실정이다.

일본과 동아시아 제국 사이에는 1970년대 이후 그 경제발전 단계의 격차를 배경으로서 큰 소득격차가 존재하고 있었다. 특히 1985년 9월의 프라자 합의에 의해서 엔 환율이 대폭 절상하였기 때문에 그 격차는 한층 더 확대되었다. 또한 국제적으로는 일본의 임금을 상대적으로 밀어

22) 法務省入國管理局, "외국인 노동자 문제에의 대응," 참조.

올려 아시아의 나라들과의 임금격차를 확대시켰다.

그리고 일본의 수출증가를 계기로 미국 및 EC제국과의 무역마찰의 격화는 일본 기업의 동아시아 제국에서의 현지 생산의 촉진을 가져왔다. 특히 1980년 이후 일본 경제의 국제화에 의해 '정규' 혹은 '불법' 노동자로 일본 내에서 취업하는 외국인 노동자는 급격히 증가하기 시작했다.

일본에서는 취업목적의 재류 자격으로서 14종류의 전문적 · 기술적 분야를 마련하여 외국인 노동자를 받아들이고 있다. 일본 정부는 전문적 · 기술적 분야의 외국인 노동자에 대해서는 경제사회의 활성화와 국제화를 꾀한다는 관점에서 이 분야에서 수락에 적극적이며, 수락 인원수를 제한하고 있지 않음에도 불구하고 해당 분야에 있어서의 수락 인원은 약 10만 명에 머무르고 있어 고도 인재 외국인 노동자의 확보에 관해서 구미제국에 크게 뒤지고 있다.

불법 체재하고 있는 외국인 노동자는 한국이 가장 많고 그 다음이 필리핀, 중국, 타이 순이다. 한국을 제외하면 나머지 동남아시아 등으로부터의 불법 취업자가 눈에 띄고 있어 선진국과의 경제격차가 일본에 객지벌이하러 오는 배경이라 할 수 있다.

불법 취업 외국인 노동자의 상당수는 공원, 건설작업자, 호스테스 등의 접객업, 웨이트리스 · 바텐더 등의 중소 영세 공장이나 호텔이나 음식점 등의 노동력 부족에 고민하는 산업에 다양한 루트를 통해서 취업하고 있다. 이것은 일본의 국내산업의 일정 영역에 동아시아 제국의 노동력에 대한 수요가 있어 동아시아계 외국인 노동자의 국내에서의 취업을 재촉하는 흡수요인으로서 작용하고 있다.

참|고|문|헌

Findlay, A. and Jones, H. 1998. "Regional Economic Integration and the Emergence of the East Asian International Migration System," *Geoforum* Vol. 29, No. 1.

OECD. 2003. Trends in International Migration : SOPEMI – 2003 Edition.

Leete, R. and Alam, I. 1993. *The Revolution in Asian Fertility*. Oxford : Clarendon Press.

Massey, D. 1993. "Theories of International Migration." *Population and Development Review*, Vol. 19.

UN Population Division. 2002. *International Migration Report 2002*. ST/ESA/SER.A/220.

Potts, L. 1990. *The World Labour Market : a History of Migration*. Zed Books, London.

Stalker, P. 1994. *The Work of Strangers : a Survey of International Labour Migration*. International Labour Office, Geneva.

B. M. Fleisher. "Some Economic Aspects of Pueroto Rican Migration to the U.S." in *the Review of Economics and Statistics*, February, 1963, Vol. XL. V. No. 1, 森田. 1982.『國際間移動の勞動』.

Kindleberger, C. P. Kindleberger & Lindert, P. H. 1978. *International Economics*, 相原光他 譯.『國際經濟學』.

Robbins, L. 1937. *Economic Planning and International Order*, 大庭治夫. "勞動移動緒前提の政治經濟學的考察."『日本EC學會年報第2, ECにおける勞動移動』.

井口泰. 2000.『國際的な人の移動と勞動市場』. 日本勞動硏究機構.

石原孝一. 1986. “國際勞動市場の形成と國際間勞動移動.”『國際勞動市場一その形成と展開』. 高文堂出版社.

伊田廣之. 1999.『21世紀勞動論』. 青木書店.

加藤義喜. 2001.『グローバリゼーションの光と影－21世紀世界の經濟政治社會－』. 文眞堂.

北村修二. 1992.『國際化と勞動市場：その地域的再編成』. 大明堂.

鈴木宏昌. 1990.『國際化時代の勞動問題』. 日本勞動研究機構.

日本勞動研究機構編. 1996.『勞動市場の國際化と我が國經濟社會への影響－アジア・太平洋地域の勞動力移動－』. 日本勞動研究機構 調査硏究報告書 No. 86.

日本勞動研究機構編. 2003.『データブック國際勞動比較2003』. 日本勞動研究機構.

日本勞動研究機構編. 1996.『勞動市場の國際化とわが國經濟社會への影響 :アジア・太平洋地域の勞動力移動』. 日本勞動研究機構.

21世紀勞使關係硏究會. 1992.『21世紀の勞使關係：日本及びアジア歐米主要國の勞使關係の變化と展望』. 勞務行政硏究所.

日本勞動研究機構編. 1996.『勞動市場の國際化と我が國經濟社會への影響－アジア・太平洋地域の勞動力移動－』. 日本勞動研究機構 調査硏究報告書 No. 86.

經濟産業省編. 2003. “第3章, 第2節：海外の優れた人的資源の活用－國際的な勞動力移動.”『通商白書』. 通商政策局情報調査課.

法務省入國管理局. 2001－2005. 關連統計.

11

동아시아 통합과정에 나타날 노동 · 교육 · 복지 · 문화 정책의 변화와 대응

1990년대 이후의 노동정책과 사회복지정책을 중심으로*

민문홍(서강대학교)/박세일(서울대학교)

I. 문제의 제기

1. 유럽연합의 교훈

이 논문은 필자가 2003년과 2004년에 수행한 연구들의 매듭을 짓는 후속연구이다.[1] 이전의 연구들에서 필자는 한국, 중국, 일본을 중심으로

---

* 이 연구와 관련하여 자료 제공 및 자문을 해주신 다음 선생님들께 감사드립니다. F. Dumont(소르본느 대학교), 이종원 교수(수원대), 이복남 교수(수원대), 문진영 교수(서강대), Guy Moellon(프랑스 국립도서관), 양상미 주임(서울대 EU 문헌연구실).

1) 2003년도 연구 주제 : 박세일, 민문홍, 〈유럽연합의 노동 · 사회정책 패러다임 변화에 관한 연구－90년대 이후 고용 및 사회통합정책(social inclusion

하는 동아시아 지역에 바람직한 지역공동체 질서를 확립하고 거기에 한국이 주도적 역할을 할 수 있도록 우리보다 먼저 모범적 지역공동체 질서 형성에 성공한 유럽연합의 사례를 노동 · 사회 정책, 교육 · 문화 정책에 초점을 맞추어 검토해 보았다. 특히 이 작업을 하면서 특별히 주목한 점은 유럽연합의 통합과정에서 로칼리즘, 내셔널리즘, 리저널리즘의 유기적 관계가 세계화 추세와 맞물려 어떻게 변화해 가고 있으며, 거기에 효과적으로 대응하기 위하여 유럽의 개별 정부와 유럽연합 정부는 어떠한 전략의 사회정책과 교육 · 문화 정책을 집행하고 있는가를 검토해 보았다.

1980년대 중반부터 시작된 세계화 추세는 유럽공동체 국가들에게 커다란 도전을 가져다 주었다. 이제 이들 서유럽 국가들은 더 이상 자신들이 만든 안정된 사회복지 국가 틀 안에 안주할 수 없게 되었다. 따라서 이들은 세계화의 추세에 유럽연합체를 만들어 적극적으로 대응하기 시작했다. 그 개혁의 전반적 방향은 기존의 과보호체제인 복지제도의 대폭 수정, 시장경제 기능의 존중, 노동시장의 유연성 강조 등이었다. 세계화의 문제에 대한 성공적 대응전략을 연구하는 사회과학자들이 유럽연합 국가들의 대응전략을 보면서 이들의 대응방식이 성공적이라고 평가한 것은 그러한 개별 국가 단위의 경제적 개혁 프로그램이 아니라, 경제협력 프로그램을 넘어선 지역공동체적 협력체제(regionalism)의 강화였다. 세계화는 정보 · 기술 혁명을 앞세워 세계를 하나의 단일시장과 교역조건으로 통합하려 하였고, 이것은 결국 국민국가를 단위로 운영되던 금

---

policy)을 중심으로-〉; 2004년도 연구주제 : 민문홍, 〈유럽통합과정에 나타난 교육, 문화 정책의 변화와 대응-동아시아에의 정책적 함의를 찾아서-〉.

융시장, 상품시장, 생산시장, 소비시장을 통합하는 문제와 함께 세계적 기준(global standard)에 입각해 기존의 사회제도를 개혁하는 것을 의미했다(Michael Keating 2002 ; Bruno Palier 1995). 여기에 맞서 유럽공동체 국가들은 세계화의 도전을 계기로 장기적 경기침체와 높은 실업률, 그리고 과도한 복지로 특징지워지던 자신들의 국가 위주의 사회발전 전략을 수정할 기회로 만들었던 것이다.

유럽은 이 세계화의 도전에 대처하면서 자연스럽게 지역사회 문제(localism), 민족주의 문제(nationalism), 그리고 지역공동체 질서(regionalism)의 문제에 직면했다. 유럽공동체 국가들은 1980년대 세계화의 도전과 그것이 가져다 준 경제위기를 계기로 1960-1970년대 유행했던 발전국가론이 더 이상 작동하지 않는 모델임을 깨달았다. 유럽통합 과정에서 나타난 새로운 사회발전 모델은 경제발전을 그 영토와 관련시켜 생각하는 국민국가 중심의 발전론에 크게 도전을 했다. 그 대신에 1990년대 이후 유럽 국가들은 지역사회 발전전략과 연계해 새로운 사회발전 모델을 모색한다. 그것은 1980년대에 채택했던 거시경제적 관점에서 중앙정부 위주로 지역사회의 발전문제를 보는 시각을 접고 새로운 종합적 사회발전 모델을 적용하는 것이다. 이 새로운 사회발전 모델은 크게 3층으로 구성된다.

첫째, 지역정부 수준의 정부를 만들어서 지역사회의 능동적인 시민들을 동원하는 것이다. 이때 중요한 것은 지역사회 중소기업가들이나 제3부문에 종사하는 지도자들의 혁신적인 기업가 정신을 북돋우고 실직으로 인해 사회적으로 배제된 소수집단들에게 취업의 기회를 부여함으로써 이들을 지역사회에 통합시키는 것이다.

둘째, 이러한 작업을 보다 효과적으로 종합적으로 수행하기 위하여 지역사회 발전정책을 국가 정책과 통합하며, 여기에 교육, 노동, 고용, 직업훈련, 문화, 복지 서비스를 종합적으로 관리시켜 하나의 패키지 프로그램처럼 지역사회발전론과 그것을 뒷받침할 정책을 지원하는 것이다.

셋째, 지역사회의 문제를 해결하려 함에 있어서 앞에서 언급한 종합 정책만으로는 부족하고 중앙정부가 지방분권화를 더 실질적으로 할 필요가 있으며, 이러한 작업을 통해 지역 사정을 잘 아는 지도자와 시민단체들의 협력을 얻어서 지역사회 공동체의 욕구와 기회에 더 잘 부응하는 질 높은 서비스를 제공해야 한다는 것이다. 1990년대 이후 등장한 유럽연합의 새로운 발전 모델은 바로 이러한 맥락에서 나온 것이다(〈도표 15 참조〉).

2. 본 연구의 전반적 문제의식 및 작업가설

21세기를 내다볼 때 지역통합 내지 지역주의의 움직임은 동아시아에서도 반드시 중요한 시대적 과제가 될 것이다. 그런데 동아시아 통합과정이 성공하려면 통합이 가져올 경제적 · 안보적 이익에 대한 각국 정부와 국민들 간의 공동 이해만으로는 불충분하다. 통합과정이 불가피 초래할 사회적 · 지역적 · 계층적 격차 문제, 노동이동 문제, 교육통합의 가능성 및 문화적 주체성 문제, 사회복지 수준의 변화 문제 등에 대한 합리적 정책이 수립되어 통합이 경제적 효율만이 아니라 사회적 정의도 이루어낼 수 있어야 한다. 그리고 나아가서는 개별 국가의 공동체적 정체성 유지에도 기여할 수 있음을 보여야 한다. 그러지 아니하고는 동아시아 통합은 성공할 수 없다.

따라서 본 연구는 이미 제1차년도와 제2차년도의 연구를 통하여 유럽통합의 역사적 · 정책적 경험에서 배운 교훈을 전제로 동아시아의 통합과정에서 일어날 수 있는 노동 · 교육 · 복지 · 문화 문제를 예측 · 분석하고 각각에 대하여 바람직한 정책방향을 개별 국가 차원(개별정책)과 동아시아 전체 차원(공동정책)에서 각각 제시하여 보도록 한다.

1) 연구를 위한 작업가설들

1_ 세계화의 도전에 대한 적극적 응전의 형태로서 경제적 분야에서 나타나고 있는 한 · 중 · 일 경제통합과 관련된 시도가 이 지역의 노동정책과 사회복지정책에도 독특한 형태로 나타날 것이다. 그것은 한 · 중 · 일에 공통점과 차이점이 있는 형태로 나타날 것이다(경제발전 단계, 문화적 전통, 역사적 경험, 국가의 역할 등).

2_ 여기에서 우리는 유럽 국가들이 세계화에 대응하면서 경험한 로칼리즘(localism), 내셔널리즘(nationalism), 리저널리즘(regionalism)의 변환과 새로운 모습의 등장을 볼 수 있을 것이다. 그것은 1) 동북아 지역공동체 차원의 지역주의적 대응형식, 2) 개별 국가의 역할과 발전 모델에 대한 새로운 정의(定意), 3) 새로운 사회통합 모델의 탐색, 4) 병적인 민족주의의 극복을 통한 새로운 지역사회 공동체 의식의 활성화가 그것들이다.

3_ 이러한 노력은 사회정책 분야에서는 동아시아 복지 모델을 찾는 노력과 함께 한 · 중 · 일 3개국 복지학자들의 교류와 지방자치 단체 및 지역공동체 사회의 활성화와 지역복지정책의 강화 형태로 나타날 것이다.

4_ 그리고 이러한 동아시아 국가들의 세계화에 대한 새로운 사회정책적 대응전략을 기술하는 것 자체가 이 지역의 지역협력은 물론 개별 국가의 새로운 발전 모델과 국가의 역할을 재정의하는 데 크게 도움이 될 것이다.

이러한 문제의식을 가지고 필자는 세계화에 대한 대응전략으로서 1990년대 일본의 사회정책과 중국의 사회정책을 간략히 기술한 후 그것이 한국 사회 및 한 · 중 · 일 3국의 지역협력에 갖는 함의를 논의하고자 한다.

II. 일본의 사회정책-그 변화와 대응

1. 1990년대 이후 일본의 전반적 사회구조 변화

일본 경제는 1980년대 초반까지 세계화의 압력에 성공적으로 대응할 수 있었다. 1980년대의 일본 경제는 세계의 선망의 대상이요, 학습의 대상이었다. 1980년대 초반의 일본 사회의 노동정책과 사회정책의 기반은 1950년부터 1970년대 말까지 이어온 전후 일본의 고도성장기에 마련된 사회 · 문화적 전통에 기반을 둔 것이었다. 그것은 종신고용 노사관계, 연공서열 임금, 그리고 기업노조였다.

그러나 1980년대에 와서 일본 경제는 전혀 다른 방향의 길을 가게 된다. 이제부터 끝이 보이지 않는 긴 경기침체가 시작된 것이다. 그리고 전후부터 1980년대 초반까지 일본 경제의 성공 요인이었던 사회적 요인들이 언제부터인가 일본 경제의 발목을 잡는 부정적 요인으로 바뀐 것이다. 이것을 일본을 연구하는 학자들은 1980년대 일본의 버블 경기라고 표현해 왔다. 그리고 이어진 1990년대 초 일본 경제의 버블 붕괴는 기존의 일본의 관행적 정치 · 경제 시스템을 크게 흔들어 놓았다.[2)] 게다가 이제까지 일본 정치체제의 안정을 주도했던 자민당 55년 집권체제의 몰락은 일본이 더 이상 이러한 혼란스러운 체제의 변환을 수습할 정치력이 없다는 것을 서방세계와 주변 국가들에 보여주게 되었다.

이런 점에서 일본은 1990년대에 들어와서 1945년 이후 체제변환에 상당하는 커다란 정치 · 경제 · 사회 · 문화적인 도전을 맞이하고 있었다. 이러한 맥락에서 1999년 결성된 보수연합 3당 체제는 이러한 침체된 일본 사회체제에 활로를 열기 위한 필사적 노력을 시작했다. 그것은 세계화의 도전을 정면으로 받아들이고 글로벌 게임에서 승자가 되기 위해 일본 사회구조를 국제적 기준에 맞게 개혁하기로 한 것이다. 이러한 맥락에서 경제구조 조정과 함께 사회구조 전반에 대한 개혁이 시작되었다. 중앙정부의 부처통폐합, 행정의 효율화, 재정건전화, 규제철폐, 경제활력을 위한 공적 부담 억제, 사회보장제도에 있어서 민간활력의 도입이 그것들이다. 이 시대의 개혁을 대표하는 하시모토 수상의 1997년 개혁안은 이 내용을 분명하게 보여준다.

다음의 〈도표 1〉에서 보듯이 일본 사회구조 개혁의 핵심은 1) 행정, 재정, 경제, 사회보장, 금융, 교육제도의 근본적인 개혁, 2) 일본 경제의 국제적 표준화, 국가경쟁력 제고, 3) 이러한 목표를 위해 기존의 장기적 노사관계, 호송선단식 행정금융지도, 계열식 기업관계의 개혁이었다(박경

2) 엔화의 환율이 절상된 상황이후 대부분의 일본 제조업 기업은 해외로 생산거점을 이전했다. 이것은 곧 국내생산과 고용기회를 감소시켰고, 일본경제의 잠재적 성장력을 떨어뜨렸으며, 일본 곳곳에 산업의 공동화 현상을 가져왔다. 그리고 주식하락, 불량채권, 금융시스템 위기와 내수산업의 공동화가 나타났다. 이와함께 일본의 전통적 기업 계열관계, 노사관계, 주 은행 시스템에 균열이 초래되었다. 이제 일본사회의 특수론은 세계화의 힘 앞에 무릎을 꿇게 된 것이다.

〈도표 1〉 하시모토 총리의 사회구조 개혁안

분야	개혁내용
행정	슬림화, 시장화, 국제화 중앙정부의 부처통폐합(2001년 실행) 행정 대응능력 고양, 행정의 종합성 확보, 행정의 효율화, 행정에 대한 신뢰성 확보
금융	금융기관의 경영안정화, 감세정책, 공적 자금 도입
재정	* 재정건전화 – 2003년까지 재정적자를 GDP 대비 3%로 축소 – 2005년까지 적자 국채발행을 제로로 하되, 가능한 조기실현 – 1998년 예산을 전년대비 마이너스로 편성 – 모든 장기계획(공적 투자 기본계획 등)을 대폭적으로 감축 – 국민부담률(재정적자를 포함)이 50%를 넘지 않도록 재정운용
경제	* 국제적으로 매력 있는 사업환경 창출(규제철폐, 완화) 고비용구조의 시정(규제완화, 상관행 개선, 표준화 제도 개선) * 기업관련 개혁 – 기업합병 수속의 간소화, 기업세제의 개정, 기업연금제도 개혁 * 노동 · 고용제도의 개선 – 노동력의 적정한 배치 * 경제활력 유지, 향상의 관점에서 공적 부담의 억제 – 재정, 사회보장제도, 공적 부담 억제, 민간참여
	– 사회보장, 국가 및 지방재정의 효율화, 급부부담의 적정화를 통한 재정의 건전성 확보, 공적 부담 억제를 위한 노력 – 사회보장제도에 대한 관민의 역할 분담, 민간활력의 활용 * 신규산업 창출(15개 분야) – 의료, 복지, 문화, 정보통신, 신제조기술, 유통, 해양, 도시환경, 바이오테크놀로지, 항공, 신에너지, 인재분야 신규산업 창출 * 자금공급의 다양화, 인재이동의 활성화 * 정보통신의 고도화
사회보장	* 사회보장 재정의 안정화, 민간활력의 도입 이용자 본위의 제도 * 공적 개호보험제도의 출범(2000년 4월 실시) * 의료보험제도 개혁 *국민연금제도 개혁

교육	* 풍요로운 인간성 교육 * 사회의 변화 요청에 대한 기민한 대응 * 학교 밖 사회와 적극적 연대 * 유학생 교류 및 국제화 추진

자료 : 조용래(1997, 1998) ; 박경숙, 2001(291쪽)에서 다시 인용.

숙 2001, 280쪽). 결국 일본은 1990년대 후반에 와서 일본식 경제발전 시스템의 특수성과 우월성을 포기하고 국제적 표준을 받아들이기로 함으로써 세계화에 능동적으로 대응하는 전략을 세우게 된다. 이것은 노동정책과 사회보장정책에도 그대로 반영되게 된다.

2. 일본의 노동정책

1) 일본 노동정책의 사회학적 기초 : 사회통합

일본식 경기불황이 시작되는 1980년대 초반까지 일본의 노사관계는 종신고용, 연공서열 임금과 기업노조가 그 특징이었다. 그리고 그 뒤에는 기업을 중심으로 높은 생산력과 경쟁력을 이룩해 강국 일본을 만들겠다는 사회적 합의가 존재했다. 이런 점에서 미군정에 의한 전후 개혁 이후 천황제와 제국주의적 거대권력 기제가 해체된 일본 사회에서는 사실상 기업조직이 사회통합의 구심점으로 기능해 왔다. 전후 일본의 고도성장 기반은 장기적이고 안정적인 고용관행, 주주권의 제한, 현장 중심의 기술 장려, 호송선단식 금융제도를 통한 안정적 자본 조달, 그리고 효율적인 행정제도였다. 그리고 이러한 일본의 고도성장과 높은 저축률, 계열제도를 통한 대기업과 중소기업의 협력은 세계의 사회과학자들과 경영자들이 동경의 대상으로 바라본 일본형 경제 시스템을 만들었다.

장기적 고용관계, 기업계열 관계, 메인뱅크 시스템, 행정지도 등이 그것이다.

이것이 소위 일본 모델론으로 특징지워진 일본식 노사관계론이다. 그 핵심은 세 가지이다. 하나는 노조의 협조를 통해 고용조정을 용이하게 함으로써 생산성 향상에 기여했다는 주장이다. 둘째는, 일본 경영자들이 내부 노동시장에서 정규직 근로자들의 평생 고용을 보장하고 그들의 기능적 유연성을 활용해서 1973년 오일 쇼크 이후의 세계 불황을 이겨낼 수 있었다는 것이다. 그리고 마지막으로 일본의 노동운동은 고도 경제성장이라는 환경 속에서 춘투라는 임금인상 기제를 통하여 노동조건 개선을 위해 일정한 역할을 수행하면서 동시에 서구 유럽 사회의 계급 타협에 준하는 노 · 사 · 정 관계를 실현하여 갔다는 것이다.

그러나 1980년대 중반부터 시작된 선진자본주의 국가를 중심으로 시작된 세계화와 신자유주의 흐름은 이러한 일본식의 고유한 노사관계와 고용구조를 그대로 두지 않았다. 일본 역시 이러한 흐름에 대항하여 공공부문에 민간활력을 도입하여 재정적자를 줄이고 작은 정부를 실현함으로써 행정개혁을 실시하자는 정책기조를 세워 그것을 구체화하는 전략을 집행하기 시작했다.

2) 세계화와 일본 노동시장의 유연적 적응

1985년 플라자 합의로 엔고가 진행되고 미국의 강력한 압력으로 시장개방이 확대되면서 일본인들은 '국제화'라는 가치를 기준으로 일본 사회를 전면적으로 개혁해야 한다는 사회적 공감대를 형성했다. 그리고 이러한 맥락에서 자연스럽게 일본의 노사관계도 개혁의 대상이 되었다. 플라자 합의 이후 일본 기업들은 무역마찰을 완화하고, 엔고에 의한 원가상승 압력을 회피하기 위하여 해외투자와 생산설비의 해외 이전을 서

두르게 되었는데, 이것은 국내적으로 노동력 구성의 변화와 함께 일본의 노사관계 제도를 재정비하는 계기를 마련해 주었다.

① 지식정보화 시대의 전문적 · 지적 노동력 중시

통상적으로 일본의 산업구조는 대기업이 기술집약적 공정을, 하청 중소기업이 노동집약적 공정을 담당하는 형태로 계층화되어 있었다. 그리고 생산조직은 기업규모와 하청관계에 따라 다양한 형태로 계층화된 노동시장과 결합되어 있었다. 그런데 엔고에 의한 명목임금의 급격한 상승은 육체노동자 중심의 노동집약적 공정의 해외 이전을 촉진하는 계기로 작용했다. 여기에다가 1985년의 플라자 합의 이후 국내경기의 변동에 따른 노동력 공급량의 변동과 생산기술의 변화는 일본으로 하여금 세계화가 가져온 국제 분업의 확대에 대응하는 질적인 노동력 수요구조의 변화에 대응하도록 만들었다. 그리고 이것은 일본 경제에 산업구조의 고도화를 강요했다. 즉 일본 사회는 세계화가 가져온 새로운 국제 분업에 적극적으로 참여하면서 전통적 제조업들은 해외로 이전시키고 국내에 남아 있는 연구, 개발, 관리기능의 고도화된 전문적 인력들은 그 기능을 더 발전시키는 방향으로 국내의 노동력 재배치를 하게 된다.

그런데 이것은 결국 '일본식 노사관계'의 기초로 간주되어 왔던 고용관행을 전면적으로 수정할 것을 요청하고, 전문적 · 지적 노동력을 중심으로 인적 자본을 재정비하는 계기가 되었다.[3] 이것은 인사노무관리

3) 이러한 맥락에서 일본의 교육개혁과 시민문화에 대한 개혁 논의가 함께 진행된다. 21세기의 새로운 시민근로자 양성을 위해서는 다양한 선택이 가능한 학습기회를 제공하는 등의 방법을 사용하여 획일적인 교육체계에서 벗어나며, 학생의 개성과 능력을 이끌어내고 독창성이 풍부한 사고를 할수 있는 사람이 될 것을 장려하는 방향으로 교육개혁을 서둘러 추진해야 한다고

정책에 대해서도 발상의 전환을 촉구하는 계기가 되었다. 즉 국내 산업구조가 고도화되어 가는 추세 가운데 핵심적인 노동력으로 등장하고 있는 지적 수준이 높은 종업원을 통합할 수 있는 노사관계의 새로운 조직화 문제가 제기되는 것이다.

② 전통적 기업복지의 일환으로서 연공서열제의 위기

일본의 대기업은 1970년대 후반부터 정규직 근로자의 해고라는 성역을 가급적 건드리지 않으면서 연공서열적 질서를 탄력적으로 운영하기 시작했다. 그것은 정규직 근로자를 소수정예화하면서 동시에 비정규 근로자들의 동원을 확대하여 노동비용을 절약하는 방법이었다. 이것은 1980년대에 들어와 정보화 사회의 극소전자 기술혁신의 영향이 파급되면서 더 가속화되었다. 게다가 1980년대 이후 일본에서 서비스 노동과 같은 비정규 종업원에 대한 의존도가 높은 부문에서 대량으로 비정규직 근로자들을 고용하게 됨에 따라서 연공서열적 질서가 더 흔들리게 되었다. 이러한 맥락에서 〈일경련〉은 1995년 발표한 「새 시대 일본적 경영」이라는 자료에서 연공적 질서의 미래에 대한 사용자측의 견해와 앞으로 일본 기업의 인사노무관리 정책이 나아가야 할 방향을 가장 명확하게 보여주고 있다. 이 자료의 제2장 '고용 · 취업 형태의 다양화와 앞으로의 고용 시스템 방향'은 장래의 고용형태를 다음과 같이 분류하고 있다. 앞으로의 고용형태는 기업과 종업원 양측이 장기계속 고용을 바라고 있

강조하고 있다.(일본의 교육개혁 정책 참조) 또한 앞으로의 바람직한 인재의 모습은 지금까지 '일본적 노사관계'가 상정하는 '집단주의'의 원리에 순응하는 '회사인간'이 아니라 자신 있게 자기 주장을 할 수 있는 전문직업인이라고 말하고 있다.

는 '장기축적 능력 활용형 집단', 반드시 장기 고용을 전제로 하고 있지 않은 '고도 전문능력 활용형 집단', 일에 대한 의식이 다양화되어 있는 '고용 유연형 집단' 으로 분화되고 있다는 것이다.

결국, 정보화 시대의 새 노동정책의 핵심은 근로자들의 복선형 능력개발체제를 도입하여 사외에서도 통용되는 일전다능형(一戰多能型) 인재를 키우는 동시에, 기업조직도 정보화 시대에 대응할 수 있도록 유연하고, 기동성이 풍부하며, 의사결정이 신속하고 성과를 공평하게 평가할 수 있는 동태적 조직으로 개편하자는 방안이 제시된 것이다. 그 인사노무관리의 핵심은 직접적인 노사갈등을 유발할 수 있는 정규 근로자의 해고를 회피하고 능력 있는 근로자들을 확보하면서 비정규 근로자들의 유연성 있는 활용을 통하여 인건비 총액의 증가를 억제하는 방향이다.

앞에서 논의한 바와 같이 일본의 많은 기업이 유연한 노동구조와 연봉제를 선호하면서 기존의 종신 고용 시스템이 약화되고 있다. 이와 함께 근로자의 임금을 통제하고, 사회보장 부담을 줄이며, 부족한 노동력을 확보하기 위하여 여성노동, 고연령층, 외국인 노동자와 같은 비정규직 노동자에 대한 선호가 증가하고 있다.

그런데 이러한 고용정책은 동시에 기업의 복지문화도 침식해 가고 있다. 고용이 불안해지고 임금 불평등이 증가되면서 노동자의 단체교섭인 춘투가 이제는 임금상승이 아니라 고용안정을 주장하는 방향으로 변화해 가고 있다.

3. 일본의 사회복지정책

바로 이러한 사회분위기 속에서 1990년대 일본 복지제도의 개혁에 관한 담론이 활발하게 이루어졌다. 언론계와 학계는 서로 앞을 다투어서 일본 복지의 재정위기가 심각한 수준에 이르렀음을 강조했다. 그리고 선례 없는 급속한 고령화의 결과 복지비용 부담이 과중화될 것이며, 이는 일본의 국민경제에 부정적으로 작용할 것이라는 우려를 확산시켰다.

하시모토 정권의 일본 복지제도에 대한 근본적 개혁 논의는 이러한 맥락에서 나온 것이고, 그 개혁안은 의료, 연금, 노인 복지제도에 있어서 포괄적 제도개혁을 강조했다. 사회보장제도의 슬림화, 재정안정성, 민간참여 활성화 등을 목표로 1997년 개호보험법이 새로이 제정되었고, 뒤를 이어 연금법, 의료보험법이 개정되었다. 그리고 2000년 4월을 기하여 고령화 사회의 복지비용을 줄이기 위한 개호보험이 실시되었고, 민간연금제도인 확정거출연금제도법이 제정되었다. 이러한 복지정책의 개혁방향은 복지의 효율성, 이를 위한 민간의 참여(시장화), 수익자 부담의 원칙(자기 책임), 재정축소 원칙이었다.

그러나 얼핏 보는 것과는 달리 세계화의 충격과 복지국가 재편과정 사이의 관계는 훨씬 복합적이다. 일본 복지 시스템의 전개과정 이면에는 사회집단들 간의 역학관계, 그리고 다양한 이해집단 사이의 경쟁과 갈등을 해석하고 조정하는 국가행위자의 독특한 역할이 존재하여 왔다.

1) 일본 복지제도의 형성과정과 그 특징

일본 사회복지제도는 1940－1950년대에 그 기반이 정립되었다. 그리고 이때 생활보호제도가 만들어졌다. 그후 1973년 오일 쇼크 때까지 사회복지제도의 골간인 사회보험제도법이 확립되었다. 일본의 사회복지제도를 연구하는 학자들은 이때를 일본의 복지원년이라고 부른다. 그러나 일본의 복지제도는 1970년대 후반부터 새로운 전환기에 들어간다. 1973년 오일 쇼크를 계기로 확대되었던 사회보장제도 운영을 축소해야 한다는 여론이 거세졌기 때문이었다. 그 내용은 본인 부담 증가, 고령층의 노동참여 고무, 사회보장비용 억제를 목적으로 복지제도에 대한 다양한 구조조정이었다.[4]

이 시기 일본은 서구 사회와 비교한 자신의 경제발전에 자신감을 가지고 자신의 사회복지제도를 '일본식 복지국가'라고 명명하기 시작한다. 그리고 이때부터 일본식 복지국가 개념은 서구 선진사회 복지제도의 문제점을 극복하는 대안으로 상징화되었다. 이들의 눈에 비친 서구 복지국가의 문제점은 과도한 공적 개입의 결과로 생긴 복지행정의 관료제화, 근로동기의 약화, 저성장 등이었다. 대신에 이들은 서유럽의 고비용, 저효율성의 복지제도를 답습하지 않고 일본 전통의 미덕인 가족, 지역연대, 노동윤리에 기초한 일본식 복지체계를 구현해야 한다는 이념을 강화했다. 그리고 이 일본식 복지국가 이념을 정당화함으로써 일본은 경제적 풍요 기간 동안 저비용 복지체제를 정당화할 수 있었다.

2) 일본 복지제도의 1990년대의 변신

1990년대 들어서 일본의 복지제도는 경기침체와 고령화 상황에서 사회보장 비용에 대한 부담을 크게 느끼게 되었다.[5] 이와 같은 맥락에서

---

4) 연금 수급연령의 연장. 일반 대기업의 정년 연장 장려 등.
5) 사회보험 비용에 대한 국민부담이 1970년 GDP의 5.8%에서 2000년에는 18.5%로 크게 증가하였다. 사회보험 부담이 증가하면서, 사회보험 체계의 재정 불안정성도 심화되었다. 공무원의료보험도 1993년 이후 적자재정으로 전환. 직장의료보험도 1999년 이후 최악의 재정상황. 국민건강 보험의 노인 비중이 커서 재정상태가 불안해졌다. 그리고 연금 재정상황도 어렵다. 1999년 재정불안정으로 11개 직역보험 해산. 또한 많은 기금이 재정적자를 완화하기 위하여 연금수혜수준을 낮춤. 사회보험의 재정불안정성은 곧 국고부담의 증가로 이어짐.

기존 사회보장제도에 대한 일련의 개혁들이 시행되었다. 1997년에는 의료보험법이 개정되었고, 1999년 연금법 개정에서는 민간보험제도가 추천되었으며, 2000년에는 확정거출 연금제도법이 제정되었다. 또 고령자 개호문제에 대한 대책으로서 '개호보험제도'가 2000년 4월 출범하였다(〈도표 11 참조〉). 또한 1999년 개호 서비스 기반 정비를 포함한 종합적인 정책안(골드 플랜 21)이 채택되었다. 골드 플랜 21과 개호보험은 노인복지분야에서 민간제도의 활용, 이용자 본위의 원칙, 공적 비용 감축 등을 실현하기 위한 것이었다.

일본의 경우 세계화의 영향은 1990년대 이후 전개되고 있는 사회보장제도의 개혁방향에 커다란 영향을 주었다. 일본 정부는 국제표준화, 국가 경제 활성화를 명분으로 기존의 고용구조를 더 유연화하고 사회복지정책을 축소했다. 이 점이 가장 극명하게 나타난 개혁이 1999년 연금제도의 개혁과 2000년 4월 출범한 개호보험제도이다. 일본 정부와 기업은 경제불황 상황에 대응하여 유동 노동력으로서 여성의 노동력을 확보할 필요성을 크게 느끼고 이러한 배경에서 1990년대 중반 노동기준법, 남녀고용 기회균등법 등을 개정하고 여성 노동력 확보 정책 전개와 같은 맥락에서 노동과 육아의 양립, 노동과 개호의 양립을 강조했다. 그리고 그와 함께 육아정책으로서의 엔젤 플랜(〈도표 14 참조〉)과 개호정책으로서 골드 플랜과 개호보험을 실시했다. 결국 개호보험은 여성의 개호와 노동의 양립을 도모하고 개호복지에 공적 부담을 완화하려는 이해에서 출범한 것이다. 그리고 이 제도는 일본이 오랫동안 강조해 온 재택복지정책의 이념을 계승한 것이기도 하다.

〈도표 2〉 일본 사회복지제도의 변환과정

단계	연도	제도 제정 및 시행	내용
전후 사회복지제도 기반 정비기 (1945년–1950년대 초반)	1951년	사회복지사업법 제정	소수 복지대상자에 대한 선별적 급부에 한정
사회복지제도 확대기 (1950년대 후반–1973년 오일 쇼크)	1961년	국민개보험 도입	–
	1963년	노인복지법 제정	–
		정신박약자복지법 제정	–
		모자산부복지법 제정	–
	1965년	후생연금제도의 개정	후생연금기금 도입
	1973년	노인복지법의 개정	70세 이상 노인에 대한 무상 의료, 연금혜택 증대, 물가연동제 도입
일본형 사회복지제도의 정립기 (1970년대 후반–1980년대)	1982년	노인보건복지법 제정	노인 의료비용 기금 창설
	1983년	의료보험법 개정	노인 의료비용의 자기부담률을 10%로 인상
	1985년	연금제도의 개정	기초연금제도의 도입, 가입기간의 연장
	1986년	고령취업자 고용 보호법 개정	65세까지의 취업 보호
	1987년	노인보건복지법 개정	장기요양보호 서비스를 위한 사업 확대
	1988년	연금제도의 개정	연금혜택이 개선, 학생보험에의 가입
	1989년	골드플랜	노인의 보건, 복지를 위한 10개년 계획
사회복지제도의 개혁기 (1990년대–1999년)	1990년	연금법 개정	국민연금기금(지역주민의 소득비례 연금) 도입
	1994년	신골드플랜 제정	
		후생연금 개정	연금수령액 축소, 연금수령 연령의 60세에서 65세로 점진적 인상
		의료보험 개정	환자부담 인상

사회복지제도의 개혁기 (1990년대-1999년)	1997년	고용보험의 개정 후생연금 개정 개호보험법 제정 의료보험법 개정 노인고용안정법	정년제를 60세로 규정 3개 공사 후생연금으로 통합 - 환자부담 인상 정년제를 60세로 규정
	1999년	연금법 개정	민간보험제도의 보완
사회복지제도의 개혁기 (2000년-2006년)	2000년	사회복지법 개정 개호보험법 시행 개호보험제도 실시 확정거출연금제도법 제정	**사회복지 혼합 정책의 도입** 노인보건, 복지비용의 사회보험 제도화 아동복지법 개정, 저출산사회 대책 기본법 일본판 401K, 민간연금제도의 도입
	2003년	장애자 복지지원비 지급 방식의 개혁	조치 제도로부터 계약형으로
	2005년	장애자 자립지원법	

출처 : 박경숙, "세계화와 일본 사회정책의 변화"에서 재인용.
전광현, "노인복지의 현황과 과제-일본의 복지개혁과 개호보험의 경험을 통하여-". 서강대 사회복지 대학원 특강원고(2007. 11. 12)를 중심으로 재구성함.

3) 일본 복지개혁의 평가

일본 복지제도의 주요 골격을 이룬 저비용 복지, 상대적으로 강한 가족, 기업복지제도는 한국 복지제도의 특징이기도 하다. 그러나 구조적 유사성에도 불구하고 복지주체로서의 국가, 가족, 기업의 역할은 두 사회에서 차이가 크다. 일본은 다른 선진사회에 비해 공적 사회보장비 지출비가 낮다고 하지만 한국에 비해 몇 배 높은 지출비를 유지하고 있다. 또 두 사회 모두에서 가족복지가 복지체계의 중요한 토대를 이루지만, 일본은 한국에 비하여 훨씬 높은 강도로 가족복지에 대한 사회적 개입을 도모하고 있다.

그리고 일본 여성의 육아, 개호 역할과 노동 간의 양립 조건도 한국에 비하면 훨씬 양호하다. 요컨대, 한국은 복지수혜 대상이나 복지비용, 복지에 대한 사회적 개입 정도에서 일본에 훨씬 뒤처져 있다. 이러한 배경에서 한국에는 적어도 일본에서처럼 복지 재정의 위기나 고비용 복지를 우려할 여건이 크게 조성된 것은 아니다.

한편, 두 사회가 세계화 과정에 대응하여 선택한 복지제도의 변화 내용도 유사성만큼이나 차이점을 지니고 있다. 유사점은 두 사회 모두 생산연계적 복지이념을 강조하였다는 것이다. 그러나 금융위기 상황에서 한국이 선택한 복지정책의 방향은 고비용 복지구조에 대한 수술이 아니라, 구조조정의 사회적 효과를 완충할 수 있는 사회적 안전망의 시급한 정착과 새 사회보장제도의 완비였다. 실제 금융위기 이후 한국의 사회복지제도는 괄목할 만한 확대/도약기를 경험하였다. 이 점에서 한국 정부가 표방하고 있는 생산적 복지이념은 일본의 복지정책에 비해서 확대지향적 사회복지정책을 추구하고 있다. 그러나 문제는 이러한 정책이념이 얼마나 튼튼하게 현실 상황에 뿌리내릴 수 있는가이다.

일본의 선택은 경제 구조조정과 함께 저비용 복지, 가족복지의 중심 골격을 더욱 강화하는 것이었다. 기업경쟁력을 도모하는 이면에서 기업복지체계가 약화되었으며, 국가의 재정 부담을 줄이는 방편으로 복지 서비스의 민간화가 강조되었다. 이른바 '일본형 복지제도'를 기초하였던 가족/기업/국고지원의 타협구도가 가족/시장/국고지원 감축으로 변환되고 있다.

2000년 이후 일본의 사회복지정책은 개호보험법 시행을 중심으로 다시 커다란 변화를 경험한다. 그 핵심은 사회복지법 개정을 통해서 사회복지 혼합정책을 도입하는 것이다. 일본은 개호보험법 시행을 계기로 아동복지법을 개정하고 노인복지와 관련된 사회보험 방식을 제도화했다. 그 구체적 방향은 저출산 · 고령화 사회에 대한 대책이 되는 기본법을 마련하고 민간연금제도를 도입하는 것이다. 그리고 2003년에는 장애자 복지 지원방식을 기존의 지방자치 행정조직이 주도하는 조치제도로부터 사업자와 수혜자가 계약을 맺는 계약형으로 바꾸는 시도를 하고, 2005년에는 장애자 자립 지원법을 추가로 만들어 장애인 복지에 대한 제도적 보완을 한다.

이렇게 보면 2000년 이후 일본의 사회복지제도 개혁의 기본적 방향은 사회복지 서비스의 이용자와 제공자 사이에 대등한 관계를 확립하고, 개인의 다양한 수요에 대한 지역사회 차원에서 종합적 지원을 하는 것이다. 그리고 이에 발맞추어 주민의 적극적 참가를 생활화하는 복지문화를 창조하는 것이다.

이러한 사회복지정책의 변화는 사회복지 서비스 공급 조직의 다양화를 가져왔다. 즉 복지 서비스 중심이 지방자치단체의 행정 중심에서 시장(기업 등)과 시민들이 참가하는 복지조직으로 바뀐 것이다. 그리고 이와 함께 사회복지 서비스를 이용하는 소비자의 권리를 옹호하기 위한 제도들이 크게 정비되었다. 그리고 개호보험제도의 도입과 함께 사회복지의 주안점을 지역 복지사업에 두게 되었다. 즉 일본 정부는 지역 복지에 관한 계획들을 법제화함으로써 기존의 시설 위주의 복지 서비스로부터 가정이나 지역에서 자립된 생활을 유지하면서 복지 서비스를 받을 수 있는 시스템을 구축하기 시작했다. 그것은 지역주민과 사회복지 사업자와 사회복지 활동가가 함께 협력하여 지역 복지를 완성해 나가는 정책적 방향을 설정한 것이다.

위의 내용을 고려할 때, 향후 일본의 사회복지 개혁은 크게 다음의 몇 가지 방향으로 이루어질 것으로 예상된다. 그 전반적 방향은 저출산 · 고령화 사회를 맞이하여 지속가능한 안정된 사회보장제도를 재구축하는 것이다. 그 세부 내용은 크게 아래의 네 가지로 요약될 수 있다.

첫째, 개호보험제도의 도입과 함께 일본 나름대로의 복지혼합 정책이 정착될 것이다. 둘째, 기존의 사회복지사업을 주관하고 있는 복지 법인에 대한 대규모 개혁 추진과 함께 의료 · 연금제도의 개혁을 추진함으로써 기존의 사회복지제도를 지속가능한 시스템으로 만들려는 노력을 할 것이다. 셋째, 저출산 · 고령화 사회가 복지제도에 가져다 준 도전에 맞서 기존의 사회보장제도를 지원할 수 있는 복지 재원의 확보를 새로 모색할 것이다. 그 핵심은 사회복지세를 목적세로 만들고 사회보험의 미납자를 줄이며, 사회복지 서비스의 양적 확보를 위해 지속적으로 사회보험 방식을 도입하는 것이다. 넷째, 지역주민의 자립생활 지원을 중시하고, 기존의 사회복지 시설 위주의 서비스를 재가 복지로 유도하면서 지역 복지를 강조하는 것이다. 그리고 마지막으로 유럽연합의 사례에서 보듯이 사회보장제도의 효율화와 저출산 · 고령화 사회에 대한 효과적 대응을 위해서 보건복지 서비스를 교육 · 노동 정책 등과 연결시킴으로써 그 시너지 효과와 정책적 제휴의 길을 새로 모색하는 것이다.

III. 중국의 사회정책 : 그 변화와 대응

1. 1990년대 이후 중국 사회구조의 변화

1) 사회주의와 시장경제의 이원화 체제

중국은 1978년 덩샤오핑의 개혁개방정책 이후 사회주의와 시장경제(one china two system)를 실험하는 나라이다. 앞으로 개방이 더 심화되면서 이 두 체제의 이질성이 어떠한 결과를 가져올지는 예측하기 힘들다. 다만 확실한 것은 일본과 한국이 채택하고 있는 시장경제체제의 우월성이 입증되면서 중국은 경제발전을 위해 개혁개방을 가속화할 것이며, 이렇게 되면 동북아시아의 신질서는 한 · 중 · 일 3국이 시장경제형 공동시장에 편입되는 형태가 될 것이다.

중국은 개혁개방 이후 지금까지 크게 4가지 문제를 가지고 고민해 왔다. 첫째는 13억의 인구를 어떻게 통제할 것인가의 문제이다. 그리고 이것은 고성장을 계속 유지하기 위해 자원을 어떻게 동원할 것인가의 문제와 관련된다. 둘째, 중국은 지역 간 격차가 아주 심한 나라이다. 동부의 발전지역과 중부의 상대적 낙후지역과 서부의 낙후지역 차이가 심각하다. 게다가 도시와 농촌 사이의 경제적 · 사회문화적 격차는 아주 심각한 상황이다. 셋째, 중국은 높은 경제성장률에도 불구하고 취업난이 심각한 나라이다.[6] 따라서 각종 사회복지 혜택도 제한되어 있다. 2004년 현재 도시로 나가 일하고 있는 농민은 약 1억 5,000만 명이다. 넷째, 비록 최근 2년간 일시적으로 인구이동을 허용하기는 했지만, 중국은 1993-2000년 기간 동안 사회안정을 위해 대규모 인구이동을 제한했다.

2) 중국 정부의 향후 과제 : '안정과 발전의 조화'

중국은 향후 10-20년 사이 1억-2억의 농촌인구가 도시로 이전할 것이다. 그리고 현재 도시화를 추진하는 데 있어서 최대 난제는 사회보

6) 중국의 1980년대 농업노동력 비중은 72%, 2004년 현재는 46%이다. 중국은 개혁 개방 이후 약 2억명의 노동력이 농촌에서 도시로 이동을 했다. 그리고 중국의 공업화는 2030년 완성 예정이다, 중국은 대규모 농민인구의 도시 유입을 막기 위해 여전히 호구제도를 통해 농촌에서 도시로의 이동을 제한한다.

장제도의 개선이다. 왜냐하면, 도시에는 각종 사회보장체계가 마련되어 있지만 농촌에는 아주 없다. 농촌의 사회보장은 토지일 뿐이다. 이러한 상황에서 중국 경제발전의 대전제는 사회안정이다. 이 점에서 실업문제와 빈부격차 문제가 심각하다. 덩샤오핑의 선부론(先富論), 백묘흑묘(白描黑猫) 사상은 모든 중국 정부의 정책의 초점이 개혁개방적 경제성장에 맞춰져 있음을 보여준다.

이러한 맥락에서 중국 정부는 실업과 빈부격차[7] 문제를 해결하기 위하여 아래의 세 가지 정책을 추진하고 있다. 첫째는, 정부의 서부 대개발 정책이다. 둘째는, 원자마오 총리의 "동부 노후 공업기지 진흥"정책이다. 그리고 셋째는, 도농 간의 빈부격차 축소 정책이다.[8]

이 정책적 문제를 중국 제16차 당대회는 다음과 같이 표현하고 있다. "정부는 향후 산업화의 속도만 추구할 것이 아니라 '균형발전과 조화로운 발전이 필요하다.' 향후 20년 안에 전면적인 샤오캉(小康) 사회건설이 목표이다. 그때까지 지역 및 빈부격차를 최대한 줄여서 사회안정과 지속가능한 발전토대를 마련한다."

2. 중국의 고용과 노사관계

이제까지 중국에서는 핵심적 노동문제인 노사관계가 매우 안정적이

7) 일부 동부 지역의 1인당 수입은 한국, 타이완, 홍콩 수준에 이른다.
8) 농촌지역의 연 수입은 200위엔 수준이다. 동부 헤이룽장성은 국영기업 구조조정 후 정리 해고된 근로자들에게 월 90위엔의 보조금을 지불하고 있다. (2003년 기준 중국의 농촌가정 1인당 소득은 2,622위엔, 도시지역 1인당 소득은 8,472위엔이다.)

었다. 그리고 러시아식 발전 모델인 사회주의 경제체제 하에서는 고용 상황 역시 크게 문제가 되지 않았다. 그러나 이제 중국의 상황이 바뀌고 있다. 중국의 지속적인 체제전환과 급속한 경제성장, 그리고 세계무역기구(WTO) 가입 등으로 인해 노동과 관련한 새로운 변화와 이슈들이 제기되고 있다. 중국의 노동정책들도 이와 궤를 같이하여 변화하고 있다.

1) 최근 노동정책 동향

중국은 개혁개방이 시작된 지난 1978년부터 2003년까지 연평균 9% 이상의 높은 경제성장을 실현하고 있다. 그리고 중국의 WTO 가입(2000년)은 중국이 명실상부한 세계적인 대국으로 부상함을 의미한다. 이와 동시에 국내적으로는 시장이 보다 개방되고 투명하며 법과 원칙에 바탕을 둔 공정한 경쟁체제로 탈바꿈하는 전환점을 맞이하고 있다고 평가된다. 그러나 한편으로 이러한 놀라운 경제적 성취와 글로벌화, 그리고 체제전환 이면에 드리워진 어두운 구석도 많다. 중국은 앞으로 경제성장과 함께 이 변화의 어두운 측면을 어떻게 지워 나가느냐가 지속적 경제성장을 달성하는 데 중요한 문제가 되었다.

2) 노사관계 문제

중국의 기업은 사회주의 계획경제 특성상 이전에는 대부분 국유제 기업들이었다. 그러나 개혁개방 과정에서 기존의 국가 또는 공동체의 단일 소유구조가 다중 소유구조로 전환됨으로써 시장경제적 의미의 노사관계가 이제 막 형성되고 있다. 게다가 WTO 가입과 더불어 외자기업이나 비국유제 기업을 중심으로 빠른 속도로 선진적인 노사관계 가치가 확산되고 있다. 그리고 과거 이데올로기에 의해 강요되던 국가관과 종신고용제의 단위체제에서 형성된 직장에 대한 충성도도 크게 변하고 있다.

그리고 이러한 맥락에서 노동쟁의가 급속하게 증가하고 있다(1992년 8만 2천 건→2003년 22만 6천 건).

한편, 종래 국영기업을 중심으로 보장되던 3가지 특권(평생직장 보장, 균등임금, 직위보장)과 국가와 기업이 제공하던 다양한 사회보장 혜택(주택, 의료 서비스, 노후 보장)이 무너지게 되었다. 왜냐하면, 국영기업이 효율화 조치를 통해 연간 400만 명 내외의 정리해고자(하강직공)를 양산하면서 이전의 3가지 특권을 없애고 있기 때문이다.

이러한 특이한 노사관계는 다음의 몇 가지 문제를 야기한다. 첫째, 노동 3권 보장의 문제이다. 중국은 현행법상 파업권을 인정하지 않는다. 그러나 산업현장에서는 실제로 파업이 일어난다. 둘째, 한국의 노동조합에 준하는 '공회' (노동조합)의 역할과 위상의 재정립 문제가 있다. 현재 중국공회는 중화전국총공회를 정점으로 산하에 17개의 산업공회와 현급 이상의 지방총공회, 지역산업공회가 있으며, 그 아래 기업별 공회가 있다. 전통적으로 중국의 공회는 준정부조직으로서의 성격을 가지고 있다. 현직 중화전국총공회 최고책임자가 중국공산당 중앙위원회 중앙정치국 위원과 전국인민대표대회 상무위원회 부위원장을 겸직하고 있다. 이러한 상황에서는 공회가 제대로 노동조합의 역할을 할 수가 없다. 셋째, 단체협상제도에 대한 관심이다. 중국에는 단체협상제도를 도입한 기업이 1999년에 19만 4천여 개 소, 2002년 말에 63만 5천여 개 소가 있다. 따라서 앞으로 기업과 근로자의 이해관계가 뚜렷이 구분되는 외자기업과 사영기업 등에서는 단체협상제도의 시행이 노사관계에 큰 영향을 미칠 것이 분명하다.

3) 노동시장의 의미 있는 변화

① 중국의 고실업률

중국의 도시지역 등록 실업률은 지속적으로 증가하고 있다[1990년대 후반 3.1% ; 2001년 말 3.6%(681만 명), 2002년 말 4.0%(775만 명), 2003년 4.2%(800만 명)]. 이 실업률 증가의 원인은 개혁개방 과정에서 발생한 정리해고자와 농촌지역 잉여인력(1억 5천만 명 내지 2억 명으로 추정)의 도시지역으로의 유입 등이다.

② 고용과 관련한 주요 이슈들

첫째, 중국의 독특한 실업률 산정 방식은 현 실업률을 제대로 반영하지 못한다. 미국의 랜드 연구소 선임연구원 찰스 울프(Charles Wolf)는 향후 중국의 가장 심각한 난제 중의 하나로 실업문제를 지적하고, 농촌 실업 및 도시 내 잠재 노동력을 감안할 때 현재의 실제 실업률은 23%에 이를 것으로 추정하기도 한다. 둘째, 국영기업의 구조조정 등에 의한 정리해고의 문제(下崗의 문제)가 심각하다(연간 400만 명 이상의 정리해고자 발생). 셋째, 국영기업 등에서는 정리해고 근로자와는 별개로 근로관계는 유지하면서 실제 업무에는 종사하지 않는 근로자(不在崗 職工)와 퇴직한 기업으로부터 양로보험을 수급하는 자(기업내부 퇴직자) 등 잠재적 실업자도 상당수 존재하고 있다. 넷째, 농촌의 잉여노동력 문제가 심각하다. 2003년 5월 31일자 중국 노동사회보장부가 발행하는《노동사회보장보》에 따르면, 중국 인구 13억 명 가운데 70%가 농촌에 거주하고 있으며, 농촌의 잉여노동력(사실상 실업상태)이 2억 명을 초과하고 있다. 그 가운데 매년 1,000만–1,400만 명이 신규로 노동시장에 진입하고 있다. 농촌의 이러한 고실업 상태는 지방정부의 재정상태를 악화시키고, 이는 다시 농민 의무교육의 질 저하 등으로 이어져 농촌 유휴 노동력의 취업을 어렵게 만드는 요인으로 작용하고 있다. 이 문제에 대한 중국 정부의 노동정책은 a) 일자리 창출, b) 정리해고자 재취업 지원 강화, c) 직업훈련 사업 강화 등이다.

3. 중국의 사회복지정책

1) 1978년 이전 중국 사회복지제도를 뒷받침하는 이념과 주요 특징들

1978년 이전, 국영기업의 도시 노동자들은 사회주의식 완전 복지 혜택을 받을 수 있었다. 어떤 의미에서 '러시아 모델'을 채택한 국영기업의 도시 노동자들은 '노동귀족'으로 여겨지기까지 했다. 그러나 이와는 대조적으로 농촌지역 거주자들의 복지욕구는 자치공동체가 폐지될 때까지 지역자치구가 그 복지를 책임졌다. 한편, 1978년 이전에 도시부문에서는 이미 서로 다른 경제구조가 등장했다. 이때 도시부문 근로자들은 문자 그대로 어떠한 복지제도도 없었다. 그리고 농촌부문 근로자들도 지역자치구의 해체 때문에 복지제도로부터 완전히 제외되고 있었다.

덩샤오핑의 개혁개방 이전까지 중국의 국영기업은 모든 것을 포함하는 기업이었다. 이것은 근로자의 완전고용뿐만 아니라 요람에서 무덤까지의 복지가 제공되었다. 그리고 국영기업의 근로자들은 평생고용이라는 직업안정을 누리고 있었다. 중국 공산당 정부는 오래 전부터 이것을 '사회주의 체제의 우월성'을 보여주는 지표로 사용해 왔다.

그러나 능력에 따라 일하고 욕구에 따라 도움을 받는다는 이러한 사회주의 생각은 중국 근로자들의 근로 동기와 인센티브에 치명적이었다.

결과적으로 국영기업에는 중복된 노동이 많이 있었다. 이러한 맥락에서 개혁의 도입과 함께 (능력에 따라 배분하는) 새로운 분배양식이 도입되었다. 다시 말해서 1978년 개혁이 도입되기 직전의 중국의 사회복지제도는 저임금, 고복지를 가능하게 했다. 그리고 이것은 종종 정부의 보조금에 의존했다.

이 점을 고려할 때, 현재 중국에서 일어나고 있는 기존의 사회복지제도의 전반적인 개혁은 정말 야심적인 계획이다. 그러나 국영기업 개혁의 다면적 성격과 사회안정 문제를 고려할 때 이 개혁작업은 역설적으로 정부의 결정과 리더십, 경영능력, 그리고 근로자의 높은 의식을 필요로 한다.

2) 1978년 이후 중국의 복지개혁의 특징들(〈도표 12 참조〉)

① 사회보장 재정의 악화

재정 면에서 볼 때 국가는 더 이상 이 문제를 책임질 수 없다. 대신에 국가, 기업, 개인이 어느 정도 부담을 서로 나누어지려고 한다. 이것은 최근 중국의 노령연금, 의료보험, 고용보험 프로그램과 관련된 개혁들을 보았을 때 분명해진다. 이 개혁의 목표는 사회적 리스크를 개별 근로자와 국가나 기업이 공동 부담하는 혼합방식의 형태로 도입되었다. 또한 기업경영의 관점에서 볼 때, 완전고용이 아니라 효율성이 주된 관점이 되었다. 그래서 실업이 관용되고 이익을 내지 못하는 기업들을 폐업조치하거나 합병 또는 파산조치를 한다. 계획경제에서 시장경제로의 변환과정에서 이제 '기업'은 그 이전보다 '생산을 위한' 구체적 실체로 다루어진다.

② 복지의 이중 구조

변화하는 현실에 대응하기 위하여 농촌지역으로부터 도시지역으로 대규모 근로자들이 이동을 했다. 그리고 이들에 대한 대등한 복지 처우는 더 많은 노동유동성을 가져 올 것이다. 이것은 경제 구조조정에 도움이 될 것이다. 이렇게 모두를 위한 대등한 복지는 새롭게 기획된 제도에 참여하는 사람들의 기반을 넓히고 복지개혁의 지속가능성을 보장했다.

③ 노동사회보장부의 설립

'제도설립'이라는 관점에서 볼 때 노동부와 사회보장부를 합한 중국의 노동사회보장부는 1998년 설립되었는데, 이것은 선진국의 정부부처의 역할을 연상시키는 이름과 기능을 하고 있다. 이것은 사회보장과 관련된 모든 일들을 감독하기 위하여 설립된 일종의 지휘 감독기구(control tower)이다. 그리고 이 부서와 관련된 모든 일들은 정부의 다른 부처에 의해 수행되고 있다(노동부, 보건부, 민정부 등). 또한 중국은 모든 전통적인 복지 구성요소적 요소를 고려할 때, 다른 동아시아 국가들처럼 가족과 지역사회의 기능이 훨씬 많이 강조되는 복지제도를 가지고 있다. 물론 제도 개혁과정에서 '시장'이 더 중요한 역할을 수행하도록 기대되고 있기는 하다. 그리고 복지제도 개혁의 핵심도 '노동과 복지를 연계시키는' '사회보험'이 여전히 그 중요한 골격이다. 물론, 그렇다고 중국이 '사회부조'와 '사회복지 서비스' 프로그램을 완전히 이 무시하는 것은 아니다.

3) 중국의 사회복지제도 개혁이 다루어야 할 몇 가지 논점들

① 중국의 사회복지제도 개혁작업은 야심적인 작업이다

중국의 사회복지 개혁작업은 장래에 어려움 없이 집행되기 어려운 작업이다. 중국의 사회보장제도는 1978년 이전에는 정부나 일반 시민들로부터 그러한 주목을 받아본 적이 없다. 이것은 중국 정부가 제8차 국가경제 및 사회발전 5개년 계획을 채택함으로써 경제성장과 발전을 가속화하고 1990년까지 지속되었다. 그러나 이제 1990년대 초반부터 사람들은 국영기업 개혁을 위한 강한 헌신적 노력 없이는 더 나은 경제성장과 발전은 이루어지기 힘들다는 것을 깨닫게 되었다. 왜냐하면, 이제까지 배타적으로 국영기업의 근로자들에게만 제공되어 온 모든 것을 포괄하는 복지급여가 이제부터는 국가나 기업을 위한 거대한 재정적 부담을 만들었을 뿐만 아니라, 경쟁력 있는 시장경제 시스템을 지향하는 장래의 개혁에 방해되는 장애물이 되었기 때문이다. 계획경제 하의 국영기업은 이윤을 추구하는 경제활동 단위가 아니고 단지 중앙에서 결정된 정책들을 집행하는 작업장에 불과했다. 따라서 정부의 복지개혁을 위한 초기 개혁조치들은 1978년경 취해졌다. 그것은 이들 정부의 작업장들을 더 독립적인 경제적 실체로 만드는 것이었다.

정부는 이러한 목표를 가지고 1985년부터 1992년 사이 국유기업의 소유와 경영을 분리해서 일상의 결정권을 개별 국영기업에 귀속시킴으로써 이들로 하여금 더 많은 투자를 위해 이윤추구를 하는 것을 허용했다. 그리고 나중에는 대표적 사례로서 소규모 국영기업들에게는 이러한 작업을 격려하고 더 큰 국영기업들을 개혁함으로써 현대적 기업제도가 중국에서 설립되기를 희망했다. 그리고 이러한 국영기업의 민영화가 이루어지는 과정에서 국가의 역할은 여전히 아주 강했다.

이렇게 보면 중국의 사회보장제도 개혁은 경제개혁 작업과 아주 밀접히 관련되어 있다. 왜냐하면, 이제까지 중국의 사회보장제도는 오랜 세월 동안 거의 독립적으로 국영기업의 근로자들만을 위해서 작동해 왔기 때문이다. 그러나 중국 정부는 이제부터 이러한 사회보장제도의 개혁 없이 경제성장은 방해를 받을 것이며, 경제성장 없이 사회복지 개혁은 지탱하기 어려울 것이라는 것을 배우게 되었다. 여기서 다시 등장하는 문제는 중국이 어떻게 파이를 늘리고 동시에 그것을 나누는 사회경제적 개혁과정에 있어서 사회안정, 발전, 성장 사이에 균형을 유지하는가의 문제이다.

② 중국 국유기업의 개혁

중국의 국영기업은 중국 전체 산업생산의 1/3을 생산하고, 중국 도시 고용의 2/3를 차지하며, 중국 전체 고정자산 투자의 1/2을 차지한다. 위의 사실을 고려할 때, 국영기업의 개혁은 중국 전체의 경제 · 사회적 발전을 위해 아주 중요하다(〈도표 13 참조〉). 1996 기준으로 적자경영을 하는 국영기업의 비율은 50%였다. 중국 정부는 사회정치적 안정을 위해서 이러한 회사들을 구하기 위해서 저임금 대출과 보조금을 지급해 왔다. 그리고 이러한 부담은 일상적으로 국유은행에 전가되었다. 이것은 또한 중국의 화폐시장의 발전을 늦추는 관행이 되었다. 이러한 맥락에서 국립은행을(현재 이것은 중국 은행 자산의 90%를 통제하고, 화폐자산의 2/3를 가지고 있다.) 민영화하는 것은 유연한 이자율을 허락하며, 화폐시장을 강화함으로써 중국의 시장경제를 향한 발전 노력에 도움이 된다. 그러나 여기에는 또한 적절한 재정정책이 필요하다.

세계은행(World Bank) 전문가들에 의하면, 경쟁력 있는 경제를 만들기 위해서는 시장의 힘이 필요하고, 그러기 위해서는 정부의 리더십을 필요로 한다. 그러나 대체로 중국 국가는 관례적으로 기업의 관행에 너무 많이 간섭하면서(정실이나 보상원칙에 입각한 경영자의 임명) 교육, 환경보호, 건강, 사회 서비스와 같은 사회적 인프라 구축에는 거의 신경을 쓰지 않아왔다. 이것은 중국 정부의 기형적인 공공지출 구조에 잘 반영되어 있다. 즉 너무나 많은 정부 예산이 국영기업에 할당되어 있고, 일반인의 복지에는 너무나 작은 지출을 하고 있다(전체 GDP의 5%). 따라서 향후 중국 정부는 시장경제를 정착시키기 위한 노력에 더 힘을 기울이면서 복지부문에 새로운 우선권을 둘 필요가 있다. 이러한 맥락에서 중국 정부는 이제까지 1,000개의 대규모 국영기업을(국유산업 자산의 2/3, 판매, 과세, 이윤의 대다수를 차지함) 개혁의 대상으로 선택했다.

③ 국영기업으로부터 정리해고된 근로자를 재고용하는 문제

이 문제는 향후 중국의 사회복지정책의 장래를 결정할 중요한 작업이다. 어느 누구도 중국의 국영기업에서 얼마나 많은 근로자들이 정리해고되었는지 정확히 모른다. 최근의 통계에 의하면, 1991년에 2.3%인 도시 실업률은 1996년에 3%로 증가했는데, 이 숫자는 과소평가된 것이다. 왜냐하면, 중국의 여러 도시들에서 정리해고된 근로자들은 여전히 기업에서 일하는 것으로 등록되어 있기 때문이다. 그들은 다양한 수당들을 지속적으로 받기 위해서 기업에 등록된 상태를 유지한다. 이들의 숫자를 실업률에 합산하면 실제 실업률은 도시의 경우 7.5%가 넘는다. 또 5개 도시—베이징, 상하이, 청칭, 신양, 광저우—에 대한 조사결과에 의하면, 정리해고된 숫자와 실업자들의 숫자를 합하면 전체 노동력의 13%에 해당한다. 만약 기업 내의 '중복 노동' (대충 국유기업의 15-20%)과 도시부문의 증가하는 노동력, 그리고 농촌부문으로부터 이민온 노동력들까지 고려하면 중국의 실제 실업률은 27.78% 이상이 될 수도 있다.

중국 정부는 이 문제의 해결을 위해 재취업센터와 재취업 서비스 센터를 설립하는 노력을 기울여 5백만이 넘는 근로자들을 훈련시켰다. 그러나 점점 더 많은 사람들이 비정부부문으로 들어간다는 사실을 고려할 때, 이 부문에서 일하는 근로자들의 고용복지 욕구를 돌보는 것이 중요하다. 결국, 시장경제를 지향하는 중국의 장래는 산업과 서비스에 있어서 활력 있고 경쟁적이며 민영화된 기업의 성공에 달려 있다. 이제까지 중국 정부는 고도성장을 추구하면서 어느 정도 높은 실업률을 방치해야만 했다. 그러나 이제 문제의 핵심은 어느 정도까지 그러한 상황이 정치적으로 감당할 만하고 사회적으로 받아들일 만한 것이냐 하는 것이다. 중국의 특정 도시의 경우, 개혁기간 동안에 실업률이 너무 높으면 정부는 사회 · 정치적 안정을 위해서 국영기업 개혁의 속도를 늦추기까지 했다.

중국의 복지정책이 직면한 또 하나의 심각한 주제는, 정부가 도시주민들의 소비를 보호해 주기 위하여 농산물 비용을 통제하거나 인하시킴으로써 농촌주민들의 수입을 감소시키고 있다는 것이다. 이것은 농촌주민들의 수입을 감소시키고 대량의 농민들로 하여금 농촌에서 도시로 이주하게 만든다. 그러나 이들은 일단 도시로 이주하게 되면 복지혜택이 없는 비공식부문에서만 일자리를 발견할 수 있기 때문에 이것은 노동시장의 심각한 분절을 가져올 수 있다. 그리고 이미 심각한 상태에 있는 근로자들 간의 수입격차와 불평등을 가속화할 수 있다.

그리고 이와 관련해 주목해야 할 또 다른 중요한 논쟁점은 크게 두 가지이다. 1) 과거에 사회주의 이데올로기 때문에 아주 저임금을 받았던 노인 근로자나 퇴직 근로자들을 현재 체제 하에서 어떻게 보상할 것인가? 2) 경영을 잘 하지 못해 수익을 내지 못하는 기업들이 어떻게 서유럽 국가들처럼 기금을 마련해서 근로자들의 노령연금, 건강보험 및 다양한 사회보장 급여를 지불하도록 기대할 것인가의 문제이다.

4) 도시주민과 농촌주민들 사이의 복지 차별 문제

중국 정부는 당분간 이 문제를 해결할 능력이 없다. 불행하게도 이 추세는 계속될 것으로 보인다. 그리고 80%의 가난한 농민들과 20%의 경제혜택을 받는 도시주민들 간의 문제는 중국 정부의 복지제도 개혁을 더 복잡하게 만들 것이고, 이러한 체계적인 불평등은 향후 중국 사회에 커다란 불안요인으로 작용할 것이다. 바로 이러한 이유 때문에 중국 정부는 최근에 다음과 같은 분야에 최선을 다해 노력을 기울이고 있다. 빈곤선 설치, 지역사회 센터 설립, 도시부문으로의 인구 이주정책의 완화, 농촌부문에 있어서 5가지 보장제도(의복, 음식, 주택, 의료, 장례 서비스)의 강화 등이 그것이다.

5) 중국 정부가 현재 지향하는 복지정책의 모델 문제

지금 중국 정부는 자신의 사회체제에 적절한 복지 모델을 만들기 위해 노력하는 중이다. 그러나 그 앞길은 불확실하다. 그것은 유럽식 보편적인 사회복지 모형이 될지, 아니면 대부분의 자본주의 국가에서처럼 잔여적 복지제도로 가기 위한 것인지 분명하지 않다. 다만 우리는 아래의 몇 가지 질문들을 던져볼 수 있을 뿐이다. 첫째, 중국의 발전단계를 고려할 때, 모든 시민들에게 기본적 욕구만족을 배려하는 복지정책을 채택하는 것이 더 적절하지 않겠는가라는 문제 제기를 해볼 수 있다. 만약, 현재의 사회복지제도가 전체 인구를 위해 확장되지 않는다면 국영기업 근로자들의 부담은 어떻게 해서든지 나머지 인구에 의해 분담될 것이다. 그리고 이것은 또 다른 종류의 불평등을 낳을 것이다. 둘째, 중국처럼 자본주의 경제와 보험시장이 발달하지 않은 나라에서 얼마나 많은 근로자들이 실제로 시장에서 그들 자신의 보험에 가입할 여유가 있는가의 문제도 있다.

6) 사회보험제도의 관리 문제

중국처럼 자본주의 경제를 처음 배우고 서구식의 복지제도를 이제 막 적용하는 개발도상국들은 초기부터 보험기금의 적절한 관리에 특별한 주의를 요한다. 왜냐하면, 선진국의 과거 경험에 의하면, 정부 주도로 마련한 초기의 거대한 사회보장 기금은 사회보험제도 시행을 위한 대중적 인프라를 구축하는 데는 도움이 되나 잘못 경영하면 인플레이션을 유발할 수 있기 때문이다.

그리고 새로운 사회보험제도를 설립하는 과정에서도 중국 정치지도자들은 크게 세 가지 문제에 주목해야 한다. 첫째, 국영기업 개혁을 통한 새로운 복지제도의 확립은 때때로 정부 자신으로부터 올 수 있다는 것이다. 그 이유는 국영기업 내에 고질적으로 존재하는 부패문제 이외에도 국영기업에 지나치게 많은 대출을 해준 국립은행과 기득권을 지닌 국영기업 경영자들은 실제로는 개혁을 지지하지 않으면서 립 서비스만 할 수도 있기 때문이다. 둘째, 중국 정부는 국가 전체에 통일된 사회복지 개혁제도를 채택해야 하는가, 아니면 서로 다른 지역의 여건과 주민의 욕구에 따라 다양한 적응이 가능한 복지제도를 설립해야 할 것인가 둘 중 선택을 해야 한다. 셋째, 민간부문(제3부문)이 결여된 중국 사회에서 국가나 기업이 돌보지 못하는 영역을 보충하기 위하여 기존의 시민사회를 더 활성화시키고 민주화할 필요가 있다. 그러나 이것은 기존의 중국 정부가 생각하기 싫어하는 개혁영역이다.

7) 결론 : 중국 사회보장제도의 미래

앞에서 논의한 주제들 외에도 중국의 사회보장 개혁이 다루어야 할 수많은 다른 논쟁점들이 존재한다. 인구 고령화[9] 문제, 자녀 하나 갖기 정책과 그것이 다음 세대에 미치는 사회복지적 영향, 조기은퇴 연령의 문제[여성(50-55세), 남성(55-60세)], 중국 실정에 맞는 적절한 사회보장 문제, 보장급여를 근무한 연수에 비례시켜야 하는가, 아니면 임금과 관련시켜야 하는 문제가 그것들이다.

그 외에 또 다른 핵심적인 문제는 현재 중국 정부가 추진하는 국영기업의 민영화는 중국 사회의 공식 이데올로기인 사회주의 이념과 상충되는 것은 아닌가 하는 문제이다. 중국은 제10차 경제발전 5개년 계획(2001년 3월 5일)에서 경제적 효율성과 사회적 형평 사이의 균형을 달성하겠다고 주장했다. 그러나 성장과 발전과 안정 사이의 균형을 어떻게 맞추어 가는가 하는 문제는 여전히 숙제이다. 여기에 중국이 2001년 12월부터 WTO에 가입했다는 사실은 커다란 영향을 미칠 것이다. 즉 이제부터 세계적인 노동기준이 중국 기업에 적용되고 있다. 이것은 한편으로, 과거 중국의 덜 엄격한 노동 복지기준을 이용해 투자하려 했던 외국

---

9) 예를 들어 65세 이상의 인구가 2001년 기준으로 벌써 6.96%에 도달했다. 그리고 2020년 중국의 고령인구는 전체 인구의 11%에 해당할 것이다. 이러한 추세가 중국의 사회복지 정책에 어떤 영향을 미칠 것인가? 오늘날 중국의 일하는 근로자와 퇴직자의 비율은 10 : 1이다. 그러나 기존의 고령화 추세를 고려할 때, 그 비율은 곧 6 : 1이 될 것이다. 그리고 이것은 2050년대에는 3 : 1이 될 것이다. 이것이 의미하는 바는 미래세대가 연금재정에 있어서 더 큰 부담을 가져야 한다는 것이다. 게다가, 중국은 거의 20년 동안 한 가정에 1자녀 갖기 실험을 했다. 이것은 미래 세대에 엄청난 부담으로 작용할 것이다.

투자가들을 망설이게 할 수도 있고, 중국의 전반적 경제성장률을 어느 정도 늦출 수도 있다. 그러나 또 한편으로는 선진국 제도를 벤치마킹해서 중국의 사회경제제도와 복지제도를 상세히 계획하는 것을 가능하게 함으로써 중국이 세계 자본주의 제도에 합류하는 과정을 더 촉진시킬 수 있다.

이렇게 보면 중국은 사회복지제도를 발전시키려고 노력했던 다른 많은 국가들처럼 개혁과정에서 일련의 도전과 딜레마에 직면하고 있다. 이것은 앞으로 중국 정책결정가들의 많은 고민과 지적 노력을 필요로 할 것이다. 그러나 일이 쉽지 않은 것은 중국의 경우, 국영기업의 비효율 문제 해결과 사회복지 개혁의 문제를 동시에 해결해야 한다는 사실이다. 그렇지만 사회보장제도 설립에 있어서 후발주자인 중국은 이러한 이중의 사회개혁 작업을 위해 다른 복지 선진국 국가들로부터 배울 수 있다는 장점이 있다.

Ⅳ. 한국의 사회복지정책-그 변화와 대응

1. 문제의 제기

한국은 IMF 금융위기 이후 사회복지정책과 노동시장정책에 커다란 관심을 갖게 되었다. 한국 정부는 경제위기 기간 중 국내에서 뿐만 아니라 국제기구들로(IMF나 OECD의 정책 권고사항)부터도 위의 두 정책을 확대시키고 세계적 표준에 맞게 변화시키라는 요청을 받아왔다. 그 결과 한국 정부는 경제위기를 계기로 두 정책을 크게 변화시켰다. 그 방향은 사회보험의 가입자 확대와 노동시장의 유연성 증대였다.

1980년대 중반 이래 가속화된 경제적 세계화는 브레튼우즈 체제의 붕괴와 국민국가를 넘어선 지구적 차원의 자본 이동의 자유화를 가능하게 했다. 이 과정에서 발전국가들은 자본의 투자유치를 위해 건전재정을 유지하는 것이 새로운 목표가 되었다. 그리고 이것은 완전고용과 소득평등을 동시에 추구하는 것을 불가능하게 만들었다. 이러한 상황에서 선진자본주의 국가는 크게 3가지 전략을 수립했다.

첫 번째 전략은 완전고용과 건전재정을 유지하기 위하여 노동시장을 유연화하고 사회복지제도를 후퇴시키는 것이다. 에스핑 앤더슨은 이 전략을 앵글로 색슨 전략 또는 자유주의 전략이라고 부른다. 두 번째 전략은 건전재정과 소득평등을 유지하기 위하여 완전고용을 포기하는 것이다. 에스핑 앤더슨은 이 전략을 대륙 유럽형 전략, 또는 보수주의 전략이라고 말한다. 세 번째 전략은 완전고용과 소득평등을 유지하는 것이다. 이 전략은 노동시장을 유연하게 하는 반면에 복지제도의 후퇴를 최소화한다. 에스핑 앤더슨은 이 전략을 북구형 전략 또는 사회민주주의 전략이라고 부른다.

2. 한국 복지정책 이해를 위한 이론적 검토 : 에스핑 앤더슨의 동아시아 복지 모델 논의를 중심으로

(Roger Goodman and Ito Peng)

1) 동아시아 복지 모델의 정의

에스핑 앤더슨에 의하면 지역적 블록으로서의 동아시아에 고유한 복지 모델이 존재한다. 이들 국가들은 선진 복지제도에 대한 소요학습과 국가 형성과정에서의 적응적 변화를 경험하면서 독특한 복지 모형을 형성해 왔다. 그에 의하면, 동아시아의 사회복지 국가들은 복지제도가 상대적으로 성숙하지 않았기 때문에 최근까지도 자기 나라의 사회복지를 분석함에 있어서 토착적인 분석방법을 만들어내 적용하기보다는 서구 사회의 분석틀을 사용하고 있다. 그리고 현재 동양적 복지체계라는 이데올로기가 크게 영향을 미치고 있다. 그러나 오늘날 동아시아 국가들은 더 이상 복지 후진국은 아니며, 시장보존적 사회복지체계의 선도자들이다. 그 대표적 국가들이 일본, 한국, 대만, 홍콩, 싱가포르 등이다.

그 중에서도 일본, 대만, 한국은 서구 사회복지제도의 다양한 측면을 적극적으로 수용하고 있으며, 각 국가는 자신의 고유한 정치, 문화, 사회적 배경에 조화되는 방식으로 서구 사회복지의 다양한 측면을 받아들이고 이를 재구성하여 나름대로의 사회복지체계를 구축하고 있다. 이들 국가들의 사회복지체계가 서구 사회의 특정한 유형을 추종한다거나 그대로 복제하고 있다고 보기는 힘들기 때문에 이들 국가들의 사회복지체제는 그들 국가 나름의 고유한 맥락에서 연구될 필요가 있다는 것이 에스핑 앤더슨의 주장이다.

2) 일본식 복지 모델의 특징

그의 관점에서 보면, 일본의 사회복지체계가 이러한 논지를 잘 보여주는 훌륭한 하나의 사례이다. 이때 '일본식 사회복지체계'의 특징은 1) 특수주의적 사회보험체계, 2) 사회복지 제공의 장(場)과 서비스 전달체계로 가족을 많이 활용한다는 점이다.

일본 정부는 1973년을 복지원년으로 정함으로써 국민들의 복지향상에 대한 노력을 기울였고, 복지에 대한 지원을 강화하는 데 점점 더 많은 관심을 갖게 되었다. 오일 쇼크로 시작된 경기침체 때문에 1975년에서 1985년 사이 일본의 실업률은 3배가 증가했으며, 그 결과 복지지출이 크게 증가했다. 복지국가에 대한 신보수주의의 반격은 바로 이런 특수한 경제적 환경에서 발생한 것이다. 일본에서의 복지국가 비판은 처음에는 서구, 특히 영국과 미국의 경험에 대한 비판으로 나타났다가 나중에는 '일본식 복지'라는 아이디어 형성으로 자리를 잡게 된다.

1980년대의 경제적 번영기에 일본 정부는 이같은 모델을 적극적으로 채택했다. 그리고 이것은 1981년의 행 · 재정 개혁 프로그램에 그대로 반영되었다. 일본 정부는 1981년 행 · 재정 개혁에 뒤이어 복지재정을 축소하고 사회복지의 많은 부담을 지역사회와 개인들에게 돌리려는 소규모의 점진적인 변화를 주도했다.[10] 그 대표적 시도가 사회복지에 대한 개인과 지역사회의 역할을 강조하는 것이었다.

한국 역시 동아시아 국가로서 사회복지 전략으로 유교주의적 가족원리를 강조해 왔다. 한국은 핵가족화 문제를 해결하기 위하여 서구 사회의 방식을 채택하기보다는 전통적인 문화적 틀 내에서 해결하고자 한다. 이런 점에서 대만이나 한국은 "일본에 초점을 맞춘 동아시아 복지국가체제"를 따라가고 있다. 이들 국가에서 관찰된 사회복지의 발전은 국가형성이라는 제일의 목표를 향한 소요적이고 적응적인 학습과 발전전략에 기인한 것이다. 이 이론에 따르면, 복지체제는 국가생존과 국가형성을 위한 내 · 외의 압력이 작용한 결과로서 나온 것이다. 이들 국가들은 사회복지에 대해서 해외로부터 끊임없이 정보와 모델을 여러 가지 방

10) 이 변화의 내용을 검토하면 다음과 같다. 1) 노인의 의료 치료에 추가 비용을 부과함, 2) 건강 보험의 급여 적용 수준 축소, 3) 국민연금의 수급자격 연령 상향 조정, 4) 3%의 소비세 부과(338쪽).

법으로 수집해서 그것들을 국가상황에 적응시키면서 실천하면서 배우는 입장을 택하였다.

현재 일본의 사회복지는 서구 사회의 모델에 기초하고 있으며, 대만과 한국은 최근에 서구 모델을 직접 받아들일 뿐만 아니라 일본과 같이 서구 모델들을 다시 구성하여 받아들이고 있다. 그러나 일본의 사회복지는 어떤 소수의 이론적 아이디어를 일관성 있게 적용하기보다는 여러 가지 원천으로부터의 학습을 통하여 발전했다. 그리고 서구와는 달리 일본의 사회복지 발전은 어느 정도까지는 이데올로기적인 제약을 받지 않고 발전해 왔다. 즉 일본의 사회복지 발전은 상당 부분이 이슈로부터 유발된 것이다. 일본의 사회복지, 정책발전의 토대는 본질적으로 실용주의에서 출발하였다. 일본에서 최근의 전문적 유행어는 국제화, 분권화, 민영화, 사회정의의 새로운 강조이다. 이러한 논쟁들은 사회발전을 위해서 일본 모델과 서구 모델 어느 것이 적합한가에 관한 일본 사회의 긴장과 내부의 문화적 토론을 반영하고 있다.

3. 한국의 사례

선진자본주의 국가와 마찬가지로 경제위기 이후 한국의 노동시장과 사회복지제도도 많은 변화를 겪어왔다. 아래에서는 1997년 경제위기 이후 두 제도가 어떻게 변화되어 왔는가를 살펴보고자 한다.

1) 노동시장의 유연화

한국은 근로자의 종사 지위에 따른 임금과 복지 혜택의 차이가 크게 증가했다. 물론, 한국에서 노동시장의 유연화에 대한 움직임은 경제위기 이전부터 존재해 왔다. 일례로 문민정부 때도 노동관계법의 개정을 추진한 바가 있지만 대다수 노동자들의 반대에 부딪쳐 좌절된 바가 있다. 그러나 1997년 말 경제위기 이후 노동시장의 유연성을 증대시키라는 내외의 요구로 인해 1998년 노 · 사 · 정 위원회는 정리해고에 대한 단서조항을 삭제하는 데 합의하였다.

여기에 파견근로제도가 도입되었고, 이것은 1998년 고용보호를 목적으로 변화되었다. 1998년 이전과 이후의 한국의 고용보호제도를 경제협력개발기구(OECD)의 기준에 따라 평가하면 다음과 같다.

a) 전반적으로 노동시장의 유연성은 증가했지만, 정리해고를 중심으로 나타났던 갈등과 비교해 볼 때 그렇게 유연화되지는 않았다.
b) 노동시장의 유연성은 종사자의 지위에 따라 큰 차이를 보인다.

1998년 2월 이후 가장 유연화된 부문은 단기계약 근로자들이다. 그러나 정규직의 경우 큰 변화가 없었다.

〈도표 3〉 연도별 실업대책

(단위 : 억 원)

구분	1998	1999	2000
고용보조	10,377	25,300	16,615
– 고용안정 지원	1,125	2,028	1,327
– 단기 일자리 제공	9,252	23,272	15,288
직업훈련 및 취업알선	7,765	6,260	4,403
– 실업자 직업훈련	7,151	5,563	3,681
– 취업알선 지원	614	697	722
적극적 노동시장정책 합계	18,142	31,560	21,018
– 실업급여 지급	8,050	9,362	4,708
– 실직자 대부	7,153	6,078	956

– 한시생활보호 – 기존 생활보호 – 기타	2,558 13,791 3,627	8,741 14,531 4,264	5,601 15,943 2,011
소극적 노동시장정책 합계	35,179	42,976	29,219
합 계	53,321	74,536	50,238

자료 : 노동부, 2001 : 21.
출처 : 김영범, "한국의 사례–자유주의와 보수주의의 갈림길"에서 재인용.

〈도표 4〉 한국 사회복지제도의 주요 변화(1997–2000)

사회복지제도	연도	변화내용	
		가입규칙	비용 · 수혜규칙
국민연금	1999	– 도시지역 주민 확대 실시 – 5인 미만 사업장으로 확대 –최소 가입기간을 5년으로 단축	– 퇴직금전환제도 폐지 (노사 각각 4.5%씩 부담) – 연금의 임금대체율 하향조정 (종전 소득월액의 70%→60%) – 수급개시연령의 장기적인 연장
	2000	–	– 평균소득월액을 조정
의료보험	1998	– 공 · 교조합과 지역조합 통합 (국민의료보험관리공단으로 통합)	– 진료권 제한제도 폐지 – 요양급여일 연장 (270일→300일) – 보험료율 인상 (직장조합 평균 : 3.13%→3.27%)
	1999	–	– 요양급여일 연장 (300일→330일) – 보험요율 인상 (직장조합 평균 : 3.27%→3.75%)
	2000	– 국민의료보험관리공단과 직장의료보험의 통합 (국민건강보험공단으로 통합, 단 재정통합은 2002년) – 의약분업 실시	– 급여제한기간 철폐 – 산전진찰 보험급여 확대 – 본인부담금 경감대상 확대 (70세 이상→65세 이상) – 보험료 인상

고용보험	1998	– 1인 사업장으로 대상 확대	– 특별 연장급여 실시
	1999	– 기준 기간, 피보험기간 단축 (기준기간 18개월, 피보험기간 12개월→기준기간 12개월, 피보험기간 6개월)	– 보험요율 인상 (실업급여 0.6→1.0%) – 실업급여지급기간 확대 (60–210일→90–240일) – 최저지급수준 인상 (최저임금 70%→90%)
	2000	–	–
공적 부조	2000	생활보호법의 국민기초생활보장법으로의 대체	
		– 근로능력 유무의 철폐 – 부양자가 없거나 또는 능력이 없는 최저생계비 미만 소득 가구나 개인	– 최저생계비 부족 액수 지급 – 주거급여 등 다양한 수혜 신설

자료 : 보건복지부, 각년도. 『보건복지백서』; 노동부, 각년도. 『노동백서』; 노동부, 1999. 『고용보험백서』.
출처 : 김영범, "한국의 사례–자유주의와 보수주의의 갈림길"에서 재인용.

2) 사회복지정책의 변화

1990년대 이후 한국의 사회복지정책은 소득보장제도 중심으로 확대되어 왔다. 한국의 사회복지제도도 경제위기 이후 몇 가지 주요한 변화를 겪어왔다. 사회복지제도의 변화는 크게 단기적 실업대책의 등장, 사회보험 및 공공부조제도 등 소득보장제도의 변화, 그리고 '생산적 복지'라는 복지이념의 등장이 그것이다.

① 소득보장과 사회복지 서비스의 변화

a) 지난 3년간 사회보험의 대상자가 크게 확대되었다. 그러나 사회보험의 가입률은 낮다(<도표 5 참조>).

b) 반면, 비용과 수혜의 측면에서 보면 실업보험을 제외하고는 후퇴

되었다.

c) 연금과 의료보험 분야에서 개혁에 대한 저항이 집중적으로 나타났다.

그 이유는 두 가지 복지제도가 비용부담과 수혜를 연계시키는 형태로 구성되었기 때문이다. 국민연금의 경우 도시 자영업자로의 확대 정책에 대한 임금근로자의 저항이 컸다.

의료보험도 통합 재정정책에 반대하는 저항이 있었다(2002년 7월 통합, 재정통합 2002년).

d) 공적부조제도의 변화 : 생활보호법이 국민기초생할 보장법으로 대체되었다.

e) 국민기초생할 보장법의 도입

f) 사회복지 서비스의 변화 : 큰 변화가 없었다(〈도표 6〉 참조).

이것의 의미는 공공부문의 고용증가를 통한 소득불평등 억제책이 미약했다는 뜻이다. 그리고 경제위기를 계기로 공공부문 고용의 감소 추세를 보여주었다. 지난 3년간 사회복지 서비스 발전 추세를 요약하면, 소득보장은 크게 확대된 반면에 사회복지 서비스는 큰 변화가 없었다. 이 점은 유럽의 보수주의 유형의 복지제도를 닮은 것이다.

② 실업대책의 경우

경제상황의 악화로 1998년부터 실업대책이 등장했다(〈도표 3〉 참조). 그 내용은 고용보조, 직업훈련 및 취업알선 등의 적극적 노동시장 정책과 실업자의 소득보장을 위한 소극적 노동시장 정책이었다(〈도표 참조〉). 이 제도는 지난 3년 동안 실업률의 증가로 지출이 크게 증가하고 있다. 그리고 적극적 노동시장 정책 지출이 비교적 많다는 점에서 유럽의 보수주의 복지정책과 유사하다.

③ 생산적 복지[11)]이념의 등장

1997년 국민의 정부 등장은 사회적 약자들에게 단순한 수혜를 제공하는 것을 넘어서 적극적으로 근로동기를 부여하고 노동시장 참여를 유도하는 근로연계 복지의 성격을 강조하고 있다. 그러나 현재까지 생산적 복지이념은 추상적 수준에서 제시되고 있을 뿐, 국민기초생활 보장법을 제외하곤 구체적인 정책으로 전환된 바가 없기 때문에 어떤 방향으로 구체화될 것인가는 쉽게 판단하기 어렵다. 다만 2001년 국민기초생활보장 사업계획의 경우 자활계획은 크게 근로의욕을 고취하는 지역봉사 재활 프로그램, 자활능력 개발을 목적으로 하는 자활 근로 프로그램, 그리고 노동시장의 진입을 시도하는 자활공동체 취업지원 프로그램으로 구성되어 있다. 이것은 단순한 직업 소개를 넘어서서 노동시장의 진입을 위한 준비과정을 강조한다는 점에서 자유주의적인 방식과는 차별성을 갖는 것으로 보인다.[12)]

④ 고령화 사회의 도전과 한국의 정책적 대응

2000년 이후 한국 사회의 사회복지정책은 고령화 사회의 도전에 대한 일본의 개호보험제도를 벤치마킹한 노인장기요양보험제도의 도입과정으로 요약될 수 있다. 다음의 〈도표 15〉에서 보듯이 한국 정부는 노인

11) '생산적 복지는' 기초적인 생활보장과 자립적이고 주체적으로 경제,사회활동에 참여할 수 있는 기회를 확대하고 분배의 형평성을 제고하는 것이다.(대통령 비서실, 삶의 질 향상 기획단) (1999).

12) ① 고용보험과 국민연금 등 소득보장제도의 가입대상자가 크게 확대된 반면, 그 비용과 수혜라는 기준에서는 점차 가입자의 부담이 증가하였다. ② 실업이 급증함에 따라 고용보조 같은 단기적인 실업대책이 급증했다.

2000년 : 고령화 사회 진입(전체 인구 중 노인인구 7% 이상)
2000. 01 : 보건복지부 내 "노인장기요양보호정책기획단" 설치
2000. 01 : 노인장기요양보호종합대책 발표
2001. 09 : 국무총리실에 "노인보건복지대책위원회"의 설치
2002. 07 : 고령화 사회에 대비한 '노인보건복지종합대책' 발표
2003. 03 : 공적 노인요양보장추진기획단 설치
2004. 03 : 공적 노인요양제도 실행위원회 및 실무기획단 설치
2006. 02 : 노인수발보험법안(정부안) 국무회의 통과 및 국회 제출
2006. 09 : 국회 심의(정부안, 김춘진 의원 안 등 5개)과정 중 법안이름 변경
2007. 04 : 노인장기요양보험법안 국회통과 및 법안 공포
2008. 07 : 노인장기요양제도 실시예정

장기요양보험제도의 구축 준비를 2000년부터 시작하여 6여 년 만인 2007년 4월에 "노인장기요양보험법안"을 통과시키기에 이르렀고, 2008년 7월부터 제5의 사회보험 형식으로 시행하게 될 예정이다. 이와 함께 정부는 현재 본 제도에 준하는 시범사업을 운영 중에 있으며, 3년 간의 시범사업 기간 동안 제도 모형의 적정성 검증을 통해 문제점 및 과제를 도출하여 사전 보완함으로써 향후 제도의 원활한 시행과 정착을 도모하고 있다. 이러한 제도 도입의 목표는 '치료 모델'에서 '케어 모델'로 국가의 사회정책을 전환한 것이라 할 수 있으며, 고령자의 일상생활 수발을 통해 그들의 능력 및 권한을 강화함으로써 노인의 삶의 질을 향상시키는 것이다. 즉 노인들에게 보다 편안하고 건강한 노년의 삶을 보장하고, 가족의 부양부담을 크게 경감시키는 것이다. 또한 이것과 함께 다양한 고령친화산업의 활성화는 새로운 일자리 창출 등으로 우리 경제에 큰 활력을 불어넣어 줄 것이다. 이렇게 보면 국민의 노후 불안에 대응하는 사회 안전망으로서의 노인장기요양보험제도는 그 문제점 보완과 함께 향후 국민적 합의를 이루어 나갈 때 지속가능하고 차세대에 일방적으로 부담을 떠넘기지 않는 한국형 모델로 정착될 수 있을 것이다.

5) 한국 사례에 대한 소결론

1998년 국민기초생활보장법의 도입 이래 한국에서는 사회정책의 커다란 변화방향이 탐색된다. 우선 사회정책이 경제위기에 대응하기 위하여 유연성 있게 급속하게 바뀌고 있다. 둘째, 노동시장의 경우 경쟁력 제고라는 명분을 통해 유연화가 진행되었고, 실업이 증가함에 따라 사회복지제도가 확대되었다. 이것은 서구의 보수주의와 같은 전략이다. 그렇지만 이것을 보수주의 유형으로 분류하기는 어렵고, 차라리 보수주의와 자유주의의 혼합 모델로 보는 것이 더 타당할 것이다(〈도표 7〉 참조). 마지막으로는 세계에서 유례를 찾아보기 힘든 급속한 고령화 사회의 도전에 맞서 한국 사회 나름대로의 노인복지정책을 발 빠르게 마련해 가면서 우리 실정에 맞는 노인장기요양보험제도 정착을 위해 노력 중이다.

V. 전체 결론 : 한 · 중 · 일 3국의 복지정책 변화를 중심으로

1. 한국과 일본 사회복지학자들 간의 활발한 연구교류가 필요하다

이것은 특히 지역사회 복지와 사회복지정책의 경우 그러하다. 그러나 한국은 장래의 사회복지정책 모델의 발전을 위하여 좀더 상세히 일본 사회복지의 역사적 경험을 정리할 필요가 있다. 일본의 사회복지제도는 여러 면에서 한국 사회복지제도 발달에 직접적으로 중요한 영향을 미쳤다. 그러나 한국의 현 상황에서 볼 때 제도로서의 일본의 사회보장제도는 잘 소개되어 있지만 일본 사회보장제도의 이론적 성립, 일본 사회보장제도의 연구체계, 일본 사회복지학의 학문적 정체성이나 연구 쟁점과 흐름에 관해서는 논의가 빈약하다.

2. 한국은 IMF 체제를 계기로 자신의 모델을 탐색하는 본격적 복지국가가 되었다

1998년 김대중 정부의 등장 이후 한국에서는 급속한 복지국가가 진행되었다. 그리고 선진국의 사례와는 달리 한국 정부는 IMF 위기라는 역경에도 불구하고 사회지출의 과감한 확대를 추진했다. 이것은 세계화의 압력에 대한 예외적 대응의 사례이다. 한국 정부는 국민기초생활보장제도 도입과 1998년 이후의 개혁, 연금, 의료보험, 산재보험, 고용보험 등 사회보장제도의 중요한 개혁을 이루었다. 그리고 이것을 통해서 비록 사회보험 급여가 아직 충분한 수준에 도달하지는 못했지만 사회보장의 기본적 틀이 한국 사회에 자리 잡게 되었다. 그리고 노무현 정권의 등장은 이러한 정책 방향을 계승하고 있다(〈도표 8, 9, 10〉 참조).

여기에서 우리는 한국 사회복지학자들의 연구방향의 의미 있는 몇 가지 변화를 발견하게 된다. 첫째는, 소위 복지 오리엔탈리즘과의 결별이다. 즉 기존의 복지정책 연구가 스웨덴 중심주의, 유럽 중심주의, 자민족 중심주의적 요소가 포함되어있다는 것을 비판적으로 의식하고 자신의 고유한 방법론을 개발하려고 하는 점이다. 그 대충의 방향은 동아시아 복지 모델이다. 둘째, 동아시아 복지 선진국인 일본과도 차별화하여 과감히 한국 모델을 탐구하려는 자세이다.[13] 이것은 어떤 점에서는 일본 학자들과의 교류에서 자신감을 얻은 것일 수도 있다. 1998년 이후 한국은 한편에서는 사회보장제도의 확대와 공적 부조의 충실 등 서구와 일본처럼 통상적 의미에서의 복지국가화의 길을 걸었으나, 다른 한편에서는 그것을 추진하기 위해서는 '생산적 복지(Workfare)'를 연결시킴으로써 나름대로의 고유한 동아시아 복지 모델을 확립해 가는 중이다. 그리고 이것은 일본과 중국의 복지 모델을 더 깊이 있게 연구함으로써 서구의 학자들이 보지 못했던 새로운 모델을 만들어 갈 수 있을 것이다. 셋째, 한일 간의 지역복지 연구 모임의 활성화를 주목할 필요가 있다. 결국, 일본의 사회복지 모델이 보수적 모델이라고 비판을 받고는 있어도 일본의 지역 사회복지정책을 근간으로 하는 사회복지정책은 1980년대 이전의 좁은 지역공동체 중심의 논의를 넘어서 세계화에 대한 능동적인 대응으로서 지역사회에 기반을 두고 뿌리를 내릴 수 있는 지방분권화 시대의 복지정책의 방향을 가르쳐준다(〈도표 15〉참조, 세계화 모델). 마지막으로 일본 학자 다케가와 쇼고가 주장하는 것처럼 한국 역시 사회정책을 노동정책이라고 보는 일본식의 사회정책학 전통으로부터 벗어나서 사회정책학이 사회보장론, 복지국가론, 복지국가위기론 등을 포괄하는 종합적 사회과학이 될 필요가 있다는 것을 다시 배울 필요가 있다. 이것이 세계화 시대, 전 지구화 시대에 사회복지학이 여타 사회과학들과의 학문적 연대를 통해 함께 가야 할 길이다(〈도표 15〉 참조).

13) 한국과 일본이 각종 제도가 유사하다고 해서 공통적인 것은 아니다. 한국과 일본은 제도를 지탱하는 정치 구조와 경제구조(노사관계와 기업지배구조)가 결정적으로 차이가 나며, 이 때문에 제도의 표면적 유사성을 가지고 양국이 동일한 체제 유형에 속한다고 단정할 수는 없다.

3. 노인장기요양보험제도의 수립과 새로운 복지 모델의 추구

우리나라는 2000년을 기점으로 전체 인구 가운데 노인인구가 약 7%를 차지함으로써 고령화 시대에 접어들었다. 그리고 고령사회로의 진입이 급속도로 진행되고 있다. 정부는 노인의 사회복지 욕구를 충족시킬 수 있는 장기적인 노인복지 지원체계를 마련하기 위해 일본의 개호보험제도를 벤치마킹하여 노인장기요양보험제도를 마련하였다. 2007년 4월 2일 기초노령연금법과 국회 본회의를 통과한 노인장기요양보험법안은 신체적 · 정신적 만성질환과 일상생활 수행능력에 장애를 가진 노인의 증가와 장기요양 보호를 필요로 하는 대상 노인이 급속히 증가함에 따라 생기는 우리 사회의 당면과제를 해결하기 위한 일환으로 2008년 7월부터 제5의 사회보험 형식으로 시행하게 될 예정이다.

노인장기요양제도는 우리나라에선 처음 시행되는 것이기 때문에 이 법안의 시행과정에는 예측하기 어려운 장애물이 많을 수 있다. 그리고 법안의 도입과정 및 시범사업의 운영과정에서 나타난 문제점들도 적지 않다. 수급대상에 장애인을 포함시켜야 하는 문제와 시설과 전문인력 확충문제 등 개선되어야 할 과제가 많다. 그러나 필자가 볼 때, 이 법안의 시행과정은 미래 한국 사회의 복지정책 모델의 제시와 함께 거기에 필요한 정책역량을 검증하는 중요한 계기가 될 것이다. 특히 2005년도 일본 정부가 개호보험 실시 5년 만에 한 중간평가의 부정적 결과가 보여주듯이 이 제도는 정확한 서비스 수요의 예측, 서비스 수요의 증가에 따른 예산과 재정의 준비, 전문인력과 시설 등이 뒷받침되는 내실 있는 노인요양보험재도가 될 수 있도록 사전에 철저한 준비작업이 필요하다.

특히 이 제도의 성공적 추진을 위해서는 노인복지제도의 청사진과 한국 사회의 현실을 조화시키려는 지혜로운 노력이 필요하다. 그리고 이 제도의 출발을 계기로 한국의 노인복지정책은 보건의료 중심의 '치료 모델'에서 복지 서비스 중심의 '케어 모델'로 국가 정책을 전환한 것이라 볼 수 있다. 노인들에 대한 일상생활 속의 다양한 수발을 통해 그들의 신체능력 및 권한을 강화함으로써 노인의 삶의 질을 향상시키는 것이 이 제도 도입의 목표이다.

한국 정부가 일본의 개호보험의 시행착오의 경험을 거울삼아 한국형 노인장기요양보험제도를 잘 운용할 때, 이 제도는 노인들의 보다 편안하고 건강한 노년을 보장하고, 가족의 부양부담을 크게 줄이며, 고령친화 사업의 활성화를 통한 새로운 일자리 창출을 가능하게 하는 훌륭한 사회 안전망이 될 수 있을 것이다. 이 과정에서 중요한 것은 이 제도가 국민의 지지를 받는 지속가능하고 생산적인 복지 모델로 정착되는 것이다.

〈도표 5〉 한국 사회보장제도의 구성

(단위 : 조 원, %)

연도	1996	1997	1998	1999	2000
GDP(A)	418	453	450	483	525
정부일반예산	58.8	67.6	75.6	83.7	86.5
사회보장 지출(B)	15.0	17.2	23.2	28.4	25.7
B/A(%)	3.59	3.80	5.15	5.89	4.90
생계보호	1.17	1.56	1.70	2.15	2.87
장애인 복지	0.16	0.26	0.30	0.28	0.34
아동복지	0.45	0.45	0.45	0.34	0.49
노인복지	0.45	0.62	0.71	0.63	0.87
여성 · 청소년 복지	0.15	0.22	0.21	0.18	0.25
보훈	0.83	0.93	0.98	1.01	1.16
공공부조 총액(C)	3.19	4.09	4.35	4.57	5.98
C/B(%)	21.24	23.77	18.77	16.07	23.25
의료보험	5.06	5.81	6.72	7.79	8.58
고용보험	0.01	0.08	0.80	0.94	0.94
산재보험	1.36	4.56	1.45	1.27	1.27
국민연금	1.12	1.49	2.44	3.87	1.61
공무원연금	2.43	2.81	5.07	7.32	4.38
사립교원연금	0.26	0.30	0.42	0.61	0.61
군인연금	0.92	0.31	1.00	1.01	1.06
사회보험(D)	11.15	12.34	17.86	22.78	18.45
D/B(%)	74.23	71.70	77.08	80.13	71.73
보건	0.68	0.78	0.96	1.08	1.29

〈도표 6〉 한국의 사회보장 지출 추이

(단위 : 조 원, %)

항목	1997	1998	1999	2000[1)]
GDP(A)	453.0	450.0	483.0	525.0
정부일반예산(B)	67.6	75.6	83.7	86.5
사회보장 지출 총액(C)	16.6	22.4	28.9	26.5
정부의 사회보장 지출(D)[2)]	5.18	5.51	5.89	7.81
공공부조/사회 서비스(E)	4.09	4.35	4.57	5.98
정부의 사회보험 지원비(F)	1.09	1.16	1.32	1.83
사회보험급여 지출 총액(G)	12.34	17.86	22.78	18.45
보건	0.78	0.96	1.08	1.39
C/A	3.80	5.15	5.89	4.90
D/C	31.2	24.6	20.4	29.5

1) 2000년은 예상치임.

2) D=E+F이며, 공공부조/사회 서비스는 중앙정부와 지방정부 지출액의 합계로서 보훈 예산을 포함.

자료 : 『보건복지통계연보』 각 연도, 『보건복지백서』 각 연도, 『예산개요』 각 연도, 『한국의 사회지표』 각 연도, 『국민연금통계연보』 각 연도, 『공무원연금경영백서』, 『국방백서』 각 연도.

출처 : 조영훈, "현 정부 복지정책의 성격–신자유주의를 넘었나?"에서 재인용.

〈도표 7〉 보수주의적 복지국가와 유교적 복지국가의 비교

(단위 : 조 원, %)

구분	보수주의		유교주의	
	독일	오스트리아	일본	한국
경제활동 참가율(1996)	69.69	97.70	72.00	65.30
남성(1996)	79.90	77.00	85.88	78.70
여성(1996)	59.10	58.20	58.90	52.10
총사회복지 지출[1)/2)](1995)	28.01	15.73	13.80	3.98
복지 서비스 지출	9.49	6.30	6.09	2.08
노인 서비스 지출(1995)	0.58	0.35	0.27	0.13
가족 서비스 지출(1995)	0.78	0.21	0.22	0.07
의료 서비스(1995)	8.13	5.74	5.57	1.88

1) 사회복지 항목의 지출은 GDP 대비 지출비율.
2) 총사회복지 지출에 포함된 항목에 대해서는 OECD(1999) 참조.
자료 : 고용과 실업에 관한 자료는 ILO(2000), 사회복지에 관한 자료는 OECD(1999).
출처 : 김영범, "한국 복지국가의 유형화에 대한 비판적 검토-제도의 미성숙성과 그에 따른 한계를 중심으로"에서 재인용.

〈도표 8〉 사회보험 급여의 임금대체율

(단위 : 조 원, %)

구분	한국	일본[3)]	독일	스웨덴	영국	미국
실업보험[1)]	50	60	67	75	13	50
산재보험[1)]	70	60	70-100	75	13	66
연금[2)]	61	49	31	58	43	48

1) 1997년 평균임금 대비
2) 1996년 평균임금 대비
3) 일본은 후생연금
자료 : Jacob(1998 : 41-42).
출처 : 김영범, "한국 복지국가의 유형화에 대한 비판적 검토-제도의 미성숙성과 그에 따른 한계를 중심으로"에서 재인용.

〈도표 9〉 비정규직 노동자의 국제 비교(1998)

(단위 : 조 원, %)

국가		피고용자			가사노동	자영업
		계	정규직	비정규직		
사민주의	스웨덴	89	78	11	0	10
	덴마크	91	81	9	1	8
	노르웨이	92	81	10	1	8
	핀란드	86	71	15	1	14
보수주의	독일	89	78	11	1	10
	프랑스	89	77	12	0	11
	네덜란드	88	77	11	1	11
	오스트리아	86	80	7	3	11
	이탈리아	72	65	6	4	24
자유주의	오스트레일리아	86	63	23	1	14
	캐나다	82	73	10	0	17
	영국	87	81	6	1	12
	미국	92	–	–	0	8
	일본	83	73	10	6	12
	한국	62	30	32	9	29

주 : –는 데이터가 없음.

자료 : 한국은 『경제활동인구조사』(통계청), 일본은 『노동통계』(노동성), 나머지 국가들은 Labour Force Statistics, 1999(OECD, 2000 : 37)에서 발췌 인용.

출처 : 정무권, "김대중 정부의 복지개혁과 한국 복지제도의 성격 논쟁에 대하여–발전주의 유산과 복지개혁의 한계"에서 재인용.

〈도표 10〉 총사회 지출*(1997)

(단위 : GDP 대비 %)

	보수주의	자유주의			
	독일	영국	미국	일본	한국
총공공사회 지출	26.4	21.2	14.7	14.0	4.3
노령 및 유족연금	10.9	7.0	6.0	6.4	1.3
장애급여	1.4	2.6	0.9	0.5	0.4
질병급여	0.3	0.2	0.2	0.1	0.0
실업급여	1.5	0.6	0.3	0.5	0.0
보건지출	8.2	5.6	5.9	5.6	2.1
기타	4.1	5.2	1.4	1.0	0.5
총법정 민간사회 지출	1.2	0.4	0.4	0.5	2.4
총자발적 민간사회 지출	1.0	3.4	7.8	0.4	1.8
연금	0.9	3.1	3.6	0.4	0.0
보건	0.1	0.2	4.2	–	0.3
기타	0.0	0.0	0.0	0.0	1.5
총사회지출	28.6	24.9	22.9	14.9	8.4
공공부문(%)	92.3	85.0	64.3	94.0	50.7
민간부문(%)	7.7	15.0	35.7	6.0	49.3

총사회 지출(Gross total social expenditure)
총공공사회 지출(Gross public social expenditure)
총법정 민간사회 지출(Gross mandatory private social expenditure)
총자발적 민간사회 지출(Gross voluntary private social expenditure)
자료 : OECD, Net Social Expenditure, 2nd Edition, 2001. p. 13.
출처 : 정무권, "김대중 정부의 복지개혁과 한국 복지제도의 성격 논쟁에 대하여-발전주의 유산과 복지개혁의 한계"에서 재인용.

〈도표 11〉 개호보험체계(2000년 4월 시행 기준)

1) 피보험자	* 시정촌 구역에 주소를 가지고 있는 65세 이상의 사람(제1피보험자) * 시정촌의 구역 내에 주소를 가지고 있는 50-65세 미만의 의료보험 가입자(제2피보험자)
2) 보험료	* 노령, 퇴직연금에 기초하여 5등급으로 구분(제1피보험자) * 가입된 의료보험의 보험료에 가산(제2피보험자)
3) 본인부담	* 비용의 1할
4) 국고부담	* 급여비의 5할
5) 서비스자격	* 요개호자와 요지원자 – 요개호자 : 요개호상태(신체 · 정신적 장애로 목욕, 식사 등 일상생활 기본 동작을 수행하는 데 일정 기간 도움을 필요로 하는 상태)에 있는 65세 이상 노인이거나 40-65세 미만의 요개호상태에 있는 사람으로 그 신체 · 정신상의 장해가 고령에 따른 질환인 사람 – 요지원자 : 요개호상태가 될 우려가 있는 65세 이상의 노인이거나 40-65세 미만의 사람으로 요개호상태가 우려되는 원인이 노화와 관련되는 사람
6) 서비스 (복지와 의료)	* 재택 서비스 – 방문개호, 방문입욕개호, 방문간호, 방문재활, 거택의료관리지도, 통소개호, 통소재활, 단기입소개호, 단기입소요양개호, 치매대응형공동생활개호, 특정시설입소자생활개호, 복지용구 대여 * 시설 서비스 – 개호복지 서비스, 개호보건시설 서비스, 개호요양시설 서비스

자료 : 후생성, 2000c.
출처 : 박경숙, "세계화와 일본 사회정책의 변화"에서 재인용.

〈도표 12〉 각 경제계획 상황에 따른 중국의 사회복지제도 개혁의 주요 사건 연대기

	6차 5개년 계획	7차 5개년 계획	8차 5개년 계획	9차 5개년 계획	10차 5개년 계획	11차 5개년 계획
	1981−1985	1986−1990	1991−1995	1996−2000	2001−2005	2006−2010
고령보험제도개혁	1984 국가, 기업 그리고 개인이 보험료를 함께 부담하도록 함	1990 세계은행 권고를 받아들임 : 3단계 보호	1991 고령보험기금 1991년 6월 기업근로자의 고령보험제도 개혁 결정 1995년 3월 기업근로자들의 노령보험제도 개혁을 위한 회람 부과방식의 확정급여에서 확정기여제도로	1997년 8월 기업근로자를 위한 통합 기본 고령보험제도를 설립하기로 결정	양로(고령)보험실시 확대, 사회계정의 완비와 개인계정과 결부된 도시직공 기본 양로보험제도 개선. 퇴직직공의 양로기금 지급을 기초로 하여 사회 통일된 계획 기금과 개인장부기금을 분리 관리하여 개인장부의 효과적 축적	비공유제 경제조직과 도시 자영업 가정, 취업직공 중심. 가입대상 점차 확대. 양로보험기금으로 투입되는 각급의 재정확대.
의료보험제도개혁	1990년 이전 : 심각한 질병에 대한 "사회 계정" 도입 실험					
		1990년 근로자를 위한 고령보험제도 개혁 결정 1. 사회 계정과 개인 계정의 결합 2. 농촌 지역에서 의료 제도의 협력적 형태를 개발, 수정	1994년 12월 江蘇省 (Jiangsu Sheng) 鎭江市 (Zhenjiang Shi) 실험적 건강보험 사업	1996년 의료제도 개혁	사회 계정과 개인계정의 결부 방식에 따라 도시직공 기본 의료보험제도 전면 실시. 직공 기본 의료수요 보장.	인구노령화에 따른 노인인구에 대한 의료관리 사업 중점. 노령인구 대상 건강교육 보급률 : 도시 85%, 농촌 55%.

실업 보험 제도 개혁	1984년 '노동 계약 제도'의 선포	1986년 '파산법'의 선포	1993년 4월 SOE '직업 대기' 근로자를 위한 실업 보험 규제	근로자의 직업훈련 등을 감독하기 위한 임시 해고된 근로자의 재취업센터 설립		
기타 사회 보장 제도 개혁		1987년 3월 농촌지역 사회보장제도 시행을 위한 제안 승인	1992년 1월 국가 차원에서 마을 고령 보험에 관한 기본제안 1992년 2월 도시 기업의 노동 관리에 관한 법령 1994년 1월 마을 '5개 보장' 지원 사업에 관한 규제			사회구제: 빈곤 노령인구의 생활구제 강화. 〈농촌 5개보장 부양공작조례(農村五保供養工作條例)〉 실시, 부합하는 모든 노령인구 공양범위 포함. "계획생육곤란가정구조활동(計划生育困難家庭救助活動)" 확대실시
			1994년부터 2000년까지 빈곤 퇴치 계획 1996년 3월 국가 경제/사회 발전을 위한 9차 5개년 계획 (1996–2000) 1997년 SOE 개혁의 완성			사회복리 노령사회복리사업: "3무(三无) 노인" 충족–저급보장 받는 노인, 장애노인, 독거노인의 생활 지원.

			1998년 노동과 사회보장 관련 부서 설립 1998년 3월 SOE 개혁과 사회보장제도 완성 계속 1998년 8월 '성 차원의 통합연금제도 수립 발표' 1999년 '사회 보험 납부금 수금에 관한 일시적인 규제' – 납부금 모금을 위한 철자 통합 1999년 3월 3개 규제 : * 사회보험등록을 규제하는 일시적 수단 * 공시된 사회보험료 납부금을 규제하는 일시적 수단 * 사회보험료 납부금을 감독하고 검사하는 수단		

출처 : Catherine Jones Finer(ed), 2003, 53–56쪽에서 재인용. 2000–2006년 자료는 중국 정부 자료를 서울대 국제대학원의 정영록 교수님과 권소은 조교가 도움을 주셨다. 귀한 시간을 내서 자료수집 및 번역을 해주신 두 분께 진심으로 감사를 드린다.

〈도표 13〉 소유형태에 따른 도시 근로자 상황의 변화, 1978-1998(백만 명)

연도	도시 근로자 총수	SOE	집단 소유 기업	다른 소유 형태의 기업
1978	95.14	74.51	20.48	-
1979	-	-	-	-
1980	105.25	80.19	24.25	-
1981	-	-	-	-
1982	-	-	-	-
1983	-	-	-	-
1984	-	-	-	-
1985	128.08	89.90	33.24	0.38
1986	-	-	-	-
1987	137.83	96.54	34.88	0.50
1988	142.67	99.84	35.27	0.63
1989	143.90	101.08	35.02	0.82
1990	170.41	103.46	35.49	-
1991	174.65	106.64	36.28	2.16
1992	178.61	108.89	36.21	2.81
1993	182.62	109.20	33.93	5.35
1994	186.53	112.14	32.85	7.47
1995	190.40	112.61	31.47	8.76
1996	199.22	112.44	30.16	9.41
1997	207.81	110.44	28.83	10.85
1998	216.16	90.58	19.63	16.27
1999	224.12	85.72	17.12	17.85
2000	231.51	81.02	14.99	19.34
2001	239.50	76.40	12.91	21.41
2002	247.80	71.63	11.22	25.62
2003	256.39	68.76	10.00	29.20
2004	264.26	67.10	8.97	32.87
2005	273.31	64.88	8.10	38.49

주 : Information not available.

출처 : "China Statistical Yearbook 1999", pp. 136-137. Also see Chow and Xu(2001 : 19). Hsiao-hung Nancy Chen, "Paradigm Shifts in Social Welfare Policy Making in China : Struggling between Economic Efficiency and Social Equity"에서 재인용.
"China Statistical Yearbook 1996-2006."

〈도표 14〉 The New Angel Plan, 2000-2004

Ministry of Health, Labour and Welfare (amalgamated from 2001) initiatives		
분류	1999	2004
0-2세 아기의 보육 공간	580,000곳	680,000곳
연장 탁아	7,000센터	10,000센터
휴일 탁아	100센터	300센터
유아 일시 보호	450센터	500센터
다기능 탁아 센터		2,000센터
지역 아동육아 지원 (탁아, 육아에 관한 조언을 제공하는 센터)	1,500센터	3,000센터
일시 탁아(시간제 근로자의 아이를 보호, 아프거나 스트레스를 받는 주부를 돕기 위해서 등)	1,500센터	3,000센터
가족 지원 센터 (회원제에 기반한 지역 육아 지원 네트워크)	62센터	180센터
초등학생을 위한 방과후 보호(저학년)	9,000클럽	11,500클럽
Telephone referral	35곳	47곳
재취업 지원	222곳	47현
출생전 의료 보호 네트워크	10곳	47곳
유아나 어린 아동을 위한 긴급 보호시설	118곳	360(2001년)
불임 상담	24센터	47센터
Ministry of Education, Sports, Science and Technology (amalgamated from 2001)		
아동 레크리에이션 센터	365센터	1,000센터
아동 공공 방송 프로그램 지원	1,300방송국	5,000방송국
어린이에 관한 24시간 상담 핫라인	16곳	47곳
가정 교육에 관한 24시간 상담 핫라인	16곳	47곳
포괄적 교육(과목별이 아닌 주제별 코스)	124학교(2001)	500학교
중-고등학교 통합 학교	4학교(2001)	500학교
'따뜻한 교실'이 있는 학교 (문제 행동을 다루기 위한)		5,234학교 (전체 중학교의 반)

출처 : Kōseishō Jidōkateikyoku, 2000 : 24-7.
Glenda S. Roberts, "Pinning hopes on angels : reflections from an aging Japan's urban landscape"에서 재인용.

〈도표 15〉 복지국가(Welfare State)의 재편 : 세계화의 구조*

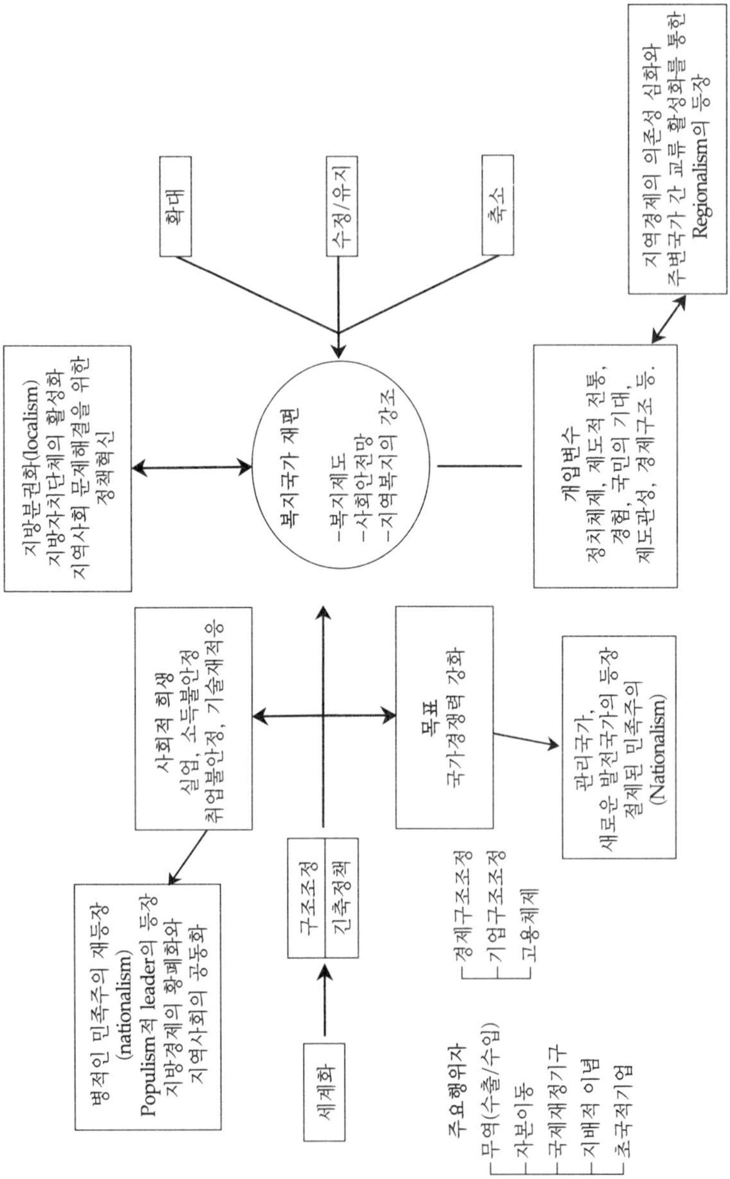

* 송호근의 『세계화와 복지국가』 중 도표를 필자가 재구성 한 것임.

참 | 고 | 문 | 헌

UN사회개발연구소 · 고스타 에스핑 앤더슨 편. 1999. 한국사회복지학연구회 역. 『변화하는 복지국가』. 인간과복지.

경기개발연구원. 2004. 『한중 지방정부의 교류와 발전전략 비교』.

堺園子 지음. 전광현 · 노효순 옮김. 2001. 『세계의 사회복지와 일본의 개호보험』. 나눔의집.

김성이 · 大橋謙策 편. 2000. 『한일 지역복지 비교연구』. 나남출판.

김성이 · 오정수 · 전광현 · 황성철. 1997. 『비교지역사회복지 : 사회복지관과 재가복지의 국제비교』. 한국사회복지관협회.

김연명 편. 2002. 『한국 복지국가 성격 논쟁 Ⅰ』. 인간과복지.

김연명. 2004. "동아시아 복지체제론의 재검토 : 복지체제 유형 비교의 방법론적 문제와 동아시아 복지체제 유형화의 가능성." 『사회복지정책』 Vol. 20.

김원배 · 장경섭 · 김형국 편. 2003. 『중국의 오늘과 내일』. 나남출판.

김재철. 2003. "중국의 동아시아 정책." 『국가전략』 9권 4호.

다케가와 쇼고 저. 김성원 역. 2004. 『일본의 사회정책과 복지국가론』. 인간과복지.

모리시마 미치오 지음. 장달중 외 옮김. 1999. 『왜 일본은 몰락하는가』. 일조각.

문정인 · 오코노기 마사오 공편. 2002. 『시장 · 국가 · 국가체제』. 아연출판부.

박광희. 2004. 『개혁기 중국의 변화와 지향』. 학고방.

박번순. 2004. "중국의 부상과 동아시아의 대응." CEO Information 제467호, 삼성경제연구소.

박보희 · 민문홍 · 강영숙. 1999. 『UNDP 정책연구보고서-한국의 사회안전망과 취약집단』. 국제연합개발계획(UNDP).

박충석. 2003. "일본 민족주의의 사상적 특질-보편성과 특수성의 관점에서." 『일본사상』. 한국일본사상사학회.

박충석. 1993. "현대 「일본문화」론-동향과 전망." 『일본연구논총』, 현대일본학회.

배성동 편. 2000. 『21세기 일본의 국가개혁』, 서울대학교출판부.

백승욱. 2003. "중국의 사회문제 : 빈부격차와 실업문제." 『계간 사상』 가을호.

세종연구소. 2004. 제11차 세종 국가전략 포럼 자료《정부의 국가전략 평가》.

송호근 편. 2001. 『세계화와 복지국가 : 사회정책의 대전환』, 나남출판.

송호근. 2005. 『한국, 어떤 미래를 선택할 것인가』, 21세기북스.

심창학. 2004. "동아시아 복지 모델의 유형화 가능성 탐색 : 담론과 실증 분석을 중심으로." 『사회복지정책』 Vol. 18.

야마구치 지로 지음. 이원덕 옮김. 2002. 『위기의 일본정치』. 일조각.

워렌 코헨 지음. 하세봉 · 이수진 옮김. 2003. 『미국은 동아시아를 어떻게 바라보는가』. 문화디자인.

이숙종 편. 2003. 『경제위기와 복지의 정치』. 세종연구소.

______. 1998. 『일본의 신정치경제 : 대안적 패러다임을 찾아』. 세종연구소.

이원덕 외. 2003. 『노동의 미래와 신질서』. 한국노동연구원.

이원덕 외. 2003. 『노사관계와 국가경쟁력』. 나남출판.

이일영 엮음. 2004. 『동북아 시대의 한국 경제 발전 전략』. 한신대학교출판부.

장달중 외. 2002. 『세계화와 일본의 구조전환』. 서울대학교출판부.

장달중 외. 2003. 『일본은 회생하는가?』. 삼성경제연구소.

전광현. "노인복지의 현황과 과제-일본의 복지개혁과 개호보험의 경험을 통하여-". 서강대 사회복지 대학원 특강원고(2007. 11. 12)

정덕구. 2004. 『거대 중국과의 대화』. 삼성경제연구소.

정영록 · 이종건. 2005. "중국경제의 부상과 우리나라의 산업정책방향."

정영록. "중국경제의 부상 : 우리에 대한 의미 평가." 한국경제학회 창립 50주년 기념호.

정재호 편. 2002. 『중국 개혁-개방의 정치경제 1980-2000』. 까치.

조영훈. 2004. 『변화하는 세계, 변화하는 복지국가』. 집문당.

조준헌. 2003. 『중국의 경제 발전과 21세기 발전 전략』. 부산대학교출판부.

진창수 엮음. 2005. 『1990년대 구조불황과 일본 정치경제시스템의 변화』. 한울아카데미.

최장집 · 소네 야스노리 공편. 2003. 『변동기의 한일정치 비교』. 아연출판부.

한 · 일 역사가회의 조직위원회. 2004. 『내셔널리즘 : 과거와 현재』. 국학자료원.

한국동북아지식인연대 편. 2004. 『동북아공동체를 향하여』. 동아일보사.

한국사회과학연구소 · 사회복지연구실 편. 1999. 『세계의 사회복지』. 인간과복지.

홍경준. 1999. 『산국의 사회복지체제 연구』. 나남출판.

히로이 요시노리 지음. 장인협 옮김. 2000. 『일본의 사회보장』. 소천.

Finer, Catherine Jones. 2003. (ed). *Social Policy Reform in China : Views from Home and Abroad*. Ashgate.

Giddens, Anthony. 2003. (ed). *The Progressive Manifesto*. Policy Network.

Goodman, Roger. 2002. (ed). *Family and Social Policy in Japan*. Cambridge University Press.

Heshmati, Almas. 2004. *Measurement of a Multimensional Index of Globalization*. The United Nations University/the World Institute for Development Economics Research.

Inoguchi, Takashi. 2002. (ed). Japan's Asian Policy : Revival and Response. Palgrave Macmillan.

Keating, Michael. "Territorial Politics And The New Regionalism." in Heywood, Jones Erik and Rhodes Martin (eds.). *Developments In West European Politics* 2. New York. Palgrave.

Lincoln, Edward J. 2001. Arthritic Japan : *The slow pace of economic reform*. Washington, D.C. : Brookings Institution Press.

Palier, Bruno and Giuliano Bonoli. 1995. " Entre Bismark et Beveridge." in *Revue Francaise de Sociologie*, Vol. 45, No 4, 668-699.

Pempel, T. J. 1998. *Regime Shift : Comparative Dynamics of the Japanese Political*

Economy, Cornell University Press.(최은봉 옮김. 2001.『현대 일본의 체제 이행』. 을유문화사).

Sakakibara, Eisuke. 2003. *Structural Reform in Japan : Breaking the iron Triangle*. Washington, D.C. : Brookings Institution Press.

Wiessala, Georg. 2002. *The European Union and Asian Countries*. Shefield Academic Press.

12

1960년대 아시아개발은행의 창립과정에 대한 연구*

박태호(서울대학교)/박태균(서울대학교)

I. 들어가는 말

2003년 새로 출범한 '참여정부'에서는 '동북아 중심국가론(northeast business hub)'을 전면에 내세우고 있다. 동북아 중심국가론은 '해양세력과 대륙세력이 만나는 지점에 위치한 한반도'가 동북아 지역 공동 경제발전의 중심 축으로서 역할을 하겠다는 것이다.[1] 그리고 그 구체적인 전략으로 한중일 에너지개발협력, 한중일 자유무역협정의 체결과 함께 동북아개발은행(NEADB)의 설립을 제시하고 있다.[2]

---

* 이 논문은 2004년 『국제지역연구』 13권 여름호에 실린 글을 보완한 것임을 밝혀둔다.

1) 『새로운 대한민국, 국민후보 노무현』, 새천년민주당 정책선거특별본부, 2002, 311-313쪽.

2) "노(盧) 공약 '동북아 중심국 건설계획' 논란," 《동아일보》, 2003년 4월 1일자.

동북아개발은행과 관련된 논의는 이미 10여 년 전부터 나타나기 시작하였고, 남북관계의 호전과 함께 북한에서 부분적으로 개방정책을 실행하면서 더욱 적극적으로 논의되기 시작하였다. 1990년대 초반 시작된 두만강 개발 프로젝트는 그 출발점이라고 할 수 있다. 유엔개발계획(UNDP)에서 1990년 처음으로 동북아개발은행과 관련된 제안이 이루어졌고, 이 제안은 북한과 중국, 러시아의 국경지대 개발을 목표로 한 것이었다.[3] 이후 1991년 중국 길림대에서 두만강 연안을 자유무역지구로 개발하기 위한 방안의 하나로 동북아개발은행의 설립을 고려해야 한다는 학술회의가 개최되었으며,[4] 1993년에는 한국에서 미국, 일본을 포함한 7개국의 전문가들이 참여한 가운데 동북아 경제협력회의가 개최되어 동북아 지역협력을 구체화시키기 위한 방안의 하나로 동북아개발은행의 설립을 제안하였다.[5]

이러한 동북아개발은행을 위한 논의는 일본 정부의 소극적인 대응으로 인하여 더 이상 논의가 진행되지 않다가 1997년을 기점으로 하여 다시 논의가 시작되었다. 즉 1997년의 아시아 재정위기로 인하여 미국과 유럽에 지나치게 의존하고 있는 아시아 국가들이 금융문제에 있어서 보다 적극적으로 대처할 필요가 있다는 인식이 나타나기 시작한 것이다.[6] 현재까지 동북아에서의 경제교류가 주로 무역의 측면에서 이루어졌다

3) "다시 부상하는 동북아개발은행,"《한겨레》, 2000년 7월 17일자.
4) "중국 길림대 국제학술회의 '자유무역지구' 논의,"《동아일보》, 1991년 2월 27일자.
5) "두만강유역 개발 성공적 추진 뒷받침/'동북아 개발은' 제안,"《한국일보》, 1993년 9월 27일자. 동북아 경제협력회의는 90년 중국 장춘회의를 시작으로 평양과 블라디보스토크 회의등이 계속 개최되었다.
6) "한반도/'동북아지역 협력시대' 좌담,"《한겨레》, 2003년 2월 18일.

면, 세계적으로 가장 거대한 규모의 외환을 보유하고 있는 동북아 국가들이 아직도 뉴욕과 런던을 거쳐서 금융문제를 해결하고 있다는 점이 문제의식의 출발점이었다.

2002년에는 그동안 동북아개발은행에 대하여 부정적이었던 일본 정부도 적극적인 움직임을 보였다. 일본의 도쿄재단은 동북아개발은행에 대한 구체적인 계획을 제시하고 이를 고이즈미 총리에게 건의하였다.[7] 이러한 움직임은 북일수교 정상화를 앞둔 정지작업의 일환이었다. 그러나 현재 북일 · 북미관계가 일본인 납치문제와 북핵문제로 인하여 답보상태에 빠지면서 동북아개발은행에 대한 논의도 정체되어 있는 상황이다.

이렇게 동북아개발은행과 관련된 논의가 10년 이상 진행되었음에도 불구하고 논의만 무성할 뿐 실질적으로 진전이 이루어지지 않고 있다. 대체로 2-3개 정도의 안이 논의되고 있지만 합의점을 찾지 못하고 있다. 뿐만 아니라 세계정세의 변화, 그리고 보다 구체적으로 북한문제를 둘러싼 여러 가지 잡음이 발생할 때마다 동북아개발은행과 관련된 논의

7) "동북아개발은행 본격 추진," 《한겨레》, 2002년 9월 30일자. 도쿄재단은 보고서에서 '동북아 경협을 도모하고 역내 개도국의 경제 개발을 촉진하는데 기여할 목적으로 개도국에 대한 투 · 융자 보증, 기술협력 등의 임무를 지닌' 동북아개발은행 설립을 위한 3단계 행동계획을 제안했다. 1단계에서 일본은 11월 한-중-일 정상회의에서 이 은행 창설 선언이 이뤄질 수 있도록 내각부에 특별위원회를 설치해, 한-중과 비공식 교섭에 들어가는 '합의 형성'기로 설정돼 있다. 2단계는 은행 창설 선언 이후 2006년까지 남북을 비롯해 중 · 일 · 러 · 몽골 등 6개국으로 이뤄진 준비위원회를 발족해 동북아 정상회의를 열어 동북아개발은행 창설합의를 선언하는 '발족 촉진'기이다. 3단계는 2006-2010년 이들 6개국 외에 아세안 및 역외 각국의 참여를 확보해 독자적 경제협력 사업을 기획하고 활동하는 '발전 및 확장'기에 해당한다.

는 그 속도를 달리하고 있다.

이러한 문제를 천착하기 위해서 본고에서는 1960년대 초반부터 시작된 아시아개발은행의 창립과 관련된 논의에 대해 분석하고자 한다. 아시아개발은행은 여러 가지 논란을 거쳐서 1966년 마닐라에 본부를 두고 설립되었다. 아시아개발은행은 아시아 저개발국의 경제발전을 위하여 창립되어 아시아 지역에서 야기되고 있는 저개발문제, 빈곤문제, 여성차별 문제, 아동문제 등 다양한 문제들을 해결하기 위한 활동을 하고 있다. 그러나 이에 대한 연구성과는 상대적으로 많지 않다. 니시 덧트(Nitsh Dutt)의 연구가 거의 유일한 연구라고 할 수 있고,[8] 그 외의 연구들은 대체로 아시아개발은행 자체에서 발간한 보고서나 현황을 보여주는 자료들뿐이다. 본고는 아시아개발은행의 설립을 둘러싸고 진행된 역사적인 경험을 통해서 동북아개발은행의 논의과정에서 준비되어야 할 실질적인 문제들을 제시해 보고자 한다.

8) Nitsh Dutt, "The US and the Asian Development Bank : Origins, Structure and lending operations," *Journal of Contemporary Asia*, Vol. 31, No 2, January 2001, 241-261. 이 연구는 아시아개발은행과 관련된 유일한 연구라고 할 수 있지만, 주로 미국의 패권주의에 대한 비판에 초점을 맞추었기 때문에 전체적으로 아시아개발은행의 설치과정에서 나타난 특징을 파악하는 데에는 많은 한계가 있다. 왜냐하면 개발은행의 성격을 파악하기 위해서는 미국뿐만 아니라 일본을 포함하여 여기에 참여한 역내 국가들의 입장을 파악해야 하기 때문이다.

II. 아시아개발은행의 설립과정

1. 1950년대 ECAFE의 활동과 그 한계

1947년에 창설된 유엔 산하의 ECAFE(Economic Commission for Asia and the Far East : 유엔극동경제위원회)는 1950년대를 통하여 아시아에서 경제개발의 문제와 관련된 제반 사항들을 논의하였으며, 각국의 경험을 교환하는 중요한 무대로서 역할을 하였다. ECAFE는 다음과 같은 세 가지 목적을 가지고 창립되었다.

1) 전후 황폐화된 아시아 지역 국가들에 대한 경제적 지원
2) 아시아와 극동지역 국가들에 대한 경제재건을 위한 가용한 활동과 참여
3) 역내 국가들의 경제, 기술, 통계자료 등에 대한 수집 형가를 지원하며 경제 및 기술적 문제와 그 발전에 대한 연구와 조사 지원[9)]

1950년대의 ECAFE는 경제개발을 추진하는 아시아 국가들에게는 하나의 등불이었다. 인도, 파키스탄 등 일찍부터 경제개발계획을 추진한 국가들뿐만 아니라 동남아시아, 동북아시아의 국가들 역시 경제개발

9) Lalita Prasad Singh, *The Politics of Economic Cooperation In Asia; A Study of Asian International Organizations*(Missouri : University of Missoury Press, 1966), pp. 53–54.

계획을 입안 · 추진하는 과정에서 ECAFE의 회의가 많은 도움이 되었다. 매년 3월경 2주간에 걸쳐 회원국을 순회하면서 회의가 개최되었으며, 대부분의 회원국들이 경제부처의 고위관료들을 포함한 대표자들을 파견하여 자신들의 경험을 발표하고 의견을 교환하였다. 미국 역시 ECAFE가 아시아에서 경제협조를 위한 가장 중요한 기구라고 평가하였으며, 향후 아시아에서 어떠한 형태의 경제협력을 위한 기구가 필요하다면 ECAFE는 그 조직의 '우산' 으로서의 역할을 지속적으로 수행할 것으로 예상하였다.[10)]

한국의 경우만 하더라도 1950년대를 통해 경제부처 관료들로 구성된 대표단을 파견했을 뿐만 아니라 'ECAFE – twenty years of progress' (1967, 외무부)를 발간하는 등 ECAFE의 활동 및 결정사항에 주의를 기울였다. 1950년대를 통해 ECAFE의 회의에 파견된 경제부처 관료들은 인태식, 김유택, 이기홍, 송인상, 송정범, 황병준, 최규하, 천병규, 이한빈 등으로 1950년대 중반부터 1960년대에 이르기까지 한국의 경제개발을 선두에서 이끌었던 '젊은' 전문관료들이었다.[11)]

그러나 1950년대를 통한 ECAFE의 활동은 그리 성공적이지 못했다. 몇 가지 점에서 문제들이 제기되었던 것이다.

첫째로, 미국의 소극적인 자세이다. 당시 미국은 저개발국에서의 경

10) Policy Planning Council, Department of State, "The Future of Economic Cooperation in Asia," October 19, 1966, RG 59, NND 979519, Box 312, NA. ; FOA, Office of the Director, "Report and Recommendations on Developments in the Regional Economic Organization of South East Asia, South Asia, and the Far East(NSC 5429/2, para. 3)," Oct 11, 1954, Encl. A P. 4 DDEL.

11) 박태균, "1956 – 1964년 한국 경제개발계획의 성립과정," 서울대학교 국사학과 박사논문, 2000, pp. 35 – 36.

제개발에 소요될 자금을 책임질 수 있는 유일한 국가였다. 그러나 당시 미국은 한국전쟁을 거치면서 아시아의 저개발국가에 대한 경제개발 원조에 대하여 매우 소극적인 입장으로 선회하였다.[12] 뿐만 아니라 ECAFE에는 소련과 중국 등 사회주의 국가들이 참여하고 있었고 공식적으로는 UN의 산하기구였기 때문에 미국이 적극적으로 ECAFE를 지원하는 것 자체가 어려웠다. 소련과 중국의 참여 때문에 1950년대 전반기 동안 ECAFE는 미국과 소련 간의 정치적 선전의 장이 되기도 하였다.

둘째로, 아시아 지역과 관련된 국가 간의 이해관계를 조율하는 것이 쉽지 않았다. 인도와 파키스탄의 분쟁, 태국과 인도차이나 국가들 간의 분쟁으로 대표되는 아시아 역내 국가들 간의 이해관계가 첨예하게 대립되고 있었고, 역외 지역 국가들 사이에서도 의견 차이가 나타나고 있었다. 특히 당시 독립을 둘러싸고 진행된 인도네시아와 네덜란드 간의 분쟁은 아직까지도 식민지의 문제가 아시아 지역 내에 그대로 잔존해 있었음을 잘 보여준다. 프랑스와 베트남 사이의 분쟁 역시 1954년까지 지속되었다. 이러한 상황에서 ECAFE가 내세운 두 가지 중요한 사업—동남아시아를 관통하는 고속도로 건설사업과 메콩강 유역의 개발사업—중 고속도로 건설사업을 진행하는 것은 불가능한 실정이었다. 메콩강 유역 개발사업도 베트남 내부의 정치사회적 불안정과 함께 미국이 공적 자금 사용을 꺼려했던 1950년대의 뉴룩(New Look) 정책 하에서 실행이 불가능했다.

셋째로, 회원국들이 추진하고 있는 경제개발과 관련된 사업에 대하

12) 박태균, "1950년대 미국의 대아시아정책과 ECAFE," 『국제지역연구』, 2003년 여름호.

여 ECAFE의 실질적인 지원이 불가능했다. 이것은 첫 번째 문제인 미국의 소극적인 자세와도 결부되는 사안으로 개발사업에 동원할 수 있는 자금이 없었다. ECAFE의 각종 회의를 통해서 경제개발을 위한 계획을 입안하고 실행할 수 있는 기술적인 자문을 얻는 것은 가능했지만 구체적인 계획에 필요한 자금을 동원하는 것은 어려운 상황이었다. 1950년대의 경제개발론자들이 공통적으로 지적하고 있는 바와 같이 제3세계 국가들이 공통적으로 겪고 있는 어려움이 '자금' 문제였다는 점을 감안할 때 1950년대 ECAFE가 수행할 수 있는 역할은 그 한계가 명확한 것일 수밖에 없었다.

결국 이러한 문제들을 해결하기 위한 대안으로서 제시될 수 있는 방안이 경제개발을 위한 '자금'을 마련할 수 있는 기구의 설립이었다. 역내외 국가들 사이의 정치적인 문제는 단기간에 해결되기 어려운 문제였지만 '자금' 마련을 위한 기구의 설립은 경제적인 논리로 해결할 수 있는 문제였다. 이 문제와 관련해서는 이미 1954년 ECAFE 내에서 역내 경제개발을 위한 은행을 만들자는 논의가 있었다. 그러나 실질적으로 자금을 낼 수 있는 미국과 일본의 소극적인 자세, 특히 일본의 경우 세계은행(World Bank)과 마찬가지로 미국이 주도하는 은행이 될 수밖에 없다는 우려 때문에 이 논의는 더 이상 계속되지 못했다.[13] 이러한 상황이 1960년대 이후 아시아의 경제개발을 위한 은행을 설립해야 한다는 문제제기로 이어졌던 것이다.

13) P. H. M. Jones, "Supplement : Banking in Asia, Our Annual Survey", *Far Eastern Economic Review*, Vol. 52, No. 2, 14 April, 1966, p. 59.

2. 아시아개발은행의 설립

1960년대가 시작되면서 아시아 지역의 경제개발을 위한 독자적인 은행의 필요성이 제기되기 시작하였다. 1962년 실론(Ceylon)의 은행가였던 로가나단(C. Loganathan)에 의해서 ECAFE 지역의 국가들을 위한 은행의 설립 필요성이 처음 제기되었으며,[14] 1962년 10월 일본의 경제저널리스트였던 오하시 가오루의 주창에 의해서 10억 달러 정도를 자본금으로 하는 아시아개발은행의 필요성이 제기되었다.[15] 오하시의 주장은 후에 아시아개발은행의 초대 총장이자 당시 일본의 세계은행 대표였던 와타나베 타케시와 후에 수상에 취임한 사토 에이사쿠의 지지를 받았고, 1963년 9월에 열린 세계은행 회의에서 와타나베는 미국의 관료들에게 이 계획에 대해 설명하였다. 일본은 이와 더불어 방콕에서 열린 ECAFE 회의에 아시아개발은행의 설립에 대한 문제와 함께 파리에 있는 OECD와 비슷한 OAEC(Organization for Asian Economic Cooperation)의 설립을 제안하였다.

이러한 논의가 진행되고 있던 상황에서 ECAFE에서는 아시아 지역에서의 발전과 역내 무역을 위한 은행 설립의 필요성이 제기되었다. 이

14) 그는 Asian Bankers' Seminar에서 "Regional Economic Cooperation in Asia : A Case for a Development Bank for ECAFE Countries"를 발표하였다. 그러나 당시 인도 파키스탄 간의 분쟁 발생으로 이 주장은 더 이상 조명을 받지 못했다. Dick Wilson, *A Bank for Half the World : The Story of the Asian Development Bank 1966－1986*(Manila : Asian Development Bank, 1987), p. 3.

15) *Ibid.*, p. 4. 일본에서의 초기 아시아개발은행과 관련된 주장은 홍콩에 본부를 두고 영어를 공영어로 사용하자는 내용을 포함하고 있었다.

미 1957년 유럽에 유럽투자은행(European Investment Bank), 1959년 미주개발은행(Inter-American Development Bank, 이하 'IDB'로 약칭), 1963년 아프리카개발은행(African Development Bank, 1963년에 설립에 합의하고, 1964년에 정식 설립. 이하 'AFDB'로 약칭) 등이 설립되었기 때문에 아시아에서도 지역을 대표할 은행이 필요하다는 논의가 본격적으로 제기될 수 있는 조건이 형성되었던 것이다. ECAFE에서 아시아개발은행과 관련된 논의를 본격적으로 제기하고 적극적으로 이끌어 나갔던 것은 ECAFE의 사무총장이었던 응윤(U Nyun)이었다.

1963년 3월에 열린 제19차 회의에서 Nyun은 아시아개발은행의 창립을 주장하였고, 동년 9월에는 지역협력을 위한 전문가 그룹(Working Group of Experts on Regional Economic Cooperation)에 의해서 기초적인 조사가 이루어졌다. 이 그룹에서 이루어진 논의는 기본적으로 역내 무역의 활성화에 초점이 맞추어졌다. 따라서 관세동맹, 자유무역지대의 설치, 무역자유화 등이 논의되었으며, 개발은행의 목적도 개발을 위한 프로젝트보다는 수출경쟁력 향상을 위한 금융지원이 강조되었다.[16)]

1963년 12월에 열린 경제협력을 위한 제1회 ECAFE 지역 장관 회의에서 아시아개발은행 설립과 관련된 모든 권한을 ECAFE 사무국에 위임하였다.[17)] 이 회담에서 특기할 만한 사항은 아시아개발은행의 설립을 둘러싸고 역내 국가들 사이에서 의견 차이가 나타나기 시작했다는 점이다. 인도와 일본이 개발은행의 설립에 대하여 적극적으로 찬성한 반면,

16) R. Krishnamurti, *ADB – The Seeding Days* (Manila : Asian Development Bank, 1977), pp. 1–5.

17) 그러나 장관회담 때까지의 논의는 개발은행의 설립보다는 역내외 무역의 활성화 문제에 그 초점이 맞추어져 있었다.

아프가니스탄을 비롯한 소국들은 개발은행의 설립이 별다르게 도움이 되지 않을 것으로 생각하고 소극적인 입장을 표출하였다.[18)]

그럼에도 불구하고 전체적으로는 개발은행의 설립에 대한 적극적인 반대는 없었고, ECAFE 사무국은 1964년 10월 은행의 설립을 위하여 특별 전문가 그룹(Ad hoc Working Group of Experts on the Bank)을 조직하였다.[19)] 우콸리(M. Uquali, 파키스탄 Industrial Credit and Investment Corporation의 Director)를 의장으로 한 전문가 그룹은 은행의 구조와 활동, 그리고 재원에 대한 기초적인 논의를 시작하였다.[20)] 특별 전문가 그룹은 다른 지역의 개발은행으로부터 도움을 많이 받았으며, 특히 IDB 사무국으로부터 개발은행 설립과 관련된 사항에 관한 자문을 얻을 수 있었다.

아시아개발은행의 설립을 위한 논의는 1965년부터 본격적으로 진행되기 시작하였다. 1965년 3월 뉴질랜드에서 개최된 제21회 ECAFE 회의에서 역외 국가들이 중요한 역할을 해야 한다는 점과 함께 역내 국가들이 자신들의 견해를 분명하게 나타낼 수 있는 방안을 찾기로 결의하였다.[21)] 이 회의에서 채택된 결정에 따라 아시아개발은행의 설립을 위한 자문위원회(Consultative Committee)가 조직되었다. 그러나 미국의 경

18) R. Krishnamurti, *ibid.*, pp. 8－10.

19) Asian Development Bank, Annual Report for 1967(Manila, 1967) p. 4.

20) Regional Economic Cooperation in Aisa and the Far－East : The Asian Development Bank and Trade Liberalization, EF/Cn, 111707(NY : UN, 1965). 그러나 여기에서 이루어진 제안은 경제개발을 위한 특별 자금보다는 지역 내 경제협조를 위한 기구로서의 역할과 일반적인 금융활동에만 초점이 맞추어졌다. Eugene R Black, *Alternative in Southeast Asia*, London, 1969, p. 100.

21) 일본은 역외 국가들의 적극적인 참여를 은행 창설의 기본조건으로 강조하였다. ECAFE report 1964/65 p. 143. 이것은 일본이 너무 큰 부담을 지지 않기 방안이었다.

우 개발은행의 설립에 대해 부정적인 입장을 천명하지는 않았지만 은행 설립을 위한 자본금의 공여에 대해서는 확실한 언급을 회피하였다.

뉴질랜드에서의 회의 직후에 나타난 미국과 일본의 적극적인 입장은 아시아개발은행의 설립을 앞당기는 데 결정적인 역할을 하였다. 1965년 3월 당시 존슨 미국 대통령의 존스 홉킨스 대학에서의 연설은 아시아개발은행에 대한 미국의 적극적인 참여를 알리는 신호탄이었다.[22] 비록 그의 연설이 주로 메콩강 프로젝트의 문제에 집중되어 있었지만, 존슨 대통령은 유진 블랙(Eugene Black)을 통해서 아시아개발은행에 대한 적극적인 참여와 지원을 시작하였다.[23] 일본 역시 사토 수상이 외신기자 클럽에서 가진 회견에서 아시아개발은행에 대한 전폭적인 지원을 약속했다.[24]

미국과 일본이 적극적으로 나선 데에는 1960년대 미국의 아시아 정책 변화가 매우 주요한 원인이 되었다. 로스토우로 대표되는 일단의 전문가들은 1950년대 미국의 대외정책을 비판하면서 경제개발 원조를 중심으로 하는 새로운 외교정책의 필요성을 주장했는데, 이들의 주장은 1960년대 미국의 대외정책에 많은 영향을 미쳤다. 이들은 일본을 중심으로 한 아시아 지역의 재편에 적극적이었으며, 군사원조를 중심으로 하면서 아시아에 대한 소극적인 경제원조로 일관했던 아이젠하워 행정부에 대하여 매우 비판적인 입장을 가지고 있었다. 이들은 케네디 행정부

22) President's Johns Hopkins Address, April 14, 1965.
23) World Bank의 총재를 역임했던 블랙(Black)은 아시아개발은행의 창설에 대해 소극적인 입장이었다. 그는 아시아 개발은행이 IDB와 같이 세계은행(World Bank)의 역할을 축소시킬 수 있을 것이라고 생각했다. Oral History with Eugene Black, June 4, 1969, Johnson Presidential Library.
24) R. Krishnamurti, *ibid.*, pp. 22 – 23.

하에서 대외정책을 변화시키면서 찰스 리버 그룹(Charles River Group)이라는 별칭을 갖게 되었고, 후진국의 경제개발을 통한 공산주의의 확산 방지라는 정책을 적극적으로 실현하고자 하였다.[25] 특히 케네디의 암살과 존슨의 취임은 로스토우가 정책의 전면에 나서는 중요한 계기가 되었다.

일본은 1960년대 초까지 아시아의 다른 지역에 대한 원조에 대해 소극적인 입장을 견지하였다. 여기에는 무엇보다도 일본의 경제성장이 다른 나라를 도울 만큼 적극적이지 않았다는 점과 함께 제2차 세계대전의 역사적 경험이 부정적인 이미지로 작용한다는 점이 중요하게 작용하였다. 1950년대를 통해 성공적인 경제성장을 이루었던 일본에 대해 미국은 적극적인 대외정책으로의 전환을 주문하였지만, 1960년대 초의 일본은 경제적 불황을 맞고 있었기 때문에 적극적으로 나설 입장이 되지 못했다. 존슨 행정부가 들어서자 미국의 대외정책 입안자들은 일본의 지도자들을 미국으로 초청하여 아시아 다른 지역에 대한 지원의 필요성을 역설하였고, 정기적으로 일본과의 정책조정 회의를 개최하였다. 정기적 정책조정 회의에서 가장 중요하게 논의되었던 점은 미국이 일본의 군사시설을 이용하는 문제와 함께 케네디 라운드로 대표되는 새로운 대외정책의 문제였지만 한국과의 관계개선 및 후진국에 대한 원조의 문제 역시 지속적으로 논의되었다.[26]

결국 이러한 과정을 거쳐서 미국과 일본의 적극적인 지원이 시작되

25) 박태균(2004), "로스토우와 제3세계, 그리고 한국," 『역사비평』 봄호 참조.
26) 박태균, "일본의 아시아지역 개발원조와 아시아개발은행 : 미국의 대일정책을 중심으로," 미출간 발표 원고, 서울대 국제대학원, 동경대 동양문화연구소 공동학술대회, 2003년 6월 30일 동경대학 참조.

면서 아시아개발은행 설립의 추진은 두 가지 방향에서 진행되었다. 하나는 ECAFE를 중심으로 하는 움직임이었다. 1965년 6월부터 ECAFE의 자문위원회의 회의가 본격적으로 개최되기 시작하였다. 자문위원회에는 실론, 인도, 이란, 일본, 말레이시아, 파키스탄, 필리핀, 남베트남, 태국 등 9개 역내 국가들이 참여하였으며, 역내외 국가들의 이해관계를 절충하는 작업을 진행하였다. 그리고 동년 10월 방콕에서 총 31개 국가들이 참석한 가운데 아시아개발은행 준비위원회가 개최되었고, 여기에서 은행과 관련된 전반적인 규정의 초안이 제출되었다. 11월에는 마닐라에서 아시아개발은행의 설립 동의서가 채택되었으며, 마닐라에 은행의 본부를 설치하는 것으로 확정하였다.

다른 한편으로 존슨 대통령의 지원을 전폭적으로 받고 있었던 블랙(Black)의 활동이 개발은행의 설립에 중요한 역할을 하였다. 블랙은 은행의 구조와 활동, 활용자금의 성격 등 개발은행의 전체적인 틀을 짜는 데 있어서 결정적인 역할을 하였다. 특히 그는 '아시아적인' 성격보다는 지불능력을 갖춘 금융기관으로서 경제개발 프로젝트를 위한 특별자금의 필요성을 지속적으로 강조하였다.[27] 블랙은 자문위원회의 위원들과 함께 역내외 34개국을 직접 방문하여 아시아개발은행에의 참여를 독려하였다.

이러한 과정을 거쳐 탄생한 아시아개발은행에는 처음에는 31개국이 약정서에 사인을 하였지만 1966년에는 9개국이 더 참여하여 총 40여 개국으로 참가국이 확대되었으며, 동년 8월 의정서가 공식 발효되었다. 의정서에 따르면 역내외의 15개국이 10억 달러를 출자하여 전체의

27) Nitsh Dutt, *ibid.*, pp. 216－217.

67.5%에 해당하는 지분을 확보하도록 하였다. 동년 11월 제5차 준비위원회가 도쿄에서 열렸으며, 여기에서 창립을 위한 모임을 갖고 일본에서 처음으로 아시아개발은행과 관련된 발의에 참여했던 와타나베를 총재로 선출하였다. 총재의 선출과 함께 아시아개발은행의 자금이 11억 달러로 증자되었으며, 여러 지역의 이해관계를 모두 반영할 수 있도록 7인의 역내 국가 대표와 3인의 역외 국가대표로 이루어진 감독위원회를 구성하였으며, 동년 12월 29일 임시청사에서 실제 업무를 개시하였다.

III. 아시아개발은행 설립과정에서 전개된 논쟁점들

1. 역내외 국가 간 지분을 둘러싼 논쟁

1945년 이전 아시아 국가들의 대부분은 식민지를 경험하였다. 한국과 대만을 비롯한 일본의 식민지였던 국가들은 일본의 패망과 함께 독립하였지만, 제2차 세계대전시 전승국측에 속했던 유럽 국가들의 식민지였던 아시아 국가들은 1950년대에 이르러서도 독립과 관련된 공방이 계속되었다. 베트남과 인도네시아는 그 대표적인 경우였다. 전술한 바와 같이 이러한 문제 때문에 ECAFE에서도 역외 국가, 특히 제2차 세계대전시 제국주의 국가였던 국가들의 참여를 둘러싸고 논쟁이 1950년대 초반까지 계속되었던 것이다.

이러한 아시아 국가들의 특징은 곧 아시아개발은행에 대한 역외 국가들의 참여에 대한 경계감으로 나타나게 되었다. 즉 아시아 국가들의 입장에서는 상당한 양의 자본을 가지고 참여하게 될 역외 국가들이 아시아개발은행을 통해서 또 한번 제국주의적인 간섭과 경제적 침탈을 하게 될 것을 우려했던 것이다. 1950년대의 이러한 두려움이 유럽의 국가들을 대상으로 한 것이었다면, 1960년대에는 미국을 그 대상으로 한 것이었다.

그러나 당시 유일하게 거대한 자금을 지원할 수 있었던 미국의 참여를 빼고 경제개발을 위한 은행을 창설하는 것은 불가능한 상황이었기 때문에 미국의 참여가 불가피한 상황이었다.[28] 여기에서 나타나게 된 문제가 특별자금(special fund)을 둘러싼 논쟁이었다. 특별자금은 소프트론(soft loan)의 성격을 가지고 있었다. 따라서 낮은 이율로 장기간에 걸친 대부를 통해 경제개발에 필요한 자금을 공급할 수 있었다. 아시아개발은행보다 먼저 창설되었던 IDB의 경우에도 특별자금을 운용하고 있었다.[29] 따라서 이 특별자금을 이용할 경우 원조 수혜국이 유리한 조건으로 장기간에 걸쳐 자금을 이용할 수 있다는 이점이 있었다.

그러나 다른 한편으로 특별자금을 사용할 경우, 그것을 제공한 국가의 여타 산업과 긴밀한 관계를 맺어야만 하는 조건이 붙을 수 있었다. 즉 특별자금을 제공한 국가의 물품 및 서비스 구매가 특별자금의 도입과 함께 동시에 이루어지는 경우들이 적지 않았다.[30] 이미 1950년대를 통

28) 미국은 1965년 이전 아시아개발은행의 설립에 대해 소극적인 입장을 견지해 왔었다. 그러나 이러한 입장은 베트남 전쟁에 대한 적극적 개입과 더불어 바뀌게 되었다. 이러한 전환에 대해서는 이후의 연구에서 보다 체계적으로 밝히도록 하겠다.

29) *Inter American Development Bank : More Than a Bank*, pp. 24–25.

30) US Senate Committee on Foreign Relations, Asian Development Act, Hearing on H.R. 12563, 89th Cong., 2nd sess., February 16, 1966, p. 7. ADB act

해 미국의 대외원조를 경험했던 아시아 국가들에게 이것은 자국의 경제적 주권을 위협하는 것으로 인식되기에 충분한 문제였다.[31)]

그럼에도 불구하고 경제개발의 가장 중요한 과제로 인식하고 있었던 아시아 국가들에게 있어서 특별자금은 반드시 필요한 존재였다.[32)] 따라서 특별자금보다도 더 많은 논쟁이 이루어진 것은 개발은행의 지분을 둘러싼 문제였다. 어느 정도의 자본금을 출자하느냐에 따라서 아시아개발은행에서의 지분이 달라지며, 이것은 곧 정책 결정과정에서 나타나는 투표권의 문제와 직결된 것이었다. 당시 아시아 국가들이 제공할 수 있는 자본이 미약했던 사정을 감안한다면 지분과 관련된 문제는 개발은행의 주도권을 역외 국가에게 넘길 수밖에 없는 결과를 의미하는 것이었다.

1965년 10월 말에 있었던 아시아개발은행 준비위원회(Preparatory Committee)에서는 자본공여국의 지분과 관련된 논의가 이루어졌다. 첫 제안은 12개 국가가 75%이상의 자본을 공여하는 것으로 결정되었다. 그러나 미국은 역내 국가들의 입지 강화를 고려하여 18개국이 65% 이상의 지분을 참여하는 것을 제안하였다.[33)] 일본이 14개국, 75%를 주장

Hearing, ADB Special Funds Hearing on 2479, 90th Cong., 1st sess., October 3, 1967, p. 3.

31) 1950년대 미국의 원조는 Buy American 정책 외에도 원조를 돈이 아닌 물품으로 전달했기 때문에 원조 구매지를 둘러싸고 공여국과 수혜국 사이에 갈등이 나타났다. 1950년대를 통해 나타났던 이승만 정부와 아이젠하워 정부 사이의 갈등은 이러한 점을 잘 보여준다. 또한 원조 액수에는 원조물품의 운반 및 보관과 관련된 비용까지도 포함되어 있었기 때문에 원조는 공여국의 서비스 산업과 밀접한 관계를 맺고 있었다.

32) 1973년 특별자금은 아시아개발자금(Asian Development Fund)으로 모두 이관되었다. Alan Chalkley, *Asian Development Bank : A Decade of Progress* (Manila : Asian Development Bank, 1977), pp. 14–16.

하였지만 결국 미국의 안이 받아들여져 15개국이 65% 이상의 자본을 제공하는 것으로 결론을 맺었다.[34)]

의결권의 경우 전체 의결권 중 세계은행은 10%, AFDB는 50%를 회원국에게 동등하게 배분하는 반면, 아시아개발은행은 20%를 균등하게 배분하고, 그 이외의 80%는 출자금에 따라 배분하는 것으로 결정되었다. 곧 모든 회원국이 778개의 의결권을 가지며, 만 달러의 자본 출자당 1개씩이 더해지도록 되었다. 따라서 6만 달러를 출자한 서사모아는 총 784표를 가지며, 2억 달러를 출자한 일본은 20,227개의 의결권을 갖도록 되었다.[35)]

이러한 아시아개발은행의 의결권은 다른 지역에 비하여 상대적으로 역내 국가에 유리하게 되어 있다. AFDB의 경우에는 모든 표결권의 50%를 회원국에게 평등하게 배분하고 있지만, 아프리카 국가들이 거의 출자를 하기 어렵다는 사정을 고려한다면 나머지 50%는 역외 국가들이 거의 독점할 수 있는 구조를 가지고 있다. IDB의 경우에는 자금의 출자 비율이 미국 47%, 중남미 국가 53%임에도 불구하고 미국이 40%의 표결권을 갖도록 되어 있다. 미국이 출자 비율에 비하여 적은 표결권을 갖고 있지만, 기본 출발이 135표라는 점을 감안하면 778개의 의결권을 기

33) 미국은 아시아개발은행이 미국의 입김에 의해서가 아닌 아시아인들 자신에 의해서, 그리고 자신들의 계획에 의해서 스스로 운영되는 것처럼 보이기를 원했다. Oral History, p. 15. 따라서 역내 국가들이 보다 많은 자본을 출자할 것을 요구하였다. 이것은 당시 미국이 베트남 전에 개입하고 있었던 상황과 관련된 것이기도 하며, 다른 한편으로는 당시 미국의 대외원조의 기본정책, 즉 자본 흡수력이 높으면서 실현 가능한 계획을 입안한 지역에 차관의 우선권을 준다는 기준에 따른 것이기도 하다.

34) R. Krishnamurti, *ibid.*, pp. 30.

35) Dick Wilson, *ibid.*, pp. 26 – 27.

본적으로 배분하는 아시아개발은행에 비하여 미국의 영향력이 강하다고 할 수 있다.[36] 그러나 역외 국가의 의결권은 이후에도 아시아개발은행에서 지속적으로 논의되었다.

2. 은행 본부의 설치를 둘러싼 논쟁

이렇게 아시아개발은행이 다른 지역의 개발은행에 비하여 상대적으로 역내 국가들의 입장을 많이 반영하도록 만들어졌음에도 불구하고 여기에는 또 하나의 중요한 변수가 있다. 그것은 바로 아시아 경제의 중요한 축을 형성하고 있는 일본의 역할에 대한 부분이다. 일본은 출자 당시 미국과 함께 약 20%의 지분을 출자하였으며, 아시아 전체로 보면 45%를 차지하는 지분을 가지고 있었다. 이것은 한국과 인도의 약 3배에 달하는 규모이다.[37]

이것은 다른 지역의 개발은행과도 구별되는 것으로 AFDB와 IDB의 경우 미국과 유럽 등 역외 국가의 출자를 제외하면, 역내 국가 중에서 한 국가가 역내 다른 국가들에 비하여 월등한 비율로 출자하는 것이 불가능하다. 그러나 아시아의 경우 다른 역내 국가들에 비하여 일본의 경제적인 규모가 월등하게 크며, 만약 일본과 미국이 일치된 견해를 제시할 때에는 아시아개발은행의 운영을 독단적으로 운영할 수 있는 가능성이 있는 것이다.

36) R. Krishnamurti, *ibid.*, pp. 75－77.

37) Alan Chalkley, *ibid.*, pp. 17－18.

문제는 역사적 경험으로 인하여 일본에 대해 아시아 국가들이 일정 정도의 거부감을 가지고 있었다는 점이다. 비록 미국이 제2차 세계대전 이후 일본을 비무장화하고 정치적인 민주화를 추진하였지만, 많은 아시아 국가들이 일본의 식민지를 경험하였거나 제2차 세계대전 중 일본에게 점령되었던 경험을 가지고 있었다. 따라서 미국의 지원에 의한 일본의 경제적 성장은 아시아 국가들에게 상당한 위협으로 다가올 수밖에 없었다. 미국이 1950년대를 통해서 일본을 중심으로 하는 아시아 지역에서의 지역통합전략을 적극적으로 수행할 수 없었던 이유의 하나는 여기에 있었으며, 1960년대에 들어와 한일 간의 국교정상화를 추진하는 과정에서도 한일 간의 역사적 경험으로 인해서 미국이 정치적으로 고려해야 할 부분들이 적지 않았다. 미국은 한일 간의 국교정상화가 자신의 역할을 일본에게 떠넘기는 것이 아니라는 점을 재차 강조해야만 했고, 한일협정이 조인된 이후에도 상당 기간 동안 애초에 계획했던 대한원조의 감축을 연기해야만 했다.

일본은 아시아개발은행의 설립이 논의되고 있었던 초기부터 주도권을 장악할 필요가 있다는 입장을 가지고 있었다. 제2차 세계대전 이후 대외정책을 소극적으로 추진할 수밖에 없었던 일본으로서는 1964년의 도쿄 올림픽과 더불어 아시아개발은행에 적극적으로 참여함으로써 아시아 지역으로의 진출을 확대할 수 있는 길을 열 수 있을 것으로 기대했던 것이다. 1950년대 처음으로 아시아 지역을 위한 은행 설립의 논의가 있었을 때에는 전술한 바와 같이 결국 미국이 주도하고 일본이 거기에 쫓아갈 수밖에 없다는 상황 때문에 이에 소극적인 입장이었으며, 1963년 아시아개발은행과 관련된 논의가 처음 제기되었을 때에는 다른 나라에 비해 적극적인 입장을 나타냈다. 초기부터 일본 정부의 각료들이 논의에 적극적으로 참여하였으며, 초기 논의에 참여했던 사토는 후에 일본의 수상이 되었다.

이러한 상황에서 가장 중요하게 제기된 논쟁은 은행의 본부를 어디에 둘 것인가의 문제였다. 일본이 아시아개발은행에 적극적으로 참여하게 된 조건의 하나가 개발은행의 본부를 일본에 설치하고 일본인이 총재에 선임되는 것이었다. 그러나 아시아 국가들은 일본이 아시아개발은행을 완전히 장악할 것에 대한 우려를 표시하였고, 미국은 본부의 설치는 포기하고 총재 자리에 관심을 기울일 것을 권고하였다. 그러나 일본 정부가 추진한 방향은 총재 자리를 포기하더라도 본부를 일본에 유치하는 것이었다.[38]

일본이 본부의 설치와 관련된 문제에 집착했던 것은 1945년 이후 지속되어온 '미국의 우산'으로부터 일정 정도의 일탈을 시도하고자 하였다는 점과 관련이 있다. 특히 1960년대 이후 새로운 미일안보조약, 오키나와 기지 문제, 베트남 전쟁 지원 문제 등 일본과 미국 사이에 안보를 둘러싼 문제들이 지속적으로 발생하고 있는 상황에서 아시아개발은행을 통해 미국의 우산에서 조금이라도 벗어나 독자적인 길을 걷고 있다는 인상을 주고자 한 일본 정부의 정치적 계산이 깔려 있었던 것이다.[39] 또한 경제적으로도 케네디 라운드와 GATT에서의 무역문제를 둘러싸고 일본과 미국 사이에 여러 가지 문제들이 계속 논의되고 있었던 시기

38) Dennis T. Yasutomo, *Japan and the Asian Development Bank*(New York : Praeger Publishers, 1983), pp. 69 – 70.

39) Japanese Desire to Mention "Separation of Political Matters from Economic Matters in the Communique – Information Memorandum, 650109 ; Talking Paper ; Tour Meenting with Prime Minister Sato, Jan 12, 1965 ; Memorandum of Conversation : United States – Japan Relations and Policy Problems in Asia ; Memorandum of Conversation : US – Japan Relations and Related World Problems, Jan. 13, 1965.

였다.[40] 따라서 일본은 은행의 지분과 관련하여 역외 국가들이 전체 자금의 반 이상을 차지해서는 안 된다는 의견을 초기부터 내놓았다.[41]

개발은행의 본부를 어디에 설치하는가의 문제는 1965년 11월에 마닐라에서 열린 제2차 아시아 경제협력을 위한 장관급 회담에서 가장 중요한 논제로 떠올랐다. 무려 9개 국가가 은행을 설치하기 위하여 경쟁하였다. 아시아개발은행의 본부를 유치하는 문제와 관련해서는 역외 국가들에게는 투표권이 부여되지 않았고, 오직 역내 대표들만이 투표에 참가하는 방안이 결정되었다.[42]

자문위원회는 본부 설치를 위한 기준을 결정하였다. 1) 교통과 통신시설이 잘 갖추어져 있어야 할 것, 2) 화폐의 태환성이 좋아야 할 것, 3) 능력 있는 사무원들을 갖추어야 할 것, 4) 정치적으로 안정되어야 할 것, 그리고 5) 생활환경이 어느 정도 수준이 되어야 할 것 등이 그 기준이 되었다. 본부를 유치하기 위하여 신청한 도시는 모두 9개로 방콕, 콜롬보, 카불, 쿠알라룸푸르, 마닐라, 프놈펜, 싱가포르, 테헤란, 그리고 도쿄였다. 이 중에서도 특히 도쿄는 가장 적극적으로 본부의 유치에 힘을 기울였다.[43] 일본은 1950년대를 통하여 성공적으로 전후 복구를 이루었음에

40) Department of State Policy on the Future of Japan, Jan. 26, 1964 ; SEA Economic Development – Joint Econ Com, July 9, 1965; Second Japan – US Policy Planning Consultations (Apr 24 – 27, 1965) ; Background – 6th Meeting of the Joint US – Japan Committee on Trade and Economic Affairs, Sep. 9, 1967.

41) P. H. M. Jones, "Supplement : Banking in Asia, Our Annual Survey," *Far Eastern Economic Review*, Vol. 52, No. 2, 14 April, 1966, pp. 59 – 62.

42) Dick Wilson, *ibid.*, pp. 7 – 8.

43) 일본은 40여 페이지에 달하는 자격 요건서를 제출하였으며, 그 중에는 158개의 골프 클럽과 200개의 외화 상영관, 그리고 6,488개의 치과가 도쿄 지역에 있다는 내용이 포함되어 있었다. 이에 반하여 필리핀과 태국은 은행 건물을 무상으로 임대할 수 있다는 점을 내세웠다. 또한 태국은 방콕이 아

도 불구하고 당시까지 국제적인 기구나 조직의 본부를 일본에 유치하지 못하였고, 아시아개발은행의 설치를 하나의 상징으로 생각하였다. 일본은 대규모의 대표단을 회의에 파견했고, 개발은행의 총재직을 양보할 것을 고려하면서까지 본부의 일본 유치에 총력을 기울였다.[44]

1965년 11월 30일부터 3일간 프놈펜과 콜롬보, 그리고 카불이 유치 신청서를 철회한 가운데 본부의 설치를 위한 최종 논의에 들어갔다. 3차례의 투표결과 월등한 우세가 예상되었던 도쿄를 제치고 마닐라가 본부 유치에 성공하였다. 일본은 본부의 유치에는 실패하였지만 개발은행의 출범 때부터 계속해서 은행의 총재직을 장악하였다.

본부가 마닐라에 설치되고 총재는 일본인이 맡는 방안은 미국이 이전부터 주장해 왔던 것이었지만 일본은 투표 결과에 상당히 당황했다.[45] 그러나 이러한 결과는 아시아 국가들의 일본에 대한 견제심리가 보다 강하게 영향을 미친 것이었다. 특히 아시아개발은행을 주도했던 또 다

시아의 중간에 위치해 있기 때문에 모든 아시아 국가에서 방콕으로 오는 비용이 도쿄나 마닐라에 비하여 절약된다는 점을 주장하였다. *ibid.*, p. 18.

44) 그러나 미국의 생각은 달랐다. 특히 아시아개발은행의 설립을 주도하였던 Eugene Black은 은행의 본부가 어디에 위치해 있던 간에 은행의 주도권은 누가 총재이냐에 의해서 좌우될 것이라는 입장을 가지고 있었다. 그는 일본에서 은행 설립의 논의를 주도했고, World Bank에 일본 대표로 파견된 경험을 가지고 있는 와타나베가 총재가 될 것이라는 사실에 대해 의심치 않았고, 오히려 일본이 본부의 유치를 포기는 것이 바람직하다는 입장을 가지고 있었다. *Oral History*, pp. 14–15.

45) 일본이 아시아 개발은행의 본부 설치에 당황했다는 점은 이와 관련된 문제가 최근에도 계속 언급되고 있다는 사실에서 잘 드러난다. 요미우리 신문 2000년 6월 7일자에서는 아시아개발은행의 본부 설치의 실패 문제가 아직까지도 많은 교훈을 주고 있다는 내용의 기사가 실렸다. 이 기사는 일본이 대외관계를 설정하는 데 있어서 다른 아시아 국가들의 입장에 대한 보다 깊은 이해와 함께 융통성 있는 협상의 필요성을 강조하였다.

른 한 축, 즉 ECAFE 사무국측의 일본에 대한 경계심이 그 주된 원인이었던 것이다.[46] 일본은 ECAFE 사무총장을 비롯한 아시아 지역 인사들에게 투표과정에서의 여러 가지 의문점에 대한 문제를 제기하고자 하기도 하였다.

Ⅳ. 결론을 대신하여-동북아개발은행의 설치과정에서 제기될 논점들

현재 제기되고 있는 동북아개발은행과 관련된 논의는 크게 3가지로 나눌 수 있다. 첫째로 대북지원을 위한 컨소시엄의 형태로 동북아개발은행을 설정하는 것이다.[47] 두 번째 방안은 1997년과 1998년에 걸쳐 전개된 아시아 금융위기를 극복하기 위한 방안의 하나로서 동북아개발은행을 설립하자는 안이다. 세 번째 방안은 사회간접자본의 건설이라는 점에서 두 번째 방안과 일치하지만 자본의 출자 면에서 동북아시아 국가들이 전체의 40%를, 나머지 60%를 역외 국가에서 출자하자는 안이다.[48] 이 안은 동북아에서의 개발의 주도권을 역외 국가들 역시 공유하겠다는 목적을 가지고 제안되었다.[49] 이것은 소위 '개방적 지역주의'로 표현되

46) Dennis T. Yasutomo, *ibid.*, pp. 77 – 80.
47) "이색 대정부 질문 2제,"《경향신문》, 2002년 10월 12일자.
48) "다시 부상하는 동북아개발은행,"《한겨레》, 2000년 7월 17일자.
49) "한반도/ '동북아지역 협력시대' 좌담,"《한겨레》, 2003년 2월 18일.

고 있다.

이러한 세 가지 방안들이 각기 장단점을 가지고 있지만 동북아개발은행의 설치과정에서 공통적으로 두 가지 문제가 중요한 논쟁으로 떠오를 가능성이 있다. 첫째는 역외지역 국가의 참여 여부와 그 지분과 관련된 문제이다. 첫 번째 방안과 두 번째 방안은 역내 국가들의 역할이 극대화되어 있는 반면, 역외 국가들은 어느 정도 배제되거나 또는 그 역할을 최소화하는 방안이다. 세 번째 방안은 역내 국가들과 역외 국가들의 비중을 거의 동등하게 함으로써 동북아시아 개발을 역내외 국가들에게 모두 개방하는 방안이다.

둘째로 역내 국가들 사이에서의 주도권의 문제이다. 어디에 본부를 설치하며 어느 나라의 인사를 총재로 선출할 것인가의 문제가 매우 중요하다. 동북아 지역, 특히 만주와 시베리아 지역에서의 사회간접자본과 관련된 문제가 한국, 중국, 일본에 모두 중요한 이해관계가 걸린 문제이지만 세 국가가 공통된 이해관계를 갖고 있는 것은 아니다. 특히 이 지역의 개발을 위해서는 북한 정부의 입장이 항상 걸림돌로 작용할 수밖에 없다. 이와 관련하여 동북아 지역의 역내 국가들 사이에서 공통된 이해관계를 찾기가 어려우며, 역사적인 경험으로 인하여 역내 국가 사이에 서로가 서로를 견제하는 심리가 강하다는 점을 반드시 인식해야만 한다.

위에서 살펴본 아시아개발은행의 경험은 바로 이러한 문제들이 동북아개발은행의 설립과정에서도 동일하게 제기될 수 있다는 점을 잘 보여준다. 물론 1960년대의 상황과 지금의 상황을 동일 선상에서 비교할 수는 없다. 세계정세뿐만 아니라 동북아시아 지역 내에서도 많은 변화가 일어났으며, 역내 국가들의 상황 역시 많이 변화하였다. 그러나 이러한 변화에도 불구하고 역내 국가들이 가지고 있는 서로에 대한 인식에서는 커다란 변화가 없다는 점이 이 지역의 또 다른 특징이기도 하다. 이 점은 아시아 지역의 역내 국가들이 내적으로 강한 민족주의적인 경향을 가지고 있다는 점 때문에 나타나는 것이기도 하다. 2001년도에 발생했던 일본의 역사교과서와 관련된 한국과 중국에서의 논의, 그리고 최근에 문제가 되고 있는 고구려사를 둘러싼 한국과 중국의 논쟁은 이러한 점을 잘 보여준다.

만약 동북아개발은행의 설립이 추진된다면 아시아개발은행의 설립 과정에서 나타난 문제들에 대해서 충분한 고려가 필요하다. 즉 역내 국가들 사이의 이해관계를 조정해야 하며, 아울러 역외 국가들의 개입 또한 불가피하다. 우선적으로 고려해야 할 사항은 역내 국가들 간의 이해관계 조정이다.

무엇보다도 먼저 1970년대 미중 수교, 그리고 1980년대 이후의 개혁개방정책 이후 아시아에서 중국의 역할과 비중이 커지고 있다는 점이다. 아시아개발은행이 설립될 당시만 하더라도 중국은 문화혁명의 초기단계에 있었으며, 아시아의 자유세계에 커다란 영향력을 행사하지 못하고 있었다. 그러나 지금의 상황은 그 때와는 너무나 다른 상황이다. 오히려 중국이 아시아 지역의 경제를 주도할 수 있는 위치에까지 와 있다.

따라서 동북아개발은행이 설립된다면 중국과 일본 사이에 개발은행의 주도권을 둘러싼 갈등이 발생할 수 있는 소지가 크다. 최근 일본에서는 이시하라 도쿄 도지사를 중심으로 하여 보수 우익진영이 목소리를 높여가고 있다. 이들은 아시아의 다른 국가들로부터 많은 비판을 받고 있으면서도 자신들의 주장을 뒷받침하기 위하여 '중국의 부상'이라고 하는 현상을 중요하게 고려하고 있다. 즉 이들은 중국의 부상에 대응하기 위하여 일본을 중심으로 하여 또 다른 힘을 키워야 한다는 것을 주장하고 있는 것이다.[50] 만약 동북아개발은행을 위한 논의가 시작된다면 양국 사이에서 개발은행의 지분 및 의결권을 둘러싼 갈등이 일어날 소지가 크다.

아울러 고려해야 하는 점이 러시아의 역할이다. 러시아 역시 동북아시아 지역의 개발에 관심을 갖고 있으며, 최근에는 천연 가스관의 문제와 함께 시베리아 철도 연결 문제 등으로 한반도에 대해 경제적인 관심을 보이고 있다. 러시아는 이미 구한말 이래 이 지역에 이해관계를 갖고 있었으며,[51] 19세기 말에는 39도선을 중심으로 하여 한반도를 분할할 것을 일본에 제한하기도 하였다. 아시아개발은행의 경우 러시아가 크게 관심을 쏟지 않았지만 동북아개발은행의 경우는 다르다.

다음으로 고려해야 할 점은 역내 국가와 역외 국가 사이의 문제이다. 이와 관련해서는 먼저 일본과 한국이 안보동맹을 맺고 있는 미국의 이해관계 역시 고려해야 한다. 미국은 동북아개발은행의 설립에서 특히 중국의 역할에 많은 관심을 기울일 것이다. 9 · 11테러 이후 미국의 대중국 정책이 어느 정도 변화한 것은 사실이지만, 미국의 입장에서 중국은 한편으로는 동맹국이지만 다른 한편으로는 경쟁상대라고 할 수 있다. 이 점을 고려한다면 미국은 동북아개발은행과 같은 지역협력체를 통한 중국의 주도권 행사에 대해 견제하는 입장을 견지할 가능성이 크다.

---

50) 물론 일본의 보수우익 세력들이 중심적으로 내세우는 논리는 '보통국가론'이다. 즉, 일본이 미국의 핵우산으로부터 벗어나 보통국가로서의 위치를 만들어야 한다는 것이다.

51) 러시아는 만주지역은 자신들의 생명선(vital line)으로 생각하고 있으며, 항상 이 지역에 많은 관심을 쏟아 왔다. 1904년의 러일전쟁이나 1960년대의 중소 국경분쟁은 이와 밀접하게 관련된 문제이다. 최근 러시아 중앙정부가 극동에 대해 상대적으로 적은 관심을 기울이고 있지만, 2001년 푸틴 대통령의 동북아시아 지역 방문에서 나타나는 바와 같이 현재까지도 이 지역은 중요한 전략적 고려대상이라고 할 수 있다.

1960년대와는 달리 일본과 한국이 어느 정도 경제적으로 성장한 상황을 고려한다면 동북아개발은행이 설립될 경우 미국의 개입 정도가 이전보다는 약화될 가능성이 크다. 그러나 밖에서 바라보고만 있지는 않을 것이라는 점에 주목해야 한다. 최근에 동북아개발은행의 경우 중국, 한국, 일본이 90% 정도의 지분을 갖도록 하는 방안이 나오기도 하였지만,[52] 동북아시아에 대한 미국의 경제적 이해관계를 고려할 때 미국의 참여는 어느 정도 예상할 수 있다고 본다.[53]

다음으로 유럽의 문제를 고려해야 할 것이다. 상대적으로 유럽이 미국에 비하여 동북아시아에 대한 관심이 적지만, 중국이라는 시장과 함께 북한에 대하여 상당한 관심을 갖고 있음을 고려한다면 유럽의 참여 역시 이루어질 가능성이 크다. 아마 개별 국가의 차원보다는 EU의 차원에서의 개입이 이루어질 가능성이 크다. 미국에 비하여 상대적으로 북한과의 관계가 적극적으로 이루어지고 있는 유럽의 경우 상대적인 이점을 이용할 가능성이 적지 않은 것이다.

이상과 같이 동북아시아개발은행의 설립이 추진된다면 아시아개발은행이 설립될 당시와는 다른 많은 상황들을 함께 고려해야 할 것이다. 그럼에도 불구하고 큰 틀에서 볼 때 역내의 이해관계, 그리고 역내 및 역외 사이의 이해관계를 함께 조정해야 할 필요가 있다는 점은 아시아개발은행 설립이 주는 중요한 교훈이라고 할 수 있다. 아마 이러한 교훈들은 꼭 동북아개발은행이 아니라고 할지라도 다른 형태의 동북아 지역

52) "제3회 서울 국제금융포럼 – 강봉균 KDI원장, "동북아개발은행 설립,"《파이낸셜뉴스》, 2002년 5월 07일자.

53) 이 점은 또한 미국이 북한과의 핵문제에 상당한 관심을 갖고 있다는 점을 고려한다면 반드시 고려해야 할 사항이라고 생각한다.

경제협력체, 또는 FTA를 추진하는 데 있어서 반드시 고려해야 할 사항이라고 생각한다.

참 | 고 | 문 | 헌

박태균. 2000. "1956–1964년 한국 경제개발계획의 성립과정." 서울대학교 국사학과 박사논문.

_____. 2003(a). "1950년대 미국의 대아시아정책과 ECA9.5FE." 『국제지역연구』 12권 2호. pp. 25–46.

_____. 2003(b). "일본의 아시아 지역 개발원조와 아시아개발은행 : 미국의 대일정책을 중심으로." 『동아시아 로칼리즘, 내셔널리즘, 리저널리즘』 2003 서울대 국제대학원 · 동경대 동양문화연구소 공동학술대회 발표논문집(2003년 6월 30일).

_____. 2004. "로스토우와 제3세계, 그리고 한국." 『역사비평』 봄호. pp. 136–166.

새천년민주당. 2002. 『새로운 대한민국, 국민후보 노무현』. 새천년민주당 정책선거특별본부.

《경향신문》 2002년 10월 12일자 "이색 대정부 질문 2제."

《동아일보》 1991년 2월 27일자 "중국 길림대 국제학술회의 「자유무역지구 논의」."

《동아일보》 2003년 4월 1일자 "盧공약 '동북아 중심국 건설계획' 논란."

《요미우리 신문》 2000년 6월 7일자.

《파이낸셜뉴스》 2002년 5월 7일자 "제3회 서울 국제금융포럼–강봉균 KDI원장 「동북아개발은행 설립」".

《한국일보》 1993년 9월 27일자 "두만강유역 개발 성공적 추진 뒷받침/「동북아개발은」 제안."

《한겨레》 2000년 7월 17일자 "다시 부상하는 동북아개발은행."

《한겨레》2002년 9월 30일자 "동북아개발은행 본격 추진."

《한겨레》2003년 2월 18일자 "한반도/'동북아지역 협력시대' 좌담."

Asian Development Bank. 1967. *Annual Report for 1967*. Manila.

Black, Eugene R. 1969. *Alternative in Southeast Asia*. London.

Chalkley, Alan. 1977. *Asian Development Bank : A Decade of Progress*. Manila : Asian Development Bank.

Dutt, Nitsh. 2001. "The US and the Asian Development Bank : Origins, Structure and lending operations." *Journal of Contemporary Asia* 31(2). January. pp. 241–261.

ECAFE. 1964. ECAFE report 65.

Jones, P. H. M. 1966. "Everybody's Bank." *Supplement : Banking in Asia–Our Annual Survey of Far Eastern Economic Review* 52(2), April. pp. 59–65.

Krishnamurti, R. 1977. *ADB–The Seeding Days*. Manila : Asian Development Bank.

Singh, Lalita Prasad. 1966. *The Politics of Economic Cooperation In Asia : A Study of Asian International Organizations*. Missouri : University of Missoury Press.

Wilson, Dick. 1987. *A Bank for Half the World : The Story of the Asian Development Bank 1966–1986*. Manila : Asian Development Bank.

Yasutomo, Dennis T. 1983. *Japan and the Asian Development Bank*. New York : Praeger Publishers.

13

동아시아와 21세기 국가경쟁력

전망과 과제

문휘창(서울대학교)

I. 서론

세계화라는 시대적 조류 속에서 모든 경제주체들은 새로운 차원에서 경쟁하고 있다. 세계적 규모의 경쟁에서 생존하기 위한 경쟁력의 확보는 이 시대를 살아가는 모든 경제주체에게 당위적 요구사항이 되었다. 세계화가 개인, 기업, 산업, 국가를 망라한 모든 수준에서 일어나듯이 경쟁력의 확보 또한 모든 수준에서 필요하다. 따라서 경쟁력은 단지 기업이나 개인들만의 문제가 아니다. 국가차원에서는 경쟁력 있는 경제 시스템을 구축하여 국민생활의 질을 총체적으로 개선해야 한다. 자유시장경제를 모체로 이를 뒷받침할 수 있는 법과 제도, 세계적 표준에 맞는 경영문화, 경쟁력을 키울 수 있는 인프라를 갖춰야 한다. 효율적인 국가 시스템을 통해 국가경쟁력을 구성하고 있는 요인들이 상호 조화를 이루게 되고, 이를 바탕으로 기업들에게 이상적인 환경을 제공함으로써 경제활동에 참가하고 있는 모든 구성원들이 혜택을 누리게 된다.

한국, 중국, 일본은 지리적 · 역사적 그리고 사회 · 문화적으로 매우 밀접한 관계에 놓여 있음에도 불구하고 미주나 유럽과는 달리 경제적인 면에서 지역통합을 이루어내지 못했다. 지역통합이라는 시대적 흐름 속에서 한국, 중국, 일본이 효율적으로 협력한다면 세 나라의 경쟁력 향상에 긍정적 영향을 끼칠 것은 물론, 동북아시아에 강력한 경제 블록을 형성함으로써 세계 경제에서의 영향력 또한 증대될 것이다.

본 연구는 분석의 틀이 되는 포터(Porter 1990)의 다이아몬드 모델을 개괄적으로 설명하는 부분과 이 모델을 적용한 실증연구의 두 부분으로 구성되어 있다. 중국은 개도국으로서 경쟁력이 나머지 두 나라에 비해 낮지만 무한한 성장 잠재력을 가지고 있다. 일본은 선진국으로 뛰어난 기술과 자본을 바탕으로 한 세계 경제대국이다. 한국은 준선진국으로 분류 될 수 있는데, 특정 분야에서 앞선 기술을 보유하고 있고 숙련된 노동자를 가지고 있다. 이러한 내용을 바탕으로 국가별 세부사항을 다이아몬드의 네 가지 변수로 분석하고 그 결과를 한국, 중국, 일본 간의 협력방안에 활용하고자 한다.

II. 분석 모델 : 다이아몬드 모델

한국, 중국, 일본의 국가경쟁력을 평가하기 위해 포터(Porter 1990)의 새로운 경쟁력 이론인 다이아몬드 모델과 그후의 발전된 모델을 개괄적으로 살펴보겠다. 포터(1990)는 4년간 10개국의 100개 산업을 연구하여 그 결과를 『국가경쟁력 우위(*Competitive Advantage of Nations*)』라는 책에서 다이아몬드 모델을 통해 제시하였다. 책의 제목이 말해주듯 이 연구는 아담 스미스의 국부론(Wealth of Nations)을 대체하려는 매우 의욕적인 시도이다.

포터는 아담 스미스(Adam Smith)와 데이비드 리카도(David Ricardo)까지 거슬러 올라가는 기존 이론들은 "잘 봐주면 불완전하고 나쁘게 보면 틀렸다"고 비판했다. 포터에 의하면, 국가 번영은 물려받는 것이 아니라 창조되는 것이다. 그러므로 포터의 모델은 역동적이다. 그의 모델은 또한 아주 포괄적이어서 대다수의 기존 모델들처럼 단순히 생산요소 조건만을 포함하는 것이 아니라 다른 중요한 변수들을 함께 다루고 있다. 구체적으로 다이아몬드 모델은 국가경쟁력을 다음의 4가지 결정요소로 설명한다 : (1) 생산요소 조건, (2) 시장수요 조건, (3) 관련 및 지원산업, 그리고 (4) 지배구조(기업 전략, 구조 및 경쟁). 일반적으로 경쟁력 확보와 경쟁력 유지를 위해서는 생산, 수요, 관련 및 지원산업, 지배구조 등 전반에 걸쳐 우위를 나타내는 것이 중요하다. 즉 각 요소는 상호작용을 통하여 국가의 경쟁력에 전체적으로 영향을 미치게 된다. 각 부문은 다이아몬드의 한 꼭지점이 되며, 이를 연결하면 다이아몬드가 만들어지는데 다이아몬드가 크기와 모양이 경쟁력을 결정한다.

〈그림 1〉은 포터의 다이아몬드 모델을 보여주고 있다. 그런데 이 모델의 원칙은 아주 뛰어나지만 범위와 영향에 있어 국내 변수들에만 국한되기 때문에 국가경쟁력에 있어서 국제화가 중요한 역할을 하는 소규모 국가의 경쟁력을 설명하기에는 부족하다. 사실 포터는 국제 또는 글로벌 변수들의 중요성에 대해 인식했지만 그의 다이아몬드 모델은 이러한 변수들을 명백하게 포함하지 못하고 있다. 이와 관련하여 포터와 루그만(Rugman) 사이에 흥미로운 논쟁이 오고 갔는데, 결국 다국적 변수

들을 모델에 포함시키면서 포터의 단일 다이아몬드 모델(the single diamond model)은 일반화된 더블 다이아몬드 모델(the generalized double diamond model)로 확장되었다.

〈그림 1〉 포터(Poter 1990)의 다이아몬드 모델

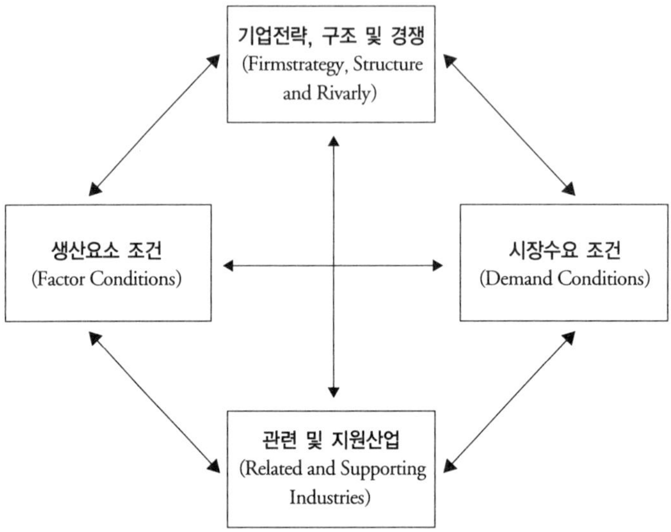

일반화된 더블 다이아몬드 모델(Moon, Rugman, and Verbeke 1998)에서는 국가의 지속적인 부가가치가 국내기업과 다국적기업 모두에서 발생한다고 주장한다. 다국적 활동은 다이아몬드의 모든 결정요소에 영향을 끼치므로 더블 다이아몬드를 만들어 다국적 활동의 변수를 포함시켰다. 국제활동 요소가 포함된 글로벌 다이아몬드는 국내 다이아몬드 외부에 그려진다. 〈그림 2〉에서 보듯이 한국의 국내 다이아몬드는 싱가포르의 국내 다이아몬드보다 더 크다. 그러나 국제활동 요소가 포함된 글로벌 다이아몬드를 보면 싱가포르가 한국보다 더 큰 것을 알 수 있다. 이것은 싱가포르가 국제활동을 활발히 하기 때문에 한국보다 경쟁력이 높

〈그림 2〉 한국과 싱가포르의 더블 다이아몬드

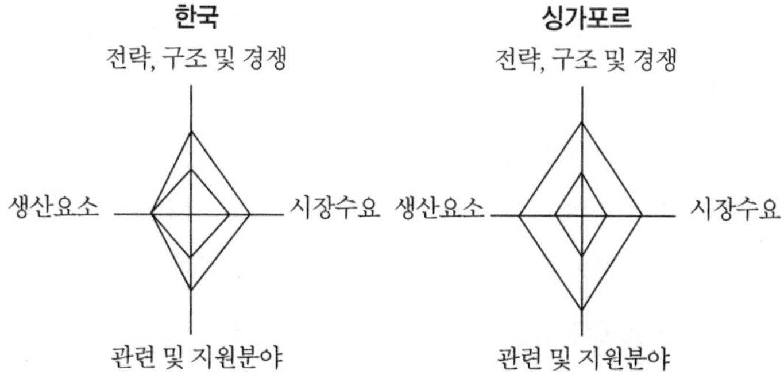

다는 의미이다. 글로벌 다이아몬드는 국제무역과 해외투자 등의 활동에 의해서 결정된다. 이렇게 수정된 모델은 국가경쟁력을 이해하는 데 매우 유용하다.

III. 연구방법론

최근 IMD, WEF 등의 국가경쟁력 연구 및 평가결과에 대한 우리의 관심이 고조되고 있다. 여기에는 한국의 경쟁력에 대한 우려와 막연한 기대가 혼재되어 있기 때문이다. 하지만 아직까지는 국가경쟁력의 개념 및 평가결과에 대한 본격적인 논의와 연구가 미흡한 것이 사실이다. 이 두 기관의 평가결과를 어떻게 수용할 것인가에 대한 이견이 제시되는 현 시점에서 우리 사회 내 관련 논의 및 연구를 중심으로 해외 평가결과의 생산적인 수용과 나아가 보다 포괄적이고 공정한 국가경쟁력에 대한 연구가 필요하다.

본 논문에서는 다이아몬드 모델을 동아시아 3국에 적용함에 있어 각 기준에 대한 평가는 IPS 국가경쟁력 연구 2005년 보고서(Cho and Moon 2005)의 66개국 연구자료를 사용하였다. 이 보고서는 국가경쟁력에 영향을 미치는 약 275개의 변수를 수록하고 있는데, 이 중에서 본 연구의 목적에 적합한 요소만을 이용하였다. 여기에서 먼저 기존에 나와 있는 IMD, WEF 등의 국가경쟁력 연구 보고서의 차이점과 문제점을 언급하고 새로운 국가경쟁력 연구방향을 제시하고자 한다.

세계 양대 국가경쟁력 종합 평가기관인 IMD, WEF 등의 국가경쟁력 연구 보고서는 크기와 수준이 천차만별인 각국의 경쟁력을 1등에서부터 60등 또는 80등까지 획일적인 순위로 평가하고 있다. 이러한 획일적인 순위를 바탕으로 각국 정부가 정책을 세운다면 전략적으로 큰 오류를 범하게 된다. IPS 국가경쟁력 연구에서는 국민과 국토의 크기를 종합하여 전 세계 주요 국가 66개국을 대, 중, 소로 분류한 다음 각국이 자국의 크기와 비슷한 국가들과 비교하면서 현재 채택하고 있는 전략을 평가하고 미래의 방향을 모색할 수 있도록 했다. 국가군을 대, 중, 소로 나눈 후 각 그룹 내에서 경쟁력을 분석하고 적절한 국가전략을 모색하는 연구방법론은 매우 유용하다. 이같은 분류방법에 따라 일본은 Large & Strong 그룹에, 한국은 Medium & Intermediary 그룹에, 중국은 Large & Intermediary 그룹에 속해 있다.

또한 IMD와 WEF는 둘 다 본부가 스위스에 위치해서 유럽 상황에는 밝을지 몰라도 아시아 국가의 경쟁력을 파악하는 데 취약한 면이 있다. IMD는 평가체계가 단순하고 종합 및 부문별 순위 이해가 용이하다는 장점이 있지만 평가방법이 평면적이고 이론적 근거가 취약하다는 단점이 있다. 반면에, WEF는 평가체계가 복잡하고 계속 변동되어서 이해가 쉽지 않고 혼란을 가져오는 경우는 있지만 다양한 분석을 보여주는 장점이 있다. 경성 데이터를 중심으로 약 300개의 평가항목을 사용하고 있는 IMD는 기업환경의 질을 중심으로 국가경쟁력을 조사한 반면, 설문 데이터를 중심으로 약 170개의 평가 항목을 보유한 WEF는 소득 수준을 중심으로 국가경쟁력을 조사한다. 이들은 평가체계, 평가항목, 평가결과에 상당한 차이를 보이기도 한다.

연성 데이터와 경성 데이터를 동일한 비중으로 반영한 국제경쟁력연구원(IPS-NaC)과 산업정책연구원(IPS)의 IPS 국가경쟁력 연구는 국제화 항목과 인적 자원 항목을 모두 포함시킨 모델을 기본으로 하고 있다. 이는 한 나라의 산업이 가진 생산요소 조건, 시장의 크기와 질, 인프라 등 지원산업, 경영여건이라는 물적 요소와 그 시점에서 변화의 주도자로서 근로자, 정치가 및 행정관료, 기업가, 전문가라는 인적 요소로 구성돼 있다. 그 총합은 275개 소분류 변수로 구성되어 있다. 또한 그룹별로 평가항목에 각기 다른 가중치를 부여하고 있다. 설문조사는 KOTRA(대한무역투자진흥공사)의 105개 해외무역관을 통해 전 세계 66개국을 대상으로 138개 항목에 걸쳐 실시되었고, 통계자료는 IFS(International Financial Statistics), WDI(World Development Indicators) 등과 같은 국내외 통계기관의 공식자료를 활용하여 137개 항목을 수집하였다. 이처럼 IPS의 국가경쟁력 보고서는 탄탄한 이론적인 틀을 바탕으로 합리적인 데이터 수집을 통해 보다 객관적인 국가경쟁력 연구를 보여주는 자료인바, 본 논문에서 이 자료를 활용하여 한국, 중국, 일본의 경쟁력을 비교하고자 한다.

Ⅳ. 실증분석

1. 생산요소 조건

한국, 중국, 일본의 국가경쟁력을 생산요소 조건 측면에서 살펴보자. 우선 기초 생산요소 조건으로 미숙련노동자의 임금과 석유 생산량을 비교해 볼 수 있다. 〈표 1〉에 나타난 바와 같이 중국의 미숙련노동자의 임금은 조사대상 66개국 전체에서 8번째로 싸고 풍부하다. 한국과 일본은 52위와 62위를 차지해 미숙련자의 임금 측면에서는 더 이상 경쟁력을 갖추고 있다고 볼 수 없다. 자원보유 측면에서 석유 생산량은 중국이 세계 시장의 5% 정도를 차지하고 있어 전체 6위를 차지하는 데 반해, 석유가 거의 생산되지 않는 일본과 한국은 석유 사용량 전체를 수입에 의존하고 있는 실정이다(〈표 2〉 참조). 한국과 일본은 그 외의 다른 기초 생산요소 조건에서도 경쟁 우위를 가지고 있지 않다.

〈표 1〉 한국, 중국, 일본 미숙련노동자 임금 비교

	한국		중국		일본	
	지수	순위	지수	순위	지수	순위
임금*	41.45	52/66	86.22	8/66	26.71	62/66

자료 : Unskilled worker's wage is low by global standard 2004.
출처 : IPS 국가경쟁력연구 2005년 보고서.

〈표 2〉 한국, 중국, 일본 석유 생산량 비교

	한국		중국		일본	
	데이터	순위	데이터	순위	데이터	순위
석유 생산량*	0.00	30/66	4.58	6/66	0.00	30/66

Market Share(%) 2003(공동 30위인 국가가 37개국이고 30위가 최하위임).
출처 : IPS 국가경쟁력연구 2005년 보고서.

노동자의 근무태도와 의지에 관한 설문조사 결과를 보면 〈표 3〉에서 볼 수 있는 바와 같이 한, 중, 일 3개국 중 한국의 미숙련노동자의 근무태도와 의지가 가장 낮은 결과를 보여주고 있다. 이는 1980년대 후반부터 한국 기업환경의 심각한 문제인 노사분쟁으로 인한 근로자들의 태도, 의지 저하에 따른 결과라고 할 수 있다. 또한 투명하고 합리적이지 않은 기업활동에 의해 야기된 문제라고도 볼 수 있다. 이같은 노사문제가 외국 기업들이 한국에서 기업활동을 펼치기에 힘들게 만들고 한국의 기업들을 해외로 눈을 돌리게 만들었다. 이와는 대조적으로 〈표 1〉과 〈표 3〉에서 볼 수 있는 바와 같이 중국 미숙련노동자의 저렴하고 높은 근로 태도와 의지는 세계의 해외 직접투자를 흡수하고 있다.

〈표 3〉 한국, 중국, 일본 미숙련노동자의 근무태도와 의지

	한국		중국		일본	
	지수	순위	지수	순위	지수	순위
태도 & 의지*	43.59	42/66	63.18	17/66	60.56	21/66

자료 : Unskilled workers have good attitudes and are well motivated. 2004.
출처 : IPS 국가경쟁력연구 2005년 보고서.

한편, 고급 생산요소로서 과학기술 수준을 보여주는 인구 백만 명당 과학자, 기술자의 수는 일본이 5천3백 명을 넘어 세계 3위를 기록했고,

한국은 2천8백 명 수준으로 15위를, 중국은 600여 명으로 세계 36위에 그쳤다(〈표 4〉 참조). 중국은 저렴하고 풍부한 미숙련노동자 부문에서는 높은 경쟁력을 보이고 있지만 기술수준 등 고급경쟁력 수준은 상대적으로 낮은 편이다.

〈표 4〉 한국, 중국, 일본 과학자와 기술자수 비교

	한국		중국		일본	
	지수	순위	지수	순위	지수	순위
과학자 & 기술자*	2,879.77	15/66	583.93	36/66	5,320.77	3/66

* per million people 2002.
출처 : IPS 국가경쟁력연구 2005년 보고서.

2. 시장수요 조건

기초 시장수요 조건을 보기 위해 총인구, 1인당 국민소득, 그리고 GDP 성장률을 선택하였다. 먼저 총인구수를 보면 중국이 단연 앞선다. 중국은 세계에서 인구가 가장 많은 나라로 값싼 노동력과 풍부한 자원으로 세계의 공장역할을 하고 있다. 일본도 세계 10위 안에 드는 인구를 갖고 있다. 이들 국가에 비해 한국은 수적인 측면에서 부족하다. 따라서 기초 시장수요 측면에서 보면 중국의 경쟁력이 가장 높다고 볼 수 있다.

〈표 5〉 한국, 중국, 일본 총인구(2003년) 비교

한국	중국	일본
4천7백9십만 명	12억8천8백만 명	1억2천7백만 명

출처 : World Development Indicators, World Bank 2005.

GDP 성장률을 보면 개발도상국인 중국이 8-9% 대로 가장 높아 개발 열기가 뜨거운 중국의 잠재력과 성장세를 볼 수 있다. 일본은 성장률의 변화폭이 거의 없다. 한국은 IMF 위기 이후 큰 폭의 상승을 보였으나 그후에는 소폭의 상승세를 유지하다 최근에는 경기침체 영향으로 낮은 성장률을 보이고 있다(〈그림 3〉 참조). 1인당 국민소득 측면에서 보면 일본은 단연 우위에 있다고 볼 수 있다. 중국은 인구는 많지만 1인당 국민소득으로 보면 일본과 한국에 많이 뒤져 있다.

〈그림 3〉 한국, 중국, 일본의 1인당 국민소득($)과 GDP 성장률(%)

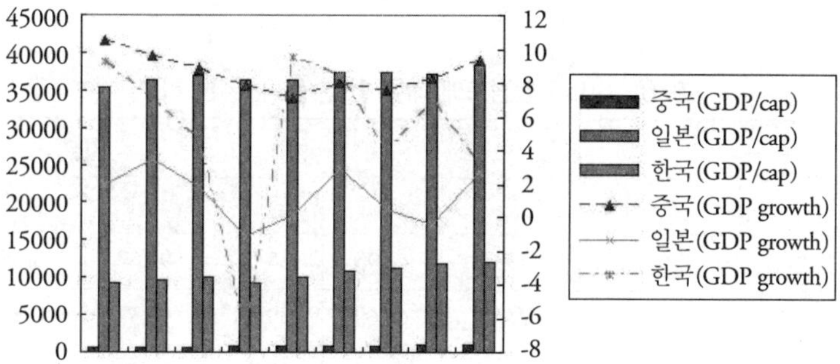

출처 : World Development Indicators, World Bank 2005.

고급 시장수요 조건을 평가하기 위해 한국, 중국, 일본의 소비자 민감도를 살펴보았다. 〈표 6〉에서 보면 일본 소비자는 품질과 디자인에 매우 민감하며, 신제품이 출시되었을 때 받아들이는 속도가 매우 빠른 것을 알 수 있다(품질 민감도 : 3위, 디자인 민감도 : 9위). 한국은 일본보다 덜하지만 역시 품질과 디자인을 중요시했고, 신제품 적응도 또한 3위로 2위인 일본과 비슷한 수준을 보인다. 여기에서 한국과 일본의 소비자들은 제품에 대해 까다로운 기준을 갖고 있다는 사실을 알 수 있다. 따라서 한국과 일본의 소비자를 만족시키기 위해서 기업들은 그에 맞는 경쟁력을 키울 수밖에 없다.

이에 반해 중국은 품질과 디자인에 관해 한국과 일본보다 덜 민감한 것으로 평가 되었고(품질 민감도 : 38위, 디자인 민감도 : 39위) 가격의 측면에서는 반대의 양상을 보였다. 한국과 일본은 가격에 덜 민감한 데 비해 (한국 : 46위, 일본 : 52위) 중국은 39위로 상대적으로 높은 가격 민감도를 보이고 있다. 이를 통해 한국과 일본의 소비자는 가격보다는 품질을 더 높이 평가하는 반면, 중국은 품질보다는 가격을 중요하게 여기고 있음을 알 수 있다. 전체적인 소비수준 측면에서는 한국과 일본의 경쟁력이 중국 보다 높다고 볼 수 있다.

〈표 6〉 소비자 민감도에 대한 한국, 중국, 일본 비교

	한국		중국		일본	
	지수	순위	지수	순위	지수	순위
품질 민감도	73.68	19/66	47.95	38/66	94.57	3/66
가격 민감도	64.65	46/66	68.69	39/66	60.32	52/66
디자인 민감도	73.48	15/66	47.12	39/66	87.18	9/66
신제품 적응도	84.54	3/66	50.62	32/66	93.85	2/66

출처 : IPS 국가경쟁력연구 2005년 보고서.

3. 관련 및 지원 산업

한국, 중국, 일본의 전반적인 관련 및 지원산업 측면을 살펴보면 인구 천 명당 자동차 보유 대수는 일본이 560대로 세계 7위를 기록하고, 한국은 26위, 중국은 8대로 최하위인 62위를 기록하고 있다. 아직까지 중국의 전체적인 생활수준이 일본과 한국에 비해 현저히 떨어짐을 알 수

있다. 동시에 이는 중국의 경제성장이 지속된다는 가정 하에 미래 중국 자동차 시장에 대한 전망으로도 해석 될 수 있다. 인터넷 사용자수는 한국이 세계 1위의 수준을 보이고 있으며, 일본은 11위, 중국은 46위를 차지했다. R&D 정부지출 부문에서 보면 비록 GDP의 0.65% 만을 지출하고 있지만 한국이 15위를, 일본은 그보다 뒤진 22위와 중국은 36위를 기록하고 있다. 중등교육 등록률에서는 일본이 16위, 한국이 30위, 중국은 54위를 기록하였다.

이는 1970년대부터 시작된 연구개발 투자, 정보통신 투자 등 기술 사회 인프라에 대한 한국의 발전된 상황을 보여주고 있다. 앞서 언급한 생산요소 조건에서 언급한 불리한 노동력 문제에도 불구하고 최근에 와서는 이러한 정보통신/기술 관련 및 지원산업의 발전된 환경으로 인해 정보통신 분야의 해외 직접투자를 유치건수가 증가하고, 한국을 테스트 베드로 이용하는 다국적 기업이 늘어나고 있는 추세이다. 반면에 중국은 아직까지 낮은 교육수준의 미숙련노동자 양산단계에만 머물러 있다고 볼 수 있다(〈표 7〉 참조).

〈표 7〉 한국, 중국, 일본의 관련 및 지원 산업 비교

	한국		중국		일본	
	지수	순위	지수	순위	지수	순위
자동차수[1]	272.8	26/66	8.23	62/66	559.9	7/66
인터넷 사용자수[2]	6,096.99	1/66	632.48	46/66	4,826.87	11/66
R&D 정부지출[3]	0.65	15/66	0.33	36/66	0.57	22/66
중등교육 등록률[4]	91	30/66	68	54/66	103	16/66

출처 : IPS 국가경쟁력연구 2005년 보고서.
1. 인구 1,000명당 2001 ; 2. 인구 10만 명당 2003 ; 3. GDP대비 % 2002 ; 4. % 2002.

4. 지배구조(기업 전략, 구조 및 경쟁)

한국, 중국, 일본의 지배구조를 살펴보기 위해 4개의 항목을 선택하였다. 우선 글로벌 스탠다드는 기업이 세계적 표준을 따르고 있는지를 평가한 항목이다. 순위를 보면 일본이 25위로 가장 높고 그 뒤를 한국과 중국이 28위, 29위로 따르고 있다. 3개국 내에서는 일본이 한국과 중국을 앞서지만 전체 평가된 국가들 중에서는 중위권이라고 볼 수 있다. 세 나라가 앞으로 더 발전시켜야 할 항목이다.

두 번째 항목은 부패지수인데, 중국이 지수 23.17의 44위로 가장 낮게 나왔고 한국이 32위, 일본이 20위의 순으로 나왔다. 상대적으로 중국과 한국은 부패지수에 대한 평가가 낮게 나왔는데 역시 앞으로 해결해야할 부분이다. 기업 지배구조가 시장구조를 따르는지에 대한 항목을 보면 일본이 18위로 가장 높고 한국은 29위로 중간, 중국은 38위로 가장 낮게 나왔다. 한국과 중국은 기업지배구조 항목 역시 개선이 요구된다.

마지막으로 정부의 의사결정과 정책수행의 효율성을 보면 흥미롭게도 중국이 24위로 가장 좋게 나왔고 한국이 27위, 일본이 50위의 순이다. 이러한 결과에는 최근에 중국의 적극적 외국 자본과 외국 기업 유치 정책이 반영된 것으로 보인다. 전반적으로 지배구조에 대한 평가결과는 그나마 일본이 한국과 중국에 비해 조금 우위를 차지하고 있기는 하지만 한국, 중국, 일본이 다른 나라들에 비해 뛰어나다고는 볼 수 없는 중하위권을 차지하고 있는 양상을 보이고 있다.

〈표 8〉 한국, 중국, 일본의 지배구조 비교

	한국		중국		일본	
	지수	순위	지수	순위	지수	순위
글로벌 스탠다드[1)]	65.15	28/66	64.87	29/66	68.03	25/66
부패지수	36.59	32/66	23.17	44/66	65.85	20/66
기업 지배구조[2)]	50.00	29/66	36.63	38/66	65.06	18/66
정부 의사결정과 정책수행[3)]	65.80	27/66	66.62	24/66	33.00	50/66

1) Firms follow the global standards
2) Corporate governance is well organized to the market mechanism
3) Government decisions and policy implementations are effective
출처 : IPS 국가경쟁력연구 2005년 보고서.

V. 다이아몬드 모델을 통해서 본 국가경쟁력 시사점

IPS 국가경쟁력 연구 2005년 보고서의 종합 순위를 살펴보면 일본이 19위, 한국이 22위, 중국이 24위를 기록하였다. 일본이 속한 Strong-Large 국가군에서는 미국, 캐나다, 호주, 독일의 다음으로 5위를 차지하였다. 한국은 Intermediary-Medium 국가군에서 이태리 다음의 2위를 기록하였고, 중국은 Intermediary-Large 국가군에서 멕시코를 제치고 1위를 기록하였다. 다이아몬드 모델 분석결과와 IPS 국가경쟁력 연구 2005년 보고서를 기초로 한 국가경쟁력을 고려해 보았을 때 한국, 중국, 일본 3국은 다음과 같은 시사점을 갖는다.

첫째, 지금까지의 발전상황을 고찰해 보면 한국, 중국, 일본 3국 간에는 국가 간 경쟁우위의 이동이 있어왔다. 다시 말해 산업의 발전이나 기술, 시장의 발전은 일본에서 한국으로, 다시 한국에서 중국으로 국가 간 벤치마킹을 통해 그 중심축이 이동하고 있는 형상을 보여주었다. 아직까지는 중국이 한국과 일본에 비해 경제적 발전 수준과 소비자 수준이 뒤떨어지지만 현재 빠른 속도로 발전 하고 있다. 나아가 현재 중국은 정부 주도 하에 외국 자본과 기술을 적극적으로 도입해 빠른 속도로 기술 격차를 줄여나가고 있으며, 기업의 집단화, 대형화를 이뤄 규모의 경제를 조기에 달성하고자 시도하고 있으므로 그 학습과 추격속도는 상당할 것으로 예상된다. 한국과 일본도 여러 면에서 변화하고 있다. 본 논문에서는 각국의 국가경쟁력 현황 및 변화 내용을 구체적으로 분석하여 국가 간 상호 벤치마킹의 방안을 제시하고 있다. 다시 말해 기존의 접근방법은 한국과 중국이 순차적으로 일본을 벤치마킹하는 데 중점을 둔 데 비하여 본 연구는 3국이 동시에 벤치마킹을 통하여 상호 학습할 수 있다는 것을 보여주고 있다.

둘째, 한 걸음 더 나아가서 각 국가 간의 특화된 경쟁력을 상호 보완적으로 발전시켜야 한다. 중국은 풍부하고 싼 임금의 노동력과 자원, 그리고 넓은 시장을 보유하고 있다. 일본은 앞서가는 기술과 자본을 보유하고 있다. 한국은 정보통신 인프라와 기업가 정신에서 두각을 나타내고 있다. 삼국의 각기 다른 측면에서의 우수성을 상호 보완하여 한국, 중국, 일본 간의 경제 협력을 이루어야 한다. 〈그림 4〉에서 정리한 바와 같이 한국과 일본은 전반적으로 기초 생산요소 조건에서의 불리함을 가지고 있으나 나머지 수요조건, 관련 및 지원산업, 지배구조에서는 우위를 점하고 있다. 반면, 중국은 기초 생산요소 조건에서 우위를 가지고 있으나 다른 요소들에서는 다소 뒤떨어지고 있는 상황이다. 중국은 활발한 성장세를 나타내고 있는 산업분야에서 한국과 일본의 기술과 인프라를 필요로 하고 있다. 한국과 일본은 노동집약적인 부문에서 중국에 경쟁력을 잃을 수밖에 없는 상황이므로 기초분야의 연구에 힘을 쏟고, 같은 산업 내에서도 중국과 직접 경쟁하기보다는 부가가치가 더 높은 분야로의 특화를 꾀하여야 한다. 한국, 중국, 일본 3국은 기술, 자본, 노동 등 여러 분야에서 직접적인 경쟁보다는 분업과 협력이 필요하다.

〈그림 4〉 한국, 중국, 일본의 상호 협력

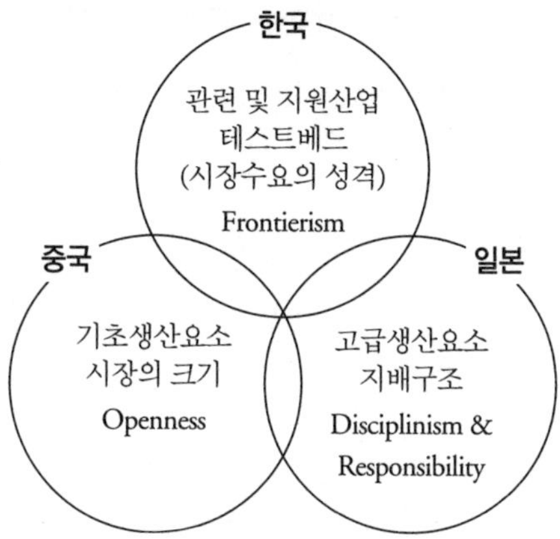

또한 문(Moon 2004)에 따르면 한국, 중국, 일본의 문화적 특성을 이용하여 협력에 반영할 수 있다. 즉 일본은 뛰어난 기술과 자본을 바탕으로 규율주의(Disciplinism)와 책임감(Responsibility)에서의 우위를 가지고 있고, 한국은 개척주의(Frontierism)를 기본으로 한 정보통신기술과 기업가 정신에서 우위를 가지고 있으며, 중국은 저렴한 노동력과 방대한 시장을 가지고 개방성(Openness)에서 우수성을 보여주고 있다.

이것은 또한 앞서 평가한 각 나라가 경쟁력을 갖는 다이아몬드 요소와도 일치성을 보여준다. 우선 중국은 시장의 크기와 기초 생산요소에서 한국과 일본보다 우위를 보여주는데 대외개방을 통해서 이를 더욱 효율적으로 이용할 수있다. 한국은 높은 소비자 수준과 관련 및 지원분야에서 높은 경쟁력을 보여주었다. 이를 통해 한국은 개척주의가 강한 것을 알 수 있다. 외국의 기업들도 이러한 한국의 상황을 파악하고 한국시장을 테스트베드로서 많이 이용하고 있다. 마지막으로 일본은 시장수요 조건, 관련 및 지원분야와 함께 지배구조가 나머지 두 나라보다 경쟁력이 높다. 이 우위성은 규율주의와 책임감이 뛰어난 문화적 특징에서 비롯된 것임을 알 수 있다. 따라서 한국, 중국, 일본은 각 나라별 문화적 특징과 다이아몬드 요소별 우위요소를 동북아 지역의 전체적인 경쟁력을 높이기 위해 상호 보완적으로 이용하는 것이 바람직하다.

VI. 결론

본 논문에서는 다이아몬드 모델을 사용하여 한국, 중국, 일본 3국 간의 국가경쟁력을 IPS 국가경쟁력 연구 2005년 보고서의 데이터를 통해 분석했다. 세계화와 지역 블록화는 거스를 수 없는 두 가지 주요한 글로벌 추세이다. 지역 내 무역, 무역장벽의 등장, 경제적 결속력의 강화는 최근 늘어나는 지역 블록화 현상을 단적으로 보여주는 예라고 할 수 있다. 북미는 NAFTA를 결성하였고, 유럽에는 EU가 있다. 세계 경제의 3대 축인 동아시아에서 아직 경제공동체가 형성되지 않은 것은 한국, 중국, 일본 3국이 협력보다는 경쟁을, 협조보다는 반목을 거듭했기 때문이다. 이제 세계경제의 상황을 확실히 이해하고 3국 간의 경제공동체 형성을 더욱 적극적으로 구상할 때이다.

이러한 세계경제 추세와는 반대로 최근 한국, 중국, 일본은 동아시아 역내 영향권 확보를 위해 치열한 경쟁을 하고 있으며, 나아가 일본의 역사 왜곡 문제와 정치적인 우경화에 따른 긴장감마저 감돌고 있다. 그러나 이같은 갈등관계는 장기적으로 서로에게 불리한 결과만을 가져다 줄 것이며, 동아시아 전체에도 불확실성을 증폭시켜 부정적 효과를 미칠 것이다. '중국의 거대 시장, 일본의 기술력, 한국의 테스트베드 환경'과 같은 각국의 경쟁우위를 결합하여 동아시아 전체의 경영환경을 경쟁력 있게 만들어야 한다.

이와 관련하여 한국의 역할은 특히 중요하다. 핵심 기술력을 보유한 일본과 원가 경쟁력을 가진 중국에 대항해 한국이 이들 국가와 직접 경쟁만을 하려 한다면 어리석은 짓이다. 한국은 지리적 · 역사적 위치를 이용하여 동아시아의 정치 · 경제 · 문화적 측면에서 '가교역할'과 중국과 미국, 중국과 일본의 조정자 역할을 하여 '갈등과 분쟁의 조정자', 동아시아에서의 금융, 철도, 항공, 해운 등의 거점이 되는 '무역, 투자 및 경제협력의 중심 국가'의 역할을 수행하면서 한국, 중국, 일본 각국의 발전뿐만 아니라 이를 동아시아의 번영으로 확대해 나가야 한다.

참 | 고 | 문 | 헌

Cho, D. S. and Moon, H. C. 2000. *From Adam Smith to Michael Porter : Evolution of competitiveness theory*. Singapore and New Jersey : World Scientific.

_____. 2005. *IPS National Competitiveness Report*. Seoul : Institute of Industrial Policy Studies.

Moon, H. C. 2004. Cooperation among Japan, Korea, and China through Sharing Business and Cultural Advantages. 『經營史學』. 19(3) : 33－51.

Moon, H. C., Rugman, A. M., and Verbeke, A. 1998. A generalized double diamond approach to the global competitiveness of Korea and Singapore. *International Business Review*, 7 : 135－150.

Porter, M. E. 1990. *The competitiveness advantage of nations*. New York : Free Press.

World Bank. 2005. *World Development Indicators*. www.worldbank.org

저 | 자 | 약 | 력

■ 정창석

[학력]	筑波大學 大學院 歷史人類學硏究科 문학박사(1993)
[전공]	일본사(근대사)
[경력]	1994-현재 동덕여자대학교 인문대학 일본어학과 교수 (현) 동덕여자대학교 인문대학 일본어학과 부교수
[주요 논문 및 저서]	「일본 근대성 인식의 한 양상」, 『일본역사연구』 제8집, 일본사학회, 「1998 식민과 원주민」, 『일본학보』 제54집, 한국일본학회, 2003 등

■ 최장근

[학력]	쥬오(中央)대학 대학원 법학연구과(정치학전공) 법학박사(1997)
[전공]	일본정치
[경력]	일본 쥬오대학 사회과학연구원 객원연구원(현재) 서울대학교 국제대학원 책임연구원(역임) (현) 대구대학교 일본어일본학과 교수
[주요 논문 및 저서]	『한중국경문제연구』(백산자료원, 1998), 『일본의 영토분쟁』(백산자료원, 2005) 등

■ 조현미

[학력]	오챠노미즈여자대학(1998)
[전공]	사회지리학

[경력] 2002. – 2005. 1 서울대학교 국제대학원 연구원
2005. 2 – 현재 경북대학교 사회과학대학 지리학과 교수
(현) 경북대학교 사회과학대학 지리학과 조교수

[주요 논문 및 저서] 「외국인 밀집지역에서의 에스닉 커뮤니티의 형성」, 『한국지역지리학회지』 12권 5호(2006년 10월),
「국제화시대의 지자체의 역할–일본의 가나가와현과 대구광역시의 국제이해교육을 사례로」, 『일본어문학』 33호(2006년 5월),
「일본의 외국인주민에 대한 지역별 시책비교」, 『한국지역지리학회지』 10권 3호(2004년 9월),
「지방자치단체의 역할이 지역주민과 외국적 주민 상호 간 인식에 미치는 영향」, 『일본어문학』 25호(2004년 5월),
「일본인의 대한인식과 재일동포의 아이덴티티」, 『일본어문학』 23호(2003년 10월),
「한일 간 상호인식의 변화와 에스닉 아이덴티티」, 『일본어문학』 20호(2003년 3월) 등

■ **박철희**

[학력] 컬럼비아대학교 정치학박사(1998)

[전공] 비교정치, 일본정치

[경력] 일본정책연구대학원대학 조교수, 외교안보연구원 조교수 역임
(현) 서울대학교 국제대학원 부교수

[주요 논문 및 저서] 『일본의 국회의원이 만들어지는 법』, 『정계재편연구』 등
『21세기 일본의 국가전략』(역서), 『흔들리는 일본의 정당정치』(역서), 『일본의 미들파워 외교』(역서) 등

■ 손기섭

[학력]	동경대학교 대학원 정치학박사
[전공]	일본정치외교/동아시아국제관계론
[경력]	서울대학교 국제대학원 책임연구원 일본 세계평화연구소 특별연구원 (현) 부산외국어대학교 외교학과 교수
[주요 논문 및 저서]	「고이즈미 내각기의 중일 72년체제의 갈등과 전환」(한국국제정치학회, 2005), 「일본의 대북한 국교교섭의 정책결정」(현대일본학회, 2007) 등

■ 정영철

[학력]	서울대 대학원 사회학과 박사(2001)
[전공]	사회학
[경력]	서울대 국제대학원 책임연구원 서울대 사회발전연구소 선임연구위원 (현) 이화여대 통일학연구원 객원연구위원
[주요 논문 및 저서]	『북한의 개혁 · 개방 : 이중전략과 실리사회주의』(2004), 『김정일 리더십 연구』(2005), 『자본가 없는 자본주의』(역서) 등

■ 이근

[학력]	미국 위스콘신대학교 정치학박사(1996)
[전공]	동아시아국제관계, 정치경제, 소프트파워
[경력]	외교안보연구원 조교수 역임 (현) 서울대학교 국제대학원 부교수, 미래전략연구원 원장
[주요 논문 및 저서]	「제국으로서의 미국과 한미 FTA, 전략적 유연성」, 『역사

비평』 통권 75호, 2006,
「국제정치에 있어서 말, 상징의 연성권력이론 : 이론화를 위한 試論」, 『국제지역연구』 제13권 제1호, 2004,
"Economic Interdependence, Identity Change, and Issue-oriented Balancing in Northeast Asia," in The Future of US-Korea-Japan Relations, CSIS, 2004,
"Environment Security in East Asia : The Regional Environmental Security Complex Approach," in Asian Perspective Vol. 26, No. 2, 2002.

■ **도진순**

[학력] 서울대학교 인문대학 국사학과 박사

[전공] 한국근현대사

[경력] 하버드대학 한국학연구소 객원교수
진실화해를위한과거사정리위원회 위원
(현) 창원대학교 인문대학 사학과 교수

[주요 논문 및 저서] 『한국민족주의와 남북관계』(서울대 출판부, 1997)로 "한국백상출판문화 저작상" 수상
『주해 백범일지』(돌베개, 1997)가 MBC ! 느낌표 《책을 읽읍시다》에 선정. 『분단의 내일, 통일의 역사』(서울 : 당대, 2001. 7), 「세기(世紀)의 망각(忘却)을 넘어서 : 러일전쟁 100주년 기념행사를 중심으로」(『역사비평』 2006년 겨울) 등

■ **정진성**

[학력] 筑波大學 大學院 歷史.人類學研究科 文學博士(1991)

[전공] 日本經濟史

[경력] 韓國開發硏究院(KDI) 硏究委員
배재대학교 조교수

(현) 한국방송통신대학교 일본학과 교수

[주요 논문 및 저서] 「高度經濟成長期の石炭産業調整政策－生産維持と雇用調整を中心に－」, 『社會經濟史學』 第72卷 第2號, 2006, 「三井의 경영이념－江戶시대에서 明治시대까지를 중심으로－」, 『경제사학』 제32호, 2002 등

■ 김태영

[학력] 上智(Sophia) 대학 사회학 박사(1997)

[전공] 사회학

[경력] 일본 오하라(大原)사회문제연구소 연구원
한국직업능력개발원 책임연구원
(현) 강릉대학교 인문대학 일본학과 부교수

[주요 논문 및 저서] 「재일한국인 기업가의 네트워크 특성과 기업가 정신」, 『일본문화의 산책』(보고사, 2005) 등

■ 박세일

[학력] 미국 코넬대학 경제학 박사(1980)

[전공] 법경제학, 노동경제학

[경력] 한국개발원 연구위원
청와대 정책기획 사회복지 수석비서관
(현) 서울대 국제대학원 교수

[주요 논문 및 저서] 『법경제학』(2000),
『대한민국 선진화전략』(2006) 등

■ 민문홍

[학력] 소르본대학교(Paris VI 대학) 사회학 박사

[전공] 사회학 이론, 유럽 사회정책

[경력] 서울 신학대학교 사회복지학과 교수
서울대학교 국제대학원 책임연구원

(현) 서강대 대우교수
(현) 국제비교사회문화정책연구소장

[주요 논문 및 저서] 「1990년대 유럽연합의 교육 · 문화정책 연구 –동아시아에의 정책적 함의를 찾아서–」(한국사회역사학회, 2005), 『세계화시대 유럽연합의 새 노동 · 사회통합정책에 관한 연구–고용창출과 양극화 해소전략을 중심으로–』(뉴패러다임센터, 노동연구원, 2007), 『에밀 뒤르케임의 사회학–현대성 위기 극복을 위한 새로운 패러다임을 찾아서–』(아카넷, 2002).

■ **박태호**

[학력] 위스콘신대 대학원(1983)
[전공] 경제학
[경력] 대외경제정책연구원 부원장
서울대학교 대외협력본부장
(현) 서울대학교 국제대학원 원장
[주요 논문 및 저서] 「지역주의 무역질서와 한국의 FTA 정책」, 『한국경제의 이해』

■ **박태균**

[학력] 서울대학교 대학원 국사학과 박사(2000)
[전공] 한국현대사
[경력] 하버드 옌칭 연구소 방문연구원
Pacific Affairs 편집위원
(현) 서울대학교 국제대학원 조교수
[주요 논문 및 저서] 『우방과 제국』(창비, 2006), 『원형과 변용』(서울대출판부, 2007) 등

■ **문휘창**

[학력] University of Washington 경영학 박사(1988)

[전공] 국제경영/전략

[경력] 국제경쟁력 연구원 원장
Journal of International Business and Economy 편집위원장
(현) 서울대학교 국제대학원 교수

[주요 논문 및 저서] 『경영전략 묘수와 정수』,
『From Adam Smith to Michael Porter』 등

동아시아의 로칼리즘, 내셔널리즘, 리저널리즘

-일본 국가의 성장과 동아시아 국제질서의 진화를 중심으로-

초판1쇄 / 2007년 9월 30일

엮은이 **박태호 · 박철희**
펴낸이 **여국동**
펴낸곳 **도서출판 인간사랑**
인 쇄 **백왕인쇄**
제 본 **은정제책사**

출판등록 1983. 1. 26. / 제일 3호

정가 25,000원

ISBN 978-89-7418-244-1 93340

※ 잘못된 책은 교환해 드립니다.

(411- 815) 경기도 고양시 일산구 백석동 1178-1
TEL (031)901-8144, 907-2003
FAX (031)905-5815
e-mail/igsr@yahoo.co.kr / igsr@naver.com